A
NEW
TESTAMENT
GREEK
MORPHEME
LEXICON

A NEW TESTAMENT GREEK MORPHEME LEXICON

J. HAROLD GREENLEE

ZONDERVAN PUBLISHING HOUSE

OF THE ZONDERVAN CORPORATION
GRAND RAPIDS, MICHIGAN 49506

A New Testament Greek Morpheme Lexicon
Copyright © 1983 by The Zondervan Corporation
Grand Rapids, Michigan

Library of Congress Cataloging in Publication Data

Greenlee, J. Harold (Jacob Harold), 1918–
  A New Testament Greek morpheme lexicon.

  Text in Greek.
    1. Greek language, Biblical—Morphemes—Dictionaries.
  I. Title.
  PA836.G73   1983   487,.4   82-23832
  ISBN 0-310-45791-2

Edited by Ben Chapman

Printed in the United States of America

83   84   85   86   87   88 — 10   9   8   7   6   5   4   3   2

CONTENTS

PREFACE

Contents and Purpose of the Lexicon

A number of years ago it occurred to me that it would be helpful in various aspects of the study of New Testament Greek if there were available a systematic analysis of Greek words according to morphemes and components (prefixes, root words, suffixes, and terminations). With this idea in mind, I began working through the Bauer-Arndt-Gingrich *Greek-English Lexicon of the New Testament and Other Early Christian Literature* to make such an analysis a reality. The present volume is the fruit of that labor and includes the words added to the second edition of that lexicon. Since the name of Danker is added to the editorship of the second edition, I will hereafter refer to the lexicon as BAGD.

The first part of the present morpheme lexicon lists each word from BAGD with its component parts as I have analyzed it. If the word contains an inseparable prefix—a prefix that does not appear as a separate Greek word—that prefix is given with a hyphen following (e.g., δυσ-). Root words, including prefixed prepositions, are given as separate words. Any suffix or termination is given last, with a hyphen prefixed (e.g., -εω). By "termination" I refer to declension or conjugation endings, as the -ω of the verb βλέπω. By "suffix" I refer to a unit of meaning consisting of one or more letters (that is, a phoneme) that includes a termination, such as the -μα of γράμμα. If the word has no termination (e.g., ἀπό, ᾿Αβραάμ), the symbol "=" is given.

Two examples of entries in this first part of the Lexicon are as follows:

ἀτιμάζω . . . . ἀ- τιμή, ἡ -αζω
ἐν   . . . . =

In the second part of the Lexicon, each morpheme identified in the first part is given, followed by a list of every word in BAGD that contains that morpheme. The morphemes are grouped alphabetically under four headings: the inseparable prefixes, the root words, the terminations or suffixes, and the indeclinable words that have no suffix or termination. For example, the negative prefix ἀ- is followed by a list of 327 words that contain that prefix, beginning with ἀβαναύσως and ending with προαδικέω. The root adjective ὁμός, -ή, -όν is followed by a list of 41 words, from ἀνθομολογέομαι to συνομορέω. The suffix -μα, -ματος, τό occurs in 191 words, beginning with ἁγίασμα and ending with ψεῦσμα.

In carrying out this project, I have not intended to give any novel analyses nor have I intended to give the solution to any hitherto unsolved problems of etymology or word formation. My aim has simply been to record in easily accessible form the etymological analyses of words as they are generally accepted. My basic reference work (except for suffixes) has been the abridged edition of the well-known *Greek-English Lexicon* by Liddell and Scott (LS). This lexicon indicates compound words by hyphenation (e.g., ἀπο-βαίνω). For words whose derivation is not obvious, the derivation is given in parentheses—e.g., ἡγέομαι (ἄγω). In some instances in which doubt remained, I have consulted other works including the unabridged editions of LS.

Some information on prefixes and suffixes is given in various grammars. I have been dismayed, however, to find how inadequate the information is, particularly regarding suffixes, considering the frequency of their use.

Although the etymology of a few words is obscure, for the sake of consistency I have not omitted any word listed in BAGD, and I have not troubled the reader with any indication of greater or less doubt of the certainty of the etymology given.

There are some other reference works that do part of what I have sought to do in this volume. To my knowledge, however, there is no other work that makes available to the reader all the words containing any given morpheme, including suffixes, as the present book does.

Uses of the Lexicon

A word needs to be said about the uses of the present lexicon. When I began working on this project I assumed that its uses would be self-evident to students of New Testament Greek, but I now feel that it may be helpful to enumerate some of these practical uses.

In present-day studies of descriptive linguistics, especially in the area of Bible translation, scholars find it necessary to determine (for the languages they are studying) the kind of information that the present lexicon, especially part 2, provides for Greek. Linguists use such information to determine relationships between words and word parts, to find the kinds of meanings they produce in various combinations, and to arrive at various conclusions concerning the structure of the language. The present lexicon will facilitate such studies for New Testament Greek and make it easier to note forms and word parts whose meanings are analogous to similar forms in other languages.

In initiating this project, I was thinking primarily of the uses of the second part. The first part, however, has its own value in addition to providing the materials from which the second part is constructed.

Part 1, which analyzes the Greek words into their component parts, should be a significant aid in memorizing words, particularly words that are made up of several parts, by the mere fact of dividing such words into shorter parts.

Part 1 should also be of help in understanding the meaning of words. It is a mark of good memorizing ability if a student can remember that πεντακισχίλιοι means "five thousand" and that ἀμφιβλήστρον is a type of fish net although he has no idea of how all those Greek letters happened to be assembled in that order to form those words. It is easier and more helpful, however, for the student to learn that "five thousand" is composed of πέντε ("five"), -κις ("times"), and χίλιοι ("a thousand"), and that ἀμφιβλήστρον is made up of ἀμφί ("around"), βάλλω ("I throw"), and -τρον, the suffix of instrument—hence, "a throw-around instrument."

A limitation here derives from the fact that the root word, which I seek to give, in numerous instances is not the immediate antecedent of the word being analyzed. In the case of ἀμφιβλήστρον, for example, the -βλη- is not derived directly from the form βάλλω, which I have given as the root, but from the sixth principal part of that verb, ἐβλήθην.

It is true, of course, that etymology does not necessarily give the full meaning, or even the correct meaning, of a word as it is actually used. Its use in context must be studied, since words become modified, strengthened, or weakened in meaning with the passage of time and with usage. The same thing happens in English, but we would not seek to restrict the study of English etymology lest the student discover that the etymology of *manufacture* is "to make by hand," or lest he conclude that *overlook* and *look over* are identical in meaning since they are made up of the same morphemes!

Indeed, the meaning of most Greek words is in fact reasonably clear from their etymology. Not many words in their New Testament usage are as far removed from their etymological meaning as is χορηγέω, which is commonly translated "supply" or "provide" (e.g., 2 Cor. 9:10, 1 Peter 4:11), but whose etymology is "to lead the chorus"; yet a study of even this word's development reveals a very logical and interesting evolution.

The point is that a word is indeed related to its etymology; words do not suddenly change from one meaning to a totally unrelated meaning. The student who ignores the etymology of words in a language he is analyzing can hardly be said to understand that language fully.

A second caution to be observed in making use of etymology in the determination of meaning is illustrated in the use of some prepositions as prefixes. Various prepositions, in particular ἀνά, ἀπό, διά, ἐκ, ἐπί, κατά, and περί, in addition to their other meanings, are sometimes used as intensifiers when they are prefixed to another word. Sometimes, however, in New Testament usage these prefixed prepositions seem to have lost their intensive force. For example, the ἐπί- of ἐπερωτάω was doubtless originally an intensifier, since it does not appear to have its other meaning of "upon" here. Yet a comparison of the verbs ἐρωτάω and ἐπερωτάω indicates that, at least in many instances, these two verbs are essentially synonymous and that the prefix has therefore lost its intensifying significance. Likewise, the ἀπο- of ἀπόλλυμι was originally intensive. However, the simple form ὄλλυμι does not appear in the New Testament, and the originally intensive form has evidently taken its place and become weakened to the meaning of the simple form.

Part 2

The second part of this lexicon should be useful in a number of ways. For example, it may be known that a given suffix has a certain meaning, and a number of examples may be known to support that meaning. But if one wishes to determine whether this suffix *always* has this meaning or whether its meaning is modified in some words, one must study *all* the words that contain that suffix. The present lexicon provides just such a list for each suffix.

Grammars say that the suffix -σις indicates action or process and that -μα indicates the result of an action. Yet studies of certain pairs, such as κρίσις and κρίμα, raise the question as to whether -σις sometimes extends its meaning to overlap that of -μα. The complete listings in part 2 of the words containing each of these suffixes will make possible more certain answers concerning this and numerous other similar questions concerning the meanings of prefixes, roots, and suffixes.

The listings of part 2 will also make it possible to study the range of connotations of a root word—for example, to see whether its significance varies from good to neutral or bad, depending on the combinations.

Two similar morphemes can likewise be studied and compared. For example, both -της, -ου, ὁ and -ευς, -εως, ὁ are suffixes of agent. But are they synonymous or do they have different connotations? With access to the complete list of words that contain each of these suffixes, a comparative study can be made to determine their similarities and differences. Without such a lexicon as this, the student would have to remember as many words with each suffix as he could or search through the entire vocabulary to assemble a complete list.

I am now more than ever intrigued with the potential of part 2. I believe that students will be able to discover answers to questions they already have and discover ideas for new investigations through the use of this new tool. For example, some students are interested in studying deponent verbs. Part 2 lists verbs according to their suffixes or conjugation terminations. Is there any significance in the fact that only one of the 25 -υνω verbs is deponent, only 3 of the 60 -οω verbs are deponent, and only 28 of the 475 -εω verbs are deponent, while a much higher percentage of verbs with some other suffixes are deponent?

There are approximately 230 verbal adjectives in -τος, -η, -ον or its two-termination form -τος, -ον. Only 67 of this large group are of the three-termination form. Of these 67, all but 12 are oxytones (accented on the final syllable), and all but one of these latter 12 are related to numerals or related concepts. Is there any significance to these facts?

Guiding Principles in the Preparation of the Lexicon

In various instances, the root I have listed for a word may seem to be remote, and the connection may seem unclear. This is due to the fact that my aim has been to search out basic root words and to list with them *all* the words in BAGD that are derived from that root. This will include words that are only one step removed from the root as well as words that are removed by several steps. Because of changes that are made in the stem of a word when more than one step is involved, there are instances where part of a word, usually at the end of the stem, is not accounted for in the lexicons. This does not, however, prevent us from identifying the basic root of the word.

The reader who wishes to follow through the steps of the etymology of a word when the connection with the root is not immediately evident can do so by tracing the process through LS. For example, the adjective εὐάρεστος, -ον is given by LS as εὐ-άρεστος, -ον, meaning "well-pleasing, acceptable." The hyphenated form indicates that we should look up the form without εὐ-, which is given as ἀρεστός, -ή, -όν, with the information that this is a verbal adjective of ἀρέσκω. Following the entry for ἀρέσκω we find "(ἄρω, ἄρσω)." The entry for ἄρω is given in capital letters, indicating that LS regards it as a basic root word; an asterisk (*) preceding the word indicates that the word itself does not occur in the literature considered by LS. The information concerning ἄρω is that it is "a form assumed as the root of ἀραρίσκω." The information on ἄρσω is that this is the Ionic dialect form for ἀρῶ, which is the future tense of ἀραρίσκω. Looking up ἀραρίσκω, we find that it is "the reduplicated present from the root ἄρω." As a result of all this checking on forms, my analysis of εὐάρεστος, -ον is: "εὐ ἄρω -τος, -η, -ον."

The derivation of ἄξιος, -α, -ον ("worthy") from ἄγω ("I lead") may seem simple enough orthographically, since γ and σ combine to form ξ, but the semantic connection may seem unclear. The clue is found in the LS note in parentheses "(ἄγω IV, to weigh)" concerning ἄξιος. Looking up ἄγω in LS we find no such entry. However, a check of the unabridged LS does give the meaning "to weigh" for ἄγω—not, however, under IV but VI (not even Greek lexicons are perfect!). The connection between ἄξιος and ἄγω, then, is between this meaning of ἄγω and the meaning for ἄξιος "of like value, worth as much as," which is one of its meanings as given by LS.

As I have already indicated, the morphemic analysis of words in part 1 does not always account for every letter of the word. In some instances the reason is simply that the information was not available in the sources I had. This problem is seen in the analysis of ἅμαξα—Attic form ἅμαξα—("a carriage") from ἄγω. Neither the abridged nor the unabridged editions of LS deal with the initial ἁμ-. I have therefore not dealt with it in the analysis of this word. The fact, however, that the Attic dialect form is ἅμαξα suggests the possibility that the αμ- is derived from ἅμα.

In other instances a suffix of an antecedent word has become part of the stem of the word being analyzed, as in καθαρισμός, in which the -ισ- comes from the aorist stem of καθαρίζω but is ignored in the analysis of καθαρισμός, since the analysis goes directly back to the root καθαρός. Here, too, of course, the student may trace the steps by checking LS.

I have intentionally limited my analyses to Greek etymology, and have made no attempt to trace the etymology of Greek words derived from Latin or other languages.

Proper names have involved some problems. Some proper names are identical with, or easily identifiable with, common nouns or other words, and their etymology can be traced through these words. For other proper names, however, LS gives no etymology. In these latter instances, unless the etymology was clear on some other basis, such as the meaning of the word, I have normally not attempted to give a derivation.

I have occasionally stopped short of the ultimate root word indicated by LS for a family of words, if the ultimate root is not in the BAGD vocabulary and all the words of the family are descended from a less remote root. My reasoning is that a less remote common ancestor for the entire family of words is more relevant than a remote ancestor whose inclusion would not permit the inclusion of any additional words of the family. Two examples of this treatment are εὐ (as being better known and equally inclusive of the BAGD vocabulary as the more remote ἐΰς given by LS) and ἵστημι (instead of the more remote στάω).

In a few instances there is some uncertainty as to which of two words is the actual ultimate root. In such cases, since my concern is simply to give a common root for a word family, I have felt free to choose either the one or the other as seemed best in each case.

At times there is doubt as to whether a word contains a suffix or whether the word's spelling is merely identical with the spelling of a suffix. The word μαργαρίτης, -ου, ὁ ("pearl"), for example, could appear to have either the suffix -ιτης, -της, or -ης. Various factors make the decision reasonably certain in most instances, but some remain doubtful, and I trust that the use of this lexicon will make possible some clarifications and corrections in such instances. In other instances there was a doubt whether a word terminated in a suffix or merely a declension ending, if the exact form of its root was not clear. For example, a word ending in -ια might have the suffix -ια or the ι might be part of the stem, followed by the declension ending -α. In such instances I have generally opted for the suffix, feeling that a word's mistaken inclusion under a suffix could more readily be located than its mistaken inclusion under a usually much longer list under the termination.

Verb, noun, and adjective suffixes include declension or conjugation terminations as well, of course. If therefore one wishes to locate all the words with a particular termination he would have to look up not only that particular termination but also all the suffixes that have that termination. For example, to locate all verbs with the termination -ω would require looking up also the suffixes -αω, -ιζω, -υνω, etc.

In the analysis of words in part 1, I have included as many prefixes and roots as are actually given for the word. I have given only one suffix, however, omitting any suffix of a previous form that may remain as a part of the resulting stem, since only the final suffix is the semantic suffix for that word. For example, for ἀπολύτρωσις the only suffix I have listed is -σις, even though the -τρω- reflects the suffix -τρον from the antecedent word λύτρον. The few apparent exceptions to this procedure, which are not really exceptions, are found in combined words such as τεσσαρακονταέτης, "forty years old," in which -κοντα is the suffix for the first part of the word and -ης is the suffix for the second part.

In the "Roots" section of part 2, all the words of part 1 will be found either as a root word or as a derivative from a root, except those that are themselves root words and have no derivatives in BAGD (e.g., ἀμάω).

Arrangement and Symbols of the Lexicon

I have generally indicated suffixes and terminations in the usual manner. For third declension nouns, I have given both the nominative and the genitive singular ending, plus the article to indicate gender. I have done the same for some less common types of first and second declension nouns—e.g., ᾿Αγρίππας, -α, ὁ. I have grouped deponent verbs together with their nondeponent counterparts but indicating them individually as deponent. Adjectives of the type -ος, -ον I have classified together with adjectives in -ος, -η, -ον or -ος, -α, -ον, since many of them fluctuate between two and three terminations. I have, however, indicated them individually as being of two terminations. Thus, αἰώνιος, -ον is listed under -ος, -α, -ον and ἄτιμος, -ον is listed under -ος, -η, -ον.

A numeral following a word, such as δέω(1) and δέω(2) indicates which of two or more words of the same spelling in LS is referred to, and also simply to distinguish between two or more words that are spelled identically. When two prefixes or suffixes have identical spellings, a numeral following one or both distinguishes between them, as -ιον, τό and -ιον, τό(2).

An asterisk (*) following a word or its termination or suffix designates words that are in some respect irregular in their conjugation or declension forms, as ᾿Ιησοῦς and φημί.

An "equals" symbol (=) designates indeclinable words. An indeclinable word may have a suffix (e.g., the adverbial suffix -ως) or may not (e.g., prepositions and many transliterated forms of Hebrew names).

Third declension nouns are divided into several subgroups. First, those whose nominative singular adds -ς to the stem (as ἐλπίς, ἐλπίδος) are separated from those whose nominative singular does not (e.g., ἄρχων, ἄρχοντος). Second, these groups are separated according to gender. Third, each of these subgroups is designated either with no numeral following or with the numeral (1) or (2) following. No numeral indicates that the stem of the nominative singular is identical to the stem of the genitive singular (e.g., χείρ, χειρός and ἀκρίς, ἀκρίδος). The numeral (1) indicates that the final vowel or diphthong of the genitive singular stem is lengthened in the nominative singular (e.g., φρήν, φρενός and σινδών, σινδόνος; ο is sometimes lengthened to ου instead of ω, as πούς, ποδός). The numeral (2) indicates that the genitive stem is modified in some other way in the nominative singular (e.g., γόνυ, γόνατος and Ζεύς, Διός). It should be remembered that τ, δ, θ, ν, and ρ regularly drop out before σ; that κ, γ, and χ combine with σ to form ξ; and that π, β, and φ combine with σ to form ψ (e.g., πούς, ποδός; κῆρυξ, κήρυκος; and λαῖλαψ, λαίλαπος); nouns with these features are therefore not irregular. The form θρίξ, τριχός, moreover, is not irregular. Greek does not permit two fricative consonants in successive syllables, so the fricative θ in the nominative singular is changed to the corresponding stop τ in the genitive because of the following fricative χ. This is the same principle that accounts for the fact that the sixth principal part of the verb τίθημι (root θε-) is ἐτέθην instead of ἐθέθην.

Although adjectives in -ους, -η, -ουν and -ους, -α, -ουν are contracted forms of -ος, -α, -ον with the stem vowel ε preceding, I have made them a separate group since they constitute a particular class, the stem vowel ε plus the termination amounting to a suffix.

When orthography or forms in BAGD differ from those of LS, I have followed BAGD, as in nouns of the type of φέγγος, which LS give as -ος, -εος but BAGD give as -ος, -ους. I have listed all nouns of this class according to BAGD, including those root words that are not individually given in BAGD.

The suffixes and terminations of part 2 are given in alphabetical order without regard to their parts of speech. Alphabetically first among the third declension noun suffixes are the "zero" endings, indicated by "-___" for the nominative singular.

Slightly irregular forms of a given suffix or termination, designated by "*" following, are separately listed immediately following the list with the corresponding regular form. For example, the list of -ος, ὁ would be followed by the list of -ος, ὁ*.

Final ς is alphabetized as a separate letter following σ.

An indeclinable ending, such as -θεν&, is listed alphabetically. Indeclinable words with no ending, such as περί and Μαριάμ, are listed at the end of the alphabet.

English Glosses in the Lexicon

It might appear to some that to give English glosses, or meanings, for the root morphemes of part 2 is "assuming the thing to be proved." It should therefore be understood that the meanings given are intended only as brief and sometimes tentative keys to meaning, and that the actual meaning of a root or suffix may include much more than the meaning given. The inclusion of glosses is not intended to make this work serviceable as a Greek-English lexicon. The meaning of whole words is adapted from BAGD or LS, but even these meanings are intentionally brief. Indeed, in attempting to give these glosses, especially for suffixes, I have found that some meanings given by the grammars are too limited or too selective. This helps to point up the fact that one purpose of this lexicon is to enable students to study these components and words in detail and at length as a basis for making more precise and reasoned decisions based on a study of all the words that contain a given morpheme.

For some terminations and suffixes, it does not seem possible to give a definition or translation, and I have not done so (e.g., various third declension noun terminations and the verb terminations -ω and -μι).

The English glosses do, at times, point out important similarities and differences between root words. For example, I have combined the noun root ἀρχή with the verb root ἄρχω, even though LS gives both as root words. Both words share the meanings of "beginning" and "rule," and the unabridged LS indicates their common root.

It might appear that the noun αἰτία and the verb αἰτέω could be similarly combined, especially since the verb has the form of a suffix, -εω, which could indicate that it was derived from the antecedent noun. However, the verb carries the meaning of "ask," while the noun means "a cause." It is therefore necessary to distinguish between two groups of words that are derived from these two roots and to list the derivatives separately. Similarly, the noun ἄριστον might appear to be related to the adjective ἄριστος. However, not only does LS list ἄριστον as a root word, this noun means "a (morning or mid-day) meal," while the adjective is derived from the name of the god Ἄρης and means "best."

I wish to express my sincere thanks to the Academic Computing Services of the University of Texas at Arlington, and to the Summer Institute of Linguistics and to its Printing Arts Department of the International Linguistic Center, for the use of facilities and equipment. I am deeply indebted to Mr. Max Cobbey and Mr. Bob Chaney of the Summer Institute of Linguistics for making available to me their expertise in the operation of electronic equipment. I also want to thank Dr. Timothy Friberg and Professor Neva Miller for their helpful suggestions.

PART 1

The symbol = indicates words with indeclinable forms (see the Preface)
The symbol * indicates words with irregular forms (see the Preface)

A

'Ααρών,ὁ . . . . =
'Αβαδδών,ὁ . . . . =
ἀβαναύσως . . . . ἀ- αὔω(1) -ως=
ἀβαρής,-ές . . . . ἀ- βάρος,-ους,τό -ης,-ες
ἀββά,ὁ . . . . =
'Αβειρών,ὁ . . . . =
"Αβελ,ὁ . . . . =
'Αβιά,ὁ . . . . =
'Αβιαθάρ,ὁ . . . . =
'Αβιληνή,ἡ . . . . -ή,ἡ
'Αβιούδ,ὁ . . . . =
'Αβραάμ,ὁ . . . . =
ἀβροχία,ἡ . . . . ἀ- βρέχω -ία,ἡ
ἄβρωτος,-ον . . . . ἀ- βιβρώσκω -τος,-η,-ον
ἄβυσσος,ἡ . . . . ἀ- βυθός,ὁ -ος,ἡ
"Αγαβος,ὁ . . . . -ος,ὁ
ἀγαθοεργέω . . . . ἀγαθός,-ή,-όν ἔργω(2) -εω
ἀγαθοεργός,-όν . . . . ἀγαθός,-ή,-όν ἔργω(2) -ος,-η,-ον
ἀγαθοποιέω . . . . ἀγαθός,-ή,-όν ποιέω -εω
ἀγαθοποίησις,-εως,ἡ . . . . . ἀγαθός,-ή,-όν ποιέω -σις,-εως,ἡ
ἀγαθοποιία,ἡ . . . . ἀγαθός,-ή,-όν ποιέω -ία,ἡ
ἀγαθοποιός,-όν . . . . ἀγαθός,-ή,-όν ποιέω -ος,-α,-ον
'Αγαθόπους,-ποδος,ὁ . . . . . ἀγαθός,-ή,-όν πούς,ποδός,ὁ -ς,-ος,ὁ(1)
ἀγαθός,-ή,-όν . . . . -ος,-η,-ον
ἀγαθότης,-τητος,ἡ . . . . ἀγαθός,-ή,-όν -οτης,-τητος,ἡ
ἀγαθωσύνη,ἡ . . . . ἀγαθός,-ή,-όν -συνη,ἡ
ἀγαλλίασις,-εως,ἡ . . . . . . ἀγάλλω -σις,-εως,ἡ
ἀγαλλιάω . . . . ἀγάλλω -αω
ἀγάλλω . . . . -ω
ἄγαμος,ὁ&ἡ . . . . ἀ- γάμος,ὁ -ος,ὁ&ἡ
ἀγανακτέω . . . . ἄγαν ἄγω -εω
ἀγανάκτησις,-εως,ἡ . . . . . ἄγαν ἄγω -σις,-εως,ἡ
ἀγαπάω . . . . ἄγαμαι -αω
ἀγάπη,ἡ . . . . ἄγαμαι -η,ἡ
ἀγαπητός,-ή,-όν . . . . ἄγαμαι -τος,-η,-ον
'Αγάρ,ἡ . . . . =
ἀγγαρεύω . . . . ἄγγαρος,ὁ -ευω

ἀγγεῖον,τό . . . . ἄγγος,-ους,τό -εῖον,τό
ἀγγελία,ἡ . . . . ἄγω -ία,ἡ
ἀγγελικός,-ή,-όν . . . . ἄγω -ικος,-η,-ον
ἀγγέλλω . . . . ἄγω -ω
ἄγγελος,ὁ . . . . ἄγω -ος,ὁ
ἄγγος,-ους,τό . . . . -ος,-ους,τό
ἀγέλη,ἡ . . . . ἄγω -λη,ἡ
ἀγενεαλόγητος,-ον . . . . ἀ- γένω λέγω -τος,-η,-ον
ἀγενής,-ές . . . . ἀ- γένω -ης,-ες
ἀγέννητος,-ον . . . . ἀ- γένω -τος,-η,-ον
ἁγιάζω . . . . ἄζω -αζω
ἁγίασμα,-ματος,τό . . . . ἄζω -μα,-ματος,τό
ἁγιασμός,ὁ . . . . ἄζω -μος,ὁ
ἁγιοπρεπής,-ές . . . . ἄζω πρέπω -ης,-ες
ἅγιος,-α,-ον . . . . ἄζω -ιος,-α,-ον
ἁγιότης,-τητος,ἡ . . . . ἄζω -οτης,-τητος,ἡ
ἁγιοφόρος,-ον . . . . ἄζω φέρω -ος,-α,-ον
ἁγιωσύνη,ἡ . . . . ἄζω -συνη,ἡ
ἀγκάλη,ἡ . . . . ἀγκή,ἡ -λη,ἡ
ἄγκιστρον,τό . . . . ἄγκος,-ους,τό -τρον,τό
ἄγκυρα,ἡ . . . . ἄγκος,-ους,τό -ρα,ἡ
ἀγκών,-ῶνος,ὁ . . . . ἀγκή,ἡ -ων,-ωνος,ὁ
ἄγναφος,-ον . . . . ἀ- γνάπτω -ος,-η,-ον
ἁγνεία,ἡ . . . . ἄζω -εία,ἡ
ἁγνευτήριον,τό . . . . ἄζω -τηριον,τό
ἁγνεύω . . . . ἄζω -ευω
ἁγνίζω . . . . ἄζω -ιζω
ἁγνισμός,ὁ . . . . ἄζω -μος,ὁ
ἀγνοέω . . . . ἀ- γινώσκω -εω
ἀγνόημα,-ματος,τό . . . . ἀ- γινώσκω -μα,-ματος,τό
ἄγνοια,ἡ . . . . ἀ- γινώσκω -ια,ἡ
ἁγνός,-ή,-όν . . . . ἄζω -ος,-η,-ον
ἁγνότης,-τητος,ἡ . . . . ἄζω -οτης,-τητος,ἡ
ἁγνῶς . . . . ἄζω -ως=
ἀγνωσία,ἡ . . . . ἀ- γινώσκω -ία,ἡ
ἄγνωστος,-ον . . . . ἀ- γινώσκω -τος,-η,-ον
ἀγορά,ἡ . . . . ἄγω -ά,ἡ
ἀγοράζω . . . . ἄγω -αζω
ἀγοραῖος,-ον . . . . ἄγω -ιος,-α,-ον
ἄγρα,ἡ . . . . -α,ἡ
ἀγράμματος,-ον . . . . ἀ- γράφω -τος,-η,-ον
ἀγραυλέω . . . . ἀγρός,ὁ ἄημι -εω
ἀγρεύω . . . . ἄγρα,ἡ -ευω
ἀγρίδιον,τό . . . . ἀγρός,ὁ -ιδιον,τό
ἀγριέλαιος,ἡ . . . . ἀγρός,ὁ ἐλαία,ἡ -ος,ἡ
ἄγριος,-α,-ον . . . . ἀγρός,ὁ -ιος,-α,-ον
ἀγριότης,-τητος,ἡ . . . . ἀγρός,ὁ -οτης,-τητος,ἡ
ἀγριόω . . . . ἀγρός,ὁ -οω
Ἀγρίππας,-α,ὁ . . . . ἀγρός,ὁ ἵππος,ὁ&ἡ -ας,-α,ὁ
ἀγρός,ὁ . . . . -ος,ὁ
ἀγρυπνέω . . . . ἄγρα,ἡ ὕπνος,ὁ -εω

ἀγρυπνία,ἡ . . . . ἄγρα,ἡ ὕπνος,ὁ -ία,ἡ
ἄγω . . . . ·. . . -ω
ἀγωγή,ἡ . . . . ἄγω -ή,ἡ
ἀγών,-ῶνος,ὁ . . . . -ων,-ωνος,ὁ
ἀγωνία,ἡ . . . . ἀγών,-ῶνος,ὁ -ία,ἡ
ἀγωνιάω . . . . ἀγών,-ῶνος,ὁ -αω
ἀγωνίζομαι . . . . ἀγών,-ῶνος,ὁ -ιζω
̓Αδάμ,ὁ . . . . =
ἀδάπανος,-ον . . . . ἀ- δαπάνη,ἡ -ος,-η,-ον
̓Αδδί,ὁ . . . . =
ἀδελφή,ἡ . . . . ἀ-(2) δελφύς,-ύος,ἡ -ή,ἡ
ἀδελφοκτονία,ἡ . . . . ἀ-(2) δελφύς,-ύος,ἡ κτείνω -ία,ἡ
ἀδελφός,ὁ . . . . ἀ-(2) δελφύς,-ύος,ἡ -ος,ὁ
ἀδελφότης,-τητος,ἡ . . . . ἀ-(2) δελφύς,-ύος,ἡ -οτης,-τητος,ἡ
ἀδεώς . . . . ἀ- δέος,-ους,τό -ως=
ἄδηλος,-ον . . . . ἀ- δῆλος,-η,-ον -ος,-η,-ον
ἀδηλότης,-τητος,ἡ . . . . ἀ- δῆλος,-η,-ον -οτης,-τητος,ἡ
ἀδήλως . . . . ἀ- δῆλος,-η,-ον -ως=
ἀδημονέω . . . . -εω
ᾅδης,-ου,ὁ . . . . -ης,-ου,ὁ
ἀδιάκριτος,-ον . . . . ἀ- διά κρίνω -τος,-η,-ον
ἀδιακρίτως . . . . ἀ- διά κρίνω -ως=
ἀδιάλειπτος,-ον . . . . ἀ- διά λείπω -τος,-η,-ον
ἀδιαλείπτως . . . . ἀ- διά λείπω -ως=
ἀδιαφθορία,ἡ . . . . ἀ- διά φθίω -ία,ἡ
ἀδιήγητος,-ον . . . . ἀ- διά ἄγω -τος,-η,-ον
ἀδικέω . . . . ἀ- δίκη,ἡ -εω
ἀδίκημα,-ματος,τό . . . . ἀ- δίκη,ἡ -μα,-ματος,τό
ἀδικία,ἡ . . . . ἀ- δίκη,ἡ -ία,ἡ
ἀδικοκρίτης,-ου,ὁ . . . . ἀ- δίκη,ἡ κρίνω -της,-ου,ὁ
ἄδικος,-ον . . . . ἀ- δίκη,ἡ -ος,-η,-ον
ἀδίκως . . . . ἀ- δίκη,ἡ -ως=
ἀδιστάκτως . . . . ἀ- δύο -ως=
̓Αδμίν,ὁ . . . . =
ἀδόκιμος,-ον . . . . ἀ- δέχομαι -ιμος,-η,-ον
ἄδολος,-ον . . . . ;. . ἀ- δόλος,ὁ -ος,-η,-ον
ἄδοξος,-ον . . . . ἀ- δοκέω -ος,-η,-ον
̓Αδραμυττηνός,-ή,-όν . . . . . . ̓Αδραμύττιον,τό -νος,-η,-ον
ἀδρανής,-ές . . . . ἀ- δράω -ης,-ες
̓Αδρίας,-ου,ὁ . . . . -ας,-ου,ὁ
ἀδρότης,-τητος,ἡ . . . . ἀδρός,-ά,-όν -οτης,-τητος,ἡ
ἀδυνατέω . . . . ἀ- δύναμαι -εω
ἀδύνατος,-ον . . . . ἀ- δύναμαι -τος,-η,-ον
ᾄδω . . . . -ω
ἀεί . . . . =
ἀέναος,-ον . . . . ἀεί νάω -ος,-α,-ον
ἀετός,-οῦ,ὁ . . . . -ος,ὁ
̓Αζαρίας,-ου,ὁ . . . . -ας,-ου,ὁ
ἄζυμος,-ον . . . . ἀ- ζέω -ος,-η,-ον
̓Αζώρ,ὁ . . . . =
̓Άζωτος,ἡ . . . . -ος,ἡ

ἀηδής,-ές . . . . ἀ- ἥδομαι -ης,-ες
ἀηδία,ἡ . . . . ἀ- ἥδομαι -ία,ἡ
ἀηδῶς . . . . ἀ- ἥδομαι -ως=
ἀήρ,ἀέρος,ὁ . . . . ἄημι -___,-ος,ὁ(1)
ἀθᾶ . . . . =
ἀθανασία,ἡ . . . . ἀ- θνήσκω -ία,ἡ
ἀθάνατος,-ον . . . . ἀ- θνήσκω -τος,-η,-ον
ἀθέμιστος,-ον . . . . ἀ- θέμις,-ιστος,ἡ -τος,-η,-ον
ἀθέμιτος,-ον . . . . ἀ- θέμις,-ιστος,ἡ -τος,-η,-ον
ἄθεος,-ον . . . . ἀ- θεός,ὁ -ος,-α,-ον
ἄθεσμος,-ον . . . . ἀ- τίθημι -μος,-η,-ον
ἀθετέω . . . . ἀ- τίθημι -εω
ἀθέτησις,-εως,ἡ . . . . ἀ- τίθημι -σις,-εως,ἡ
Ἀθῆναι,αἱ . . . . Ἀθηνᾶ,ἡ -α,ἡ
Ἀθηναῖος,-α,-ον . . . . Ἀθηνᾶ,ἡ -ιος,-α,-ον
ἄθικτος,-ον . . . . ἀ- θιγγάνω -τος,-η,-ον
ἀθλέω . . . . ἆθλος,ὁ -εω
ἄθλησις,-εως,ἡ . . . . ἆθλος,ὁ -σις,-εως,ἡ
ἀθλητής,-οῦ,ὁ . . . . ἆθλος,ὁ -της,-ου,ὁ
ἄθραυστος,-ον . . . . ἀ- θραύω -τος,-η,-ον
ἀθροίζω . . . . ἅμα θρέω -ιζω
ἀθυμέω . . . . ἀ- θύω(2) -εω
ἀθυμία,ἡ . . . . ἀ- θύω(2) -ία,ἡ
ἀθῷος,-ον . . . . ἀ- τίθημι -ος,-α,-ον
αἴγειος,-α,-ον . . . . αἴξ,αἰγός,ὁ&ἡ -ιος,-α,-ον
αἰγιαλός,ὁ . . . . ἀίσσω ἅλς,ἁλός,ὁ -ος,ὁ
Αἰγύπτιος,-α,-ον . . . . Αἴγυπτος,ἡ -ιος,-α,-ον
Αἴγυπτος,ἡ . . . . -ος,ἡ
αἰδέομαι . . . . -εω
ἀίδιος,-ον . . . . ἀεί -ιος,-α,-ον
αἰδοῖον,τό . . . . αἰδέομαι -ιον,τό(2)
αἰδώς,-οῦς,ἡ . . . . -ς,-ος,ἡ(1)
Αἰθίοψ,-οπος,ὁ . . . . αἴθω ἔπος,-ους,τό -ς,-ος,ὁ
αἰκία,ἡ . . . . αἰκής,-ές -ία,ἡ
αἴκισμα,-ματος,τό . . . . αἰκής,-ές -μα,-ματος,τό
αἰκισμός,ὁ . . . . αἰκής,-ές -μος,ὁ
αἴλουρος,ὁ&ἡ . . . . αἰόλος,-η,-ον οὐρά,ἡ -ος,ὁ&ἡ
αἷμα,-ματος,τό . . . . -μα,-ματος,τό
αἱματεκχυσία,ἡ . . . . αἷμα,-ματος,τό ἐκ χέω -ία,ἡ
αἱματώδης,-ες . . . . αἷμα,-ματος,τό εἴδω -ης,-ες
αἱμορροέω . . . . αἷμα,-ματος,τό ῥέω(2) -εω
Αἰνέας,-ου,ὁ . . . . -ας,-ου,ὁ
αἴνεσις,-εως,ἡ . . . . αἶνος,ὁ -σις,-εως,ἡ
αἰνέω . . . . αἶνος,ὁ -εω
αἴνιγμα,-ματος,τό . . . . αἶνος,ὁ -μα,-ματος,τό
αἶνος,ὁ . . . . -ος,ὁ
Αἰνών,ἡ . . . . =
αἴξ,αἰγός,ὁ&ἡ . . . . -ς,-ος,ὁ&ἡ
αἵρεσις,-εως,ἡ . . . . αἱρέω -σις,-εως,ἡ
αἱρετίζω . . . . αἱρέω -ιζω
αἱρετικός,-ή,-όν . . . . αἱρέω -ικος,-η,-ον

αἱρετός,-ή,-όν . . . . αἱρέω -τος,-η,-ον
αἱρέω . . . . -εω
αἴρω . . . . -ω
αἰσθάνομαι . . . . ἄημι -ανω
αἴσθησις,-εως,ἡ . . . . ἄημι -σις,-εως,ἡ
αἰσθητήριον,τό . . . . ἄημι -τηριον,τό
αἰσχροκερδής,-ές . . . . αἶσχος,-ους,τό κέρδος,-ους,τό -ης,-ες
αἰσχροκερδῶς . . . . αἶσχος,-ους,τό κέρδος,-ους,τό -ως=
αἰσχρολογία,ἡ . . . . αἶσχος,-ους,τό λέγω -ία,ἡ
αἰσχρολόγος,ὁ . . . . αἶσχος,-ους,τό λέγω -ος,ὁ
αἰσχρός,-ά,-όν . . . . αἶσχος,-ους,τό -ρος,-α,-ον
αἰσχρότης,-τητος,ἡ . . . . αἶσχος,-ους,τό -οτης,-τητος,ἡ
αἰσχύνη,ἡ . . . . αἶσχος,-ους,τό -η,ἡ
αἰσχυντηρός,-ά,-όν . . . . αἶσχος,-ους,τό -τηρος,-α,-ον
αἰσχύνω . . . . αἶσχος,-ους,τό -υνω
αἰτέω . . . . -εω
αἴτημα,-ματος,τό . . . . αἰτέω -μα,-ματος,τό
αἴτησις,-εως,ἡ . . . . αἰτέω -σις,-εως,ἡ
αἰτία,ἡ . . . . -ία,ἡ
αἰτίαμα,-ματος,τό . . . . αἰτία,ἡ -μα,-ματος,τό
αἰτιάομαι . . . . αἰτία,ἡ -αω
αἰτίζω . . . . αἰτέω -ιζω
αἴτιος,-α,-ον . . . . αἰτία,ἡ -ιος,-α,-ον
αἰτίωμα,-ματος,τό . . . . αἰτία,ἡ -μα,-ματος,τό
αἰφνίδιος,-ον . . . . αἴφνης -ιδιος,-ον
αἰχμαλωσία,ἡ . . . . ἀίσσω ἁλίσκομαι -ία,ἡ
αἰχμαλωτεύω . . . . ἀίσσω ἁλίσκομαι -ευω
αἰχμαλωτίζω . . . . ἀίσσω ἁλίσκομαι -ιζω
αἰχμαλωτισμός,ὁ . . . . ἀίσσω ἁλίσκομαι -μος,ὁ
αἰχμάλωτος,ὁ . . . . ἀίσσω ἁλίσκομαι -τος,ὁ
αἰών,-ῶνος,ὁ . . . . -___,-ος,ὁ
αἰώνιος,-α,-ον . . . . αἰών,-ῶνος,ὁ -ιος,-α,-ον
ἀκαθαρσία,ἡ . . . . ἀ- καθαρός,-ά,-όν -ία,ἡ
ἀκαθάρτης,-τητος,ἡ . . . . . . ἀ- καθαρός,-ά,-όν -οτης,-τητος,ἡ*
ἀκάθαρτος,-ον . . . . ἀ- καθαρός,-ά,-όν -τος,-η,-ον
ἀκαιρέομαι . . . . ἀ- καιρός,ὁ -εω
ἄκαιρος,-ον . . . . ἀ- καιρός,ὁ -ος,-α,-ον
ἀκαίρως . . . . ἀ- καιρός,ὁ -ως=
ἀκακία,ἡ . . . . ἀ- κακός,-ή,-όν -ία,ἡ
ἄκακος,-ον . . . . ἀ- κακός,-ή,-όν -ος,-η,-ον
ἄκανθα,ἡ . . . . ἀκή,ἡ -α,ἡ
ἀκάνθινος,-η,-ον . . . . ἀκή,ἡ -ινος,-η,-ον
ἀκανθώδης,-ες . . . . ἀκή,ἡ εἴδω -ης,-ες
ἄκαρπος,-ον . . . . ἀ- καρπός,ὁ(1) -ος,-η,-ον
ἀκατάγνωστος,-ον . . . . ἀ- κατά γινώσκω -τος,-η,-ον
ἀκατακάλυπτος,-ον . . . . ἀ- κατά καλύπτω -τος,-η,-ον
ἀκατάκριτος,-ον . . . . ἀ- κατά κρίνω -τος,-η,-ον
ἀκατάλητος,-ον . . . . ἀ- κατά λαμβάνω -τος,-η,-ον
ἀκατάλυτος,-ον . . . . ἀ- κατά λύω -τος,-η,-ον
ἀκατάπαυστος,-ον . . . . ἀ- κατά παύω -τος,-η,-ον
ἀκαταστασία,ἡ . . . . ἀ- κατά ἵστημι -ία,ἡ

ἀκαταστατέω . . . . ἀ- κατά ἵστημι -εω
ἀκατάστατος,-ον . . . . ἀ- κατά ἵστημι -τος,-η,-ον
ἀκατάσχετος,-ον . . . . ἀ- κατά ἔχω -τος,-η,-ον
ἀκαυχησία,ἡ . . . . ἀ- καυχάομαι -ία,ἡ
'Ακελδαμάχ . . . . =
ἀκέραιος,-ον . . . . ἀ- κεράω -ιος,-α,-ον
ἀκεραιοσύνη,ἡ . . . . ἀ- κεράω -συνη,ἡ
ἀκηδεμονέω . . . . -εω
ἀκηδία,ἡ . . . . ἀ- κήδω -ία,ἡ
ἀκίνητος,-ον . . . . ἀ- κίω -τος,-η,-ον
ἄκκεπτα,-ων,τά . . . . -ον,τό
ἀκλινής,-ές . . . . ἀ- κλίνω -ης,-ες
ἀκμάζω . . . . ἀκή,ἡ -αζω
ἀκμήν . . . . ἀκή,ἡ =
ἄκμων,-ονος,ὁ . . . . -ων,-ονος,ὁ
ἀκοή,ἡ . . . . ἀκούω -ή,ἡ
ἀκοίμητος,-ον . . . . ἀ- κεῖμαι -τος,-η,-ον
ἀκολουθέω . . . . ἀ-(2) κέλευθος,ἡ -εω
ἀκόλουθος,-ον . . . . ἀ-(2) κέλευθος,ἡ -ος,-η,-ον
ἀκόρεστος,-ον . . . . ἀ- κόρος,ὁ -τος,-η,-ον
ἀκουστός,-ή,-όν . . . . ἀκούω -τος,-η,-ον
ἀκουτίζω . . . . ἀκούω -ιζω
ἀκούω . . . . -ω
ἀκρασία,ἡ . . . . ἀ- κράτος,-ους,τό -ία,ἡ
ἀκρατής,-ές . . . . ἀ- κράτος,-ους,τό -ης,-ες
ἄκρατος,-ον . . . . ἀ- κεράω -τος,-η,-ον
ἀκρίβεια,ἡ . . . . ἀκριβής,-ές -εια,ἡ
ἀκριβεύομαι . . . . ἀκριβής,-ές -ευω
ἀκριβής,-ές . . . . -ης,-ες
ἀκριβόω . . . . ἀκριβής,-ές -οω
ἀκριβῶς . . . . ἀκριβής,-ές -ως=
ἀκρίς,-ίδος,ἡ . . . . -ς,-ος,ἡ
ἀκροάομαι . . . . -ω
ἀκροατήριον,τό . . . . ἀκροάομαι -τηριον,τό
ἀκροατής,-οῦ,ὁ . . . . ἀκροάομαι -της,-ου,ὁ
ἀκροβυστία,ἡ . . . . ἀκή,ἡ βύω -ία,ἡ
ἀκρόβυστος,ὁ . . . . ἀκή,ἡ βύω -τος,-η,-ον
ἀκρογωνιαῖος,-α,-ον . . . . . . ἀκή,ἡ γωνία,ἡ -ιος,-α,-ον
ἀκροθίνιον,τό . . . . ἀκή,ἡ θίς,θινός,ἡ -ιον,τό(2)
ἄκρον,τό . . . . ἀκή,ἡ -ον,τό
ἄκρος,-α,-ον . . . . ἀκή,ἡ -ος,-α,-ον
ἀκτίν,-ῖνος,ἡ . . . . -——,-ος,ἡ
ἀκτίς,-ῖνος,ἡ . . . . -ς,-ος,ἡ
'Ακύλας,-α,ὁ . . . . -ας,-α,ὁ
ἄκυρος,-ον . . . . ἀ- κῦρος,-ους,τό -ος,-α,-ον
ἀκυρόω . . . . ἀ- κῦρος,-ους,τό -οω
ἀκωλύτως . . . . ἀ- κόλος,-ον -ως=
ἄκων,-ουσα,-ον . . . . ἀ- ἑκών,-οῦσα,-όν -ων,-ουσα,-ον
ἀλάβαστρος,ὁ&ἡ . . . . ἀλάβαστρον,τό -ος,ὁ&ἡ
ἀλάβαστρον,τό . . . . -ον,τό
ἀλαζονεία,ἡ . . . . ἄλη,ἡ -εία,ἡ

ἀλαζονεύομαι	ἄλη,ἡ -ευω
ἀλαζών,-όνος,ὁ	ἄλη,ἡ -ων,-ονος,ὁ
ἀλαλάζω	ἀλαλή,ἡ -αζω
ἀλάλητος,-ον	ἀ- λαλέω -τος,-η,-ον
ἄλαλος,-ον	ἀ- λαλέω -ος,-η,-ον
ἅλας,-ατος,τό	-ς,-ος,τό
ἀλατόμητος,-ον	ἀ- λᾶς,λᾶος,ὁ τέμνω -τος,-η,-ον
ἀλγέω	ἄλγος,-ους,τό -εω
ἀλείφω	-ω
ἀλεκτοροφωνία,ἡ	ἀλέκτωρ,-ορος,ὁ φωνή,ἡ -ία,ἡ
ἀλεκτρυών,-όνος,ὁ	ἀλέκτωρ,-ορος,ὁ -ων,-ονος,ὁ
ἀλέκτωρ,-ορος,ὁ	-ωρ,-ορος,ὁ
Ἀλεξανδρεύς,-εως,ὁ	ἀλέξω ἀνήρ,ἀνδρός,ὁ -ευς,-εως,ὁ
Ἀλεξανδρῖνος,-η,-ον	ἀλέξω ἀνήρ,ἀνδρός,ὁ -νος,-η,-ον
Ἀλέξανδρος,ὁ	ἀλέξω ἀνήρ,ἀνδρός,ὁ -ος,ὁ
ἀλεσμός,ὁ	ἀλέω -μος,ὁ
ἄλευρον,τό	ἀλέω -ον,τό
ἀλήθεια,ἡ	ἀ- λήθω -εια,ἡ
ἀληθεύω	ἀ- λήθω -ευω
ἀληθής,-ές	ἀ- λήθω -ης,-ες
ἀληθινός,-ή,-όν	ἀ- λήθω -ινος,-η,-ον
ἀλήθω	ἀλέω -ω
ἀληθῶς	ἀ- λήθω -ως=
ἁλιεύς,-έως,ὁ	ἅλς,ἁλός,ὁ -ευς,-εως,ὁ
ἁλιεύω	ἅλς,ἁλός,ὁ -ευω
ἁλίζω	ἅλς,ἁλός,ὁ -ιζω
ἀλίσγημα,-ματος,τό	ἀλισγέω -μα,-ματος,τό
Ἀλκη,ἡ	-η,ἡ
ἀλλά	ἄλλος,-η,-ο =
ἀλλαγή,ἡ	ἄλλος,-η,-ο -ή,ἡ
ἀλλάσσω	ἄλλος,-η,-ο -σσω
ἀλλαχόθεν	ἄλλος,-η,-ο -θεν=
ἀλλαχοῦ	ἄλλος,-η,-ο -ου=
ἀλληγορέω	ἄλλος,-η,-ο ἄγω -εω
ἀλληλουιά	=
ἀλλήλων,-ων	ἄλλος,-η,-ο -ος,-η,-ον
ἀλλογενής,-ές	ἄλλος,-η,-ο γένω -ης,-ες
ἀλλοιόω	ἄλλος,-η,-ο -οω
ἄλλομαι	-ω
ἄλλος,-η,-ο	-ος,-η,-ο
ἀλλοτριεπίσκοπος,ὁ	ἄλλος,-η,-ο ἐπί σκέπτομαι -ος,ὁ
ἀλλότριος,-α,-ον	ἄλλος,-η,-ο -ος,-α,-ον
ἀλλόφυλος,-ον	ἄλλος,-η,-ο φύω -ος,-η,-ον
ἄλλως	ἄλλος,-η,-ο -ως=
ἀλοάω	-αω
ἄλογος,-ον	ἀ- λέγω -ος,-η,-ον
ἀλόη,ἡ	-η,ἡ
ἅλς,ἁλός,ὁ	-ς,-ος,ὁ
ἁλυκός,-ή,-όν	ἅλς,ἁλός,ὁ -ικος,-η,-ον
ἀλύπητος,-ον	ἀ- λύπη,ἡ -τος,-η,-ον
ἄλυπος,-ον	ἀ- λύπη,ἡ -ος,-η,-ον

ἄλυσις,-εως,ἡ . . . . -σις,-εως,ἡ
ἀλυσιτελής,-ές . . . . ἀ- λύω τέλος,-ους,τό -ης,-ες
ἄλφα,τό . . . . =
Ἀλφαῖος,ὁ . . . . -αῖος,ὁ
ἅλων,-ωνος,ἡ . . . . ἅλως,-ω,ἡ -ων,-ωνος,ἡ
ἀλώπηξ,-εκος,ἡ . . . . -ς,-ος,ἡ(1)
ἅλως,-ω,ἡ . . . . -ς,-ος,ἡ(2)
ἅλωσις,-εως,ἡ . . . . ἁλίσκομαι -σις,-εως,ἡ
ἅμα . . . . =
ἀμαθής,-ές . . . . ἀ- μανθάνω -ης,-ες
Ἀμαλήκ,ὁ . . . . =
ἅμαξα,ἡ . . . . ἄγω -α,ἡ
ἀμαράντινος,-η,-ον . . . . ἀ- μαραίνω -ινος,-η,-ον
ἀμάραντος,-ον . . . . ἀ- μαραίνω -τος,-η,-ον
ἁμαρτάνω . . . . -ανω
ἁμάρτημα,-ματος,τό . . . . . . ἁμαρτάνω -μα,-ματος,τό
ἁμάρτησις,-εως,ἡ . . . . ἁμαρτάνω -σις,-εως,ἡ
ἁμαρτία,ἡ . . . . ἁμαρτάνω -ία,ἡ
ἁμάρτυρος,-ον . . . . ἀ- μάρτυς,-υρος,ὁ&ἡ -ος,-α,-ον
ἁμαρτωλός,-όν . . . . ἁμαρτάνω -ωλος,-η,-ον
Ἀμασίας,-ου,ὁ . . . . -ας,-ου,ὁ
ἀμαύρωσις,-εως,ἡ . . . . ἀμαυρός,-ά,-όν -σις,-εως,ἡ
ἄμαχος,-ον . . . . ἀ- μάχη,ἡ -ος,-η,-ον
ἀμάω . . . . -αω
ἀμβλυωπέω . . . . ἀμβλύς,-εῖα,-ύ ὁράω -εω
ἀμέθυστος,ὁ . . . . ἀ- μέθυ,-υος,τό -τος,ὁ
ἀμείβομαι . . . . -ω
ἀμέλεια,ἡ . . . . ἀ- μέλω -εια,ἡ
ἀμελέω . . . . ἀ- μέλω -εω
ἀμελής,-ές . . . . ἀ- μέλω -ης,-ες
ἄμεμπτος,-ον . . . . ἀ- μέμφομαι -τος,-η,-ον
ἀμέμπτως . . . . ἀ- μέμφομαι -ως=
ἀμεριμνία,ἡ . . . . ἀ- μέρος,-ους,τό -ία,ἡ
ἀμέριμνος,-ον . . . . ἀ- μέρος,-ους,τό -ος,-η,-ον
ἀμέριστος,-ον . . . . ἀ- μέρος,-ους,τό -τος,-η,-ον
ἀμετάθετος,-ον . . . . ἀ- μετά τίθημι -τος,-η,-ον
ἀμετακίνητος,-ον . . . . ἀ- μετά κίω -τος,-η,-ον
ἀμεταμέλητος,-ον . . . . ἀ- μετά μέλω -τος,-η,-ον
ἀμεταμελήτως . . . . ἀ- μετά μέλω -ως=
ἀμετανόητος,-ον . . . . ἀ- μετά νοῦς,νοός,ὁ -τος,-η,-ον
ἄμετρος,-ον . . . . ἀ- μέτρον,τό -ος,-α,-ον
ἀμήν . . . . =
ἀμήτωρ,-τορος,ὁ . . . . ἀ- μήτηρ,-τρός,ἡ -ωρ,-ορος,ὁ
ἀμίαντος,-ον . . . . ἀ- μιαίνω -τος,-η,-ον
Ἀμιναδάβ,ὁ . . . . =
ἄμμον,τό . . . . ἄμμος,ἡ -ον,τό
ἄμμος,ἡ . . . . -ος,ἡ
ἀμνησίκακος,-ον . . . . ἀ- μνάομαι(2) κακός,-ή,-όν -ος,-η,-ον
ἀμνησικάκως . . . . ἀ- μνάομαι(2) κακός,-ή,-όν -ως=
ἀμνός,ὁ . . . . -ος,ὁ
ἀμοιβή,ἡ . . . . ἀμείβω -ή,ἡ

ἄμορφος,-ον	ἀ- μορφή,ἡ -ος,-η,-ον
ἄμπελος,ἡ	-ος,ἡ
ἀμπελουργός,ὁ	ἄμπελος,ἡ ἔργω(2) -ος,ὁ
ἀμπελών,-ῶνος,ὁ	ἄμπελος,ἡ -ων,-ωνος,ὁ
ʼΑμπλιᾶτος,ὁ	-ος,ὁ
ἀμύνομαι	-ω
ἀμφί	=
ἀμφιάζω	ἀμφί ἔννυμι -αζω
ἀμφιβάλλω	ἀμφί βάλλω -ω
ἀμφίβληστρον,τό	ἀμφί βάλλω -τρον,τό
ἀμφιβολία,ἡ	ἀμφί βάλλω -ία,ἡ
ἀμφιέννυμι	ἀμφί ἔννυμι -μι
ʼΑμφίπολις,-εως,ἡ	ἀμφί πόλις,-εως,ἡ -ις,-εως,ἡ
ἄμφοδον,τό	ἀμφί ὁδός,ἡ -ον,τό
ἀμφότεροι,-αι,-α	ἀμφί -τερος,-α,-ον
ἀμώμητος,-ον	ἀ- μέμφομαι -τος,-η,-ον
ἄμωμον,τό	-ον,τό
ἄμωμος,-ον	ἀ- μέμφομαι -ος,-η,-ον
ἀμώμως	ἀ- μέμφομαι -ως=
ʼΑμών,ὁ	=
ʼΑμώς,ὁ	=
ἄν	=
ἀνά	=
ἀναβαθμός,ὁ	ἀνά βαίνω -μος,ὁ
ἀναβαίνω	ἀνά βαίνω -ω
ἀναβάλλω	ἀνά βάλλω -ω
ἀναβάτης,-ου,ὁ	ἀνά βαίνω -της,-ου,ὁ
ἀναβιβάζω	ἀνά βαίνω -αζω
ἀναβιόω	ἀνά βίος,ὁ -οω
ἀναβλέπω	ἀνά βλέπω -ω
ἀνάβλεψις,-εως,ἡ	ἀνά βλέπω -σις,-εως,ἡ
ἀναβοάω	ἀνά βοή,ἡ -αω
ἀναβολή,ἡ	ἀνά βάλλω -ή,ἡ
ἀνάγαιον,τό	ἀνά γῆ,ἡ -ον,τό
ἀναγγέλλω	ἀνά ἄγω -ω
ἀναγεννάω	ἀνά γένω -αω
ἀναγινώσκω	ἀνά γινώσκω -σκω
ἀναγκάζω	ἀνάγκη,ἡ -αζω
ἀναγκαῖος,-α,-ον	ἀνάγκη,ἡ -ιος,-α,-ον
ἀναγκαστῶς	ἀνάγκη,ἡ -ως=
ἀνάγκη,ἡ	-η,ἡ
ἄναγνος,-ον	ἀ- ἁγνός,-ή,-όν -ος,-η,-ον
ἀναγνωρίζω	ἀνά γινώσκω -ιζω
ἀνάγνωσις,-εως,ἡ	ἀνά γινώσκω -σις,-εως,ἡ
ἀναγραφή,ἡ	ἀνά γράφω -ή,ἡ
ἀναγράφω	ἀνά γράφω -ω
ἀνάγω	ἀνά ἄγω -ω
ἀναγωγεύς,-έως,ὁ	ἀνά ἄγω -ευς,-εως,ὁ ·
ἀναδείκνυμι	ἀνά δείκνυμι -μι
ἀνάδειξις,-εως,ἡ	ἀνά δείκνυμι -σις,-εως,ἡ
ἀναδέχομαι	ἀνά δέχομαι -ω

ἀναδίδωμι . . . . ἀνά δίδωμι -μι
ἀναζάω . . . . ἀνά ζάω -ω
ἀναζέω . . . . ἀνά ζέω -ω
ἀναζητέω . . . . ἀνά ζητέω -εω
ἀναζώννυμι . . . . ἀνά ζώννυμι -μι
ἀναζωπυρέω . . . . ἀνά ζάω πῦρ,-ρός,τό -εω
ἀναθάλλω . . . . ἀνά θάλλω -ω
ἀνάθεμα,-ματος,τό . . . . ἀνά τίθημι -μα,-ματος,τό
ἀναθεματίζω . . . . ἀνά τίθημι -ιζω
ἀναθεωρέω . . . . ἀνά θεός,ὁ ὥρα,ἡ -εω
ἀνάθημα,-ματος,τό . . . . ἀνά τίθημι -μα,-ματος,τό
ἀναίδεια,ἡ . . . . ἀ- αἰδέομαι -εια,ἡ
ἀναιδεύομαι . . . . ἀ- αἰδέομαι -ευω
ἀναιδής,-ές . . . . ἀ- αἰδέομαι -ης,-ες
ἀναίρεσις,-εως,ἡ . . . . ἀνά αἱρέω -σις,-εως,ἡ
ἀναισθητέω . . . . ἀ- αἰσθάνομαι -εω
ἀναίσθητος,-ον . . . . ἀ- αἰσθάνομαι -τος,-η,-ον
ἀναίτιος,-ον . . . . ἀ- αἰτία,ἡ -ιος,-α,-ον
ἀνακαθίζω . . . . ἀνά κατά ἵζω -ω
ἀνακαινίζω . . . . ἀνά καινός,-ή,-όν -ιζω
ἀνακαινόω . . . . ἀνά καινός,-ή,-όν -οω
ἀνακαίνωσις,-εως,ἡ . . . . . . ἀνά καινός,-ή,-όν -σις,-εως,ἡ
ἀνακαλύπτω . . . . ἀνά καλύπτω -ω
ἀνακάμπτω . . . . ἀνά κάμπτω -ω
ἀνάκειμαι . . . . ἀνά κεῖμαι -μι
ἀνακεφαλαιόω . . . . ἀνά κεφαλή,ἡ -οω
ἀνακλίνω . . . . ἀνά κλίνω -ω
ἀνακοινόω . . . . ἀνά κοινός,-ή,-όν -οω
ἀνακόπτω . . . . ἀνά κόπτω -ω
ἀνακράζω . . . . ἀνά κράζω -ω
ἀνακραυγάζω . . . . ἀνά κράζω -αζω
ἀνακρίνω . . . . ἀνά κρίνω -ω
ἀνάκρισις,-εως,ἡ . . . . ἀνά κρίνω -σις,-εως,ἡ
ἀνακτάομαι . . . . ἀνά κτάομαι -ω
ἀνακτίζω . . . . ἀνά κτίζω -ω
ἀνακυλίω . . . . ἀνά κυλίνδω -ω
ἀνακύπτω . . . . ἀνά κύπτω -ω
ἀναλαμβάνω . . . . ἀνά λαμβάνω -ανω
ἀνάλημψις,-εως,ἡ . . . . ἀνά λαμβάνω -σις,-εως,ἡ
ἀναλίσκω . . . . ἀνά ἁλίσκομαι -σκω
ἀνάλλομαι . . . . ἀνά ἅλλομαι -ω
ἀναλογία,ἡ . . . . ἀνά λέγω -ία,ἡ
ἀναλογίζομαι . . . . ἀνά λέγω -ιζω
ἄναλος,-ον . . . . ἀ- ἅλς,ἁλός,ὁ -ος,-η,-ον
ἀναλόω . . . . ἀνά ἁλίσκομαι -ω
ἀνάλυσις,-εως,ἡ . . . . ἀνά λύω -σις,-εως,ἡ
ἀναλύω . . . . ἀνά λύω -ω
ἀναμάρτητος,-ον . . . . ἀ- ἁμαρτάνω -τος,-η,-ον
ἀναμαρυκάομαι . . . . ἀνά μαρυκάομαι -αω
ἀναμένω . . . . ἀνά μένω -ω
ἀναμιμνήσκω . . . . ἀνά μνάομαι(2) -σκω

ἀνάμνησις,-εως,ἡ . . . . ἀνά μνάομαι(2) -σις,-εως,ἡ
ἀνανεόω . . . . ἀνά νέος,-α,-ον -οω
ἀνανέωσις,-εως,ἡ . . . . ἀνά νέος,-α,-ον -σις,-εως,ἡ
ἀνανήφω . . . . ἀνά νήφω -ω
Ἀνανίας,-ου,ὁ . . . . -ας,-ου,ὁ
ἀναντίρρητος,-ον . . . . ἀ- ἀντί ῥέω(1) -τος,-η,-ον
ἀναντιρρήτως . . . . ἀ- ἀντί ῥέω(1) -ως=
ἀναντλέω . . . . ἀνά ἄντλος,ὁ -εω
ἀνάξιος,-ον . . . . ἀ- ἄγω -ιος,-α,-ον
ἀναξίως . . . . ἀ- ἄγω -ως=
ἀναπάρτιστος,-ον . . . . ἀ- ἀπό ἄρτι -τος,-η,-ον
ἀνάπαυσις,-εως,ἡ . . . . ἀνά παύω -σις,-εως,ἡ
ἀναπαύω . . . . ἀνά παύω -ω
ἀναπαφλάζω . . . . -αζω
ἀναπείθω . . . . ἀνά πείθω -ω
ἀνάπειρος,-ον . . . . ἀνά πηρός,-ά,-όν -ος,-α,-ον
ἀναπέμπω . . . . ἀνά πέμπω -ω
ἀναπηδάω . . . . ἀνά πηδάω -αω
ἀνάπηρος,-ον . . . . ἀνά πηρός,-ά,-όν -ος,-α,-ον
ἀναπίπτω . . . . ἀνά πίπτω -ω
ἀναπλάσσω . . . . ἀνά πλάσσω -σσω
ἀναπληρόω . . . . ἀνά πλέος,-α,-ον -οω
ἀναπολόγητος,-ον . . . . ἀ- ἀπό λέγω -τος,-η,-ον
ἀναπράσσω . . . . ἀνά πράσσω -σσω
ἀναπτύσσω . . . . ἀνά πτύσσω -σσω
ἀνάπτω . . . . ἀνά ἅπτω -ω
ἀναρίθμητος,-ον . . . . ἀ- ἀριθμός,ὁ -τος,-η,-ον
ἀνασείω . . . . ἀνά σείω -ω
ἀνασκευάζω . . . . ἀνά σκεῦος,-ους,τό -αζω
ἀνασπάω . . . . ἀνά σπάω -ω
ἀνάστασις,-εως,ἡ . . . . ἀνά ἵστημι -σις,-εως,ἡ
ἀναστατόω . . . . ἀνά ἵστημι -οω
ἀνασταυρόω . . . . ἀνά ἵστημι -οω
ἀναστενάζω . . . . ἀνά στενός,-ή,-όν -αζω
ἀναστρέφω . . . . ἀνά στρέφω -ω
ἀναστροφή,ἡ . . . . ἀνά στρέφω -ή,ἡ
ἀνασῴζω . . . . ἀνά σῴζω -ω
ἀνατάσσομαι . . . . ἀνά τάσσω -σσω
ἀνατέλλω . . . . ἀνά τέλλω -ω
ἀνατίθημι . . . . ἀνά τίθημι -μι
ἀνατολή,ἡ . . . . ἀνά τέλλω -ή,ἡ
ἀνατολικός,-ή,-όν . . . . ἀνά τέλλω -ικος,-η,-ον
ἀνατομή,ἡ . . . . ἀνά τέμνω -ή,ἡ
ἀνατρέπω . . . . ἀνά τρέπω -ω
ἀνατρέφω . . . . ἀνά τρέφω -ω
ἀνατρέχω . . . . ἀνά τρέχω -ω
ἀνατυλίσσω . . . . ἀνά τυλίσσω -σσω
ἀναφάω . . . . ἀνά φάω -ω
ἀναφέρω . . . . ἀνά φέρω -ω
ἀναφωνέω . . . . ἀνά φωνή,ἡ -εω
ἀνάχυσις,-εως,ἡ . . . . ἀνά χέω -σις,-εως,ἡ

άναχωρέω . . . . άνά χῶρος,ό -εω
άνάψυξις,-εως,ή . . . . άνά ψύχω -σις,-εως,ή
άναψύχω . . . . άνά ψύχω -ω
άνδραποδιστής,-οῦ,ό . . . . . . άνήρ,άνδρός,ό πούς,ποδός,ό
-της,-ου,ό
'Ανδρέας,-ου,ό . . . . άνήρ,άνδρός,ό -ας,-ου,ό
άνδρεῖος,-α,-ον . . . . άνήρ,άνδρός,ό -ιος,-α,-ον
άνδρείως . . . . άνήρ,άνδρός,ό -ως=
άνδρίζομαι . . . . άνήρ,άνδρός,ό -ιζω
'Ανδρόνικος,ό . . . . άνήρ,άνδρός,ό νίκη,ή -ος,ό
άνδροφόνος,ό . . . . άνήρ,άνδρός,ό φένω -ος,ό
άνεγκλησία,ή . . . . ά- έν καλέω -ία,ή
άνέγκλητος,-ον . . . . ά- έν καλέω -τος,-η,-ον
άνεκδιήγητος,-ον . . . . ά- έκ διά άγω -τος,-η,-ον
άνεκλάλητος,-ον . . . . ά- έκ λαλέω -τος,-η,-ον
άνέκλειπτος,-ον . . . . ά- έκ λείπω -τος,-η,-ον
άνεκτός,-όν . . . . άνά έχω -τος,-η,-ον
άνελεήμων,-ον . . . . ά- έλεος,-ους,τό -μων,-ον
άνέλεος,-ον . . . . ά- έλεος,-ους,τό -ος,-α,-ον
άνεμίζω . . . . άνεμος,ό -ιζω
άνεμος,ό . . . . -ος,ό
άνεμπόδιστος,-ον . . . . ά- έν πούς,ποδός,ό -τος,-η,-ον
άνεμποδίστως . . . . ά- έν πούς,ποδός,ό -ως=
άνένδεκτος,-ον . . . . ά- έν δέχομαι -τος,-η,-ον
άνεξεραύνητος,-ον . . . . ά- έκ έρομαι -τος,-η,-ον
άνεξίκακος,-ον . . . . άνά έχω κακός,-ή,-όν -ος,-η,-ον
άνεξιχνίαστος,-ον . . . . ά- έκ ίχνος,-ους,τό -τος,-η,-ον
άνεπαίσχυντος,-ον . . . . ά- έπί αίσχος,-ους,τό -τος,-η,-ον
άνεπιδεής,-ές . . . . ά- έπί δέω(2) -ης,-ες
άνεπίλημπτος,-ον . . . . ά- έπί λαμβάνω -τος,-η,-ον
άνέρχομαι . . . . άνά έρχομαι -ω
άνερωτάω . . . . άνά έρομαι -αω
άνεσις,-εως,ή . . . . άνά ίημι -σις,-εως,ή
άνετάζω . . . . άνά έτεός,-ά,-όν -αζω
άνευ . . . . =
άνεύθετος,-ον . . . . ά- εῦ τίθημι -τος,-η,-ον
άνευρίσκω . . . . άνά εύρίσκω -σκω
άνευφημέω . . . . άνά εύ φημί -εω
άνέχω . . . . άνά έχω -ω
άνεψιός,ό . . . . -ος,ό
άνηθον,τό . . . . -ον,τό
άνήκω . . . . άνά ήκω -ω
άνήμερος,-ον . . . . ά- ήμερος,-ον -ος,-α,-ον
άνήρ,άνδρός,ό . . . . -___,-ος,ό(2)
άνθέω . . . . άνθος,-ους,τό -εω
άνθηρός,-ά,-όν . . . . άνθος,-ους,τό -ρος,-α,-ον
άνθίστημι . . . . άντί ίστημι -μι
άνθομολογέομαι . . . . άντί όμός,-ή,-όν λέγω -εω
άνθος,-ους,τό . . . . -ος,-ους,τό
άνθρακιά,ή . . . . άνθραξ,-ακος,ό -ιά,ή
άνθραξ,-ακος,ό . . . . -ς,-ος,ό

ἀνθρωπαρεσκέω . . . . ἄνθρωπος,ὁ ἄρω -εω
ἀνθρωπάρεσκος,-ον . . . . . . ἄνθρωπος,ὁ ἄρω -ος,-η,-ον
ἀνθρώπινος,-η,-ον . . . . ἄνθρωπος,ὁ -ινος,-η,-ον
ἀνθρωπίνως . . . . ἄνθρωπος,ὁ -ως=
ἀνθρωποκτόνος,ὁ . . . . ἄνθρωπος,ὁ κτείνω -ος,ὁ
ἀνθρωπόμορφος,-ον . . . . . . ἄνθρωπος,ὁ μορφή,ἡ -ος,-η,-ον
ἀνθρωποποίητος,-ον . . . . . . ἄνθρωπος,ὁ ποιέω -τος,-η,-ον
ἄνθρωπος,ὁ . . . . -ος,ὁ
ἀνθυπατεύω . . . . ἀντί ὕπατος,-η,-ον -ευω
ἀνθύπατος,ὁ . . . . ἀντί ὕπατος,-η,-ον -ος,ὁ
ἀνίατος,-ον . . . . ἀ- ἰάομαι -τος,-η,-ον
ἀνίημι . . . . ἀνά ἵημι -μι
ἀνίλεως,-ων . . . . ἀ- ἵλαος,-ον -ως,-ων
ἀνίπταμαι . . . . ἀνά πέτομαι -μι
ἄνιπτος,-ον . . . . ἀ- νίζω -ος,-η,-ον
ἀνίστημι . . . . ἀνά ἵστημι -μι
Ἄννα,ἡ . . . . -α,ἡ
Ἄννας,-α,ὁ . . . . -ας,-α,ὁ
ἀνοδία,ἡ . . . . ἀ- ὁδός,ἡ -ία,ἡ
ἀνόητος,-ον . . . . ἀ- νοῦς,νοός,ὁ -τος,-η,-ον
ἄνοια,ἡ . . . . ἀ- νοῦς,νοός,ὁ -ια,ἡ
ἀνοίγω . . . . ἀνά οἴγω -ω
ἀνοικοδομέω . . . . ἀνά οἶκος,ὁ δέμω -εω
ἄνοιξις,-εως,ἡ . . . . ἀνά οἴγω -σις,-εως,ἡ
ἀνομέω . . . . ἀ- νέμω -εω
ἀνόμημα,-ματος,τό . . . . ἀ- νέμω -μα,-ματος,τό
ἀνομία,ἡ . . . . ἀ- νέμω -ία,ἡ
ἀνόμοιος,-ον . . . . ἀ- ὁμός,-ή,-όν -ιος,-α,-ον
ἄνομος,-ον . . . . ἀ- νέμω -ος,-η,-ον
ἀνόμως . . . . ἀ- νέμω -ως=
ἀνονειδίστως . . . . ἀ- ὄνειδος,-ους,τό -ως=
ἀνόνητος,-ον . . . . ἀ- ὀνίνημι -τος,-η,-ον
ἀνορθόω . . . . ἀνά ὀρθός,-ή,-όν -οω
ἀνόσιος,-ον . . . . ἀ- ὅσιος,-α,-ον -ος,-α,-ον
ἀνοχή,ἡ . . . . ἀνά ἔχω -ή,ἡ
ἀνταγωνίζομαι . . . . ἀντί ἀγών,-ῶνος,ὁ -ιζω
ἀντακούω . . . . ἀντί ἀκούω -ω
ἀνταλλαγή,ἡ . . . . ἀντί ἄλλος,-η,-ο -ή,ἡ
ἀντάλλαγμα,-ματος,τό . . . . . ἀντί ἄλλος,-η,-ο -μα,-ματος,τό
ἀνταναιρέω . . . . ἀντί ἀνά αἱρέω -εω
ἀνταναπληρόω . . . . ἀντί ἀνά πλέος,-α,-ον -οω
ἀνταποδίδωμι . . . . ἀντί ἀπό δίδωμι -μι
ἀνταπόδομα,-ματος,τό . . . . . ἀντί ἀπό δίδωμι -μα,-ματος,τό
ἀνταπόδοσις,-εως,ἡ . . . . . . ἀντί ἀπό δίδωμι -σις,-εως,ἡ
ἀνταποδότης,-ου,ὁ . . . . ἀντί ἀπό δίδωμι -της,-ου,ὁ
ἀνταποκρίνομαι . . . . ἀντί ἀπό κρίνω -ω
ἀντασπάζομαι . . . . ἀντί ἀσπάζομαι -αζω
ἀντέχω . . . . ἀντί ἔχω -ω
ἀντί . . . . =
ἀντιβάλλω . . . . ἀντί βάλλω -ω
ἀντιβλέπω . . . . ἀντί βλέπω -ω

ἀντίγραφον,τό . . . . ἀντί γράφω -ον,τό
ἀντιδιατίθημι . . . . ἀντί διά τίθημι -μι
ἀντίδικος,ὁ . . . . ἀντί δίκη,ἡ -ος,ὁ
ἀντίδοτος,ἡ . . . . ἀντί δίδωμι -ος,ἡ
ἀντίζηλος,ὁ . . . . ἀντί ζέω -ος,ὁ
ἀντίθεσις,-εως,ἡ . . . . ἀντί τίθημι -σις,-εως,ἡ
ἀντικαθίστημι . . . . ἀντί κατά ἵστημι -μι
ἀντικαλέω . . . . ἀντί καλέω -εω
ἀντικείμαι . . . . ἀντί κεῖμαι -μι
ἀντικνήμιον,τό . . . . ἀντί κνήμη,ἡ -ιον,τό(2)
ἄντικρυς . . . . ἀντί =
ἀντιλαμβάνω . . . . ἀντί λαμβάνω -ανω
ἀντιλέγω . . . . ἀντί λέγω -ω
ἀντίλημψις,-εως,ἡ . . . . . . ἀντί λαμβάνω -σις,-εως,ἡ
ἀντιλήπτωρ,-ορος,ὁ . . . . . ἀντί λαμβάνω -τωρ,-τορος,ὁ
ἀντιλογία,ἡ . . . . ἀντί λέγω -ία,ἡ
ἀντιλοιδορέω . . . . ἀντί λοίδορος,-ον -εω
ἀντίλυτρον,τό . . . . ἀντί λύω -τρον,τό
ἀντιμετρέω . . . . ἀντί μέτρον,τό -εω
ἀντιμιμέομαι . . . . ἀντί μιμέομαι -ω
ἀντιμισθία,ἡ . . . . ἀντί μισθός,ὁ -ία,ἡ
Ἀντιόχεια,ἡ . . . . Ἀντίοχος,ὁ -εια,ἡ
Ἀντιοχεύς,-έως,ὁ . . . . Ἀντίοχος,ὁ -ευς,-εως,ὁ
ἀντιπαλαίω . . . . ἀντί πάλλω -ω
ἀντιπαρέλκω . . . . ἀντί παρά ἕλκω -ω
ἀντιπαρέρχομαι . . . . ἀντί παρά ἔρχομαι -ω
Ἀντιπᾶς,-ᾶ,ὁ . . . . ἀντί πατήρ,-τρός,ὁ -ας,-α,ὁ
Ἀντιπατρίς,-ίδος,ἡ . . . . . . ἀντί πατήρ,-τρός,ὁ -ις,-ιδος,ἡ
ἀντιπέρα . . . . ἀντί πέρα =
ἀντιπίπτω . . . . ἀντί πίπτω -ω
ἀντιστρατεύομαι . . . . ἀντί στρατός,ὁ -ευω
ἀντιτάσσω . . . . ἀντί τάσσω -σσω
ἀντίτυπος,-ον . . . . ἀντί τύπος,ὁ -ος,-η,-ον
ἀντίχριστος,ὁ . . . . ἀντί χρίω -τος,ὁ
ἀντίψυχον,τό . . . . ἀντί ψύχω -ον,τό
ἀντλέω . . . . ἄντλος,ὁ -εω
ἄντλημα,-ματος,τό . . . . . . ἄντλος,ὁ -μα,-ματος,τό
ἀντοφθαλμέω . . . . ἀντί ὁράω -εω
ἀνυβρίστως . . . . ἀ- ὕβρις,-εως,ἡ -ως=
ἄνυδρος,-ον . . . . ἀ- ὕδωρ,ὕδατος,τό -ος,-α,-ον
ἀνυπέρβλητος,-ον . . . . . . ἀ- ὑπέρ βάλλω -τος,-η,-ον
ἀνυπόκριτος,-ον . . . . ἀ- ὑπό κρίνω -τος,-η,-ον
ἀνυποκρίτως . . . . ἀ- ὑπό κρίνω -ως=
ἀνυπότακτος,-ον . . . . ἀ- ὑπό τάσσω -τος,-η,-ον
ἀνυστέρητος,-ον . . . . ἀ- ὕστερος,-α,-ον -τος,-η,-ον
ἄνω . . . . ἀνά -ω=
ἀνώγαιον,τό . . . . ἀνά γῆ,ἡ -ον,τό
ἄνωθεν . . . . ἀνά -θεν=
ἀνωτερικός,-ή,-όν . . . . . . ἀνά -ικος,-η,-ον
ἀνώτερος,-α,-ον . . . . ἀνά -τερος,-α,-ον
ἀνωφελής,-ές . . . . ἀ- ὀφέλλω(1) -ης,-ες

ἀξιαγάπητος,-ον . . . . ἄγω ἄγαμαι -τος,-η,-ον
ἀξιέπαινος,-ον . . . . ἄγω ἐπί αἶνος,ὁ -ος,-η,-ον
ἀξίνη,ἡ . . . . ἄγνυμι -η,ἡ
ἀξιόαγνος,-ον . . . . ἄγω ἁγνός,-ή,-όν -ος,-η,-ον
ἀξιοεπίτευκτος,-ον . . . . ἄγω ἐπί τυγχάνω -τος,-η,-ον
ἀξιοθαύμαστος,-ον . . . . ἄγω θάομαι -τος,-η,-ον
ἀξιόθεος,-ον . . . . ἄγω θεός,ὁ -ος,-α,-ον
ἀξιομακάριστος,-ον . . . . . . ἄγω μάκαρ,-αιρα,-αρ -ιστος,-η,-ον
ἀξιονόμαστος,-ον . . . . ἄγω ὄνομα,-ματος,τό -τος,-η,-ον
ἀξιόπιστος,-ον . . . . ἄγω πείθω -ος,-η,-ον
ἀξιόπλοκος,-ον . . . . ἄγω πλέκω -ος,-η,-ον
ἀξιοπρεπής,-ές . . . . ἄγω πρέπω -ης,-ες
ἄξιος,-α,-ον . . . . ἄγω -ιος,-α,-ον
ἀξιόω . . . . ἄγω -οω
ἀξίως . . . . ἄγω -ως=
ἀοίκητος,-ον . . . . ἀ- οἶκος,ὁ -τος,-η,-ον
ἄοκνος,-ον . . . . ἀ- ὄκνος,ὁ -ος,-η,-ον
ἀόκνως . . . . ἀ- ὄκνος,ὁ -ως=
ἀόρατος,-ον . . . . ἀ- ὁράω -τος,-η,-ον
ἀόργητος,-ον . . . . ἀ- ὀρέγω -τος,-η,-ον
ἀπαγγέλλω . . . . ἀπό ἄγω -ω
ἀπάγχω . . . . ἀπό ἄγχω -ω
ἀπάγω . . . . ἀπό ἄγω -ω
ἀπαθής,-ές . . . . ἀ- πάσχω -ης,-ες
ἀπαίδευτος,-ον . . . . ἀ- παῖς,παιδός,ὁ&ἡ -τος,-η,-ον
ἀπαίρω . . . . ἀπό αἴρω -ω
ἀπαιτέω . . . . ἀπό αἰτέω -ω
ἀπαλγέω . . . . ἀπό ἄλγος,-ους,τό -εω
ἀπαλλάσσω . . . . ἀπό ἄλλος,-η,-ο -σσω
ἀπαλλοτριόω . . . . ἀπό ἄλλος,-η,-ο -οω
ἀπαλός,-ή,-όν . . . . -ος,-η,-ον
ἀπαναίνομαι . . . . ἀπό ἀναίνομαι -ω
ἀπάνθρωπος,-ον . . . . ἀπό ἄνθρωπος,ὁ -ος,-η,-ον
ἀπαντάω . . . . ἀπό ἀντί -αω
ἀπάντησις,-εως,ἡ . . . . ἀπό ἀντί -σις,-εως,ἡ
ἅπαξ . . . . =
ἀπαράβατος,-ον . . . . ἀ- παρά βαίνω -τος,-η,-ον
ἀπαρασκεύαστος,-ον . . . . . . ἀ- παρά σκεῦος,-ους,τό -τος,-η,-ον
ἀπαρνέομαι . . . . ἀπό ἀρνέομαι -εω
ἀπαρτί . . . . ἀπό ἄρτι =
ἀπαρτίζω . . . . ἀπό ἄρτι -ιζω
ἀπάρτισμα,-ματος,τό . . . . . . ἀπό ἄρτι -μα,-ματος,τό
ἀπαρτισμός,ὁ . . . . ἀπό ἄρτι -μος,ὁ
ἀπαρχή,ἡ . . . . ἀπό ἄρχω -ή,ἡ
ἅπας,-ασα,-αν . . . . ἅμα πᾶς,πᾶσα,πᾶν -ας,-ασα,-αν
ἀπασπάζομαι . . . . ἀπό ἀσπάζομαι -ω
ἀπατάω . . . . ἀπάτη,ἡ -αω
ἀπάτη,ἡ . . . . -η,ἡ
ἀπάτωρ,-τορος,ὁ . . . . ἀ- πατήρ,-τρός,ὁ -ωρ,-ορος,ὁ
ἀπαύγασμα,-ματος,τό . . . . . . ἀπό αὐγή,ἡ -μα,-ματος,τό
ἀπαφρίζω . . . . ἀπό ἀφρός,ὁ -ιζω

ἀπείθεια,ἡ . . . . ἀ- πείθω -εια,ἡ
ἀπειθέω . . . . ἀ- πείθω -εω
ἀπειθής,-ές . . . . ἀ- πείθω -ης,-ες
ἀπειλέω . . . . ἀπειλή,ἡ -εω
ἀπειλή,ἡ . . . . -λη,ἡ
ἄπειμι(1) . . . . ἀπό εἰμί -μι*
ἄπειμι(2) . . . . ἀπό εἶμι -μι*
ἀπείραστος,-ον . . . . . ἀ- πεῖρα,ἡ -τος,-η,-ον
ἄπειρος,-ον(1) . . . . . ἀ- πεῖρα,ἡ -ος,-α,-ον
ἄπειρος,-ον(2) . . . . . ἀ- πέρα -ος,-α,-ον
ἀπεκδέχομαι . . . . ἀπό ἐκ δέχομαι -ω
ἀπεκδύομαι . . . . ἀπό ἐκ δύω -ω
ἀπέκδυσις,-εως,ἡ . . . . ἀπό ἐκ δύω -σις,-εως,ἡ
ἀπελαύνω . . . . ἀπό ἐλαύνω -ω
ἀπελεγμός,ὁ . . . . ἀπό ἐλέγχω -μος,ὁ
ἀπελεύθερος,ὁ . . . . ἀπό ἐλεύθερος,-α,-ον -ος,ὁ
Ἀπελλῆς,-οῦ,ὁ . . . . -ης,-ου,ὁ
ἀπελπίζω . . . . ἀπό ἐλπίς,-ίδος,ἡ -ιζω
ἀπέναντι . . . . ἀπό ἐν ἀντί =
ἀπέραντος,-ον . . . . ἀ- πέρα -τος,-η,-ον
ἀπερινόητος,-ον . . . . ἀ- περί νοῦς,νοός,ὁ -τος,-η,-ον
ἀπερίσπαστος,-ον . . . . ἀ- περί σπάω -τος,-η,-ον
ἀπερισπάστως . . . . ἀ- περί σπάω -ως=
ἀπερίτμητος,-ον . . . . ἀ- περί τέμνω -τος,-η,-ον
ἀπέρχομαι . . . . ἀπό ἔρχομαι -ω
ἀπέχω . . . . ἀπό ἔχω -ω
ἀπιστέω . . . . ἀ- πείθω -εω
ἀπιστία,ἡ . . . . ἀ- πείθω -ία,ἡ
ἄπιστος,-ον . . . . ἀ- πείθω -τος,-η,-ον
ἁπλότης,-τητος,ἡ . . . . . ἅμα -της,-τητος,ἡ
ἁπλοῦς,-ῆ,-οῦν . . . . . . ἅμα -πλοῦς,-ῆ,-οῦν
ἁπλόω . . . . ἅμα -πλοῦς,-ῆ,-οῦν -ω
ἄπλυτος,-ον . . . . ἀ- πλύνω -τος,-η,-ον
ἁπλῶς . . . . ἁπλοῦς,-ῆ,-οῦν -ως=
ἀπό . . . . . . =
ἀποβαίνω . . . . ἀπό βαίνω -ω
ἀποβάλλω . . . . ἀπό βάλλω -ω
ἀποβλέπω . . . . ἀπό βλέπω -ω
ἀπόβλητος,-ον . . . . ἀπό βάλλω -τος,-η,-ον
ἀποβολή,ἡ . . . . ἀπό βάλλω -ή,ἡ
ἀπογένω . . . . ἀπό γένω -ω
ἀπογινώσκω . . . . ἀπό γινώσκω -σκω
ἀπογνωρίζω . . . . ἀπό γινώσκω -ιζω
ἀπογραφή,ἡ . . . . ἀπό γράφω -ή,ἡ
ἀπογράφω . . . . ἀπό γράφω -ω
ἀποδείκνυμι . . . . ἀπό δείκνυμι -μι
ἀπόδειξις,-εως,ἡ . . . . . . ἀπό δείκνυμι -σις,-εως,ἡ
ἀποδεκατεύω . . . . ἀπό δέκα -ευω
ἀποδεκατόω . . . . ἀπό δέκα -οω
ἀπόδεκτος,-ον . . . . ἀπό δέχομαι -τος,-η,-ον
ἀποδέχομαι . . . . ἀπό δέχομαι -ω

ἀποδημέω . . . . ἀπό δῆμος,ὁ -εω
ἀποδημία,ἡ . . . . ἀπό δῆμος,ὁ -ία,ἡ
ἀπόδημος,-ον . . . . ἀπό δῆμος,ὁ -ος,-η,-ον
ἀποδιδράσκω . . . . ἀπό δράω -σκω
ἀποδίδωμι . . . . ἀπό δίδωμι -μι
ἀποδιορίζω . . . . ἀπό διά ὅρος,ὁ -ιζω
ἀποδιυλίζω . . . . ἀπό διά ὕλη,ἡ -ιζω
ἀποδιυλισμός,ὁ . . . . ἀπό διά ὕλη,ἡ -μος,ὁ
ἀποδοκιμάζω . . . . ἀπό δέχομαι -αζω
ἀποδοχή,ἡ . . . . ἀπό δέχομαι -ή,ἡ
ἀποδύομαι . . . . ἀπό δύω -ω
ἀπόθεσις,-εως,ἡ . . . . ἀπό τίθημι -σις,-εως,ἡ
ἀποθήκη,ἡ . . . . ἀπό τίθημι -η,ἡ
ἀποθησαυρίζω . . . . ἀπό τίθημι -ιζω
ἀποθλίβω . . . . ἀπό θλίβω -ω
ἀποθνῄσκω . . . . ἀπό θνῄσκω -σκω
ἀποίητος,-ον . . . . ἀ- ποιέω -τος,-η,-ον
ἀποκαθιστάνω . . . . ἀπό κατά ἵστημι -ανω
ἀποκαθίστημι . . . . ἀπό κατά ἵστημι -μι
ἀποκαλύπτω . . . . ἀπό καλύπτω -ω
ἀποκάλυψις,-εως,ἡ . . . . . . ἀπό καλύπτω -σις,-εως,ἡ
ἀποκαραδοκία,ἡ . . . . ἀπό κάρα,τό δέχομαι -α,ἡ
ἀποκαταλλάσσω . . . . ἀπό κατά ἄλλος,-η,-ο -σσω
ἀποκατάστασις,-εως,ἡ . . . . . ἀπό κατά ἵστημι -σις,-εως,ἡ
ἀπόκειμαι . . . . ἀπό κεῖμαι -μι
ἀπόκενος,-ον . . . . ἀπό κενός,-ή,-όν -ος,-η,-ον
ἀποκεφαλίζω . . . . ἀπό κεφαλή,ἡ -ιζω
ἀποκλείω . . . . ἀπό κλείω -ω
ἀποκνέω . . . . ἀπό ὄκνος,ὁ -εω
ἀποκομίζω . . . . ἀπό κομέω -ιζω
ἀποκόπτω . . . . ἀπό κόπτω -ω
ἀπόκριμα,-ματος,τό . . . . . . ἀπό κρίνω -μα,-ματος,τό
ἀποκρίνομαι . . . . ἀπό κρίνω -ω
ἀπόκρισις,-εως,ἡ . . . . ἀπό κρίνω -σις,-εως,ἡ
ἀποκρύπτω . . . . ἀπό κρύπτω -ω
ἀπόκρυφος,-ον . . . . ἀπό κρύπτω -ος,-η,-ον
ἀποκτείνω . . . . ἀπό κτείνω -ω
ἀποκυέω . . . . ἀπό κύω -εω
ἀποκυλίω . . . . ἀπό κυλίνδω -ω
ἀπολακτίζω . . . . ἀπό λάξ -ιζω
ἀπολαλέω . . . . ἀπό λαλέω -εω
ἀπολαμβάνω . . . . ἀπό λαμβάνω -ανω
ἀπόλαυσις,-εως,ἡ . . . . ἀπό λαύω -σις,-εως,ἡ
ἀπολείπω . . . . ἀπό λείπω -ω
ἀπολείχω . . . . ἀπό λείχω -ω
ἀπόλλυμι . . . . ἀπό ὄλλυμι -μι
Ἀπολλύων,-ονος,ὁ . . . . . . ἀπό ὄλλυμι -ων,-ονος,ὁ
Ἀπολλωνία,ἡ . . . . ἀπό ὄλλυμι -ία,ἡ
Ἀπολλώνιος,ὁ . . . . ἀπό ὄλλυμι -ιος,ὁ
Ἀπολλῶς,-ῶ,ὁ . . . . ἀπό ὄλλυμι *
ἀπολογέομαι . . . . ἀπό λέγω -εω

ἀπολογία,ἡ	ἀπό λέγω -ία,ἡ
ἀπολούω	ἀπό λούω -ω
ἀπόλυσις,-εως,ἡ	ἀπό λύω -σις,-εως,ἡ
ἀπολύτρωσις,-εως,ἡ	ἀπό λύω -σις,-εως,ἡ
ἀπολύω	ἀπό λύω -ω
ἀπομάσσω	ἀπό μάω -σσω
ἀπομένω	ἀπό μένω -ω
ἀπομνημονεύω	ἀπό μνάομαι(2) -ευω
ἀπονέμω	ἀπό νέμω -ω
ἀπονεύω	ἀπό νεύω -ω
ἀπονίζω	ἀπό νίζω -ω
ἀπόνοια,ἡ	ἀπό νοῦς,νοός,ὁ -ια,ἡ
ἀποπίπτω	ἀπό πίπτω -ω
ἀποπλανάω	ἀπό πλάνη,ἡ -αω
ἀποπλέω	ἀπό πλέω -ω
ἀποπλύνω	ἀπό πλύνω -ω
ἀποπνίγω	ἀπό πνίγω -ω
ἀπορέω	ἀ- πέρα -εω
ἀπορρήγνυμι	ἀπό ῥήγνυμι -μι
ἀπορία,ἡ	ἀ- πέρα -ία,ἡ
ἀπορρίπτω	ἀπό ῥίπτω -ω
ἀπορρέω	ἀπό ῥέω(2) -ω
ἀπορφανίζω	ἀπό ὀρφανός,-ή,-όν -ιζω
ἀποσκευάζω	ἀπό σκεῦος,-ους,τό -αζω
ἀποσκίασμα,-ματος,τό	ἀπό σκιά,ἡ -μα,-ματος,τό
ἀποσπάω	ἀπό σπάω -ω
ἀποστασία,ἡ	ἀπό ἵστημι -ία,ἡ
ἀποστάσιον,τό	ἀπό ἵστημι -ιον,τό(2)
ἀποστάτης,-ου,ὁ	ἀπό ἵστημι -της,-ου,ὁ
ἀποστεγάζω	ἀπό στέγω -αζω
ἀποστέλλω	ἀπό στέλλω -ω
ἀποστερέω	ἀπό στερέω -εω
ἀποστέρησις,-εως,ἡ	ἀπό στερέω -σις,-εως,ἡ
ἀποστερητής,-οῦ,ὁ	ἀπό στερέω -της,-ου,ὁ
ἀποστιβάζω	ἀπό στείβω -αζω
ἀποστολή,ἡ	ἀπό στέλλω -ή,ἡ
ἀποστολικός,-ή,-όν	ἀπό στέλλω -ικος,-η,-ον
ἀπόστολος,ὁ	ἀπό στέλλω -ος,ὁ
ἀποστοματίζω	ἀπό στόμα,-ματος,τό -ιζω
ἀποστρέφω	ἀπό στρέφω -ω
ἀποστροφή,ἡ	ἀπό στρέφω -ή,ἡ
ἀποστυγέω	ἀπό στύγος,-ους,τό -εω
ἀποσυνάγωγος,-ον	ἀπό σύν ἄγω -ος,-η,-ον
ἀποσυνέχω	ἀπό σύν ἔχω -ω
ἀποσύρω	ἀπό σύρω -ω
ἀποτάσσω	ἀπό τάσσω -σσω
ἀποτελέω	ἀπό τέλος,-ους,τό -εω
ἀποτίθημι	ἀπό τίθημι -μι
ἀποτίκτω	ἀπό τίκτω -ω
ἀποτινάσσω	ἀπό τείνω -σσω
ἀποτίνω	ἀπό τίνω -ω

ἀποτολμάω . . . . ἀπό τόλμα,ἡ -αω
ἀποτομία,ἡ . . . . ἀπό τέμνω -ία,ἡ
ἀπότομος,-ον . . . . ἀπό τέμνω -ος,-η,-ον
ἀποτόμως . . . . ἀπό τέμνω -ως=
ἀποτρέπω . . . . ἀπό τρέπω -ω
ἀποτρέχω . . . . ἀπό τρέχω -ω
ἀποτυγχάνω . . . . ἀπό τύχη,ἡ -ανω
ἀποτυφλόω . . . . ἀπό τυφλός,-ἡ,-όν -οω
ἀπουσία,ἡ . . . . ἀπό εἰμί -ία,ἡ
ἀποφαίνομαι . . . . ἀπό φάω -ω
ἀποφέρω . . . . ἀπό φέρω -ω
ἀποφεύγω . . . . ἀπό φεύγω -ω
ἀποφθέγγομαι . . . . ἀπό φθέγγομαι -ω
ἀποφορτίζομαι . . . . ἀπό φέρω -ιζω
ἀπόχρησις,-εως,ἡ . . . . ἀπό χράω(3) -σις,-εως,ἡ
ἀποχωρέω . . . . ἀπό χῶρος,ὁ -εω
ἀποχωρίζω . . . . ἀπό χωρίς -ιζω
ἀποψύχω . . . . ἀπό ψύχω -ω
᾿Αππιος,ὁ . . . . -ος,ὁ
ἀπρεπής,-ές . . . . ἀ- πρέπω -ης,-ες
ἀπροσδεής,-ές . . . . ἀ- πρός δέω(2) -ης,-ες
ἀπροσδόκητος,-ον . . . . ἀ- πρός δέχομαι -τος,-η,-ον
ἀπρόσιτος,-ον . . . . ἀ- πρός εἰμι -τος,-η,-ον
ἀπρόσκοπος,-ον . . . . ἀ- πρός κόπτω -ος,-η,-ον
ἀπροσκόπως . . . . ἀ- πρός κόπτω -ως=
ἀπροσωπολήμπτως . . . . . . ἀ- πρός ὁράω λαμβάνω -ως=
ἄπταιστος,-ον . . . . ἀ- πταίω -τος,-η,-ον
ἅπτω . . . . -ω
᾿Απφία,ἡ . . . . -α,ἡ
ἀπωθέω . . . . ἀπό ὠθέω -ω
ἀπώλεια,ἡ . . . . ἀπό ὄλλυμι -εια,ἡ
ἀρά,ἡ . . . . -ά,ἡ
ἄρα . . . . =
ἄρα . . . . =
᾿Αραβία,ἡ . . . . ᾿Αραψ,-αβος,ὁ -ία,ἡ
᾿Αραβικός,-ἡ,-όν . . . . ᾿Αραψ,-αβος,ὁ -ικος,-η,-ον
᾿Αράμ,ὁ . . . . =
ἄραφος,-ον . . . . ἀ- ράπτω -ος,-η,-ον
᾿Αραψ,-αβος,ὁ . . . . -ς,-ος,ὁ
ἀργέω . . . . ἀ- ἔργω(2) -εω
ἀργός,-ἡ,-όν . . . . ἀ- ἔργω(2) -ος,-η,-ον
ἀργύριον,τό . . . . ἀργός,-ἡ,-όν(1) -ιον,τό(2)
ἀργυροκόπος,ὁ . . . . ἀργός,-ἡ,-όν(1) κόπτω -ος,ὁ
ἄργυρος,ὁ . . . . ἀργός,-ἡ,-όν(1) -ος,ὁ
ἀργυροῦς,-ᾶ,-οῦν . . . . ἀργός,-ἡ,-όν(1) -ους,-α,-ουν
᾿Αρειος,-α,-ον . . . . ᾿Αρης,-εος,ὁ -ιος,-α,-ον
᾿Αρεοπαγίτης,-ου,ὁ . . . . ᾿Αρης,-εος,ὁ πήγνυμι -ιτης,-ου,ὁ
ἀρεσκεία,ἡ . . . . ἄρω -εία,ἡ
ἀρέσκω . . . . ἄρω -σκω
ἀρεστός,-ἡ,όν . . . . ἄρω -τος,-η,-ον
᾿Αρέτας,-α,ὁ . . . . -ας,-α,ὁ

ἀρετή,ἡ . . . . ἄρω -ή,ἡ
ἀρήν,ἀρνός,ὁ . . . . -___,-ος,ὁ(2)
ἀριθμέω . . . . ἀριθμός,ὁ -εω
ἀριθμός,ὁ . . . . -ος,ὁ
Ἀριμαθαία,ἡ . . . . -ία,ἡ
Ἄριος,-α,-ον . . . . Ἄρης,-εος,ὁ -ιος,-α,-ον
Ἀρίσταρχος,ὁ . . . . Ἄρης,-εος,ὁ ἄρχω -ος,ὁ
ἀριστάω . . . . Ἄρης,-εος,ὁ -αω
ἀριστερός,-ά,-όν . . . . Ἄρης,-εος,ὁ -τερος,-α,-ον
Ἀριστίων,-ωνος,ὁ . . . . . . Ἄρης,-εος,ὁ -ων,-ωνος,ὁ
Ἀριστόβουλος,ὁ . . . . Ἄρης,-εος,ὁ βούλομαι -ος,ὁ
ἄριστον,τό . . . . -ον,τό
Ἀρκαδία,ἡ . . . . Ἀρκάς,-άδος,ὁ -ία,ἡ
ἀρκετός,-ή,-όν . . . . ἀρκέω -τος,-η,-ον
ἀρκέω . . . . -εω
ἄρκος,ὁ&ἡ . . . . -ος,ὁ&ἡ
ἀρκούντως . . . . ἀρκέω -ως=
ἄρκτος,ὁ&ἡ . . . . -ος,ὁ&ἡ
ἅρμα,-ματος,τό . . . . ἅμα ἄρω -μα,-ματος,τό
Ἀρμαγεδδών . . . . =
ἁρμογή,ἡ . . . . ἄρω -ή,ἡ
ἁρμόζω . . . . ἄρω -ζω
ἁρμός,ὁ . . . . ἄρω -μος,ὁ
ἀρνέομαι . . . . -εω
ἄρνησις,-εως,ἡ . . . . ἀρνέομαι -σις,-εως,ἡ
Ἀρνί . . . . =
ἀρνίον,τό . . . . ἀρήν,ἀρνός,ὁ -ιον,τό
ἀροτριάω . . . . ἀρόω -αω
ἄροτρον,τό . . . . ἀρόω -τρον,τό
ἁρπαγή,ἡ . . . . ἁρπάζω -ή,ἡ
ἁρπαγμός,ὁ . . . . ἁρπάζω -μος,ὁ
ἁρπάζω . . . . -αζω
ἅρπαξ,-αγος,ὁ&ἡ . . . . ἁρπάζω -ς,-ος,ὁ&ἡ
ἀρραβών,-ῶνος,ὁ . . . . -ων,-ωνος,ὁ
ἄρρην,-εν . . . . ἄρσην,-εν -ην,-εν
ἄρρητος,-ον . . . . ἀ- ῥέω(1) -τος,-η,-ον
ἀρρωστέω . . . . ἀ- ῥώομαι -εω
ἄρρωστος,-ον . . . . ἀ- ῥώομαι -τος,-η,-ον
ἀρσενικός,-ή,-όν . . . . ἄρσην,-εν -ικος,-η,-ον
ἀρσενοκοίτης,-ου,ὁ . . . . . . ἄρσην,-εν κεῖμαι -της,-ου,ὁ
ἄρσην,-εν . . . . -ην,-εν
Ἀρτεμᾶς,-ᾶ,ὁ . . . . Ἄρτεμις,-ιδος,ἡ δίδωμι -ας,-α,ὁ
Ἄρτεμις,-ιδος,ἡ . . . . -ς,-ος,ἡ
ἀρτέμων,-ωνος,ὁ . . . . ἄρω -ων,-ωνος,ὁ
ἀρτηρία,ἡ . . . . -ία,ἡ
ἄρτι . . . . =
ἀρτιγέννητος,-ον . . . . ἄρτι γένω -τος,-η,-ον
ἄρτιος,-α,-ον . . . . ἄρτι -ιος,-α,-ον
ἄρτος,ὁ . . . . -ος,ὁ
ἀρτύω . . . . ἄρω -ω
Ἀρφαξάδ,ὁ . . . . =

ἀρχάγγελος,ὁ . . . . ἄρχω ἄγω -ος,ὁ
ἀρχαῖος,-α,-ον . . . . ἄρχω -ιος,-α,-ον
ἀρχέγονος,-ον . . . . ἄρχω γένω -ος,-η,-ον
ἀρχεῖον,τό . . . . ἄρχω -εῖον,τό
Ἀρχέλαος,ὁ . . . . ἄρχω λαός,ὁ -ος,ὁ
ἀρχή,ἡ . . . . ἄρχω -ή,ἡ
ἀρχηγός,ὁ . . . . ἄρχω ἄγω -ος,ὁ
ἀρχιερατικός,-όν . . . . ἄρχω ἱερός,-ά,-όν -ικος,-η,-ον
ἀρχιερεύς,-έως,ὁ . . . . ἄρχω ἱερός,-ά,-όν -ευς,-εως,ὁ
ἀρχιληστής,-οῦ,ὁ . . . . ἄρχω λῃς,-ίδος,ἡ -της,-ου,ὁ
ἀρχιποίμην,-μενος,ὁ . . . . . . ἄρχω πόα,ἡ —,-ος,ὁ(1)
Ἄρχιππος,ὁ . . . . ἄρχω ἵππος,ὁ&ἡ -ος,ὁ
ἀρχισυνάγωγος,ὁ . . . . ἄρχω σύν ἄγω -ος,ὁ
ἀρχιτέκτων,-ονος,ὁ . . . . . . ἄρχω τίκτω -ων,-ονος,ὁ
ἀρχιτελώνης,-ου,ὁ . . . . . . ἄρχω τέλος,-ους,τό ὦνος,ὁ -ης,-ου,ὁ
ἀρχιτρίκλινος,ὁ . . . . ἄρχω τρεῖς,τρία κλίνω -ος,ὁ
ἀρχοντικός,-ή,-όν . . . . ἄρχω -ικος,-η,-ον
ἄρχω . . . . -ω
ἄρχων,-οντος,ὁ . . . . ἄρχω -ων,-οντος,ὁ
ἄρωμα,-ματος,τό . . . . -μα,-ματος,τό
ἀσάλευτος,-ον . . . . ἀ- ἄλλομαι -τος,-η,-ον
Ἀσαφ,ὁ . . . . =
ἄσβεστος,-ον . . . . ἀ- σβέννυμι -τος,-η,-ον
ἀσβόλη,ἡ . . . . -η,ἡ
ἀσέβεια,ἡ . . . . ἀ- σέβομαι -εια,ἡ
ἀσεβέω . . . . ἀ- σέβομαι -εω
ἀσεβής,-ές . . . . ἀ- σέβομαι -ης,-ες
ἀσέλγεια,ἡ . . . . ἀ- θέλγω -εια,ἡ
ἄσημος,-ον . . . . ἀ- σῆμα,-ματος,τό -ος,-η,-ον
ἄσηπτος,-ον . . . . ἀ- σήπω -τος,-η,-ον
Ἀσήρ,ὁ . . . . =
ἀσθένεια,ἡ . . . . ἀ- σθένος,-ους,τό -εια,ἡ
ἀσθενέω . . . . ἀ- σθένος,-ους,τό -εω
ἀσθένημα,-ματος,τό . . . . . . ἀ- σθένος,-ους,τό -μα,-ματος,τό
ἀσθενής,-ές . . . . ἀ- σθένος,-ους,τό -ης,-ες
Ἀσία,ἡ . . . . -α,ἡ
Ἀσιανός,ὁ . . . . Ἀσία,ἡ -νος,ὁ
Ἀσιάρχης,-ου,ὁ . . . . Ἀσία,ἡ ἄρχω -ης,-ου,ὁ
ἀσιτία,ἡ . . . . ἀ- σῖτος,ὁ -ία,ἡ
ἄσιτος,-ον . . . . ἀ- σῖτος,ὁ -ος,-η,-ον
ἀσκέω . . . . -εω
ἄσκησις,-εως,ἡ . . . . ἀσκέω -σις,-εως,ἡ
ἀσκός,ὁ . . . . -ος,ὁ
ἄσκυλτος,-ον . . . . ἀ- σκύλλω -τος,-η,-ον
ἀσμένως . . . . ἥδομαι -ως=
ἄσοφος,-ον . . . . ἀ- σοφός,-ή,-όν -ος,-η,-ον
ἀσπάζομαι . . . . -ω
ἀσπασμός,ὁ . . . . ἀσπάζομαι -μος,ὁ
ἄσπιλος,-ον . . . . ἀ- σπίλος,ὁ -ος,-η,-ον
ἀσπίς,-ίδος,ἡ . . . . -ις,-ιδος,ἡ
ἄσπλαγχνος,-ον . . . . ἀ- σπλάγχνον,τό -ος,-η,-ον

ἄσπονδος,-ον . . . . ἀ- σπένδω -ος,-η,-ον
ἀσσάριον,τό . . . . -αριον,τό
ἆσσον . . . . =
Ἄσσος,ἡ . . . . -ος,ἡ
ἀστατέω . . . . ἀ- ἵστημι -εω
ἄστεγος,-ον . . . . ἀ- στέγω -ος,-η,-ον
ἀστεῖος,-α,-ον . . . . ἄστυ,-ους,τό -ιος,-α,-ον
ἀστήρ,-έρος,ὁ . . . . -___,-ος,ὁ(1)
ἀστήρικτος,-ον . . . . ἀ- στηρίζω -τος,-η,-ον
ἀστομάχητος,-ον . . . . ἀ- στόμα,-ματος,τό -τος,-η,-ον
ἄστοργος,-ον . . . . ἀ- στέργω -ος,-η,-ον
ἀστοχέω . . . . ἀ- στόχος,ὁ -εω
ἀστραπή,ἡ . . . . -ή,ἡ
ἀστράπτω . . . . ἀστραπή,ἡ -ω
ἄστρον,τό . . . . -ον,τό
ἀσυγκρασία,ἡ . . . . ἀ- σύν κεράω -ία,ἡ
ἀσύγκριτος,-ον . . . . ἀ- σύν κρίνω -τος,-η,-ον
Ἀσύγκριτος,ὁ . . . . ἀ- σύν κρίνω -τος,ὁ
ἀσύμφορος,-ον . . . . ἀ- σύν φέρω -ος,-α,-ον
ἀσύμφωνος,-ον . . . . ἀ- σύν φωνή,ἡ -ος,-η,-ον
ἀσύνετος,-ον . . . . ἀ- σύν ἵημι -τος,-η,-ον
ἀσύνθετος,-ον . . . . ἀ- σύν τίθημι -τος,-η,-ον
ἀσφάλεια,ἡ . . . . ἀ- σφάλλω -εια,ἡ
ἀσφαλής,-ές . . . . ἀ- σφάλλω -ης,-ες
ἀσφαλίζω . . . . ἀ- σφάλλω -ιζω
ἀσφαλῶς . . . . ἀ- σφάλλω -ως=
ἀσχημονέω . . . . ἀ- ἔχω -εω
ἀσχημοσύνη,ἡ . . . . ἀ- ἔχω -συνη,ἡ
ἀσχήμων,-ον . . . . ἀ- ἔχω -μων,-ον
ἀσώματος,-ον . . . . ἀ- σῶμα,-ματος,τό -ος,-η,-ον
ἀσωτία,ἡ . . . . ἀ- σῴζω -ία,ἡ
ἀσώτως . . . . ἀ- σῴζω -ως=
ἀτακτέω . . . . ἀ- τάσσω -εω
ἄτακτος,-ον . . . . ἀ- τάσσω -τος,-η,-ον
ἀτάκτως . . . . ἀ- τάσσω -ως=
ἀταράχως . . . . ἀ- ταράσσω -ως=
ἄτεκνος,-ον . . . . ἀ- τίκτω -ος,-η,-ον
ἀτενίζω . . . . ἀ-(1) τείνω -ιζω
ἄτερ . . . . =
ἀτιμάζω . . . . ἀ- τίω -αζω
ἀτιμάω . . . . ἀ- τίω -αω
ἀτιμία,ἡ . . . . ἀ- τίω -ία,ἡ
ἄτιμος,-ον . . . . ἀ- τίω -ος,-η,-ον
ἀτιμόω . . . . ἀ- τίω -οω
ἀτμίς,-ίδος,ἡ . . . . ἄημι -ις,-ιδος,ἡ
ἄτομος,-ον . . . . ἀ- τέμνω -ος,-η,-ον
ἄτονος,-ον . . . . ἀ- τείνω -ος,-η,-ον
ἄτοπος,-ον . . . . ἀ- τόπος,ὁ -ος,-η,-ον
ἄτρεπτος,-ον . . . . ἀ- τρέπω -τος,-η,-ον
Ἀττάλεια,ἡ . . . . Ἄτταλος,ὁ -εια,ἡ
Ἄτταλος,ὁ . . . . -ος,ὁ

αὐγάζω . . . . αὐγή,ή -αζω
αὐγή,ή . . . . -ή,ή
Αὐγοῦστος,ὁ . . . . -ος,ὁ
αὐθάδεια,ή . . . . αὐτός,-ή,-ό ἥδομαι -εια,ή
αὐθάδης,-ες . . . . αὐτός,-ή,-ό ἥδομαι -ης,-ες
αὐθαίρετος,-ον . . . . αὐτός,-ή,-ό αἱρέω -τος,-η,-ον
αὐθαιρέτως . . . . αὐτός,-ή,-ό αἱρέω -ως=
αὐθεντέω . . . . αὐτός,-ή,-ό ἔντεα,-ων,τά -εω
αὐθέντης,-ου,ὁ . . . . αὐτός,-ή,-ό ἔντεα,-ων,τά -της,-ου,ὁ
αὐθεντικός,-ή,-όν . . . . αὐτός,-ή,-ό ἔντεα,-ων,τά -ικος,-η,-ον
αὐθεντικῶς . . . . αὐτός,-ή,-ό ἔντεα,-ων,τά -ως=
αὐλέω . . . . αὔω(2) -εω
αὐλή,ή . . . . ἄημι -λη,ή
αὐλητής,-οῦ,ὁ . . . . αὔω(2) -της,-ου,ὁ
αὐλητρίς,-ίδος,ή . . . . αὔω(2) -ις,-ιδος,ή
αὐλίζομαι . . . . ἄημι -ιζω
αὐλός,ὁ . . . . αὔω(2) -ος,ὁ
αὐξάνω . . . . -ανω
αὔξησις,-εως,ή . . . . αὐξάνω -σις,-εως,ή
αὔξω . . . . αὐξάνω -ω
αὔρα,ή . . . . ἄημι -ρα,ή
αὔριον . . . . ἠώς,ἠόος,ή -ιον=
αὐστηρός,-ά,-όν . . . . αὔω(1) -ρος,-α,-ον
αὐτάρκεια,ή . . . . αὐτός,-ή,-ό ἀρκέω -εια,ή
αὐτάρκης,-ες . . . . αὐτός,-ή,-ό ἀρκέω -ης,-ες
αὐτεπαινετός,-όν . . . . αὐτός,-ή,-ό ἐπί αἶνος,ὁ -τος,-η,-ον
αὐτοκατάκριτος,-ον . . . . . . αὐτός,-ή,-ό κατά κρίνω -τος,-η,-ον
αὐτολεξεί . . . . αὐτός,-ή,-ό λέγω -ει=
αὐτόματος,-η,-ον . . . . αὐτός,-ή,-ό μάω -τος,-η,-ον
αὐτομολέω . . . . αὐτός,-ή,-ό μόλω -εω
αὐτόπτης,-ου,ὁ . . . . αὐτός,-ή,-ό ὁράω -της,-ου,ὁ
αὐτός,-ή,-ό . . . . -ος,-η,-ο
αὐτοσώρας . . . . αὐτός,-ή,-ό ὥρα,ή -ας=
αὐτοῦ . . . . αὐτός,-ή,-ό -ου=
αὐτόφωρος,-ον . . . . αὐτός,-ή,-ό φώρ,-ρός,ὁ -ος,-α,-ον
αὐτόχειρ,-ρος,ὁ&ή . . . . . . αὐτός,-ή,-ό χείρ,-ρός,ή -___,-ος,ὁ&ή
αὐχέω . . . . αὐχή,ή -εω
αὐχμηρός,-ά,-όν . . . . αὔω(1) -ρος,-α,-ον
ἀφαιρέω . . . . ἀπό αἱρέω -εω
ἀφανής,-ές . . . . ἀ- φάω -ης,-ες
ἀφανίζω . . . . ἀ- φάω -ιζω
ἀφανισμός,ὁ . . . . ἀ- φάω -μος,ὁ
ἄφαντος,-ον . . . . ἀ- φάω -τος,-η,-ον
ἀφεδρών,-ῶνος,ὁ . . . . ἀπό ἕζομαι -ων,-ωνος,ὁ
ἀφειδία,ή . . . . ἀ- φείδομαι -ία,ή
ἀφελότης,-τητος,ή . . . . ἀ- φελλεύς,-έως,ὁ -οτης,-τητος,ή
ἄφεσις,-εως,ή . . . . ἀπό ἵημι -σις,-εως,ή
ἀφή,ή . . . . ἅπτω -ή,ή
ἀφήκω . . . . ἀπό ἥκω -ω
ἀφθαρσία,ή . . . . ἀ- φθίω -ία,ή
ἄφθαρτος,-ον . . . . ἀ- φθίω -τος,-η,-ον

ἀφθονία,ἡ . . . . ἀ- φθόνος,ὁ -ία,ἡ
ἀφθορία,ἡ . . . . ἀ- φθίω -ία,ἡ
ἀφιερόω . . . . ἀπό ἱερός,-ά,-όν -οω
ἀφίημι . . . . ἀπό ἵημι -μι
ἀφικνέομαι . . . . ἀπό ἵκω -εω
ἀφιλάγαθος,-ον . . . . ἀ- φίλος,-η,-ον ἀγαθός,-ή,-όν
                                     -ος,-η,-ον
ἀφιλάργυρος,-ον . . . . ἀ- φίλος,-η,-ον ἀργός,-ή,-όν(1)
                                     -ος,-α,-ον
ἀφιλοξενία,ἡ . . . . ἀ- φίλος,-η,-ον ξένος,ὁ -ία,ἡ
ἄφιξις,-εως,ἡ . . . . ἀπό ἵκω -σις,-εως,ἡ
ἀφίστημι . . . . ἀπό ἵστημι -μι
ἄφνω . . . . =
ἀφοβία,ἡ . . . . ἀ- φέβομαι -ία,ἡ
ἀφόβως . . . . ἀ- φέβομαι -ως=
ἀφόδευσις,-εως,ἡ . . . . ἀπό ὁδός,ἡ -σις,-εως,ἡ
ἀφομοιόω . . . . ἀπό ὁμός,-ή,-όν -οω
ἀφοράω . . . . ἀπό ὁράω -αω
ἀφορίζω . . . . ἀπό ὅρος,ὁ -ιζω
ἀφορμάω . . . . ἀπό ὄρνυμι -αω
ἀφορμή,ἡ . . . . ἀπό ὄρνυμι -ή,ἡ
ἄφραστος,-ον . . . . ἀ- φράζω -τος,-η,-ον
ἀφρίζω . . . . ἀφρός,ὁ -ιζω
ἀφροντιστέω . . . . ἀ- φρήν,φρενός,ἡ -εω
ἀφρόνως . . . . ἀ- φρήν,φρενός,ἡ -ως=
ἀφρός,ὁ . . . . -ος,ὁ
ἀφροσύνη,ἡ . . . . ἀ- φρήν,φρενός,ἡ -συνη,ἡ
ἄφρων,-ον . . . . ἀ- φρήν,φρενός,ἡ -ων,-ον
ἀφύλακτος,-ον . . . . ἀ- φυλάσσω -τος,-η,-ον
ἀφυπνόω . . . . ἀπό ὕπνος,ὁ -οω
ἀφυστερέω . . . . ὕστερος,-α,-ον -εω
ἄφωνος,-ον . . . . ἀ- φωνή,ἡ -ος,-η,-ον
'Αχάζ,ὁ . . . . =
'Αχαία,ἡ . . . . ἄχος,-ους,τό -ία,ἡ
'Αχαικός,ὁ . . . . ἄχος,-ους,τό -ος,ὁ
ἀχαριστέω . . . . ἀ- χαίρω -εω
ἀχάριστος,-ον . . . . ἀ- χαίρω -τος,-η,-ον
ἀχειροποίητος,-ον . . . . ἀ- χείρ,-ρός,ἡ ποιέω -τος,-η,-ον
'Αχίμ,ὁ . . . . =
ἀχλύς,-ύος,ἡ . . . . -ς,-ος,ἡ
ἀχρεῖος,-ον . . . . ἀ- χράω(3) -ιος,-α,-ον
ἀχρειόω . . . . ἀ- χράω(3) -οω
ἄχρηστος,-ον . . . . ἀ- χράω(3) -τος,-η,-ον
ἄχρι . . . . ἀκή,ἡ =
ἄχρονος,-ον . . . . ἀ- χρόνος,ὁ -ος,-η,-ον
ἄχυρον,τό . . . . -ον,τό
ἀχώρητος,-ον . . . . ἀ- χῶρος,ὁ -τος,-η,-ον
ἀχώριστος,-ον . . . . ἀ- χωρίς -τος,-η,-ον
ἀψευδής,-ές . . . . ἀ- ψεύδω -ης,-ες
ἄψευστος,-ον . . . . ἀ- ψεύδω -τος,-η,-ον
ἀψηλάφητος,-ον . . . . ἀ- ψάω -τος,-η,-ον

ἀψίνθιον,τό . . . . ἄψινθος,ἡ -ιον,τό(2)
ἄψυχος,-ον . . . . ἀ- ψύχω -ος,-η,-ον
ἄωρος,-ον . . . . ἀ- ὥρα,ἡ -ος,-α,-ον

Β

Βάαλ,ὁ . . . . =
Βαβυλών,-ῶνος,ἡ . . . . -ων,-ωνος,ἡ
βαδίζω . . . . βαίνω -ιζω
βαθμός,ὁ . . . . βαίνω -μος,ὁ
βάθος,-ους,τό . . . . βαθύς,-εῖα,-ύ -ος,-ους,τό
βαθύνω . . . . βαθύς,-εῖα,-ύ -υνω
βαθύς,-εῖα,-ύ . . . . -υς,-εια,-υ
βάιον,τό . . . . βάις,ἡ -ον,τό
Βαλαάμ,ὁ . . . . =
Βαλάκ,ὁ . . . . =
βαλανεῖον,τό . . . . βαλανεύς,-έως,ὁ -εῖον,τό
βαλλάντιον,τό . . . . -ιον,τό(2)
βάλλω . . . . -ω
βάναυσος,-ον . . . . αὔω(1) -ος,-η,-ον
βαπτίζω . . . . βάπτω -ιζω
βάπτισμα,-ματος,τό . . . . . . βάπτω -μα,-ματος,τό
βαπτισμός,ὁ . . . . βάπτω -μος,ὁ
βαπτιστής,-οῦ,ὁ . . . . βάπτω -της,-ου,ὁ
βάπτω . . . . -ω
Βαραββᾶς,-ᾶ,ὁ . . . . -ας,-α,ὁ
Βαράκ,ὁ . . . . =
Βαραχίας,-ου,ὁ . . . . -ας,-ου,ὁ
βάρβαρος,-ον . . . . -ος,-α,-ον
βαρέω . . . . βάρος,-ους,τό -εω
βαρέως . . . . βάρος,-ους,τό -ως=
Βαρθολομαῖος,ὁ . . . . -αῖος,ὁ
Βαριησοῦς,-οῦ,ὁ . . . . -ος,ὁ
Βαριωνᾶς,-ᾶ,ὁ . . . . -ας,-α,ὁ
Βαρναβᾶς,-ᾶ,ὁ . . . . -ας,-α,ὁ
βάρος,-ους,τό . . . . -ος,-ους,τό
Βαρσαββᾶς,-ᾶ,ὁ . . . . -ας,-α,ὁ
Βαρτιμαῖος,ὁ . . . . -αῖος,ὁ
βαρύνω . . . . βάρος,-ους,τό -υνω
βαρύς,-εῖα,-ύ . . . . βάρος,-ους,τό -υς,-εια,-υ
βαρύτιμος,-ον . . . . βάρος,-ους,τό τίω -ος,-η,-ον
βασανίζω . . . . βάσανος,ἡ -ιζω
βασανισμός,ὁ . . . . βάσανος,ἡ -μος,ὁ
βασανιστής,-ου,ὁ . . . . βάσανος,ἡ -της,-ου,ὁ
βάσανος,ἡ . . . . -ος,ἡ
βασιλεία,ἡ . . . . βασιλεύς,-έως,ὁ -εία,ἡ
βασίλειος,-ον . . . . βασιλεύς,-έως,ὁ -ιος,-α,-ον
βασιλεύς,-έως,ὁ . . . . -ευς,-εως,ὁ
βασιλεύω . . . . βασιλεύς,-έως,ὁ -ευω
βασιλικός,-ή,-όν . . . . βασιλεύς,-έως,ὁ -ικος,-η,-ον

βασιλίσκος,ὁ .... βασιλεύς,-έως,ὁ -ισκος,ὁ
βασίλισσα,ἡ .... βασιλεύς,-έως,ὁ -ισσα,ἡ
βάσις,-εως,ἡ .... βαίνω -ις,-εως,ἡ
βασκαίνω .... βάσκω -αινω
βασκανία,ἡ .... βάσκω -ία,ἡ
βάσκανος,ὁ .... βάσκω -ος,ὁ
βάσσος,ὁ .... -ος,ὁ
βαστάζω .... -αζω
βάτος,ἡ .... -ος,ἡ
βάτος,ὁ .... -ος,ὁ
βάτραχος,ὁ .... -ος,ὁ
βατταλογέω .... Βάττος,ὁ λέγω -εω
βδέλυγμα,-ματος,τό ...... βδελυρός,-ά,-όν -μα,-ματος,τό
βδελυκτός,-ή,-όν .... βδελυρός,-ά,-όν -τος,-η,-ον
βδελύσσομαι .... βδελυρός,-ά,-όν -σσω
βέβαιος,-α,-ον .... βαίνω -ιος,-α,-ον
βεβαιόω .... βαίνω -οω
βεβαίως .... βαίνω -ως=
βεβαίωσις,-εως,ἡ ...... βαίνω -σις,-εως,ἡ
βεβαιωσύνη,ἡ .... βαίνω -συνη,ἡ
βέβηλος,-ον .... βαίνω -λος,-η,-ον
βεβηλόω .... βαίνω -οω
Βεεζεβούλ,ὁ .... =
Βελιάρ,ὁ .... =
βελόνη,ἡ .... βάλλω -νη,ἡ
βέλος,-ους,τό .... βάλλω -ος,-ους,τό
βελτιόω .... βελτίων,-ον -οω
βελτίων,-ον .... -ιων,-ον
Βενιαμείν,ὁ .... =
Βερνίκη,ἡ .... φέρω νίκη,ἡ -η,ἡ
Βέροια,ἡ .... -α,ἡ
Βεροιαῖος,-α,-ον .... Βέροια,ἡ -ιος,-α,-ον
Βεώρ,ὁ .... =
Βηθαβαρά,ἡ .... -ά,ἡ
Βηθανία,ἡ .... -ία,ἡ
Βηθεσδά,ἡ .... =
Βηθζαθά,ἡ .... =
Βηθλέεμ,ἡ .... =
Βηθσαϊδά,ἡ .... =
Βηθφαγή,ἡ .... =
βῆμα,-ματος,τό .... βαίνω -μα,-ματος,τό
βήρυλλος,ὁ&ἡ .... -ος,ὁ&ἡ
βία,ἡ .... -α,ἡ
βιάζω .... βία,ἡ -αζω
βίαιος,-α,-ον .... βία,ἡ -ιος,-α,-ον
βιαστής,-οῦ,ὁ .... βία,ἡ -της,-ου,ὁ
βιβλαρίδιον,τό .... βίβλος,ἡ -αριδιον,τό
βιβλίδιον,τό .... βίβλος,ἡ -ιδιον,τό
βιβλίον,τό .... βίβλος,ἡ -ιον,τό(2)
βίβλος,ἡ .... -ος,ἡ
βιβρώσκω .... -σκω

Βιθυνία,ή . . . . -ία,ή
βίος,ό . . . . -ος,ό
βιόω . . . . βίος,ό -οω
Βίτων,-ωνος,ό . . . . -ων,-ωνος,ό
βίωσις,-εως,ή . . . . βίος,ό -σις,-εως,ή
βιωτικός,-ή,-όν . . . . βίος,ό -ικος,-η,-ον
βλαβερός,-ά,-όν . . . . βλάπτω -ρος,-α,-ον
βλάβη,ή . . . . βλάπτω -η,ή
βλάπτω . . . . -ω
βλαστάνω . . . . βλαστός,ό -ανω
βλαστός,ό . . . . -ος,ό
Βλάστος,ό . . . . βλαστός,ό -ος,ό
βλασφημέω . . . . βλάξ,-ακός,ό&ή φημί -εω
βλασφημία,ή . . . . βλάξ,-ακός,ό&ή φημί -ία,ή
βλάσφημος,-ον . . . . βλάξ,-ακός,ό&ή φημί -ος,-η,-ον
βλέμμα,-ματος,τό . . . . βλέπω -μα,-ματος,τό
βλέπω . . . . -ω
βλέφαρον,τό . . . . βλέπω -ον,τό
βλητέος,-α,-ον . . . . βάλλω -τεος,-α,-ον
βληχρός,-ά,-όν . . . . βλάξ,-ακός,ό&ή -ρος,-α,-ον
Βοανηργές,ό . . . . =
βοάω . . . . βοή,ή -αω
Βόες,ό . . . . =
βοή,ή . . . . -ή,ή
βοήθεια,ή . . . . βοή,ή θέω -εια,ή
βοηθέω . . . . βοή,ή θέω -ω
βοηθός,-όν . . . . βοή,ή θέω -ος,-η,-ον
βόθρος,ό . . . . -ος,ό
βόθυνος,ό . . . . βόθρος,ό -ος,ό
βολή,ή . . . . βάλλω -ή,ή
βολίζω . . . . βάλλω -ιζω
βολίς,-ίδος,ή . . . . βάλλω -ις,-ιδος,ή
Βόος,ό . . . . =
βορά,ή . . . . -ά,ή
βόρβορος,ό . . . . -ος,ό
βορρᾶς,-ᾶ,ό . . . . -ας,-α,ό
βόσκω . . . . -ω
Βοσόρ,ό . . . . =
βοτάνη,ή . . . . βόσκω -νη,ή
βότρυς,-υος,ό . . . . -ς,-ος,ό
βουλευτής,-οῦ,ό . . . . βούλομαι -της,-ου,ό
βουλεύω . . . . βούλομαι -ευω
βουλή,ή . . . . βούλομαι -ή,ή
βούλημα,-ματος,τό . . . . βούλομαι -μα,-ματος,τό
βούλησις,-εως,ή . . . . βούλομαι -σις,-εως,ή
βούλομαι . . . . -ω
βουνός,ό . . . . -ος,ό
Βοῦρρος,ό . . . . -ος,ό
βοῦς,βοός,ό&ή . . . . -ς,-ος,ό&ή(1)
βραβεῖον,τό . . . . βραβεύς,-έως,ό -εῖον,τό
βραβεύω . . . . βραβεύς,-έως,ό -ευω

βραδέως . . . . βραδύς,-εῖα,-ύ -ως=
βραδύγλωσσος,-ον . . . . . . βραδύς,-εῖα,-ύ γλῶσσα,ἡ -ος,-η,-ον
βραδύνω . . . . βραδύς,-εῖα,-ύ -υνω
βραδυπλοέω . . . . βραδύς,-εῖα,-ύ πλέω -εω
βραδύς,-εῖα,-ύ . . . . -υς,-εια,-υ
βραδύτης,-τητος,ἡ . . . . . . βραδύς,-εῖα,-ύ -οτης,-τητος,ἡ*
βραχίων,-ονος,ὁ . . . . -ων,-ονος,ὁ
βραχύς,-εῖα,-ύ . . . . -υς,-εια,-υ
βρέφος,-ους,τό . . . . -ος,-ους,τό
βρέχω . . . . -ω
βροντή,ἡ . . . . -ή,ἡ
βροτός,-ή,-όν . . . . βροτός,ὁ -ος,-η,-ον
βροχή,ἡ . . . . βρέχω -ή,ἡ
βρόχος,ὁ . . . . -ος,ὁ
βρυγμός,ὁ . . . . βρύχω -μος,ὁ
βρύχω . . . . -ω
βρύω . . . . -ω
βρῶμα,-ματος,τό . . . . . . βιβρώσκω -μα,-ματος,τό
βρώσιμος,-ον . . . . βιβρώσκω -ιμος,-η,-ον
βρῶσις,-εως,ἡ . . . . βιβρώσκω -σις,-εως,ἡ
βρωτός,-ή,-όν . . . . βιβρώσκω -τος,-η,-ον
βυθίζω . . . . βυθός,ὁ -ιζω
βυθός,ὁ . . . . -ος,ὁ
βυρσεύς,-έως,ὁ . . . . βύρσα,ἡ -ευς,-εως,ὁ
βύσσινος,-η,-ον . . . . βύσσος,ἡ -ινος,-η,-ον
βύσσος,ἡ . . . . -ος,ἡ
βύω . . . . -ω
βωμός,ὁ . . . . βαίνω -μος,ὁ

Γ

Γαββαθᾶ . . . . =
Γαβριήλ,ὁ . . . . =
γάγγραινα,ἡ . . . . γραίνω -α,ἡ
Γάδ,ὁ . . . . =
Γαδαρηνός,-ή,-όν . . . . . . Γάδαρα,τά -νος,-η,-ον
Γάζα,ἡ . . . . -α,ἡ
γάζα,ἡ . . . . -α,ἡ
γαζοφυλακεῖον,τό . . . . . . γάζα,ἡ φυλάσσω -εῖον,τό
Γάιος,ὁ . . . . γῆ,ἡ -ιος,ὁ
γάλα,-λακτος,τό . . . . . . -__,-ος,τό(2)
Γαλάτης,-ου,ὁ . . . . Γαλατία,ἡ -ης,-ου,ὁ
Γαλατία,ἡ . . . . -ία,ἡ
Γαλατικός,-ή,-όν . . . . . . Γαλατία,ἡ -ικος,-η,-ον
γαλῆ,ἡ . . . . -η,ἡ
γαλήνη,ἡ . . . . -νη,ἡ
Γαλιλαία,ἡ . . . . -ία,ἡ
Γαλιλαῖος,-α,-ον . . . . . . Γαλιλαία,ἡ -ιος,-α,-ον
Γαλλία,ἡ . . . . -ία,ἡ
Γαλλίων,-ωνος,ὁ . . . . -ων,-ωνος,ὁ

Γαμαλιήλ,ὁ . . . . =
γαμετή,ἡ . . . . γάμος,ὁ -τη,ἡ
γαμέω . . . . γάμος,ὁ -εω
γαμίζω . . . . γάμος,ὁ -ιζω
γαμίσκω . . . . γάμος,ὁ -σκω
γάμος,ὁ . . . . -ος,ὁ
γάρ . . . . =
γαστήρ,-τρός,ἡ . . . . -__,-ος,ὁ&ἡ(2)
γαυριάω . . . . γαίω -αω
γαυρόω . . . . γαίω -οω
γέ . . . . =
Γεδεών,ὁ . . . . =
γέεννα,ἡ . . . . -α,ἡ
Γεθσημανί . . . . =
γείτων,-ονος,ὁ&ἡ . . . . -ων,-ονος,ὁ&ἡ
γελάω . . . . -αω
γέλως,-ωτος,ὁ . . . . γελάω -ς,-ος,ὁ
γεμίζω . . . . γέμω -ιζω
γέμω . . . . -ω
γενεά,ἡ . . . . γένω -ά,ἡ
γενεαλογέω . . . . γένω λέγω -εω
γενεαλογία,ἡ . . . . γένω λέγω -ία,ἡ
γενέθλιος,-ον . . . . γένω -ιος,-α,-ον
γενέσια,τά . . . . γένω -ιον,τό(2)
γένεσις,-εως,ἡ . . . . γένω -σις,-εως,ἡ
γενετή,ἡ . . . . γένω -ή,ἡ
γένημα,-ματος,τό . . . . γένω -μα,-ματος,τό
γενναῖος,-α,-ον . . . . γένω -ιος,-α,-ον
γενναιότης,-τητος,ἡ . . . . . . γένω -οτης,-τητος,ἡ
γεννάω . . . . γένω -αω
γέννημα,-ματος,τό . . . . γένω -μα,-ματος,τό
Γεννησαρέτ,ἡ . . . . =
γέννησις,-εως,ἡ . . . . γένω -σις,-εως,ἡ
γεννητός,-ή,-όν . . . . γένω -τος,-η,-ον
γένος,-ους,τό . . . . γένω -ος,-ους,τό
γεραίρω . . . . γέρας,-ως,τό -αιρω
γέρας,-ως,τό . . . . -ς,-ος,τό
Γερασηνός,-ή,-όν . . . . Γέρασα,τά -νος,-η,-ον
Γεργεσηνός,-ή,-όν . . . . Γέργεσα,τά -νος,-η,-ον
Γερμανικός,ὁ . . . . Γερμανία,ἡ -ικος,ὁ
γερουσία,ἡ . . . . γέρων,-οντος,ὁ -ία,ἡ
γέρων,-οντος,ὁ . . . . -ων,-οντος,ὁ
γεύομαι . . . . -ω
γεῦσις,-εως,ἡ . . . . γεύομαι -σις,-εως,ἡ
γεωργέω . . . . γῆ,ἡ ἔργω(2) -εω
γεώργιον,τό . . . . γῆ,ἡ ἔργω(2) -ιον,τό(2)
γεωργός,ὁ . . . . γῆ,ἡ ἔργω(2) -ος,ὁ
γῆ,ἡ . . . . -η,ἡ
γηγενής,-ές . . . . γῆ,ἡ γένω -ης,-ες
γῆρας,-ως,τό . . . . -ς,-ος,τό
γηράσκω . . . . γῆρας,-ως,τό -σκω

γίνομαι . . . . γένω -ω
γινώσκω . . . . -σκω
γλεῦκος,-ους,τό . . . . γλυκύς,-εῖα,-ύ -ος,-ους,τό
γλυκύτης,-τητος,ἡ . . . . γλυκύς,-εῖα,-ύ -οτης,-τητος,ἡ*
γλυπτός,-ή,-όν . . . . γλύφω -τος,-η,-ον
γλῶσσα,ἡ . . . . -α,ἡ
γλωσσόκομον,τό . . . . γλῶσσα,ἡ κομέω -ον,τό
γλωσσώδης,-ες . . . . γλῶσσα,ἡ εἴδω -ης,-ες
γναφεύς,-έως,ὁ . . . . κνάω -ευς,-εως,ὁ
γνήσιος,-α,-ον . . . . γένω -ιος,-α,-ον
γνησίως . . . . γένω -ως=
γνόφος,ὁ . . . . -ος,ὁ
γνώμη,ἡ . . . . γινώσκω -η,ἡ
γνωρίζω . . . . γινώσκω -ιζω
γνώριμος,-ον . . . . γινώσκω -ιμος,-η,-ον
γνῶσις,-εως,ἡ . . . . γινώσκω -σις,-εως,ἡ
γνώστης,-ου,ὁ . . . . γινώσκω -της,-ου,ὁ
γνωστός,-ή,-όν . . . . γινώσκω -τος,-η,-ον
γογγύζω . . . . -ζω
γογγυσμός,ὁ . . . . γογγύζω -μος,ὁ
γόγγυσος,-ον . . . . γογγύζω -ος,-η,-ον
γογγυστής,ὁ . . . . γογγύζω -της,-ου,ὁ
γόης,-ητος,ὁ . . . . γόος,ὁ -ς,-ος,ὁ
Γολγοθᾶ,ἡ . . . . -α,ἡ
Γόμορρα,ἡ . . . . -α,ἡ
Γόμορρα,τά . . . . -ον,τό
γόμος,ὁ . . . . γέμω -ος,ὁ
γονεύς,-εως,ὁ . . . . γένω -ευς,-εως,ὁ
γόνυ,-νατος,τό . . . . -___,-ος,τό(2)
γονυπετέω . . . . γόνυ,-νατος,τό πίπτω -εω
γοργός,-ή,-όν . . . . -ος,-η,-ον
γοῦν . . . . γε οὖν =
γράμμα,-ματος,τό . . . . γράφω -μα,-ματος,τό
γραμματεύς,-έως,ὁ . . . . γράφω -ευς,-εως,ὁ
Γραπτή,ἡ . . . . γράφω -τη,ἡ
γραπτός,-ή,-όν . . . . γράφω -τος,-η,-ον
γραφεῖον,τό . . . . γράφω -εῖον,τό
γραφή,ἡ . . . . γράφω -ή,ἡ
γράφω . . . . -ω
γραώδης,-ες . . . . γραῦς,-άος,ἡ εἴδω -ης,-ες
γρηγορέω . . . . ἐγείρω -εω
γρόνθος,ὁ . . . . -ος,ὁ
γρύζω . . . . γρῦ -ζω
γυμνάζω . . . . γυμνός,-ή,-όν -αζω
γυμνασία,ἡ . . . . γυμνός,-ή,-όν -ία,ἡ
γυμνητεύω . . . . γυμνός,-ή,-όν -ευω
γυμνιτεύω . . . . γυμνός,-ή,-όν -ευω
γυμνός,-ή,-όν . . . . -ος,-η,-ον
γυμνότης,-τητος,ἡ . . . . γυμνός,-ή,-όν -οτης,-τητος,ἡ
γυμνόω . . . . γυμνός,-ή,-όν -οω
γυναικάριον,τό . . . . γυνή,-ναικός,ἡ -αριον,τό

γυναικεῖος,-α,-ον . . . . γυνή,-ναικός,ἡ -ιος,-α,-ον
γυνή,-ναικός,ἡ . . . . -——,-ος,ἡ(2)
Γώγ,ὁ . . . . =
γωνία,ἡ . . . . -α,ἡ

Δ

Δαβίδ,ὁ . . . . =
Δαθάν,ὁ . . . . =
δαιμονίζομαι . . . . δαίω(2) -ιζω
δαιμονικός,-ή,-όν . . . . δαίω(2) -ικος,-η,-ον
δαιμόνιον,τό . . . . δαίω(2) -ιον,τό(2)
δαιμονιώδης,-ες . . . . δαίω(2) εἴδω -ης,-ες
δαίμων,-ονος,ὁ . . . . δαίω(2) -ων,-ονος,ὁ
δαίρω . . . . δέρω -ω
δάκνω . . . . -ω
δάκρυον,τό . . . . -ον,τό
δακρύω . . . . δάκρυον,τό -ω
δακτύλιος,ὁ . . . . δείκνυμι -ιος,ὁ
δάκτυλος,ὁ . . . . δείκνυμι -ος,ὁ
Δαλμανουθά,ἡ . . . . =
Δαλματία,ἡ . . . . -ία,ἡ
δαμάζω . . . . δαμάω -αζω
δάμαλις,-εως,ἡ . . . . δαμάω -ις,-εως,ἡ
Δάμαρις,-ιδος,ἡ . . . . δαμάω -ις,-ιδος,ἡ
Δαμᾶς,-ᾶ,ὁ . . . . -ας,-α,ὁ
Δαμασκηνός,-ή,-όν . . . . Δαμασκός,-οῦ,ἡ -νος,-η,-ον
Δαμασκός,ἡ . . . . -ος,ἡ
Δάν,ὁ . . . . =
Δαναΐδες,-ων,αἱ . . . . Δάναος,ὁ -ις,-ιδος,ἡ
δανείζω . . . . δάνος,-ους,τό -ιζω
δάνειον,τό . . . . δάνος,-ους,τό -ιον,τό(2)
δανειστής,-οῦ,ὁ . . . . δάνος,-ους,τό -της,-ου,ὁ
Δανιήλ,ὁ . . . . =
δαπανάω . . . . δαπάνη,ἡ -αω
δαπάνη,ἡ . . . . -η,ἡ
δασύπους,-οδος,ὁ . . . . δασύς,-εῖα,-ύ πούς,ποδός,ὁ
                          -ς,-ος,ὁ(1)
Δαυίδ,ὁ . . . . =
Δάφνος,ὁ . . . . δάφνη,ἡ -ος,ὁ
δέ . . . . =
δέησις,-εως,ἡ . . . . δέω(2) -σις,-εως,ἡ
δεῖ . . . . δέω(1) -ω*
δεῖγμα,-ματος,τό . . . . δείκνυμι -μα,-ματος,τό
δειγματίζω . . . . δείκνυμι -ιζω
δείκνυμι . . . . -μι
δειλαίνω . . . . δέος,-ους,τό -αινω
δειλία,ἡ . . . . δέος,-ους,τό -ία,ἡ
δειλιάω . . . . δέος,-ους,τό -αω
δειλινός,-ή,-όν . . . . δείλη,ἡ -ινος,-η,-ον

δειλός,-ή,-όν . . . . δέος,-ους,τό -ος,-η,-ον
δεῖνα,-ος,ὁ&ἡ&τό . . . . -__,-ος,ὁ&ἡ&τό(2)
δεινός,-ή,-όν . . . . δέος,-ους,τό -ος,-η,-ον
δεινῶς . . . . δέος,-ους,τό -ως=
δειπνέω . . . . δεῖπνον,τό -εω
δειπνοκλήτωρ,-ορος,ὁ . . . . . δεῖπνον,τό καλέω -τωρ,-τορος,ὁ
δεῖπνον,τό . . . . -ον,τό
δεῖπνος,ὁ . . . . δεῖπνον,τό -ος,ὁ
δεισιδαιμονία,ἡ . . . . δείδω δαίω(2) -ία,ἡ
δεισιδαίμων,-ον . . . . δείδω δαίω(2) -ων,-ον
δέκα . . . . =
Δεκάπολις,-εως,ἡ . . . . δέκα πόλις,-εως,ἡ -ις,-εως,ἡ
δέκατος,-η,-ον . . . . δέκα -τος,-η,-ον
δεκατόω . . . . δέκα -οω
δεκτός,-ή,-όν . . . . δέχομαι -τος,-η,-ον
δελεάζω . . . . δέλεαρ,-ατος,τό -αζω
δένδρον,τό . . . . -ον,τό
δεξιολάβος,ὁ . . . . δεξιός,-ά,-όν λαμβάνω -ος,ὁ
δεξιός,-ά,-όν . . . . -ιος,-α,-ον
δέομαι . . . . δέω(2) -ω
δέος,-ους,τό . . . . -ος,-ους,τό
δεπόσιτα,τά . . . . -ον,τό
Δερβαῖος,-α,-ον . . . . Δέρβη,ἡ -ιος,-α,-ον
Δέρβη,ἡ . . . . -η,ἡ
δέρμα,-ματος,τό . . . . δέρω -μα,-ματος,τό
δερμάτινος,-η,-ον . . . . δέρω -ινος,-η,-ον
δέρρις,-εως,ἡ . . . . δέρω -ις,-εως,ἡ
δέρω . . . . -ω
δεσέρτωρ,-ορος,ὁ . . . . -__,-ος,ὁ(1)
δεσμεύω . . . . δέω(1) -ευω
δέσμη,ἡ . . . . δέω(1) -η,ἡ
δέσμιος,ὁ . . . . δέω(1) -ιος,ὁ
δεσμός,ὁ . . . . δέω(1) -μος,ὁ
δεσμοφύλαξ,-ακος,ὁ . . . . . . δέω(1) φυλάσσω -ς,-ος,ὁ
δεσμωτήριον,τό . . . . δέω(1) -τηριον,τό
δεσμώτης,-ου,ὁ . . . . δέω(1) -της,-ου,ὁ
δεσπόζω . . . . δέω(1) -ζω
δεσπότης,-ου,ὁ . . . . δέω(1) -της,-ου,ὁ
δεῦρο . . . . =
δεῦτε . . . . δεῦρο =
δευτεραῖος,-α,-ον . . . . δύο -ιος,-α,-ον
Δευτερονόμιον,τό . . . . δύο νέμω -ιον,τό(2)
δευτερόπρωτος,-ον . . . . δύο πρό -τος,-η,-ον
δεύτερος,-α,-ον . . . . δύο -τερος,-α,-ον
δέχομαι . . . . -ω
δέω(1) . . . . -ω
δή . . . . =
δηλαυγῶς . . . . τῆλε αὐγή,ἡ -ως=
δῆλος,-η,-ον . . . . -ος,-η,-ον
δηλόω . . . . δῆλος,-η,-ον -οω
Δημᾶς,-ᾶ,ὁ . . . . -ας,-α,ὁ

δημηγορέω . . . . δῆμος,ὁ ἄγω -εω
Δημήτριος,ὁ . . . . Δημήτηρ,-τερος,ἡ -ιος,ὁ
δημιουργέω . . . . δῆμος,ὁ ἔργω(2) -εω
δημιουργία,ἡ . . . . δῆμος,ὁ ἔργω(2) -ία,ἡ
δημιουργός,ὁ . . . . δῆμος,ὁ ἔργω(2) -ος,ὁ
δῆμος,ὁ . . . . -ος,ὁ
δημόσιος,-α,-ον . . . . δῆμος,ὁ -ιος,-α,-ον
δηνάριον,τό . . . . -ον,τό
δήποτε . . . . δή πός =
δήπου . . . . δή πός =
διά . . . . =
διαβαίνω . . . . διά βαίνω -ω
διαβάλλω . . . . διά βάλλω -ω
διαβεβαιόομαι . . . . διά βαίνω -οω
διάβημα,-ματος,τό . . . . διά βαίνω -μα,-ματος,τό
διαβλέπω . . . . διά βλέπω -ω
διαβόητος,-ον . . . . διά βοή,ἡ -τος,-η,-ον
διαβολή,ἡ . . . . διά βάλλω -ή,ἡ
διάβολος,-ον . . . . διά βάλλω -ος,-η,-ον
διαγγέλλω . . . . διά ἄγω -ω
διαγένω . . . . διά γένω -ω
διαγινώσκω . . . . διά γινώσκω -σκω
διαγνωρίζω . . . . διά γινώσκω -ιζω
διάγνωσις,-εως,ἡ . . . . διά γινώσκω -σις,-εως,ἡ
διαγογγύζω . . . . διά γογγύζω -ζω
διαγρηγορέω . . . . διά ἐγείρω -εω
διάγω . . . . διά ἄγω -ω
διαδέχομαι . . . . διά δέχομαι -ω
διάδημα,-ματος,τό . . . . διά δέω(1) -μα,-ματος,τό
διαδίδωμι . . . . διά δίδωμι -μι
διάδοχος,ὁ . . . . διά δέχομαι -ος,ὁ
διαζώννυμι . . . . διά ζώννυμι -μι
διαθήκη,ἡ . . . . διά τίθημι -η,ἡ
διαθρύπτω . . . . διά θρύπτω -ω
διαίρεσις,-εως,ἡ . . . . διά αἱρέω -σις,-εως,ἡ
διαιρέω . . . . διά αἱρέω -ω
δίαιτα,ἡ . . . . -α,ἡ
διακαθαίρω . . . . διά καθαρός,-ά,-όν -ω
διακαθαρίζω . . . . διά καθαρός,-ά,-όν -ιζω
διακατελέγχομαι . . . . διά κατά ἐλέγχω -ω
διακελεύω . . . . διά κέλλω -ευω
διακονέω . . . . διάκονος,ὁ -εω
διακονία,ἡ . . . . διάκονος,ὁ -ία,ἡ
διάκονος,ὁ . . . . -ος,ὁ
διακόσιοι,-αι,-α . . . . δύο -κοσιοι,-αι,-α
διακοσμέω . . . . διά κομέω -εω
διακόσμησις,-εως,ἡ . . . . διά κομέω -σις,-εως,ἡ
διακούω . . . . διά ἀκούω -ω
διακρίνω . . . . διά κρίνω -ω
διάκρισις,-εως,ἡ . . . . διά κρίνω -σις,-εως,ἡ
διακυβερνάω . . . . διά κυβερνάω -αω

διακωλύω . . . . διά κόλος,-ον -ω
διαλαλέω . . . . διά λαλέω -εω
διαλέγομαι . . . . διά λέγω -ω
διαλείπω . . . . διά λείπω -ω
διάλεκτος,ή . . . . διά λέγω -τος,-η,-ον
διαλιμπάνω . . . . διά λείπω -ανω
διαλλάσσομαι . . . . διά ἄλλος,-η,-ο -σσω
διαλογίζομαι . . . . διά λέγω -ιζω
διαλογισμός,ό . . . . διά λέγω -μος,ό
διάλυσις,-εως,ή . . . . διά λύω -σις,-εως,ή
διαλύω . . . . διά λύω -ω
διαμαρτάνω . . . . διά ἁμαρτάνω -ανω
διαμαρτύρομαι . . . . διά μάρτυς,-υρος,ό&ή -ω
διαμάχομαι . . . . διά μάχη,ή -ω
διαμένω . . . . διά μένω -ω
διαμερίζω . . . . διά μέρος,-ους,τό -ιζω
διαμερισμός,ό . . . . διά μέρος,-ους,τό -μος,ό
διανέμω . . . . διά νέμω -ω
διανεύω . . . . διά νεύω -ω
διανοέομαι . . . . διά νοῦς,νοός,ό -εω
διανόημα,-ματος,τό . . . . . . διά νοῦς,νοός,ό -μα,-ματος,τό
διάνοια,ή . . . . διά νοῦς,νοός,ό -ια,ή
διανοίγω . . . . διά ἀνά οἴγω -ω
διανυκτερεύω . . . . διά νύξ,νυκτός,ή -ευω
διανύω . . . . διά ἄνω -ω
διαπαρατριβή,ή . . . . διά παρά τρίβω -ή,ή
διαπεράω . . . . διά πέρα -αω
διαπλέω . . . . διά πλέω -ω
διαπονέομαι . . . . διά πένομαι -εω
διαπορεύομαι . . . . διά πέρα -ευω
διαπορέω . . . . διά ἀ- πέρα -εω
διαπραγματεύομαι . . . . διά πράσσω -ευω
διαπρίω . . . . διά πρίω -ω
διαρθρόω . . . . διά ἄρω -σκω
διαρπάζω . . . . διά ἁρπάζω -αζω
διαρήσσω . . . . διά ῥήγνυμι -σσω
διαρρήγνυμι . . . . διά ῥήγνυμι -μι
διασαφέω . . . . διά σαφής,-ές -εω
διασείω . . . . διά σείω -ω
διασκορπίζω . . . . διά σκορπίζω -ιζω
διασπαράσσω . . . . διά σπάω -ω
διασπάω . . . . διά σπάω -ω
διασπείρω . . . . διά σπείρω -ω
διασπορά,ή . . . . διά σπείρω -ά,ή
διάσταλμα,-ματος,τό . . . . . . διά στέλλω -μα,-ματος,τό
διαστέλλω . . . . διά στέλλω -ω
διάστημα,-ματος,τό . . . . . . διά ἵστημι -μα,-ματος,τό
διαστολή,ή . . . . διά στέλλω -ή,ή
διαστρέφω . . . . διά στρέφω -ω
διασῴζω . . . . διά σῴζω -ζω
διαταγή,ή . . . . διά τάσσω -ή,ή

διάταγμα,-ματος,τό . . . . διά τάσσω -μα,-ματος,τό
διάταξις,-εως,ή . . . . διά τάσσω -σις,-εως,ή
διαταράσσω . . . . διά ταράσσω -σσω
διατάσσω . . . . διά τάσσω -σσω
διατελέω . . . . διά τέλος,-ους,τό -εω
διατηρέω . . . . διά τηρός,ό -εω
διατί . . . . διά τίς,τί =
διατίθημι . . . . διά τίθημι -μι
διατρίβω . . . . διά τρίβω -ω
διατροφή,ή . . . . διά τρέφω -ή,ή
διαυγάζω . . . . διά αὐγή,ή -αζω
διαυγής,-ές . . . . διά αὐγή,ή -ης,-ες
διαφανής,-ές . . . . διά φάω -ης,-ες
διαφέρω . . . . διά φέρω -ω
διαφεύγω . . . . διά φεύγω -ω
διαφημίζω . . . . διά φημί -ιζω
διαφθείρω . . . . διά φθίω -ω
διαφθορά,ή . . . . διά φθίω -ά,ή
διαφορά,ή . . . . διά φέρω -ά,ή
διάφορος,-ον . . . . διά φέρω -ος,-α,-ον
διαφυλάσσω . . . . διά φυλάσσω -σσω
διαχειρίζω . . . . διά χείρ,-ρός,ή -ιζω
διαχλευάζω . . . . διά χλεύη,ή -αζω
διαχωρίζω . . . . διά χωρίς -ιζω
διγαμία,ή . . . . δύο γάμος,ό -ία,ή
δίγαμος,-ον . . . . δύο γάμος,ό -ος,-η,-ον
διγλωσσία,ή . . . . δύο γλῶσσα,ή -ία,ή
δίγλωσσος,-ον . . . . δύο γλῶσσα,ή -ος,-η,-ον
διγνώμων,-ον . . . . δύο γινώσκω -μων,-ον
διδακτικός,-ή,-όν . . . . διδάσκω -ικος,-η,-ον
διδακτός,-ή,-όν . . . . διδάσκω -τος,-η,-ον
διδασκαλία,ή . . . . διδάσκω -ία,ή
διδάσκαλος,ό . . . . διδάσκω -ος,ό
διδάσκω . . . . -ω
διδαχή,ή . . . . διδάσκω -ή,ή
δίδραχμον,τό . . . . δύο δράσσομαι -ον,τό
Δίδυμος,ό . . . . δύο -ος,ό
δίδωμι . . . . -μι
διεγείρω . . . . διά ἐγείρω -ω
διελέγχω . . . . διά ἐλέγχω -ω
διέλκω . . . . διά ἕλκω -ω
διενθυμέομαι . . . . διά ἐν θύω(2) -εω
διεξέρχομαι . . . . διά ἐκ ἔρχομαι -ω
διέξοδος,ή . . . . διά ἐκ ὁδός,ή -ος,ή
διέπω . . . . διά ἔπω -ω
διερμηνεία,ή . . . . διά Ἑρμῆς,-οῦ,ό -εία,ή
διερμηνευτής,-οῦ,ό . . . . διά Ἑρμῆς,-οῦ,ό -της,-ου,ό
διερμηνεύω . . . . διά Ἑρμῆς,-οῦ,ό -ευω
διέρχομαι . . . . διά ἔρχομαι -ω
διερωτάω . . . . διά ἔρομαι -αω
διετής,-ές . . . . δύο ἔτος,-ους,τό -ης,-ες

διετία,ή . . . . δύο ἔτος,-ους,τό -ία,ή
διευθύνω . . . . διά εὐθύς,-εῖα,-ύ -υνω
διηγέομαι . . . . διά ἄγω -εω
διήγησις,-εως,ή . . . . διά ἄγω -σις,-εως,ή
διηνεκής,-ές . . . . διά φέρω -ης,-ες
διηνεκῶς . . . . διά φέρω -ως=
διθάλασσος,-ον . . . . δύο ἅλς,ἁλός,ὁ -ος,-η,-ον
διικνέομαι . . . . διά ἵκω -εω
διίστημι . . . . διά ἵστημι -μι
διιστορέω . . . . διά ἵστωρ,-τορος,ὁ&ή -εω
διισχυρίζομαι . . . . διά ἵς,ἱνός,ή -ιζω
δικάζω . . . . δίκη,ή -αζω
δικαιοκρισία,ή . . . . δίκη,ή κρίνω -ία,ή
δικαιοπραγία,ή . . . . δίκη,ή πράσσω -ία,ή
δίκαιος,-α,-ον . . . . δίκη,ή -ιος,-α,-ον
δικαιοσύνη,ή . . . . δίκη,ή -συνη,ή
δικαιόω . . . . δίκη,ή -οω
δικαίωμα,-ματος,τό . . . . . . δίκη,ή -μα,-ματος,τό
δικαίως . . . . δίκη,ή -ως=
δικαίωσις,-εως,ή . . . . δίκη,ή -σις,-εως,ή
δικαστής,-οῦ,ὁ . . . . δίκη,ή -της,-ου,ὁ
δίκη,ή . . . . -η,ή
δίκτυον,τό . . . . -ον,τό
δίλογος,-ον . . . . δύο λέγω -ος,-η,-ον
διό . . . . διά ὅς,ἥ,ὅ =
Διόγνητος,ὁ . . . . Ζεύς,Διός,ὁ γένω -τος,ὁ
διοδεύω . . . . διά ὁδός,ή -ευω
διοίκησις,-εως,ή . . . . διά οἶκος,ὁ -σις,-εως,ή
Διονύσιος,ὁ . . . . Διόνυσος,ὁ -ιος,ὁ
διόπερ . . . . διά ὅς,ἥ,ὅ πέρ =
διοπετής,-ές . . . . Ζεύς,Διός,ὁ πίπτω -ης,-ες
διόπτρα,ή . . . . διά ὁράω -ρα,ή
διορθόω . . . . διά ὀρθός,-ή,-όν -οω
διόρθωμα,-ματος,τό . . . . . . διά ὀρθός,-ή,-όν -μα,-ματος,τό
διόρθωσις,-εως,ή . . . . διά ὀρθός,-ή,-όν -σις,-εως,ή
διορίζω . . . . διά ὅρος,ὁ -ιζω
διορύσσω . . . . διά ὀρύσσω -σσω
Διόσκουροι,οἱ . . . . Ζεύς,Διός,ὁ κείρω -ος,ὁ
διότι . . . . διά ὅς,ἥ,ὅ =
Διοτρέφης,-ους,ὁ . . . . Ζεύς,Διός,ὁ τρέφω -ς,-ος,ὁ(1)
διπλοκαρδία,ή . . . . δύο καρδία,ή -ία,ή
διπλοῦς,-ῆ,-οῦν . . . . δύο -πλοῦς,-ῆ,-οῦν
διπλόω . . . . δύο -οω
Δίρκη,ή . . . . -η,ή
δίς . . . . δύο =
δισμυριάς,-άδος,ή . . . . δύο μυρίος,-α,-ον -ς,-ος,ή
δισσός,-ή,-όν . . . . δύο -ος,-η,-ον
δισσῶς . . . . δύο -ως=
δισταγμός,ὁ . . . . δύο -μος,ὁ
διστάζω . . . . δύο -αζω
δίστομος,-ον . . . . δύο στόμα,-ματος,τό -ος,-η,-ον

δισχίλιοι,-αι,-α . . . . δύο χίλιοι,-αι,-α -ος,-α,-ον
διυλίζω . . . . δύο ὕλη,ἡ -ιζω
δίχα . . . . δύο =
διχάζω . . . . δύο -αζω
διχηλέω . . . . δύο χηλή,ἡ -εω
διχοστασία,ἡ . . . . δύο ἵστημι -ία,ἡ
διχοστατέω . . . . δύο ἵστημι -εω
διχοστάτης,-ου,ὁ . . . . δύο ἵστημι -της,-ου,ὁ
διχοτομέω . . . . δύο τέμνω -εω
διψάω . . . . δίψα,ἡ -αω
δίψος,-ους,τό . . . . δίψα,ἡ -ος,-ους,τό
διψυχέω . . . . δύο ψύχω -εω
διψυχία,ἡ . . . . δύο ψύχω -ία,ἡ
δίψυχος,-ον . . . . δύο ψύχω -ος,-η,-ον
διωγμίτης,-ου,ὁ . . . . δίω -της,-ου,ὁ
διωγμός,ὁ . . . . δίω -μος,ὁ
διώκτης,-ου,ὁ . . . . δίω -της,-ου,ὁ
διώκω . . . . δίω -ω
δόγμα,-ματος,τό . . . . δοκέω -μα,-ματος,τό
δογματίζω . . . . δοκέω -ιζω
δοκέω . . . . -εω
δοκιμάζω . . . . δέχομαι -αζω
δοκιμασία,ἡ . . . . δέχομαι -ία,ἡ
δοκιμή,ἡ . . . . δέχομαι -ή,ἡ
δοκίμιον,τό . . . . δέχομαι -ιον,τό(2)
δόκιμος,-ον . . . . δέχομαι -ιμος,-η,-ον
δοκός,ἡ . . . . -ος,ἡ
δόλιος,-α,-ον . . . . δέλεαρ,-ατος,τό -ιος,-α,-ον
δολιότης,-τητος,ἡ . . . . δέλεαρ,-ατος,τό -οτης,-τητος,ἡ
δολιόω . . . . δέλεαρ,-ατος,τό -οω
δόλος,ὁ . . . . δέλεαρ,-ατος,τό -ος,ὁ
δολόω . . . . δέλεαρ,-ατος,τό -οω
δόμα,-ματος,τό . . . . δίδωμι -μα,-ματος,τό
δόξα,ἡ . . . . δοκέω -α,ἡ
δοξάζω . . . . δοκέω -αζω
Δορκάς,-άδος,ἡ . . . . δέρκομαι -ς,-ος,ἡ
δόρυ,-ρατος,τό . . . . -___,-ος,τό(2)
δόσις,-εως,ἡ . . . . δίδωμι -σις,-εως,ἡ
δότης,-ου,ὁ . . . . δίδωμι -της,-ου,ὁ
δουλαγωγέω . . . . δοῦλος,ὁ ἄγω -εω
δουλεία,ἡ . . . . δοῦλος,ὁ -εία,ἡ
δουλεύω . . . . δοῦλος,ὁ -ευω
δούλη,ἡ . . . . δοῦλος,ὁ -η,ἡ
δοῦλος,-η,-ον . . . . δοῦλος,ὁ -ος,-η,-ον
δοῦλος,ὁ . . . . -ος,ὁ
δουλόω . . . . δοῦλος,ὁ -οω
δοχή,ἡ . . . . δέχομαι -ή,ἡ
δράκων,-οντος,ὁ . . . . δέρκομαι -ων,-οντος,ὁ
δράξ,-ακός,ἡ . . . . δράσσομαι -ς,-ος,ἡ
δράσσομαι . . . . -σσω
δραχμή,ἡ . . . . δράσσομαι -ή,ἡ

δράω . . . . -ω
δρέπανον,τό . . . . δρέπω -ον,τό
δρόμος,ό . . . . τρέχω -ος,ό
δροσίζω . . . . δρόσος,ή -ιζω
Δρούσιλλα,ή . . . . -α,ή
δύναμαι . . . . -μι
δύναμις,-εως,ή . . . . δύναμαι -ις,-εως,ή
δυναμόω . . . . δύναμαι -οω
δυνάστης,-ου,ό . . . . δύναμαι -της,-ου,ό
δυνατέω . . . . δύναμαι -εω
δυνατός,-ή,-όν . . . . δύναμαι -τος,-η,-ον
δυνατῶς . . . . δύναμαι -ως=
δύνω . . . . δύω -ω
δύο . . . . =
δυσβάστακτος,-ον . . . . δυσ- βαστάζω -τος,-η,-ον
δύσβατος,-ον . . . . δυσ- βαίνω -τος,-η,-ον
δυσεντέριον,τό . . . . δυσ- ἐν -ιον,τό(2)
δυσερμήνευτος,-ον . . . . δυσ- Ἑρμῆς,-οῦ,ό -τος,-η,-ον
δυσθεράπευτος,-ον . . . . δυσ- θεράπων,-οντος,ό -τος,-η,-ον
δύσις,-εως,ή . . . . δύω -σις,-εως,ή
δύσκολος,-ον . . . . δυσ- κόλος,-ον -ος,-η,-ον
δυσκόλως . . . . δυσ- κόλος,-ον -ως=
δυσμαθής,-ές . . . . δυσ- μανθάνω -ης,-ες
δυσμή,ή . . . . δύω -ή,ή
δυσνόητος,-ον . . . . δυσ- νοῦς,νοός,ό -τος,-η,-ον
δυσφημέω . . . . δυσ- φημί -εω
δυσφημία,ή . . . . δυσ- φημί -ία,ή
δύσχρητος,-ον . . . . δυσ- χράω(3) -τος,-η,-ον
δυσωδία,ή . . . . δυσ- ὄζω -ία,ή
δώδεκα . . . . δύο δέκα =
δωδεκάσκηπτρον,τό . . . . . . δύο δέκα σκῆπτω -τρον,τό
δωδέκατος,-η,-ον . . . . δύο δέκα -τος,-η,-ον
δωδεκάφυλον,τό . . . . δύο δέκα φύω -ον,τό
δῶμα,-ματος,τό . . . . δέμω -μα,-ματος,τό
δωμάτιον,τό . . . . δέμω -ιον,τό
δωρεά,ή . . . . δίδωμι -ά,ή
δωρεάν . . . . δίδωμι =
δωρέομαι . . . . δίδωμι -εω
δώρημα,-ματος,τό . . . . δίδωμι -μα,-ματος,τό
δῶρον,τό . . . . δίδωμι -ον,τό
δωροφορία,ή . . . . δίδωμι φέρω -ία,ή

E

ἔα . . . . =
ἐάν . . . . εἰ ἄν =
ἐάνπερ . . . . εἰ ἄν πέρ =
ἐαρινός,-ή,-όν . . . . ἔαρ,-ρος,τό -ινος,-η,-ον
ἑαυτοῦ,-ῆς,-οῦ . . . . ἔ αὐτός,-ή,-ό -ος,-η,-ο
ἐάω . . . . -ω

ἑβδομάς,-άδος,ἡ . . . . ἑπτά -ς,-ος,ἡ
ἑβδομήκοντα . . . . ἑπτά -κοντα=
ἑβδομηκοντάκις . . . . ἑπτά -κις=
ἕβδομος,-η,-ον . . . . ἑπτά -ος,-η,-ον
Ἔβερ,ὁ . . . . =
Ἑβραικός,-ή,-όν . . . . Ἑβραῖος,ὁ -ικος,-η,-ον
Ἑβραῖος,ὁ . . . . -ιος,ὁ
Ἑβραίς,-ίδος,ἡ . . . . Ἑβραῖος,ὁ -ις,-ιδος,ἡ
Ἑβραιστί . . . . Ἑβραῖος,ὁ -ιστί=
ἐγγεννάω . . . . ἐν γένω -αω
ἐγγίζω . . . . ἐγγύς -ιζω
ἔγγιστα . . . . ἐγγύς -ιστα=
ἔγγραφος,-ον . . . . ἐν γράφω -ος,-η,-ον
ἐγγράφω . . . . ἐν γράφω -ω
ἔγγυος,-ον . . . . ἐν γυῖον,τό -ος,-α,-ον
ἐγγύς . . . . =
ἐγείρω . . . . -ω
ἔγερσις,-εως,ἡ . . . . ἐγείρω -σις,-εως,ἡ
ἐγκάθετος,-ον . . . . ἐν κατά ἵημι -τος,-η,-ον
ἐγκάθημαι . . . . ἐν κατά ἕζομαι -μι
ἐγκαίνια,-ίων,τά . . . . ἐν καινός,-ή,-όν -ιον,τό(2)
ἐγκαινίζω . . . . ἐν καινός,-ή,-όν -ιζω
ἐγκακέω . . . . ἐν κακός,-ή,-όν -εω
ἐγκαλέω . . . . ἐν καλέω -εω
ἐγκάρδια,-ίων,τά . . . . ἐν καρδία,ἡ -ιον,τό(2)
ἔγκαρπος,-ον . . . . ἐν καρπός,ὁ(1) -ος,-η,-ον
ἔγκατα,τά . . . . ἐν -ον,τό
ἐγκατάλειμμα,-ματος,τό . . . . ἐν κατά λείπω -μα,-ματος,τό
ἐγκαταλείπω . . . . ἐν κατά λείπω -ω
ἐγκαταστηρίζω . . . . ἐν κατά στηρίζω -ιζω
ἐγκατασφραγίζω . . . . ἐν κατά σφραγίς,-ῖδος,ἡ -ιζω
ἐγκατοικέω . . . . ἐν κατά οἶκος,ὁ -εω
ἐγκαυχάομαι . . . . ἐν καυχάομαι -αω
ἔγκειμαι . . . . ἐν κεῖμαι -μι
ἐγκεντρίζω . . . . ἐν κεντέω -ιζω
ἐγκεράννυμι . . . . ἐν κεράω -μι
ἐγκλείω . . . . ἐν κλείω -ω
ἔγκλημα,-ματος,τό . . . . ἐν καλέω -μα,-ματος,τό
ἐγκομβόομαι . . . . ἐν κόμβος,ὁ -οω
ἐγκοπή,ἡ . . . . ἐν κόπτω -ή,ἡ
ἐγκόπτω . . . . ἐν κόπτω -ω
ἐγκράτεια,ἡ . . . . ἐν κράτος,-ους,τό -εια,ἡ
ἐγκρατεύομαι . . . . ἐν κράτος,-ους,τό -ευω
ἐγκρατής,-ές . . . . ἐν κράτος,-ους,τό -ης,-ες
ἐγκρίνω . . . . ἐν κρίνω -ω
ἐγκρίς,-ίδος,ἡ . . . . -ς,-ος,ἡ
ἐγκρύπτω . . . . ἐν κρύπτω -ω
ἔγκυος,-ον . . . . ἐν κύω -ος,-α,-ον
ἐγκύπτω . . . . ἐν κύπτω -ω
ἐγχρίω . . . . ἐν χρίω -ω
ἐγχώριος,-ον . . . . ἐν χῶρος,ὁ -ιος,-α,-ον

ἐγώ,ἐμοῦ . . . . *
ἐδαφίζω . . . . ἔδαφος,-ους,τό -ιζω
ἔδαφος,-ους,τό . . . . -ος,-ους,τό
ἔδεσμα,-ματος,τό . . . . ἔδω -μα,-ματος,τό
ἑδράζω . . . . ἕζομαι -αζω
ἑδραῖος,-α,-ον . . . . ἕζομαι -ιος,-α,-ον
ἑδραίωμα,-ματος,τό . . . . ἕζομαι -μα,-ματος,τό
Ἐζεκίας,-ου,ὁ . . . . -ας,-ου,ὁ
ἐθελοδιδάσκαλος,ὁ . . . . θέλω διδάσκω -ος,ὁ
ἐθελοθρησκία,ἡ . . . . θέλω θρῆσκος,-ον -ία,ἡ
ἐθίζω . . . . ἔθος,-ους,τό -ιζω
ἐθνάρχης,-ου,ὁ . . . . ἔθνος,-ους,τό ἄρχω -ης,-ου,ὁ
ἐθνικός,-ή,-όν . . . . ἔθνος,-ους,τό -ικος,-η,-ον
ἐθνικῶς . . . . ἔθνος,-ους,τό -ως=
ἔθνος,-ους,τό . . . . -ος,-ους,τό
ἔθος,-ους,τό . . . . -ος,-ους,τό
εἰ . . . . =
εἰδέα,ἡ . . . . εἴδω -α,ἡ
εἶδος,-ους,τό . . . . εἴδω -ος,-ους,τό
εἰδωλεῖον,τό . . . . εἴδω -εῖον,τό
εἰδωλόθυτος,-ον . . . . εἴδω θύω(1) -τος,-η,-ον
εἰδωλολατρέω . . . . εἴδω λάτρον,τό -εω
εἰδωλολάτρης,-ου,ὁ . . . . εἴδω λάτρον,τό -ης,-ου,ὁ
εἰδωλολατρία,ἡ . . . . εἴδω λάτρον,τό -ία,ἡ
εἴδωλον,τό . . . . εἴδω -ον,τό
εἰκάζω . . . . εἴκω(1) -αζω
εἰκαιότης,-τητος,ἡ . . . . εἰκῆ -οτης,-τητος,ἡ
εἰκῆ . . . . -η=
εἰκός,-ότος,τό . . . . εἴκω(1) -ς,-ος,τό
εἴκοσι . . . . =
εἰκτικῶς . . . . εἴκω(2) -ως=
εἴκω(2) . . . . -ω
εἰκών,-όνος,ἡ . . . . εἴκω(1) -ων,-ονος,ἡ
εἰλέω . . . . εἴλω -εω
εἰλικρίνεια,ἡ . . . . ἔλη,ἡ κρίνω -εια,ἡ
εἰλικρινής,-ές . . . . ἔλη,ἡ κρίνω -ης,-ες
εἰλικρινῶς . . . . ἔλη,ἡ κρίνω -ως=
εἰμί . . . . -μι*
εἶμι . . . . -μι*
εἵνεκεν . . . . ἕνεκα =
Εἰρηναῖος,ὁ . . . . εἰρήνη,ἡ -ιος,ὁ
εἰρήναρχος,ὁ . . . . εἰρήνη,ἡ ἄρχω -ος,ὁ
εἰρηνεύω . . . . εἰρήνη,ἡ -ευω
εἰρήνη,ἡ . . . . -η,ἡ
εἰρηνικός,-ή,-όν . . . . εἰρήνη,ἡ -ικος,-η,-ον
εἰρηνοποιέω . . . . εἰρήνη,ἡ ποιέω -εω
εἰρηνοποιός,-όν . . . . εἰρήνη,ἡ ποιέω -ος,-α,-ον
εἰρωνεία,ἡ . . . . εἴρων,-ωνος,ὁ -εία,ἡ
εἰς . . . . =
εἷς,μία,ἕν . . . . -ας,-ασα,-αν*
εἰσάγω . . . . εἰς ἄγω -ω .

εἰσακούω . . . . εἰς ἀκούω -ω
εἰσδέχομαι . . . . εἰς δέχομαι -ω
εἴσειμι . . . . εἰς εἶμι -μι*
εἰσέρχομαι . . . . εἰς ἔρχομαι -ω
εἰσήκω . . . . εἰς ἥκω -ω
εἰσκαλέομαι . . . . εἰς καλέω -εω
εἴσοδος,ἡ . . . . εἰς ὁδός,ἡ -ος,ἡ
εἰσπηδάω . . . . εἰς πηδάω -αω
εἰσπορεύομαι . . . . εἰς πέρα -ευω
εἰστρέχω . . . . εἰς τρέχω -ω
εἰσφέρω . . . . εἰς φέρω -ω
εἶτα . . . . =
εἴωθα . . . . ἔθω -ω
ἐκ . . . . =
ἕκαστος,-η,-ον . . . . -τος,-η,-ον
ἑκάστοτε . . . . ἕκαστος,-η,-ον ὅς,ἥ,ὅ τε =
ἑκάτερος,-α,-ον . . . . -τερος,-α,-ον
ἑκατόν . . . . =
ἑκατονταετής,-ές . . . . ἑκατόν ἔτος,-ους,τό -ης,-ες
ἑκατονταπλασίων,-ον . . . . . ἑκατόν -πλασίων,-ον -ων,-ον
ἑκατοντάρχης,-ου,ὁ . . . . . . ἑκατόν ἄρχω -ης,-ου,ὁ
ἑκατόνταρχος,ὁ . . . . ἑκατόν ἄρχω -ος,ὁ
ἐκβαίνω . . . . ἐκ βαίνω -εω
ἐκβάλλω . . . . ἐκ βάλλω -ω
ἔκβασις,-εως,ἡ . . . . ἐκ βαίνω -σις,-εως,ἡ
ἐκβλαστάνω . . . . ἐκ βλαστός,ὁ -ανω
ἐκβολή,ἡ . . . . ἐκ βάλλω -ή,ἡ
ἔκβολος,-ον . . . . ἐκ βάλλω -ος,-η,-ον
ἐκγαμίζω . . . . ἐκ γάμος,ὁ -ιζω
ἔκγονος,-ον . . . . ἐκ γένω -ος,-η,-ον
ἐκδαπανάω . . . . ἐκ δαπάνη,ἡ -αω
ἐκδέχομαι . . . . ἐκ δέχομαι -ω
ἔκδηλος,-ον . . . . ἐκ δῆλος,-η,-ον -ος,-η,-ον
ἐκδημέω . . . . ἐκ δῆμος,ὁ -εω
ἐκδίδωμι . . . . ἐκ δίδωμι -μι
ἐκδιηγέομαι . . . . ἐκ διά ἄγω -εω
ἐκδικέω . . . . ἐκ δίκη,ἡ -εω
ἐκδίκησις,-εως,ἡ . . . . ἐκ δίκη,ἡ -σις,-εως,ἡ
ἔκδικος,-ον . . . . ἐκ δίκη,ἡ -ος,-η,-ον
ἐκδιώκω . . . . ἐκ δίω -ω
ἔκδοτος,-ον . . . . ἐκ δίδωμι -τος,-η,-ον
ἐκδοχή,ἡ . . . . ἐκ δέχομαι -ή,ἡ
ἐκδύω . . . . ἐκ δύω -ω
ἐκεῖ . . . . =
ἐκεῖθεν . . . . ἐκεῖ -θεν=
ἐκεῖνος,-η,-ο . . . . ἐκεῖ -ινος,-η,-ον*
ἐκεῖσε . . . . ἐκεῖ -σε=
ἐκζητέω . . . . ἐκ ζητέω -εω
ἐκζήτησις,-εως,ἡ . . . . ἐκ ζητέω -σις,-εως,ἡ
ἐκθαμβέω . . . . ἐκ θάμβος,-ους,τό -εω
ἔκθαμβος,-ον . . . . ἐκ θάμβος,-ους,τό -ος,-η,-ον

ἐκθαυμάζω . . . . ἐκ θάομαι -αζω
ἔκθετος,-ον . . . . ἐκ τίθημι -τος,-η,-ον
ἐκκαθαίρω . . . . ἐκ καθαρός,-ά,-όν -ω
ἐκκαίω . . . . ἐκ καίω -ω
ἐκκακέω . . . . ἐκ κακός,-ή,-όν -εω
ἐκκεντέω . . . . ἐκ κεντέω -εω
ἐκκλάω . . . . ἐκ κλάω -ω
ἐκκλείω . . . . ἐκ κλείω -ω
ἐκκλησία,ή . . . . ἐκ καλέω -ία,ή
ἐκκλησιαστικός,-ή,-όν . . . . . ἐκ καλέω -ικος,-η,-ον
ἐκκλίνω : . . . . ἐκ κλίνω -ω
ἐκκολάπτω . . . . ἐκ κολάπτω -ω
ἐκκόλαψις,-εως,ή . . . . ἐκ κολάπτω -σις,-εως,ή
ἐκκολυμβάω . . . . ἐκ κολυμβάω -αω
ἐκκομίζω . . . . ἐκ κομέω -ιζω
ἐκκόπτω . . . . ἐκ κόπτω -ω
ἐκκρεμάννυμι . . . . ἐκ κρεμάννυμι -μι
ἐκλαλέω . . . . ἐκ λαλέω -εω
ἐκλάμπω . . . . ἐκ λάμπω -ω
ἐκλανθάνομαι . . . . ἐκ λήθω -ανω
ἐκλέγομαι . . . . ἐκ λέγω -ω
ἐκλείπω . . . . ἐκ λείπω -ω
ἐκλεκτός,-ή,-όν . . . . ἐκ λέγω -τος,-η,-ον
ἐκλιπαρέω . . . . ἐκ λιπαρής,-ές -εω
ἐκλογή,ή . . . . ἐκ λέγω -ή,ή
ἐκλύω . . . . ἐκ λύω -ω
ἐκμάσσω . . . . ἐκ μάω -σσω
ἐκμυκτηρίζω . . . . ἐκ μῦ -ιζω
ἐκνεύω . . . . ἐκ νεύω -ω
ἐκνήφω . . . . ἐκ νήφω -ω
ἐκούσιος,-α,-ον . . . . ἐκών,-οῦσα,-όν -ιος,-α,-ον
ἐκουσίως . . . . ἐκών,-οῦσα,-όν -ως=
ἔκπαλαι . . . . ἐκ πάλαι =
ἐκπειράζω . . . . ἐκ πεῖρα,ή -αζω
ἐκπέμπω . . . . ἐκ πέμπω -ω
ἐκπερισσῶς . . . . ἐκ περί -ως=
ἐκπετάννυμι . . . . ἐκ πετάννυμι -μι
ἐκπέτασις,-εως,ή . . . . ἐκ πετάννυμι -σις,-εως,ή
ἐκπηδάω . . . . ἐκ πηδάω -αω
ἐκπίπτω . . . . ἐκ πίπτω -ω
ἐκπλέκω . . . . ἐκ πλέκω -ω
ἐκπλέω . . . . ἐκ πλέω -ω
ἔκπληκτος,-ον . . . . ἐκ πλήσσω -τος,-η,-ον
ἐκπληρόω . . . . ἐκ πλέος,-α,-ον -οω
ἐκπλήρωσις,-εως,ή . . . . ἐκ πλέος,-α,-ον -σις,-εως,ή
ἐκπλήσσω . . . . ἐκ πλήσσω -σσω
ἐκπνέω . . . . ἐκ πνέω -ω
ἐκπορεύομαι . . . . ἐκ πέρα -ευω
ἐκπορνεύω . . . . ἐκ πόρνη,ή -ευω
ἐκπρεπής,-ές . . . . ἐκ πρέπω -ης,-ες
ἐκπτύω . . . . ἐκ πτύω -ω

ἐκπυρόω . . . . ἐκ πῦρ,-ρός,τό -οω
ἐκριζόω . . . . ἐκ ῥίζα,ἡ -οω
ἐκρίπτω . . . . ἐκ ῥίπτω -ω
ἔκρυσις,-εως,ἡ . . . . ἐκ ῥέω(2) -σις,-εως,ἡ
ἔκστασις,-εως,ἡ . . . . ἐκ ἵστημι -σις,-εως,ἡ
ἐκστρέφω . . . . ἐκ στρέφω -ω
ἐκσφενδονάω . . . . ἐκ σφενδόνη,ἡ -αω
ἐκσῴζω . . . . ἐκ σῴζω -ζω
ἐκταράσσω . . . . ἐκ ταράσσω -σσω
ἐκτείνω . . . . ἐκ τείνω -ω
ἐκτελέω . . . . ἐκ τέλος,-ους,τό -εω
ἐκτένεια,ἡ . . . . ἐκ τείνω -εια,ἡ
ἐκτενής,-ές . . . . ἐκ τείνω -ης,-ες
ἐκτενῶς . . . . ἐκ τείνω -ως=
ἐκτίθημι . . . . ἐκ τίθημι -μι
ἐκτίλλω . . . . ἐκ τίλλω -ω
ἐκτινάσσω . . . . ἐκ τείνω -σσω
ἐκτιτρώσκω . . . . ἐκ τρώω -σκω
ἔκτος,-η,-ον . . . . ἕξ -τος,-η,-ον
ἐκτός . . . . ἐκ -τος=
ἐκτρέπω . . . . ἐκ τρέπω -ω
ἐκτρέφω . . . . ἐκ τρέφω -ω
ἐκτρίβω . . . . ἐκ τρίβω -ω
ἔκτρομος,-ον . . . . ἐκ τρέω -ος,-η,-ον
ἔκτρωμα,-ματος,τό . . . . ἐκ τρώω -μα,-ματος,τό
ἐκτυπόω . . . . ἐκ τύπος,ὁ -οω
ἐκφέρω . . . . ἐκ φέρω -ω
ἐκφεύγω . . . . ἐκ φεύγω -ω
ἐκφοβέω . . . . ἐκ φέβομαι -εω
ἔκφοβος,-ον . . . . ἐκ φέβομαι -ος,-η,-ον
ἔκφρικτος,-ον . . . . ἐκ φρίσσω -τος,-η,-ον
ἐκφύω . . . . ἐκ φύω -ω
ἐκφωνέω . . . . ἐκ φωνή,ἡ -εω
ἐκχέω . . . . ἐκ χέω -ω
ἔκχυσις,-εως,ἡ . . . . ἐκ χέω -σις,-εως,ἡ
ἐκχωρέω . . . . ἐκ χῶρος,ὁ -εω
ἐκψύχω . . . . ἐκ ψύχω -ω
ἑκών,-οῦσα,-όν . . . . -ων,-ουσα,-ον
ἐλαία,ἡ . . . . -ία,ἡ
ἔλαιον,τό . . . . ἐλαία,ἡ -ον,τό
ἐλαιών,-ῶνος,ὁ . . . . ἐλαία,ἡ -ων,-ωνος,ὁ
Ἐλαμίτης,-ου,ὁ . . . . -ιτης,-ου,ὁ
ἐλάσσων,-ον . . . . -ων,-ον
ἐλαττονέω . . . . ἐλάσσων,-ον -εω
ἐλαττόω . . . . ἐλάσσων,-ον -οω
ἐλάττωμα,-ματος,τό . . . . ἐλάσσων,-ον -μα,-ματος,τό
ἐλαύνω . . . . -υνω
ἐλαφρία,ἡ . . . . ἐλαφρός,-ά,-όν -ία,ἡ
ἐλαφρός,-ά,-όν . . . . -ος,-α,-ον
ἐλάχιστος,-η,-ον . . . . ἐλάσσων,-ον -ιστος,-η,-ον
Ἐλδάδ,ὁ . . . . =

Ἐλεάζαρ,ὁ . . . . =
ἐλεάω . . . . ἔλεος,-ους,τό -αω
ἐλεγμός,ὁ . . . . ἐλέγχω -μος,ὁ
ἔλεγξις,-εως,ἡ . . . . ἐλέγχω -σις,-εως,ἡ
ἔλεγχος,ὁ . . . . ἐλέγχω -ος,ὁ
ἐλέγχω . . . . -ω
ἐλεεινός,-ή,-όν . . . . ἔλεος,-ους,τό -ινος,-η,-ον
ἐλεέω . . . . ἔλεος,-ους,τό -εω
ἐλεημοσύνη,ἡ . . . . ἔλεος,-ους,τό -συνη,ἡ
ἐλεήμων,-ον . . . . ἔλεος,-ους,τό -μων,-ον
ἔλεος,-ους,τό . . . . -ος,-ους,τό
ἐλευθερία,ἡ . . . . ἐλεύθερος,-α,-ον -ία,ἡ
ἐλεύθερος,-α,-ον . . . . -ος,-α,-ον
ἐλευθερόω . . . . ἐλεύθερος,-α,-ον -οω
ἔλευσις,-εως,ἡ . . . . ἔρχομαι -σις,-εως,ἡ
ἐλεφάντινος,-η,-ον . . . . . . ἐλέφας,-αντος,ὁ -ινος,-η,-ον
Ἐλιακίμ,ὁ . . . . =
ἕλιγμα,-ματος,τό . . . . ἑλίσσω -μα,-ματος,τό
Ἐλιέζερ,ὁ . . . . =
Ἐλιούδ,ὁ . . . . =
Ἐλισάβετ,ἡ . . . . =
Ἐλισαιέ,ὁ . . . . =
Ἐλισαῖος,ὁ . . . . -αῖος,ὁ
ἑλίσσω . . . . -σσω
ἕλκος,-ους,τό . . . . -ος,-ους,τό
ἑλκόω . . . . ἕλκος,-ους,τό -οω
ἕλκω . . . . -ω
Ἑλλάς,-άδος,ἡ . . . . Ἕλλην,-ηνος,ὁ -ς,-ος,ἡ
ἐλλείπω . . . . ἐν λείπω -ω
ἔλλειψις,-εως,ἡ . . . . ἐν λείπω -σις,-εως,ἡ
Ἕλλην,-ηνος,ὁ . . . . -___,-ος,ὁ
Ἑλληνικός,-ή,-όν . . . . Ἕλλην,-ηνος,ὁ -ικος,-η,-ον
Ἑλληνίς,-ίδος,ἡ . . . . Ἕλλην,-ηνος,ὁ -ις,-ιδος,ἡ
Ἑλληνιστής,-οῦ,ὁ . . . . Ἕλλην,-ηνος,ὁ -ιστης,-ου,ὁ
Ἑλληνιστί . . . . Ἕλλην,-ηνος,ὁ -ιστί=
ἐλλογέω . . . . ἐν λέγω -εω
ἐλλόγιμος,-ον . . . . ἐν λέγω -ιμος,-η,-ον
Ἐλμαδάμ . . . . =
ἐλπίζω . . . . ἐλπίς,-ίδος,ἡ -ιζω
ἐλπίς,-ίδος,ἡ . . . . -ις,-ιδος,ἡ
Ἐλύμας,-α,ὁ . . . . -ας,-α,ὁ
ἐλωΐ . . . . =
ἐμαυτοῦ,-ῆς,-οῦ . . . . ἐγώ,ἐμοῦ αὐτός,-ή,-ό -ος,-η,-ο
ἐμβαίνω . . . . ἐν βαίνω -ω
ἐμβάλλω . . . . ἐν βάλλω -ω
ἐμβαπτίζω . . . . ἐν βάπτω -ιζω
ἐμβάπτω . . . . ἐν βάπτω -ω
ἐμβατεύω . . . . ἐν βαίνω -ευω
ἐμβιβάζω . . . . ἐν βαίνω -αζω
ἐμβλέπω . . . . ἐν βλέπω -ω
ἐμβριθής,-ές . . . . ἐν βρίθω -ης,-ες

έμβριμάομαι . . . . ἐν βριμάομαι -αω
ἐμβροχή,ἡ . . . . ἐν βρόχος,ὁ -ή,ἡ
ἐμέω . . . . -εω
ἐμμαίνομαι . . . . ἐν μάω -αινω
'Εμμανουήλ,ὁ . . . . =
'Εμμαοῦς,ἡ . . . . -ος,ἡ
ἐμμένω . . . . ἐν μένω -ω
'Εμμώρ,ὁ . . . . =
ἐμός,-ή,-όν . . . . ἐγώ,ἐμοῦ -ος,-η,-ον
ἐμπαιγμονή,ἡ . . . . ἐν παῖς,παιδός,ὁ&ἡ -μονη,ἡ
ἐμπαιγμός,ὁ . . . . ἐν παῖς,παιδός,ὁ&ἡ -μος,ὁ
ἐμπαίζω . . . . ἐν παῖς,παιδός,ὁ&ἡ -ιζω
ἐμπαίκτης,-ου,ὁ . . . . ἐν παῖς,παιδός,ὁ&ἡ -της,-ου,ὁ
ἐμπέμπω . . . . ἐν πέμπω -ω
ἐμπεριέχω . . . . ἐν περί ἔχω -ω
ἐμπεριπατέω . . . . ἐν περί πάτος,ὁ -εω
ἐμπερίτομος,-ον . . . . ἐν περί τέμνω -ος,-η,-ον
ἐμπίπλημι . . . . ἐν πίμπλημι -μι
ἐμπίπρημι . . . . ἐν πίμπρημι -μι
ἐμπίπτω . . . . ἐν πίπτω -ω
ἔμπλαστρος,ἡ . . . . ἐν πλάσσω -ος,ἡ
ἐμπλέκω . . . . ἐν πλέκω -ω
ἐμπλοκή,ἡ . . . . ἐν πλέκω -ή,ἡ
ἐμπνέω . . . . ἐν πνέω -ω
ἐμποδίζω . . . . ἐν πούς,ποδός,ὁ -ιζω
ἐμπορεύομαι . . . . ἐν πέρα -ευω
ἐμπορία,ἡ . . . . ἐν πέρα -ία,ἡ
ἐμπόριον,τό . . . . ἐν πέρα -ιον,τό(2)
ἔμπορος,ὁ . . . . ἐν πέρα -ος,ὁ
ἔμπροσθεν . . . . ἐν πρός -θεν=
ἐμπτύω . . . . ἐν πτύω -ω
ἐμφανής,-ές . . . . ἐν φάω -ης,-ες
ἐμφανίζω . . . . ἐν φάω -ιζω
ἔμφοβος,-ον . . . . ἐν φέβομαι -ος,-η,-ον
ἐμφράσσω . . . . ἐν φράσσω -σσω
ἐμφύρω . . . . ἐν φύρω -ω
ἐμφυσάω . . . . ἐν φύω -αω
ἔμφυτος,-ον . . . . ἐν φύω -τος,-η,-ον
ἐμφωνέω . . . . ἐν φωνή,ἡ -εω
ἐν . . . . =
ἐναγκαλίζομαι . . . . ἐν ἀγκή,ἡ -ιζω
ἐνάλιος,-ον . . . . ἐν ἅλς,ἁλός,ὁ -ιος,-α,-ον
ἐναλλάξ . . . . ἐν ἄλλος,-η,-ο =
ἐνάλλομαι . . . . ἐν ἄλλομαι -ω
ἐνανθρωπέω . . . . ἐν ἄνθρωπος,ὁ -εω
ἔναντι . . . . ἐν ἀντί =
ἐναντίον . . . . ἐν ἀντί -ιον=
ἐναντιόομαι . . . . ἐν ἀντί -οω
ἐναντίος,-α,-ον . . . . ἐν ἀντί -ιος,-α,-ον
ἐναργής,-ές . . . . ἐν ἀ- ἔργω(2) -ης,-ες
ἐνάρετος,-ον . . . . ἐν "Αρης,-εος,ὁ -τος,-η,-ον

ἐνάρχομαι . . . . ἐν ἄρχω -ω
ἔνατος,-η,-ον . . . . ἐννέα -τος,-η,-ον
ἐναφίημι . . . . ἐν ἀπό ἵημι -μι
ἐνδεής,-ές . . . . ἐν δέω(2) -ης,-ες
ἔνδειγμα,-ματος,τό . . . . ἐν δείκνυμι -μα,-ματος,τό
ἐνδείκνυμι . . . . ἐν δείκνυμι -μι
ἔνδειξις,-εως,ή . . . . ἐν δείκνυμι -σις,-εως,ή
ἔνδεκα . . . . εἷς,μία,ἕν δέκα =
ἐνδέκατος,-η,-ον . . . . εἷς,μία,ἕν δέκα -τος,-η,-ον
ἐνδελεχισμός,ό . . . . ἐν δολιχός,-ή,-όν -μος,ό
ἐνδέχομαι . . . . ἐν δέχομαι -ω
ἐνδέω(1) . . . . ἐν δέω(1) -ω
ἐνδέω(2) . . . . ἐν δέω(2) -ω
ἐνδημέω . . . . ἐν δῆμος,ὁ -εω
ἐνδιδύσκω . . . . ἐν δύω -σκω
ἔνδικος,-ον . . . . ἐν δίκη,ἡ -ος,-η,-ον
ἔνδοθεν . . . . ἐν -θεν=
ἐνδοξάζομαι . . . . ἐν δοκέω -αζω
ἔνδοξος,-ον . . . . ἐν δοκέω -ος,-η,-ον
ἐνδόξως . . . . ἐν δοκέω -ως=
ἔνδυμα,-ματος,τό . . . . ἐν δύω -μα,-ματος,τό
ἐνδυναμόω . . . . ἐν δύναμαι -οω
ἐνδύνω . . . . ἐν δύω -ω
ἔνδυσις,-εως,ή . . . . ἐν δύω -σις,-εως,ή
ἐνδύω . . . . ἐν δύω -ω
ἐνδώμησις,-εως,ή . . . . ἐν δέμω -σις,-εως,ή
ἐνέδρα,ή . . . . ἐν ἕζομαι -α,ή
ἐνεδρεύω . . . . ἐν ἕζομαι -ευω
ἔνεδρον,τό . . . . ἐν ἕζομαι -ον,τό
ἐνειλέω . . . . ἐν εἵλω -εω
ἔνειμι . . . . ἐν εἰμί -μι*
ἕνεκα . . . . =
ἐνελίσσω . . . . ἐν ἑλίσσω -σσω
ἐνενήκοντα . . . . ἐννέα -κοντα=
ἐνεός,-ά,-όν . . . . -ος,-α,-ον
ἐνέργεια,ή . . . . ἐν ἔργω(2) -εια,ή
ἐνεργέω . . . . ἐν ἔργω(2) -εω
ἐνέργημα,-ματος,τό . . . . ἐν ἔργω(2) -μα,-ματος,τό
ἐνεργής,-ές . . . . ἐν ἔργω(2) -ης,-ες
ἐνερείδω . . . . ἐν ἐρείδω -ω
ἐνευλογέω . . . . ἐν εὖ λέγω -εω
ἐνέχω . . . . ἐν ἔχω -ω
ἔνθα . . . . ἐν -θα=
ἐνθάδε . . . . ἐν -θαδε=
ἔνθεν . . . . ἐν -θεν=
ἔνθεος,-ον . . . . ἐν θεός,ὁ -ος,-α,-ον
ἐνθυμέομαι . . . . ἐν θύω(2) -εω
ἐνθύμησις,-εως,ή . . . . ἐν θύω(2) -σις,-εως,ή
ἐνί . . . . ἐν -ι=
ἔνι . . . . ἐν εἰμί =
ἐνιαυτός,ό . . . . ἕνος,ὁ αὐτός,-ή,-ό -ος,ό

ἐνιδρύω . . . . ἐν ἵζω -ω
ἔνιοι,-αι,-α . . . . ἐν εἰμί ὅς,ἥ,ὅ -ος,-α,-ον
ἐνίοτε . . . . ἐν εἰμί ὅς,ἥ,ὅ =
ἐνίστημι . . . . ἐν ἵστημι -μι
ἐνισχύω . . . . ἐν ἴς,ἰνός,ἡ -ω
ἐννέα . . . . =
ἐννεύω . . . . ἐν νεύω -ω
ἐννοέω . . . . ἐν νοῦς,νοός,ὁ -εω
ἔννοια,ἡ . . . . ἐν νοῦς,νοός,ὁ -ια,ἡ
ἔννομος,-ον . . . . ἐν νέμω -ος,-η,-ον
ἐννόμως . . . . ἐν νέμω -ως=
ἔννυχος,-ον . . . . ἐν νύξ,νυκτός,ἡ -ος,-η,-ον
ἐνοικέω . . . . ἐν οἶκος,ὁ -εω
ἐνοξίζω . . . . ἐν ὀξύς,-εῖα,-ύ -ιζω
ἔνοπλος,-ον . . . . ἐν ὅπλον,τό -ος,-η,-ον
ἐνοπτρίζομαι . . . . ἐν ὁράω -ιζω
ἐνοράω . . . . ἐν ὁράω -αω
ἐνορκίζω . . . . ἐν ὅρκος,ὁ -ιζω
ἑνότης,-τητος,ἡ . . . . εἷς,μία,ἕν -οτης,-τητος,ἡ
ἐνοχλέω . . . . ἐν ὄχλος,ὁ -εω
ἔνοχος,-ον . . . . ἐν ἔχω -ος,-η,-ον
ἑνόω . . . . εἷς,μία,ἕν -οω
ἐνσκιρόω . . . . ἐν σκῖρος,ὁ -οω
ἐνστερνίζω . . . . ἐν στέρνον,τό -ιζω
ἔνταλμα,-ματος,τό . . . . ἐν τέλλω -μα,-ματος,τό
ἐντάσσω . . . . ἐν τάσσω -σσω
ἐνταῦθα . . . . ἐν -θα=
ἐνταφιάζω . . . . ἐν τάφος,ὁ(1) -αζω
ἐνταφιασμός,ὁ . . . . ἐν τάφος,ὁ(1) -μος,ὁ
ἐντέλλω . . . . ἐν τέλλω -ω
ἔντερον,τό . . . . ἐν -τερον,τό
ἐντεῦθεν . . . . ἐν -θεν=
ἔντευξις,-εως,ἡ . . . . ἐν τυγχάνω -σις,-εως,ἡ
ἐντίθημι . . . . ἐν τίθημι -μι
ἔντιμος,-ον . . . . ἐν τίω -ος,-η,-ον
ἐντολή,ἡ . . . . ἐν τέλλω -ή,ἡ
ἐντόπιος,-α,-ον . . . . ἐν τόπος,ὁ -ιος,-α,-ον
ἐντός . . . . ἐν -τος=
ἐντρέπω . . . . ἐν τρέπω -ω
ἐντρέφω . . . . ἐν τρέφω -ω
ἔντρομος,-ον . . . . ἐν τρέω -ος,-η,-ον
ἐντροπή,ἡ . . . . ἐν τρέπω -ή,ἡ
ἐντρυφάω . . . . ἐν θρύπτω -αω
ἐντυγχάνω . . . . ἐν τύχη,ἡ -ανω
ἐντυλίσσω . . . . ἐν τυλίσσω -σσω
ἐντυπόω . . . . ἐν τύπος,ὁ -οω
ἐνυβρίζω . . . . ἐν ὕβρις,-εως,ἡ -ιζω
ἐνυπνιάζομαι . . . . ἐν ὕπνος,ὁ -αζω
ἐνύπνιον,τό . . . . ἐν ὕπνος,ὁ -ιον,τό(2)
ἐνώπιον . . . . ἐν ὁράω -ιον=
'Ενώς,ὁ . . . . =

ἕνωσις,-εως,ή . . . . εἷς,μία,ἕν -σις,-εως,ή
ἐνωτίζομαι . . . . ἐν οὖς,ὠτός,τό -ιζω
'Ενώχ,ὁ . . . . =
ἕξ . . . . =
ἐξαγγέλλω . . . . ἐκ ἄγω -ω
ἐξαγοράζω . . . . ἐκ ἄγω -αζω
ἐξάγω . . . . ἐκ ἄγω -ω
ἐξαίρετος,-ον . . . . ἐκ αἱρέω -τος,-η,-ον
ἐξαιρέτως . . . . ἐκ αἱρέω -ως=
ἐξαιρέω . . . . ἐκ αἱρέω -εω
ἐξαίρω . . . . ἐκ αἴρω -ω
ἐξαιτέω . . . . ἐκ αἰτέω -εω
ἐξαίφνης . . . . ἐκ αἴφνης =
ἐξάκις . . . . ἕξ -κις=
ἐξακισχίλιοι,-αι,-α . . . . ἕξ χίλιοι,-αι,-α -ος,-α,-ον
ἐξακολουθέω . . . . ἐκ ἀ-(2) κέλευθος,ή -εω
ἐξακοντίζω . . . . ἐκ ἀκή,ή -ιζω
ἐξακόσιοι,-αι,-α . . . . ἕξ -κοσιοι,-αι,-α
ἐξακριβάζομαι . . . . ἐκ ἀκριβής,-ές -αζω
ἐξαλείφω . . . . ἐκ ἀλείφω -ω
ἐξάλλομαι . . . . ἐκ ἅλλομαι -ω
ἐξαμαρτάνω . . . . ἐκ ἁμαρτάνω -ανω
ἐξαμβλόω . . . . ἐκ ἀμβλός,ὁ -οω
ἐξανάστασις,-εως,ή . . . . ἐκ ἀνά ἵστημι -σις,-εως,ή
ἐξανατέλλω . . . . ἐκ ἀνά τέλλω -ω
ἐξανίστημι . . . . ἐκ ἀνά ἵστημι -μι
ἐξανοίγω . . . . ἐκ ἀνά οἴγω -ω
ἐξαπατάω . . . . ἐκ ἀπάτη,ή -αω
ἐξάπινα . . . . ἐκ αἴφνης =
ἐξαπλόω . . . . ἐκ ἁπλοῦς,-ῆ,-οῦν -οω
ἐξαπορέω . . . . ἐκ ἀ- πέρα -εω
ἐξαποστέλλω . . . . ἐκ ἀπό στέλλω -ω
ἐξάπτω . . . . ἐκ ἅπτω -ω
ἐξαριθμέω . . . . ἐκ ἀριθμός,ὁ -εω
ἐξαρτάω . . . . ἐκ ἄρω -αω
ἐξαρτίζω . . . . ἐκ ἄρτι -ιζω
ἐξασθενέω . . . . ἐκ ἀ- σθένος,-ους,τό -εω
ἐξαστράπτω . . . . ἐκ ἀστραπή,ή -ω
ἐξαυτῆς . . . . ἐκ αὐτός,-ή,-ό -ης=
ἐξεγείρω . . . . ἐκ ἐγείρω -ω
ἔξειμι . . . . ἐκ εἰμι -μι*
ἐξελέγχω . . . . ἐκ ἐλέγχω -ω
ἐξελίσσω . . . . ἐκ ἐλίσσω -σσω
ἐξέλκω . . . . ἐκ ἕλκω -ω
ἐξεμπλάριον,τό . . . . -ον,τό
ἐξέραμα,-ματος,τό . . . . ἐκ ἐράω(2) -μα,-ματος,τό
ἐξεραυνάω . . . . ἐκ ἔρομαι -αω
ἐξερίζω . . . . ἐκ ἔρις,-ιδος,ή -ιζω
ἐξέρχομαι . . . . ἐκ ἔρχομαι -ω
ἔξεστι . . . . ἐκ εἰμί -μι*
ἐξετάζω . . . . ἐκ ἐτεός,-ά,-όν -αζω

ἐξετασμός,ὁ . . . . ἐκ ἐτεός,-ά,-όν -μος,ὁ
ἐξέχω . . . . ἐκ ἔχω -ω
ἐξηγέομαι . . . . ἐκ ἄγω -εω
ἐξήγησις,-εως,ἡ . . . . ἐκ ἄγω -σις,-εως,ἡ
ἐξήκοντα . . . . ἕξ -κοντα=
ἑξῆς . . . . ἔχω -ης=
ἐξηχέω . . . . ἐκ ἠχή,ἡ -εω
ἐξιλάσκομαι . . . . ἐκ ἵλαος,-ον -σκω
ἕξις,-εως,ἡ . . . . ἔχω -σις,-εως,ἡ
ἐξίστημι . . . . ἐκ ἵστημι -μι
ἐξισχύω . . . . ἐκ ἴς,ἰνός,ἡ -ω
ἔξοδος,ἡ . . . . ἐκ ὁδός,ἡ -ος,ἡ
ἐξοιδέω . . . . ἐκ οἶδος,-ους,τό -εω
ἐξολεθρεύω . . . . ἐκ ὄλλυμι -ευω
ἐξομοιόω . . . . ἐκ ὁμός,-ή,-όν -οω
ἐξομολογέω . . . . ἐκ ὁμός,-ή,-όν λέγω -εω
ἐξομολόγησις,-εως,ἡ . . . . . . ἐκ ὁμός,-ή,-όν λέγω -σις,-εως,ἡ
ἐξορκίζω . . . . ἐκ ὅρκος,ὁ -ιζω
ἐξορκιστής,-οῦ,ὁ . . . . ἐκ ὅρκος,ὁ -της,-ου,ὁ
ἐξορύσσω . . . . ἐκ ὀρύσσω -σσω
ἐξουδενέω . . . . ἐκ οὐ δέ εἷς,μία,ἕν -εω
ἐξουθενόω . . . . ἐκ οὐ δέ εἷς,μία,ἕν -οω
ἐξουθένημα,-ματος,τό . . . . . ἐκ οὐ δέ εἷς,μία,ἕν -μα,-ματος,τό
ἐξουσία,ἡ . . . . ἐκ εἰμί -ία,ἡ
ἐξουσιάζω . . . . ἐκ εἰμί -αζω
ἐξοχή,ἡ . . . . ἐκ ἔχω -ή,ἡ
ἔξοχος,-ον . . . . ἐκ ἔχω -ος,-η,-ον
ἐξυπνίζω . . . . ἐκ ὕπνος,ὁ -ιζω
ἔξυπνος,-ον . . . . ἐκ ὕπνος,ὁ -ος,-η,-ον
ἔξω . . . . ἐκ -ω=
ἔξωθεν . . . . ἐκ -θεν=
ἐξωθέω . . . . ἐκ ὠθέω -εω
ἐξώτερος,-α,-ον . . . . ἐκ -τερος,-α,-ον
ἔοικα . . . . εἴκω(1) -ω
ἑορτάζω . . . . ἑορτή,ἡ -αζω
ἑορτή,ἡ . . . . -ή,ἡ
ἐπαγγελία,ἡ . . . . ἐπί ἄγω -ία,ἡ
ἐπαγγέλλομαι . . . . ἐπί ἄγω -ω
ἐπάγγελμα,-ματος,τό . . . . . . ἐπί ἄγω -μα,-ματος,τό
ἐπάγω . . . . ἐπί ἄγω -ω
ἐπαγωνίζομαι . . . . ἐπί ἀγών,-ῶνος,ὁ -ιζω
ἐπαθροίζω . . . . ἐπί ἀθρόος,-α,-ον -ιζω
Ἐπαίνετος,ὁ . . . . ἐπί αἰνος,ὁ -τος,ὁ
ἐπαινέω . . . . ἐπί αἶνος,ὁ -εω
ἔπαινος,ὁ . . . . ἐπί αἶνος,ὁ -ος,ὁ
ἐπαίρω . . . . ἐπί αἴρω -ω
ἐπαισχύνομαι . . . . ἐπί αἶσχος,-ους,τό -υνω
ἐπαιτέω . . . . ἐπί αἰτέω -εω
ἐπακολουθέω . . . . ἐπί ἀ-(2) κέλευθος,ἡ -εω
ἐπακούω . . . . ἐπί ἀκούω -ω
ἐπακροάομαι . . . . ἐπί ἀκροάομαι -αω

ἐπάλληλος,-ον	. . . .	ἐπί ἄλλος,-η,-ο -ος,-η,-ον
ἐπάν	. . . .	ἐπί ἄν =
ἐπάναγκες	. . . .	ἐπί ἀνάγκη,ἡ =
ἐπανάγω	. . . .	ἐπί ἀνά ἄγω -ω
ἐπανακάμπτω	. . . .	ἐπί ἀνά κάμπτω -ω
ἐπαναμιμνήσκω	. . . .	ἐπί ἀνά μνάομαι(2) -σκω
ἐπαναπαύομαι	. . . .	ἐπί ἀνά παύω -ω
ἐπανατρέχω	. . . .	ἐπί ἀνά τρέχω -ω
ἐπανέρχομαι	. . . .	ἐπί ἀνά ἔρχομαι -ω
ἐπανήκω	. . . .	ἐπί ἀνά ἥκω -ω
ἐπανίστημι	. . . .	ἐπί ἀνά ἵστημι -μι
ἐπανόρθωσις,-εως,ἡ	. . .	ἐπί ἀνά ὀρθός,-ή,-όν -σις,-εως,ἡ
ἐπάνω	. . . .	ἐπί ἀνά -ω=
ἐπαοιδός,ὁ	. . . .	ἐπί ἀείδω -ος,ὁ
ἐπάρατος,-ον	. . . .	ἐπί ἀρά,ἡ -τος,-η,-ον
ἐπαρκέω	. . . .	ἐπί ἀρκέω -εω
ἐπαρχεία,ἡ	. . . .	ἐπί ἄρχω -εία,ἡ
ἐπάρχειος,-ον	. . . .	ἐπί ἄρχω -ιος,-α,-ον
ἐπαρχικός,-ή,-όν	. . . . . .	ἐπί ἄρχω -ικος,-η,-ον
ἔπαρχος,ὁ	. . . .	ἐπί ἄρχω -ος,ὁ
ἔπαυλις,-εως,ἡ	. . . . . .	ἐπί ἄημι -ις,-εως,ἡ
ἐπαύριον	. . . .	ἐπί ἠώς,ἠόος,ἡ -ιον=
ἐπαφίημι	. . . .	ἐπί ἀπό ἵημι -μι
Ἐπαφρᾶς,-ᾶ,ὁ	. . . . . .	ἐπί Ἀφροδίτη,ἡ -ας,-α,ὁ
ἐπαφρίζω	. . . .	ἐπί ἀφρός,ὁ -ιζω
Ἐπαφρόδιτος,ὁ	. . . .	ἐπί Ἀφροδίτη,ἡ -ος,ὁ
ἐπεγείρω	. . . .	ἐπί ἐγείρω -ω
ἐπεί	. . . .	ἐπί =
ἐπειδή	. . . .	ἐπί δή =
ἐπειδήπερ	. . . . . .	ἐπί δή πέρ =
ἔπειμι	. . . .	ἐπί εἶμι -μι*
ἐπείπερ	. . . . . .	ἐπί πέρ =
ἐπεισαγωγή,ἡ	. . . . . .	ἐπί εἰς ἄγω -ή,ἡ
ἐπεισέρχομαι	. . . . . .	ἐπί εἰς ἔρχομαι -ω
ἔπειτα	. . . .	ἐπί εἶτα =
ἐπέκεινα	. . . .	ἐπί ἐκεῖ =
ἐπεκτείνομαι	. . . .	ἐπί ἐκ τείνω -ω
ἐπενδύομαι	. . . .	ἐπί ἐν δύω -ω
ἐπενδύτης,-ου,ὁ	. . . .	ἐπί ἐν δύω -της,-ου,ὁ
ἐπεξεργάζομαι	. . . . . .	ἐπί ἐκ ἔργω(2) -αζω
ἐπέρχομαι	. . . .	ἐπί ἔρχομαι -ω
ἐπερωτάω	. . . .	ἐπί ἔρομαι -αω
ἐπερώτημα,-ματος,τό	. . .	ἐπί ἔρομαι -μα,-ματος,τό
ἐπέχω	. . . .	ἐπί ἔχω -ω
ἐπήλυτος,-ον	. . . . . .	ἐπί ἔρχομαι -τος,-η,-ον
ἐπηρεάζω	. . . .	ἐπήρεια,ἡ -αζω
ἐπήρεια,ἡ	. . . .	-α,ἡ
ἐπί	. . . .	=
ἐπιβαίνω	. . . .	ἐπί βαίνω -ω
ἐπιβάλλω	. . . .	ἐπί βάλλω -ω
ἐπιβαρέω	. . . .	ἐπί βάρος,-ους,τό -εω

ἐπιβιβάζω . . . . ἐπί βαίνω -αζω
ἐπιβλέπω . . . . ἐπί βλέπω -ω
ἐπίβλημα,-ματος,τό . . . . . . ἐπί βάλλω -μα,-ματος,τό
ἐπιβοάω . . . . ἐπί βοή,ἡ -αω
ἐπιβουλή,ἡ . . . . ἐπί βούλομαι -ή,ἡ
ἐπιγαμβρεύω . . . . ἐπί γάμος,ὁ -ευω
ἐπίγειος,-ον . . . . ἐπί γῆ,ἡ -ιος,-α,-ον
ἐπιγελάω . . . . ἐπί γελάω -αω
ἐπιγένω . . . . ἐπί γένω -ω
ἐπιγινώσκω . . . . ἐπί γινώσκω -σκω
ἐπίγνωσις,-εως,ἡ . . . . ἐπί γινώσκω -σις,-εως,ἡ
ἐπιγραφή,ἡ . . . . ἐπί γράφω -ή,ἡ
ἐπιγράφω . . . . ἐπί γράφω -ω
ἐπιδείκνυμι . . . . ἐπί δείκνυμι -μι
ἐπιδέομαι . . . . ἐπί δέω(2) -ω
ἐπιδέχομαι . . . . ἐπί δέχομαι -ω
ἐπιδημέω . . . . ἐπί δῆμος,ὁ -εω
ἐπιδημία,ἡ . . . . ἐπί δῆμος,ὁ -ία,ἡ
ἐπιδιατάσσομαι . . . . ἐπί διά τάσσω -σσω
ἐπιδίδωμι . . . . ἐπί δίδωμι -μι
ἐπιδιορθόω . . . . ἐπί διά ὀρθός,-ή,-όν -οω
ἐπιδύω . . . . ἐπί δύω -ω
ἐπιείκεια,ἡ . . . . ἐπί εἴκω(1) -εια,ἡ
ἐπιεικής,-ές . . . . ἐπί εἴκω(1) -ης,-ες
ἐπιζητέω . . . . ἐπί ζητέω -εω
ἐπιθανάτιος,-ον . . . . ἐπί θνήσκω -ιος,-α,-ον
ἐπίθεσις,-εως,ἡ . . . . ἐπί τίθημι -σις,-εως,ἡ
ἐπιθυμέω . . . . ἐπί θύω(2) -εω
ἐπιθυμητής,-οῦ,ὁ . . . . ἐπί θύω(2) -της,-ου,ὁ
ἐπιθυμία,ἡ . . . . ἐπί θύω(2) -ία,ἡ
ἐπιθύω . . . . ἐπί θύω(1) -ω
ἐπικαθίζω . . . . ἐπί κατά ἵζω -ω
ἐπικαθυπνόω . . . . ἐπί κατά ὕπνος,ὁ -οω
ἐπικαίω . . . . ἐπί καίω -ω
ἐπικαλέω . . . . ἐπί καλέω -εω
ἐπικάλυμμα,-ματος,τό . . . . . ἐπί καλύπτω -μα,-ματος,τό
ἐπικαλύπτω . . . . ἐπί καλύπτω -ω
ἐπικαταλλάσσομαι . . . . ἐπί κατά ἄλλος,-η,-ο -σσω
ἐπικατάρατος,-ον . . . . ἐπί κατά ἀρά,ἡ -τος,-η,-ον
ἐπίκειμαι . . . . ἐπί κεῖμαι -μι
ἐπικέλλω . . . . ἐπί κέλλω -ω
ἐπικερδαίνω . . . . ἐπί κέρδος,-ους,τό -αινω
ἐπικεφάλαιον,τό . . . . ἐπί κεφαλή,ἡ -ιον,τό(2)
Ἐπικούρειος,ὁ . . . . ἐπί κείρω -ιος,ὁ
ἐπικουρία,ἡ . . . . ἐπί κείρω -ία,ἡ
ἐπικράζω . . . . ἐπί κράζω -ω
ἐπικρίνω . . . . ἐπί κρίνω -ω
ἐπιλαμβάνομαι . . . . ἐπί λαμβάνω -ανω
ἐπιλάμπω . . . . ἐπί λάμπω -ω
ἐπιλανθάνομαι . . . . ἐπί λήθω -ανω
ἐπιλέγω . . . . ἐπί λέγω -ω

ἐπιλείπω	ἐπί λείπω -ω
ἐπιλείχω	ἐπί λείχω -ω
ἐπιλησμονή,ἡ	ἐπί λήθω -μονη,ἡ
ἐπίλοιπος,-ον	ἐπί λείπω -ος,-η,-ον
ἐπίλυσις,-εως,ἡ	ἐπί λύω -σις,-εως,ἡ
ἐπιλύω	ἐπί λύω -ω
ἐπιμαρτυρέω	ἐπί μάρτυς,-υρος,ὁ&ἡ -εω
ἐπιμέλεια,ἡ	ἐπί μέλω -εια,ἡ
ἐπιμελέομαι	ἐπί μέλω -εω
ἐπιμελής,-ές	ἐπί μέλω -ης,-ες
ἐπιμελῶς	ἐπί μέλω -ως=
ἐπιμένω	ἐπί μένω -ω
ἐπίμονος,-ον	ἐπί μένω -ος,-η,-ον
ἐπινεύω	ἐπί νεύω -ω
ἐπινοέω	ἐπί νοῦς,νοός,ὁ -εω
ἐπίνοια,ἡ	ἐπί νοῦς,νοός,ὁ -ια,ἡ
ἐπινομή,ἡ	ἐπί νέμω -ή,ἡ
ἐπιορκέω	ἐπί ὅρκος,ὁ -εω
ἐπίορκος,-ον	ἐπί ὅρκος,ὁ -ος,-η,-ον
ἐπιοῦσα,ἡ	ἐπί εἰμι -α,ἡ
ἐπιούσιος,-ον	ἐπί εἰμί -ιος,-α,-ον
ἐπιπέτομαι	ἐπί πέτομαι -ω
ἐπιπίπτω	ἐπί πίπτω -ω
ἐπιπλήσσω	ἐπί πλήσσω -σσω
ἐπιποθέω	ἐπί πόθος,ὁ -εω
ἐπιπόθησις,-εως,ἡ	ἐπί πόθος,ὁ -σις,-εως,ἡ
ἐπιπόθητος,-ον	ἐπί πόθος,ὁ -τος,-η,-ον
ἐπιποθία,ἡ	ἐπί πόθος,ὁ -ία,ἡ
ἐπιπορεύομαι	ἐπί πέρα -ευω
ἐπιπρέπω	ἐπί πρέπω -ω
ἐπιρράπτω	ἐπί ῥάπτω -ω
ἐπιρρίπτω	ἐπί ῥίπτω -ω
ἐπιρρώνυμι	ἐπί ῥώομαι -μι
ἐπισείω	ἐπί σείω -ω
ἐπίσημος,-ον	ἐπί σῆμα,-ματος,τό -ος,-η,-ον
ἐπισήμως	ἐπί σῆμα,-ματος,τό -ως=
ἐπισιτισμός,ὁ	ἐπί σῖτος,ὁ -μος,ὁ
ἐπισκέπτομαι	ἐπί σκέπας,-αος,τό -ω
ἐπισκευάζομαι	ἐπί σκεῦος,-ους,τό -αζω
ἐπισκηνόω	ἐπί σκηνή,ἡ -οω
ἐπισκιάζω	ἐπί σκιά,ἡ -αζω
ἐπισκοπέω	ἐπί σκέπας,-αος,τό -εω
ἐπισκοπή,ἡ	ἐπί σκέπας,-αος,τό -ή,ἡ
ἐπίσκοπος,ὁ	ἐπί σκέπας,-αος,τό -ος,ὁ
ἐπισκοτέω	ἐπί σκότος,ὁ -εω
ἐπισπάομαι	ἐπί σπάω -ω
ἐπισπείρω	ἐπί σπείρω -ω
ἐπισπουδάζω	ἐπί σπεύδω -αζω
ἐπίσταμαι	ἐπί ἵστημι -μι
ἐπίστασις,-εως,ἡ	ἐπί ἵστημι -σις,-εως,ἡ
ἐπιστάτης,-ου,ὁ	ἐπί ἵστημι -της,-ου,ὁ

ἐπιστέλλω . . . . ἐπί στέλλω -ω
ἐπιστήμη,ἡ . . . . ἐπί ἵστημι -η,ἡ
ἐπιστήμων,-ον . . . . ἐπί ἵστημι -μων,-ον
ἐπιστηρίζω . . . . ἐπί στηρίζω -ιζω
ἐπιστολή,ἡ . . . . ἐπί στέλλω -ή,ἡ
ἐπιστομίζω . . . . ἐπί στόμα,-ματος,τό -ιζω
ἐπιστρέφω . . . . ἐπί στρέφω -ω
ἐπιστροφή,ἡ . . . . ἐπί στρέφω -ή,ἡ
ἐπισυνάγω . . . . ἐπί σύν ἄγω -ω
ἐπισυναγωγή,ἡ . . . . ἐπί σύν ἄγω -ή,ἡ
ἐπισυντρέχω . . . . ἐπί σύν τρέχω -ω
ἐπισύστασις,-εως,ἡ . . . . . . ἐπί σύν ἵστημι -σις,-εως,ἡ
ἐπισφαλής,-ές . . . . ἐπί σφάλλω -ης,-ες
ἐπισφραγίζω . . . . ἐπί σφραγίς,-ῖδος,ἡ -ιζω
ἐπισχύω . . . . ἐπί ἴς,ἰνός,ἡ -ω
ἐπισωρεύω . . . . ἐπί σωρός,ὁ -ευω
ἐπιταγή,ἡ . . . . ἐπί τάσσω -ή,ἡ
ἐπιτάσσω . . . . ἐπί τάσσω -σσω
ἐπιτελέω . . . . ἐπί τέλος,-ους,τό -εω
ἐπιτήδειος,-α,-ον . . . . ἐπί ὁ,ἡ,τό -ιος,-α,-ον
ἐπιτήδευμα,-ματος,τό . . . . . ἐπί ὁ,ἡ,τό -μα,-ματος,τό
ἐπιτηδεύω . . . . ἐπί ὁ,ἡ,τό -ευω
ἐπιτηρέω . . . . ἐπί τηρός,ὁ -εω
ἐπιτίθημι . . . . ἐπί τίθημι -μι
ἐπιτιμάω . . . . ἐπί τίω -αω
ἐπιτιμία,ἡ . . . . ἐπί τίω -ία,ἡ
ἐπιτρέπω . . . . ἐπί τρέπω -ω
ἐπιτροπεύω . . . . ἐπί τρέπω -ευω
ἐπιτροπή,ἡ . . . . ἐπί τρέπω -ή,ἡ
ἐπίτροπος,ὁ . . . . ἐπί τρέπω -ος,ὁ
Ἐπίτροπος,ὁ . . . . ἐπί τρέπω -ος,ὁ
ἐπιτυγχάνω . . . . ἐπί τύχη,ἡ -ανω
ἐπιφαίνω . . . . ἐπί φάω -αινω
ἐπιφάνεια,ἡ . . . . ἐπί φάω -εια,ἡ
ἐπιφανής,-ές . . . . ἐπί φάω -ης,-ες
ἐπιφαύσκω . . . . ἐπί φάω -σκω
ἐπιφέρω . . . . ἐπί φέρω -ω
ἐπιφωνέω . . . . ἐπί φωνή,ἡ -εω
ἐπιφώσκω . . . . ἐπί φάω -σκω
ἐπιχειρέω . . . . ἐπί χείρ,-ρός,ἡ -εω
ἐπιχείρησις,-εως,ἡ . . . . . . ἐπί χείρ,-ρός,ἡ -σις,-εως,ἡ
ἐπιχέω . . . . ἐπί χέω -ω
ἐπιχορηγέω . . . . ἐπί χορός,ὁ ἄγω -εω
ἐπιχορηγία,ἡ . . . . ἐπί χορός,ὁ ἄγω -ία,ἡ
ἐπιχρίω . . . . ἐπί χρίω -ω
ἐπιψαύω . . . . ἐπί ψάω -ω
ἐποικοδομέω . . . . ἐπί οἶκος,ὁ δέμω -εω
ἐποκέλλω . . . . ἐπί ὀκέλλω -ω
ἐπονομάζω . . . . ἐπί ὄνομα,-ματος,τό -αζω
ἐποπτεύω . . . . ἐπί ὁράω -ευω
ἐπόπτης,-ου,ὁ . . . . ἐπί ὁράω -της,-ου,ὁ

ἔπος,-ους,τό . . . . -ος,-ους,τό
ἐπουράνιος,-ον . . . . ἐπί οὐρανός,ὁ -ιος,-α,-ον
ἑπτά . . . . =
ἑπτάκις . . . . ἑπτά -κις=
ἑπτακισχίλιοι,-αι,-α . . . . ἑπτά χίλιοι,-αι,-α -ος,-α,-ον
ἑπταπλασίων,-ον . . . . ἑπτά -πλασίων,-ον
ἑπταπλασίως . . . . ἑπτά -ως=
Ἔραστος,ὁ . . . . ἐράω -τος,ὁ
ἐραυνάω . . . . ἔρομαι -αω
ἐραυνητής,-οῦ,ὁ . . . . ἔρομαι -της,-ου,ὁ
ἐράω . . . . -αω
ἐργάζομαι . . . . ἔργω(2) -αζω
ἐργασία,ἡ . . . . ἔργω(2) -ία,ἡ
ἐργαστήριον,τό . . . . ἔργω(2) -τηριον,τό
ἐργάτης,-ου,ὁ . . . . ἔργω(2) -της,-ου,ὁ
ἔργον,τό . . . . ἔργω(2) -ον,τό
ἐργοπαρέκτης,-ου,ὁ . . . . . . ἔργω(2) παρά ἔχω -της,-ου,ὁ
ἐρεθίζω . . . . ἐρέθω -ιζω
ἐρείδω . . . . -ω
ἐρεύγομαι . . . . -ω
ἐρημία,ἡ . . . . ἔρημος,-η,-ον -ία,ἡ
ἔρημος,-ον . . . . ἔρημος,-η,-ον -ος,-η,-ον
ἔρημος,ἡ . . . . ἔρημος,-η,-ον -ος,ἡ
ἐρημόω . . . . ἔρημος,-η,-ον -οω
ἐρημώδης,-ες . . . . ἔρημος,-η,-ον εἴδω -ης,-ες
ἐρήμωσις,-εως,ἡ . . . . ἔρημος,-η,-ον -σις,-εως,ἡ
ἐρίζω . . . . ἔρις,-ιδος,ἡ -ιζω
ἐριθεία,ἡ . . . . ἔριθος,ὁ&ἡ -εία,ἡ
ἔριον,τό . . . . ἔρος,ως,τό -ιον,τό(2)
ἔρις,-ιδος,ἡ . . . . -ς,-ος,ἡ
ἐριστικός,-ή,-όν . . . . ἔρις,-ιδος,ἡ -ικος,-η,-ον
ἐρίφιον,τό . . . . ἔριφος,ὁ -ιον,τό
ἔριφος,ὁ . . . . -ος,ὁ
Ἑρμᾶς,-ᾶ,ὁ . . . . -ας,-α,ὁ
ἑρμηνεία,ἡ . . . . Ἑρμῆς,-οῦ,ὁ -εία,ἡ
ἑρμηνευτής,-οῦ,ὁ . . . . Ἑρμῆς,-οῦ,ὁ -της,-ου,ὁ
ἑρμηνεύω . . . . Ἑρμῆς,-οῦ,ὁ -ευω
Ἑρμῆς,-οῦ,ὁ . . . . -ης,-ου,ὁ
Ἑρμογένης,-ους,ὁ . . . . Ἑρμῆς,-οῦ,ὁ γένω -ς,-ος,ὁ(2)
ἑρπετόν,τό . . . . ἕρπω -τον,τό
ἐρυθρός,-ά,-όν . . . . -ρος,-α,-ον
ἔρχομαι . . . . -ω
ἔρως,-ωτος,ὁ . . . . ἐράω -ς,-ος,ὁ
ἐρωτάω . . . . ἔρομαι -αω
ἐρώτησις,-εως,ἡ . . . . ἔρομαι -σις,-εως,ἡ
Ἐσθήρ,ἡ . . . . =
ἐσθής,-ῆτος,ἡ . . . . ἕννυμι -ς,-ος,ἡ
ἐσθίω . . . . ἔδω -ω
Ἐσλί,ὁ . . . . =
ἔσοπτρον,τό . . . . εἰς ὁράω -τρον,τό
ἑσπέρα,ἡ . . . . -α,ἡ

ἑσπερινός,-ή,-όν . . . . ἑσπέρα,ἡ -ινος,-η,-ον
Ἑσρώμ,ὁ . . . . =
ἑσσόομαι . . . . ἥσσων,-ον -οω
ἔσχατος,-η,-ον . . . . ἐκ -τος,-η,-ον
ἐσχάτως . . . . ἐκ -ως=
ἔσω . . . . εἰς -ω=
ἔσωθεν . . . . εἰς -θεν=
ἐσώτερος,-α,-ον . . . . εἰς -τερος,-α,-ον
ἑταῖρος,ὁ . . . . ἔτης,-ου,ὁ -ος,ὁ
ἑτερόγλωσσος,-ον . . . . ἕτερος,-α,-ον γλῶσσα,ἡ -ος,-η,-ον
ἑτερογνώμων,-ον . . . . ἕτερος,-α,-ον γινώσκω -μων,-ον
ἑτεροδιδασκαλέω . . . . ἕτερος,-α,-ον διδάσκω -εω
ἑτεροδοξέω . . . . ἕτερος,-α,-ον δοκέω -εω
ἑτεροδοξία,ἡ . . . . ἕτερος,-α,-ον δοκέω -ία,ἡ
ἑτεροζυγέω . . . . ἕτερος,-α,-ον ζυγόν,τό -εω
ἑτεροκλινής,-ές . . . . ἕτερος,-α,-ον κλίνω -ης,-ες
ἕτερος,-α,-ον . . . . -ος,-α,-ον
ἑτέρως . . . . ἕτερος,-α,-ον -ως=
ἔτι . . . . =
ἑτοιμάζω . . . . ἕτοιμος,-η,-ον -αζω
ἑτοιμασία,ἡ . . . . ἕτοιμος,-η,-ον -ία,ἡ
ἕτοιμος,-η,-ον . . . . -ος,-η,-ον
ἑτοίμως . . . . ἕτοιμος,-η,-ον -ως=
ἔτος,-ους,τό . . . . -ος,-ους,τό
εὖ . . . . =
Εὕα,ἡ . . . . -α,ἡ
εὐαγγελίζω . . . . εὖ ἄγω -ιζω
εὐαγγέλιον,τό . . . . εὖ ἄγω -ιον,τό(2)
εὐαγγελιστής,-οῦ,ὁ . . . . εὖ ἄγω -της,-ου,ὁ
εὐανθής,-ές . . . . εὖ ἄνθος,-ους,τό -ης,-ες
εὐαρεστέω . . . . εὖ ἄρω -εω
εὐαρέστησις,-εως,ἡ . . . . . . εὖ ἄρω -σις,-εως,ἡ
εὐάρεστος,-ον . . . . εὖ ἄρω -τος,-η,-ον
Εὐάρεστος,ὁ . . . . εὖ ἄρω -ος,ὁ
εὐαρέστως . . . . εὖ ἄρω -ως=
Εὔβουλος,ὁ . . . . εὖ βούλομαι -ος,ὁ
εὖγε . . . . εὖ γε =
εὐγενής,-ές . . . . εὖ γένω -ης,-ες
εὐγλωττία,ἡ . . . . εὖ γλῶσσα,ἡ -ία,ἡ
εὐδαιμονέω . . . . εὖ δαίω(2) -εω
εὐδία,ἡ . . . . εὖ Ζεύς,Διός,ὁ -α,ἡ
εὐδοκέω . . . . εὖ δοκέω -εω
εὐδόκησις,-εως,ἡ . . . . εὖ δοκέω -σις,-εως,ἡ
εὐδοκία,ἡ . . . . εὖ δοκέω -ία,ἡ
εὐειδής,-ές . . . . εὖ εἴδω -ης,-ες
εὐείκτως . . . . εὖ εἴκω(2) -ως=
εὐεργεσία,ἡ . . . . εὖ ἔργω(2) -ία,ἡ
εὐεργετέω . . . . εὖ ἔργω(2) -εω
εὐεργέτης,-ου,ὁ . . . . εὖ ἔργω(2) -της,-ου,ὁ
εὐεργετικός,-ή,-όν . . . . εὖ ἔργω(2) -ικος,-η,-ον
εὐθαλέω . . . . εὖ θάλλω -εω

εὐθαλής,-ές . . . . εὖ θάλλω -ης,-ες
εὔθετος,-ον . . . . εὖ τίθημι -τος,-η,-ον
εὐθέως . . . . εὐθύς,-εῖα,-ύ -ως=
εὐθηνέω . . . . -εω
εὐθηνία,ἡ . . . . εὐθηνέω -ία,ἡ
εὐθής,-ές . . . . εὐθύς,-εῖα,-ύ -ης,-ες
εὐθυδρομέω . . . . εὐθύς,-εῖα,-ύ τρέχω -εω
εὐθυμέω . . . . εὖ θύω(2) -εω
εὔθυμος,-ον . . . . εὖ θύω(2) -ος,-η,-ον
εὐθύμως . . . . εὖ θύω(2) -ως=
εὐθύνω . . . . εὐθύς,-εῖα,-ύ -υνω
εὐθύς,-εῖα,-ύ . . . . -υς,-εια,-υ
εὐθύς . . . . εὐθύς,-εῖα,-ύ =
εὐθύτης,-τητος,ἡ . . . . εὐθύς,-εῖα,-ύ -οτης,-τητος,ἡ*
εὐκαιρέω . . . . εὖ καιρός,ὁ -εω
εὐκαιρία,ἡ . . . . εὖ καιρός,ὁ -ία,ἡ
εὔκαιρος,-ον . . . . εὖ καιρός,ὁ -ος,-α,-ον
εὐκαίρως . . . . εὖ καιρός,ὁ -ως=
εὐκατάλλακτος,-ον . . . . . . εὖ κατά ἄλλος,-η,-ο -τος,-η,-ον
εὐκλεής,-ές . . . . εὖ κλέω -ης,-ες
εὐκλεῶς . . . . εὖ κλέω -ως=
εὐκόλως . . . . εὖ κόλος,-ον -ως=
εὔκοπος,-ον . . . . εὖ κόπτω -ος,-η,-ον
εὐκόπως . . . . εὖ κόπτω -ως=
εὐκταῖος,-α,-ον . . . . εὔχομαι -ιος,-α,-ον
εὐλάβεια,ἡ . . . . εὖ λαμβάνω -εια,ἡ
εὐλαβέομαι . . . . εὖ λαμβάνω -εω
εὐλαβής,-ές . . . . εὖ λαμβάνω -ης,-ες
εὔλαλος,-ον . . . . εὖ λαλέω -ος,-η,-ον
εὐλογέω . . . . εὖ λέγω -εω
εὐλογητός,-ή,-όν . . . . εὖ λέγω -τος,-η,-ον
εὐλογία,ἡ . . . . εὖ λέγω -ία,ἡ
εὔλογος,-ον . . . . εὖ λέγω -ος,-η,-ον
εὐμετάδοτος,-ον . . . . εὖ μετά δίδωμι -τος,-η,-ον
εὔμορφος,-ον . . . . εὖ μορφή,ἡ -ος,-η,-ον
Εὐνίκη,ἡ . . . . εὖ νίκη,ἡ -η,ἡ
εὐνοέω . . . . εὖ νοῦς,νοός,ὁ -εω
εὔνοια,ἡ . . . . εὖ νοῦς,νοός,ὁ -ια,ἡ
εὐνουχία,ἡ . . . . εὐνή,ἡ ἔχω -ία,ἡ
εὐνουχίζω . . . . εὐνή,ἡ ἔχω -ιζω
εὐνοῦχος,ὁ . . . . εὐνή,ἡ ἔχω -ος,ὁ
Εὐοδία,ἡ . . . . εὖ ὁδός,ἡ -ία,ἡ
εὐοδόω . . . . εὖ ὁδός,ἡ -οω
εὐοικονόμητος,-ον . . . . . . εὖ οἶκος,ὁ νέμω -τος,-η,-ον
εὐπάρεδρος,-ον . . . . εὖ παρά ἕζομαι -ρος,-α,-ον
εὐπειθής,-ές . . . . εὖ πείθω -ης,-ες
εὐπερίσπαστος,-ον . . . . . . εὖ περί σπάω -τος,-η,-ον
εὐπερίστατος,-ον . . . . εὖ περί ἵστημι -τος,-η,-ον
Εὔπλους,-ου,ὁ . . . . εὖ πλέω -ος,ὁ
εὐποιία,ἡ . . . . εὖ ποιέω -ία,ἡ
εὐπορέω . . . . εὖ πέρα -εω

εὐπορία,ή . . . . εὖ πέρα -ία,ή
εὐπραγέω . . . . εὖ πράσσω -εω
εὐπρέπεια,ή . . . . εὖ πρέπω -εια,ή
εὐπρεπής,-ές . . . . εὖ πρέπω -ης,-ες
εὐπρεπῶς . . . . εὖ πρέπω -ως=
εὐπρόσδεκτος,-ον . . . . εὖ πρός δέχομαι -τος,-η,-ον
εὐπρόσεδρος,-ον . . . . εὖ πρός ἕζομαι -ρος,-α,-ον
εὐπροσωπέω . . . . εὖ πρός ὁράω -εω
εὐρακύλων,-ωνος,ὁ . . . . εὐρύς,-εῖα,-ύ -___,-ος,ὁ
εὕρημα,-ματος,τό . . . . εὑρίσκω -μα,-ματος,τό
εὑρίσκω . . . . -σκω
εὐροκλύδων,-ωνος,ὁ . . . . . . -ων,-ωνος,ὁ
εὐρύχωρος,-ον . . . . εὐρύς,-εῖα,-ύ χῶρος,ὁ -ρος,-α,-ον
εὐσέβεια,ή . . . . εὖ σέβομαι -εια,ή
εὐσεβέω . . . . εὖ σέβομαι -εω
εὐσεβής,-ές . . . . εὖ σέβομαι -ης,-ες
εὐσεβῶς . . . . εὖ σέβομαι -ως=
εὔσημος,-ον . . . . εὖ σῆμα,-ματος,τό -ος,-η,-ον
εὐσπλαγχνία,ή . . . . εὖ σπλάγχνον,τό -ία,ή
εὔσπλαγχνος,-ον . . . . εὖ σπλάγχνον,τό -ος,-η,-ον
εὐστάθεια,ή . . . . εὖ ἵστημι -εια,ή
εὐσταθέω . . . . εὖ ἵστημι -εω
εὐσταθής,-ές . . . . εὖ ἵστημι -ης,-ες
εὐσυνείδητος,-ον . . . . εὖ σύν εἶδω -τος,-η,-ον
εὐσχημονέω . . . . εὖ ἔχω -εω
εὐσχημόνως . . . . εὖ ἔχω -ως=
εὐσχημοσύνη,ή . . . . εὖ ἔχω -συνη,ή
εὐσχήμων,-ον . . . . εὖ ἔχω -μων,-ον
εὐτάκτως . . . . εὖ τάσσω -ως=
εὐταξία,ή . . . . εὖ τάσσω -ία,ή
εὔτεκνος,-ον . . . . εὖ τίκτω -ος,-η,-ον
εὐτόνως . . . . εὖ τείνω -ως=
εὐτραπελία,ή . . . . εὖ τρέπω -ία,ή
Εὔτυχος,ὁ . . . . εὖ τύχη,ή -ος,ὁ
εὐφημία,ή . . . . εὖ φημί -ία,ή
εὔφημος,-ον . . . . εὖ φημί -ος,-η,-ον
εὐφορέω . . . . εὖ φέρω -εω
εὐφραίνω . . . . εὖ φρήν,φρενός,ή -αινω
Εὐφράτης,-ου,ὁ . . . . εὖ φρήν,φρενός,ή -της,-ου,ὁ
εὐφροσύνη,ή . . . . εὖ φρήν,φρενός,ή -συνη,ή
εὐχαριστέω . . . . εὖ χαίρω -εω
εὐχαριστία,ή . . . . εὖ χαίρω -ία,ή
εὐχάριστος,-ον . . . . εὖ χαίρω -τος,-η,-ον
εὐχερής,-ές . . . . εὖ χείρ,-ρός,ή -ης,-ες
εὐχή,ή . . . . εὔχομαι -ή,ή
εὔχομαι . . . . -ω
εὔχρηστος,-ον . . . . εὖ χράω(3) -τος,-η,-ον
εὐψυχέω . . . . εὖ ψύχω -εω
εὐωδία,ή . . . . εὖ ὄζω -ία,ή
εὐώνυμος,-ον . . . . εὖ ὄνομα,-ματος,τό -ος,-η,-ον
εὐωχία,ή . . . . εὖ ἔχω -ία,ή

ἐφάλλομαι . . . . ἐπί ἄλλομαι -ω
ἐφάπαξ . . . . ἐπί ἅπαξ =
Ἐφέσιος,-α,-ον . . . . Ἔφεσος,ἡ -ιος,-α,-ον
Ἔφεσος,ἡ . . . . -ος,ἡ
ἐφευρετής,-οῦ,ὁ . . . . ἐπί εὑρίσκω -της,-ου,ὁ
Ἔφηβος,ὁ . . . . ἐπί ἥβη,ἡ -ος,ὁ
ἐφήδομαι . . . . ἐπί ἥδομαι -ω
ἐφημερία,ἡ . . . . ἐπί ἡμέρα,ἡ -ία,ἡ
ἐφήμερος,-ον . . . . ἐπί ἡμέρα,ἡ -ος,-α,-ον
ἐφικνέομαι . . . . ἐπί ἵκω -εω
ἐφίστημι . . . . ἐπί ἵστημι -μι
ἐφόδιον,τό . . . . ἐπί ὁδός,ἡ -ιον,τό(2)
ἐφοράω . . . . ἐπί ὁράω -ω
Ἐφραίμ . . . . =
ἐφφαθά . . . . =
ἐχθές . . . . χθές =
ἔχθρα,ἡ . . . . ἔχθος,-ους,τό -ρα,ἡ
ἐχθρός,-ά,-όν . . . . ἔχθος,-ους,τό -ρος,-α,-ον
ἔχιδνα,ἡ . . . . ἔχις,-εως,ὁ -α,ἡ
ἔχω . . . . -ω
ἕως . . . . =

Z

Ζαβουλών,ὁ . . . . =
Ζακχαῖος,ὁ . . . . -αῖος,ὁ
Ζάρα,ὁ . . . . =
Ζαχαρίας,ὁ . . . . -ος,ὁ
ζάω . . . . -ω
Ζεβεδαῖος,ὁ . . . . -αῖος,ὁ
ζεστός,-ή,-όν . . . . ζέω -τος,-η,-ον
ζεύγνυμι . . . . -μι
ζεῦγος,-ους,τό . . . . ζεύγνυμι -ος,-ους,τό
ζευκτηρία,ἡ . . . . ζεύγνυμι -ία,ἡ
Ζεύς,Διός,ὁ . . . . -ς,-ος,ὁ(2)
ζέω . . . . -ω
ζηλεύω . . . . ζέω -ευω
ζῆλος,ὁ . . . . ζέω -ος,ὁ
ζῆλος,-ους,τό . . . . ζέω -ος,-ους,τό
ζηλοτυπία,ἡ . . . . ζέω τύπτω -ία,ἡ
ζηλόω . . . . ζέω -οω
ζηλωτής,-οῦ,ὁ . . . . ζέω -της,-ου,ὁ
ζημία,ἡ . . . . -ία,ἡ
ζημιόω . . . . ζημία,ἡ -οω
Ζηνᾶς,-ᾶ,ὁ . . . . Ζεύς,Διός,ὁ -ας,-α,ὁ
Ζήνων,-ωνος,ὁ . . . . Ζεύς,Διός,ὁ -ων,-ωνος,ὁ
ζητέω . . . . -εω
ζήτημα,-ματος,τό . . . . ζητέω -μα,-ματος,τό
ζήτησις,-εως,ἡ . . . . ζητέω -σις,-εως,ἡ
ζιζάνιον,τό . . . . -ον,τό

Ζμύρνα,ἡ . . . . Σμύρνα,ἡ -α,ἡ
Ζοροβαβέλ,ὁ . . . . =
ζόφος,ὁ . . . . -ος,ὁ
ζυγός,ὁ . . . . ζυγόν,τό -ος,ὁ
ζυγόν,τό . . . . -ον,τό
ζύμη,ἡ . . . . ζέω -η,ἡ
ζυμόω . . . . ζέω -οω
ζωγρέω . . . . ζάω ἄγρα,ἡ -εω
ζωή,ἡ . . . . ζάω -ή,ἡ
ζώνη,ἡ . . . . ζώννυμι -η,ἡ
ζώννυμι . . . . -μι
ζωογονέω . . . . ζάω γένω -εω
ζῷον,τό . . . . ζάω -ον,τό
ζωοποιέω . . . . ζάω ποιέω -ω
Ζώσιμος,ὁ . . . . ζάω -ος,ὁ
Ζωτίων,-ωνος,ὁ . . . . ζάω -ων,-ωνος,ὁ

Η

ἤ . . . . =
ἦ . . . . =
ἡγεμονεύω . . . . ἄγω -ευω
ἡγεμονία,ἡ . . . . ἄγω -ία,ἡ
ἡγεμονικός,-ή,-όν . . . . ἄγω -ικος,-η,-ον
ἡγεμών,-όνος,ὁ . . . . ἄγω -ων,-ονος,ὁ
ἡγέομαι . . . . ἄγω -εω
ἡδέως . . . . ἥδομαι -ως=
ἤδη . . . . =
ἥδομαι . . . . -ω
ἡδονή,ἡ . . . . ἥδομαι -ή,ἡ
ἡδύοσμον,τό . . . . ἥδομαι ὄζω -ον,τό
ἡδυπάθεια,ἡ . . . . ἥδομαι πάσχω -εια,ἡ
ἡδύς,-εῖα,-ύ . . . . ἥδομαι -υς,-εια,-υ
ἦθος,-ους,τό . . . . ἔθος,-ους,τό -ος,-ους,τό
ἥκω . . . . -ω
ἠλί . . . . =
'Ηλί,ὁ . . . . =
'Ηλίας,-ου,ὁ . . . . -ας,-ου,ὁ
ἡλικία,ἡ . . . . ἧλιξ,-ικος,ὁ&ἡ -ία,ἡ
ἡλίκος,-η,-ον . . . . ἧλιξ,-ικος,ὁ&ἡ -ος,-η,-ον
ἥλιος,ὁ . . . . ἔλη,ἡ -ος,ὁ
'Ηλιούπολις,-εως,ἡ . . . . ἔλη,ἡ πόλις,-εως,ἡ -ις,-εως,ἡ
ἧλος,ὁ . . . . -ος,ὁ
ἡμεῖς,-ῶν . . . . *
ἡμέρα,ἡ . . . . -α,ἡ
ἥμερος,-ον . . . . -ος,-α,-ον
ἡμερόω . . . . ἥμερος,-ον -οω
ἡμέτερος,-α,-ον . . . . ἡμεῖς,-ῶν -τερος,-α,-ον
ἡμιθανής,-ές . . . . ἥμισυς,-εια,-υ θνήσκω -ης,-ες
ἡμίξηρος,-ον . . . . ἥμισυς,-εια,-υ ξηρός,-ά,-όν -ος,-α,-ον

ἥμισυς,-εια,-υ . . . . -υς,-εια,-υ
ἡμίωρον,τό . . . . ἥμισυς,-εια,-υ ὥρα,ἡ -ον,τό
ἡνίκα . . . . =
ἤπιος,-α,-ον . . . . -ιος,-α,-ον
ἠπίως . . . . ἤπιος,-α,-ον -ως=
Ἤρ,ὁ . . . . =
ἤρεμος,-ον . . . . -ος,-η,-ον
Ἡρώδης,-ου,ὁ . . . . -ης,-ου,ὁ
Ἡρωδιανοί,-ῶν,οἱ . . . . . . Ἡρώδης,-ου,ὁ -ιανος,ὁ
Ἡρωδιάς,-άδος,ἡ . . . . Ἡρώδης,-ου,ὁ -ιας,-αδος,ἡ
Ἡρωδίων,-ωνος,ὁ . . . . Ἡρώδης,-ου,ὁ -ων,-ωνος,ὁ
Ἡσαίας,-ου,ὁ . . . . -ας,-ου,ὁ
Ἠσαῦ,ὁ . . . . =
ἥσσων,-ον . . . . -ων,-ον
ἡσυχάζω . . . . ἥσυχος,-ον -αζω
ἡσυχία,ἡ . . . . ἥσυχος,-ον -ία,ἡ
ἡσύχιος,-ον . . . . ἥσυχος,-ον -ιος,-α,-ον
ἡσύχως . . . . ἥσυχος,-ον -ως=
ἡττάομαι . . . . ἥσσων,-ον -αω
ἥττημα,-ματος,τό . . . . ἥσσων,-ον -μα,-ματος,τό
ἠχέω . . . . ἠχή,ἡ -εω
ἦχος,ὁ . . . . ἠχή,ἡ -ος,ὁ
ἦχος,-ους,τό . . . . ἠχή,ἡ -ος,-ους,τό
ἠχώ,-οῦς,ἡ . . . . ἠχή,ἡ -——,-ος,ἡ(1)

Θ

Θαβώρ,ὁ . . . . =
Θαδδαῖος,ὁ . . . . -αῖος,ὁ
θάλασσα,ἡ . . . . ἅλς,ἁλός,ὁ -α,ἡ
θάλλω . . . . -ω
θάλπω . . . . -ω
Θαμάρ,ἡ . . . . =
θαμβέω . . . . θάμβος,-ους,τό -εω
θάμβος,-ους,τό . . . . -ος,-ους,τό
θαμβόω . . . . θάμβος,-ους,τό -οω
θανάσιμος,-ον . . . . θνήσκω -ιμος,-η,-ον
θανατηφόρος,-ον . . . . θνήσκω φέρω -ος,-α,-ον
θάνατος,ὁ . . . . θνήσκω -ος,ὁ
θανατόω . . . . θνήσκω -οω
θανατώδης,-ες . . . . θνήσκω εἴδω -ης,-ες
θάπτω . . . . -ω
Θάρα,ὁ . . . . =
θαρρέω . . . . θάρσος,-ους,τό -εω
θαρσέω . . . . θάρσος,-ους,τό -εω
θάρσος,-ους,τό . . . . -ος,-ους,τό
θαῦμα,-ματος,τό . . . . θάομαι -μα,-ματος,τό
θαυμάζω . . . . θάομαι -αζω
θαυμάσιος,-α,-ον . . . . θάομαι -ιος,-α,-ον
θαυμαστός,-ή,-όν . . . . θάομαι -τος,-η,-ον

θαυμαστῶς . . . . θάομαι -ως=
θεά,ἡ . . . . θεός,ὁ -ά,ἡ
θεάομαι . . . . θάομαι -ω
θεατρίζω . . . . θάομαι -ιζω
θειότης,-τητος,ἡ . . . . θεός,ὁ -οτης,-τητος,ἡ
θειώδης,-ες . . . . θεός,ὁ -ης,-ες
Θέκλα,ἡ . . . . -α,ἡ
θέλημα,-ματος,τό . . . . θέλω -μα,-ματος,τό
θέλησις,-εως,ἡ . . . . θέλω -σις,-εως,ἡ
θέλω . . . . -ω
θέμα,-ματος,τό . . . . τίθημι -μα,-ματος,τό
θεμέλιον,τό . . . . τίθημι -ιον,τό(2)
θεμέλιος,ὁ . . . . τίθημι -ιος,ὁ
θεμελιόω . . . . τίθημι -οω
θεμιτός,-ή,-όν . . . . θέμις,-ιστος,ἡ -τος,-η,-ον
θεοδίδακτος,-ον . . . . θεός,ὁ διδάσκω -τος,-η,-ον
θεοδρόμος,ὁ . . . . θεός,ὁ τρέχω -ος,ὁ
θεολόγος,ὁ . . . . θεός,ὁ λέγω -ος,ὁ
θεομακάριστος,-ον . . . . . . θεός,ὁ μάκαρ,-αιρα,-αρ -τος,-η,-ον
θεομακαρίτης,-ου,ὁ . . . . . . θεός,ὁ μάκαρ,-αιρα,-αρ -της,-ου,ὁ
θεομαχέω . . . . θεός,ὁ μάχη,ἡ -εω
θεομάχος,-ον . . . . θεός,ὁ μάχη,ἡ -ος,-η,-ον
θεόπνευστος,-ον . . . . θεός,ὁ πνέω -τος,-η,-ον
θεοπρεπής,-ές . . . . θεός,ὁ πρέπω -ης,-ες
θεοπρεσβευτής,-οῦ,ὁ . . . . . θεός,ὁ πρέσβυς,-εως,ὁ -της,-ου,ὁ
θεός,ὁ . . . . -ος,ὁ
θεοσέβεια,ἡ . . . . θεός,ὁ σέβομαι -εια,ἡ
θεοσεβέω . . . . θεός,ὁ σέβομαι -εω
θεοσεβής,-ές . . . . θεός,ὁ σέβομαι -ης,-ες
θεοστυγής,-ές . . . . θεός,ὁ στύγος,-ους,τό -ης,-ες
θεοστυγία,ἡ . . . . θεός,ὁ στύγος,-ους,τό -ία,ἡ
θεότης,-τητος,ἡ . . . . θεός,ὁ -οτης,-τητος,ἡ
θεοφιλής,-ές . . . . θεός,ὁ φίλος,-η,-ον -ης,-ες
Θεόφιλος,ὁ . . . . θεός,ὁ φίλος,-η,-ον -ος,ὁ
θεοφόρος,-ον . . . . θεός,ὁ φέρω -ος,-α,-ον
Θεοφόρος,ὁ . . . . θεός,ὁ φέρω -ος,ὁ
θεραπεία,ἡ . . . . θεράπων,-οντος,ὁ -εία,ἡ
θεραπεύω . . . . θεράπων,-οντος,ὁ -ευω
θεράπων,-οντος,ὁ . . . . -__,-ος,ὁ(1)
θερεία,ἡ . . . . θέρω -εια,ἡ
θερίζω . . . . θέρω -ιζω
θερινός,-ή,-όν . . . . θέρω -ινος,-η,-ον
θερισμός,ὁ . . . . θέρω -μος,ὁ
θεριστής,-οῦ,ὁ . . . . θέρω -της,-ου,ὁ
θερμαίνω . . . . θέρω -αινω
θέρμη,ἡ . . . . θέρω -η,ἡ
θερμός,-ή,-όν . . . . θέρω -ος,-η,-ον
θέρος,-ους,τό . . . . θέρω -ος,-ους,τό
θέσις,-εως,ἡ . . . . τίθημι -σις,-εως,ἡ
Θεσσαλία,ἡ . . . . -ία,ἡ
Θεσσαλονικεύς,-έως,ὁ . . . . . Θεσσαλία,ἡ νίκη,ἡ -ευς,-εως,ὁ

Θεσσαλονίκη,ή	....	Θεσσαλία,ή νίκη,ή -η,ή
Θευδᾶς,-ᾶ,ὁ	....	-ας,-α,ὁ
θέω	....	-ω
θεωρέω	....	θεός,ὁ ὥρα,ή -εω
θεωρία,ή	....	θεός,ὁ ὥρα,ή -ία,ή
θήκη,ή	....	τίθημι -η,ή
θηλάζω	....	θάλλω -αζω
θηλυκός,-ή,-όν	......	θάλλω -ικος,-η,-ον
θῆλυς,-εια,-υ	....	θάλλω -υς,-εια,-υ
θημωνιά,ή	....	τίθημι -ιά,ή
θήρ,-ρος,ὁ	....	-___,-ος,ὁ
θήρα,ή	....	θήρ,-ρος,ὁ -α,ή
θηρεύω	....	θήρ,-ρος,ὁ -ευω
θηριομαχέω	....	θήρ,-ρος,ὁ μάχη,ή -εω
θηρίον,τό	....	θήρ,-ρος,ὁ -ιον,τό
θησαυρίζω	....	τίθημι -ιζω
θησαυρός,ὁ	....	τίθημι -ος,ὁ
θιγγάνω	....	-ανω
θλάω	....	-ω
θλίβω	....	-ω
θλῖψις,-εως,ή	......	θλίβω -σις,-εως,ή
θνήσκω	....	-σκω
θνητός,-ή,-όν	......	θνήσκω -τος,-η,-ον
θορυβάζω	....	θόρυβος,ὁ -αζω
θορυβέω	....	θόρυβος,ὁ -εω
θόρυβος,ὁ	....	-ος,ὁ
θράσος,-ους,τό	.....	-ος,-ους,τό
θρασύτης,-τητος,ή	....	θρασύς,-εῖα,-ύ -οτης,-τητος,ή*
θραυματίζω	....	θραύω -ιζω
θραύω	....	-ω
θρέμμα,-ματος,τό	....	τρέφω -μα,-ματος,τό
θρηνέω	....	θρέω -εω
θρῆνος,ὁ	....	θρέω -ος,ὁ
θρησκεία,ή	....	θρῆσκος,-ον -εία,ή
θρησκεύω	....	θρῆσκος,-ον -ευω
θρησκός,-όν	......	-ος,-η,-ον
θριαμβεύω	....	θρίαμβος,ὁ -ευω
θρίξ,τριχός,ή	......	-ς,-ος,ή
θροέω	....	θρέω -εω
θρόμβος,ὁ	....	-ος,ὁ
θρόνος,ὁ	....	-ος,ὁ
θρύπτω	....	-ω
Θυάτιρα,-ων,τά	.....	-ον,τό
θυγάτηρ,-τρος,ή	....	-___,-ος,ή(2)
θυγάτριον,τό	......	θυγάτηρ,-τρος,ή -ιον,τό
θύελλα,ή	....	θύω(2) -α,ή
θύινος,-η,-ον	......	θύω(1) -ινος,-η,-ον
θῦμα,-ματος,τό	.....	θύω(1) -μα,-ματος,τό
θυμίαμα,-ματος,τό	...	θύω(1) -μα,-ματος,τό
θυμιατήριον,τό	.....	θύω(1) -τηριον,τό
θυμιάω	....	θύω(1) -αω

θυμικός,-ή,-όν . . . . θύω(2) -ικος,-η,-ον
θυμομαχέω . . . . θύω(2) μάχη,ἡ -εω
θυμός,ὁ . . . . θύω(2) -ος,ὁ
θυμόω . . . . θύω(2) -οω
θύρα,ἡ . . . . -α,ἡ
θυρεός,ὁ . . . . θύρα,ἡ -ος,ὁ
θυρίς,-ίδος,ἡ . . . . θύρα,ἡ -ις,-ιδος,ἡ
θυρωρός,ὁ&ἡ . . . . θύρα,ἡ ὥρα,ἡ -ος,ὁ&ἡ
θυσία,ἡ . . . . θύω(1) -ία,ἡ
θυσιαστήριον,τό . . . . θύω(1) -τηριον,τό
θύω(1) . . . . -ω
Θωμᾶς,-ᾶ,ὁ . . . . -ας,-α,ὁ
θώραξ,-ακος,ὁ . . . . -ς,-ος,ὁ

Ι

Ἰάιρος,ὁ . . . . -ος,ὁ
Ἰακώβ,ὁ . . . . =
Ἰάκωβος,ὁ . . . . Ἰακώβ,ὁ -ος,ὁ
ἴαμα,-ματος,τό . . . . ἰάομαι -μα,-ματος,τό
Ἰαμβρῆς,-οῦ,ὁ . . . . -ης,-ου,ὁ
Ἰανναί,ὁ . . . . =
Ἰάννης,-ου,ὁ . . . . -ης,-ου,ὁ
ἰάομαι . . . . -ω
Ἰάρετ,ὁ . . . . =
ἴασις,-εως,ἡ . . . . ἰάομαι -σις,-εως,ἡ
ἴασπις,-ιδος,ἡ . . . . -ς,-ος,ἡ
Ἰάσων,-ονος,ὁ . . . . -ων,-ονος,ὁ
ἰατρός,ὁ . . . . ἰάομαι -ος,ὁ
Ἰαχίν,ὁ . . . . =
Ἰγνάτιος,ὁ . . . . -ος,ὁ
ἴδε . . . . εἴδω -ε=
ἰδέα,ἡ . . . . εἴδω -α,ἡ
ἴδιος,-α,-ον . . . . -ιος,-α,-ον
ἰδίως . . . . ἴδιος,-α,-ον -ως=
ἰδιώτης,-ου,ὁ . . . . ἴδιος,-α,-ον -της,-ου,ὁ
ἰδιωτικός,-ή,-όν . . . . ἴδιος,-α,-ον -ικος,-η,-ον
ἰδού . . . . εἴδω -ου=
Ἰδουμαία,ἡ . . . . -ία,ἡ
ἱδρόω . . . . ἱδος,-ους,τό -οω
ἱδρύω . . . . ἵζω -ω
ἱδρώς,-ῶτος,ὁ . . . . ἱδος,-ους,τό -ς,-ος,ὁ
Ἰεζάβελ,ἡ . . . . =
Ἰεζεκιήλ,ὁ . . . . =
Ἱεράπολις,-εως,ἡ . . . . ἱερός,-ά,-όν πόλις,-εως,ἡ -ις,-εως,ἡ
ἱερατεία,ἡ . . . . ἱερός,-ά,-όν -εία,ἡ
ἱεράτευμα,-ματος,τό . . . . . . ἱερός,-ά,-όν -μα,-ματος,τό
ἱερατεύω . . . . ἱερός,-ά,-όν -ευω
Ἰερεμίας,-ου,ὁ . . . . -ας,-ου,ὁ
ἱερεύς,-έως,ὁ . . . . ἱερός,-ά,-όν -ευς,-εως,ὁ

'Ιεριχώ,ή . . . . =
ἱερόθυτος,-ον . . . . ἱερός,-ά,-όν θύω(1) -τος,-η,-ον
ἱερόν,τό . . . . ἱερός,-ά,-όν -ον,τό
ἱεροπρεπής,-ές . . . . ἱερός,-ά,-όν πρέπω -ης,-ες
ἱερός,-ά,-όν . . . . -ος,-α,-ον
'Ιεροσόλυμα,τά . . . . 'Ιερουσαλήμ,ή -ον,τό
'Ιεροσόλυμα,ή . . . . 'Ιερουσαλήμ,ή -α,ή
'Ιεροσολυμίτης,-ου,ό . . . . . . 'Ιερουσαλήμ,ή -ιτης,-ου,ό
ἱεροσυλέω . . . . ἱερός,-ά,-όν συλάω -εω
ἱερόσυλος,-ον . . . . ἱερός,-ά,-όν συλάω -ος,-η,-ον
ἱερουργέω . . . . ἱερός,-ά,-όν ἔργω(2) -εω
'Ιερουσαλήμ,ή . . . . =
ἱερωσύνη,ή . . . . ἱερός,-ά,-όν -συνη,ή
'Ιεσσαί,ό . . . . =
'Ιεφθάε,ό . . . . =
'Ιεχονίας,-ου,ό . . . . -ας,-ου,ό
'Ιησοῦς,-οῦ,ό . . . . -ος,ό*
ἱκανός,-ή,-όν . . . . ἵκω -ος,-η,-ον
ἱκανότης,-τητος,ή . . . . ἵκω -οτης,-τητος,ή
ἱκανόω . . . . ἵκω -οω
ἱκανῶς . . . . ἵκω -ως=
ἱκεσία,ή . . . . ἵκω -ία,ή
ἱκετεύω . . . . ἵκω -ευω
ἱκετηρία,ή . . . . ἵκω -ία,ή
ἱκέτης,-ου,ό . . . . ἵκω -της,-ου,ό
ἱκμάς,-άδος,ή . . . . -ς,-ος,ή
'Ικόνιον,τό . . . . -ον,τό
ἱκτῖνος,ό . . . . -ος,ό
ἱλαρός,-ά,-όν . . . . ἵλαος,-ον -ρος,-α,-ον
ἱλαρότης,-τητος,ή . . . . ἵλαος,-ον -οτης,-τητος,ή
ἱλάσκομαι . . . . ἵλαος,-ον -σκω
ἱλασμός,ό . . . . ἵλαος,-ον -μος,ό
ἱλαστήριον,τό . . . . ἵλαος,-ον -τηριον,τό
ἱλατεύομαι . . . . ἵλαος,-ον -ευω
ἵλεως,-ων . . . . ἵλαος,-ον -ως,-ων
'Ιλλυρικόν,τό . . . . -ον,τό
ἱμάς,-άντος,ό . . . . -ς,-ος,ό
ἱματίζω . . . . ἕννυμι -ιζω
ἱμάτιον,τό . . . . ἕννυμι -ιον,τό
ἱματισμός,ό . . . . ἕννυμι -μος,ό
ἵνα . . . . =
ἱνατί . . . . ἵνα τίς,τί =
ἱνδάλλομαι . . . . εἴδω -ω
'Ιόππη,ή . . . . -η,ή
'Ιορδάνης,-ου,ό . . . . -ης,-ου,ό
ἱός,ό . . . . -ος,ό
'Ιουδαία,ή . . . . 'Ιούδας,-α,ό -ία,ή
ἱουδαΐζω . . . . 'Ιούδας,-α,ό -ιζω
'Ιουδαικός,-ή,-όν . . . . 'Ιούδας,-α,ό -ικος,-η,-ον
'Ιουδαικῶς . . . . 'Ιούδας,-α,ό -ως=
'Ιουδαῖος,-α,-ον . . . . 'Ιούδας,-α,ό -ιος,-α,-ον

'Ιουδαισμός,ό . . . . 'Ιούδας,-α,ό -μος,ό
'Ιούδας,-α,ό . . . . -ας,-α,ό
'Ιουδίθ,ή . . . . =
'Ιουλία,ή . . . . 'Ιούλιος,ό -α,ή
'Ιούλιος,ό . . . . -ος,ό
'Ιουνιᾶς,-ᾶ,ό . . . . -ας,-α,ό
'Ιοῦστος,ό . . . . -ος,ό
ἱππεύς,-έως,ό . . . . ἵππος,ό&ή -ευς,-εως,ό
ἱππικός,-ή,-όν . . . . ἵππος,ό&ή -ικος,-η,-ον
ἵππος,ό . . . . ἵππος,ό&ή -ος,ό
ἶρις,-ιδος,ή . . . . -ς,-ος,ή
'Ισαάκ,ό . . . . =
ἰσάγγελος,-ον . . . . ἴσος,-η,-ον ἄγω -ος,-η,-ον
'Ισκαριώθ,ό . . . . =
'Ισκαριώτης,-ου,ό . . . . -της,-ου,ό
'Ισοκράτης,-ους,ό . . . . ἴσος,-η,-ον κράτος,-ους,τό -ς,-ος,ό(1)
ἴσος,-η,-ον . . . . -ος,-η,-ον
ἰσότης,-τητος,ή . . . . ἴσος,-η,-ον -οτης,-τητος,ή
ἰσότιμος,-ον . . . . ἴσος,-η,-ον τίω -ος,-η,-ον
ἰσόψυχος,-ον . . . . ἴσος,-η,-ον ψύχω -ος,-η,-ον
'Ισραήλ,ό . . . . =
'Ισραηλίτης,-ου,ό . . . . 'Ισραήλ,ό -ιτης,-ου,ό
'Ισσαχάρ,ό . . . . =
ἵστημι . . . . -μι
ἱστίον,τό . . . . ἵστημι -ιον,τό(2)
ἱστορέω . . . . ἵστωρ,-τορος,ό&ή -εω
ἰσχνόφωνος,-ον . . . . ἔχω φωνή,ή -ος,-η,-ον
ἰσχυροποιέω . . . . ἴς,ἰνός,ή ποιέω -εω
ἰσχυροποίησις,-εως,ή . . . . . ἴς,ἰνός,ή ποιέω -σις,-εως,ή
ἰσχυρός,-ά,-όν . . . . ἴς,ἰνός,ή -ρος,-α,-ον
ἰσχυρότης,-τητος,ή . . . . . . ἴς,ἰνός,ή -οτης,-τητος,ή
ἰσχυρῶς . . . . ἴς,ἰνός,ή -ως=
ἰσχύς,-ύος,ή . . . . ἴς,ἰνός,ή -ς,-ος,ή
ἰσχύω . . . . ἴς,ἰνός,ή -ω
ἴσως . . . . ἴσος,-η,-ον -ως=
'Ιταλία,ή . . . . -α,ή
'Ιταλικός,-ή,-όν . . . . 'Ιταλία,ή -ικος,-η,-ον
ἰταμός,-ή,-όν . . . . εἰμι -μος,-η,-ον
ἰτέα,ή . . . . -α,ή
'Ιτουραῖος,-α,-ον . . . . -ιος,-α,-ον
ἰχθύδιον,τό . . . . ἰχθύς,-ύος,ό -ιδιον,τό
ἰχθύς,-ύος,ό . . . . -ς,-ος,ό
ἴχνος,-ους,τό . . . . -ος,-ους,τό
ἰχώρ,-ῶρος,ό . . . . -——,-ος,ό
'Ιωαθάμ,ό . . . . =
'Ιωακίμ,ό . . . . =
'Ιωανάν,ό . . . . =
'Ιωάννα,ή . . . . 'Ιωάννης,-ου,ό -α,ή
'Ιωάννης,-ου,ό . . . . -ης,-ου,ό
'Ιωάς,ό . . . . =
'Ιώβ,ό . . . . =

’Ιωβήδ,ό . . . . =
’Ιωδά,ό . . . . =
’Ιωήλ,ό . . . . =
’Ιωνάθας,-ου,ό . . . . -ας,-ου,ό
’Ιωνάμ,ό . . . . =
’Ιωνᾶς,-ᾶ,ό . . . . -ας,-α,ό
’Ιωράμ,ό . . . . =
’Ιωρίμ,ό . . . . =
’Ιωσαφάτ,ό . . . . =
’Ιωσῆς,-ῆ,ό . . . . -ης,-η,ό
’Ιωσήφ,ό . . . . =
’Ιωσήχ,ό . . . . =
’Ιωσίας,-ου,ό . . . . -ας,-ου,ό
ίῶτα,τό . . . . =

Κ

κάβος,ό . . . . -ος,ό
κἀγώ . . . . καί ἐγώ,ἐμοῦ *
κάδος,ό . . . . χανδάνω -ος,ό
καθά . . . . κατά ὅς,ἥ,ὅ -α=
καθαίρεσις,-εως,ή . . . . κατά αἱρέω -σις,-εως,ή
καθαιρέτης,-ου,ό . . . . κατά αἱρέω -της,-ου,ό
καθαιρέω . . . . κατά αἱρέω -εω
καθαίρω . . . . καθαρός,-ά,-όν -ω
καθάπερ . . . . κατά ὅς,ἥ,ὅ πέρ =
καθάπτω . . . . κατά ἅπτω -ω
καθαρεύω . . . . καθαρός,-ά,-όν -ευω
καθαρίζω . . . . καθαρός,-ά,-όν -ιζω
καθαρισμός,ό . . . . .ʼ καθαρός,-ά,-όν -μος,ό
κάθαρμα,-ματος,τό . . . . καθαρός,-ά,-όν -μα,-ματος,τό
καθαρός,-ά,-όν . . . . -ος,-α,-ον
καθαρότης,-τητος,ή . . . . . . καθαρός,-ά,-όν -οτης,-τητος,ή
καθαρῶς . . . . καθαρός,-ά,-όν -ως=
καθέδρα,ή . . . . κατά ἕζομαι -ρα,ή
καθέζομαι . . . . κατά ἕζομαι -ω
καθεξῆς . . . . κατά ἔχω -ης=
καθεύδω . . . . κατά εὕδω -ω
καθηγητής,-οῦ,ό . . . . κατά ἄγω -της,-ου,ό
καθηκόντως . . . . κατά ἥκω -ως=
καθήκω . . . . κατά ἥκω -ω
καθηλόω . . . . κατά ἧλος,ό -οω
κάθημαι . . . . κατά ἕζομαι -μι
καθημερινός,-ή,-όν . . . . κατά ἡμέρα,ή -ινος,-η,-ον
καθίζω . . . . κατά ἵζω -ω
καθίημι . . . . κατά εἶμι -μι
καθιστάνω . . . . κατά ἵστημι -ανω
καθίστημι . . . . κατά ἵστημι -μι
καθό . . . . κατά ὅς,ἥ,ὅ =
καθολικός,-ή,-όν . . . . κατά ὅλος,-η,-ον -ικος,-η,-ον

καθόλου . . . . κατά ὅλος,-η,-ον -ου=
καθοπλίζω . . . . κατά ὅπλον,τό -ιζω
καθοράω . . . . κατά ὁράω -αω
καθότι . . . . κατά ὅς,ἥ,ὅ =
καθώς . . . . κατά ὡς =
καθώσπερ . . . . κατά ὡς πέρ =
καί . . . . =
Καιάφας,-α,ὁ . . . . -ας,-α,ὁ
Κάιν,ὁ . . . . =
Καινάμ,ὁ . . . . =
καινός,-ή,-όν . . . . -ος,-η,-ον
καινότης,-τητος,ἡ . . . . καινός,-ή,-όν -οτης,-τητος,ἡ
καινῶς . . . . καινός,-ή,-όν -ως=
καίπερ . . . . καί πέρ =
καιρός,ὁ . . . . -ος,ὁ
Καῖσαρ,-αρος,ὁ . . . . -__,-ος,ὁ
Καισάρεια,ἡ . . . . Καῖσαρ,-αρος,ὁ -εια,ἡ
καίτοι . . . . καί τοι =
καίτοιγε . . . . καί τοι γε =
καίω . . . . -ω
κἀκεῖ . . . . καί ἐκεῖ =
κἀκεῖθεν . . . . καί ἐκεῖ -θεν=
κἀκεῖνος,-η,-ο . . . . καί ἐκεῖ -ινος,-η,-ον*
κἀκεῖσε . . . . καί ἐκεῖ -σε=
κακία,ἡ . . . . κακός,-ή,-όν -ία,ἡ
κακοδιδασκαλέω . . . . κακός,-ή,-όν διδάσκω -εω
κακοδιδασκαλία,ἡ . . . . . . κακός,-ή,-όν διδάσκω -ία,ἡ
κακοήθεια,ἡ . . . . κακός,-ή,-όν ἔθος,-ους,τό -εια,ἡ
κακοήθης,-ες . . . . κακός,-ή,-όν ἔθος,-ους,τό -ης,-ες
κακολογέω . . . . κακός,-ή,-όν λέγω -εω
κακοπάθεια,ἡ . . . . κακός,-ή,-όν πάσχω -εια,ἡ
κακοπαθέω . . . . κακός,-ή,-όν πάσχω -εω
κακοποιέω . . . . κακός,-ή,-όν ποιέω -εω
κακοποιός,-όν . . . . κακός,-ή,-όν ποιέω -ος,-α,-ον
κακός,-ή,-όν . . . . -ος,-η,-ον
κακοτεχνία,ἡ . . . . κακός,-ή,-όν τίκτω -ία,ἡ
κακουργέω . . . . κακός,-ή,-όν ἔργω(2) -εω
κακοῦργος,-ον . . . . κακός,-ή,-όν ἔργω(2) -ος,-η,-ον
κακουχέω . . . . κακός,-ή,-όν ἔχω -εω
κακόω . . . . κακός,-ή,-όν -οω
κακῶς . . . . κακός,-ή,-όν -ως=
κάκωσις,-εως,ἡ . . . . κακός,-ή,-όν -σις,-εως,ἡ
καλάμη,ἡ . . . . -η,ἡ
κάλαμος,ὁ . . . . -ος,ὁ
καλάνδαι,αἱ . . . . -η,ἡ
καλέω . . . . -εω
καλλιέλαιος,ἡ . . . . καλός,-ή,-όν ἐλαία,ἡ -ος,ἡ
καλλονή,ἡ . . . . καλός,-ή,-όν -νη,ἡ
κάλλος,-ους,τό . . . . καλός,-ή,-όν -ος,-ους,τό
καλλωπίζω . . . . καλός,-ή,-όν ὁράω -ιζω
καλοδιδάσκαλος,-ον . . . . . . καλός,-ή,-όν διδάσκω -ος,-η,-ον

καλοκάγαθία,ή . . . . καλός,-ή,-όν καί άγαθός,-ή,-όν -ία,ή
καλοποιέω . . . . καλός,-ή,-όν ποιέω -εω
καλός,-ή,-όν . . . . -ος,-η,-ον
κάλυμμα,-ματος,τό . . . . καλύπτω -μα,-ματος,τό
καλύπτω . . . . -ω
καλῶς . . . . καλός,-ή,-όν -ως=
καμάρα,ή . . . . -α,ή
κάμηλος,ό&ή . . . . -ος,ό&ή
κάμιλος,ό . . . . -ος,ό
κάμινος,ή . . . . καίω -ος,ή
καμμύω . . . . κατά μύω -ω
κάμνω . . . . -ω
Καμπανός,-ή,-όν . . . . -ος,-η,-ον
κάμπτω . . . . -ω
κἄν . . . . καί εἰ ἄν =
Κανά,ή . . . . =
Καναναῖος,ό . . . . -ιος,ό
Κανανίτης,-ου,ό . . . . Κανά,ή -ιτης,-ου,ό
Κανδάκη,ή . . . . -η,ή
κανών,-όνος,ό . . . . κάννα,ή -ων,-ονος,ό
καπηλεύω . . . . κάπτω -ευω
καπνός,ό . . . . -ος,ό
Καππαδοκία,ή . . . . -ία,ή
καραδοκία,ή . . . . κάρα,τό δέχομαι -ία,ή
καρδία,ή . . . . -ία,ή
καρδιογνώστης,-ου,ό . . . . . . καρδία,ή γινώσκω -της,-ου,ό
καροῦχα,ή . . . . -α,ή
καρπάσινος,-η,-ον . . . . κάρπασος,ή -ινος,-η,-ον
Κάρπος,ό . . . . καρπός,ό(1) -ος,ό
καρπός,ό . . . . -ος,ό
καρποφορέω . . . . καρπός,ό(1) φέρω -εω
καρποφόρος,-ον . . . . καρπός,ό(1) φέρω -ος,-α,-ον
καρτερέω . . . . κράτος,-ους,τό -εω
κάρφος,-ους,τό . . . . κάρφω -ος,-ους,τό
κατά . . . . =
καταβαίνω . . . . κατά βαίνω -ω
καταβάλλω . . . . κατά βάλλω -ω
καταβαρέω . . . . κατά βάρος,-ους,τό -εω
καταβαρύνω . . . . κατά βάρος,-ους,τό -υνω
κατάβασις,-εως,ή . . . . κατά βαίνω -σις,-εως,ή
καταβιβάζω . . . . κατά βαίνω -αζω
καταβοάω . . . . κατά βοή,ή -αω
καταβολή,ή . . . . κατά βάλλω -ή,ή
καταβραβεύω . . . . κατά βραβεύς,-έως,ό -ευω
καταγγελεύς,-έως,ό . . . . κατά ἄγω -ευς,-εως,ό
καταγγέλλω . . . . κατά ἄγω -ω
καταγέλαστος,-ον . . . . κατά γελάω -τος,-η,-ον
καταγελάω . . . . κατά γελάω -αω
καταγένω . . . . κατά γένω -ω
καταγινώσκω . . . . κατά γινώσκω -σκω
κατάγνυμι . . . . κατά ἄγνυμι -μι

κατάγνωσις,-εως,ἡ . . . . κατά γινώσκω -σις,-εως,ἡ
καταγράφω . . . . κατά γράφω -ω
κατάγω . . . . κατά ἄγω -ω
καταγωνίζομαι . . . . κατά ἀγών,-ῶνος,ὁ -ιζω
καταδέχομαι . . . . κατά δέχομαι -ω
καταδέω . . . . κατά δέω(1) -ω
κατάδηλος,-ον . . . . κατά δῆλος,-η,-ον -ος,-η,-ον
καταδιαιρέω . . . . κατά διά αἱρέω -εω
καταδικάζω . . . . κατά δίκη,ἡ -αζω
καταδίκη,ἡ . . . . κατά δίκη,ἡ -η,ἡ
καταδιώκω . . . . κατά δίω -ω
καταδουλόω . . . . κατά δοῦλος,ὁ -οω
καταδυναστεύω . . . . κατά δύναμαι -ευω
κατάθεμα,-ματος,τό . . . . . . κατά τίθημι -μα,-ματος,τό
καταθεματίζω . . . . κατά τίθημι -ιζω
καταιγίς,-ίδος,ἡ . . . . κατά ἀίσσω -ις,-ιδος,ἡ
καταισχύνω . . . . κατά αἶσχος,-ους,τό -υνω
κατακαίω . . . . κατά καίω -ω
κατακαλύπτω . . . . κατά καλύπτω -ω
κατακάλυψις,-εως,ἡ . . . . . . κατά καλύπτω -σις,-εως,ἡ
κατάκαρπος,-ον . . . . κατά καρπός,ὁ(1) -ος,-η,-ον
κατακαυχάομαι . . . . κατά καυχάομαι -ω
κατάκειμαι . . . . κατά κεῖμαι -μι
κατακεντέω . . . . κατά κεντέω -εω
κατακλάω . . . . κατά κλάω -ω
κατακλείω . . . . κατά κλείω -ω
κατακληροδοτέω . . . . κατά κλῆρος,ὁ δίδωμι -εω
κατακληρονομέω . . . . κατά κλῆρος,ὁ νέμω -εω
κατακλίνω . . . . κατά κλίνω -ω
κατακλύζω . . . . κατά κλύζω -ζω
κατακλυσμός,ὁ . . . . κατά κλύζω -μος,ὁ
κατακολουθέω . . . . κατά κέλευθος,ἡ -εω
κατακόπτω . . . . κατά κόπτω -ω
κατακρημνίζω . . . . κατά κρεμάννυμι -ιζω
κατάκριμα,-ματος,τό . . . . . . κατά κρίνω -μα,-ματος,τό
κατακρίνω . . . . κατά κρίνω -ω
κατάκρισις,-εως,ἡ . . . . κατά κρίνω -σις,-εως,ἡ
κατάκριτος,-ον . . . . κατά κρίνω -τος,-η,-ον
κατακροάομαι . . . . κατά ἀκροάομαι -αω
κατακύπτω . . . . κατά κύπτω -ω
κατακυριεύω . . . . κατά κῦρος,-ους,τό -ευω
καταλαλέω . . . . κατά λαλέω -εω
καταλαλιά,ἡ . . . . κατά λαλέω -ιά,ἡ
κατάλαλος,-ον . . . . κατά λαλέω -ος,-η,-ον
καταλαμβάνω . . . . κατά λαμβάνω -ανω
καταλάμπω . . . . κατά λάμπω -ω
καταλέγω . . . . κατά λέγω -ω
κατάλειμμα,-ματος,τό . . . . . κατά λείπω -μα,-ματος,τό
καταλείπω . . . . κατά λείπω -ω
καταλιθάζω . . . . κατά λίθος,ὁ -αζω
καταλλαγή,ἡ . . . . κατά ἄλλος,-η,-ο -ή,ἡ

καταλλάσσω . . . . κατά ἄλλος,-η,-ο -σσω
κατάλοιπος,-ον . . . . κατά λείπω -ος,-η,-ον
κατάλυμα,-ματος,τό . . . . . . κατά λύω -μα,-ματος,τό
κατάλυσις,-εως,ἡ . . . . κατά λύω -σις,-εως,ἡ
καταλύω . . . . κατά λύω -ω
καταμανθάνω . . . . κατά μανθάνω -ανω
καταμαρτυρέω . . . . κατά μάρτυς,-υρος,ὁ&ἡ -εω
καταμένω . . . . κατά μένω -ω
καταναθεματίζω . . . . κατά ἀνά τίθημι -ιζω
καταναλίσκω . . . . κατά ἀνά ἁλίσκομαι -σκω
καταναρκάω . . . . κατά νάρκη,ἡ -αω
κατανεύω . . . . κατά νεύω -ω
κατανοέω . . . . κατά νοῦς,νοός,ὁ -εω
καταντάω . . . . κατά ἀντί -αω
καταντικρύ . . . . κατά ἀντί =
κατάνυξις,-εως,ἡ . . . . κατά νύσσω -σις,-εως,ἡ
κατανύσσομαι . . . . κατά νύσσω -σσω
καταξαίνω . . . . κατά ξαίνω -ω
καταξιοπιστεύομαι . . . . . . κατά ἄγω πείθω -ευω
καταξιόω . . . . κατά ἄγω -οω
καταπαλαίω . . . . κατά πάλλω -ω
καταπατέω . . . . κατά πάτος,ὁ -εω
κατάπαυσις,-εως,ἡ . . . . . . κατά παύω -σις,-εως,ἡ
καταπαύω . . . . κατά παύω -ω
καταπέτασμα,-ματος,τό . . . . κατά πετάννυμι -μα,-ματος,τό
καταπίνω . . . . κατά πίνω -ω
καταπίπτω . . . . κατά πίπτω -ω
καταπιστεύω . . . . κατά πείθω -ευω
καταπλέω . . . . κατά πλέω -ω
κατάπληξις,-εως,ἡ . . . . . . κατά πλήσσω -σις,-εως,ἡ
καταπλήσσω . . . . κατά πλήσσω -σσω
καταπονέω . . . . κατά πένομαι -εω
καταποντίζω . . . . κατά πόντος,ὁ -ιζω
κατάρα,ἡ . . . . κατά ἀρά,ἡ -α,ἡ
καταράομαι . . . . κατά ἀρά,ἡ -αω
καταργέω . . . . κατά ἀ- ἔργω(2) -εω
καταριθμέω . . . . κατά ἀριθμός,ὁ -εω
καταρρέω . . . . κατά ῥέω(2) -ω
καταρτίζω . . . . κατά ἄρτι -ιζω
κατάρτισις,-εως,ἡ . . . . κατά ἄρτι -σις,-εως,ἡ
καταρτισμός,ὁ . . . . κατά ἄρτι -μος,ὁ
κατασβέννυμι . . . . κατά σβέννυμι -μι
κατασείω . . . . κατά σείω -ω
κατασκάπτω . . . . κατά σκάπτω -ω
κατασκευάζω . . . . κατά σκεῦος,-ους,τό -αζω
κατασκηνόω . . . . κατά σκηνή,ἡ -οω
κατασκήνωσις,-εως,ἡ . . . . . κατά σκηνή,ἡ -σις,-εως,ἡ
κατασκιάζω . . . . κατά σκιά,ἡ -αζω
κατάσκιος,-ον . . . . κατά σκιά,ἡ -ος,-α,-ον
κατασκοπεύω . . . . κατά σκέπτομαι -ευω
κατασκοπέω . . . . κατά σκέπτομαι -εω

κατάσκοπος,ό	κατά σκέπτομαι -ος,ό
κατασοφίζομαι	κατά σοφός,-ή,-όν -ιζω
κατασπείρω	κατά σπείρω -ω
κατάστασις,-εως,ή	κατά ἵστημι -σις,-εως,ή
καταστέλλω	κατά στέλλω -ω
κατάστημα,-ματος,τό	κατά ἵστημι -μα,-ματος,τό
καταστολή,ή	κατά στέλλω -ή,ή
καταστρέφω	κατά στρέφω -ω
καταστρηνιάω	κατά στρηνής,-ές -αω
καταστροφή,ή	κατά στρέφω -ή,ή
καταστρώννυμι	κατά στορέννυμι -μι
κατασύρω	κατά σύρω -ω
κατασφάζω	κατά σφάζω -αζω
κατασφραγίζω	κατά σφραγίς,-ῖδος,ή -ιζω
κατάσχεσις,-εως,ή	κατά ἔχω -σις,-εως,ή
κατατίθημι	κατά τίθημι -μι
κατατομή,ή	κατά τέμνω -ή,ή
κατατοξεύω	κατά τόξον,τό -ευω
κατατρέχω	κατά τρέχω -ω
καταυγάζω	κατά αὐγή,ή -αζω
καταφέρω	κατά φέρω -ω
καταφεύγω	κατά φεύγω -ω
καταφθείρω	κατά φθίω -ω
καταφθορά,ή	κατά φθίω -ρα,ή
καταφιλέω	κατά φίλος,-η,-ον -εω
καταφρονέω	κατά φρήν,φρενός,ή -εω
καταφρονητής,-οῦ,ό	κατά φρήν,φρενός,ή -της,-ου,ό
καταφωνέω	κατά φωνή,ή -εω
καταχαίρω	κατά χαίρω -ω
καταχέω	κατά χέω -ω
καταχθόνιος,-ον	κατά χθών,-ονός,ή -ιος,-α,-ον
καταχράομαι	κατά χράω(3) -ω
κατάχυμα,-ματος,τό	κατά χέω -μα,-ματος,τό
καταψεύδομαι	κατά ψεύδω -ω
καταψηφίζομαι	κατά ψάω -ιζω
καταψύχω	κατά ψύχω -ω
κατείδωλος,-ον	κατά εἴδω -λος,-η,-ον
κάτειμι	κατά εἶμι -μι*
κατείργω	κατά ἔργω(2) -ω
κατέναντι	κατά ἐν ἀντί =
κατενώπιον	κατά ἐν ὁράω -ιον=
κατεξουσιάζω	κατά ἐκ εἰμί -αζω
κατεπίθυμος,-ον	κατά ἐπί θύω(2) -ος,-η,-ον
κατεργάζομαι	κατά ἔργω(2) -αζω
κατέρχομαι	κατά ἔρχομαι -ω
κατεσθίω	κατά ἔδω -ω
κατευθύνω	κατά εὐθύς,-εῖα,-ύ -υνω
κατευλογέω	κατά εὖ λέγω -εω
κατευοδόω	κατά εὖ ὁδός,ή -οω
κατεφίσταμαι	κατά ἐπί ἵστημι -μι
κατέχω	κατά ἔχω -ω

κατηγορέω . . . . κατά ἄγω -εω
κατηγορία,ἡ . . . . κατά ἄγω -ία,ἡ
κατήγορος,ὁ . . . . κατά ἄγω -ος,ὁ
κατήγωρ,-ορος,ὁ . . . . κατά ἄγω -ωρ,-ορος,ὁ
κατήφεια,ἡ . . . . κατά φάω -εια,ἡ
κατηφής,-ές . . . . κατά φάω -ης,-ες
κατηχέω . . . . κατά ἠχή,ἡ -εω
κατιόω . . . . κατά ἰός,ὁ(1) -οω
κατισχύω . . . . κατά ἴς,ἰνός,ἡ -ω
κατοικέω . . . . κατά οἶκος,ὁ -εω
κατοίκησις,-εως,ἡ . . . . . . κατά οἶκος,ὁ -σις,-εως,ἡ
κατοικητήριον,τό . . . . κατά οἶκος,ὁ -τηριον,τό
κατοικία,ἡ . . . . κατά οἶκος,ὁ -ία,ἡ
κατοικίζω . . . . κατά οἶκος,ὁ -ιζω
κατοικτίρω . . . . κατά οἶκτος,ὁ -ω
κατοπρίζω . . . . κατά ὁράω -ιζω
κατορθόω . . . . κατά ὀρθός,-ή,-όν -οω
κατόρθωμα,-ματος,τό . . . . . κατά ὀρθός,-ή,-όν -μα,-ματος,τό
κάτω . . . . κατά -ω=
κατώτερος,-α,-ον . . . . κατά -τερος,-α,-ον
κατωτέρω . . . . κατά -τερω=
καῦμα,-ματος,τό . . . . καίω -μα,-ματος,τό
καυματίζω . . . . καίω -ιζω
καυματόω . . . . καίω -οω
καῦσις,-εως,ἡ . . . . καίω -σις,-εως,ἡ
καυσόω . . . . καίω -οω
καυστηριάζω . . . . καίω -αζω
καύσων,-ωνος,ὁ . . . . καίω -ων,-ωνος,ὁ
καυχάομαι . . . . -αω
καύχημα,-ματος,τό . . . . . . καυχάομαι -μα,-ματος,τό
καύχησις,-εως,ἡ . . . . καυχάομαι -σις,-εως,ἡ
Καφαρναούμ,ἡ . . . . =
Κεγχρεαί,-ῶν,αἱ . . . . -α,ἡ
κέρδος,ἡ . . . . -ος,ἡ
Κεδρών,ὁ . . . . =
κεῖμαι . . . . -μι
κειρία,ἡ . . . . κείρω -ία,ἡ
κείρω . . . . -ω
κέλευσμα,-ματος,τό . . . . . . κέλλω -μα,-ματος,τό
κελεύω . . . . κέλλω -ευω
κενεμβατεύω . . . . κενός,-ή,-όν ἐν βαίνω -ευω
κενοδοξέω . . . . κενός,-ή,-όν δοκέω -εω
κενοδοφία,ἡ . . . . κενός,-ή,-όν δοκέω -ία,ἡ
κενόδοξος,-ον . . . . κενός,-ή,-όν δοκέω -ος,-η,-ον
κενός,-ή,-όν . . . . -ος,-η,-ον
κενόσπουδος,-ον . . . . κενός,-ή,-όν σπεύδω -ος,-η,-ον
κενοφωνία,ἡ . . . . κενός,-ή,-όν φωνή,ἡ -ία,ἡ
κενόω . . . . κενός,-ή,-όν -οω
κέντρον,τό . . . . κεντέω -τρον,τό
κεντυρίων,-ωνος,ὁ . . . . -___,-ος,ὁ
κένωμα,-ματος,τό . . . . κενός,-ή,-όν -μα,-ματος,τό

κενῶς . . . . κενός,-ή,-όν -ως=
κεραία,ἡ . . . . κέρας,-ατος,τό -ία,ἡ
κεραμεύς,-έως,ὁ . . . . κέραμος,ὁ -ευς,-εως,ὁ
κεραμικός,-ή,-όν . . . . κέραμος,ὁ -ικος,-η,-ον
κεράμιον,τό . . . . κέραμος,ὁ -ιον,τό(2)
κέραμος,ὁ . . . . -ος,ὁ
κεράννυμι . . . . κεράω -μι
κέρας,-ατος,τό . . . . -ς,-ος,τό
κεράτιον,τό . . . . κέρας,-ατος,τό -ιον,τό
κερβικάριον,τό . . . . -αριον,τό
κερδαίνω . . . . κέρδος,-ους,τό -αινω
κερδαλέος,-α,-ον . . . . κέρδος,-ους,τό -ος,-α,-ον
κέρδος,-ους,τό . . . . -ος,-ους,τό
κέρμα,-ματος,τό . . . . κείρω -μα,-ματος,τό
κερματιστής,-οῦ,ὁ . . . . κείρω -της,-ψυ,ὁ
κεφάλαιον,τό, ... κεφαλή,ἡ -ιον,τό(2)
κεφαλιόω . . . . κεφαλή,ἡ -οω
κεφαλή,ἡ . . . . -ή,ἡ
κεφαλιόω . . . . κεφαλή,ἡ -οω
κεφαλίς,-ίδος,ἡ . . . . κεφαλή,ἡ -ις,-ιδος,ἡ
κηδεύω . . . . κήδω -ευω
κημόω . . . . κημός,ὁ -οω
κῆνσος,ὁ . . . . -ος,ὁ
κῆπος,ὁ . . . . -ος,ὁ
κηπουρός,ὁ . . . . κῆπος,ὁ οὖρος,ὁ(2) -ος,ὁ
κηρίον,τό . . . . κηρός,ὁ -ιον,τό(2)
κήρυγμα,-ματος,τό . . . . κηρύσσω -μα,-ματος,τό
κῆρυξ,-υκος,ὁ . . . . κηρύσσω -ς,-ος,ὁ
κηρύσσω . . . . -σσω
κῆτος,-ους,τό . . . . -ος,-ους,τό
Κηφᾶς,-ᾶ,ὁ . . . . -ας,-α,ὁ
κιβώριον,τό . . . . -ιον,τό(2)
κιβωτός,ἡ . . . . -ος,ἡ
κιθάρα,ἡ . . . . -α,ἡ
κιθαρίζω . . . . κιθάρα,ἡ -ιζω
κιθαρῳδός,ὁ . . . . κιθάρα,ἡ ἀείδω -ος,ὁ
Κιλικία,ἡ . . . . Κίλιξ,-ικος,ὁ -ία,ἡ
Κίλιξ,-ικος,ὁ . . . . -ς,-ος,ὁ
κινδυνεύω . . . . κίνδυνος,ὁ -ευω
κίνδυνος,ὁ . . . . -ος,ὁ
κινέω . . . . κίω -εω
κίνησις,-εως,ἡ . . . . κίω -σις,-εως,ἡ
κιννάμωνον,τό . . . . -ον,τό
Κίς,ὁ . . . . =
κισσάω . . . . κίσσα,ἡ -αω
κίχρημι . . . . χράω(3) -μι
κλάδος,ὁ . . . . κλάω -ος,ὁ
κλαίω . . . . -ω
κλάσις,-εως,ἡ . . . . κλάω -σις,-εως,ἡ
κλάσμα,-ματος,τό . . . . κλάω -μα,-ματος,τό
Κλαῦδα,ἡ . . . . -α,ἡ

Κλαυδία,ή . . . . Κλαῦδα,ή -ία,ή
Κλαύδιος,ό . . . . Κλαῦδα,ή -ιος,ό
κλαυθμός,ό . . . . κλαίω -μος,ό
κλάω . . . . -ω
κλεῖθρον,τό . . . . κλείω -τρον,τό
κλείς,-ιδός,ή . . . . κλείω -ις,-ιδος,ή
κλείω . . . . -ω
κλέμμα,-ματος,τό . . . . κλέπτω -μα,-ματος,τό
Κλεοπᾶς,-ᾶ,ό . . . . κλέω πατήρ,-τρός,ό -ας,-α,ό
κλέος,-ους,τό . . . . κλέω -ος,-ους,τό
κλέπτης,-ου,ό . . . . κλέπτω -της,-ου,ό
κλέπτω . . . . -ω
κλῆμα,-ματος,τό . . . . κλάω -μα,-ματος,τό
Κλήμης,-μεντος,ό . . . . -ς,-ος,ό(1)
κληρονομέω . . . . κλῆρος,ό νέμω -εω
κληρονομία,ή . . . . κλῆρος,ό νέμω -ία,ή
κληρονόμος,ό . . . . κλῆρος,ό νέμω -ος,ό
κλῆρος,ό . . . . -ος,ό
κληρόω . . . . κλῆρος,ό -οω
κλῆσις,-εως,ή . . . . καλέω -σις,-εως,ή
κλητός,-ή,-όν . . . . καλέω -τος,-η,-ον
κλίβανος,ό . . . . -ος,ό
κλίμα,-ματος,τό . . . . κλίνω -μα,-ματος,τό
κλῖμαξ,-μακος,ή . . . . κλίνω -ς,-ος,ή
κλινάριον,τό . . . . κλίνω -αριον,τό
κλίνη,ή . . . . κλίνω -η,ή
κλινίδιον,τό . . . . κλίνω -ιδιον,τό
κλίνω . . . . -ω
κλισία,ή . . . . κλίνω -ία,ή
κλοπή,ή . . . . κλέπτω -ή,ή
κλύδων,-ωνος,ό . . . . κλύζω -ων,-ωνος,ό
κλυδωνίζομαι . . . . κλύζω -ιζω
Κλωπᾶς,-ᾶ,ό . . . . -ας,-α,ό
κνήθω . . . . κνάω -ω
Κνίδος,ή . . . . -ος,ή
κνῖσα,ή . . . . -α,ή
κοδράντης,-ου,ό . . . . -ης,-ου,ό
Κοδράτος,ό . . . . -ος,ό
κοιλία,ή . . . . κοῖλος,-η,-ον -ία,ή
κοιμάω . . . . κεῖμαι -αω
κοίμησις,-εως,ή . . . . κεῖμαι -σις,-εως,ή
κοινός,-ή,-όν . . . . -ος,-η,-ον
κοινόω . . . . κοινός,-ή,-όν -οω
κοινῶς . . . . κοινός,-ή,-όν -ως=
Κόιντος,ό . . . . -ος,ό
κοινωνέω . . . . κοινός,-ή,-όν -εω
κοινωνία,ή . . . . κοινός,-ή,-όν -ία,ή
κοινωνικός,-ή,-όν . . . . κοινός,-ή,-όν -ικος,-η,-ον
κοινωνός,ό&ή . . . . κοινός,-ή,-όν -ος,ό&ή
κοινωφελής,-ές . . . . κοινός,-ή,-όν ὀφέλλω(1) -ης,-ες
κοίτη,ή . . . . κεῖμαι -η,ή

κοιτών,-ῶνος,ὁ . . . . κεῖμαι -ων,-ωνος,ὁ
κοκκάριον,τό . . . . κόκκος,ὁ -αριον,τό
κόκκινος,-η,-ον . . . . κόκκος,ὁ -ινος,-η,-ον
κόκκος,ὁ . . . . -ος,ὁ
κοκκύζω . . . . κόκκυ -ζω
κολαβρίζω . . . . κόλαβρος,ὁ -ιζω
κολάζω . . . . κόλος,-ον -αζω
κολακεία,ἡ . . . . κόλαξ,-ακος,ὁ -εία,ἡ
κολακεύω . . . . κόλαξ,-ακος,ὁ -ευω
κόλασις,-εως,ἡ . . . . κόλος,-ον -σις,-εως,ἡ
κολαφίζω . . . . κολάπτω -ιζω
κολλάω . . . . κόλλα,ἡ -αω
κολλούριον,τό . . . . κόλλιξ,-ικος,ὁ -αριον,τό
κολλυβιστής,-οῦ,ὁ . . . . κόλλυβος,ὁ -της,-ου,ὁ
κολοβός,-όν . . . . κόλος,-ον -ος,-η,-ον
κολοβόω . . . . κόλος,-ον -οω
Κολοσσαεύς,-έως,ὁ . . . . Κολοσσαί,-ῶν,αἱ -ευς,-εως,ὁ
Κολοσσαί,-ῶν,αἱ . . . . -ή,ἡ
κόλπος,ὁ . . . . -ος,ὁ
κολυμβάω . . . . -αω
κολυμβήθρα,ἡ . . . . κολυμβάω -ρα,ἡ
κολωνία,ἡ . . . . -α,ἡ
κομάω . . . . κόμη,ἡ -αω
κόμη,ἡ . . . . -η,ἡ
κομίζω . . . . κομέω -ιζω
κόμπος,ὁ . . . . -ος,ὁ
κομφέκτωρ,-ορος,ὁ . . . . . . -___,-ος,ὁ(1)
κομψός,-ή,-όν . . . . κομέω -ος,-η,-ον
κονιάω . . . . κόνις,-εως,ἡ -αω
κονιορτός,ὁ . . . . κόνις,-εως,ἡ ὄρνυμι -τος,ὁ
κοπάζω . . . . κόπτω -αζω
κοπετός,ὁ . . . . κόπτω -τος,ὁ
κοπή,ἡ . . . . κόπτω -ή,ἡ
κοπιάω . . . . κόπτω -αω
κόπος,ὁ . . . . κόπτω -ος,ὁ
κοπρία,ἡ . . . . κόπρος,ἡ -ία,ἡ
κόπριον,τό . . . . κόπρος,ἡ -ιον,τό(2)
κόπρον,τό . . . . κόπρος,ἡ -ον,τό
κόπρος,ἡ . . . . -ος,ἡ
κόπτω . . . . -ω
κόραξ,-ακος,ὁ . . . . -ς,-ος,ὁ
κοράσιον,τό . . . . κείρω -ιον,τό
κορβᾶν . . . . =
κορβανᾶς,-ᾶ,ὁ . . . . κορβᾶν -ας,-α,ὁ
Κόρε,ὁ . . . . =
κορέννυμι . . . . κόρος,ὁ -μι
κόρη,ἡ . . . . κείρω -η,ἡ
Κορίνθιος,ὁ . . . . Κόρινθος,ἡ -ιος,ὁ
Κόρινθος,ἡ . . . . -ος,ἡ
Κορνήλιος,ὁ . . . . -ος,ὁ
κόρος,ὁ(3) . . . . -ος,ὁ

κοσμέω . . . . κομέω -εω
κοσμικός,-ή,-όν . . . . κομέω -ικος,-η,-ον
κόσμιος,-α,-ον . . . . κομέω -ιος,-α,-ον
κοσμίως . . . . κομέω -ως=
κοσμοκράτωρ,-τορος,ό . . . . κομέω κράτος,-ους,τό -τωρ,-τορος,ό
κοσμοπλανής,-ῆτος,ό . . . . . κομέω πλάνη,ή -ς,-ος,ό
κόσμος,ό . . . . κομέω -ος,ό
Κούαρτος,ό . . . . -ος,ό
κοῦμ . . . . =
Κοῦμαι,-ῶν,αί . . . . -α,ή
κουστωδία,ή . . . . -α,ή
κουφίζω . . . . κοῦφος,-η,-ον -ιζω
κούφισμα,-ματος,τό . . . . . . κοῦφος,-η,-ον -μα,-ματος,τό
κόφινος,ό . . . . -ος,ό
κράβαττος,ό . . . . -ος,ό
κράζω . . . . -ω
κραιπάλη,ή . . . . -η,ή
κρανίον,τό . . . . κάρα,τό -ιον,τό(2)
κράσπεδον,τό . . . . -ον,τό
κραταιός,-ά,-όν . . . . κράτος,-ους,τό -ιος,-α,-ον
κραταιόω . . . . κράτος,-ους,τό -οω
κρατέω . . . . κράτος,-ους,τό -εω
κράτιστος,-η,-ον . . . . κράτος,-ους,τό -ιστος,-η,-ον
κρατός,-ους,τό . . . . -ος,-ους,τό
κραυγάζω . . . . κράζω -αζω
κραυγή,ή . . . . κράζω -ή,ή
κρέας,-έως,τό . . . . -ς,-ος,τό
κρείσσων,-ον . . . . κράτος,-ους,τό -ων,-ον
κρείττων,-ον . . . . κράτος,-ους,τό -ων,-ον
κρεμάννυμι . . . . -μι
κρημνός,ό . . . . κρεμάννυμι -ος,ό
κρημνώδης,-ες . . . . κρεμάννυμι εἴδω -ης,-ες
Κρής,-ητός,ό . . . . -ς,-ος,ό
Κρήσκης,-κεντος,ό . . . . -ς,-ος,ό(1)
Κρήτη,ή . . . . Κρής,-ητός,ό -η,ή
κριθή,ή . . . . -ή,ή
κρίθινος,-η,-ον . . . . κριθή,ή -ινος,-η,-ον
κρίκος,ό . . . . κίρκος,ό -ος,ό
κρίμα,-ματος,τό . . . . κρίνω -μα,-ματος,τό
κρίνον,τό . . . . -ον,τό
κρίνω . . . . -ω
κριός,ό . . . . -ος,ό
κρίσις,-εως,ή . . . . κρίνω -σις,-εως,ή
Κρίσπος,ό . . . . -ος,ό
κριτήριον,τό . . . . κρίνω -τηριον,τό
κριτής,-οῦ,ό . . . . κρίνω -της,-ου,ό
κριτικός,-ή,-όν . . . . κρίνω -ικος,-η,-ον
Κρόκος,ό . . . . κρόκος,ό -ος,ό
κροκώδης,-ες . . . . κρόκος,ό -ης,-ες
κρούω . . . . -ω
κρύπτη,ή . . . . κρύπτω -η,ή

κρυπτός,-ή,-όν . . . . κρύπτω -τος,-η,-ον
κρύπτω . . . . -ω
κρυσταλλίζω . . . . κρύος,-ους,τό -ιζω
κρύσταλλος,ό . . . . κρύος,-ους,τό -ος,ό
κρυφαῖος,-α,-ον . . . . κρύπτω -ιος,-α,-ον
κρυφῆ . . . . κρύπτω -η=
κρύφιος,-α,-ον . . . . κρύπτω -ιος,-α,-ον
κτάομαι . . . . -ω
κτῆμα,-ματος,τό . . . . κτάομαι -μα,-ματος,τό
κτῆνος,-ους,τό . . . . κτάομαι -ος,-ους,τό
κτήτωρ,-ορος,ό . . . . κτάομαι -τωρ,-τορος,ό
κτίζω . . . . -ω
κτίσις,-εως,ή . . . . κτίζω -σις,-εως,ή
κτίσμα,-ματος,τό . . . . κτίζω -μα,-ματος,τό
κτίστης,-ου,ό . . . . κτίζω -της,-ου,ό
κυβεία,ή . . . . κύβος,ό -εία,ή
κυβέρνησις,-εως,ή . . . . κυβερνάω -σις,-εως,ή
κυβερνήτης,-ου,ό . . . . κυβερνάω -της,-ου,ό
κύθρα,ή . . . . χέω -α,ή
κυκλεύω . . . . κύκλος,ό -ευω
κυκλόθεν . . . . κύκλος,ό -θεν=
κυκλόω . . . . κύκλος,ό -οω
κυλισμός,ό . . . . κυλίνδω -μος,ό
κυλίω . . . . κυλίνδω -ω
κυλλός,-ή,-όν . . . . -ος,-η,-ον
κῦμα,-ματος,τό . . . . κύω -μα,-ματος,τό
κύμβαλον,τό . . . . κύμβη,ό -ον,τό
κύμινον,τό . . . . -ον,τό
κυνάριον,τό . . . . κύων,κυνός,ό -αριον,τό
κυνηγέσιον,τό . . . . κύων,κυνός,ό ἄγω -ιον,τό(2)
κυοφορέω . . . . κύω φέρω -εω
Κύπριος,ό . . . . Κύπρος,ή -ιος,ό
Κύπρος,ή . . . . -ος,ή
κύπτω . . . . -ω
Κυρηναῖος,ό . . . . Κυρήνη,ή -ιος,ό
Κυρήνη,ή . . . . -η,ή
Κυρήνιος,ό . . . . -ιος,ό
κυρία,ή . . . . κῦρος,-ους,τό -ία,ή
κυριακός,-ή,-όν . . . . κῦρος,-ους,τό -ικος,-η,-ον
κυριεύω . . . . κῦρος,-ους,τό -ευω
κύριος,-α,-ον . . . . κῦρος,-ους,τό -ιος,-α,-ον
κύριος,ό . . . . κῦρος,-ους,τό -ιος,ό
κυριότης,-τητος,ή . . . . κῦρος,-ους,τό -οτης,-τητος,ή
κυρόω . . . . κῦρος,-ους,τό -οω
κύτος,-ους,τό . . . . κύω -ος,-ους,τό
κύω . . . . -ω
κύων,κυνός,ό . . . . -___,-ος,ό(2)
κῶλον,τό . . . . -ον,τό
κωλύω . . . . κόλος,-ον -ω
κώμη,ή . . . . -η,ή
κωμόπολις,-εως,ή . . . . κώμη,ή πόλις,-εως,ή -ις,-εως,ή

κῶμος,ὁ . . . . κώμη,ἡ -ος,ὁ
κώνωψ,-ωπος,ὁ . . . . -ς,-ος,ὁ
Κώς,Κῶ,ἡ . . . . *
Κωσάμ . . . . =
κωφός,-ή,-όν . . . . κόπτω -ος,-η,-ον
κωφόω . . . . κόπτω -οω

Λ

Λαβάν,ὁ . . . . =
λαγχάνω . . . . -ανω
λαγωός,ὁ . . . . -ος,ὁ
Λάζαρος,ὁ . . . . -ος,ὁ
λάθρᾳ . . . . λήθω -α=
λαθροδήκτης,-ου,ὁ . . . . . . λήθω δάκνω -της,-ου,ὁ
λαικός,-ή,-όν . . . . λαός,ὁ -ικος,-η,-ον
λαῖλαψ,-απος,ἡ . . . . -ς,-ος,ἡ
λακάω . . . . -αω
λάκκος,ὁ . . . . -ος,ὁ
λακτίζω . . . . λάξ -ιζω
λαλέω . . . . -εω
λαλιά,ἡ . . . . λαλέω -ιά,ἡ
λαμά . . . . =
λαμβάνω . . . . -ανω
Λάμεχ,ὁ . . . . =
λαμπάς,-άδος,ἡ . . . . λάμπω -ας,-αδος,ἡ
λαμπηδών,-όνος,ἡ . . . . λάμπω -ων,-ονος,ἡ
λαμπρός,-ά,-όν . . . . λάμπω -ος,-α,-ον
λαμπρότης,-τητος,ἡ . . . . . . λάμπω -οτης,-τητος,ἡ
λαμπρῶς . . . . λάμπω -ως=
λάμπω . . . . -ω
λανθάνω . . . . λήθω -ανω
λαξευτός,-ή,-όν . . . . λᾶς,λᾶος,ὁ ξέω -τος,-η,-ον
Λαοδίκεια,ἡ . . . . λαός,ὁ δίκη,ἡ -εια,ἡ
Λαοδικεύς,-έως,ὁ . . . . λαός,ὁ δίκη,ἡ -ευς,-εως,ὁ
λαός,ὁ . . . . -ος,ὁ
λάρυγξ,-υγγος,ὁ . . . . -ς,-ος,ὁ
Λασαία,ἡ . . . . -α,ἡ
λατομέω . . . . λᾶς,λᾶος,ὁ τέμνω -εω
λατόμος,ὁ . . . . λᾶς,λᾶος,ὁ τέμνω -ος,ὁ
λατρεία,ἡ . . . . λάτρον,τό -εία,ἡ
λατρεύω . . . . λάτρον,τό -ευω
λάχανον,τό . . . . λαχαίνω -ον,τό
λαχμός,ὁ . . . . λάχος,-ους,τό -μος,ὁ
Λεββαῖος,ὁ . . . . -αῖος,ὁ
λεγιών,-ῶνος,ἡ . . . . -——,-ος,ἡ
λέγω . . . . -ω
λεῖμμα,-ματος,τό . . . . λείπω -μα,-ματος,τό
λεῖος,-α,-ον . . . . -ος,-α,-ον
λειποτακτέω . . . . λείπω τάσσω -εω

λείπω . . . . -ω
λειτουργέω . . . . λαός,ὁ ἔργω(2) -εω
λειτουργία,ἡ . . . . λαός,ὁ ἔργω(2) -ία,ἡ
λειτουργικός,-ή,-όν . . . . λαός,ὁ ἔργω(2) -ικος,-η,-ον
λειτουργός,ὁ . . . . λαός,ὁ ἔργω(2) -ος,ὁ
λείχω . . . . -ω
Λέκτρα,ἡ . . . . λέγω -α,ἡ
λεμά . . . . =
λέντιον,τό . . . . -ον,τό
λεόπαρδος,ὁ . . . . -ος,ὁ
λεπίς,-ίδος,ἡ . . . . λέπω -ις,-ιδος,ἡ
λέπρα,ἡ . . . . λέπω -α,ἡ
λεπράω . . . . λέπω -αω
λεπρός,-ά,-όν . . . . λέπω -ρος,-α,-ον
λεπτός,-ή,-όν . . . . λέπω -τος,-η,-ον
Λευί,ὁ . . . . =
Λευίτης,-ου,ὁ . . . . Λευί,ὁ -ιτης,-ου,ὁ
Λευιτικός,-ή,-όν . . . . Λευί,ὁ -ικος,-η,-ον
λευκαίνω . . . . λευκός,-ή,-όν -αινω
λευκός,-ή,-όν . . . . -ος,-η,-ον
λέων,-οντος,ὁ . . . . -__,-ος,ὁ(1)
λήθη,ἡ . . . . λήθω -η,ἡ
λῆμμα,-ματος,τό . . . . λαμβάνω -μα,-ματος,τό
λῆμψις,-εως,ἡ . . . . λαμβάνω -σις,-εως,ἡ
ληνός,ἡ . . . . -ος,ἡ
λῆρος,ὁ . . . . -ος,ὁ
ληρώδης,-ες . . . . λῆρος,ὁ -ης,-ες
ληστής,-οῦ,ὁ . . . . λεία,ἡ -της,-ου,ὁ
λίαν . . . . λί- -αν=
λίβανος,ὁ . . . . λείβω -ος,ὁ
Λίβανος,ὁ . . . . -ος,ὁ
λιβανωτός,ὁ . . . . λείβω -τος,ὁ
Λιβερτῖνος,ὁ . . . . -ος,ὁ
Λιβύη,ἡ . . . . -η,ἡ
λιθάζω . . . . λίθος,ὁ -αζω
λίθινος,-η,-ον . . . . λίθος,ὁ -ινος,-η,-ον
λιθοβολέω . . . . λίθος,ὁ βάλλω -εω
λιθοξόος,ὁ . . . . λίθος,ὁ ξέω -ος,ὁ
λίθος,ὁ . . . . -ος,ὁ
λιθόστρωτος,-ον . . . . λίθος,ὁ στορέννυμι -τος,-η,-ον
λικμάω . . . . λικμός,ὁ -αω
λιμήν,-μένος,ὁ . . . . -__,-ος,ὁ(1)
λίμνη,ἡ . . . . λείβω -η,ἡ
λιμός,ὁ&ἡ . . . . -ος,ὁ&ἡ
λινοκαλάμη,ἡ . . . . λίνον,τό καλάμη,ἡ -η,ἡ
λίνον,τό . . . . -ον,τό
Λίνος,ὁ . . . . -ος,ὁ
λινοῦς,-ῆ,-οῦν . . . . λίνον,τό -ους,-η,-ουν
λιπαίνω . . . . λίπας,-αος,τό -αινω
λιπαρός,-ά,-όν . . . . λίπας,-αος,τό -ρος,-α,-ον
λιτανεύω . . . . λίσσομαι -ευω

λίτρα,ή . . . . -α,ή
λίψ,λιβός,ὁ . . . . λείβω -ς,-ος,ὁ
λογεία,ή . . . . λέγω -εία,ή
λογίζομαι . . . . λέγω -ιζω
λογικός,-ή,-όν . . . . λέγω -ικος,-η,-ον
λόγιον,τό . . . . λέγω -ιον,τό(2)
λόγιος,-α,-ον . . . . λέγω -ιος,-α,-ον
λογισμός,ὁ . . . . λέγω -μος,ὁ
λογομαχέω . . . . λέγω μάχη,ή -εω
λογομαχία,ή . . . . λέγω μάχη,ή -ία,ή
λόγος,ὁ . . . . λέγω -ος,ὁ
λόγχη,ή . . . . -η,ή
λοιδορέω . . . . λοίδορος,-ον -εω
λοιδορία,ή . . . . λοίδορος,-ον -ία,ή
λοίδορος,ὁ . . . . λοίδορος,-ον -ος,ὁ
λοιμικός,-ή,-όν . . . . λοιμός,ὁ -ικος,-η,-ον
λοιμός,ὁ . . . . -ος,ὁ
λοιμός,-ή,-όν . . . . λοιμός,ὁ -ος,-η,-ον
λοιπός,-ή,-όν . . . . λείπω -ος,-η,-ον
Λουκᾶς,-ᾶ,ὁ . . . . -ας,-α,ὁ
Λούκιος,ὁ . . . . -ος,ὁ
λουτρόν,τό . . . . λούω -τρον,τό
λούω . . . . -ω
Λύδδα,ή . . . . -α,ή
Λυδία,ή . . . . -ία,ή
Λυκαονία,ή . . . . -ία,ή
Λυκαονιστί . . . . Λυκαονία,ή -ιστί
Λυκία,ή . . . . -ία,ή
λύκος,ὁ . . . . -ος,ὁ
λυμαίνω . . . . λύμη,ή -αινω
λυπέω . . . . λύπη,ή -εω
λύπη,ή . . . . -η,ή
λυπηρός,-ά,-όν . . . . λύπη,ή -ρος,-α,-ον
Λυσανίας,-ου,ὁ . . . . -ας,-ου,ὁ
Λυσίας,-ου,ὁ . . . . -ας,-ου,ὁ
λύσις,-εως,ή . . . . λύω -σις,-εως,ή
λυσιτελέω . . . . λύω τέλος,-ους,τό -εω
λύσσάω . . . . λύσσα,ή -αω
Λύστρα,ή . . . . -α,ή
Λύστρα,τά . . . . -ον,τό
λύτρον,τό . . . . λύω -τρον,τό
λυτρόω . . . . λύω -οω
λύτρωσις,-εως,ή . . . . λύω -σις,-εως,ή
λυτρωτής,-οῦ,ὁ . . . . λύω -της,-ου,ὁ
λυχνία,ή . . . . λύχνος,ὁ -ία,ή
λύχνος,ὁ . . . . -ος,ὁ
λύω . . . . -ω
Λωΐς,-ίδος,ή . . . . -ς,-ος,ή
Λώτ,ὁ . . . . =

Μ

Μάαθ,ὁ . . . . =
Μαγαδάν,ἡ . . . . =
Μαγδαληνή,ἡ . . . . Μαγδαλά -νη,ἡ
μαγεία,ἡ . . . . Μάγος,ὁ -εία,ἡ
μαγεύω . . . . Μάγος,ὁ -ευω
Μαγνησία,ἡ . . . . -ία,ἡ
μάγος,ὁ . . . . Μάγος,ὁ -ος,ὁ
Μαγώγ,ὁ . . . . =
Μαδιάμ,ὁ . . . . =
μαζός,ὁ . . . . -ος,ὁ
μάθημα,-ματος,τό . . . . μανθάνω -μα,-ματος,τό
μαθηματικός,-ή,-όν . . . . μανθάνω -ικος,-η,-ον
μαθητεία,ἡ . . . . μανθάνω -εία,ἡ
μαθητεύω . . . . μανθάνω -ευω
μαθητής,-οῦ,ὁ . . . . μανθάνω -της,-ου,ὁ
μαθήτρια,ἡ . . . . μανθάνω -τρια,ἡ
Μαθουσάλα,ὁ . . . . =
Μαίανδρος,ὁ . . . . -ος,ὁ
μαίνομαι . . . . μάω -αινω
μακαρίζω . . . . μάκαρ,-αιρα,-αρ -ιζω
μακάριος,-α,-ον . . . . μάκαρ,-αιρα,-αρ -ιος,-α,-ον
μακαρισμός,ὁ . . . . μάκαρ,-αιρα,-αρ -μος,ὁ
Μακεδονία,ἡ . . . . Μακεδών,-όνος,ὁ -ία,ἡ
Μακεδών,-όνος,ὁ . . . . -___,-ος,ὁ(1)
μάκελλον,τό . . . . -ον,τό
μακράν . . . . μῆκος,-ους,τό =
μακρόβιος,-ον . . . . μῆκος,-ους,τό βίος,ὁ -ος,-α,-ον
μακρόθεν . . . . μῆκος,-ους,τό -θεν=
μακροθυμέω . . . . μῆκος,-ους,τό θύω(2) -εω
μακροθυμία,ἡ . . . . μῆκος,-ους,τό θύω(2) -ία,ἡ
μακρόθυμος,-ον . . . . μῆκος,-ους,τό θύω(2) -ος,-η,-ον
μακροθύμως . . . . μῆκος,-ους,τό θύω(2) -ως=
μακρός,-ά,-όν . . . . μῆκος,-ους,τό -ρος,-α,-ον
μακροχρόνιος,-ον . . . . μῆκος,-ους,τό χρόνος,ὁ -ιος,-α,-ον
μαλακία,ἡ . . . . μαλακός,-ή,-όν -ία,ἡ
μαλακίζομαι . . . . μαλακός,-ή,-όν -ιζω
μαλακός,-ή,-όν . . . . -ος,-η,-ον
Μαλελεήλ,ὁ . . . . =
μάλιστα . . . . μάλα -ιστα=
μᾶλλον . . . . μάλα -ον=
Μάλχος,ὁ . . . . -ος,ὁ
μάμμη,ἡ . . . . -η,ἡ
μαμωνᾶς,-ᾶ,ὁ . . . . -ας,-α,ὁ
Μαναήν,ὁ . . . . =
Μανασσῆς,-ῆ,ὁ . . . . -ης,-η,ὁ
μάνδρα,ἡ . . . . -α,ἡ
μανθάνω . . . . -ανω

μανία,ή . . . . μάω -ία,ή
μάννα,τό . . . . =
μαντεύομαι . . . . μάω -ευω
μάντις,-εως,ό . . . . μάω -ις,-εως,ό
Μάξιμος,ό . . . . -ος,ό
μαραίνω . . . . -αινω
μαργαρίτης,-ου,ό . . . . -της,-ου,ό
Μάρθα,ή . . . . -α,ή
Μαρία,ή . . . . -α,ή
Μαρκίων,-ωνος,ό . . . . -__,-ος,ό
Μαρκιωνιστής,-οῦ,ό . . . . Μαρκίων,-ωνος,ό -ιστης,-ου,ό
Μᾶρκος,ό . . . . -ος,ό
μάρμαρος,ό . . . . μαρμαίρω -ος,ό
Μάρτιος,ό . . . . -ος,ό
μαρτυρέω . . . . μάρτυς,-υρος,ό&ή -εω
μαρτυρία,ή . . . . μάρτυς,-υρος,ό&ή -ία,ή
μαρτύριον,τό . . . . μάρτυς,-υρος,ό&ή -ιον,τό(2)
μαρτύρομαι . . . . μάρτυς,-υρος,ό&ή -ω
μάρτυς,-υρος,ό . . . . μάρτυς,-υρος,ό&ή -ς,-ος,ό
μαρυκάομαι . . . . -αω
μασάομαι . . . . μάω -αω
μαστιγόω . . . . μάω -οω
μαστίζω . . . . μάω -ιζω
μάστιξ,-ιγος,ή . . . . μάω -ς,-ος,ή
μαστός,ό . . . . μαζός,ό -ος,ό
μαστώδης,-ες . . . . μαζός,ό -ης,-ες
ματαιολογία,ή . . . . μάτη,ή λέγω -ία,ή
ματαιολόγος,-ον . . . . μάτη,ή λέγω -ος,-η,-ον
ματαιοπονία,ή . . . . μάτη,ή πένομαι -ία,ή
μάταιος,-α,-ον . . . . μάτη,ή -ιος,-α,-ον
ματαιότης,-τητος,ή . . . . . . μάτη,ή -οτης,-τητος,ή
ματαιόω . . . . μάτη,ή -οω
ματαίωμα,-ματος,τό . . . . . . μάτη,ή -μα,-ματος,τό
μάτην . . . . μάτη,ή -ην=
Ματθαῖος,ό . . . . -αῖος,ό
Ματθάν,ό . . . . =
Ματθάτ,ό . . . . =
Ματθίας,-ου,ό . . . . -ας,-ου,ό
Ματταθά,ό . . . . =
Ματταθίας,-ου,ό . . . . -ας,-ου,ό
μάχαιρα,ή . . . . μάχη,ή -ρα,ή
μάχη,ή . . . . -η,ή
μάχομαι . . . . μάχη,ή -ω
μεγαλαυχέω . . . . μέγας,-άλη,-α αύχή,ή -εω
μεγαλεῖος,-α,-ον . . . . μέγας,-άλη,-α -ιος,-α,-ον
μεγαλειότης,-τητος,ή . . . . . μέγας,-άλη,-α -οτης,-τητος,ή
μεγαλοπρέπεια,ή . . . . μέγας,-άλη,-α πρέπω -εια,ή
μεγαλοπρεπής,-ές . . . . μέγας,-άλη,-α πρέπω -ης,-ες
μεγαλορρημονέω . . . . . . μέγας,-άλη,-α ρέω(1) -εω
μεγαλορρημοσύνη,ή . . . . . . μέγας,-άλη,-α ρέω(1) -συνη,ή
μεγαλορρήμων,-ον . . . . μέγας,-άλη,-α ρέω(1) -μων,-ον

μεγαλύνω . . . . μέγας,-άλη,-α -υνω
μεγάλως . . . . μέγας,-άλη,-α -ως=
μεγαλωσύνη,ή . . . . μέγας,-άλη,-α -συνη,ή
μέγας,-άλη,-α . . . . -ος,-η,-ον*
μέγεθος,-ους,τό . . . . μέγας,-άλη,-α -ος,-ους,τό
μεγιστάν,-ᾶνος,ό . . . . μέγας,-άλη,-α -___,-ος,ό
μεθερμηνεύω . . . . μετά Ἑρμῆς,-οῦ,ό -ευω
μέθη,ή . . . . μέθυ,-υος,τό -η,ή
μεθίστημι . . . . μετά ἵστημι -μι
μεθοδεία,ή . . . . μετά ὁδός,ή -εία,ή
μεθοδεύω . . . . μετά ὁδός,ή -ευω
μεθόριον,τό . . . . μετά ὅρος,ό -ιον,τό(2)
μεθύσκω . . . . μέθυ,-υος,τό -σκω
μέθυσμα,-ματος,τό . . . . . . μέθυ,-υος,τό -μα,-ματος,τό
μέθυσος,ό . . . . μέθυ,-υος,τό -ος,ό
μεθύω . . . . μέθυ,-υος,τό -ω
μείγνυμι . . . . μίγνυμι -μι
μειγνύω . . . . μίγνυμι -ω
μειόω . . . . μείων,-ον -οω
μείωσις,-εως,ή . . . . μείων,-ον -σις,-εως,ή
μελανέω . . . . μέλας,-αινα,-αν -εω
Μελεά,ό . . . . =
μέλει . . . . μέλω -ω*
μελετάω . . . . μέλω -αω
μελέτη,ή . . . . μέλω -τη,ή
μέλι,-ιτος,τό . . . . -___,-ος,τό
μέλισσα,ή . . . . μέλι,-ιτος,τό -ισσα,ή
μελίσσιος,-ον . . . . μέλι,-ιτος,τό -ιος,-α,-ον
Μελίτη,ή . . . . -η,ή
μέλλω . . . . -ω
μέλος,-ους,τό . . . . -ος,-ους,τό
Μελχί,ό . . . . =
Μελχισέδεκ,ό . . . . =
μεμβράνα,ή . . . . -α,ή
μέμφομαι . . . . -ω
μεμψίμοιρος,-ον . . . . μέμφομαι μείρομαι -ος,-α,-ον
μέμψις,-εως,ή . . . . μέμφομαι -σις,-εως,ή
μέν . . . . =
Μεννά,ό . . . . =
μενοῦνγε . . . . μέν οὖν γε =
μέντοι . . . . μέν τοι =
μένω . . . . -ω
μερίζω . . . . μέρος,-ους,τό -ιζω
μέριμνα,ή . . . . μέρος,-ους,τό -να,ή
μεριμνάω . . . . μέρος,-ους,τό -αω
μερίς,-ίδος,ή . . . . μέρος,-ους,τό -ις,-ιδος,ή
μερισμός,ό . . . . μέρος,-ους,τό -μος,ό
μεριστής,-οῦ,ό . . . . μέρος,-ους,τό -της,-ου,ό
μέρος,-ους,τό . . . . -ος,-ους,τό
μεσάζω . . . . μέσος,-η,-ον -αζω
μεσημβρία,ή . . . . μέσος,-η,-ον ἡμέρα,ή -ία,ή

μεσιτεύω . . . . μέσος,-η,-ον -ευω
μεσίτης,-ου,ό . . . . μέσος,-η,-ον -της,-ου,ό
μεσονύκτιον,τό . . . . μέσος,-η,-ον νύξ,νυκτός,ή -ιον,τό(2)
Μεσοποταμία,ή . . . . μέσος,-η,-ον πίνω -ία,ή
μέσος,-η,-ον . . . . -ος,-η,-ον
μεσότοιχον,τό . . . . μέσος,-η,-ον τεῖχος,-ους,τό -ον,τό
μεσουράνημα,-ματος,τό . . . . . μέσος,-η,-ον οὐρανός,ό
                                         -μα,-ματος,τό
μεσόω . . . . μέσος,-η,-ον -οω
Μεσσίας,-ου,ό . . . . -ας,-ου,ό
μεστός,-ή,-όν . . . . -τος,-η,-ον
μεστόω . . . . μεστός,-ή,-όν -οω
μετά . . . . =
μεταβαίνω . . . . μετά βαίνω -ω
μεταβάλλω . . . . μετά βάλλω -ω
μεταγράφω . . . . μετά γράφω -ω
μετάγω . . . . μετά ἄγω -ω
μεταδίδωμι . . . . μετά δίδωμι -μι
μετάθεσις,-εως,ή . . . . μετά τίθημι -σις,-εως,ή
μεταίρω . . . . μετά αἴρω -ω
μετακαλέω . . . . μετά καλέω -εω
μετακινέω . . . . μετά κίω -εω
μετακόσμιος,-ον . . . . μετά κομέω -ιος,-α,-ον
μεταλαμβάνω . . . . μετά λαμβάνω -ανω
μετάλημψις,-εως,ή . . . . μετά λαμβάνω -σις,-εως,ή
μεταλλάσσω . . . . μετά ἄλλος,-η,-ο -σσω
μεταμέλομαι . . . . μετά μέλω -ω
μεταμορφόω . . . . μετά μορφή,ή -οω
μετανοέω . . . . μετά νοῦς,νοός,ό -εω
μετάνοια,ή . . . . μετά νοῦς,νοός,ό -ια,ή
μεταξύ . . . . μετά σύν =
μεταπαραδίδωμι . . . . μετά παρά δίδωμι -μι
μεταπέμπω . . . . μετά πέμπω -ω
μεταστρέφω . . . . μετά στρέφω -ω
μετασχηματίζω . . . . μετά ἔχω -ιζω
μετατίθημι . . . . μετά τίθημι -μι
μετατρέπω . . . . μετά τρέπω -ω
μεταφέρω . . . . μετά φέρω -ω
μεταφυτεύω . . . . μετά φύω -ευω
μετέπειτα . . . . μετά ἐπί εἶτα =
μετέχω . . . . μετά ἔχω -ω
μετεωρίζομαι . . . . μετά ἀείρω -ιζω
μετοικεσία,ή . . . . μετά οἶκος,ό -ία,ή
μετοικίζω . . . . μετά οἶκος,ό -ιζω
μετοπωρινός,-όν . . . . μετά ὀπώρα,ή -ινος,-η,-ον
μετοχή,ή . . . . μετά ἔχω -ή,ή
μέτοχος,-ον . . . . μετά ἔχω -ος,-η,-ον
μετρέω . . . . μέτρον,τό -εω
μετρητής,-οῦ,ό . . . . μέτρον,τό -της,-ου,ό
μετριοπαθέω . . . . μέτρον,τό πάσχω -εω
μέτριος,-α,-ον . . . . μέτρον,τό -ιος,-α,-ον

μετρίως . . . . μέτρον,τό -ως=
μέτρον,τό . . . . -ον,τό
μέτωπον,τό . . . . μετά ὁράω -ον,τό
μέχρι . . . . =
μή . . . . =
μήγε . . . . μή γε =
μηδαμῶς . . . . μή δέ ἐγώ,ἐμοῦ -ως=
μηδέ . . . . μή δέ =
μηδείς,-εμία,-έν . . . . μή δέ εἷς,μία,ἕν -ας,-ασα,-αν*
μηδέποτε . . . . μή δέ πός =
μηδέπω . . . . μή δέ πω =
Μῆδος,ὁ . . . . -ος,ὁ
μηκέτι . . . . μή ἔτι =
μῆκος,-ους,τό . . . . -ος,-ους,τό
μηκύνω . . . . μῆκος,-ους,τό -υνω
μηλωτή,ἡ . . . . μῆλον,τό(1) -τη,ἡ
μήν . . . . μέν =
μήν,-νός,ὁ . . . . -___,-ος,ὁ(1)
μηνιάω . . . . μῆνις,-ιος,ἡ -αω
μῆνις,-ιος,ἡ . . . . -ς,-ος,ἡ
μηνύω . . . . -ω
μήποτε . . . . μή πός =
μήπου . . . . μή πός =
μήπω . . . . μή πω =
μήπως . . . . μή πός =
μηρός,ὁ . . . . -ος,ὁ
μήτε . . . . μή τε =
μήτηρ,-τρός,ἡ . . . . -___,-ος,ἡ(2)
μήτι . . . . μή τις,τι =
μήτιγε . . . . μή τις,τι γε =
μήτρα,ἡ . . . . μήτηρ,-τρός,ἡ -α,ἡ
μητρολῴας,-ου,ὁ . . . . μήτηρ,-τρός,ἡ ἀλοάω -ας,-ου,ὁ
μητρόπολις,-εως,ἡ . . . . μήτηρ,-τρός,ἡ πόλις,-εως,ἡ
                                        -ις,-εως,ἡ
μηχανάομαι . . . . μῆχος,-ους,τό -αω
μηχανή,ἡ . . . . μῆχος,-ους,τό -ή,ἡ
μιαίνω . . . . -ω
μιαρός,-ά,-όν . . . . μιαίνω -ρος,-α,-ον
μίασμα,-ματος,τό . . . . μιαίνω -μα,-ματος,τό
μιασμός,ὁ . . . . μιαίνω -μος,ὁ
μίγμα,-ματος,τό . . . . μίγνυμι -μα,-ματος,τό
μίγνυμι . . . . -μι
μικρολογία,ἡ . . . . μικρός,-ά,-όν λέγω -ία,ἡ
μικρός,-ά,-όν . . . . -ρος,-α,-ον
Μίλητος,ἡ . . . . -ος,ἡ
μίλιον,τό . . . . -ον,τό
μιμέομαι . . . . -εω
μίμημα,-ματος,τό . . . . μιμέομαι -μα,-ματος,τό
μιμητής,-οῦ,ὁ . . . . μιμέομαι -της,-ου,ὁ
μιμνήσκομαι . . . . μνάομαι(2) -σκω
Μισαήλ,ὁ . . . . =

μισέω . . . . μῖσος,-ους,τό -εω
μισθαποδοσία,ή . . . . μισθός,ό ἀπό δίδωμι -ία,ή
μισθαποδότης,-ου,ό . . . . . . μισθός,ό ἀπό δίδωμι -της,-ου,ό
μίσθιος,ό . . . . μισθός,ό -ιος,ό
μισθός,ό . . . . -ος,ό
μισθόω . . . . μισθός,ό -οω
μίσθωμα,-ματος,τό . . . . . . μισθός,ό -μα,-ματος,τό
μισθωτός,ό . . . . μισθός,ό -τος,ό
μῖσος,-ους,τό . . . . -ος,-ους,τό
μίτρα,ή . . . . μίτος,ό -ρα,ή
Μιτυλήνη,ή . . . . -η,ή
Μιχαήλ,ό . . . . =
μνᾶ,-ᾶς,ή . . . . -α,ή
μνάομαι(1) . . . . -ω
Μνάσων,-ωνος,ό . . . . -___,-ος,ό
μνεία,ή . . . . μνάομαι(2) -εία,ή
μνῆμα,-ματος,τό . . . . μνάομαι(2) -μα,-ματος,τό
μνημεῖον,τό . . . . μνάομαι(2) -εῖον,τό
μνήμη,ή . . . . μνάομαι(2) -η,ή
μνημονεύω . . . . μνάομαι(2) -ευω
μνημοσύνη,ή . . . . μνάομαι(2) -συνη,ή
μνημόσυνον,τό . . . . μνάομαι(2) -ον,τό
μνησικακέω . . . . μνάομαι(2) κακός,-ή,-όν -εω
μνησικακία,ή . . . . μνάομαι(2) κακός,-ή,-όν -ία,ή
μνησίκακος,-ον . . . . μνάομαι(2) κακός,-ή,-όν -ος,-η,-ον
μνηστεύω . . . . μνάομαι(1) -ευω
μογγιλάλος,-ον . . . . μογγός,-όν λαλέω -ος,-η,-ον
μογιλάλος,-ον . . . . μόγος,ό λαλέω -ος,-η,-ον
μόγις . . . . μόγος,ό =
μόδιος,ό . . . . -ος,ό
μοῖρα,ή . . . . μείρομαι -α,ή
μοιχαλίς,-ίδος,ή . . . . μοιχός,ό -ις,-ιδος,ή
μοιχάω . . . . μοιχός,ό -αω
μοιχεία,ή . . . . μοιχός,ό -εία,ή
μοιχεύω . . . . μοιχός,ό -ευω
μοιχός,ό . . . . -ος,ό
μόλιβος,ό . . . . μόλυβδος,ό -ος,ό
μόλις . . . . μόγος,ό =
Μολόχ,ό . . . . =
μολύνω . . . . -υνω
μολυσμός,ό . . . . μολύνω -μος,ό
μομφή,ή . . . . μέμφομαι -ή,ή
μονάζω . . . . μόνος,-η,-ον -αζω
μονή,ή . . . . μένω -ή,ή
μονογενής,-ές . . . . μόνος,-η,-ον γένω -ης,-ες
μονόλιθος,-ον . . . . μόνος,-η,-ον λίθος,ό -ος,-η,-ον
μόνος,-η,-ον . . . . -ος,-η,-ον
μονόφθαλμος,-ον . . . . μόνος,-η,-ον ὁράω -ος,-η,-ον
μονόω . . . . μόνος,-η,-ον -οω
μορφή,ή . . . . -ή,ή
μορφόω . . . . μορφή,ή -οω

μόρφωσις,-εως,ή . . . . μορφή,ή -σις,-εως,ή
μοσχοποιέω . . . . μόσχος,ὁ ποιέω -εω
μόσχος,ὁ . . . . -ος,ὁ
μουσικός,-ή,-όν . . . . Μοῦσα,ἡ -ικος,-η,-ον
μόχθος,ὁ . . . . μόγος,ὁ -ος,ὁ
μοχλός,ὁ . . . . -ος,ὁ
μυελός,ὁ . . . . -ος,ὁ
μυέω . . . . μύω -εω
μύθευμα,-ματος,τό . . . . μῦθος,ὁ -μα,-ματος,τό
μῦθος,ὁ . . . . -ος,ὁ
μυκάομαι . . . . -ω
μυκτηρίζω . . . . μῦ -ιζω
μυλικός,-ή,-όν . . . . μύλη,ἡ -ικος,-η,-ον
μύλινος,-η,-ον . . . . μύλη,ἡ -ινος,-η,-ον
μύλος,ὁ . . . . μύλη,ἡ -ος,ὁ
μυλών,-ῶνος,ὁ . . . . μύλη,ἡ -ων,-ωνος,ὁ
μυλωνικός,-ή,-όν . . . . μύλη,ἡ -ικος,-η,-ον
Μύρα,τά . . . . -ον,τό
μυριάς,-άδος,ἡ . . . . μυρίος,-α,-ον -ας,-αδος,ἡ
μυρίζω . . . . μύρον,τό -ιζω
μύριοι,-αι,-α . . . . μυρίος,-α,-ον -ος,-α,-ον
μυρίος,-α,-ον . . . . -ος,-α,-ον
μύρον,τό . . . . -ον,τό
μῦς,μυός,ὁ . . . . -ς,-ος,ὁ
μυσερός,-ά,-όν . . . . μῦ -ρος,-α,-ον
Μυσία,ἡ . . . . -α,ἡ
μυστήριον,τό . . . . μύω -τηριον,τό
μυωπάζω . . . . μύω ὁράω -αζω
Μωδάτ,ὁ . . . . =
μώλωψ,-ωπος,ὁ . . . . -ς,-ος,ὁ
μωμάομαι . . . . μέμφομαι -αω
μῶμος,ὁ . . . . μέμφομαι -ος,ὁ
μωμοσκοπέομαι . . . . μέμφομαι σκέπτομαι -εω
μωραίνω . . . . μωρός,-ά,-όν -αινω
μωρία,ἡ . . . . μωρός,-ά,-όν -ία,ἡ
μωρολογία,ἡ . . . . μωρός,-ά,-όν λέγω -ία,ἡ
μωρός,-ά,-όν . . . . -ρος,-α,-ον
μωρῶς . . . . μωρός,-ά,-όν -ως=
Μωυσῆς,-έως,ὁ . . . . -ς,-ος,ὁ(2)

Ν

Νααοσών,ὁ . . . . =
Ναγγαί,ὁ . . . . =
Ναζαρά,ἡ . . . . =
Ναζαρέτ,ἡ . . . . =
Ναζαρέθ,ἡ . . . . =
Ναζαρηνός,-ή,-όν . . . . Ναζαρά,ἡ -νος,-η,-ον
Ναζωραῖος,ὁ . . . . Ναζαρά,ἡ -ιος,ὁ
Ναθάμ,ὁ . . . . β

Ναθαναήλ,ό . . . . =
ναί . . . . =
Ναιμάν,ό . . . . =
Ναίν,ή . . . . =
ναός,ό . . . . ναίω(1) -ος,ό
Ναούμ,ό . . . . =
ναοφόρος,-ον . . . . . . ναίω(1) φέρω -ος,-α,-ον
νάρδος,ή . . . . -ος,ή
Νάρκισσος,ό . . . . -ος,ό
ναυαγέω . . . . ναῦς,νεώς,ή ἄγνυμι -εω
Ναυή,ό . . . . =
ναύκληρος,ό . . . . ναῦς,νεώς,ή κλῆρος,ό -ος,ό
ναῦς,νεώς,ή . . . . -ς,-ος,ή(2)
ναύτης,-ου,ό . . . . ναῦς,νεώς,ή -της,-ου,ό
Ναχώρ,ό . . . . =
νεανίας,-ου,ό . . . . νέος,-α,-ον -ας,-ου,ό
νεανίσκος,ό . . . . νέος,-α,-ον -ισκος,ό
νεῖκος,-ους,τό . . . . νίκη,ή -ος,-ους,τό
νεκρός,-ά,-όν . . . . νέκυς,-υος,ό -ρος,-α,-ον
νεκροφόρος,-ον . . . . . . νέκυς,-υος,ό φέρω -ος,-α,-ον
νεκρόω . . . . νέκυς,-υος,ό -οω
νέκρωσις,-εως,ή . . . . . . νέκυς,-υος,ό -σις,-εως,ή
νέμομαι . . . . νέμω -ω
νεομηνία,ή . . . . νέος,-α,-ον μήν,-νός,ό -ία,ή
νέος,-α,-ον . . . . -ος,-α,-ον
νεότης,-τητος,ή . . . . νέος,-α,-ον -οτης,-τητος,ή
νεόφυτος,-ον . . . . νέος,-α,-ον φύω -τος,-η,-ον
νέρτερος,-α,-ον . . . . -τερος,-α,-ον
Νέρων,-ωνος,ό . . . . -___,-ος,ό
Νευης,ό . . . . =
νεῦρον,τό . . . . -ον,τό
νεύω . . . . -ω
νεφέλη,ή . . . . νέφος,-ους,τό -λη,ή
Νεφθαλίμ,ό . . . . =
νέφος,-ους,τό . . . . -ος,-ους,τό
νεφρός,ό . . . . -ος,ό
νεωκόρος,ό . . . . ναίω(1) κορέω -ος,ό
νεωτερικός,-ή,-όν . . . . νέος,-α,-ον -ικος,-η,-ον
νεωτερισμός,ό . . . . νέος,-α,-ον -μος,ό
νή . . . . =
νήθω . . . . νέω(3) -ω
νηκτός,-ή,-όν . . . . νέω(2) -τος,-η,-ον
νηπιάζω . . . . νη- ἔπος,-ους,τό -αζω
νήπιος,-α,-ον . . . . νη- ἔπος,-ους,τό -ιος,-α,-ον
νηπιότης,-τητος,ή . . . . νη- ἔπος,-ους,τό -οτης,-τητος,ή
Νηρεύς,-έως,ό . . . . -ευς,-εως,ό
Νηρί,ό . . . . =
νησίον,τό . . . . νῆσος,ή -ιον,τό
νῆσος,ή . . . . -ος,ή
νηστεία,ή . . . . νη- ἔδω -εία,ή
νηστεύω . . . . νη- ἔδω -ευω

νῆστις,-έως,ό&ή . . . . νη- ἔδω -ις,-εως,ό&ή
νηφάλιος,-α,-ον . . . . νήφω -ιος,-α,-ον
νήφω . . . . -ω
νήχομαι . . . . νέω(2) -ω
Νίγερ,ό . . . . =
Νικάνωρ,-ορος,ό . . . . -___,-ος,ό(1)
νικάω . . . . νίκη,ή -αω
νίκη,ή . . . . -η,ή
Νικήτης,-ου,ό . . . . νίκη,ή -της,-ου,ό
Νικόδημος,ό . . . . νίκη,ή δῆμος,ὁ -ος,ό
Νικολαΐτης,-ου,ό . . . . νίκη,ή λαός,ό -της,-ου,ό
Νικόλαος,ό . . . . νίκη,ή λαός,ό -ος,ό
Νικόπολις,-εως,ή . . . . .νίκη,ή πόλις,-εως,ή -ις,-εως,ή
νῖκος,-ους,τό . . . . νίκη,ή -ος,-ους,τό
Νινευή,ή . . . . =
Νινευίτης,-ου,ό . . . . Νινευή,ή -ιτης,-ου,ό
νιπτήρ,-τῆρος,ό . . . . νίζω -τηρ,-τηρος,ό
νίπτω . . . . νίζω -ω
νοέω . . . . νοῦς,νοός,ό -εω
νόημα,-ματος,τό . . . . νοῦς,νοός,ό -μα,-ματος,τό
νόθος,-η,-ον . . . . -ος,-η,-ον
νομή,ή . . . . νέμω -ή,ή
νομίζω . . . . νέμω -ιζω
νομικός,-ή,-όν . . . . νέμω -ικος,-η,-ον
νόμιμος,-η,-ον . . . . νέμω -ιμος,-η,-ον
νομίμως . . . . νέμω -ως=
νόμισμα,-ματος,τό . . . . νέμω -μα,-ματος,τό
νομοδιδάσκαλος,ό . . . . νέμω διδάσκω -ος,ό
νομοθεσία,ή . . . . νέμω τίθημι -ία,ή
νομοθετέω . . . . νέμω τίθημι -εω
νομοθέτης,-ου,ό . . . . νέμω τίθημι -της,-ου,ό
νόμος,ό . . . . νέμω -ος,ό
νοσέω . . . . νόσος,ή -εω
νόσημα,-ματος,τό . . . . νόσος,ή -μα,-ματος,τό
νόσος,ή . . . . -ος,ή
νοσσιά,ή . . . . νέος,-α,-ον -ιά,ή
νοσσίον,τό . . . . νέος,-α,-ον -ιον,τό
νοσσός,ό . . . . νέος,-α,-ον -ος,ό
νοσφίζω . . . . νόσφι -ιζω
νότος,ό . . . . -ος,ό
νουθεσία,ή . . . . νοῦς,νοός,ό τίθημι -ία,ή
νουθετέω . . . . νοῦς,νοός,ό τίθημι -εω
νουθέτημα,-ματος,τό . . . . . . νοῦς,νοός,ό τίθημι -μα,-ματος,τό
νουθέτησις,-εως,ή . . . . νοῦς,νοός,ό τίθημι -σις,-εως,ή
νουνεχῶς . . . . νοῦς,νοός,ό ἔχω -ως=
νοῦς,νοός,ό . . . . -ς,-ος,ό(1)
Νύμφα,ή . . . . νύμφη,ή -α,ή
Νυμφᾶς,-ᾶ,ό . . . . νύμφη,ή -ας,-α,ό
νύμφη,ή . . . . -η,ή
νυμφίος,ό . . . . νύμφη,ή -ιος,ό
νυμφών,-ῶνος,ό . . . . νύμφη,ή -ων,-ωνος,ό

νῦν . . . . =
νυνί . . . . νῦν -ι=
νύξ,νυκτός,ἡ . . . . -ς,-ος,ἡ
νύσσω . . . . -σσω
νυστάζω . . . . -αζω
νυχθήμερον,τό . . . . νύξ,νυκτός,ἡ ἡμέρα,ἡ -ον,τό
Νῶε,ὁ . . . . =
νωθρός,-ά,-όν . . . . νωθής,-ές -ρος,-α,-ον
νῶτος,ὁ . . . . νῶτον,τό -ος,ὁ

Ξ

ξαίνω . . . . -ω
Ξανθικός,ὁ . . . . ξανθός,-ή,-όν -ος,ὁ
ξενία,ἡ . . . . ξένος,ὁ -ία,ἡ
ξενίζω . . . . ξένος,ὁ -ιζω
ξενισμός,ὁ . . . . ξένος,ὁ -μος,ὁ
ξενοδοχέω . . . . ξένος,ὁ δέχομαι -εω
ξένος,-η,-ον . . . . -ος,-η,-ον
ξέστης,-ου,ὁ . . . . -της,-ου,ὁ
ξηραίνω . . . . ξηρός,-ά,-όν -αινω
ξηρός,-ά,-όν . . . . -ος,-α,-ον
ξιφίδιον,τό . . . . ξίφος,-ους,τό -ιδιον,τό
ξίφος,-ους,τό . . . . -ος,-ους,τό
ξόανον,τό . . . . ξέω -ον,τό
ξύλινος,-η,-ον . . . . ξύω -ινος,-η,-ον
ξύλον,τό . . . . ξύω -ον,τό
ξυράω . . . . ξύω -αω

Ο

ὁ,ἡ,τό . . . . -ος,-η,-ο
ὀβελίσκος,ὁ . . . . ὁ-(1) βάλλω -ισκος,ὁ
ὀγδοήκοντα . . . . ὀκτώ -κοντα=
ὄγδοος,-η,-ον . . . . ὀκτώ -ος,-η,-ον
ὄγκος,ὁ . . . . -ος,ὁ
ὅδε,ἥδε,τόδε . . . . ὁ,ἡ,τό -δε=
ὁδεύω . . . . ὁδός,ἡ -ευω
ὁδηγέω . . . . ὁδός,ἡ ἄγω -εω
ὁδηγός,ὁ . . . . ὁδός,ἡ ἄγω -ος,ὁ
ὁδοιπορέω . . . . ὁδός,ἡ πέρα -εω
ὁδοιπορία,ἡ . . . . ὁδός,ἡ πέρα -ία,ἡ
ὁδοποιέω . . . . ὁδός,ἡ ποιέω -εω
ὁδός,ἡ . . . . -ος,ἡ
ὀδούς,-όντος,ὁ . . . . -ς,-ος,ὁ(1)
ὀδυνάω . . . . ὀδύνη,ἡ -αω
ὀδύνη,ἡ . . . . -η,ἡ
ὀδυρμός,ὁ . . . . ὀδύρομαι -μος,ὁ
ὀδύρομαι . . . . -ω

Ὀζίας,-ου,ὁ . . . . -ας,-ου,ὁ
ὄζος,ὁ . . . . -ος,ὁ
ὄζω . . . . -ω
ὅθεν . . . . ὅς,ἥ,ὅ -θεν=
ὀθόνη,ἡ . . . . -η,ἡ
ὀθόνιον,τό . . . . ὀθόνη,ἡ -ιον,τό
οἶδα . . . . εἴδω(2) -ω*
οἰκεῖος,-α,-ον . . . . οἶκος,ὁ -ιος,-α,-ον
οἰκετεία,ἡ . . . . οἶκος,ὁ -εία,ἡ
οἰκέτης,-ου,ὁ . . . . οἶκος,ὁ -της,-ου,ὁ
οἰκέω . . . . οἶκος,ὁ -εω
οἴκημα,-ματος,τό . . . . οἶκος,ὁ -μα,-ματος,τό
οἴκησις,-εως,ἡ . . . . οἶκος,ὁ -σις,-εως,ἡ
οἰκητήριον,τό . . . . οἶκος,ὁ -τηριον,τό
οἰκήτωρ,-ορος,ὁ . . . . οἶκος,ὁ -τωρ,-τορος,ὁ
οἰκία,ἡ . . . . οἶκος,ὁ -ία,ἡ
οἰκιακός,ὁ . . . . οἶκος,ὁ -ος,ὁ
οἰκοδεσποτέω . . . . οἶκος,ὁ δεσπότης,-ου,ὁ -εω
οἰκοδεσπότης,-ου,ὁ . . . . . . οἶκος,ὁ δεσπότης,-ου,ὁ -της,-ου,ὁ
οἰκοδομέω . . . . οἶκος,ὁ δέμω -εω
οἰκοδομή,ἡ . . . . οἶκος,ὁ δέμω -ή,ἡ
οἰκοδομητός,-ή,-όν . . . . . . οἶκος,ὁ δέμω -τος,-η,-ον
οἰκοδομία,ἡ . . . . οἶκος,ὁ δέμω -ία,ἡ
οἰκοδόμος,ὁ . . . . οἶκος,ὁ δέμω -ος,ὁ
οἰκονομέω . . . . οἶκος,ὁ νέμω -εω
οἰκονομία,ἡ . . . . οἶκος,ὁ νέμω -ία,ἡ
οἰκονόμος,ὁ . . . . οἶκος,ὁ νέμω -ος,ὁ
οἶκος,ὁ . . . . -ος,ὁ
οἰκουμένη,ἡ . . . . οἶκος,ὁ -μενη,ἡ
οἰκουργέω . . . . οἶκος,ὁ οὖρος,ὁ(2) -εω
οἰκουργός,-όν . . . . οἶκος,ὁ οὖρος,ὁ(2) -ος,-η,-ον
οἰκουρός,-όν . . . . οἶκος,ὁ οὖρος,ὁ(2) -ος,-α,-ον
οἰκοφθόρος,-ον . . . . οἶκος,ὁ φθίω -ρος,-α,-ον
οἰκτιρμός,ὁ . . . . οἶκτος,ὁ -μος,ὁ
οἰκτίρμων,-ον . . . . οἶκτος,ὁ -μων,-ον
οἰκτίρω . . . . οἶκτος,ὁ -ιρω
οἰνόμελι,-ιτος,τό . . . . οἶνος,ὁ μέλι,-ιτος,τό -___,-ος,τό
οἰνοπότης,-ου,ὁ . . . . οἶνος,ὁ πίνω -της,-ου,ὁ
οἶνος,ὁ . . . . -ος,ὁ
οἰνοφλυγία,ἡ . . . . οἶνος,ὁ φλέω -ία,ἡ
οἴομαι . . . . -ω
οἷος,-α,-ον . . . . ὁ,ἡ,τό ὅς,ἥ,ὅ -ος,-α,-ον
οἰωνοσκόπος,ὁ . . . . οἰος,-η,-ον σκέπτομαι -ος,ὁ
ὀκνέω . . . . ὄκνος,ὁ -εω
ὀκνηρός,-ά,-όν . . . . ὄκνος,ὁ -ρος,-α,-ον
ὀκταήμερος,-ον . . . . ὀκτώ ἡμέρα,ἡ -ος,-α,-ον
ὀκτώ . . . . =
ὀλέθριος,-ον . . . . ὄλλυμι -ιος,-α,-ον
ὄλεθρος,ὁ . . . . ὄλλυμι -ος,ὁ
ὀλιγόβιος,-ον . . . . ὀλίγος,-η,-ον βίος,ὁ -ος,-α,-ον
ὀλιγοπιστία,ἡ . . . . ὀλίγος,-η,-ον πείθω -ία,ἡ

ὀλιγόπιστος,-ον . . . . ὀλίγος,-η,-ον πείθω -ος,-η,-ον
ὀλίγος,-η,-ον . . . . -ος,-η,-ον
ὀλιγοχρόνιος,-ον . . . . ὀλίγος,-η,-ον χρόνος,ὁ -ιος,-α,-ον
ὀλιγοψυχέω . . . . ὀλίγος,-η,-ον ψύχω -εω
ὀλιγόψυχος,-ον . . . . ὀλίγος,-η,-ον ψύχω -ος,-η,-ον
ὀλιγωρέω . . . . ὀλίγος,-η,-ον ὥρα,ἡ -εω
ὀλίγως . . . . ὀλίγος,-η,-ον -ως=
ὄλλυμι . . . . -μι
ὀλοθρευτής,-οῦ,ὁ . . . . ὄλλυμι -της,-ου,ὁ
ὀλοθρεύω . . . . ὄλλυμι -ευω
ὁλοκαύτωμα,-ματος,τό . . . . . ὅλος,-η,-ον καίω -μα,-ματος,τό
ὁλοκληρία,ἡ . . . . ὅλος,-η,-ον κλῆρος,ὁ -ία,ἡ
ὁλόκληρος,-ον . . . . ὅλος,-η,-ον κλῆρος,ὁ -ος,-α,-ον
ὀλολύζω . . . . -ζω
ὅλος,-η,-ον . . . . -ος,-η,-ον
ὁλοτελής,-ές . . . . ὅλος,-η,-ον τέλος,-ους,τό -ης,-ες
ὁλοτελῶς . . . . ὅλος,-η,-ον τέλος,-ους,τό -ως=
Ὀλοφέρνης,-ου,ὁ . . . . -ης,-ου,ὁ
Ὀλυμπᾶς,-ᾶ,ὁ . . . . -ας,-α,ὁ
ὄλυνθος,ὁ . . . . -ος,ὁ
ὅλως . . . . ὅλος,-η,-ον -ως=
ὁμαλίζω . . . . ὁμός,-ή,-όν -ιζω
ὁμαλός,-ή,-όν . . . . ὁμός,-ή,-όν -λος,-η,-ον
ὁμαλῶς . . . . ὁμός,-ή,-όν -ως=
ὄμβρος,ὁ . . . . -ος,ὁ
ὁμείρομαι . . . . ἵμερος,ὁ -ω
ὁμιλέω . . . . ὁμός,-ή,-όν εἴλω -εω
ὁμιλία,ἡ . . . . ὁμός,-ή,-όν εἴλω -ία,ἡ
ὅμιλος,ὁ . . . . ὁμός,-ή,-όν εἴλω -ος,ὁ
ὀμίχλη,ἡ . . . . -η,ἡ
ὄμμα,-ματος,τό . . . . ὁράω -μα,-ματος,τό
ὀμνύω . . . . ὄμνυμι -ω
ὁμοήθεια,ἡ . . . . ὁμός,-ή,-όν ἔθος,-ους,τό -εια,ἡ
ὁμοθυμαδόν . . . . ὁμός,-ή,-όν θύω(2) -δον=
ὁμοιάζω . . . . ὁμός,-ή,-όν -αζω
ὁμοιοπαθής,-ές . . . . ὁμός,-ή,-όν πάσχω -ης,-ες
ὅμοιος,-α,-ον . . . . ὁμός,-ή,-όν -ιος,-α,-ον
ὁμοιότης,-τητος,ἡ . . . . . . ὁμός,-ή,-όν -οτης,-τητος,ἡ
ὁμοιοτρόπως . . . . ὁμός,-ή,-όν τρέπω -ως=
ὁμοιόω . . . . ὁμός,-ή,-όν -οω
ὁμοίωμα,-ματος,τό . . . . . . ὁμός,-ή,-όν -μα,-ματος,τό
ὁμοίως . . . . ὁμός,-ή,-όν -ως=
ὁμοίωσις,-εως,ἡ . . . . ὁμός,-ή,-όν -σις,-εως,ἡ
ὁμολογέω . . . . ὁμός,-ή,-όν λέγω -εω
ὁμολόγησις,-εως,ἡ . . . . . . ὁμός,-ή,-όν λέγω -σις,-εως,ἡ
ὁμολογία,ἡ . . . . ὁμός,-ή,-όν λέγω -ία,ἡ
ὁμολογουμένως . . . . ὁμός,-ή,-όν λέγω -ως=
ὁμονοέω . . . . ὁμός,-ή,-όν νοῦς,νοός,ὁ -εω
ὁμόνοια,ἡ . . . . ὁμός,-ή,-όν νοῦς,νοός,ὁ -ια,ἡ
ὁμόσε . . . . ὁμός,-ή,-όν -σε=
ὁμότεχνος,-ον . . . . ὁμός,-ή,-όν τίκτω -ος,-η,-ον

ὁμοῦ . . . . ὁμός,-ή,-όν -ου=
ὁμόφρων,-ον . . . . ὁμός,-ή,-όν φρήν,φρενός,ή -ων,-ον
ὁμόφυλος,-ον . . . . ὁμός,-ή,-όν φύω -ος,-η,-ον
ὁμοφωνία,ή . . . . ὁμός,-ή,-όν φωνή,ή -ία,ή
ὄμφαξ,-ακος,ό&ή . . . . -ς,-ος,ό&ή
ὅμως . . . . ὁμός,-ή,-όν -ως=
ὄναρ,τό . . . . *
ὀνάριον,τό . . . . ὄνος,ό&ή -ιον,τό
ὀνειδίζω . . . . ὄνειδος,-ους,τό -ιζω
ὀνειδισμός,ό . . . . ὄνειδος,-ους,τό -μος,ό
ὄνειδος,-ους,τό . . . . -ος,-ους,τό
Ὀνήσιμος,ό . . . . ὀνίνημι -ιμος,ό
Ὀνησίφορος,ό . . . . ὀνίνημι φέρω -ος,ό
ὀνικός,-ή,-όν . . . . ὄνος,ό&ή -ικος,-η,-ον
ὀνίνημι . . . . -μι
ὄνομα,-ματος,τό . . . . -μα,-ματος,τό
ὀνομάζω . . . . ὄνομα,-ματος,τό -αζω
ὄνος,ό&ή . . . . -ος,ό&ή
ὄντως . . . . εἰμί -ως=
ὀξίζω . . . . ὀξύς,-εῖα,-ύ -ιζω
ὄξος,-ους,τό . . . . ὀξύς,-εῖα,-ύ -ος,-ους,τό
ὀξύπτερος,-ον . . . . ὀξύς,-εῖα,-ύ πέτομαι -ρος,-α,-ον
ὀξύς,-εῖα,-ύ . . . . -υς,-εια,-υ
ὀξυχολέω . . . . ὀξύς,-εῖα,-ύ χόλος,ό -εω
ὀξυχολία,ή . . . . ὀξύς,-εῖα,-ύ χόλος,ό -ία,ή
ὀξύχολος,-ον . . . . ὀξύς,-εῖα,-ύ χόλος,ό -ος,-η,-ον
ὀπή,ή . . . . -ή,ή
ὄπισθεν . . . . ἔπος,-ους,τό -θεν=
ὀπίσω . . . . ἔπος,-ους,τό -ω=
ὅπλη,ή . . . . ὅπλον,τό -η,ή
ὁπλίζω . . . . ὅπλον,τό -ιζω
ὅπλον,τό . . . . -ον,τό
ὁπόθεν . . . . ὁ- πός -θεν=
ὁποῖος,-α,-ον . . . . ὁ- πός -ιος,-α,-ον
ὁπόσος,-η,-ον . . . . ὁ- πός -ος,-η,-ον
ὁπόταν . . . . ὁ- πός ἄν =
ὁπότε . . . . ὁ- πός τε =
ὅπου . . . . ὁ- πός -ου=
ὀπτάνομαι . . . . ὁράω -ανω
ὀπτασία,ή . . . . ὁράω -ία,ή
ὀπτάω . . . . -αω
ὀπτός,-ή,-όν . . . . ὀπτάω -τος,-η,-ον
ὀπώρα,ή . . . . -ρα,ή
ὅπως . . . . ὁ- πός -ως=
ὅραμα,-ματος,τό . . . . ὁράω -μα,-ματος,τό
ὅρασις,-εως,ή . . . . ὁράω -σις,-εως,ή
ὁρατός,-ή,-όν . . . . ὁράω -τος,-η,-ον
ὁράω . . . . -ω
ὄργανον,τό . . . . ἔργω(2) -ον,τό
ὀργή,ή . . . . ὀρέγω -ή,ή
ὀργίζω . . . . ὀρέγω -ιζω

ὀργίλος,-η,-ον . . . . ὀρέγω -λος,-η,-ον
ὀργίλως . . . . ὀρέγω -ως=
ὀργυιά,ἡ . . . . ὀρέγω -ά,ἡ
ὀρέγω . . . . -ω
ὀρεινός,-ή,-όν . . . . ὄρος,-ους,τό -ινος,-η,-ον
ὄρεξις,-εως,ἡ . . . . ὀρέγω -σις,-εως,ἡ
ὀρθοποδέω . . . . ὀρθός,-ή,-όν πούς,ποδός,ὁ -εω
ὀρθός,-ή,-όν . . . . -ος,-η,-ον
ὀρθοτομέω . . . . ὀρθός,-ή,-όν τέμνω -εω
ὀρθόω . . . . ὀρθός,-ή,-όν -οω
ὀρθίζω . . . . ὄρθρος,ὁ -ιζω
ὀρθρινός,-ή,-όν . . . . ὄρθρος,ὁ -ινος,-η,-ον
ὄρθριος,-α,-ον . . . . ὄρθρος,ὁ -ιος,-α,-ον
ὄρθρος,ὁ . . . . -ος,ὁ
ὀρθῶς . . . . ὀρθός,-ή,-όν -ως=
ὁρίζω . . . . ὅρος,ὁ -ιζω
ὅριον,τό . . . . ὅρος,ὁ -ιον,τό(2)
ὁρισμός,ὁ . . . . ὅρος,ὁ -μος,ὁ
ὁρκίζω . . . . ὅρκος,ὁ -ιζω
ὅρκιον,τό . . . . ὅρκος,ὁ -ιον,τό(2)
ὅρκος,ὁ . . . . -ος,ὁ
ὁρκωμοσία,ἡ . . . . ὅρκος,ὁ ὄμνυμι -ία,ἡ
ὁρμάω . . . . ὄρνυμι -αω
ὁρμή,ἡ . . . . ὄρνυμι -ή,ἡ
ὅρμημα,-ματος,τό . . . . ὄρνυμι -μα,-ματος,τό
ὄρνεον,τό . . . . ὄρνις,-ιθος,ὁ&ἡ -ον,τό
ὄρνις,-ιθος,ὁ&ἡ . . . . -ς,-ος,ὁ&ἡ
ὁροθεσία,ἡ . . . . ὅρος,ὁ τίθημι -ία,ἡ
ὄρος,-ους,τό . . . . -ος,-ους,τό
ὅρος,ὁ . . . . -ος,ὁ
ὀρύσσω . . . . -σσω
ὀρφανός,-ή,-όν . . . . -ος,-η,-ον
ὀρχέομαι . . . . ὄρχος,ὁ -εω
ὅς,ἥ,ὅ . . . . -ος,-η,-ο
ὁσάκις . . . . ὅσος,-η,-ον -κις=
ὅσιος,-α,-ον . . . . -ιος,-α,-ον
ὁσιότης,-τητος,ἡ . . . . ὅσιος,-α,-ον -οτης,-τητος,ἡ
ὁσίως . . . . ὅσιος,-α,-ον -ως=
ὀσμή,ἡ . . . . ὄζω -ή,ἡ
ὅσος,-η,-ον . . . . -ος,-η,-ον
ὀστέον,τό . . . . -ον,τό
ὅστις,ἥτις,ὅτι . . . . ὅς,ἥ,ὅ -ος,-η,-ο τίς,τί -ς,-ος,ὁ&ἡ
                                      &τό
ὀστράκινος,-η,-ον . . . . ὄστρακον,τό -ινος,-η,-ον
ὄστρακον,τό . . . . -ον,τό
ὄφρησις,-εως,ἡ . . . . ὄζω -σις,-εως,ἡ
ὀσφῦς,-ύος,ἡ . . . . -ς,-ος,ἡ
ὅταν . . . . ὅς,ἥ,ὅ τε ἄν =
ὅτε . . . . ὅς,ἥ,ὅ τε =
ὁτέ . . . . ὁ,ἡ,τό τε =
ὅτι . . . . ὅς,ἥ,ὅ τίς,τί =

ὅτου . . . . ὅς,ἥ,ὅ τίς,τί -ου=
οὗ . . . . ὅς,ἥ,ὅ -ου=
οὐ . . . . =
οὐά . . . . =
οὐαί . . . . =
Οὐαλέριος,ὁ . . . . -ος,ὁ
οὐδαμῶς . . . . οὐ δέ ἁμός -ως=
οὐδέ . . . . οὐ δέ =
οὐδείς,οὐδεμία,οὐδέν . . . . . . οὐ δέ εἷς,μία,ἕν -ας,-ασα,-αν*
οὐδέποτε . . . . οὐ δέ πός τε =
οὐδέπω . . . . οὐ δέ πω =
οὐκέτι . . . . οὐ ἔτι =
οὐκοῦν . . . . οὐ οὖν =
οὖλος,-η,-ον . . . . -ος,-η,-ον
οὐμενοῦν . . . . οὐ μέν οὖν =
οὖν . . . . =
οὔπω . . . . οὐ πω =
οὐρά,ἡ . . . . -ά,ἡ
οὐράνιος,-ον . . . . οὐρανός,ὁ -ιος,-α,-ον
οὐρανόθεν . . . . οὐρανός,ὁ -θεν=
οὐρανός,ὁ . . . . -ος,ὁ
Οὐρβανός,ὁ . . . . -ος,ὁ
Οὐρίας,-ου,ὁ . . . . -ας,-ου,ὁ
οὖς,ὠτός,τό . . . . -ς,-ος,τό
οὐσία,ἡ . . . . εἰμί -ία,ἡ
οὔτε . . . . οὐ τε =
οὗτος,αὕτη,τοῦτο . . . . -ος,-η,-ο
οὕτω . . . . οὗτος,αὕτη,τοῦτο -ω=
οὕτως . . . . οὗτος,αὕτη,τοῦτο -ως=
οὐχί . . . . οὐ -ι=
ὀφειλέτης,-ου,ὁ . . . . ὀφείλω -της,-ου,ὁ
ὀφειλή,ἡ . . . . ὀφείλω -ή,ἡ
ὀφείλημα,-ματος,τό . . . . . . ὀφείλω -μα,-ματος,τό
ὀφείλω . . . . -ω
ὄφελον . . . . ὀφείλω -ον=
ὄφελος,-ους,τό . . . . ὀφέλλω(1) -ος,-ους,τό
ὀφθαλμοδουλία,ἡ . . . . ὁράω δοῦλος,ὁ -ία,ἡ
ὀφθαλμός,ὁ . . . . ὁράω -μος,ὁ
ὄφις,-εως,ὁ . . . . -ις,-εως,ὁ
ὀφλισκάνω . . . . ὀφείλω -ανω
ὀφρῦς,-ύος,ἡ . . . . -ς,-ος,ἡ
ὀχετός,ὁ . . . . ἔχω -τος,ὁ
ὀχλέω . . . . ὄχλος,ὁ -εω
ὀχλοποιέω . . . . ὄχλος,ὁ ποιέω -εω
ὄχλος,ὁ . . . . -ος,ὁ
'Οχοζίας,-ου,ὁ . . . . -ας,-ου,ὁ
ὀχυρός,-ά,-όν . . . . ἔχω -ρος,-α,-ον
ὀχύρωμα,-ματος,τό . . . . . . ἔχω -μα,-ματος,τό
ὀψάριον,τό . . . . ἔψω -αριον,τό
ὀψέ . . . . =
ὄψιμος,-ον . . . . ὀψέ -ιμος,-η,-ον

ὄψιος,-α,-ον . . . . ὀψέ -ιος,-α,-ον
ὄψις,-εως,ἡ . . . . ὁράω -ις,-εως,ἡ
ὀψώνιον,τό . . . . ἔψω ὦνος,ὁ -ιον,τό(2)

Π

παγιδεύω . . . . πήγνυμι -ευω
παγίς,-ίδος,ἡ . . . . πήγνυμι -ις,-ιδος,ἡ
πάγκαρπος,-ον . . . . πᾶς,πᾶσα,πᾶν καρπός,ὁ(1)
                                          -ος,-η,-ον
πάθημα,-ματος,τό . . . . . . πάσχω -μα,-ματος,τό
παθητός,-ή,-όν . . . . πάσχω -τος,-η,-ον
πάθος,-ους,τό . . . . πάσχω -ος,-ους,τό
παιδαγωγός,ὁ . . . . παῖς,παιδός,ὁ&ἡ ἄγω -ος,ὁ
παιδάριον,τό . . . . παῖς,παιδός,ὁ&ἡ -αριον,τό
παιδεία,ἡ . . . . παῖς,παιδός,ὁ&ἡ -εία,ἡ
παιδευτής,-οῦ,ὁ . . . . παῖς,παιδός,ὁ&ἡ -της,-ου,ὁ
παιδεύω . . . . παῖς,παιδός,ὁ&ἡ -ευω
παιδιόθεν . . . . παῖς,παιδός,ὁ&ἡ -θεν=
παιδίον,τό . . . . παῖς,παιδός,ὁ&ἡ -ιον,τό
παιδίσκη,ἡ . . . . παῖς,παιδός,ὁ&ἡ -ισκη,ἡ
παιδόθεν . . . . παῖς,παιδός,ὁ&ἡ -θεν=
παιδοφθορέω . . . . παῖς,παιδός,ὁ&ἡ φθίω -εω
παιδοφθόρος,ὁ . . . . παῖς,παιδός,ὁ&ἡ φθίω -ος,ὁ
παίζω . . . . παῖς,παιδός,ὁ&ἡ -ιζω
παῖς,παιδός,ὁ&ἡ . . . . -ς,-ος,ὁ&ἡ
παίω . . . . -ω
Πακατιανός,-ή,-όν . . . . . . -ιανος,-η,-ον
πάλαι . . . . =
παλαιός,-ά,-όν . . . . πάλαι -ιος,-α,-ον
παλαιότης,-τητος,ἡ . . . . . . πάλαι -οτης,-τητος,ἡ
παλαιόω . . . . πάλαι -οω
πάλη,ἡ . . . . πάλλω -η,ἡ
παλιγγενεσία,ἡ . . . . πάλιν γένω -ία,ἡ
πάλιν . . . . . =
παμβότανον,τό . . . . πᾶς,πᾶσα,πᾶν βόσκω -ον,τό
παμμεγέθης,-ες . . . . πᾶς,πᾶσα,πᾶν μέγας,-άλη,-α -ης,-ες
παμπληθεί . . . . πᾶς,πᾶσα,πᾶν πίμπλημι -ει=
παμπληθής,-ές . . . . πᾶς,πᾶσα,πᾶν πίμπλημι -ης,-ες
πάμπολυς,-όλλη,-ολυ . . . . . . πᾶς,πᾶσα,πᾶν πολύς,πολλή,πολύ
                                          -ος,-η,-ον*
Παμφυλία,ἡ . . . . πᾶς,πᾶσα,πᾶν φύω -ία,ἡ
πανάγιος,-ον . . . . πᾶς,πᾶσα,πᾶν ἅζω -ιος,-α,-ον
πανάρετος,-ον . . . . πᾶς,πᾶσα,πᾶν Ἄρης,-εος,ὁ
                                          -τος,-η,-ον
πανδοχεῖον,τό . . . . πᾶς,πᾶσα,πᾶν δέχομαι -εῖον,τό
πανδοχεύς,-έως,ὁ . . . . πᾶς,πᾶσα,πᾶν δέχομαι -ευς,-εως,ὁ
πανήγυρις,-εως,ἡ . . . . πᾶς,πᾶσα,πᾶν ἄγω -ις,-εως,ἡ
πανθαμάρτητος,-ον . . . . . . πᾶς,πᾶσα,πᾶν ἁμαρτάνω -τος,-η,-ον

πανθαμαρτωλός,-όν . . . . . . πᾶς,πᾶσα,πᾶν ἁμαρτάνω
						-ωλος,-η,-ον
πανοικεί . . . . πᾶς,πᾶσα,πᾶν οἶκος,ὁ -ει=
πανοπλία,ἡ . . . . πᾶς,πᾶσα,πᾶν ὅπλον,τό -ία,ἡ
πανουργία,ἡ . . . . πᾶς,πᾶσα,πᾶν ἔργω(2) -ία,ἡ
πανοῦργος,-ον . . . . πᾶς,πᾶσα,πᾶν ἔργω(2) -ος,-η,-ον
πανούργως . . . . πᾶς,πᾶσα,πᾶν ἔργω(2) -ως=
πάνσεμνος,-ον . . . . πᾶς,πᾶσα,πᾶν σέβομαι -ος,-η,-ον
πανταχῇ . . . . πᾶς,πᾶσα,πᾶν -η=
πανταχόθεν . . . . πᾶς,πᾶσα,πᾶν -θεν=
πανταχοῦ . . . . πᾶς,πᾶσα,πᾶν -ου=
παντελής,-ές . . . . πᾶς,πᾶσα,πᾶν τέλος,-ους,τό -ης,-ες
παντελῶς . . . . πᾶς,πᾶσα,πᾶν τέλος,-ους,τό -ως=
πανεπόπτης,-ου,ὁ . . . . πᾶς,πᾶσα,πᾶν ἐπί ὁράω -της,-ου,ὁ
πάντῃ . . . . πᾶς,πᾶσα,πᾶν -η=
πάντοθεν . . . . πᾶς,πᾶσα,πᾶν -θεν=
παντοκρατορικός,-όν . . . . . πᾶς,πᾶσα,πᾶν κράτος,-ους,τό
						-ικος,-η,-ον
παντοκράτωρ,-ορος,ὁ . . . . . πᾶς,πᾶσα,πᾶν κράτος,-ους,τό
						-τωρ,-τορος,ὁ
παντοκτίστης,-ου,ὁ . . . . πᾶς,πᾶσα,πᾶν κτίζω -της,-ου,ὁ
πάντοτε . . . . πᾶς,πᾶσα,πᾶν ὅς,ἥ,ὅ τε =
πάντως . . . . πᾶς,πᾶσα,πᾶν -ως=
πάνυ . . . . πᾶς,πᾶσα,πᾶν -υ=
παρά . . . . =
παραβαίνω . . . . παρά βαίνω -ω
παραβάλλω . . . . παρά βάλλω -ω
παράβασις,-εως,ἡ . . . . παρά βαίνω -σις,-εως,ἡ
παραβάτης,-ου,ὁ . . . . παρά βαίνω -της,-ου,ὁ
παραβιάζομαι . . . . παρά βία,ἡ -αζω
παραβλέπω . . . . παρά βλέπω -ω
παραβολεύομαι . . . . παρά βάλλω -ευω
παραβολή,ἡ . . . . παρά βάλλω -ή,ἡ
παραβουλεύομαι . . . . παρά βούλομαι -ευω
παραβύω . . . . παρά βύω -ω
παραγγελία,ἡ . . . . παρά ἄγω -ία,ἡ
παραγγέλλω . . . . παρά ἄγω -ω
παράγγελμα,-ματος,τό . . . . . παρά ἄγω -μα,-ματος,τό
παραγένω . . . . παρά γένω -ω
παράγω . . . . παρά ἄγω -ω
παραδειγματίζω . . . . παρά δείκνυμι -ιζω
παράδεισος,ὁ . . . . -ος,ὁ
παραδέχομαι . . . . παρά δέχομαι -ω
παραδιατριβή,ἡ . . . . παρά διά τρίβω -ή,ἡ
παραδίδωμι . . . . παρά δίδωμι -μι
παράδοξος,-ον . . . . παρά δοκέω -ος,-η,-ον
παράδοσις,-εως,ἡ . . . . παρά δίδωμι -σις,-εως,ἡ
παραζηλόω . . . . παρά ζέω -οω
παραθαλάσσιος,-α,-ον . . . . . παρά ἅλς,ἁλός,ὁ -ιος,-α,-ον
παραθαρσύνω . . . . παρά θάρσος,-ους,τό -υνω
παραθεωρέω . . . . παρά θεός,ὁ ὥρα,ἡ -εω

παραθήκη,ή . . . . παρά τίθημι -η,ή
παραινέω . . . . παρά αἶνος,ό -εω
παραιτέομαι . . . . παρά αἰτέω -εω
παρακαθέζομαι . . . . παρά κατά ἕζομαι -ω
παρακάθημαι . . . . παρά κατά ἕζομαι -μι
παρακαθίζω . . . . παρά κατά ἵζω -ω
παρακαθίστημι . . . . παρά κατά ἵστημι -μι
παρακαλέω . . . . παρά καλέω -εω
παρακαλύπτω . . . . παρά καλύπτω -ω
παρακαταθήκη,ή . . . . παρά κατά τίθημι -η,ή
παράκειμαι . . . . παρά κεῖμαι -μι
παρακελεύω . . . . παρά κέλλω -ευω
παράκλησις,-εως,ή . . . . . . παρά καλέω -σις,-εως,ή
παράκλητος,ό . . . . παρά καλέω -τος,ό
παρακοή,ή . . . . παρά ἀκούω -ή,ή
παρακολουθέω . . . . παρά ἀ-(2) κέλευθος,ή -εω
παρακούω . . . . παρά ἀκούω -ω
παρακύπτω . . . . παρά κύπτω -ω
παραλαμβάνω . . . . παρά λαμβάνω -ανω
παραλέγομαι . . . . παρά λέγω -ω
παραλείπω . . . . παρά λείπω -ω
παράλιος,-ον . . . . παρά ἅλς,ἁλός,ό -ιος,-α,-ον
παραλλαγή,ή . . . . παρά ἄλλος,-η,-ο -ή,ή
παραλλάσσω . . . . παρά ἄλλος,-η,-ο -σσω
παραλογίζομαι . . . . παρά λέγω -ιζω
παραλόγως . . . . παρά λέγω -ως=
παραλυτικός,-ή,-όν . . . . . . παρά λύω -ικος,-η,-ον
παράλυτος,-ον . . . . παρά λύω -τος,-η,-ον
παραλύω . . . . παρά λύω -ω
παραμένω . . . . παρά μένω -ω
παράμονος,-ον . . . . παρά μένω -ος,-η,-ον
παραμυθέομαι . . . . παρά μῦθος,ό -εω
παραμυθία,ή . . . . παρά μῦθος,ό -ία,ή
παραμύθιον,τό . . . . παρά μῦθος,ό -ιον,τό(2)
παράνοια,ή . . . . παρά νοῦς,νοός,ό -ια,ή
παρανομέω . . . . παρά νέμω -εω
παρανομία,ή . . . . παρά νέμω -ία,ή
παράνομος,-ον . . . . παρά νέμω -ος,-η,-ον
παραπικραίνω . . . . παρά πικρός,-ά,-όν -αινω
παραπικρασμός,ό . . . . παρά πικρός,-ά,-όν -μος,ό
παραπίπτω . . . . παρά πίπτω -ω
παραπλέω . . . . παρά πλέω -ω
παραπλήσιος,-α,-ον . . . . . . παρά πέλας -ιος,-α,-ον
παραπλησίως . . . . παρά πέλας -ως=
παραποιέω . . . . παρά ποιέω -εω
παραπόλλυμι . . . . παρά ἀπό ὄλλυμι -μι
παραπορεύομαι . . . . παρά πέρα -ευω
παράπτωμα,-ματος,τό . . . . . παρά πίπτω -μα,-ματος,τό
παράπτωσις,-εως,ή . . . . . . παρά πίπτω -σις,-εως,ή
παραρρέω . . . . παρά ῥέω(2) -ω
παράσημος,-ον . . . . παρά σῆμα,-ματος,τό -ος,-η,-ον

παρασκευάζω . . . . παρά σκεῦος,-ους,τό -αζω
παρασκευή,ἡ . . . . παρά σκεῦος,-ους,τό -ή,ἡ
παραστάτις,-ιδος,ἡ . . . . παρά ἵστημι -ις,-ιδος,ἡ
παράταξις,-εως,ἡ . . . . παρά τάσσω -ις,-εως,ἡ
παρατείνω . . . . παρά τείνω -ω
παρατηρέω . . . . παρά τηρός,ὁ -εω
παρατήρησις,-εως,ἡ . . . . . . παρά τηρός,ὁ -σις,-εως,ἡ
παρατίθημι . . . . παρά τίθημι -μι
παρατυγχάνω . . . . παρά τύχη,ἡ -ανω
παραυτά . . . . παρά αὐτός,-ή,-ό -α=
παραυτίκα . . . . παρά αὐτός,-ή,-ό -ικα=
παραφέρω . . . . παρά φέρω -ω
παραφρονέω . . . . παρά φρήν,φρενός,ἡ -εω
παραφρονία,ἡ . . . . παρά φρήν,φρενός,ἡ -ία,ἡ
παραφροσύνη,ἡ . . . . παρά φρήν,φρενός,ἡ -συνη,ἡ
παραφυάδιον,τό . . . . παρά φύω -αδιον,τό
παραφυάς,-άδος,ἡ . . . . παρά φύω -ας,-αδος,ἡ
παραχαράσσω . . . . παρά χαράσσω -σσω
παραχειμάζω . . . . παρά χιών,-όνος,ἡ -αζω
παραχειμασία,ἡ . . . . παρά χιών,-όνος,ἡ -ία,ἡ
παραχέω . . . . παρά χέω -ω
παραχράομαι . . . . παρά χράω(3) -ω
παραχρῆμα . . . . παρά χράω(3) =
πάρδαλις,-εως,ἡ . . . . πάρδος,ὁ -ις,-εως,ἡ
παρεγγυάω . . . . παρά ἐν γυῖον,τό -αω
παρεδρεύω . . . . παρά ἕζομαι -ευω
πάρεδρος,-ον . . . . παρά ἕζομαι -ος,-α,-ον
πάρειμι . . . . παρά εἰμί -μι*
παρεισάγω . . . . παρά εἰς ἄγω -ω
παρείσακτος,-ον . . . . παρά εἰς ἄγω -τος,-η,-ον
παρεισδύνω . . . . παρά εἰς δύω -υνω
παρείσδυσις,-εως,ἡ . . . . . . παρά εἰς δύω -σις,-εως,ἡ
παρεισέρχομαι . . . . παρά εἰς ἔρχομαι -ω
παρεισφέρω . . . . παρά εἰς φέρω -ω
παρεκβαίνω . . . . παρά ἐκ βαίνω -ω
παρέκβασις,-εως,ἡ . . . . . . παρά ἐκ βαίνω -σις,-εως,ἡ
παρεκτός . . . . παρά ἐκ -τος=
παρεκφέρω . . . . παρά ἐκ φέρω -ω
παρεμβάλλω . . . . παρά ἐν βάλλω -ω
παρεμβολή,ἡ . . . . παρά ἐν βάλλω -ή,ἡ
παρεμπλέκω . . . . παρά ἐν πλέκω -ω
παρέμπτωσις,-εως,ἡ . . . . . παρά ἐν πίπτω -σις,-εως,ἡ
παρενθυμέομαι . . . . παρά ἐν θύω(2) -εω
παρενοχλέω . . . . παρά ἐν ὄχλος,ὁ -εω
παρεπιδημέω . . . . παρά ἐπί δῆμος,ὁ -εω
παρεπίδημος,-ον . . . . παρά ἐπί δῆμος,ὁ -ος,-η,-ον
παρέρχομαι . . . . παρά ἔρχομαι -ω
πάρεσις,-εως,ἡ . . . . παρά ἵημι -σις,-εως,ἡ
παρέχω . . . . παρά ἔχω -ω
παρηγορία,ἡ . . . . παρά ἄγω -ία,ἡ
παρθενία,ἡ . . . . παρθένος,ἡ -ία,ἡ

παρθένος,ή . . . . -ος,ή
Πάρθοι,-ων,οί . . . . -ος,ό
παρίημι . . . . παρά ἵημι -μι
παριστάνω . . . . παρά ἵστημι -ανω
παρίστημι . . . . παρά ἵστημι -μι
Παρμενᾶς,-ᾶ,ό . . . . -ας,-α,ό
παροδεύω . . . . παρά ὁδός,ή -ευω
παρόδιος,-ον . . . . παρά ὁδός,ή -ιος,-α,-ον
πάροδος,ή . . . . παρά ὁδός,ή -ος,ή
παροικέω . . .. παρά οἶκος,ό -εω
παροικία,ή . . . . παρά οἶκος,ό -ία,ή
πάροικος,-ον . . . . παρά οἶκος,ό -ος,-η,-ον
παροιμία,ή . . . . παρά οἶμος,ό -ία,ή
πάροινος,-ον . . . . παρά οἶνος,ό -ος,-η,-ον
παροίχομαι . . . . παρά οἴχομαι -ω
παρομοιάζω . . . . παρά ὅμός,-ή,-όν -αζω
παρόμοιος,-α,-ον . . . . παρά ὁμός,-ή,-όν -ιος,-α,-ον
παροξύνω . . . . παρά ὀξύς,-εῖα,-ύ -υνω
παροξυσμός,ό . . . . παρά ὀξύς,-εῖα,-ύ -μος,ό
παροράω . . . . παρά ὁράω -αω
παροργίζω . . . . παρά ὀρέγω -ιζω
παροργισμός,ό . . . . παρά ὀρέγω -μος,ό
παρορίζω . . . . παρά ὅρος,ό -ιζω
παροτρύνω . . . . παρά ὀτρύνω -ω
παρουσία,ή . . . . παρά εἰμί -ία,ή
παροψίς,-ίδος,ή . . . . . . παρά ἕψω -ις,-ιδος,ή
παρρησία,ή . . . . πᾶς,πᾶσα,πᾶν ῥέω(1) -ία,ή
παρρησιάζομαι . . . . . . πᾶς,πᾶσα,πᾶν ῥέω(1) -αζω
πᾶς,πᾶσα,πᾶν . . . . -ας,-ασα,-αν
πάσχα,τό . . . . =
πάσχω . . . . -ω
Πάταρα,-ων,τά . . . . . . -ον,τό
πατάσσω . . . . -σσω
πατέω . . . . πάτος,ό -εω
πατήρ,-τρός,ό . . . . . . -___,-ος,ό(2)
Πάτμος,ό . . . . -ος,ό
πατριά,ή . . . . πατήρ,-τρός,ό -ιά,ή
πατριάρχης,-ου,ό . . . . πατήρ,-τρός,ό ἄρχω -ης,-ου,ό
πατρικός,-ή,-όν . . . . . πατήρ,-τρός,ό -ικος,-η,-ον
πατρίς,-ίδος,ή . . . . πατήρ,-τρός,ό -ις,-ιδος,ή
Πατροβᾶς,-ᾶ,ό . . . . -ας,-α,ό
πατρολῴας,-ου,ό . . . . πατήρ,-τρός,ό ἀλοάω -ας,-ου,ό
πατροπαράδοτος,-ον . . . . . πατήρ,-τρός,ό παρά δίδωμι
                                     -τος,-η,-ον
πατρώνυμος,-ον . . . . πατήρ,-τρός,ό ὄνομα,-ματος,τό
                                     -ος,-η,-ον
πατρῷος,-α,-ον . . . . πατήρ,-τρός,ό -ιος,-α,-ον
Παῦλος,ό . . . . -ος,ό
παύω . . . . -ω
Πάφος,ή . . . . -ος,ή
παχύνω . . . . παχύς,-εῖα,-ύ -υνω

πεδάω . . . . πέδον,τό -αω
πέδη,ἡ . . . . πέδον,τό -η,ἡ
πεδινός,-ή,-όν . . . . πέδον,τό -ινος,-η,-ον
πεδίον,τό . . . . πέδον,τό -ιον,τό(2)
πεζεύω . . . . πέδον,τό -ευω
πεζῇ . . . . πέδον,τό -η=
πεζός,-ή,-όν . . . . πέδον,τό -ος,-η,-ον
πειθαρχέω . . . . πείθω ἄρχω -εω
πειθός,-ή,-όν . . . . πείθω -ος,-η,-ον
πειθώ,-οῦς,ἡ . . . . πείθω -__,-ος,ἡ(1)
πείθω . . . . -ω
πεινάω . . . . πεῖνα,ἡ -αω
πεῖρα,ἡ . . . . -α,ἡ
πειράζω . . . . πεῖρα,ἡ -αζω
πειρασμός,ὁ . . . . πεῖρα,ἡ -μος,ὁ
πειράω . . . . πεῖρα,ἡ -αω
πεισμονή,ἡ . . . . πείθω -μονη,ἡ
πέλαγος,-ους,τό . . . . -ος,-ους,τό
πέλας . . . . =
πελεκίζω . . . . πέλεκυς,-εως,ὁ -ιζω
πεμπταῖος,-α,-ον . . . . πέντε -ιος,-α,-ον
πέμπτος,-η,-ον . . . . πέντε -ος,-η,-ον
πέμπω . . . . -ω
πένης,-ητος,ὁ . . . . πένομαι -ς,-ος,ὁ
πενθερά,ἡ . . . . πενθερός,ὁ -ά,ἡ
πενθερός,ὁ . . . . -ος,ὁ
πενθέω . . . . πένθος,-ους,τό -εω
πένθος,-ους,τό . . . . -ος,-ους,τό
πενιχρός,-ά,-όν . . . . πένομαι -ρος,-α,-ον
πεντάκις . . . . πέντε -κις=
πεντακισχίλιοι,-αι,-α . . . . . . πέντε χίλιοι,-αι,-α -ος,-α,-ον
πεντακόσιοι,-αι,-α . . . . πέντε -κοσιοι,-αι,-α
πεντακοσιοστός,-ή,-όν . . . . . πέντε -τος,-η,-ον
πέντε . . . . =
πεντεκαιδέκατος,-η,-ον . . . . . πέντε καί δέκα -τος,-η,-ον
πεντήκοντα . . . . πέντε -κοντα=
πεντηκόνταρχος,ὁ . . . . πέντε ἄρχω -ος,ὁ
πεντηκοστή,ἡ . . . . πέντε -τη,ἡ
πέπειρος,-ον . . . . πέπων,-ον -ρος,-α,-ον
πεποίθησις,-εως,ἡ . . . . πείθω -σις,-εως,ἡ
περ . . . . =
Πέραια,ἡ . . . . πέρα -ια,ἡ
περαιτέρω . . . . πέρα -τερω=
πέραν . . . . πέρα =
πέρας,-ατος,τό . . . . πέρα -ς,-ος,τό
Πέργαμος,ἡ . . . . -ος,ἡ
Πέργαμον,τό . . . . -ον,τό
Πέργη,ἡ . . . . -η,ἡ
περί . . . . =
περιάγω . . . . περί ἄγω -ω
περιαιρέω . . . . περί αἱρέω -εω

περιάπτω . . . . περί ἅπτω -ω
περιαστράπτω . . . . περί ἀστραπή,ἡ -ω
περιβάλλω . . . . περί βάλλω -ω
περιβλέπω . . . . περί βλέπω -ω
περιβόητος,-ον . . . . περί βοή,ἡ -τος,-η,-ον
περιβόλαιον,τό . . . . περί βάλλω -ιον,τό(2)
περιγένω . . . . περί γένω -ω
περιδέω . . . . περί δέω(1) -ω
περιελαύνω . . . . περί ἐλαύνω -υνω
περιεργάζομαι . . . . περί ἔργω(2) -αζω
περίεργος,-ον . . . . περί ἔργω(2) -ος,-η,-ον
περιέρχομαι . . . . περί ἔρχομαι -ω
περιέχω . . . . περί ἔχω -ω
περιζώννυμι . . . . περί ζώννυμι -μι
περιζωννύω . . . . περί ζώννυμι -ω
περίθεσις,-εως,ἡ . . . . . . περί τίθημι -σις,-εως,ἡ
περιΐστημι . . . . περί ἵστημι -μι
περικαθαίρω . . . . περί καθαρός,-ά,-όν -ω
περικάθαρμα,-ματος,τό . . . . περί καθαρός,-ά,-όν -μα,-ματος,τό
περικαθίζω . . . . περί κατά ἵζω -ω
περικαλύπτω . . . . περί καλύπτω -ω
περίκειμαι . . . . περί κεῖμαι -μι
περικεφαλαία,ἡ . . . . περί κεφαλή,ἡ -ία,ἡ
περικόπτω . . . . περί κόπτω -ω
περικρατής,-ές . . . . περί κράτος,-ους,τό -ης,-ες
περικρύβω . . . . περί κρύπτω -ω
περικυκλόω . . . . περί κύκλος,ὁ -οω
περιλάμπω . . . . περί λάμπω -ω
περιλείπομαι . . . . περί λείπω -ω
περιλείχω . . . . περί λείχω -ω
περίλυπος,-ον . . . . περί λύπη,ἡ -ος,-η,-ον
περιμένω . . . . περί μένω -ω
περίξ . . . . περί =
περιοικέω . . . . περί οἶκος,ὁ -εω
περίοικος,-ον . . . . περί οἶκος,ὁ -ος,-η,-ον
περιούσιος,-ον . . . . περί εἰμί -ιος,-α,-ον
περιοχή,ἡ . . . . περί ἔχω -ή,ἡ
περιπατέω . . . . περί πάτος,ὁ -εω
περιπείρω . . . . περί πείρω -ω
περίπικρος,-ον . . . . περί πικρός,-ά,-όν -ρος,-α,-ον
περιπίπτω . . . . περί πίπτω -ω
περιπλέκω . . . . περί πλέκω -ω
περιποιέω . . . . περί ποιέω -εω
περιποίησις,-εως,ἡ . . . . . . περί ποιέω -σις,-εως,ἡ
περίπτωσις,-εως,ἡ . . . . . . περί πίπτω -σις,-εως,ἡ
περιρραίνω . . . . περί ῥαίνω -ω
περιρρήγνυμι . . . . περί ῥήγνυμι -μι
περισπάω . . . . περί σπάω -ω
περισσεία,ἡ . . . . περί -εία,ἡ
περίσσευμα,-ματος,τό . . . . περί -μα,-ματος,τό
περισσεύω . . . . περί -ευω

περισσός,-ή,-όν . . . . περί -ος,-η,-ον
περισσότερος,-α,-ον . . . . . . περί -τερος,-α,-ον
περισσοτέρως . . . . περί -ως=
περισσῶς . . . . περί -ως=
περιστέλλω . . . . περί στέλλω -ω
περιστερά,ἡ . . . . -ά,ἡ
περιτειχίζω . . . . περί τεῖχος,-ους,τό -ιζω
περιτέμνω . . . . περί τέμνω -ω
περιτίθημι . . . . περί τίθημι -μι
περιτομή,ἡ . . . . περί τέμνω -ή,ἡ
περιτρέπω . . . . περί τρέπω -ω
περιτρέχω . . . . περί τρέχω -ω
περιφέρω . . . . περί φέρω -ω
περιφρονέω . . . . περί φρήν,φρενός,ἡ -εω
περιχαρής,-ές . . . . περί χαίρω -ης,-ες
περίχωρος,-ον . . . . περί χῶρος,ὁ -ος,-α,-ον
περίψημα,-ματος,τό . . . . . . περί ψάω -μα,-ματος,τό
περπερεύομαι . . . . πέρπερος,-ον -ευω
Περσίς,-ίδος,ἡ . . . . Πέρσης,-ου,ὁ -ις,-ιδος,ἡ
πέρυσι . . . . πέρα -σι=
περυσινός,-ή,-όν . . . . πέρα -ινος,-η,-ον
πετάομαι . . . . πέτομαι -αω
πετεινόν,τό . . . . πετάννυμι -ον,τό
πέτομαι . . . . -ω
πέτρα,ἡ . . . . -α,ἡ
Πέτρος,ὁ . . . . πέτρα,ἡ -ος,ὁ
πετρώδης,-ες . . . . πέτρα,ἡ εἴδω -ης,-ες
Πετρώνιος,ὁ . . . . -ος,ὁ
πήγανον,τό . . . . -ον,τό
πηγή,ἡ . . . . -ή,ἡ
πήγνυμι . . . . -μι
πηδάλιον,τό . . . . πηδόν,τό -ιον,τό(2)
πηδάω . . . . -αω
πηλίκος,-η,-ον . . . . ἠλιξ,-ικος,ὁ&ἡ -ος,-η,-ον
πήλινος,-η,-ον . . . . πηλός,ὁ -ινος,-η,-ον
πηλός,ὁ . . . . -ος,ὁ
πήρα,ἡ . . . . -α,ἡ
πηρός,-ά,-όν . . . . -ρος,-α,-ον
πηρόω . . . . πηρός,-ά,-όν -οω
πήρωσις,-εως,ἡ . . . . πηρός,-ά,-όν -σις,-εως,ἡ
πηχυαῖος,-α,-ον . . . . πῆχυς,-εως,ὁ -ιος,-α,-ον
πῆχυς,-εως,ὁ . . . . -ς,-ος,ὁ(2)
πιάζω . . . . πιέζω -αζω
πιέζω . . . . -ζω
πιθανολογία,ἡ . . . . πείθω λέγω -ία,ἡ
πίθηκος,ὁ . . . . πείθω -ος,ὁ
πιθός,-ή,-όν . . . . πείθω -ος,-η,-ον
πικραίνω . . . . πικρός,-ά,-όν -αινω
πικρία,ἡ . . . . πικρός,-ά,-όν -ία,ἡ
πικρός,-ά,-όν . . . . -ρος,-α,-ον
πικρῶς . . . . πικρός,-ά,-όν -ως=

Πιλᾶτος,ὁ . . . . -ος,ὁ
πίμπλημι . . . . -μι
πίμπρημι . . . . -μι
πινακίδιον,τό . . . . πίναξ,-ακος,ὁ -ιδιον,τό
πινακίς,-ίδος,ἡ . . . . πίναξ,-ακος,ὁ -ις,-ιδος,ἡ
πίναξ,-ακος,ἡ . . . . -ς,-ος,ἡ
πίνω . . . . -ω
Πιόνιος,ὁ . . . . -ος,ὁ
πιότης,-τητος,ἡ . . . . πίων,-ον -οτης,-τητος,ἡ
πιπράσκω . . . . πέρα -σκω
πίπτω . . . . -ω
Πισιδία,ἡ . . . . -ία,ἡ
Πισίδιος,-ά,-ον . . . . Πισιδία,ἡ -ιος,-α,-ον
πιστεύω . . . . πείθω -ευω
πιστικός,-ή,-όν . . . . πείθω -ικος,-η,-ον
πίστις,-εως,ἡ . . . . πείθω -ις,-εως,ἡ
πιστός,-ή,-όν . . . . πείθω -τος,-η,-ον
πιστόω . . . . πείθω -οω
πιστῶς . . . . πείθω -ως=
πίων,-ον . . . . -ων,-ον
πλανάω . . . . πλάνη,ἡ -αω
πλάνη,ἡ . . . . -η,ἡ
πλάνης,-ητος,ὁ . . . . πλάνη,ἡ -ς,-ος,ὁ
πλανήτης,-ου,ὁ . . . . πλάνη,ἡ -της,-ου,ὁ
πλάνος,-ον . . . . πλάνη,ἡ -ος,-η,-ον
πλάξ,-ακος,ἡ . . . . -ς,-ος,ἡ
πλάσις,-εως,ἡ . . . . πλάσσω -σις,-εως,ἡ
πλάσμα,-ματος,τό . . . . πλάσσω -μα,-ματος,τό
πλάσσω . . . . -σσω
πλαστός,-ή,-όν . . . . πλάσσω -τος,-η,-ον
πλατεῖα,ἡ . . . . πλατύς,-εῖα,-ύ -ία,ἡ
πλάτος,-ους,τό . . . . πλατύς,-εῖα,-ύ -ος,-ους,τό
πλατύνω . . . . πλατύς,-εῖα,-ύ -υνω
πλατύς,-εῖα,-ύ . . . . -υς,-εια,-υ
πλατυσμός,ὁ . . . . πλατύς,-εῖα,-ύ -μος,ὁ
πλέγμα,-ματος,τό . . . . πλέκω -μα,-ματος,τό
πλεῖστος,-η,-ον . . . . πλείων,-ον -ιστος,-η,-ον
πλείων,-ον . . . . -ιων,-ον
πλέκω . . . . -ω
πλεονάζω . . . . πλέος,-α,-ον -αζω
πλεονεκτέω . . . . πλέος,-α,-ον ἔχω -εω
πλεονέκτης,-ου,ὁ . . . . πλέος,-α,-ον ἔχω -της,-ου,ὁ
πλεονεξία,ἡ . . . . πλέος,-α,-ον ἔχω -ία,ἡ
πλευρά,ἡ . . . . -ά,ἡ
πλέω . . . . -ω
πληγή,ἡ . . . . πλήσσω -ή,ἡ
πλῆθος,-ους,τό . . . . πίμπλημι -ος,-ους,τό
πληθύνω . . . . πίμπλημι -υνω
πλήκτης,-ου,ὁ . . . . πλήσσω -της,-ου,ὁ
πλημμέλεια,ἡ . . . . πλέος,-α,-ον μέλος,-ους,τό -εια,ἡ
πλήμμυρα,ἡ . . . . πίμπλημι -ρα,ἡ

πλήν . . . . πλέος,-α,-ον =
πλήρης,-ες . . . . πλέος,-α,-ον -ης,-ες
πληροφορέω . . . . πλέος,-α,-ον φέρω -εω
πληροφορία,ή . . . . πλέος,-α,-ον φέρω -ία,ή
πληρόω . . . . πλέος,-α,-ον -οω
πλήρωμα,-ματος,τό . . . . . . πλέος,-α,-ον -μα,-ματος,τό
πλησίον . . . . πέλας -ιον=
πλησμονή,ή . . . . πίμπλημι -μονη,ή
πλήσσω . . . . -σσω
πλοιάριον,τό . . . . πλέω -αριον,τό
πλοῖον,τό . . . . πλέω -ιον,τό(2)
πλόκαμος,ό . . . . πλέκω -μος,ό
πλοκή,ή . . . . πλέκω -ή,ή
πλόος,ό . . . . πλέω -ος,ό
πλοῦς,-οός,ό . . . . πλέω -ς,-ος,ό(1)
πλούσιος,-ά,-ον . . . . πλοῦτος,ό -ιος,-α,-ον
πλουσίως . . . . πλοῦτος,ό -ως=
πλουτέω . . . . πλοῦτος,ό -εω
πλουτίζω . . . . πλοῦτος,ό -ιζω
πλοῦτος,ό . . . . -ος,ό
πλύνω . . . . -υνω
πνεῦμα,-ματος,τό . . . . πνέω -μα,-ματος,τό
πνευματικός,-ή,-όν . . . . πνέω -ικος,-η,-ον
πνευματικῶς . . . . πνέω -ως=
πνευματοφόρος,-ον . . . . . . πνέω φέρω -ος,-α,-ον
πνέω . . . . -ω
πνίγω . . . . -ω
πνικτός,-ή,-όν . . . . πνίγω -τος,-η,-ον
πνοή,ή . . . . πνέω -ή,ή
ποδήρης,-ες . . . . πούς,ποδός,ό ἄρω -ης,-ες
ποδονιπτήρ,-ῆρος,ό . . . . . . πούς,ποδός,ό νίζω -τηρ,-τηρος,ό
πόθεν . . . . ὅς,ἥ,ὅ -θεν=
ποθέω . . . . πόθος,ό -εω
ποθητός,-ή,-όν . . . . πόθος,ό -τος,-η,-ον
πόθος,ό . . . . -ος,ό
ποῖ . . . . ὅς,ἥ,ὅ -ι=
ποία,ή . . . . πόα,ή -α,ή
ποιέω . . . . -εω
ποίημα,-ματος,τό . . . . ποιέω -μα,-ματος,τό
ποίησις,-εως,ή . . . . ποιέω -σις,-εως,ή
ποιητής,-οῦ,ό . . . . ποιέω -της,-ου,ό
ποικιλία,ή . . . . ποικίλος,-η,-ον -ία,ή
ποικίλος,-η,-ον . . . . -ος,-η,-ον
ποιμαίνω . . . . πόα,ή -αινω
ποιμενικός,-ή,-όν . . . . πόα,ή -ικος,-η,-ον
ποιμήν,-μένος,ό . . . . πόα,ή -__,-ος,ό(1)
ποίμνη,ή . . . . πόα,ή -η,ή
ποίμνιον,τό . . . . πόα,ή -ιον,τό
ποῖος,-α,-ον . . . . -ιος,-α,-ον
πολεμέω . . . . πόλεμος,ό -εω
πόλεμος,ό . . . . -ος,ό

πολιά,ή . . . . πολιός,-ά,-όν -ά,ή
πολιορκία,ή . . . . πόλις,-εως,ή ἔργω(1) -ία,ή
πόλις,-εως,ή . . . . -ις,-εως,ή
πολιτάρχης,-ου,ό . . . . πόλις,-εως,ή ἄρχω -ης,-ου,ό
πολιτεία,ή . . . . πόλις,-εως,ή -εία,ή
πολίτευμα,-ματος,τό . . . . . . πόλις,-εως,ή -μα,-ματος,τό
πολιτεύομαι . . . . πόλις,-εως,ή -ευω
πολίτης,-ου,ό . . . . πόλις,-εως,ή -της,-ου,ό
πολλάκις . . . . πολύς,πολλή,πολύ -κις=
πολλαπλασίων,-ον . . . . πολύς,πολλή,πολύ -πλασίων,-ον
πολυαγάπητος,-ον . . . . πολύς,πολλή,πολύ ἄγαμαι
                                   -τος,-η,-ον
Πολύβιος,ό . . . . πολύς,πολλή,πολύ βίος,ό -ος,ό
πολυευσπλαγχνία,ή . . . . . . πολύς,πολλή,πολύ εὖ σπλάγχνον,τό
                                   -ία,ή
πολυεύσπλαγχνος,-ον . . . . . πολύς,πολλή,πολύ εὖ σπλάγχνον,τό
                                   -ος,-η,-ον
πολυεύτακτος,-ον . . . . πολύς,πολλή,πολύ εὖ τάσσω
                                   -τος,-η,-ον
Πολύκαρπος,ό . . . . πολύς,πολλή,πολύ καρπός,ό(1) -ος,ό
πολύλαλος,-ον . . . . πολύς,πολλή,πολύ λαλέω -ος,-η,-ον
πολυλογία,ή . . . . πολύς,πολλή,πολύ λέγω -ία,ή
πολυμερῶς . . . . πολύς,πολλή,πολύ μέρος,-ους,τό
                                   -ως=
πολυπλήθεια,ή . . . . πολύς,πολλή,πολύ πίμπλημι -εια,ή
πολυπλοκία,ή . . . . πολύς,πολλή,πολύ πλέκω -ία,ή
πολυποίκιλος,-ον . . . . . . -. . πολύς,πολλή,πολύ ποικίλος,-η,-ον
                                   -ος,-η,-ον
πολύπους,-οδος,ό . . . . πολύς,πολλή,πολύ πούς,ποδός,ό
                                   -ς,-ος,ό(1)
πολυπραγμοσύνη,ή . . . . . . πολύς,πολλή,πολύ πράσσω -συνη,ή
πολυπράγμων,-ον . . . . πολύς,πολλή,πολύ πράσσω -μων,-ον
πολύς,πολλή,πολύ . . . . -ος,-η,-ον*
πολυσπλαγχία,ή . . . . πολύς,πολλή,πολύ σπλάγχνον,τό
                                   -ία,ή
πολύσπλαγχνος,-ον . . . . . . πολύς,πολλή,πολύ σπλάγχνον,τό
                                   -ος,-η,-ον
πολυτέλεια,ή . . . . πολύς,πολλή,πολύ τέλος,-ους,τό
                                   -εια,ή
πολυτελής,-ές . . . . πολύς,πολλή,πολύ τέλος,-ους,τό
                                   -ης,-ες
πολυτελῶς . . . . πολύς,πολλή,πολύ τέλος,-ους,τό
                                   -ως=
πολύτιμος,-ον . . . . πολύς,πολλή,πολύ τίω -ος,-η,-ον
πολυτρόπως . . . . πολύς,πολλή,πολύ τρέπω -ως=
πόμα,-ματος,τό . . . . πίνω -μα,-ματος,τό
πονέω . . . . πένομαι -εω
πονηρεύομαι . . . . πένομαι -ευω
πονηρία,ή . . . . πένομαι -ία,ή
πονηρός,-ά,-όν . . . . πένομαι -ρος,-α,-ον
πονηρόφρων,-ον . . . . πένομαι φρήν,φρενός,ή -ων,-ον

πονηρῶς . . . . πένομαι -ως=
πόνος,ὁ . . . . πένομαι -ος,ὁ
Ποντικός,-ή,-όν . . . . πόντος,ὁ -ικος,-η,-ον
Πόντιος,ὁ . . . . -ος,ὁ
πόντος,ὁ . . . . -ος,ὁ
Πόντος,ὁ . . . . πόντος,ὁ -ος,ὁ
Πόπλιος,ὁ . . . . -ος,ὁ
πορεία,ἡ . . . . πέρα -εία,ἡ
πορεύω . . . . πέρα -ευω
πορθέω . . . . πέρθω -εω
πορίζω . . . . πέρα -ιζω
πορισμός,ὁ . . . . πέρα -μος,ὁ
Πόρκιος,ὁ . . . . -ος,ὁ
πορνεία,ἡ . . . . πόρνη,ἡ -εία,ἡ
πορνεύω . . . . πόρνη,ἡ -ευω
πόρνη,ἡ . . . . -η,ἡ
πόρνος,ὁ . . . . πόρνη,ἡ -ος,ὁ
πόρρω . . . . πρό -ω=
πόρρωθεν . . . . πρό -θεν=
πορρώτερον . . . . πρό -τερον=
πορρωτέρω . . . . πρό -τερω=
πορφύρα,ἡ . . . . φύρω -α,ἡ
πορφυρόπωλις,-ιδος,ἡ . . . . . φύρω πωλέω -ις,-ιδος,ἡ
πορφυροῦς,-ᾶ,-οῦν . . . . φύρω -ους,-α,-ουν
ποσάκις . . . . ὅς,ἥ,ὅ -κις=
πόσις,-εως,ἡ . . . . πίνω -ις,-εως,ἡ
πόσος,-η,-ον . . . . ὅσος,-η,-ον -ος,-η,-ον
ποσότης,-τητος,ἡ . . . . ὅσος,-η,-ον -οτης,-τητος,ἡ
ποταμός,ὁ . . . . πίνω -μος,ὁ
ποταμοφόρητος,-ον . . . . . . πίνω φέρω -τος,-η,-ον
ποταπός,-ή,-όν . . . . πός ἀπό -ος,-η,-ον
ποταπῶς . . . . πός ἀπό -ως=
πότε . . . . πός =
ποτέ . . . . πός =
πότερος,-α,-ον . . . . πός ἕτερος,-α,-ον -ος,-α,-ον
ποτήριον,τό . . . . πίνω -τηριον,τό
ποτίζω . . . . πίνω -ιζω
Ποτίολοι,-ων,οἱ . . . . -ος,ὁ
ποτόν,τό . . . . πίνω -ον,τό
πότος,ὁ . . . . πίνω -ος,ὁ
ποῦ . . . . πός -ου=
πού . . . . πός -ου=
Πούδης,-εντος,ὁ . . . . -ς,-ος,ὁ(1)
πούς,ποδός,ὁ . . . . -ς,-ος,ὁ(1)
πρᾶγμα,-ματος,τό . . . . πράσσω -μα,-ματος,τό
πραγματεία,ἡ . . . . πράσσω -εία,ἡ
πραγματεύομαι . . . . πράσσω -ευω
πραιτώριον,τό . . . . -ον,τό
πράκτωρ,-τορος,ὁ . . . . πράσσω -τωρ,-τορος,ὁ
πρᾶξις,-εως,ἡ . . . . πράσσω -σις,-εως,ἡ
πρασιά,ἡ . . . . πράσον,τό -ιά,ἡ

πράσσω . . . . -σσω
πραυπάθεια,ή . . . . πρᾶος,-εῖα,-ον πάσχω -εια,ή
πραύς,-εῖα,-ύ . . . . πρᾶος,-εῖα,-ον -υς,-εια,-υ
πραΰτης,-τητος,ή . . . . πρᾶος,-εῖα,-ον -οτης,-τητος,ή*
πρέπω . . . . -ω
πρεσβεία,ή . . . . πρέσβυς,-εως,ό -εία,ή
πρεσβευτής,-οῦ,ό . . . . πρέσβυς,-εως,ό -της,-ου,ό
πρεσβεύω . . . . πρέσβυς,-εως,ό -ευω
πρεσβυτέριον,τό . . . . πρέσβυς,-εως,ό -ιον,τό(2)
πρεσβύτερος,-α,-ον . . . . . . πρέσβυς,-εως,ό -τερος,-α,-ον
πρεσβύτης,-ου,ό . . . . πρέσβυς,-εως,ό -της,-ου,ό
πρεσβῦτις,-ιδος,ή . . . . πρέσβυς,-εως,ό -ις,-ιδος,ή
πρηνής,-ές . . . . -ης,-ες
πρίζω . . . . πρίω -ιζω
πρίν . . . . πρό =
Πρίσκα,ή . . . . -α,ή
Πρίσκιλλα,ή . . . . Πρίσκα,ή -ιλλα,ή
πρό . . . . =
προαγαπάω . . . . πρό ἄγαμαι -αω
προάγω . . . . πρό ἄγω -ω
προαδικέω . . . . πρό ἀ- δίκη,ή -εω
προαθλέω . . . . πρό ἆθλος,ό -εω
προαιρέω . . . . πρό αἱρέω -εω
προαιτιάομαι . . . . πρό αἰτία,ή -αω
προακούω . . . . πρό ἀκούω -ω
προαμαρτάνω . . . . πρό ἁμαρτάνω -ανω
προαύλιον,τό . . . . πρό ἄημι -ιον,τό(2)
προβαίνω . . . . πρό βαίνω -ω
προβάλλω . . . . πρό βάλλω -ω
προβατικός,-ή,-όν . . . . πρό βαίνω -ικος,-η,-ον
προβάτιον,τό . . . . πρό βαίνω -ιον,τό
πρόβατον,τό . . . . πρό βαίνω -ον,τό
προβιβάζω . . . . πρό βαίνω -αζω
προβλέπω . . . . πρό βλέπω -ω
προγενής,-ές . . . . πρό γένω -ης,-ες
προγένω . . . . πρό γένω -ω
προγινώσκω . . . . πρό γινώσκω -σκω
πρόγλωσσος,-ον . . . . πρό γλῶσσα,ή -ος,-η,-ον
πρόγνωσις,-εως,ή . . . . πρό γινώσκω -σις,-εως,ή
προγνώστης,-ου,ό . . . . πρό γινώσκω -της,-ου,ό
πρόγονος,-ον . . . . πρό γένω -ος,-η,-ον
προγράφω . . . . πρό γράφω -ω
πρόδηλος,-ον . . . . πρό δῆλος,-η,-ον -ος,-η,-ον
προδηλόω . . . . πρό δῆλος,-η,-ον -οω
προδημιουργέω . . . . πρό δῆμος,ό ἔργω(2) -εω
προδίδωμι . . . . πρό δίδωμι -μι
προδότης,-ου,ό . . . . πρό δίδωμι -της,-ου,ό
πρόδρομος,-ον . . . . πρό τρέχω -ος,-η,-ον
πρόειμι . . . . πρό εἰμί -μι*
προελπίζω . . . . πρό ἐλπίς,-ιδος,ή -ιζω
προενάρχομαι . . . . πρό ἐν ἄρχω -ω

προεξομολογέομαι	πρό ἐκ ὁμός,-ή,-όν λέγω -εω
προεπαγγέλλω	πρό ἐπί ἄγω -ω
προεπιλακτίζω	πρό ἐπί λάξ -ιζω
προέρχομαι	πρό ἔρχομαι -ω
προετοιμάζω	πρό ἕτοιμος,-η,-ον -αζω
προευαγγελίζομαι	πρό εὖ ἄγω -ιζω
προέχω	πρό ἔχω -ω
προηγέομαι	πρό ἄγω -εω
πρόθεσις,-εως,ἡ	πρό τίθημι -σις,-εως,ἡ
προθεσμία,ἡ	πρό τίθημι -ία,ἡ
προθυμία,ἡ	πρό θύω(2) -ία,ἡ
πρόθυμος,-ον	πρό θύω(2) -ος,-η,-ον
προθύμως	πρό θύω(2) -ως=
προίημι	πρό ἵημι -μι
πρόιμος,-ον	πρό -ιμος,-η,-ον
προίστημι	πρό ἵστημι -μι
προκάθημαι	πρό κατά ἕζομαι -μι
προκαλέω	πρό καλέω -εω
προκαταγγέλλω	πρό κατά ἄγω -ω
προκαταρτίζω	πρό κατά ἄρτι -ιζω
προκατέχω	πρό κατά ἔχω -ω
πρόκειμαι	πρό κεῖμαι -μι
προκηρύσσω	πρό κηρύσσω -σσω
προκοιμάομαι	πρό κεῖμαι -αω
προκοπή,ἡ	πρό κόπτω -ή,ἡ
προκόπτω	πρό κόπτω -ω
πρόκριμα,-ματος,τό	πρό κρίνω -μα,-ματος,τό
προκρίνω	πρό κρίνω -ω
προκυρόω	πρό κῦρος,-ους,τό -οω
προλαμβάνω	πρό λαμβάνω -ανω
προλέγω	πρό λέγω -ω
προμαρτύρομαι	πρό μάρτυς,-υρος,ὁ&ἡ -ω
προμελετάω	πρό μέλω -αω
προμεριμνάω	πρό μέρος,-ους,τό -αω
προνηστεύω	πρό νη- ἔδω -ευω
προνοέω	πρό νοῦς,νοός,ὁ -εω
πρόνοια,ἡ	πρό νοῦς,νοός,ὁ -ια,ἡ
προοδοιπορέω	πρό ὁδός,ἡ πέρα -εω
προοδοιπόρος,-ον	πρό ὁδός,ἡ πέρα -ος,-α,-ον
πρόοιδα	πρό εἴδω(2) -ω*
προοράω	πρό ὁράω -αω
προορίζω	πρό ὅρος,ὁ -ιζω
προπάσχω	πρό πάσχω -ω
προπάτωρ,-ορος,ὁ	πρό πατήρ,-τρός,ὁ -ωρ,-ορος,ὁ
προπέμπω	πρό πέμπω -ω
προπετής,-ές	πρό πίπτω -ης,-ες
προπορεύομαι	πρό πέρα -ευω
πρός	=
προσάββατον,τό	πρό σάββατον,τό -ον,τό*
προσαγορεύω	πρός ἄγω -ευω
προσάγω	πρός ἄγω -ω

προσαγωγή,ή . . . . πρός ἄγω -ή,ή
προσαιτέω . . . . πρός αἰτέω -εω
προσαίτης,-ου,ὁ . . . . πρός αἰτέω -της,-ου,ὁ
προσαναβαίνω . . . . πρός ἀνά βαίνω -ω
προσαναλαμβάνω . . . . πρός ἀνά λαμβάνω -ανω
προσαναλίσκω . . . . πρός ἀνά ἁλίσκομαι -σκω
προσαναλόω . . . . πρός ἀνά ἁλίσκομαι -οω
προσαναπληρόω . . . . πρός ἀνά πλέος,-α,-ον -οω
προσανατίθημι . . . . πρός ἀνά τίθημι -μι
προσανέχω . . . . πρός ἀνά ἔχω -ω
προσαπειλέω . . . . πρός ἀπειλή,ή -εω
προσαχέω . . . . πρός ἠχή,ή -εω
προσβιάζομαι . . . . πρός βία,ή -αζω
προσβλέπω . . . . πρός βλέπω -ω
προσδαπανάω . . . . πρός δαπάνη,ή -αω
προσδεκτός,-ή,-όν . . . . . . πρός δέχομαι -τος,-η,-ον
προσδέομαι . . . . πρός δέω(2) -ω
προσδέχομαι . . . . πρός δέχομαι -ω
προσδέω . . . . πρός δέω(1) -ω
προσδηλόω . . . . πρός δῆλος,-η,-ον -οω
προσδοκάω . . . . πρός δοκέω -αω
προσδοκία,ή . . . . πρός δοκέω -ία,ή
προσεάω . . . . πρός ἐάω -ω
προσεγγίζω . . . . πρός ἐγγύς -ιζω
προσεδρεύω . . . . πρός ἕζομαι -ευω
πρόσειμι(1) . . . . πρός εἰμί -μι*
πρόσειμι(2) . . . . πρός εἶμι -μι*
προσεργάζομαι . . . . πρός ἔργω(2) -αζω
προσέρχομαι . . . . πρός ἔρχομαι -ω
προσευχή,ή . . . . πρός εὔχομαι -ή,ή
προσεύχομαι . . . . πρός εὔχομαι -ω
προσέχω . . . . πρός ἔχω -ω
προσήκω . . . . πρός ἥκω -ω
προσηλόω . . . . πρός ἧλος,ὁ -οω
προσήλυτος,ὁ . . . . πρός ἔρχομαι -τος,ὁ
προσηνῶς . . . . πρός εὔ -ως=
πρόσθεν . . . . πρός -θεν=
πρόσθεσις,-εως,ή . . . . πρός τίθημι -σις,-εως,ή
πρόσκαιρος,-ον . . . . πρός καιρός,ὁ -ος,-α,-ον
προσκαλέω . . . . πρός καλέω -εω
προσκαρτερέω . . . . πρός κράτος,-ους,τό -εω
προσκαρτέρησις,-εως,ή . . . . πρός κράτος,-ους,τό -σις,-εως,ή
πρόσκειμαι . . . . πρός κεῖμαι -μι
προσκεφάλαιον,τό . . . . πρός κεφαλή,ή -ιον,τό(2)
προσκληρόω . . . . πρός κλῆρος,ὁ -οω
προσκλίνω . . . . πρός κλίνω -ω
πρόσκλισις,-εως,ή . . . . πρός κλίνω -σις,-εως,ή
προσκολλάω . . . . πρός κόλλα,ή -αω
πρόσκομμα,-ματος,τό . . . . . πρός κόπτω -μα,-ματος,τό
προσκοπή,ή . . . . πρός κόπτω -ή,ή
προσκόπτω . . . . πρός κόπτω -ω

προσκυλίω	πρός κυλίνδω -ω
προσκυνέω	πρός κυνέω -εω
προσκυνητής,-οῦ,ὁ	πρός κυνέω -της,-ου,ὁ
προσλαλέω	πρός λαλέω -εω
προσλαμβάνω	πρός λαμβάνω -ανω
προσλέγω	πρός λέγω -ω
πρόσλημψις,-εως,ἡ	πρός λαμβάνω -σις,-εως,ἡ
προσμένω	πρός μένω -ω
προσομιλέω	πρός ὁμός,-ή,-όν εἴλω -εω
προσονομάζω	πρός ὄνομα,-ματος,τό -αζω
προσορμίζω	πρός εἴρω(1) -ιζω
προσοφείλω	πρός ὀφείλω -ω
προσοχθίζω	πρός ἄχθος,-ους,τό -ιζω
πρόσοψις,-εως,ἡ	πρός ὁράω -σις,-εως,ἡ
προσπαίω	πρός παίω -ω
πρόσπεινος,-ον	πρός πεῖνα,ἡ -ος,-η,-ον
προσπήγνυμι	πρός πήγνυμι -μι
προσπίπτω	πρός πίπτω -ω
προσποιέω	πρός ποιέω -εω
προσπορεύομαι	πρός πέρα -ευω
προσρήσσω	πρός ῥήγνυμι -σσω
πρόσταγμα,-ματος,τό	πρός τάσσω -μα,-ματος,τό
προστάσσω	πρός τάσσω -σσω
προστάτης,-ου,ὁ	πρό ἵστημι -της,-ου,ὁ
προστάτις,-ιδος,ἡ	πρό ἵστημι -ις,-ιδος,ἡ
προστίθημι	πρός τίθημι -μι
πρόστιμον,τό	πρός τίω -ον,τό
προστρέχω	πρός τρέχω -ω
προσφάγιον,τό	πρός φαγεῖν -ιον,τό(2)
πρόσφατος,-ον	πρός φένω -τος,-η,-ον
προσφάτως	πρός φένω -ως=
προσφέρω	πρός φέρω -ω
προσφεύγω	πρός φεύγω -ω
προσφιλής,-ές	πρός φίλος,-η,-ον -ης,-ες
προσφορά,ἡ	πρός φέρω -ά,ἡ
προσφωνέω	πρός φωνή,ἡ -εω
προσχαίρω	πρός χαίρω -ω
πρόσχυσις,-εως,ἡ	πρός χέω -σις,-εως,ἡ
προσψαύω	πρός ψάω -ω
προσωπολημπτέω	πρός ὁράω λαμβάνω -εω
προσωπολήμπτης,-ου,ὁ	πρός ὁράω λαμβάνω -της,-ου,ὁ
προσωπολημψία,ἡ	πρός ὁράω λαμβάνω -ία,ἡ
πρόσωπον,τό	πρός ὁράω -ον,τό
προτάσσω	πρό τάσσω -σσω
προτείνω	πρό τείνω -ω
πρότερος,-α,-ον	πρό -τερος,-α,-ον
προτίθημι	πρό τίθημι -μι
προτρέπω	πρό τρέπω -ω
προτρέχω	πρό τρέχω -ω
προϋπάρχω	πρό ὑπό ἄρχω -ω
προφανερόω	πρό φάω -οω

πρόφασις,-εως,ή . . . . πρό φάω -σις,-εως,ή
προφέρω . . . . πρό φέρω -ω
προφητεία,ή . . . . πρό φημί -εία,ή
προφητεύω . . . . πρό φημί -ευω
προφήτης,-ου,ό . . . . πρό φημί -της,-ου,ό
προφητικός,-ή,-όν . . . . πρό φημί -ικος,-η,-ον
προφητικῶς . . . . πρό φημί -ως=
προφῆτις,-ιδος,ή . . . . πρό φημί -ις,-ιδος,ή
προφθάνω . . . . πρό φθάνω -ω
προφυλάσσω . . . . πρό φυλάσσω -σσω
προχειρίζω . . . . πρό χείρ,-ρός,ή -ιζω
προχειροτονέω . . . . πρό χείρ,-ρός,ή τείνω -εω
Πρόχορος,ό . . . . πρό χορός,ό -ος,ό
προχωρέω . . . . πρό χῶρος,ό -εω
πρύμνα,ή . . . . πρυμνός,-ή,-όν -α,ή
πρωί . . . . πρό -ι=
πρωία,ή . . . . πρό -ία,ή
πρωίθεν . . . . πρό -θεν=
πρωινός,-ή,-όν . . . . πρό -ινος,-η,-ον
πρῶρα,ή . . . . πρό -ρα,ή
πρωτεῖος,-α,-ον . . . . πρό -ιος,-α,-ον
πρωτεύω . . . . πρό -ευω
πρωτοκαθεδρία,ή . . . . πρό κατά ἕζομαι -ία,ή
πρωτοκαθεδρίτης,-ου,ό . . . . πρό κατά ἕζομαι -της,-ου,ό
πρωτοκλισία,ή . . . . πρό κλίνω -ία,ή
πρωτόμαρτυς,-υρος,ό . . . . . πρό μάρτυς,-υρος,ό&ή -ς,-ος,ό
πρῶτος,-η,-ον . . . . πρό -τος,-η,-ον
πρωτοστάτης,-ου,ό . . . . πρό ἵστημι -της,-ου,ό
πρωτοτόκια,τά . . . . πρό τίκτω -ιον,τό(2)
πρωτότοκος,-ον . . . . πρό τίκτω -ος,-η,-ον
πρώτως . . . . πρό -ως=
πταίω . . . . -ω
πτελέα,ή . . . . -α,ή
πτέρνα,ή . . . . -α,ή
πτεροφυέω . . . . πέτομαι φύω -εω
πτερύγιον,τό . . . . πέτομαι -ιον,τό
πτέρυξ,-υγος,ή . . . . πέτομαι -ς,-ος,ή
πτερωτός,-ή,-όν . . . . πέτομαι -τος,-η,-ον
πτηνός,-ή,-όν . . . . πέτομαι -νος,-η,-ον
πτοέω . . . . -εω
πτόησις,-εως,ή . . . . πτοέω -σις,-εως,ή
Πτολεμαίς,-ίδος,ή . . . . -ις,-ιδος,ή
πτύον,τό . . . . πτύω -ον,τό
πτύρω . . . . -ω
πτύσμα,-ματος,τό . . . . πτύω -μα,-ματος,τό
πτύσσω . . . . -σσω
πτύω . . . . -ω
πτῶμα,-ματος,τό . . . . πίπτω -μα,-ματος,τό
πτῶσις,-εως,ή . . . . πίπτω -σις,-εως,ή
πτωχεία,ή . . . . πτώσσω -εία,ή
πτωχεύω . . . . πτώσσω -ευω

πτωχίζω . . . . πτώσσω -ιζω
πτωχός,-ή,-όν . . . . πτώσσω -ος,-η,-ον
πτωχότης,-τητος,ή . . . . πτώσσω -οτης,-τητος,ή
πυγμή,ή . . . . πύξ -ή,ή
πύθων,-ωνος,ὁ . . . . -___,-ος,ὁ
πυκνός,-ή,-όν . . . . πύξ -νος,-η,-ον
πυκνῶς . . . . πύξ -ως=
πυκτεύω . . . . πύξ -ευω
πύλη,ή . . . . -η,ή
πυλών,-ῶνος,ὁ . . . . πύλη,ή -ων,-ωνος,ὁ
πυνθάνομαι . . . . -ανω
πυξίς,-ίδος,ή . . . . πύξος,ή -ις,-ιδος,ή
πύον,τό . . . . πύθω -ον,τό
πῦρ,-ρός,τό . . . . -___,-ος,τό
πυρά,ή . . . . πῦρ,-ρός,τό -ά,ή
πύργος,ὁ . . . . -ος,ὁ
πυρέσσω . . . . πῦρ,-ρός,τό -σσω
πυρετός,ὁ . . . . πῦρ,-ρός,τό -τος,ὁ
πύρινος,-η,-ον . . . . πῦρ,-ρός,τό -ινος,-η,-ον
πυρκαιά,ή . . . . πῦρ,-ρός,τό καίω -ιά,ή
πυροειδής,-ές . . . . πῦρ,-ρός,τό εἴδω -ης,-ες
πυρόω . . . . πῦρ,-ρός,τό -οω
πυρράζω . . . . πῦρ,-ρός,τό -αζω
πυρρός,-ά,-όν . . . . πῦρ,-ρός,τό -ος,-α,-ον
Πύρρος,ὁ . . . . πῦρ,-ρός,τό -ος,ὁ
πύρωσις,-εως,ή . . . . πῦρ,-ρός,τό -σις,-εως,ή
πωλέω . . . . -εω
πῶλος,ὁ . . . . -ος,ὁ
πῶλυψ,-υπος,ὁ . . . . πολύς,πολλή,πολύ πούς,ποδός,ὁ
                        -ς,-ος,ὁ
πώποτε . . . . πω ὅς,ἥ,ὅ =
πωρόω . . . . πῶρος,ὁ -οω
πώρωσις,-εως,ή . . . . πῶρος,ὁ -σις,-εως,ή
πῶς . . . . ὅς,ἥ,ὅ =
πώς . . . . ὅς,ἥ,ὅ =

Ρ

Ῥαάβ,ή . . . . =
ῥαββί . . . . =
ῥαββουνί . . . . ῥαββί =
ῥαβδίζω . . . . ῥάβδος,ή -ιζω
ῥαβδίον,τό . . . . ῥάβδος,ή -ιον,τό
ῥάβδος,ή . . . . -ος,ή
ῥαβδοῦχος,ὁ . . . . ῥάβδος,ή ἔχω -ος,ὁ
ῥαβιθά . . . . =
Ῥαγαύ . . . . =
ῥᾳδιούργημα,-ματος,τό . . . . . ῥᾶ ἔργω(2) -μα,-ματος,τό
ῥᾳδιουργία,ή . . . . ῥᾶ ἔργω(2) -ία,ή
ῥᾳδίως . . . . ῥᾶ -ωςβ

ῥαθυμέω . . . . ῥᾷ θύω(2) -εω
ῥαίνω . . . . -ω
ῥακά . . . . =
ῥάκος,-ους,τό . . . . -ος,-ους,τό
'Ραμά . . . . =
ῥαντίζω . . . . ῥαίνω -ιζω
ῥάντισμα,-ματος,τό . . . . . . ῥαίνω -μα,-ματος,τό
ῥαντισμός,ὁ . . . . ῥαίνω -μος,ὁ
ῥαπίζω . . . . ῥάβδος,ἡ -ιζω
ῥάπισμα,-ματος,τό . . . . . . ῥάβδος,ἡ -μα,-ματος,τό
ῥάσσω . . . . -σσω
ῥαφίς,-ίδος,ἡ . . . . ῥάπτω -ις,-ιδος,ἡ
'Ραχάβ,ἡ . . . . =
'Ραχήλ,ἡ . . . . =
ῥαχία,ἡ . . . . ῥάχος,ἡ -ία,ἡ
ῥάχος,ἡ . . . . -ος,ἡ
'Ρεβέκκα,ἡ . . . . -α,ἡ
ῥέδη,ἡ . . . . -η,ἡ
'Ρέος,ὁ . . . . -ος,ὁ
ῥέω(2) . . . . -ω
'Ρήγιον,τό . . . . -ον,τό
ῥῆγμα,-ματος,τό . . . . ῥήγνυμι -μα,-ματος,τό
ῥήγνυμι . . . . -μι
ῥῆμα,-ματος,τό . . . . ῥέω(1) -μα,-ματος,τό
'Ρησά,ὁ . . . . =
ῥῆσις,-εως,ἡ . . . . ῥέω(1) -σις,-εως,ἡ
ῥήσσω . . . . ῥήγνυμι -σσω
ῥήτωρ,-τορος,ὁ . . . . ῥέω(1) -τωρ,-τορος,ὁ
ῥητῶς . . . . ῥέω(1) -ως=
ῥίζα,ἡ . . . . -α,ἡ
ῥιζόω . . . . ῥίζα,ἡ -οω
ῥεπή,ἡ . . . . ῥίπτω -ή,ἡ
ῥιπίζω . . . . ῥίπτω -ιζω
ῥιπτέω . . . . ῥίπτω -εω
ῥίπτω . . . . -ω
ῥίς,ῥινός,ἡ . . . . -ς,-ος,ἡ
ῥιψοκινδύνως . . . . ῥίπτω κίνδυνος,ὁ -ως=
'Ροβοάμ,ὁ . . . . =
'Ρόδη,ἡ . . . . ῥόδον,τό -η,ἡ
ῥόδον,τό . . . . -ον,τό
'Ρόδος,ἡ . . . . -ος,ἡ
ῥοιζηδόν . . . . ῥοῖζος,ὁ -δον=
ῥοῖζος,ὁ&ἡ . . . . -ος,ὁ&ἡ
'Ρομφά,ὁ . . . . =
ῥομφαία,ἡ . . . . -α,ἡ
ῥοπή,ἡ . . . . ῥέπω -ή,ἡ
'Ρουβήν,ὁ . . . . =
'Ρούθ,ἡ . . . . =
'Ροῦφος,ὁ . . . . -ος,ὁ
ῥύμη,ἡ . . . . ἐρύω -η,ἡ
ῥύομαι . . . . -ω

ῥυπαίνω . . . . ῥύπος,ὁ -αινω
ῥυπαρεύω . . . . ῥύπος,ὁ -ευω
ῥυπαρία,ἡ . . . . ῥύπος,ὁ -ία,ἡ
ῥυπαρός,-ά,-όν . . . . ῥύπος,ὁ -ος,-α,-ον
ῥύπος,ὁ . . . . -ος,ὁ
ῥυπόω . . . . ῥύπος,ὁ -οω
ῥύσις,-εως,ἡ . . . . ῥέω(2) -σις,-εως,ἡ
ῥυτίς,-ίδος,ἡ . . . . ἐρύω -ις,-ιδος,ἡ
Ῥωμαικός,-ή,-όν . . . . Ῥώμη,ἡ -ικος,-η,-ον
Ῥωμαῖος,-α,-ον . . . . Ῥώμη,ἡ -ιος,-α,-ον
Ῥωμαιστί . . . . Ῥώμη,ἡ -ιστί=
Ῥώμη,ἡ . . . . -η,ἡ
ῥώννυμι . . . . ῥώομαι -μι

Σ

σαβαχθάνι . . . . =
Σαβαώθ . . . . =
σαββατίζω . . . . σάββατον,τό -ιζω
σαββατισμός,ὁ . . . . σάββατον,τό -μος,ὁ
σάββατον,τό . . . . -ον,τό*
σαγήνη,ἡ . . . . -η,ἡ
Σαδδουκαῖος,ὁ . . . . -αῖος,ὁ
Σαδώκ,ὁ . . . . =
σαίνω . . . . -ω
σάκκος,ὁ . . . . -ος,ὁ
Σαλά,ὁ . . . . =
Σαλαθιήλ,ὁ . . . . =
Σαλαμίς,-ῖνος,ἡ . . . . -ς,-ος,ἡ
σαλεύω . . . . ἄλλομαι -ευω
Σαλήμ,ἡ . . . . =
Σαλίμ,τό . . . . =
Σαλμών,ὁ . . . . =
Σαλμώνη,ἡ . . . . -η,ἡ
σάλος,ὁ . . . . ἄλλομαι -ος,ὁ
σάλπιγξ,-ιγγος,ἡ . . . . σαλπίζω -ς,-ος,ἡ
σαλπίζω . . . . -ιζω
σαλπιστής,-οῦ,ὁ . . . . σαλπίζω -της,-ου,ὁ
Σαλώμη,ἡ . . . . -η,ἡ
Σαμάρεια,ἡ . . . . -α,ἡ
Σαμαρίτης,-ου,ὁ . . . . Σαμάρεια,ἡ -ιτης,-ου,ὁ
Σαμαρῖτις,-ιδος,ἡ . . . . Σαμάρεια,ἡ -ιτις,-ιτιδος,ἡ
Σαμοθράκη,ἡ . . . . Σάμος,ἡ Θράκη,ἡ -η,ἡ
Σάμος,ἡ . . . . -ος,ἡ
Σαμουήλ,ὁ . . . . =
Σαμφουρείν . . . . =
Σαμψών,ὁ . . . . =
σανδάλιον,τό . . . . σάνδαλον,τό -ιον,τό
σανίς,-ίδος,ἡ . . . . -ς,-ος,ἡ
Σαούλ,ὁ . . . . =

σαπρός,-ά,-όν . . . . σήπω -ρος,-α,-ον
Σάπφιρα,ή . . . . σάπφιρος,ή -α,ή
σάπφιρος,ή . . . . -ος,ή
σαργάνη,ή . . . . -η,ή
Σάρδεις,-εων,αί . . . . -ις,-εως,ή
σάρδινος,ό . . . . Σάρδεις,-εων,αί -ινος,ό
σάρδιον,τό . . . . Σάρδεις,-εων,αί -ιον,τό(2)
σαρδόνυξ,-υχος,ό . . . . Σάρδεις,-εων,αί ὄνυξ,-υχος,ό -ς,-ος,ό
Σάρεπτα,-ων,τά . . . . -ον,τό
σαρκικός,-ή,-όν . . . . σάρξ,-ρκός,ή -ικος,-η,-ον
σαρκικῶς . . . . σάρξ,-ρκός,ή -ως=
σάρκινος,-η,-ον . . . . σάρξ,-ρκός,ή -ινος,-η,-ον
σαρκίον,τό . . . . σάρξ,-ρκός,ή -ιον,τό
σαρκοφάγος,-ον . . . . . . σάρξ,-ρκός,ή φαγεῖν -ος,-η,-ον
σαρκοφόρος,-ον . . . . . . σάρξ,-ρκός,ή φέρω -ος,-α,-ον
σάρξ,-ρκός,ή . . . . -ς,-ος,ή
σάρος,ό . . . . σαίρω -ος,ό
σαρόω . . . . σαίρω -οω
Σάρρα,ή . . . . -α,ή
Σαρών,-ῶνος,ό . . . . -___,-ος,ό
σατάν,ό . . . . =
σατανᾶς,-ᾶ,ό . . . . σατάν,ό -ας,-α,ό
σάτον,τό . . . . -ον,τό
Σαῦλος,ό . . . . -ος,ό
σαφῶς . . . . σαφής,-ές -ως=
σβέννυμι . . . . -μι
σεαυτοῦ,-ῆς,-οῦ . . . . . . σύ,σοῦ αὐτός,-ή,-ό -ος,-η,-ο*
σεβάζομαι . . . . σέβομαι -αζω
σέβασμα,-ματος,τό . . . . σέβομαι -μα,-ματος,τό
σεβάσμιος,-ον . . . . σέβομαι -ιος,-α,-ον
σεβαστός,-ή,-όν . . . . σέβομαι -τος,-η,-ον
σέβω . . . . σέβομαι -ω
σειρά,ή . . . . εἴρω(1) -ά,ή
σεισμός,ό . . . . σείω -μος,ό
σείω . . . . -ω
Σεκοῦνδος,ό . . . . -ος,ό
Σελεύκεια,ή . . . . -α,ή
σελήνη,ή . . . . σέλας,-αος,τό -νη,ή
σεληνιάζομαι . . . . σέλας,-αος,τό -αζω
Σεμεΐν,ό . . . . =
σεμίδαλις,-εως,ή . . . . -ις,-εως,ή
σεμνός,-ή,-όν . . . . . . σέβομαι -ος,-η,-ον
σεμνότης,-τητος,ή . . . . . . σέβομαι -οτης,-τητος,ή
σεμνῶς . . . . σέβομαι -ως=
Σεπτέμβριος,ό . . . . -ος,ό
Σέργιος,ό . . . . -ος,ό
Σερούχ,ό . . . . =
Σήθ,ό . . . . =
σηκός,ό . . . . -ος,ό
Σήμ,ό . . . . =
σημαίνω . . . . σῆμα,-ματος,τό -αινω

σημεῖον,τό . . . . σῆμα,-ματος,τό -ιον,τό(2)
σημειόω . . . . σῆμα,-ματος,τό -οω
σημείωσις,-εως,ἡ . . . . σῆμα,-ματος,τό -σις,-εως,ἡ
σήμερον . . . . ἡμέρα,ἡ -ον=
σηπία,ἡ . . . . -ία,ἡ
σήπω . . . . -ω
σής,σητός,ὁ . . . . -ς,-ος,ὁ
σητόβρωτος,-ον . . . . σής,σητός,ὁ βιβρώσκω -τος,-η,-ον
σθενόω . . . . σθένος,-ους,τό -οω
σιαγών,-όνος,ἡ . . . . -ων,-ονος,ἡ
σιαίνομαι . . . . -αινω
Σίβυλλα,ἡ . . . . -α,ἡ
σιγάω . . . . σίζω -αω
σιγή,ἡ . . . . σίζω -ή,ἡ
σίδηρος,ὁ . . . . -ος,ὁ
σιδηροῦς,-ᾶ,-οῦν . . . . σίδηρος,ὁ -ους,-α,-ουν
Σιδών,-ῶνος,ἡ . . . . -__,-ος,ἡ
Σιδώνιος,-α,-ον . . . . Σιδών,-ῶνος,ἡ -ιος,-α,-ον
σικάριος,ὁ . . . . -ος,ὁ
σίκερα,τό . . . . =
Σίλας,-α,ὁ . . . . -ας,-α,ὁ
Σιλουανός,ὁ . . . . -ος,ὁ
Σιλωάμ,ὁ . . . . =
Σιμαίας,-ου,ὁ . . . . -ας,-ου,ὁ
σιμικίνθιον,τό . . . . -ον,τό
Σίμων,-ωνος,ὁ . . . . -__,-ος,ὁ
Σινά . . . . =
σίναπι,-εως,τό . . . . νᾶπυ,-υος,τό -__,-ος,τό(2)
σινδών,-όνος,ἡ . . . . -__,-ος,ἡ(1)
σινιάζω . . . . σινίον,τό -αζω
σιρικός,-ή,-όν . . . . Σήρ,-ρός,ὁ -ικος,-η,-ον
σιρός,ὁ . . . . -ος,ὁ
σιτευτός,-ή,-όν . . . . σῖτος,ὁ -τος,-η,-ον
σιτία,ἡ . . . . σῖτος,ὁ -ία,ἡ
σιτίον,τό . . . . σῖτος,ὁ -ιον,τό(2)
σιτιστός,-ή,-όν . . . . σῖτος,ὁ -τος,-η,-ον
σιτομέτριον,τό . . . . σῖτος,ὁ μέτρον,τό -ιον,τό(2)
σῖτος,ὁ . . . . -ος,ὁ*
σίφων,-ωνος,ὁ . . . . -__,-ος,ὁ
σιφωνίζω . . . . σίφων,-ωνος,ὁ -ιζω
Σιών,ἡ . . . . =
σιωπάω . . . . σιωπή,ἡ -αω
σιωπῇ . . . . σιωπή,ἡ -ῃ=
σκάμμα,-ματος,τό . . . . σκάπτω -μα,-ματος,τό
σκανδαλίζω . . . . σκανδάληθρον,τό -ιζω
σκάνδαλον,τό . . . . σκανδάληθρον,τό -ον,τό
σκάπτω . . . . -ω
Σκαριώθ . . . . =
Σκαριώτης,-ου,ὁ . . . . -της,-ου,ὁ
σκάφη,ἡ . . . . σκάπτω -η,ἡ
σκελοκοπέω . . . . σκέλος,-ους,τό κόπτω -εω

σκέλος,-ους,τό . . . . -ος,-ους,τό
σκεπάζω . . . . σκέπας,-αος,τό -αζω
σκέπασμα,-ματος,τό . . . . . σκέπας,-αος,τό -μα,-ματος,τό
σκέπη,ή . . . . σκέπας,-αος,τό -η,ή
Σκεῦας,-ᾶ,ό . . . . -ας,-α,ό
σκευή,ή . . . . σκεῦος,-ους,τό -ή,ή
σκεῦος,-ους,τό . . . . -ος,-ους,τό
σκηνή,ή . . . . -ή,ή
σκηνοπηγία,ή . . . . σκηνή,ή πήγνυμι -ία,ή
σκηνοποιός,ό . . . . σκηνή,ή ποιέω -ος,ό
σκῆνος,-ους,τό . . . . σκηνή,ή -ος,-ους,τό
σκηνόω . . . . σκηνή,ή -οω
σκήνωμα,-ματος,τό . . . . . . σκηνή,ή -μα,-ματος,τό
σκῆπτρον,τό . . . . σκήπτω -τρον,τό
σκιά,ή . . . . -ά,ή
σκιρτάω . . . . -αω
σκληροκαρδία,ή . . . . σκέλλω καρδία,ή -ία,ή
σκληρός,-ά,-όν . . . . σκέλλω -ρος,-α,-ον
σκληρότης,-τητος,ή . . . . . . σκέλλω -οτης,-τητος,ή
σκληροτράχηλος,-ον . . . . . σκέλλω τράχηλος,ό -ος,-η,-ον
σκληρύνω . . . . σκέλλω -υνω
σκολιός,-ά,-όν . . . . -ιος,-α,-ον
σκολιότης,-τητος,ή . . . . . . σκολιός,-ά,-όν -οτης,-τητος,ή
σκόλοψ,-οπος,ό . . . . -ς,-ος,ό
σκοπέω . . . . σκέπτομαι -εω
σκοπός,ό . . . . σκέπτομαι -ος,ό
σκορπίζω . . . . -ιζω
σκορπίος,ό . . . . -ιος,ό
σκορπισμός,ό . . . . σκορπίζω -μος,ό
σκοτεινός,-ή,-όν . . . . σκότος,ό -ινος,-η,-ον
σκοτία,ή . . . . σκότος,ό -ία,ή
σκοτίζω . . . . σκότος,ό -ιζω
σκότος,-ους,τό . . . . σκότος,ό -ος,-ους,τό
σκοτόω . . . . σκότος,ό -οω
σκύβαλον,τό . . . . -ον,τό
Σκύθης,-ου,ό . . . . Σκυθία,ή -ης,-ου,ό
σκυθρωπός,-ή,-όν . . . . σκυθρός,-ά,-όν ὁράω -ος,-η,-ον
σκύλλω . . . . -ω
σκῦλον,τό . . . . σκύλλω -ον,τό
σκωληκόβρωτος,-ον . . . . . σκώληξ,-ηκος,ό βιβρώσκω
　　　　　　　　　　　　　　　　-τος,-η,-ον
σκώληξ,-ηκος,ό . . . . -ς,-ος,ό
σκωρία,ή . . . . σκῶρ,σκατός,τό -ία,ή
σμαράγδινος,-η,-ον . . . . . . σμάραγδος,ό -ινος,-η,-ον
σμάραγδος,ό . . . . -ος,ό
σμῆγμα,-ματος,τό . . . . . . σμάω -μα,-ματος,τό
σμήχω . . . . σμάω -ω
σμίγμα,-ματος,τό . . . . . . μίγνυμι -μα,-ματος,τό
σμύραινα,ή . . . . μῦρος,ό -α,ή
σμύρνα,ή . . . . μύρρα,ή -α,ή
Σμύρνα,ή . . . . μύρρα,ή -α,ή

Σμυρναῖος,-α,-ον . . . . μύρρα,ή -ιος,-α,-ον
σμυρνίζω . . . . μύρρα,ή -ιζω
Σόδομα,-ων,τά . . . . -ον,τό
Σολομών,-ῶνος,ό . . . . -___,-ος,ό
Σολομῶν,-ῶντος,ό . . . . -___,-ος,ό
σορός,ή . . . . -ος,ή
σός,-ή,-όν . . . . σύ,σοῦ -ος,-η,-ον
σουδάριον,τό . . . . -ον,τό
Σουσάννα,ή . . . . -α,ή
σοφία,ή . . . . σοφός,-ή,-όν -ία,ή
σοφίζω . . . . σοφός,-ή,-όν -ιζω
σοφός,-ή,-όν . . . . -ος,-η,-ον
Σπανία,ή . . . . -α,ή
σπαράσσω . . . . σπάω -σσω
σπαργανόω . . . . σπάργω -οω
σπαταλάω . . . . σπάθη,ή -αω
σπάω . . . . -ω
σπεῖρα,ή . . . . -α,ή
σπείρω . . . . -ω
σπεκουλάτωρ,-ορος,ό . . . . . -___,-ος,ό(1)
σπένδω . . . . -ω
σπέρμα,-ματος,τό . . . . σπείρω -μα,-ματος,τό
σπερμολόγος,-ον . . . . σπείρω λέγω -ος,-η,-ον
σπεύδω . . . . -ω
σπήλαιον,τό . . . . σπέος,-ους,τό -ιον,τό(2)
σπιθαμή,ή . . . . -ή,ή
σπιλάς,-άδος,ή . . . . -ς,-ος,ή
σπίλος,ό . . . . -ος,ό
σπιλόω . . . . σπίλος,ό -οω
σπλαγχνίζομαι . . . . σπλάγχνον,τό -ιζω
σπλάγχνον,τό . . . . -ον,τό
σπόγγος,ό . . . . -ος,ό
σποδός,ή . . . . -ος,ή
σπονδίζω . . . . σπένδω -ιζω
σπορά,ή . . . . σπείρω -ά,ή
σπόριμος,-ον . . . . σπείρω -ιμος,-η,-ον
σπόρος,ό . . . . σπείρω -ος,ό
σπουδάζω . . . . σπεύδω -αζω
σπουδαῖος,-α,-ον . . . . σπεύδω -ιος,-α,-ον
σπουδαίως . . . . σπεύδω -ως=
σπουδή,ή . . . . σπεύδω -ή,ή
σπυρίς,-ίδος,ή . . . . σπεῖρα,ή -ις,-ιδος,ή
σταγών,-όνος,ή . . . . στάζω -ων,-ονος,ή
στάδιον,τό . . . . ἵστημι -ιον,τό(2)
στάζω . . . . -ω
σταθμός,ό . . . . ἵστημι -μος,ό
στάμνος,ό . . . . ἵστημι -ος,ό
στασιάζω . . . . ἵστημι -αζω
στασιαστής,-οῦ,ό . . . . ἵστημι -της,-ου,ό
στάσις,-εως,ή . . . . ἵστημι -σις,-εως,ή
στατήρ,-τῆρος,ό . . . . ἵστημι -τηρ,-τηρος,ό

Στάτιος,ὁ . . . . -ος,ὁ
στατίων,-ωνος,ἡ . . . . -___,-ος,ἡ
σταυρίσκω . . . . ἵστημι -σκω
σταυρός,ὁ . . . . ἵστημι -ος,ὁ
σταυρόω . . . . ἵστημι -οω
σταφυλή,ἡ . . . . -ή,ἡ
στάχυς,-υος,ὁ . . . . -ς,-ος,ὁ
Στάχυς,-υος,ὁ . . . . στάχυς,-υος,ὁ -ς,-ος,ὁ
στέαρ,-ατος,τό . . . . ἵστημι -___,-ος,τό(2)
στέγη,ἡ . . . . στέγω -η,ἡ
στέγος,-ους,τό . . . . στέγω -ος,-ους,τό
στέγω . . . . -ω
στεῖρα,ἡ . . . . στερεός,-ά,-όν -α,ἡ
στέλλω . . . . -ω
στέμμα,-ματος,τό . . . . στέφω -μα,-ματος,τό
στεναγμός,ὁ . . . . στενός,-ή,-όν -μος,ὁ
στενάζω . . . . στενός,-ή,-όν -αζω
στενός,-ή,-όν . . . . -ος,-η,-ον
στενοχωρέω . . . . στενός,-ή,-όν χῶρος,ὁ -εω
στενοχωρία,ἡ . . . . στενός,-ή,-όν χῶρος,ὁ -ία,ἡ
στέργω . . . . -ω
στερεός,-ά,-όν . . . . -ος,-α,-ον
στερεόω . . . . στερεός,-ά,-όν -οω
στερέω . . . . -εω
στερέωμα,-ματος,τό . . . . . . στερεός,-ά,-όν -μα,-ματος,τό
Στεφανᾶς,-ᾶ,ὁ . . . . στέφω -ας,-α,ὁ
Στέφανος,ὁ . . . . στέφω -ος,ὁ
στέφανος,ὁ . . . . στέφω -ος,ὁ
στεφανόω . . . . στέφω -οω
στῆθος,-ους,τό . . . . -ος,-ους,τό
στήκω . . . . ἵστημι -ω
στήλη,ἡ . . . . -η,ἡ
στηριγμός,ὁ . . . . στηρίζω -μος,ὁ
στηρίζω . . . . -ιζω
στιβάζω . . . . στείβω -αζω
στιβαρός,-ά,-όν . . . . στείβω -ρος,-α,-ον
στιβάς,-άδος,ἡ . . . . στείβω -ας,-αδος,ἡ
στίγμα,-ματος,τό . . . . στίζω -μα,-ματος,τό
στιγμή,ἡ . . . . στίζω -ή,ἡ
στίλβω . . . . -ω
στοά,ἡ . . . . ἵστημι -ά,ἡ
Στοικός,-ή,-όν . . . . ἵστημι -ικος,-η,-ον
στοιχεῖον,τό . . . . στείχω -ιον,τό
στοιχέω . . . . στείχω -εω
στοῖχος,ὁ . . . . στείχω -ος,ὁ
στολή,ἡ . . . . στέλλω -ή,ἡ
στόμα,-ματος,τό . . . . -μα,-ματος,τό
στόμαχος,ὁ . . . . στόμα,-ματος,τό -ος,ὁ
στραγγαλιά,ἡ . . . . στράγγω -ιά,ἡ
στραγγαλόω . . . . στράγγω -οω
στρατεία,ἡ . . . . στρατός,ὁ -εία,ἡ

στράτευμα,-ματος,τό . . . . . . στρατός,ὁ -μα,-ματος,τό
στρατεύω . . . . στρατός,ὁ -ευω
στρατηγός,ὁ . . . . στρατός,ὁ ἄγω -ος,ὁ
στρατιά,ἡ . . . . στρατός,ὁ -ιά,ἡ
στρατιώτης,-ου,ὁ . . . . στρατός,ὁ -της,-ου,ὁ
στρατιωτικός,-ή,-όν . . . . . . στρατός,ὁ -ικος,-η,-ον
στρατολογέω . . . . στρατός,ὁ λέγω -εω
στρατοπεδάρχης,-ου,ὁ . . . . . . στρατός,ὁ πέδον,τό ἄρχω -ης,-ου,ὁ
στρατόπεδον,τό . . . . στρατός,ὁ πέδον,τό -ον,τό
στρεβλός,-ή,-όν . . . . στρέφω -λος,-η,-ον
στρεβλόω . . . . στρέφω -οω
στρέφω . . . . -ω
στρηνιάω . . . . στρηνής,-ές -αω
στρῆνος,-ους,τό . . . . στρηνής,-ές -ος,-ους,τό
στρογγύλος,-η,-ον . . . . στράγγω -λος,-η,-ον
στρουθίον,τό . . . . στρουθός,ὁ -ιον,τό
στρώννυμι . . . . στορέννυμι -μι
στρωννύω . . . . στορέννυμι -ω
στυγητός,-ή,-όν . . . . στύγος,-ους,τό -τος,-η,-ον
στυγνάζω . . . . στύγος,-ους,τό -αζω
στυγνός,-ή,-όν . . . . στύγος,-ους,τό -νος,-η,-ον
στῦλος,ὁ . . . . -ος,ὁ
στύραξ,-ακος,ὁ . . . . -ς,-ος,ὁ
σύ,σοῦ . . . . *
συγγένεια,ἡ . . . . σύν γένω -εια,ἡ
συγγενής,-ές . . . . σύν γένω -ης,-ες
συγγενικός,-ή,-όν . . . . σύν γένω -ικος,-η,-ον
συγγενίς,-ίδος,ἡ . . . . σύν γένω -ις,-ιδος,ἡ
συγγινώσκω . . . . σύν γινώσκω -σκω
συγγνώμη,ἡ . . . . σύν γινώσκω -η,ἡ
συγγνωμονέω . . . . σύν γινώσκω -εω
σύγγραμμα,-ματος,τό . . . . . σύν γράφω -μα,-ματος,τό
συγγραφή,ἡ . . . . σύν γράφω -ή,ἡ
συγγράφω . . . . σύν γράφω -ω
συγκάθημαι . . . . σύν κατά ἕζομαι -μι
συγκαθίζω . . . . σύν κατά ἵζω -ω
συγκακοπαθέω . . . . σύν κακός,-ή,-όν πάσχω -εω
συγκακουχέομαι . . . . σύν κακός,-ή,-όν ἔχω -εω
συγκαλέω . . . . σύν καλέω -εω
συγκαλύπτω . . . . σύν καλύπτω -ω
συγκάμπτω . . . . σύν κάμπτω -ω
συγκαταβαίνω . . . . σύν κατά βαίνω -ω
συγκατάθεσις,-εως,ἡ . . . . . . σύν κατά τίθημι -σις,-εως,ἡ
συγκατανεύω . . . . σύν κατά νεύω -ω
συγκατατάσσω . . . . σύν κατά τάσσω -σσω
συγκατατίθημι . . . . σύν κατά τίθημι -μι
συγκαταψηφίζομαι . . . . σύν κατά ψάω -ιζω
σύγκειμαι . . . . σύν κεῖμαι -μι
συγκεράννυμι . . . . σύν κεράω -μι
συγκινέω . . . . σύν κίω -εω
συγκλάω . . . . σύν κλάω -ω

συγκλεισμός,ό . . . . σύν κλείω -μος,ό
συγκλείω . . . . σύν κλείω -ω
συγκληρονόμος,-ον . . . . σύν κλῆρος,ό νέμω -ος,-η,-ον
συγκοιμάομαι . . . . σύν κεῖμαι -αω
συγκοινωνέω . . . . σύν κοινός,-ή,-όν -εω
συγκοινωνός,ό . . . . σύν κοινός,-ή,-όν -ος,ό
συγκομίζω . . . . σύν κομέω -ιζω
συγκοπή,ή . . . . σύν κόπτω -ή,ή
συγκοπιάω . . . . σύν κόπτω -αω
συγκόπτω . . . . σύν κόπτω -ω
σύγκρασις,-εως,ή . . . . σύν κεράω -σις,-εως,ή
συγκρατέω . . . . σύν κράτος,-ους,τό -εω
συγκρίνω . . . . σύν κρίνω -ω
συγκύπτω . . . . σύν κύπτω -ω
συγκυρία,ή . . . . σύν κυρέω -ία,ή
συγχαίρω . . . . σύν χαίρω -ω
συγχέω . . . . σύν χέω -ω
συγχράομαι . . . . σύν χράω(3) -ω
συγχρωτίζομαι . . . . σύν χρώς,-ωτός,ό -ιζω
σύγχυσις,-εως,ή . . . . σύν χέω -σις,-εως,ή
συγχωρέω . . . . σύν χῶρος,ό -εω
συζάω . . . . σύν ζάω -ω
συζεύγνυμι . . . . σύν ζεύγνυμι -μι
συζητέω . . . . σύν ζητέω -εω
συζήτησις,-εως,ή . . . . σύν ζητέω -σις,-εως,ή
συζητητής,-οῦ,ό . . . . σύν ζητέω -της,-ου,ό
σύζυγος,-ον . . . . σύν ζεύγνυμι -ος,-η,-ον
συζωοποιέω . . . . σύν ζάω ποιέω -εω
συκάμινος,ή . . . . -ος,ή
συκῆ,ή . . . . σῦκον,τό -η,ή
συκομορέα,ή . . . . σῦκον,τό μόρον,τό -α,ή
σῦκον,τό . . . . -ον,τό
συκοφαντέω . . . . σῦκον,τό φάω -εω
συλαγωγέω . . . . συλάω ἄγω -εω
συλάω . . . . -αω
συλλαβή,ή . . . . σύν λαμβάνω -ή,ή
συλλαλέω . . . . σύν λαλέω -εω
συλλαμβάνω . . . . σύν λαμβάνω -ανω
συλλέγω . . . . σύν λέγω -ω
συλλογίζομαι . . . . σύν λέγω -ιζω
συλλυπέω . . . . σύν λύπη,ή -εω
συμβαίνω . . . . σύν βαίνω -ω
συμβάλλω . . . . σύν βάλλω -ω
συμβασιλεύω . . . . σύν βασιλεύς,-έως,ό -ευω
συμβιβάζω . . . . σύν βαίνω -αζω
σύμβιος,-ον . . . . σύν βίος,ό -ος,-α,-ον
συμβουλεύω . . . . σύν βούλομαι -ευω
συμβουλή,ή . . . . σύν βούλομαι -ή,ή
συμβουλία,ή . . . . σύν βούλομαι -ία,ή
συμβούλιον,τό . . . . σύν βούλομαι -ιον,τό(2)
σύμβουλος,ό . . . . σύν βούλομαι -ος,ό

Συμεών,ό	=
συμμαθητής,-οῦ,ὁ	σύν μανθάνω -της,-ου,ὁ
συμμαρτυρέω	σύν μάρτυς,-υρος,ὁ&ἡ -εω
συμμαχέω	σύν μάχη,ἡ -εω
συμμείγνυμι	σύν μίγνυμι -μι
συμμερίζω	σύν μέρος,-ους,τό -ιζω
συμμέτοχος,-ον	σύν μετά ἔχω -ος,-η,-ον
συμμιμητής,-οῦ,ὁ	σύν μιμέομαι -της,-ου,ὁ
συμμορφίζω	σύν μορφή,ἡ -ιζω
σύμμορφος,-ον	σύν μορφή,ἡ -ος,-η,-ον
συμμορφόω	σύν μορφή,ἡ -οω
συμμύστης,-ου,ὁ	σύν μύω -της,-ου,ὁ
συμπαθέω	σύν πάσχω -εω
συμπαθής,-ές	σύν πάσχω -ης,-ες
συμπαραγένω	σύν παρά γένω -ω
συμπαρακαλέω	σύν παρά καλέω -εω
συμπαραλαμβάνω	σύν παρά λαμβάνω -ανω
συμπαραμένω	σύν παρά μένω -ω
συμπάρειμι	σύν παρά εἰμί -μι*
σύμπας,-ασα,-αν	σύν πᾶς,πᾶσα,πᾶν -ας,-ασα,-αν
συμπάσχω	σύν πάσχω -ω
συμπέμπω	σύν πέμπω -ω
συμπεριέχω	σύν περί ἔχω -ω
συμπεριλαμβάνω	σύν περί λαμβάνω -ανω
συμπίνω	σύν πίνω -ω
συμπίπτω	σύν πίπτω -ω
συμπληρόω	σύν πλέος,-α,-ον -οω
συμπλοκή,ἡ	σύν πλέκω -ή,ἡ
συμπνέω	σύν πνέω -ω
συμπνίγω	σύν πνίγω -ω
συμπολιτεύομαι	σύν πόλις,-εως,ἡ -ευω
συμπολίτης,-ου,ὁ	σύν πόλις,-εως,ἡ -της,-ου,ὁ
συμπορεύομαι	σύν πέρα -ευω
συμποσία,ἡ	σύν πίνω -ία,ἡ
συμπόσιον,τό	σύν πίνω -ιον,τό(2)
συμπρεσβύτερος,ὁ	σύν πρέσβυς,-εως,ὁ -τερος,-α,-ον
συμφέρω	σύν φέρω -ω
σύμφημι	σύν φημί -μι
συμφορά,ἡ	σύν φέρω -ά,ἡ
σύμφορος,-ον	σύν φέρω -ος,-α,-ον
συμφορτίζω	σύν φέρω -ιζω
συμφυλέτης,-ου,ὁ	σύν φύω -της,-ου,ὁ
συμφυρμός,ὁ	σύν φύρω -μος,ὁ
σύμφυτος,-ον	σύν φύω -τος,-η,-ον
συμφύω	σύν φύω -ω
συμφωνέω	σύν φωνή,ἡ -εω
συμφώνησις,-εως,ἡ	σύν φωνή,ἡ -σις,-εως,ἡ
συμφωνία,ἡ	σύν φωνή,ἡ -ία,ἡ
σύμφωνος,-ον	σύν φωνή,ἡ -ος,-η,-ον
συμψέλιον,τό	-ον,τό
συμψηφίζω	σύν ψάω -ιζω

σύμψυχος,-ον . . . . σύν ψύχω -ος,-η,-ον
σύν . . . . =
συνάγω . . . . σύν ἄγω -ω
συναγωγή,ἡ . . . . σύν ἄγω -ή,ή
συναγωνίζομαι . . . . σύν ἀγών,-ῶνος,ὁ -ιζω
συναθλέω . . . . σύν ἆθλος,ὁ -εω
συναθροίζω . . . . σύν ἅμα θρέω -ιζω
συναινέω . . . . σύν αἶνος,ὁ -εω
συναίρω . . . . σύν αἴρω -ω
συναιχμάλωτος,ὁ . . . . σύν αἴσσω ἁλίσκομαι -τος,ὁ
συνακολουθέω . . . . σύν ἀ-(2) κέλευθος,ἡ -εω
συναλίζω . . . . σύν ἁλής,-ές -ιζω
συνάλλαγμα,-ματος,τό . . . . . σύν ἄλλος,-η,-ο -μα,-ματος,τό
συναλλάσσω . . . . σύν ἄλλος,-η,-ο -σσω
συναναβαίνω . . . . σύν ἀνά βαίνω -ω
συνανάκειμαι . . . . σύν ἀνά κεῖμαι -μι
συναναμείγνυμι . . . . σύν ἀνά μίγνυμι -μι
συναναπαύομαι . . . . σύν ἀνά παύω -ω
συναναστρέφομαι . . . . σύν ἀνά στρέφω -ω
συναναφύρω . . . . σύν ἀνά φύρω -ω
συναντάω . . . . σύν ἀντί -αω
συνάντησις,-εως,ἡ . . . . σύν ἀντί -σις,-εως,ἡ
συναντιλαμβάνομαι . . . . σύν ἀντί λαμβάνω -ανω
συναπάγω . . . . σύν ἀπό ἄγω -ω
συναποθνήσκω . . . . σύν ἀπό θνήσκω -σκω
συναπόλλυμι . . . . σύν ἀπό ὄλλυμι -μι
συναποστέλλω . . . . σύν ἀπό στέλλω -ω
συναριθμέω . . . . σύν ἀριθμός,ὁ -εω
συναρμόζω . . . . σύν ἄρω -ζω
συναρμολογέω . . . . σύν ἄρω λέγω -εω
συναρπάζω . . . . σύν ἁρπάζω -αζω
συναυξάνω . . . . σύν αὐξάνω -ανω
σύνδενδρος,-ον . . . . σύν δένδρον,τό -ος,-α,-ον
σύνδεσμος,ὁ . . . . σύν δέω(1) -μος,ὁ
συνδέω . . . . σύν δέω(1) -ω
συνδιδασκαλίτης,-ου,ὁ . . . . . σύν διδάσκω -της,-ου,ὁ
συνδοξάζω . . . . σύν δοκέω -αζω
σύνδουλος,ὁ . . . . σύν δοῦλος,ὁ -ος,ὁ
συνδρομή,ἡ . . . . σύν τρέχω -ή,ή
συνεγείρω . . . . σύν ἐγείρω -ω
συνέδριον,τό . . . . σύν ἕζομαι -ιον,τό(2)
σύνεδρος,ὁ . . . . σύν ἕζομαι -ος,ὁ
συνείδησις,-εως,ἡ . . . . σύν εἴδω -σις,-εως,ἡ
σύνειμι(1) . . . . σύν εἰμί -μι*
σύνειμι(2) . . . . σύν εἶμι -μι*
συνεισέρχομαι . . . . σύν εἰς ἔρχομαι -ω
συνέκδημος,ὁ . . . . σύν ἐκ δῆμος,ὁ -ος,ὁ
συνεκλεκτός,-ή,-όν . . . . σύν ἐκ λέγω -τος,-η,-ον
συνεκπορεύομαι . . . . σύν ἐκ πέρα -ευω
συνελαύνω . . . . σύν ἐλαύνω -ω
συνέλευσις,-εως,ἡ . . . . σύν ἔρχομαι -σις,-εως,ἡ

συνεξέρχομαι	σύν ἐκ ἔρχομαι -ω
συνεπέρχομαι	σύν ἐπί ἔρχομαι -ω
συνεπιμαρτυρέω	σύν ἐπί μάρτυς,-υρος,ὁ&ἡ -εω
συνεπίσκοπος,ὁ	σύν ἐπί σκέπτομαι -ος,ὁ
συνεπιτίθημι	σύν ἐπί τίθημι -μι
συνέπομαι	σύν ἕπω -ω
συνεργέω	σύν ἔργω(2) -εω
συνεργός,-όν	σύν ἔργω(2) -ος,-η,-ον
συνέρχομαι	σύν ἔρχομαι -ω
συνεσθίω	σύν ἔδω -ω
σύνεσις,-εως,ἡ	σύν ἵημι -σις,-εως,ἡ
συνετίζω	σύν ἵημι -ιζω
συνετός,-ή,-όν	σύν ἵημι -τος,-η,-ον
συνευδοκέω	σύν εὖ δοκέω -εω
συνευρυθμίζω	σύν εὖ ῥέω(2) -ιζω
συνευφραίνομαι	σύν εὖ φρήν,φρενός,ἡ -αινω
συνευωχέομαι	σύν εὖ ἔχω -εω
συνεφίστημι	σύν ἐπί ἵστημι -μι
συνέχω	σύν ἔχω -ω
συνεχῶς	σύν ἔχω -ως=
συνήγορος,ὁ	σύν ἄγω -ος,ὁ
συνήδομαι	σύν ἥδομαι -ω
συνήθεια,ἡ	σύν ἔθος,-ους,τό -εια,ἡ
συνήθης,-ες	σύν ἔθος,-ους,τό -ης,-ες
συνηλικιώτης,-ου,ὁ	σύν ἧλιξ,-ικος,ὁ&ἡ -της,-ου,ὁ
συνθάπτω	σύν θάπτω -ω
σύνθεσις,-εως,ἡ	σύν τίθημι -σις,-εως,ἡ
συνθλάω	σύν θλάω -ω
συνθλίβω	σύν θλίβω -ω
συνθραύω	σύν θραύω -ω
συνθρύπτω	σύν θρύπτω -ω
συνίημι	σύν ἵημι -μι
συνίστημι	σύν ἵστημι -μι
συνοδεύω	σύν ὁδός,ἡ -ευω
συνοδία,ἡ	σύν ὁδός,ἡ -ία,ἡ
σύνοδος,ὁ	σύν ὁδός,ἡ -ος,ὁ
σύνοιδα	σύν εἴδω(2) -ω*
συνοικέω	σύν οἶκος,ὁ -εω
συνοικοδομέω	σύν οἶκος,ὁ δέμω -εω
συνομιλέω	σύν ὁμός,-ή,-όν εἴλω -εω
συνομορέω	σύν ὁμός,-ή,-όν ὄρος,ὁ -εω
συνοράω	σύν ὁράω -αω
συνορία,ἡ	σύν ὄρος,ὁ -ία,ἡ
συνοχή,ἡ	σύν ἔχω -ή,ἡ
συντάξις,-εως,ἡ	σύν τάσσω -σις,-εως,ἡ
συνταράσσω	σύν ταράσσω -σσω
συντάσσω	σύν τάσσω -σσω
συντέλεια,ἡ	σύν τέλος,-ους,τό -εια,ἡ
συντελέω	σύν τέλος,-ους,τό -εω
συντέμνω	σύν τέμνω -ω
συντεχνίτης,-ου,ὁ	σύν τίκτω -της,-ου,ὁ

συντηρέω . . . . σύν τηρός,ό -εω
συντίθημι . . . . σύν τίθημι -μι
σύντομος,-ον . . . . σύν τέμνω -ος,-η,-ον
συντόμως . . . . σύν τέμνω -ως=
σύντονος,-ον . . . . σύν τείνω -ος,-η,-ον
συντρέχω . . . . σύν τρέχω -ω
συντριβή,ή . . . . σύν τρίβω -ή,ή
συντρίβω . . . . σύν τρίβω -ω
σύντριμμα,-ματος,τό . . . . . σύν τρίβω -μα,-ματος,τό
σύντροφος,-ον . . . . σύν τρέφω -ος,-η,-ον
συντυγχάνω . . . . σύν τύχη,ή -ανω
Συντύχη,ή . . . . σύν τύχη,ή -η,ή
συνυποκρίνομαι . . . . σύν ὑπό κρίνω -ω
συνυπουργέω . . . . .ˑ. . σύν ὑπό ἔργω(2) -εω
συνωδίνω . . . . σύν ὠδίς,-ῖνος,ή -ω
συνωμοσία,ή . . . . σύν ὄμνυμι -ία,ή
Σύρα,ή . . . . Σύρος,ό -α,ή
Συράκουσαι,-ῶν,αἱ . . . . . . -α,ή
Συρία,ή . . . . Σύρος,ό -ία,ή
Σύρος,ό . . . . -ος,ό
Συροφοινίκισσα,ή . . . . Σύρος,ό φοῖνιξ,-ικος,ό -ισσα,ή
συρρέω . . . . σύν ῥέω(2) -ω
συρρήγνυμι . . . . σύν ῥήγνυμι -μι
Σύρτις,-εως,ή . . . . σύρω -ις,-εως,ή
σύρω . . . . -ω
συσκέπτομαι . . . . σύν σκέπτομαι -ω
συσπαράσσω . . . . σύν σπάω -σσω
συσπάω . . . . σύν σπάω -ω
σύσσημον,τό . . . . σύν σῆμα,-ματος,τό -ον,τό
σύσσωμος,-ον . . . . σύν σῶμα,-ματος,τό -ος,-η,-ον
συστασιαστής,-οῦ,ό . . . . . . σύν ἵστημι -της,-ου,ό
σύστασις,-εως,ή . . . . σύν ἵστημι -σις,-εως,ή
συστατικός,-ή,-όν . . . . . . σύν ἵστημι -ικος,-η,-ον
συσταυρόω . . . . σύν ἵστημι -οω
συστέλλω . . . . σύν στέλλω -ω
συστενάζω . . . . σύν στενός,-ή,-όν -αζω
συστοιχέω . . . . σύν στείχω -εω
συστρατιώτης,-ου,ό . . . . . σύν στρατός,ό -της,-ου,ό
συστρέφω . . . . σύν στρέφω -ω
συστροφή,ή . . . . σύν στρέφω -ή,ή
συσχηματίζω . . . . σύν ἔχω -ιζω
Συχάρ,ή . . . . =
Συχέμ,ή . . . . =
Συχέμ,ό . . . . =
σφαγή,ή . . . . σφάζω -ή,ή
σφάγιον,τό . . . . σφάζω -ιον,τό(2)
σφάζω . . . . -ω
σφάλλω . . . . -ω
σφόδρα . . . . σφοδρός,-ά,-όν -α=
σφοδρῶς . . . . σφοδρός,-ά,-όν -ως=
σφραγίζω . . . . σφραγίς,-ῖδος,ή -ιζω

σφραγίς,-ῖδος,ή . . . . -ς,-ος,ή
σφυδρόν,τό . . . . σφυρόν,τό -ον,τό
σφυροκοπέω . . . . σφῦρα,ή κόπτω -εω
σφυρόν,τό . . . . -ον,τό
σχεδόν . . . . ἔχω -δον=
σχῆμα,-ματος,τό . . . . ἔχω -μα,-ματος,τό
σχίζω . . . . -ιζω
σχίσμα,-ματος,τό . . . . σχίζω -μα,-ματος,τό
σχισμή,ή . . . . σχίζω -ή,ή
σχοινίον,τό . . . . σχοῖνος,ό -ιον,τό(2)
σχοίνισμα,-ματος,τό . . . . . . σχοῖνος,ό -μα,-ματος,τό
σχολάζω . . . . σχολή,ή -αζω
σχολή,ή . . . . -ή,ή
σώζω . . . . -ω
Σωκράτης,-ους,ό . . . . -ς,-ος,ό(1)
σῶμα,-ματος,τό . . . . -μα,-ματος,τό
σωματικός,-ή,-όν . . . . σῶμα,-ματος,τό -ικος,-η,-ον
σωματικῶς . . . . σῶμα,-ματος,τό -ως=
σωμάτιον,τό . . . . σῶμα,-ματος,τό -ιον,τό
Σώπατρος,ό . . . . -ος,ό
σωρεύω . . . . σωρός,ό -ευω
Σωσθένης,-ους,ό . . . . -ς,-ος,ό(1)
Σωσίπατρος,ό . . . . -ος,ό
σωτήρ,-τῆρος,ό . . . . σώζω -τηρ,-τηρος,ό
σωτηρία,ή . . . . σώζω -ία,ή
σωτήριος,-ον . . . . σώζω -ιος,-α,-ον
σωφρονέω . . . . σῶς,-ῶν φρήν,φρενός,ή -εω
σωφρονίζω . . . . σῶς,-ῶν φρήν,φρενός,ή -ιζω
σωφρονισμός,ό . . . . σῶς,-ῶν φρήν,φρενός,ή -μος,ό
σωφρόνως . . . . σῶς,-ῶν φρήν,φρενός,ή -ως=
σωφροσύνη,ή . . . . σῶς,-ῶν φρήν,φρενός,ή -συνη,ή
σώφρων,-ον . . . . σῶς,-ῶν φρήν,φρενός,ή -ων,-ον

Τ

ταβέρνη,ή . . . . -η,ή
Ταβιθά,ή . . . . =
ταγή,ή . . . . τάσσω -ή,ή
τάγμα,-ματος,τό . . . . τάσσω -μα,-ματος,τό
τακτός,-ή,-όν . . . . τάσσω -τος,-η,-ον
ταλαιπωρέω . . . . τλάω πωρός,-ά,-όν -εω
ταλαιπωρία,ή . . . . τλάω πωρός,-ά,-όν -ία,ή
ταλαίπωρος,-ον . . . . τλάω πωρός,-ά,-όν -ος,-α,-ον
ταλαντιαῖος,-α,-ον . . . . τάλαντον,τό -ιος,-α,-ον
τάλαντον,τό . . . . -ον,τό
ταλιθά . . . . =
ταμεῖον,τό . . . . τέμνω -εῖον,τό
ταμιεῖον,τό . . . . τέμνω -εῖον,τό
τάξις,-εως,ή . . . . τάσσω -σις,-εως,ή
Ταουία,ή . . . . -α,ή

ταπεινός,-ή,-όν . . . . -ινος,-η,-ον
ταπεινοφρονέω . . . . ταπεινός,-ή,-όν φρήν,φρενός,ή -εω
ταπεινοφρόνησις,-εως,ή . . . . . ταπεινός,-ή,-όν φρήν,φρενός,ή
                   -σις,-εως,ή
ταπεινοφροσύνη,ή . . . . ταπεινός,-ή,-όν φρήν,φρενός,ή
                   -συνη,ή
ταπεινόφρων,-ον . . . . ταπεινός,-ή,-όν φρήν,φρενός,ή
                   -ων,-ον
ταπεινόω . . . . ταπεινός,-ή,-όν -οω
ταπείνωσις,-εως,ή . . . . ταπεινός,-ή,-όν -σις,-εως,ή
ταράσσω . . . . -σσω
ταραχή,ή . . . . ταράσσω -ή,ή
τάραχος,ό . . . . ταράσσω -ος,ό
Ταρσεύς,-έως,ό . . . . Ταρσός,ή -ευς,-εως,ό
Ταρσός,ή . . . . -ος,ή
ταρταρόω . . . . Τάρταρος,ό -οω
τάσσω . . . . -σσω
ταῦρος,ό . . . . -ος,ό
ταφή,ή . . . . θάπτω -ή,ή
τάφος,ό . . . . θάπτω -ος,ό
τάχα . . . . ταχύς,-εῖα,-ύ -α=
ταχέως . . . . ταχύς,-εῖα,-ύ -ως=
ταχινός,-ή,-όν . . . . ταχύς,-εῖα,-ύ -ινος,-η,-ον
τάχος,-ους,τό . . . . ταχύς,-εῖα,-ύ -ος,-ους,τό
ταχύνω . . . . ταχύς,-εῖα,-ύ -υνω
ταχύς,-εῖα,-ύ . . . . -υς,-εια,-υ
τέ . . . . =
τέγος,-ους,τό . . . . στέγω -ος,-ους,τό
τεῖχος,-ους,τό . . . . -ος,-ους,τό
τεκμήριον,τό . . . . τέκμαρ,τό -ιον,τό(2)
τεκνίον,τό . . . . τίκτω -ιον,τό
τεκνογονέω . . . . τίκτω γένω -εω
τεκνογονία,ή . . . . τίκτω γένω -ία,ή
τέκνον,τό . . . . τίκτω -ον,τό
τεκνοτροφέω . . . . τίκτω τρέφω -εω
τεκνόω . . . . τίκτω -οω
τέκτων,-ονος,ό . . . . τίκτω -ων,-ονος,ό
τέλειος,-α,-ον . . . . τέλος,-ους,τό -ιος,-α,-ον
τελειότης,-τητος,ή . . . . τέλος,-ους,τό -οτης,-τητος,ή
τελειόω . . . . τέλος,-ους,τό -οω
τελείως . . . . τέλος,-ους,τό -ως=
τελείωσις,-εως,ή . . . . τέλος,-ους,τό -σις,-εως,ή
τελειωτής,-οῦ,ό . . . . τέλος,-ους,τό -της,-ου,ό
τέλεον . . . . τέλος,-ους,τό -ον=
τελεσφορέω . . . . τέλος,-ους,τό φέρω -εω
τελευταῖος,-α,-ον . . . . τέλος,-ους,τό -ιος,-α,-ον
τελευτάω . . . . τέλος,-ους,τό -αω
τελευτή,ή . . . . τέλος,-ους,τό -ή,ή
τελέω . . . . τέλος,-ους,τό -εω
τέλος,-ους,τό . . . . -ος,-ους,τό
τελώνης,-ου,ό . . . . τέλος,-ους,τό ὦνος,ό -ης,-ου,ό

```
τελώνιον,τό ............ τέλος,-ους,τό ὦνος,ὁ -ιον,τό(2)
τέρας,-ατος,τό ......... -ς,-ος,τό
τερατεία,ἡ ............ τέρας,-ατος,τό -εία,ἡ
τέρμα,-ματος,τό ........ -μα,-ματος,τό
τερπνός,-ή,-όν ......... τέρπω -νος,-η,-ον
Τέρτιος,ὁ ............ -ος,ὁ
Τέρτουλλος,ὁ ........... -ος,ὁ
Τέρτυλλος,ὁ ........... -ος,ὁ
τεσσαράκοντα ......... τέσσαρες,-α -κοντα=
τεσσαρακονταετής,-ές ..... τέσσαρες,-α -κοντα= ἔτος,-ους,τό
                         -ης,-ες
τέσσαρες,-α ........... -ων,-ον
τεσσαρεσκαιδέκατος,-η,-ον ... τέσσαρες,-α καί δέκα -τος,-η,-ον
τεταρταῖος,-α,-ον ........ τέσσαρες,-α -ιος,-α,-ον
τέταρτος,-η,-ον ......... τέσσαρες,-α -τος,-η,-ον
τετράγωνος,-ον ......... τέσσαρες,-α γωνία,ἡ -ος,-η,-ον
τετράδιον,τό .......... τέσσαρες,-α -ιον,τό(2)
τετρακισχίλιοι,-αι,-α ...... τέσσαρες,-α -κις= χίλιοι,-αι,-α
                         -ος,-α,-ον
τετρακόσιοι,-αι,-α ....... τέσσαρες,-α -κοσιοι,-αι,-α -ος,-α,-ον
τετράμηνος,-ον ......... τέσσαρες,-α μήν,-νός,ὁ -ος,-η,-ον
τετραπλοῦς,-ῆ,-οῦν ....... τέσσαρες,-α -πλοῦς,-ῆ,-οῦν
τετράποδος,-ον ......... τέσσαρες,-α πούς,ποδός,ὁ -ος,-η,-ον
τετράπους,-ουν ......... τέσσαρες,-α πούς,ποδός,ὁ -ος,-α,-ον
τετραρχέω ............ τέσσαρες,-α ἄρχω -εω
τετράρχης,-ου,ὁ ........ τέσσαρες,-α ἄρχω -ης,-ου,ὁ
τετράς,-άδος,ἡ ......... τέσσαρες,-α -ας,-αδος,ἡ
τεφρόω ............. τύφω -οω
τέχνη,ἡ ............. τίκτω -η,ἡ
τεχνίτης,-ου,ὁ ......... τίκτω -της,-ου,ὁ
τηγανίζω ............ τάγηνον,τό -ιζω
τήκω ............... -ω
τηλαυγής,-ές .......... τῆλε αὐγή,ἡ -ης,-ες
τηλαυγῶς ............ τῆλε αὐγή,ἡ -ως=
τηλικοῦτος,-αύτη,-οῦτο .... ἡλιξ,-ικος,ὁ&ἡ οὗτος,αὕτη,τοῦτο
                         -ος,-η,-ο
τημελέω ............. τη- μέλω -εω
τημελοῦχος,-ον ......... τη- μέλω ἔχω -ος,-η,-ον
τηνικαῦτα ............ ἐκεῖ οὗτος,αὕτη,τοῦτο -α=
τηρέω .............. τηρός,ὁ -εω
τήρησις,-εως,ἡ ......... τηρός,ὁ -σις,-εως,ἡ
Τιβεριάς,-άδος,ἡ ........ Τίβερις,-εως,ὁ -ιας,-αδος,ἡ
Τιβέριος,ὁ ........... Τίβερις,-εως,ὁ -ος,ὁ
Τίβερις,-εως,ὁ ......... -ις,-εως,ὁ
τίθημι ............. -μι
τίκτω .............. -ω
τίλλω .............. -ω
Τιμαῖος,ὁ ........... τίω -ιος,ὁ
τιμάω ............. τίω -αω
τιμή,ἡ ............ τίω -ή,ἡ
τίμιος,-α,-ον ......... τίω -ιος,-α,-ον
```

τιμιότης,-τητος,ή . . . . τίω -οτης,-τητος,ή
Τιμόθεος,ό . . . . τίω θεός,ό -ος,ό
Τίμων,-ωνος,ό . . . . τίω -ων,-ωνος,ό
τιμωρέω . . . . τίω αἴρω -εω
τιμωρητής,-οῦ,ό . . . . τίω αἴρω -της,-ου,ό
τιμωρία,ή . . . . τίω αἴρω -ία,ή
τίνω . . . . τίω -ω
τίς,τί . . . . -ς,-ος,ό&ή&τό
τις,τι . . . . -ς,-ος,ό&ή&τό
Τίτιος,ό . . . . Τίτος,ό -ιος,ό
τίτλος,ό . . . . -ος,ό
Τίτος,ό . . . . -ος,ό
τιτρώσκω . . . . τρώω -σκω
τοι . . . . =
τοιγαροῦν . . . . τοι γάρ οὖν =
τοίνυν . . . . τοι νῦν =
τοιόσδε,-άδε,-όνδε . . . . . . ό,ή,τό -ος,-α,-ον -δε=
τοιοῦτος,-αύτη,-οῦτο . . . . ό,ή,τό οὖτος,αύτη,τοῦτο -ος,-η,-ο
τοῖχος,ό . . . . τεῖχος,-ους,τό -ος,ό
τοκετός,ό . . . . τίκτω -τος,ό
τόκος,ό . . . . τίκτω -ος,ό
τόλμα,ή . . . . -α,ή
τολμάω . . . . τόλμα,ή -αω
τολμηρός,-ά,-όν . . . . τόλμα,ή -ρος,-α,-ον
τολμητής,-οῦ,ό . . . . τόλμα,ή -της,-ου,ό
τομός,-ή,-όν . . . . τέμνω -ος,-η,-ον
τόνος,ό . . . . τείνω -ος,ό
τόξον,τό . . . . -ον,τό
τοπάζιον,τό . . . . τόπαζος,ό -ιον,τό(2)
τοποθεσία,ή . . . . τόπος,ό τίθημι -ία,ή
τόπος,ό . . . . -ος,ό
τοσοῦτος,-αύτη,-οῦτο . . . . . . τόσος,-η,-ον οὖτος,αὕτη,τοῦτο
. . . . -ος,-η,-ο
τότε . . . . ὅς,ἥ,ὅ τε =
τράγος,ό . . . . τρώγω -ος,ό
Τράλλεις,-εων,αἱ . . . . -ς,-ος,ή
Τραλλιανός,ό . . . . Τράλλεις,-εων,αἱ -ιανος,ό
τράπεζα,ή . . . . τέσσαρες,-α πέδον,τό -α,ή
τραπεζίτης,-ου,ό . . . . τέσσαρες,-α πέδον,τό -της,-ου,ό
τραῦμα,-ματος,τό . . . . . . τρώω -μα,-ματος,τό
τραυματίζω . . . . τρώω -ιζω
τραχηλίζω . . . . τράχηλος,ό -ιζω
τράχηλος,ό . . . . -ος,ό
τραχύς,-εῖα,-ύ . . . . -υς,-εια,-υ
Τραχωνῖτις,-ιδος,ή . . . . τραχών,-ῶνος,ό -ιτις,-ιτιδος,ή
τρεῖς,τρία . . . . -ης,-ες
τρέμω . . . . τρέω -ω
τρέπω . . . . -ω
τρέφω . . . . -ω
τρέχω . . . . -ω
τρῆμα,-ματος,τό . . . . τετραίνω -μα,-ματος,τό

τριάκοντα . . . . τρεῖς,τρία -κοντα=
τριακόσιοι,-αι,-α . . . . τρεῖς,τρία -κοσιοι,-αι,-α
τρίβολος,ό . . . . τρεῖς,τρία βάλλω -ος,ό
τριβολώδης,-ες . . . . τρεῖς,τρία βάλλω εἴδω -ης,-ες
τρίβος,ή . . . . τρίβω -ος,ή
τριετία,ή . . . . τρεῖς,τρία ἔτος,-ους,τό -ία,ή
τρίζω . . . . -ω
τρίμηνος,-ον . . . . τρεῖς,τρία μήν,-νός,ό -ος,-η,-ον
τρίς . . . . τρεῖς,τρία =
τρίστεγον,τό . . . . τρεῖς,τρία στέγω -ον,τό
τρισχίλιοι,-αι,-α . . . . τρεῖς,τρία χίλιοι,-αι,-α -ος,-α,-ον
τρίτος,-η,-ον . . . . τρεῖς,τρία -τος,-η,-ον
τρίχινος,-η,-ον . . . . θρίξ,τριχός,ή -ινος,-η,-ον
τρόμος,ό . . . . τρέω -ος,ό
τροπή,ή . . . . τρέπω -ή,ή
τρόπος,ό . . . . τρέπω -ος,ό
τροποφορέω . . . . τρέπω φέρω -εω
τροφεύς,-έως,ό . . . . τρέφω -ευς,-εως,ό
τροφή,ή . . . . τρέφω -ή,ή
Τρόφιμος,ό . . . . τρέφω -ιμος,ό
τροφός,ή . . . . τρέφω -ος,ή
τροφοφορέω . . . . τρέφω φέρω -εω
τροχιά,ή . . . . τρέχω -ιά,ή
τροχός,ό . . . . τρέχω -ος,ό
τρύβλιον,τό . . . . -ιον,τό(2)
τρυγάω . . . . τρύγω -αω
τρυγών,-όνος,ή . . . . τρύζω -ων,-ονος,ή
τρυμαλιά,ή . . . . τρύω -ιά,ή
τρῦπα,ή . . . . τρύω -α,ή
τρυπάω . . . . τρύω -αω
τρύπημα,-ματος,τό . . . . . . τρύω -μα,-ματος,τό
Τρύφαινα,ή . . . . -α,ή
τρυφάω . . . . θρύπτω -αω
τρυφερός,-ά,-όν . . . . θρύπτω -ρος,-α,-ον
τρυφή,ή . . . . θρύπτω -ή,ή
Τρυφῶσα,ή . . . . -α,ή
Τρωάς,-άδος,ή . . . . -ς,-ος,ή
Τρωγύλλιον,τό . . . . -ον,τό
τρώγω . . . . -ω
τυγχάνω . . . . τύχη,ή -ανω
τυμπανίζω . . . . τύπτω -ιζω
τυπικῶς . . . . τύπος,ό -ως=
τύπος,ό . . . . -ος,ό
τύπτω . . . . -ω
τυραννίς,-ίδος,ή . . . . τύραννος,ό -ις,-ιδος,ή
τύραννος,ό . . . . -ος,ό
Τύραννος,ό . . . . τύραννος,ό -ος,ό
τυρβάζω . . . . τύρβη,ή -αζω
Τύριος,ό . . . . Τύρος,ό -ιος,ό
Τύρος,ή . . . . -ος,ή
τυφλός,-ή,-όν . . . . -ος,-η,-ον

τυφλόω . . . . τυφλός,-ή,-όν -οω
τῦφος,-ους,τό . . . . τύφω -ος,-ους,τό
τυφόω . . . . τύφω -οω
τύφω . . . . -ω
τυφωνικός,-ή,-όν . . . . Τυφῶν,-ῶνος,ὁ -ικος,-η,-ον
τύχη,ἡ . . . . -η,ἡ
Τυχικός,ὁ . . . . τύχη,ἡ -ικος,ὁ

Υ

ὕαινα,ἡ . . . . ὕς,ὑός,ὁ&ἡ -α,ἡ
ὑακίνθινος,-η,-ον . . . . ὑάκινθος,ὁ&ἡ -ινος,-η,-ον
ὑάκινθος,ὁ . . . . -ος,ὁ
ὑάλινος,-η,-ον . . . . ὕαλος,ἡ -ινος,-η,-ον
ὕαλος,ἡ . . . . -ος,ἡ
ὑβρίζω . . . . ὕβρις,-εως,ἡ -ιζω
ὑβριστής,-οῦ,ὁ . . . . ὕβρις,-εως,ἡ -της,-ου,ὁ
ὑγεία,ἡ . . . . ὑγιής,-ές -εία,ἡ
ὑγιαίνω . . . . ὑγιής,-ές -αινω
ὑγίεια,ἡ . . . . ὑγιής,-ές -εια,ἡ
ὑγιής,-ές . . . . -ης,-ες
ὑγρός,-ά,-όν . . . . ὕω -ρος,-α,-ον
ὑδρία,ἡ . . . . ὕω -ία,ἡ
ὑδροποτέω . . . . ὕω πίνω -εω
ὑδρωπικός,-ή,-όν . . . . ὕω -ικος,-η,-ον
ὕδωρ,ὕδατος,τό . . . . ὕω -___,-ος,τό(2)
ὑετός,ὁ . . . . ὕω -τος,ὁ
υἱοθεσία,ἡ . . . . υἱός,ὁ τίθημι -ία,ἡ
υἱός,ὁ . . . . -ος,ὁ
ὕλη,ἡ . . . . -η,ἡ
ὑμεῖς,-ων . . . . *
Ὑμέναιος,ὁ . . . . ὑμήν,-ένος,ὁ -ιος,ὁ
ὑμέτερος,-α,-ον . . . . ὑμεῖς,-ων -τερος,-α,-ον
ὑμνέω . . . . ὕμνος,ὁ -εω
ὕμνος,ὁ . . . . -ος,ὁ
ὑπάγω . . . . ὑπό ἄγω -ω
ὑπακοή,ἡ . . . . ὑπό ἀκούω -ή,ἡ
ὑπακούω . . . . ὑπό ἀκούω -ω
ὑπαλείφω . . . . ὑπό ἀλείφω -ω
ὕπανδρος,-ον . . . . ὑπό ἀνήρ,ἀνδρός,ὁ -ος,-α,-ον
ὑπαντάω . . . . ὑπό ἀντί -αω
ὑπάντησις,-εως,ἡ . . . . ὑπό ἀντί -σις,-εως,ἡ
ὕπαρξις,-εως,ἡ . . . . ὑπό ἄρχω -σις,-εως,ἡ
ὑπάρχω . . . . ὑπό ἄρχω -ω
ὑπείκω . . . . ὑπό εἴκω(2) -ω
ὑπεναντίος,-α,-ον . . . . ὑπό ἐν ἀντί -ιος,-α,-ον
ὑπεξέρχομαι . . . . ὑπό ἐκ ἔρχομαι -ω
ὑπέρ . . . . =
ὑπεραγάλλομαι . . . . ὑπέρ ἀγάλλω -ω
ὑπεράγαν . . . . ὑπέρ ἄγαν =

ὑπεραγαπάω . . . . ὑπέρ ἄγαμαι -αω
ὑπεραίρω . . . . ὑπέρ αἴρω -ω
ὑπέρακμος,-ον . . . . ὑπέρ ἀκή,ἡ -ος,-η,-ον
ὑπεράνω . . . . ὑπέρ ἄνω -ω=
ὑπερασπίζω . . . . ὑπέρ ἀσπίς,-ίδος,ἡ -ιζω
ὑπερασπισμός,ὁ . . . . ὑπέρ ἀσπίς,-ίδος,ἡ -μος,ὁ
ὑπερασπιστής,-οῦ,ὁ . . . . . . ὑπέρ ἀσπίς,-ίδος,ἡ -της,-ου,ὁ
ὑπεραυξάνω . . . . ὑπέρ αὐξάνω -ανω
ὑπερβαίνω . . . . ὑπέρ βαίνω -ω
ὑπερβαλλόντως . . . . ὑπέρ βάλλω -ως=
ὑπερβάλλω . . . . ὑπέρ βάλλω -ω
ὑπερβολή,ἡ . . . . ὑπέρ βάλλω -ή,ἡ
ὑπερδοξάζω . . . . ὑπέρ δοκέω -αζω
ὑπερέκεινα . . . . ὑπέρ ἐκεῖ -α=
ὑπερεκπερισσοῦ . . . . ὑπέρ ἐκ περί -ου=
ὑπερεκπερισσῶς . . . . ὑπέρ ἐκ περί -ως=
ὑπερεκτείνω . . . . ὑπέρ ἐκ τείνω -ω
ὑπερεκχύνω . . . . ὑπέρ ἐκ χέω -υνω
ὑπερεντυγχάνω . . . . ὑπέρ ἐν τύχη,ἡ -ανω
ὑπερεπαινέω . . . . ὑπέρ ἐπί αἶνος,ὁ -εω
ὑπερευφραίνομαι . . . . ὑπέρ εὖ φρήν,φρενός,ἡ -ω
ὑπερευχαριστέω . . . . ὑπέρ εὖ χαίρω -εω
ὑπερέχω . . . . ὑπέρ ἔχω -ω
ὑπερηφανέω . . . . ὑπέρ φάω -εω
ὑπερηφανία,ἡ . . . . ὑπέρ φάω -ία,ἡ
ὑπερήφανος,-ον . . . . ὑπέρ φάω -ος,-η,-ον
ὑπέρλαμπρος,-ον . . . . ὑπέρ λάμπω -ρος,-α,-ον
ὑπερλίαν . . . . ὑπέρ λί- -αν=
ὑπέρμαχος,ὁ . . . . ὑπέρ μάχη,ἡ -ος,ὁ
ὑπερνικάω . . . . ὑπέρ νίκη,ἡ -αω
ὑπέρογκος,-ον . . . . ὑπέρ ὄγκος,ὁ(2) -ος,-η,-ον
ὑπεροράω . . . . ὑπέρ ὁράω -αω
ὑπεροχή,ἡ . . . . ὑπέρ ἔχω -ή,ἡ
ὑπερπερισσεύω . . . . ὑπέρ περί -ευω
ὑπερπερισσῶς . . . . ὑπέρ περί -ως=
ὑπερπλεονάζω . . . . ὑπέρ πλέος,-α,-ον -αζω
ὑπερσπουδάζω . . . . ὑπέρ σπεύδω -αζω
ὑπέρτατος,-η,-ον . . . . ὑπέρ -τατος,-η,-ον
ὑπερτίθημι . . . . ὑπέρ τίθημι -μι
ὑπερυψόω . . . . ὑπέρ ὕψι -οω
ὑπερφρονέω . . . . ὑπέρ φρήν,φρενός,ἡ -εω
ὑπερῷον,τό . . . . ὑπέρ -ιον,τό(2)
ὑπερῷος,-α,-ον . . . . ὑπέρ -ιος,-α,-ον
ὑπέχω . . . . ὑπό ἔχω -ω
ὑπήκοος,-ον . . . . ὑπό ἀκούω -ος,-α,-ον
ὑπηρεσία,ἡ . . . . ὑπό ἐρέσσω -ία,ἡ
ὑπηρετέω . . . . ὑπό ἐρέσσω -εω
ὑπηρέτης,-ου,ὁ . . . . ὑπό ἐρέσσω -της,-ου,ὁ
ὑπισχνέομαι . . . . ὑπό ἔχω -εω
ὕπνος,ὁ . . . . -ος,ὁ
ὑπνόω . . . . ὕπνος,ὁ -οω

ύπό . . . . =
ύποβάλλω . . . . ύπό βάλλω -ω
ύπογραμμός,ό . . . . ύπό γράφω -ος,ό
ύποδεής,-ές . . . . ύπό δέος,-ους,τό -ης,-ες
ύπόδειγμα,-ματος,τό . . . . ύπό δείκνυμι -μα,-ματος,τό
ύποδείκνυμι . . . . ύπό δείκνυμι -μι
ύποδεικνύω . . . . ύπό δείκνυμι -ω
ύποδέχομαι . . . . ύπό δέχομαι -ω
ύποδέω . . . . ύπό δέω(1) -ω
ύπόδημα,-ματος,τό . . . . . ύπό δέω(1) -μα,-ματος,τό
ύπόδικος,-ον . . . . ύπό δίκη,ή -ος,-η,-ον
ύπόδουλος,-ον . . . . ύπό δοῦλος,ό -ος,-η,-ον
ύποδύομαι . . . . ύπό δύω -ω
ύποζύγιον,τό . . . . ύπό ζυγόν,τό -ιον,τό(2)
ύποζώννυμι . . . . ύπό ζώννυμι -μι
ύποκάτω . . . . ύπό κατά -ω=
ύποκάτωθεν . . . . ύπό κατά -θεν=
ύπόκειμαι . . . . ύπό κεῖμαι -μι
ύποκρίνομαι . . . . ύπό κρίνω -ω
ύπόκρισις,-εως,ή . . . . . ύπό κρίνω -σις,-εως,ή
ύπόκριτής,-ου,ό . . . . . . ύπό κρίνω -της,-ου,ό
ύπολαμβάνω . . . . ύπό λαμβάνω -ανω
ύπολαμπάς,-άδος,ή . . . . . ύπό λάμπω -ας,-αδος,ή
ύπόλειμμα,-ματος,τό . . . . ύπό λείπω -μα,-ματος,τό
ύπολείπω . . . . ύπό λείπω -ω
ύπολήνιον,τό . . . . ύπό ληνός,ή -ιον,τό(2)
ύπολιμπάνω . . . . ύπό λείπω -ανω
ύπολύω . . . . ύπό λύω -ω
ύπομειδιάω . . . . ύπό μειδάω -αω
ύπομένω . . . . ύπό μένω -ω
ύπομιμνήσκω . . . . ύπό μνάομαι(2) -σκω
ύπόμνησις,-εως,ή . . . . . ύπό μνάομαι(2) -σις,-εως,ή
ύπομονή,ή . . . . ύπό μένω -ή,ή
ύπομονητικός,-ή,-όν . . . . ύπό μένω -ικος,-η,-ον
ύπονοέω . . . . ύπό νοῦς,νοός,ό -εω
ύπόνοια,ή . . . . ύπό νοῦς,νοός,ό -ια,ή
ύποπίπτω . . . . ύπό πίπτω -ω
ύποπλέω . . . . ύπό πλέω -εω
ύποπνέω . . . . ύπό πνέω -εω
ύποπόδιον,τό . . . . ύπό πούς,ποδός,ό -ιον,τό(2)
ύποπτεύω . . . . ύπό όράω -ευω
ύπορθόω . . . . ύπό όρθός,-ή,-όν -οω
ύπόστασις,-εως,ή . . . . . ύπό ΐστημι -σις,-εως,ή
ύποστέλλω . . . . ύπό στέλλω -ω
ύποστολή,ή . . . . ύπό στέλλω -ή,ή
ύποστρέφω . . . . ύπό στρέφω -ω
ύποστρωννύω . . . . ύπό στορέννυμι -ω
ύποταγή,ή . . . . ύπό τάσσω -ή,ή
ύποτάσσω . . . . ύπό τάσσω -σσω
ύποτεταγμένως . . . . ύπό τάσσω -ως=
ύποτίθημι . . . . ύπό τίθημι -μι

ὑποτρέχω . . . . ὑπό τρέχω -ω
ὑποτύπωσις,-εως,ἡ . . . . ὑπό τύπος,ὁ -σις,-εως,ἡ
ὑπουργέω . . . . ὑπό ἔργω(2) -εω
ὑποφέρω . . . . ὑπό φέρω -ω
ὑποχθόνιος,-α,-ον . . . . . . ὑπό χθών,-ονός,ἡ -ιος,-α,-ον
ὑποχωρέω . . . . ὑπό χῶρος,ὁ -εω
ὑπωπιάζω . . . . ὑπό ὁράω -αζω
ὗς,ὑός,ὁ&ἡ . . . . -ς,-ος,ὁ&ἡ
ὑσσός,ὁ . . . . -ος,ὁ
ὕσσωπος,ὁ&ἡ . . . . -ος,ὁ&ἡ
ὕσσωπον,τό . . . . ὕσσωπος,ὁ&ἡ -ον,τό
ὑστερέω . . . . ὕστερος,-α,-ον -εω
ὑστέρημα,-ματος,τό . . . . . . ὕστερος,-α,-ον -μα,-ματος,τό
ὑστέρησις,-εως,ἡ . . . . ὕστερος,-α,-ον -σις,-εως,ἡ
ὕστερος,-α,-ον . . . . -τερος,-α,-ον
ὑφαίνω . . . . -ω
ὑφαντός,-ή,-όν . . . . ὑφαίνω -τος,-η,-ον
ὑφίστημι . . . . ὑπό ἵστημι -μι
ὑψηλός,-ή,-όν . . . . ὕψι -λος,-η,-ον
ὑψηλόφθαλμος,-ον . . . . ὕψι ὁράω -ος,-η,-ον
ὑψηλοφρονέω . . . . ὕψι φρήν,φρενός,ἡ -εω
ὑψηλοφροσύνη,ἡ . . . . ὕψι φρήν,φρενός,ἡ -συνη,ἡ
ὑψηλόφρων,-ον . . . . ὕψι φρήν,φρενός,ἡ -ων,-ον
ὕψιστος,-η,-ον . . . . ὕψι -ιστος,-η,-ον
ὕψος,-ους,τό . . . . ὕψι -ος,-ους,τό
ὑψόω . . . . ὕψι -οω
ὕψωμα,-ματος,τό . . . . ὕψι -μα,-ματος,τό

Φ

φάγος,ὁ . . . . φαγεῖν -ος,ὁ
φαιλόνης,-ου,ὁ . . . . -ης,-ου,ὁ
φαίνω . . . . φάω -ω
Φάλεκ . . . . =
φανεροποιέω . . . . φάω ποιέω -εω
φανερός,-ά,-όν . . . . φάω -ρος,-α,-ον
φανερόω . . . . φάω -οω
φανερῶς . . . . φάω -ως=
φανέρωσις,-εως,ἡ . . . . φάω -σις,-εως,ἡ
φανός,ὁ . . . . φάω -ος,ὁ
Φανουήλ,ὁ . . . . =
φαντάζω . . . . φάω -αζω
φαντασία,ἡ . . . . φάω -ία,ἡ
φάντασμα,-ματος,τό . . . . . . φάω -μα,-ματος,τό
φάραγξ,-αγγος,ἡ . . . . -ς,-ος,ἡ
Φαραώ,ὁ . . . . =
Φαρές,ὁ . . . . =
Φαρισαῖος,ὁ . . . . -αῖος,ὁ
φαρμακεία,ἡ . . . . φάρμακον,τό -εία,ἡ
φαρμακεύς,-έως,ὁ . . . . φάρμακον,τό -ευς,-εως,ὁ
φαρμακεύω . . . . φάρμακον,τό -ευω

φάρμακον,τό . . . . -ον,τό
φάρμακος,ὁ . . . . φάρμακον,τό -ος,ὁ
φάσις,-εως,ἡ . . . . φάω -σις,-εως,ἡ
φάσκω . . . . φάω -σκω
φάτνη,ἡ . . . . πατέομαι -νη,ἡ
φαῦλος,-η,-ον . . . . -ος,-η,-ον
φέγγος,-ους,τό . . . . -ος,-ους,τό
φείδομαι . . . . -ω
φειδομένως . . . . φείδομαι -ως=
φελόνης,-ου,ὁ . . . . φαιλόνης,-ου,ὁ -ης,-ου,ὁ
φέρω . . . . -ω
φεύγω . . . . -ω
Φῆλιξ,-ικος,ὁ . . . . -ς,-ος,ὁ
φήμη,ἡ . . . . φημί -η,ἡ
φημί . . . . -μι*
φημίζω . . . . φημί -ιζω
Φῆστος,ὁ . . . . -ος,ὁ
φθάνω . . . . -ω
φθαρτός,-ή,-όν . . . . φθίω -τος,-η,-ον
φθέγγομαι . . . . -ω
φθείρω . . . . φθίω -ω
φθινοπωρινός,-ή,-όν . . . . . . φθίω ὀπώρα,ἡ -ινος,-η,-ον
φθόγγος,ὁ . . . . φθέγγομαι -ος,ὁ
φθονέω . . . . φθόνος,ὁ -εω
φθόνος,ὁ . . . . -ος,ὁ
φθορά,ἡ . . . . φθίω -ρα,ἡ
φθορεύς,-έως,ὁ . . . . φθίω -ευς,-εως,ὁ
φιάλη,ἡ . . . . -η,ἡ
φιλάγαθος,-ον . . . . φίλος,-η,-ον ἀγαθός,-ή,-όν -ος,-η,-ον
Φιλαδέλφεια,ἡ . . . . φίλος,-η,-ον ἀ-(2) δελφύς,-ύος,ἡ
                                   -εια,ἡ
φιλαδελφία,ἡ . . . . φίλος,-η,-ον ἀ-(2) δελφύς,-ύος,ἡ
                                   -ία,ἡ
φιλάδελφος,-ον . . . . φίλος,-η,-ον ἀ-(2) δελφύς,-ύος,ἡ
                                   -ος,-η,-ον
φίλανδρος,-ον . . . . φίλος,-η,-ον ἀνήρ,ἀνδρός,ὁ
                                   -ος,-α,-ον
φιλανθρωπία,ἡ . . . . φίλος,-η,-ον ἄνθρωπος,ὁ -ία,ἡ
φιλάνθρωπος,-ον . . . . φίλος,-η,-ον ἄνθρωπος,ὁ -ος,-η,-ον
φιλανθρώπως . . . . φίλος,-η,-ον ἄνθρωπος,ὁ -ως=
φιλαργυρέω . . . . φίλος,-η,-ον ἀργός,-ή,-όν(1) -εω
φιλαργυρία,ἡ . . . . φίλος,-η,-ον ἀργός,-ή,-όν(1) -ία,ἡ
φιλάργυρος,-ον . . . . φίλος,-η,-ον ἀργός,-ή,-όν(1)
                                   -ος,-α,-ον
φίλαυτος,-ον . . . . φίλος,-η,-ον αὐτός,-ή,-ό -ος,-η,-ον
φιλέω . . . . φίλος,-η,-ον -εω
φιλήδονος,-ον . . . . φίλος,-η,-ον ἥδομαι -ος,-η,-ον
φίλημα,-ματος,τό . . . . φίλος,-η,-ον -μα,-ματος,τό
Φιλήμων,-ονος,ὁ . . . . φίλος,-η,-ον -μων,-ονος,ὁ
Φίλετος,ὁ . . . . φίλος,-η,-ον -τος,ὁ
φιλία,ἡ . . . . φίλος,-η,-ον -ία,ἡ

Φιλιππήσιος,ό . . . . φίλος,-η,-ον ἵππος,ὁ&ἡ -ησιος,ὁ
Φίλιπποι,-ων,οἱ . . . . φίλος,-η,-ον ἵππος,ὁ&ἡ -ος,ὁ
Φίλιππος,ό . . . . φίλος,-η,-ον ἵππος,ὁ&ἡ -ος,ὁ
φιλοδέσποτος,-ον . . . . φίλος,-η,-ον δεσπότης,-ου,ὁ
                                  -ος,-η,-ον
φιλόζωος,-ον . . . . φίλος,-η,-ον ζάω -ος,-α,-ον
φιλόθεος,-ον . . . . φίλος,-η,-ον θεός,ὁ -ος,-α,-ον
Φιλόλογος,ό . . . . φίλος,-η,-ον λέγω -ος,ὁ
Φιλομήλιον,τό . . . . φίλος,-η,-ον μέλος,-ους,τό -ιον,τό(2)
φιλονεικία,ἡ . . . . φίλος,-η,-ον νεῖκος,-ους,τό -ία,ἡ
φιλόνεικος,-ον . . . . φίλος,-η,-ον νεῖκος,-ους,τό -ος,-η,-ον
φιλοξενία,ἡ . . . . φίλος,-η,-ον ξένος,ὁ -ία,ἡ
φιλόξενος,-ον . . . . φίλος,-η,-ον ξένος,ὁ -ος,-η,-ον
φιλοπονέω . . . . φίλος,-η,-ον πένομαι -εω
φιλοπρωτεύω . . . . φίλος,-η,-ον πρό -ευω
φίλος,-η,-ον . . . . -ος,-η,-ον
φιλοσοφία,ἡ . . . . φίλος,-η,-ον σοφός,-ή,-όν -ία,ἡ
φιλόσοφος,ό . . . . φίλος,-η,-ον σοφός,-ή,-όν -ος,ὁ
φιλοστοργία,ἡ . . . . φίλος,-η,-ον στέργω -ία,ἡ
φιλόστοργος,-ον . . . . φίλος,-η,-ον στέργω -ος,-η,-ον
φιλότεκνος,-ον . . . . φίλος,-η,-ον τίκτω -ος,-η,-ον
φιλοτιμέομαι . . . . φίλος,-η,-ον τίω -εω
φιλοτιμία,ἡ . . . . φίλος,-η,-ον τίω -ία,ἡ
φιλόυλος,-ον . . . . φίλος,-η,-ον ὕλη,ἡ -ος,-η,-ον
φιλοφρόνως . . . . φίλος,-η,-ον φρήν,φρενός,ἡ -ως=
φιλόφρων,-ον . . . . φίλος,-η,-ον φρήν,φρενός,ἡ -ων,-ον
Φίλων,-ωνος,ό . . . . -___,-ος,ὁ
φιμόω . . . . φιμός,ὁ -οω
φλαγελλόω . . . . φραγέλλιον,τό -οω
φλέγω . . . . -ω
Φλέγων,-οντος,ό . . . . φλέγω -ων,-οντος,ὁ
φλέψ,-εβός,ἡ . . . . φλέω -ς,-ος,ἡ
φλογίζω . . . . φλέγω -ιζω
φλόξ,-ογός,ἡ . . . . φλέγω -ς,-ος,ἡ
φλυαρέω . . . . φλέω -εω
φλύαρος,-ον . . . . φλέω -ρος,-α,-ον
φοβερός,-ά,-όν . . . . φέβομαι -ρος,-α,-ον
φοβέω . . . . φέβομαι -εω
φόβητρον,τό . . . . φέβομαι -τρον,τό
φόβος,ό . . . . φέβομαι -ος,ὁ
Φοίβη,ἡ . . . . φάω -η,ἡ
Φοινίκη,ἡ . . . . φοῖνιξ,-ικος,ὁ -η,ἡ
Φοινίκισσα,ἡ . . . . φοῖνιξ,-ικος,ὁ -ισσα,ἡ
φοινικοῦς,-ῆ,-οῦν . . . . φοῖνιξ,-ικος,ὁ -ους,-η,-ουν
Φοῖνιξ,-ικος,ό . . . . φοῖνιξ,-ικος,ὁ -ς,-ος,ὁ
φοῖνιξ,-ικος,ό . . . . -ς,-ος,ὁ
φοιτάω . . . . φοῖτος,ὁ -αω
φονεύς,-έως,ό . . . . φένω -ευς,-εως,ὁ
φονεύω . . . . φένω -ευω
φόνος,ό . . . . φένω -ος,ὁ
φορά,ἡ . . . . φέρω -ά,ἡ

φορέω . . . . φέρω -εω
φόρον,τό . . . . -ον,τό
φόρος,ό . . . . φέρω -ος,ό
φορτίζω . . . . φέρω -ιζω
φορτίον,τό . . . . φέρω -ιον,τό
φόρτος,ό . . . . φέρω -τος,ό
Φορτουνᾶτος,ό . . . . -ος,ό
φραγέλλιον,τό . . . . -ον,τό
φραγελλόω . . . . φραγέλλιον,τό -οω
φραγμός,ό . . . . φράσσω -μος,ό
φράζω . . . . -ω
φράσσω . . . . -σσω
φρέαρ,-ατος,τό . . . . -___,-ος,τό(2)
φρεναπατάω . . . . φρήν,φρενός,ή ἀπάτη,ή -αω
φρεναπάτης,-ου,ό . . . . . . φρήν,φρενός,ή ἀπάτη,ή -της,-ου,ό
φρήν,φρενός,ή . . . . -___,-ος,ή(1)
φρίκη,ή . . . . φρίσσω -η,ή
φρίσσω . . . . -σσω
φρονέω . . . . φρήν,φρενός,ή -εω
φρόνημα,-ματος,τό . . . . . φρήν,φρενός,ή -μα,-ματος,τό
φρόνησις,-εως,ή . . . . . . φρήν,φρενός,ή -σις,-εως,ή
φρόνιμος,-ον . . . . φρήν,φρενός,ή -ιμος,-η,-ον
φρονίμως . . . . φρήν,φρενός,ή -ως=
φροντίζω . . . . φρήν,φρενός,ή -ιζω
φροντίς,-ίδος,ή . . . . φρήν,φρενός,ή -ις,-ιδος,ή
φροντιστής,-οῦ,ό . . . . . . φρήν,φρενός,ή -της,-ου,ό
Φρόντων,-ωνος,ό . . . . . . -___,-ος,ό
φρουρά,ή . . . . πρό ὁράω -ά,ή
φρουρέω . . . . πρό ὁράω -εω
φρυάσσω . . . . -σσω
φρύγανον,τό . . . . φρύγω -ον,τό
Φρυγία,ή . . . . Φρύξ,-υγός,ό -ία,ή
Φρύξ,-υγός,ό . . . . -ς,-ος,ό
φυγαδεύω . . . . φεύγω -ευω
Φύγελος,ό . . . . -ος,ό
φυγή,ή . . . . φεύγω -ή,ή
φυλακή,ή . . . . φυλάσσω -ή,ή
φυλακίζω . . . . φυλάσσω -ιζω
φυλακτήριον,τό . . . . φυλάσσω -τηριον,τό
φύλαξ,-ακος,ό . . . . φυλάσσω -ς,-ος,ό
φύλαρχος,ό . . . . φύω ἄρχω -ος,ό
φυλάσσω . . . . -σσω
φυλή,ή . . . . φύω -ή,ή
φύλλον,τό . . . . -ον,τό
φυλλοροέω . . . . φύλλον,τό ῥέω(2) -εω
φύραμα,-ματος,τό . . . . . φύρω -μα,-ματος,τό
φυσικός,-ή,-όν . . . . φύω -ικος,-η,-ον
φυσικῶς . . . . φύω -ως=
φυσιόω . . . . φύω -οω
φύσις,-εως,ή . . . . φύω -σις,-εως,ή
φυσίωσις,-εως,ή . . . . . . φύω -σις,-εως,ή

φυτεία,ἡ . . . . φύω -εία,ἡ
φυτεύω . . . . φύω -ευω
φυτόν,τό . . . . φύω -τον,τό
φύω . . . . -ω
φωλεός,ὁ . . . . -ος,ὁ
φωνέω . . . . φωνή,ἡ -εω
φωνή,ἡ . . . . -ή,ἡ
φῶς,φωτός,τό . . . . φάω -ς,-ος,τό
φωστήρ,-τῆρος,ὁ . . . . φάω -τηρ,-τηρος,ὁ
φωσφόρος,-ον . . . . φάω φέρω -ος,-α,-ον
φωταγωγός,-όν . . . . φάω ἄγω -ος,-η,-ον
φωτεινός,-ή,-όν . . . . φάω -ινος,-η,-ον
φωτίζω . . . . φάω -ιζω
φωτισμός,ὁ . . . . φάω -μος,ὁ

Χ

χαίρω . . . . -ω
χάλαζα,ἡ . . . . -α,ἡ
χαλάω . . . . -αω
Χαλδαῖος,ὁ . . . . Χαλδαία,ἡ -ιος,ὁ
χαλεπός,-ή,-όν . . . . -ος,-η,-ον
χαλιναγωγέω . . . . χαλάω ἄγω -εω
χαλινός,ὁ . . . . χαλάω -ος,ὁ
χαλινόω . . . . χαλάω -οω
χάλιξ,-ικος,ὁ . . . . -ς,-ος,ὁ
χαλκεύς,-έως,ὁ . . . . χαλκός,ὁ -ευς,-εως,ὁ
χαλκεύω . . . . χαλκός,ὁ -ευω
χαλκηδών,-όνος,ὁ . . . . χαλκός,ὁ -ων,-ονος,ὁ
χαλκίον,τό . . . . χαλκός,ὁ -ιον,τό(2)
χαλκολίβανον,τό . . . . χαλκός,ὁ λείβω -ον,τό
χαλκός,ὁ . . . . -ος,ὁ
χαλκοῦς,-ῆ,-οῦν . . . . χαλκός,ὁ -ους,-η,-ουν
χαμαί . . . . =
Χανάαν,ἡ . . . . =
Χαναναῖος,-α,-ον . . . . Χανάαν,ἡ -ιος,-α,-ον
χαρά,ἡ . . . . χαίρω -ά,ἡ
χάραγμα,-ματος,τό . . . . . . χαράσσω -μα,-ματος,τό
χαρακόω . . . . χαράσσω -οω
χαρακτήρ,-τῆρος,ὁ . . . . χαράσσω -τηρ,-τηρος,ὁ
χαράκωσις,-εως,ἡ . . . . χαράσσω -σις,-εως,ἡ
χαρίζομαι . . . . χαίρω -ιζω
χάριν . . . . χαίρω -ν=
χάρις,-ιτος,ἡ . . . . χαίρω -ς,-ος,ἡ
χάρισμα,-ματος,τό . . . . χαίρω -μα,-ματος,τό
χαριτόω . . . . χαίρω -οω
Χαρράν,ἡ . . . . =
χάρτης,-ου,ὁ . . . . χαράσσω -της,-ου,ὁ
χάσμα,-ματος,τό . . . . χαίνω -μα,-ματος,τό
χεῖλος,-ους,τό . . . . -ος,-ους,τό

χειμάζω . . . . χεῖμα,-ματος,τό -αζω
χείμαρρος,ό . . . . χεῖμα,-ματος,τό ῥέω(2) -ος,ό
χειμερινός,-ή,-όν . . . . χεῖμα,-ματος,τό -ινος,-η,-ον
χειμών,-ῶνος,ό . . . . χεῖμα,-ματος,τό -ων,-ωνος,ό
χείρ,-ρός,ή . . . . -—,-ος,ή
χειραγωγέω . . . . χείρ,-ρός,ή ἄγω -εω
χειραγωγός,ό . . . . χείρ,-ρός,ή ἄγω -ος,ό
χειρόγραφον,τό . . . . χείρ,-ρός,ή γράφω -ον,τό
χειροποίητος,-ον . . . . χείρ,-ρός,ή ποιέω -τος,-η,-ον
χειροτονέω . . . . χείρ,-ρός,ή τείνω -εω
χειροτονία,ή . . . . χείρ,-ρός,ή τείνω -ία,ή
χείρων,-ον . . . . -ων,-ον
Χερούβ,τό . . . . =
χερσόω . . . . χέρσος,ή -οω
χέω . . . . -ω
χήρα,ή . . . . χῆρος,-α,-ον -α,ή
χθές . . . . =
χιλίαρχος,ό . . . . χίλιοι,-αι,-α ἄρχω -ος,ό
χιλιάς,-άδος,ή . . . . χίλιοι,-αι,-α -ας,-αδος,ή
χίλιοι,-αι,-α . . . . -ος,-α,-ον
χιόνινος,-η,-ον . . . . χιών,-όνος,ή -ινος,-η,-ον
Χίος,ή . . . . -ος,ή
χιτών,-ῶνος,ό . . . . -—,-ος,ό
χιών,-όνος,ή . . . . -—,-ος,ή(1)
χλαμύς,-ύδος,ή . . . . -ς,-ος,ή
χλευάζω . . . . χλεύη,ή -αζω
χλεύη,ή . . . . -η,ή
χλιαρός,-ά,-όν . . . . χλίω -ρος,-α,-ον
Χλόη,ή . . . . χλόη,ή -η,ή
χλωρός,-ά,-όν . . . . χλόη,ή -ρος,-α,-ον
χνοῦς,-οῦ,ό . . . . -ος,ό
χοικός,-ή,-όν . . . . χέω -ικος,-η,-ον
χοῖνιξ,-ικος,ή . . . . -ς,-ος,ή
χοιρίον,τό . . . . χοῖρος,ό -ιον,τό
χοῖρος,ό . . . . -ος,ό
χολάω . . . . χόλος,ό -αω
χολή,ή . . . . χόλος,ό -ή,ή
χονδρίζω . . . . χόνδρος,ό -ιζω
Χοραζίν,ή . . . . =
χορδή,ή . . . . -ή,ή
χορεύω . . . . χορός,ό -ευω
χορηγέω . . . . χορός,ό ἄγω -εω
χορός,ό . . . . -ος,ό
χορτάζω . . . . χόρτος,ό -αζω
χόρτασμα,-ματος,τό . . . . . . χόρτος,ό -μα,-ματος,τό
χόρτος,ό . . . . -ος,ό
Χουζᾶς,-ᾶ,ό . . . . -ας,-α,ό
χοῦς,χοός,ό . . . . χέω -ς,-ος,ό(1)
χράομαι . . . . χράω(3) -ω
χρεία,ή . . . . χράω(3) -εία,ή
χρεοφειλέτης,-ου,ό . . . . χράω(3) ὀφείλω -της,-ου,ό

χρεώστης,-ου,ό . . . . χράω(3) -της,-ου,ό
χρή . . . . χράω(3) =
χρήζω . . . . χράω(3) -ιζω
χρῆμα,-ματος,τό . . . . χράω(3) -μα,-ματος,τό
χρηματίζω . . . . χράω(3) -ιζω
χρηματισμός,ό . . . . χράω(3) -μος,ό
χρήσιμος,-η,-ον . . . . χράω(3) -ιμος,-η,-ον
χρῆσις,-εως,ή . . . . χράω(3) -σις,-εως,ή
χρησμοδοτέω . . . . χράω(3) δίδωμι -εω
χρηστεύομαι . . . . χράω(3) -ευω
χρηστολογία,ή . . . . χράω(3) λέγω -ία,ή
χρηστός,-ή,-όν . . . . χράω(3) -τος,-η,-ον
χρηστότης,-τητος,ή . . . . . . χράω(3) -οτης,-τητος,ή
χρῖσμα,-ματος,τό . . . . χρίω -μα,-ματος,τό
χριστέμπορος,ό . . . . χρίω ἐν πέρα -ος,ό
Χριστιανισμός,ό . . . . χρίω -μος,ό
Χριστιανός,ό . . . . χρίω -ιανος,ό
χριστομαθία,ή . . . . χρίω μανθάνω -ία,ή
χριστόνομος,-ον . . . . χρίω νέμω -ος,-η,-ον
Χριστός,ό . . . . χρίω -τος,ό
χριστοφόρος,-ον . . . . χρίω φέρω -ος,-α,-ον
χρίω . . . . -ω
χρόα,ή . . . . χρώς,-ωτός,ό -α,ή
χρονίζω . . . . χρόνος,ό -ιζω
χρόνος,ό . . . . -ος,ό
χρονοτριβέω . . . . χρόνος,ό τρίβω -εω
χρυσίον,τό . . . . χρυσός,ό -ιον,τό
χρυσοδακτύλιος,-ον . . . . . . χρυσός,ό δείκνυμι -ιος,-α,-ον
χρυσόλιθος,ό . . . . χρυσός,ό λίθος,ό -ος,ό
χρυσόπρασος,ό . . . . χρυσός,ό πράσον,τό -ος,ό
χρυσός,ό . . . . -ος,ό
χρυσοῦς,-ῆ,-οῦν . . . . χρυσός,ό -ους,-η,-ουν
χρυσόω . . . . χρυσός,ό -οω
χρῶμα,-ματος,τό . . . . χρώς,-ωτός,ό -μα,-ματος,τό
χρώς,-ωτός,ό . . . . -ς,-ος,ό
χωλός,-ή,-όν . . . . -ος,-η,-ον
χώνευμα,-ματος,τό . . . . χέω -μα,-ματος,τό
χωνευτός,-ή,-όν . . . . χέω -τος,-η,-ον
χώρα,ή . . . . χῶρος,ό -α,ή
χωρέω . . . . χῶρος,ό -εω
Χωρήβ . . . . =
χωρίζω . . . . χωρίς -ιζω
χωρίον,τό . . . . χῶρος,ό -ιον,τό
χωρίς . . . . =
χωρισμός,ό . . . . χωρίς -μος,ό
χῶρος,ό(1) . . . . -ος,ό
χῶρος,ό(2) . . . . -ος,ό

ψ

ψάλλω	-ω
ψαλμός,ό	ψάλλω -μος,ό
ψευδάδελφος,ό	ψεύδω ἀ-(2) δελφύς,-ύος,ἡ -ος,ό
ψευδαπόστολος,ό	ψεύδω ἀπό στέλλω -ος,ό
ψευδής,-ές	ψεύδω -ης,-ες
ψευδοδιδασκαλία,ἡ	ψεύδω διδάσκω -ία,ἡ
ψευδοδιδάσκαλος,ό	ψεύδω διδάσκω -ος,ό
ψευδολόγος,-ον	ψεύδω λέγω -ος,-η,-ον
ψεύδομαι	ψεύδω -ω
ψευδομαρτυρέω	ψεύδω μάρτυς,-υρος,ό&ἡ -εω
ψευδομαρτυρία,ἡ	ψεύδω μάρτυς,-υρος,ό&ἡ -ία,ἡ
ψευδόμαρτυς,-υρος,ό	ψεύδω μάρτυς,-υρος,ό&ἡ -ς,-ος,ό
ψευδοπροφήτης,-ου,ό	ψεύδω πρό φημί -της,-ου,ό
ψεῦδος,-ους,τό	ψεύδω -ος,-ους,τό
ψευδόχριστος,ό	ψεύδω χρίω -τος,ό
ψευδώνυμος,-ον	ψεύδω ὄνομα,-ματος,τό -ος,-η,-ον
ψεῦσμα,-ματος,τό	ψεύδω -μα,-ματος,τό
ψεύστης,-ου,ό	ψεύδω -της,-ου,ό
ψηλαφάω	ψάω -αω
ψηφίζω	ψάω -ιζω
ψῆφος,ἡ	ψάω -ος,ό
ψιθυρισμός,ό	ψιθυρός,-όν -μος,ό
ψιθυριστής,-οῦ,ό	ψιθυρός,-όν -της,-ου,ό
ψιλός,-ή,-όν	-ος,-η,-ον
ψίξ,-ιχός,ἡ	-ς,-ος,ἡ
ψιχίον,τό	ψίξ,-ιχός,ἡ -ιον,τό
ψοφοδεής,-ές	ψόφος,ό δέος,-ους,τό -ης,-ες
ψόφος,ό	-ος,ό
ψυχαγωγέω	ψύχω ἄγω -εω
ψυχή,ἡ	ψύχω -ή,ἡ
ψυχικός,-ή,-όν	ψύχω -ικος,-η,-ον
ψῦχος,-ους,τό	ψύχω -ος,-ους,τό
ψυχρός,-ά,-όν	ψύχω -ρος,-α,-ον
ψύχω	-ω
ψωμίζω	ψάω -ιζω
ψωμίον,τό	ψάω -ιον,τό
ψωριάω	ψάω -αω
ψώχω	ψάω -ω

Ω

ὤ	=
ὦ	=
'Ωβήδ,ό	=
ὧδε	ὁ,ἡ,τό -δε=
ᾠδή,-ῆς,ἡ	ἀείδω -ή,ἡ

ὠδίν,-ῖνος,ἡ . . . . ὠδίς,-ῖνος,ἡ -___,-ος,ἡ
ὠδίνω . . . . ὠδίς,-ῖνος,ἡ -ω
ὠθέω . . . . -εω
ὠκεανός,ὁ . . . . ὠκύς,-εῖα,-ύ νάω -ος,ὁ
ὠμόλινον,τό . . . . ὠμός,-ή,-όν λίνον,τό -ον,τό
ὦμος,ὁ . . . . -ος,ὁ
ὠνέομαι . . . . ὦνος,ὁ -εω
ᾠόν,τό . . . . -ον,τδδ

PART 2

PREFIXES

ἀ- negative
  indicator, *not,* a-
ἀβαναύσως
ἀβαρής,-ές
ἀβροχία,ἡ
ἄβρωτος,-ον
ἄβυσσος,ἡ
ἄγαμος,ὁ&ἡ
ἀγενεαλόγητος,-ον
ἀγενής,-ές
ἀγέννητος,-ον
ἄγναφος,-ον
ἀγνοέω
ἀγνόημα,-ματος,τό
ἄγνοια,ἡ
ἀγνωσία,ἡ
ἄγνωστος,-ον
ἀγράμματος,-ον
ἀδάπανος,-ον
ἀδεῶς
ἄδηλος,-ον
ἀδηλότης,-τητος,ἡ
ἀδήλως
ἀδιάκριτος,-ον
ἀδιακρίτως
ἀδιάλειπτος,-ον
ἀδιαλείπτως
ἀδιαφθορία,ἡ
ἀδιήγητος,-ον
ἀδικέω
ἀδίκημα,-ματος,τό
ἀδικία,ἡ
ἀδικοκρίτης,-ου,ὁ
ἄδικος,-ον
ἀδίκως
ἀδιστάκτως
ἀδόκιμος,-ον
ἄδολος,-ον
ἄδοξος,-ον
ἀδρανής,-ές
ἀδυνατέω
ἀδύνατος,-ον

ἄζυμος,-ον
ἀηδής,-ές
ἀηδία,-ας,ἡ
ἀηδῶς
ἀθανασία,ἡ
ἀθάνατος,-ον
ἀθέμιστος,-ον
ἀθέμιτος,-ον
ἄθεος,-ον
ἄθεσμος,-ον
ἀθετέω
ἀθέτησις,-εως,ἡ
ἄθικτος,-ον
ἄθραυστος,-ον
ἀθυμέω
ἀθυμία,ἡ
ἀθῷος,-ον
ἀκαθαρσία,ἡ
ἀκαθάρτης,-τητος,ἡ
ἀκάθαρτος,-ον
ἀκαιρέομαι
ἄκαιρος,-ον
ἀκαίρως
ἀκακία,ἡ
ἄκακος,-ον
ἄκαρπος,-ον
ἀκατάγνωστος,-ον
ἀκατακάλυπτος,-ον
ἀκατάκριτος,-ον
ἀκατάλητος,-ον
ἀκατάλυτος,-ον
ἀκατάπαυστος,-ον
ἀκαταστασία,ἡ
ἀκαταστατέω
ἀκατάστατος,-ον
ἀκατάσχετος,-ον
ἀκαυχησία,ἡ
ἀκεραιοσύνη,ἡ
ἀκέραιος,-ον
ἀκηδία,ἡ
ἀκίνητος,-ον
ἀκλινής,-ές
ἀκοίμητος,-ον

ἀκόρεστος,-ον
ἀκρασία,ἡ
ἀκρατής,-ές
ἄκρατος,-ον
ἄκυρος,-ον
ἀκυρόω
ἀκωλύτως
ἄκων,-ουσα,-ον
ἀλάλητος,-ον
ἄλαλος,-ον
ἀλατόμητος,-ον
ἀλήθεια,ἡ
ἀληθεύω
ἀληθής,-ές
ἀληθινός,-ή,-όν
ἀληθῶς
ἄλογος,-ον
ἀλύπητος,-ον
ἄλυπος,-ον
ἀλυσιτελής,-ές
ἀμαθής,-ές
ἀμαράντινος,-η,-ον
ἀμάραντος,-ον
ἀμάρτυρος,-ον
ἄμαχος,-ον
ἀμέθυστος,ὁ
ἀμέλεια,ἡ
ἀμελέω
ἀμελής,-ές
ἄμεμπτος,-ον
ἀμέμπτως
ἀμεριμνία,ἡ
ἀμέριμνος,-ον
ἀμέριστος,-ον
ἀμετάθετος,-ον
ἀμετακίνητος,-ον
ἀμεταμέλητος,-ον
ἀμεταμελήτως
ἀμετανόητος,-ον
ἄμετρος,-ον
ἀμήτωρ,-τορος,ὁ
ἀμίαντος,-ον
ἀμνησίκακος,-ον
ἀμνησικάκως
ἄμορφος,-ον
ἀμώμητος,-ον
ἄμωμος,-ον
ἀμώμως
ἄναγνος,-ον
ἀναίδεια,ἡ
ἀναιδεύομαι

ἀναιδής,-ές
ἀναισθητέω
ἀναίσθητος,-ον
ἀναίτιος,-ον
ἄναλος,-ον
ἀναμάρτητος,-ον
ἀναντίρρητος,-ον
ἀναντιρρήτως
ἀνάξιος,-ον
ἀναξίως
ἀναπάρτιστος,-ον
ἀναπολόγητος,-ον
ἀναρίθμητος,-ον
ἀνεγκλησία,ἡ
ἀνέγκλητος,-ον
ἀνεκδιήγητος,-ον
ἀνεκλάλητος,-ον
ἀνέκλειπτος,-ον
ἀνελεήμων,-ον
ἀνέλεος,-ον
ἀνεμπόδιστος,-ον
ἀνεμποδίστως
ἀνένδεκτος,-ον
ἀνεξεραύνητος,-ον
ἀνεξιχνίαστος,-ον
ἀνεπαίσχυντος,-ον
ἀνεπιδεής,-ές
ἀνεπίλημπτος,-ον
ἀνεύθετος,-ον
ἀνήμερος,-ον
ἀνίατος,-ον
ἀνίλεως,-ων
ἄνιπτος,-ον
ἀνοδία,ἡ
ἀνόητος,-ον
ἄνοια,ἡ
ἀνομέω
ἀνόμημα,-ματος,τό
ἀνομία,ἡ
ἀνόμοιος,-ον
ἄνομος,-ον
ἀνόμως
ἀνονειδίστως
ἀνόνητος,-ον
ἀνόσιος,-ον
ἀνυβρίστως
ἄνυδρος,-ον
ἀνυπέρβλητος,-ον
ἀνυπόκριτος,-ον
ἀνυποκρίτως
ἀνυπότακτος,-ον

ἀνυστέρητος,-ον
ἀνωφελής,-ές
ἀοίκητος,-ον
ἄοκνος,-ον
ἀόκνως
ἀόρατος,-ον
ἀόργητος,-ον
ἀπαθής,-ές
ἀπαίδευτος,-ον
ἀπαράβατος,-ον
ἀπαρασκεύαστος,-ον
ἀπάτωρ,-τορος,ὁ
ἀπείθεια,ἡ
ἀπειθέω
ἀπειθής,-ές
ἀπείραστος,-ον
ἄπειρος,-ον(1)
ἄπειρος,-ον(2)
ἀπέραντος,-ον
ἀπερινόητος,-ον
ἀπερίσπαστος,-ον
ἀπερισπάστως
ἀπερίτμητος,-ον
ἀπιστέω
ἀπιστία,ἡ
ἄπιστος,-ον
ἄπλυτος,-ον
ἀποίητος,-ον
ἀπορέω
ἀπορία,ἡ
ἀπρεπής,-ές
ἀπροσδεής,-ές
ἀπροσδόκητος,-ον
ἀπρόσιτος,-ον
ἀπρόσκοπος,-ον
ἀπροσκόπως
ἀπροσωπολήμπτως
ἄπταιστος,-ον
ἄραφος,-ον
ἀργέω
ἀργός,-ή,-όν
ἄρρητος,-ον
ἀρρωστέω
ἄρρωστος,-ον
ἀσάλευτος,-ον
ἄσβεστος,-ον
ἀσέβεια,ἡ
ἀσεβέω
ἀσεβής,-ές
ἀσέλγεια,ἡ
ἄσημος,-ον

ἄσηπτος,-ον
ἀσθένεια,ἡ
ἀσθενέω
ἀσθένημα,-ματος,τό
ἀσθενής,-ές
ἀσιτία,ἡ
ἄσιτος,-ον
ἄσκυλτος,-ον
ἄσοφος,-ον
ἄσπιλος,-ον
ἄσπλαγχνος,-ον
ἄσπονδος,-ον
ἀστατέω
ἄστεγος,-ον
ἀστήρικτος,-ον
ἀστομάχητος,-ον
ἄστοργος,-ον
ἀστοχέω
ἀσυγκρασία,ἡ
ἀσύγκριτος,-ον
Ἀσύγκριτος,ὁ
ἀσύμφορος,-ον
ἀσύμφωνος,-ον
ἀσύνετος,-ον
ἀσύνθετος,-ον
ἀσφάλεια,ἡ
ἀσφαλής,-ές
ἀσφαλίζω
ἀσφαλῶς
ἀσχημονέω
ἀσχημοσύνη,ἡ
ἀσχήμων,-ον
ἀσώματος,-ον
ἀσωτία,ἡ
ἀσώτως
ἀτακτέω
ἄτακτος,-ον
ἀτάκτως
ἀταράχως
ἄτεκνος,-ον
ἀτιμάζω
ἀτιμάω
ἀτιμία,ἡ
ἄτιμος,-ον
ἀτιμόω
ἄτομος,-ον
ἄτονος,-ον
ἄτοπος,-ον
ἄτρεπτος,-ον
ἀφανής,-ές
ἀφανίζω

ἀφανισμός,ὁ
ἄφαντος,-ον
ἀφειδία,ἡ
ἀφελότης,-τητος,ἡ
ἀφθαρσία,ἡ
ἄφθαρτος,-ον
ἀφθονία,ἡ
ἀφθορία,ἡ
ἀφιλάγαθος,-ον
ἀφιλάργυρος,-ον
ἀφιλοξενία,ἡ
ἀφοβία,ἡ
ἀφόβως
ἄφραστος,-ον
ἀφροντιστέω
ἀφρόνως
ἀφροσύνη,ἡ
ἄφρων,-ον
ἀφύλακτος,-ον
ἄφωνος,-ον
ἀχαριστέω
ἀχάριστος,-ον
ἀχειροποίητος,-ον
ἀχρεῖος,-ον
ἀχρειόω
ἄχρηστος,-ον
ἄχρονος,-ον
ἀχώρητος,-ον
ἀχώριστος,-ον
ἀψευδής,-ές
ἄψευστος,-ον
ἀψηλάφητος,-ον
ἄψυχος,-ον
ἄωρος,-ον
διαπορέω
ἐναργής,-ές
ἐξαπορέω
ἐξασθενέω
καταργέω
προαδικέω

ἀ-(1)   intensive indicator
ἀτενίζω

ἀ-(2)   same
ἀδελφή,ἡ
ἀδελφοκτονία,ἡ
ἀδελφός,ὁ
ἀδελφότης,-τητος,ἡ
ἀκολουθέω
ἀκόλουθος,-ον
ἐξακολουθέω

ἐπακολουθέω
παρακολουθέω
συνακολουθέω
Φιλαδέλφεια,ἡ
φιλαδελφία,ἡ
φιλάδελφος,-ον
ψευδάδελφος,ὁ

δυσ-   mis-, ill-, bad
δυσβάστακτος,-ον
δύσβατος,-ον
δυσεντέριον,τό
δυσερμήνευτος,-ον
δυσθεράπευτος,-ον
δύσκολος,-ον
δυσκόλως
δυσμαθής,-ές
δυσνόητος,-ον
δυσφημέω
δυσφημία,ἡ
δύσχρητος,-ον
δυσωδία,ἡ

λί-   intensive indicator
λίαν
ὑπερλίαν

νη-   negative indicator, not
νηπιάζω
νήπιος,-α,-ον
νηπιότης,-τητος,ἡ
νηστεία,ἡ
νηστεύω
νῆστις,-εως,ὁ&ἡ
προνηστεύω

ὁ-   prefix of dependent
     connectives
ὁπόθεν
ὁποῖος,-α,-ον
ὁπόσος,-η,-ον
ὁπόταν
ὁπότε
ὅπου
ὅπως

ὀ-(1)   prefix of euphony
ὀβελίσκος,ὁ

τη-   uncertain meaning
τημελέω
τημελοῦχος,-ον

ROOTS

A

ἀγαθός,-ή,-όν 2-1-2 decl. n.,
  good
ἀγαθοεργέω
ἀγαθοεργός,-όν
ἀγαθοποιέω
ἀγαθοποίησις,-εως,ἡ
ἀγαθοποιΐα,ἡ
ἀγαθοποιός,-όν
'Αγαθόπους,-ποδος,ὁ
ἀγαθότης,-τητος,ἡ
ἀγαθωσύνη,ἡ
ἀφιλάγαθος,-ον
καλοκἀγαθία,ἡ
φιλάγαθος,-ον

ἀγάλλω v., to glorify
ἀγαλλίασις,-εως,ἡ
ἀγαλλιάω
ὑπεραγάλλομαι

ἄγαμαι v., to admire
ἀγαπάω
ἀγάπη,ἡ
ἀγαπητός,-ή,-όν
ἀξιαγάπητος,-ον
πολυαγάπητος,-ον
προαγαπάω
ὑπεραγαπάω

ἄγαν adv., very much
ἀγανακτέω
ἀγανάκτησις,-εως,ἡ
ὑπεράγαν

ἄγγαρος,ὁ 2 decl. n., a
  mounted courier
ἀγγαρεύω

ἄγγος,-ους,τό 3 decl. n., a
  container
ἀγγεῖον,τό

ἀγκή,ἡ 1 decl. n., an arm
ἀγκάλη,ἡ
ἀγκών,-ῶνος,ὁ
ἐναγκαλίζομαι

ἄγκος,-ους,τό 3 decl. n., a
  bend
ἄγκιστρον,τό

ἄγκυρα,ἡ
ἁγνός,-ή,-όν 2-1-2 decl. adj.,
  pure, holy
ἄναγνος,-ον
ἀξιόαγνος,-ον

ἄγνυμι 2 conj. v., to break
ἀξίνη,ἡ
κατάγνυμι
ναυαγέω

ἄγρα,ἡ 1 decl. n., a catching
ἀγρεύω
ἀγρυπνέω
ἀγρυπνία,ἡ
ζωγρέω

ἀγρός,ὁ 2 decl. n., a field
ἀγραυλέω
ἀγρίδιον,τό
ἀγρίέλαιος,ἡ
ἄγριος,-α,-ον
ἀγριότης,-τητος,ἡ
ἀγριόω
'Αγρίππας,-α,ὁ

ἄγχω v., to strangle
ἀπάγχω

ἄγω v., to lead
ἀγανακτέω
ἀγανάκτησις,-εως,ἡ
ἀγγελία,ἡ
ἀγγελικός,-ή,-όν
ἀγγέλλω
ἄγγελος,ὁ
ἀγέλη,ἡ
ἀγορά,ἡ
ἀγοράζω
ἀγοραῖος,-ον
ἀγωγή,ἡ
ἀδιήγητος,-ον
ἀλληγορέω
ἄμαξα,ἡ
ἀναγγέλλω
ἀνάγω
ἀναγωγεύς,-έως,ὁ
ἀνάξιος,-ον
ἀναξίως
ἀνεκδιήγητος,-ον
ἀξιαγάπητος,-ον
ἀξιέπαινος,-ον
ἀξιόαγνος,-ον

ἀξιοεπίτευκτος,-ον
ἀξιοθαύμαστος,-ον
ἀξιόθεος,-ον
ἀξιομακάριστος,-ον
ἀξιονόμαστος,-ον
ἀξιόπιστος,-ον
ἀξιόπλοκος,-ον
ἀξιοπρεπής,-ές
ἄξιος,-α,-ον
ἀξιόω
ἀξίως
ἀπαγγέλλω
ἀπάγω
ἀποσυνάγωγος,-ον
ἀρχάγγελος,ὁ
ἀρχηγός,ὁ
ἀρχισυνάγωγος,ὁ
δημηγορέω
διαγγέλλω
διάγω
διηγέομαι
διήγησις,-εως,ἡ
δουλαγωγέω
εἰσάγω
ἐκδιηγέομαι
ἐξαγγέλλω
ἐξαγοράζω
ἐξάγω
ἐξηγέομαι
ἐξήγησις,-εως,ἡ
ἐπαγγελία,ἡ
ἐπαγγέλλομαι
ἐπάγγελμα,-ματος,τό
ἐπάγω
ἐπανάγω
ἐπεισαγωγή,ἡ
ἐπισυνάγω
ἐπισυναγωγή,ἡ
ἐπιχορηγέω
ἐπιχορηγία,ἡ
εὐαγγελίζω
εὐαγγέλιον,τό
εὐαγγελιστής,-οῦ,ὁ
ἡγεμονεύω
ἡγεμονία,ἡ
ἡγεμονικός,-ή,-όν
ἡγεμών,-όνος,ὁ
ἡγέομαι
ἰσάγγελος,-ον
καθηγητής,-οῦ,ὁ
καταγγελεύς,-έως,ὁ

καταγγέλλω
κατάγω
καταξιοπιστεύομαι
καταξιόω
κατηγορέω
κατηγορία,ἡ
κατήγορος,ὁ
κατήγωρ,-ορος,ὁ
κυνηγέσιον,τό
μετάγω
ὁδηγέω
ὁδηγός,ὁ
παιδαγωγός,ὁ
πανήγυρις,-εως,ἡ
παραγγελία,ἡ
παραγγέλλω
παράγγελμα,-ματος,τό
παράγω
παρεισάγω
παρείσακτος,-ον
παρηγορία,ἡ
περιάγω
προάγω
προεπαγγέλλω
προευαγγελίζομαι
προηγέομαι
προκαταγγέλλω
προσαγορεύω
προσάγω
προσαγωγή,ἡ
στρατηγός,ὁ
συλαγωγέω
συνάγω
συναγωγή,ἡ
συναπάγω
συνήγορος,ὁ
ὑπάγω
φωταγωγός,-όν
χαλιναγωγέω
χειραγωγέω
χειραγωγός,ὁ
χορηγέω
ψυχαγωγέω

ἀγών,-ῶνος,ὁ 3 decl. n., a
struggle

ἀγωνία,ἡ
ἀγωνιάω
ἀγωνίζομαι
ἀνταγωνίζομαι
ἐπαγωνίζομαι

καταγωνίζομαι
συναγωνίζομαι

'Αδραμύττιον,τό 2 decl. n.,
    Adramyttium
'Αδραμυττηνός,-ή,-όν

ἁδρός,-ά,-όν 2-1-2 decl. adj.,
    thick
ἁδρότης,-τητος,ἡ

ἀεί adv., always
ἀέναος,-ον
ἀίδιος,-ον

ἀείδω v., to sing
ἐπαοιδός,ὁ
κιθαρῳδός,ὁ
ᾠδή,ἡ

ἀείρω v., to lift
μετεωρίζομαι

ἄζω v., to stand in awe of
ἁγιάζω
ἁγίασμα,-ματος,τό
ἁγιασμός,ὁ
ἁγιοπρεπής,-ές
ἅγιος,-α,-ον
ἁγιότης,-τητος,ἡ
ἁγιοφόρος,-ον
ἁγιωσύνη,ἡ
ἁγνεία,ἡ
ἁγνευτήριον,τό
ἁγνεύω
ἁγνίζω
ἁγνισμός,ὁ
ἁγνός,-ή,-όν
ἁγνότης,-τητος,ἡ
ἁγνῶς
πανάγιος,-ον

ἄημι 2 conj. v., to blow
ἀγραυλέω
ἀήρ,ἀέρος,ὁ
αἰσθάνομαι
αἴσθησις,-εως,ἡ
αἰσθητήριον,τό
ἀτμίς,-ίδος,ἡ
αὐλή,ἡ
αὐλίζομαι
αὔρα,ἡ
ἔπαυλις,-εως,ἡ
προαύλιον,τό

'Αθηνᾶ,ἡ 1 decl. n., Athena
'Αθῆναι,αἱ
'Αθηναῖος,-α,-ον

ἆθλος,ὁ 2 decl. n., a contest
ἀθλέω
ἄθλησις,-εως,ἡ
ἀθλητής,-οῦ,ὁ
προαθλέω
συναθλέω

ἀθρόος,-α,-ον 2-1-2 decl. adj.,
    collected together
ἐπαθροίζω

Αἴγυπτος,ἡ 2 decl. n., Egypt
Αἰγύπτιος,-α,-ον

αἰδέομαι v., to respect
αἰδοῖον,τό
ἀναίδεια,ἡ
ἀναιδεύομαι
ἀναιδής,-ές

αἴθω v., to kindle
Αἰθίοψ,-οπος,ὁ

αἰκής,-ές 3 decl. adj., unseemly
αἰκία,ἡ
αἴκισμα,-ματος,τό
αἰκισμός,ὁ

αἷμα,-ματος,τό 3 decl. n.,
    blood
αἱματεκχυσία,ἡ
αἱματώδης,-ες
αἱμορροέω

αἶνος,ὁ 2 decl. n., praise
αἴνεσις,-εως,ἡ
αἰνέω
αἴνιγμα,-ματος,τό
ἀξιέπαινος,-ον
αὐτεπαινετός,-όν
'Επαίνετος,ὁ
ἐπαινέω
ἔπαινος,ὁ
παραινέω
συναινέω
ὑπερεπαινέω

αἴξ,αἰγός,ὁ&ἡ 3 decl. n., a goat
αἴγειος,-α,-ον

αἰόλος,-η,-ον 2-1-2 decl. adj.,
  rapid
αἴλουρος,ὁ&ἡ

αἱρέω v., *to choose*
  αἵρεσις,-εως,ἡ
  αἱρετίζω
  αἱρετικός,-ή,-όν
  αἱρετός,-ή,-όν
  ἀναίρεσις,-εως,ἡ
  ἀνταναιρέω
  αὐθαίρετος,-ον
  αὐθαιρέτως
  ἀφαιρέω
  διαίρεσις,-εως,ἡ
  διαιρέω
  ἐξαίρετος,-ον
  ἐξαιρέτως
  ἐξαιρέω
  καθαίρεσις,-εως,ἡ
  καθαιρέτης,-ου,ὁ
  καθαιρέω
  καταδιαιρέω
  περιαιρέω
  προαιρέω

αἴρω v., *to pick up*
  ἀπαίρω
  ἐξαίρω
  ἐπαίρω
  μεταίρω
  συναίρω
  τιμωρέω
  τιμωρητής,-οῦ,ὁ
  τιμωρία,ἡ
  ὑπεραίρω

αἰσθάνομαι v., *to perceive*
  ἀναισθητέω
  ἀναίσθητος,-ον

ἀίσσω v., *to dart*
  αἰγιαλός,ὁ
  αἰχμαλωσία,ἡ
  αἰχμαλωτεύω
  αἰχμαλωτίζω
  αἰχμαλωτισμός,ὁ
  αἰχμάλωτος,ὁ
  καταιγίς,-ίδος,ἡ
  συναιχμάλωτος,ὁ

αἶσχος,-ους,τό 3 decl. n.,
  shame
  αἰσχροκερδής,-ές

αἰσχροκερδῶς
αἰσχρολογία,ἡ
αἰσχρολόγος,ὁ
αἰσχρός,-ά,-όν
αἰσχρότης,-τητος,ἡ
αἰσχύνη,ἡ
αἰσχυντηρός,-ά,-όν
αἰσχύνω
ἀνεπαίσχυντος,-ον
ἐπαισχύνομαι
καταισχύνω

αἰτέω v., *to ask*
  αἴτημα,-ματος,τό
  αἴτησις,-εως,ἡ
  αἰτίζω
  ἀπαιτέω
  ἐξαιτέω
  ἐπαιτέω
  παραιτέομαι
  προσαιτέω
  προσαίτης,-ου,ὁ

αἰτία,ἡ 1 decl. n., *a cause*
  αἰτίαμα,-ματος,τό
  αἰτιάομαι
  αἴτιος,-α,-ον
  αἰτίωμα,-ματος,τό
  ἀναίτιος,-ον
  προαιτιάομαι

αἴφνης adv., *suddenly*
  αἰφνίδιος,-ον
  ἐξαίφνης
  ἐξάπινα

αἰών,-ῶνος,ὁ 3 decl. n., *an age*
  αἰώνιος,-α,-ον

ἀκή,ἡ 1 decl. n., *a point*
  ἄκανθα,ἡ
  ἀκάνθινος,-η,-ον
  ἀκανθώδης,-ες
  ἀκμάζω
  ἀκμήν
  ἀκροβυστία,ἡ
  ἀκρόβυστος,ὁ
  ἀκρογωνιαῖος,-α,-ον
  ἀκροθίνιον,τό
  ἄκρον,τό
  ἄκρος,-α,-ον
  ἄχρι
  ἐξακοντίζω

ὑπέρακμος,-ον

ἀκούω v., to hear
ἀκοή,ἡ
ἀκουστός,-ή,-όν
ἀκουτίζω
ἀντακούω
διακούω
εἰσακούω
ἐπακούω
παρακοή,ἡ
παρακούω
προακούω
ὑπακοή,ἡ
ὑπακούω
ὑπήκοος,-ον

ἀκριβής,-ές 3 decl. adj., exact
ἀκρίβεια,ἡ
ἀκριβεύομαι
ἀκριβόω
ἀκριβῶς
ἐξακριβάζομαι

ἀκροάομαι v., to listen to
ἀκροατήριον,τό
ἀκροατής,-οῦ,ὁ
ἐπακροάομαι
κατακροάομαι

ἀλάβαστρον,τό 2 decl. n.,
    alabaster
ἀλάβαστρος,ὁ&ἡ

ἀλαλή,ἡ 1 decl. n., a loud cry
ἀλαλάζω

ἄλγος,-ους,τό 3 decl. n., pain
ἀλγέω
ἀπαλγέω

ἀλείφω v., to anoint
ἐξαλείφω
ὑπαλείφω

ἀλέκτωρ,-ορος,ὁ 3 decl. n., a
    cock
ἀλεκτοροφωνία,ἡ
ἀλεκτρυών,-όνος,ὁ

ἀλέξω v., to ward off
'Αλεξανδρεύς,-εως,ὁ
'Αλεξανδρῖνος,-η,-ον
'Αλέξανδρος,ὁ

ἀλέω v., to grind
ἀλεσμός,ὁ
ἄλευρον,τό
ἀλήθω

ἄλη,ἡ 1 decl. n., a roaming
ἀλαζονεία,ἡ
ἀλαζονεύομαι
ἀλαζών,-όνος,ὁ

ἀλής,-ές 3 decl. adj., thronged
συναλίζω

ἀλισγέω v., to pollute
ἀλίσγημα,-ματος,τό

ἀλίσκομαι v., to be caught
αἰχμαλωσία,ἡ
αἰχμαλωτεύω
αἰχμαλωτίζω
αἰχμαλωτισμός,ὁ
αἰχμάλωτος,ὁ
ἅλωσις,-εως,ἡ
ἀναλίσκω
ἀναλόω
καταναλίσκω
προσαναλίσκω
προσαναλόω
συναιχμάλωτος,ὁ

ἅλλομαι v., to leap
ἀνάλλομαι
ἀσάλευτος,-ον
ἐνάλλομαι
ἐξάλλομαι
ἐφάλλομαι
σαλεύω
σάλος,ὁ

ἄλλος,-η,-ο 2-1-2 decl. adj.,
    other
ἀλλά
ἀλλαγή,ἡ
ἀλλάσσω
ἀλλαχόθεν
ἀλλαχοῦ
ἀλληγορέω
ἀλλήλων,-ων
ἀλλογενής,-ές
ἀλλοιόω
ἀλλοτριεπίσκοπος,ὁ
ἀλλότριος,-α,-ον
ἀλλόφυλος,-ον

ἄλλως
ἀνταλλαγή,ή
ἀντάλλαγμα,-ματος,τό
ἀπαλλάσσω
ἀπαλλοτριόω
ἀποκαταλλάσσω
διαλλάσσομαι
ἐναλλάξ
ἐπάλληλος,-ον
ἐπικαταλλάσσομαι
εὐκατάλλακτος,-ον
καταλλαγή,ή
καταλλάσσω
μεταλλάσσω
παραλλαγή,ή
παραλλάσσω
συνάλλαγμα,-ματος,τό
συναλλάσσω

ἀλοάω v., to thresh
  μητρολῴας,-ου,ὁ
  πατρολῴας,-ου,ὁ

ἅλς,ἁλός,ὁ 3 decl. n., salt
  αἰγιαλός,ὁ
  ἁλιεύς,-έως,ὁ
  ἁλιεύω
  ἁλίζω
  ἁλυκός,-ή,-όν
  ἄναλος,-ον
  διθάλασσος,-ον
  ἐνάλιος,-ον
  θάλασσα,ή
  παραθαλάσσιος,-α,-ον
  παράλιος,-ον

ἅλως,-ω,ή irreg. decl. n., a
  threshing-floor
  ἅλων,-ωνος,ή

ἅμα adv., at the same time
  ἀθροίζω
  ἅπας,-ασα,-αν
  ἁπλότης,-τητος,ή
  ἁπλοῦς,-ῆ,-οῦν
  ἁπλόω
  ἅρμα,-ματος,τό
  συναθροίζω

ἁμαρτάνω v., to miss the mark
  ἁμάρτημα,-ματος,τό
  ἁμάρτησις,-εως,ή
  ἁμαρτία,ή

ἁμαρτωλός,-όν
ἀναμάρτητος,-ον
διαμαρτάνω
ἐξαμαρτάνω
πανθαμάρτητος,-ον
πανθαμαρτωλός,-όν
προαμαρτάνω

ἀμαυρός,-ά,-όν 2-1-2 decl. adj.,
  dim
  ἀμαύρωσις,-εως,ή

ἀμβλός,ὁ 2 decl. n., a
  miscarriage
  ἐξαμβλόω

ἀμβλύς,-εῖα,-ύ 3-1-3 decl. adj.,
  blunt
  ἀμβλυωπέω

ἀμείβω v., to change
  ἀμείβομαι
  ἀμοιβή,ή

ἄμμος,ή 2 decl. n., sand
  ἄμμον,τό

ἀμός adv., one
  οὐδαμῶς

ἄμπελος,ή 2 decl. n., a
  grapevine
  ἀμπελουργός,ὁ
  ἀμπελών,-ῶνος,ὁ

ἀμφί prep., around
  ἀμφιάζω
  ἀμφιβάλλω
  ἀμφίβληστρον,τό
  ἀμφιβολία,ή
  ἀμφιέννυμι
  Ἀμφίπολις,-εως,ή
  ἄμφοδον,τό
  ἀμφότεροι,-αι,-α

ἄν particle, indicating
  conditionality
  ἐάν
  ἐάνπερ
  ἐπάν
  κἄν
  ὁπόταν
  ὅταν

ἀνά prep., back again,
  intensifier
  ἀναβαθμός,ὁ

ἀναβαίνω
ἀναβάλλω
ἀναβάτης,-ου,ὁ
ἀναβιβάζω
ἀναβιόω
ἀναβλέπω
ἀνάβλεψις,-εως,ἡ
ἀναβοάω
ἀναβολή,ἡ
ἀνάγαιον,τό
ἀναγγέλλω
ἀναγεννάω
ἀναγινώσκω
ἀναγνωρίζω
ἀνάγνωσις,-εως,ἡ
ἀναγραφή,ἡ
ἀναγράφω
ἀνάγω
ἀναγωγεύς,-έως,ὁ
ἀναδείκνυμι
ἀνάδειξις,-εως,ἡ
ἀναδέχομαι
ἀναδίδωμι
ἀναζάω
ἀναζέω
ἀναζητέω
ἀναζώννυμι
ἀναζωπυρέω
ἀναθάλλω
ἀνάθεμα,-ματος,τό
ἀναθεματίζω
ἀναθεωρέω
ἀνάθημα,-ματος,τό
ἀναίρεσις,-εως,ἡ
ἀνακαθίζω
ἀνακαινίζω
ἀνακαινόω
ἀνακαίνωσις,-εως,ἡ
ἀνακαλύπτω
ἀνακάμπτω
ἀνάκειμαι
ἀνακεφαλαιόω
ἀνακλίνω
ἀνακοινόω
ἀνακόπτω
ἀνακράζω
ἀνακραυγάζω
ἀνακρίνω
ἀνάκρισις,-εως,ἡ
ἀνακτάομαι
ἀνακτίζω

ἀνακυλίω
ἀνακύπτω
ἀναλαμβάνω
ἀνάλημψις,-εως,ἡ
ἀναλίσκω
ἀνάλλομαι
ἀναλογία,ἡ
ἀναλογίζομαι
ἀναλόω
ἀνάλυσις,-εως,ἡ
ἀναλύω
ἀναμαρυκάομαι
ἀναμένω
ἀναμιμνήσκω
ἀνάμνησις,-εως,ἡ
ἀνανεόω
ἀνανέωσις,-εως,ἡ
ἀνανήφω
ἀναντλέω
ἀνάπαυσις,-εως,ἡ
ἀναπαύω
ἀναπείθω
ἀνάπειρος,-ον
ἀναπέμπω
ἀναπηδάω
ἀνάπηρος,-ον
ἀναπίπτω
ἀναπλάσσω
ἀναπληρόω
ἀναπράσσω
ἀναπτύσσω
ἀνάπτω
ἀνασείω
ἀνασκευάζω
ἀνασπάω
ἀνάστασις,-εως,ἡ
ἀναστατόω
ἀνασταυρόω
ἀναστενάζω
ἀναστρέφω
ἀναστροφή,ἡ
ἀνασῴζω
ἀνατάσσομαι
ἀνατέλλω
ἀνατίθημι
ἀνατολή,ἡ
ἀνατολικός,-ή,-όν
ἀνατομή,ἡ
ἀνατρέπω
ἀνατρέφω
ἀνατρέχω

ἀνατυλίσσω
ἀναφάω
ἀναφέρω
ἀναφωνέω
ἀνάχυσις,-εως,ἡ
ἀναχωρέω
ἀνάψυξις,-εως,ἡ
ἀναψύχω
ἀνεκτός,-όν
ἀνεξίκακος,-ον
ἀνέρχομαι
ἀνερωτάω
ἄνεσις,-εως,ἡ
ἀνετάζω
ἀνευρίσκω
ἀνευφημέω
ἀνέχω
ἀνήκω
ἀνίημι
ἀνίπταμαι
ἀνίστημι
ἀνοίγω
ἀνοικοδομέω
ἄνοιξις,-εως,ἡ
ἀνορθόω
ἀνοχή,ἡ
ἀνταναιρέω
ἀνταναπληρόω
ἄνω
ἀνώγαιον,τό
ἄνωθεν
ἀνωτερικός,-ή,-όν
ἀνώτερος,-α,-ον
διανοίγω
ἐξανάστασις,-εως,ἡ
ἐξανατέλλω
ἐξανίστημι
ἐξανοίγω
ἐπανάγω
ἐπανακάμπτω
ἐπαναμιμνήσκω
ἐπαναπαύομαι
ἐπανατρέχω
ἐπανέρχομαι
ἐπανήκω
ἐπανίστημι
ἐπανόρθωσις,-εως,ἡ
ἐπάνω
καταναθεματίζω
καταναλίσκω
προσαναβαίνω

προσαναλαμβάνω
προσαναλίσκω
προσαναλόω
προσαναπληρόω
προσανατίθημι
προσανέχω
συναναβαίνω
συνανάκειμαι
συναναμείγνυμι
συναναπαύομαι
συναναστρέφομαι
συναναφύρω

ἀνάγκη,ἡ 1 decl. n., necessity
ἀναγκάζω
ἀναγκαῖος,-α,-ον
ἀναγκαστῶς
ἐπάναγκες

ἀναίνομαι v., to refuse
ἀπαναίνομαι

ἄνεμος,ὁ 2 decl. n., a wind
ἀνεμίζω

ἀνήρ,ἀνδρός,ὁ 3 decl. n., a
    man
'Αλεξανδρεύς,-εως,ὁ
'Αλεξανδρῖνος,-η,-ον
'Αλέξανδρος,ὁ
ἀνδραποδιστής,-οῦ,ὁ
'Ανδρέας,-ου,ὁ
ἀνδρεῖος,-α,-ον
ἀνδρείως
ἀνδρίζομαι
'Ανδρόνικος,ὁ
ἀνδροφόνος,ὁ
ὕπανδρος,-ον
φίλανδρος,-ον

ἄνθος,-ους,τό 3 decl. n., a
    flower
ἀνθέω
ἀνθηρός,-ά,-όν
εὐανθής,-ές

ἄνθραξ,-ακος,ὁ 3 decl. n., coal
ἀνθρακιά,ἡ

ἄνθρωπος,ὁ 2 decl. n., a man
ἀνθρωπαρεσκέω
ἀνθρωπάρεσκος,-ον
ἀνθρώπινος,-η,-ον
ἀνθρωπίνως

ἀνθρωποκτόνος,ὁ
ἀνθρωπόμορφος,-ον
ἀνθρωποποίητος,-ον
ἀπάνθρωπος,-ον
ἐνανθρωπέω
φιλανθρωπία,ἡ
φιλάνθρωπος,-ον
φιλανθρώπως

ἀντί prep., opposite
ἀναντίρρητος,-ον
ἀναντιρρήτως
ἀνθίστημι
ἀνθομολογέομαι
ἀνθυπατεύω
ἀνθύπατος,ὁ
ἀνταγωνίζομαι
ἀντακούω
ἀνταλλαγή,ἡ
ἀντάλλαγμα,-ματος,τό
ἀνταναιρέω
ἀναναπληρόω
ἀνταποδίδωμι
ἀνταπόδομα,-ματος,τό
ἀνταπόδοσις,-εως,ἡ
ἀνταποδότης,-ου,ὁ
ἀνταποκρίνομαι
ἀντασπάζομαι
ἀντέχω
ἀντιβάλλω
ἀντιβλέπω
ἀντίγραφον,τό
ἀντιδιατίθημι
ἀντίδικος,ὁ
ἀντίδοτος,ἡ
ἀντίζηλος,ὁ
ἀντίθεσις,-εως,ἡ
ἀντικαθίστημι
ἀντικαλέω
ἀντικείμαι
ἀντικνήμιον,τό
ἄντικρυς
ἀντιλαμβάνω
ἀντιλέγω
ἀντίλημψις,-εως,ἡ
ἀντιλήπτωρ,-ορος,ὁ
ἀντιλογία,ἡ
ἀντιλοιδορέω
ἀντίλυτρον,τό
ἀντιμετρέω
ἀντιμιμέομαι

ἀντιμισθία,ἡ
ἀντιπαλαίω
ἀντιπαρέλκω
ἀντιπαρέρχομαι
'Αντιπᾶς,-ᾶ,ὁ
'Αντιπατρίς,-ίδος,ἡ
ἀντιπέρα
ἀντιπίπτω
ἀντιστρατεύομαι
ἀντιτάσσω
ἀντίτυπος,-ον
ἀντίχριστος,ὁ
ἀντίψυχον,τό
ἀντοφθαλμέω
ἀπαντάω
ἀπάντησις,-εως,ἡ
ἀπέναντι
ἔναντι
ἐναντίον
ἐναντιόομαι
ἐναντίος,-α,-ον
καταντάω
καταντικρύ
κατέναντι
συναντάω
συνάντησις,-εως,ἡ
συναντιλαμβάνομαι
ὑπαντάω
ὑπάντησις,-εως,ἡ
ὑπεναντίος,-α,-ον

'Αντίοχος,ὁ 2 decl. n.,
   Antiochus
'Αντιόχεια,ἡ
'Αντιοχεύς,-έως,ὁ

ἄντλος,ὁ 2 decl. n., the hold of
   a ship
ἀναντλέω
ἀντλέω
ἄντλημα,-ματος,τό

ἄνω adv., above
διανύω
ὑπεράνω

ἅπαξ adv., once
ἐφάπαξ

ἀπάτη,ἡ 1 decl. n., deceit
ἀπατάω
ἐξαπατάω
φρεναπατάω

φρεναπάτης,-ου,ὁ

ἀπειλή,ἡ 1 decl. n., a threat
ἀπειλέω
προσαπειλέω

ἁπλοῦς,-ῆ,-οῦν 2-1-2 decl. adj.,
    simple
ἁπλῶς
ἐξαπλόω

ἀπό prep., from, intensifier
ἀναπάρτιστος,-ον
ἀναπολόγητος,-ον
ἀνταποδίδωμι
ἀνταπόδομα,-ματος,τό
ἀνταπόδοσις,-εως,ἡ
ἀνταποδότης,-ου,ὁ
ἀνταποκρίνομαι
ἀπαγγέλλω
ἀπάγχω
ἀπάγω
ἀπαίρω
ἀπαιτέω
ἀπαλγέω
ἀπαλλάσσω
ἀπαλλοτριόω
ἀπαναίνομαι
ἀπάνθρωπος,-ον
ἀπαντάω
ἀπάντησις,-εως,ἡ
ἀπαρνέομαι
ἀπαρτί
ἀπαρτίζω
ἀπάρτισμα,-ματος,τό
ἀπαρτισμός,ὁ
ἀπαρχή,ἡ
ἀπασπάζομαι
ἀπαύγασμα,-ματος,τό
ἀπαφρίζω
ἄπειμι(1)
ἄπειμι(2)
ἀπεκδέχομαι
ἀπεκδύομαι
ἀπέκδυσις,-εως,ἡ
ἀπελαύνω
ἀπελεγμός,ὁ
ἀπελεύθερος,ὁ
ἀπελπίζω
ἀπέναντι
ἀπέρχομαι
ἀπέχω

ἀποβαίνω
ἀποβάλλω
ἀποβλέπω
ἀπόβλητος,-ον
ἀποβολή,ἡ
ἀπογένω
ἀπογινώσκω
ἀπογνωρίζω
ἀπογραφή,ἡ
ἀπογράφω
ἀποδείκνυμι
ἀπόδειξις,-εως,ἡ
ἀποδεκατεύω
ἀποδεκατόω
ἀπόδεκτος,-ον
ἀποδέχομαι
ἀποδημέω
ἀποδημία,ἡ
ἀπόδημος,-ον
ἀποδιδράσκω
ἀποδίδωμι
ἀποδιορίζω
ἀποδιυλίζω
ἀποδιυλισμός,ὁ
ἀποδοκιμάζω
ἀποδοχή,ἡ
ἀποδύομαι
ἀπόθεσις,-εως,ἡ
ἀποθήκη,ἡ
ἀποθησαυρίζω
ἀποθλίβω
ἀποθνήσκω
ἀποκαθιστάνω
ἀποκαθίστημι
ἀποκαλύπτω
ἀποκάλυψις,-εως,ἡ
ἀποκαραδοκία,ἡ
ἀποκαταλλάσσω
ἀποκατάστασις,-εως,ἡ
ἀπόκειμαι
ἀπόκενος,-ον
ἀποκεφαλίζω
ἀποκλείω
ἀποκνέω
ἀποκομίζω
ἀποκόπτω
ἀπόκριμα,-ματος,τό
ἀποκρίνομαι
ἀπόκρισις,-εως,ἡ
ἀποκρύπτω
ἀπόκρυφος,-ον

ἀποκτείνω
ἀποκυέω
ἀποκυλίω
ἀπολακτίζω
ἀπολαλέω
ἀπολαμβάνω
ἀπόλαυσις,-εως,ἡ
ἀπολείπω
ἀπολείχω
ἀπόλλυμι
'Απολλύων,-ονος,ὁ
'Απολλωνία,ἡ
'Απολλώνιος,ὁ
'Απολλῶς,-ῶ,ὁ
ἀπολογέομαι
ἀπολογία,ἡ
ἀπολούω
ἀπόλυσις,-εως,ἡ
ἀπολύτρωσις,-εως,ἡ
ἀπολύω
ἀπομάσσω
ἀπομένω
ἀπομνημονεύω
ἀπονέμω
ἀπονεύω
ἀπονίζω
ἀπόνοια,ἡ
ἀποπίπτω
ἀποπλανάω
ἀποπλέω
ἀποπλύνω
ἀποπνίγω
ἀπορρέω
ἀπορρήγνυμι
ἀπορρίπτω
ἀπορφανίζω
ἀποσκευάζω
ἀποσκίασμα,-ματος,τό
ἀποσπάω
ἀποστασία,ἡ
ἀποστάσιον,τό
ἀποστάτης,-ου,ὁ
ἀποστεγάζω
ἀποστέλλω
ἀποστερέω
ἀποστέρησις,-εως,ἡ
ἀποστερητής,-οῦ,ὁ
ἀποστιβάζω
ἀποστολή,ἡ
ἀποστολικός,-ή,-όν
ἀπόστολος,ὁ

ἀποστοματίζω
ἀποστρέφω
ἀποστροφή,ἡ
ἀποστυγέω
ἀποσυνάγωγος,-ον
ἀποσυνέχω
ἀποσύρω
ἀποτάσσω
ἀποτελέω
ἀποτίθημι
ἀποτίκτω
ἀποτινάσσω
ἀποτίνω
ἀποτολμάω
ἀποτομία,ἡ
ἀπότομος,-ον
ἀποτόμως
ἀποτρέπω
ἀποτρέχω
ἀποτυγχάνω
ἀποτυφλόω
ἀπουσία,ἡ
ἀποφαίνομαι
ἀποφέρω
ἀποφεύγω
ἀποφθέγγομαι
ἀποφορτίζομαι
ἀπόχρησις,-εως,ἡ
ἀποχωρέω
ἀποχωρίζω
ἀποψύχω
ἀπωθέω
ἀπώλεια,ἡ
ἀφαιρέω
ἀφεδρών,-ῶνος,ὁ
ἄφεσις,-εως,ἡ
ἀφήκω
ἀφιερόω
ἀφίημι
ἀφικνέομαι
ἄφιξις,-εως,ἡ
ἀφίστημι
ἀφόδευσις,-εως,ἡ
ἀφομοιόω
ἀφοράω
ἀφορίζω
ἀφορμάω
ἀφορμή,ἡ
ἀφυπνόω
ἐναφίημι
ἐξαποστέλλω

ἐπαφίημι
μισθαποδοσία,ἡ
μισθαποδότης,-ου,ὁ
παραπόλλυμι
ποταπός,-ή,-όν
ποταπῶς
συναπάγω
συναποθνήσκω
συναπόλλυμι
συναποστέλλω
ψευδαπόστολος,ὁ

ἅπτω v., to kindle
ἀνάπτω
ἀφή,ἡ
ἐξάπτω
καθάπτω
περιάπτω

ἀρά,ἡ 1 decl. n., a curse
ἐπάρατος,-ον
ἐπικατάρατος,-ον
κατάρα,ἡ
καταράομαι

Ἄραψ,-αβος,ὁ 3 decl. n., an
Arab
Ἀραβία,ἡ
Ἀραβικός,-ή,-όν

ἀργός,-ή,-όν(1) 2-1-2 decl. adj.,
bright
ἀργύριον,τό
ἀργυροκόπος,ὁ
ἄργυρος,ὁ
ἀργυροῦς,-ᾶ,-οῦν
ἀφιλάργυρος,-ον
φιλαργυρέω
φιλαργυρία,ἡ
φιλάργυρος,-ον

ἀρήν,ἀρνός,ὁ 3 decl. n., a
lamb
ἀρνίον,τό

Ἄρης,-εος,ὁ 3 decl. n., the
god Ares
Ἄρειος,-α,-ον
Ἀρεοπαγίτης,-ου,ὁ
Ἄριος,-α,-ον
Ἀρίσταρχος,ὁ
ἀριστάω
ἀριστερός,-ά,-όν
Ἀριστίων,-ωνος,ὁ

Ἀριστόβουλος,ὁ
ἐνάρετος,-ον
πανάρετος,-ον

ἀριθμός,ὁ 2 decl. n., a number
ἀναρίθμητος,-ον
ἀριθμέω
ἐξαριθμέω
καταριθμέω
συναριθμέω

Ἀρκάς,-άδος,ὁ 3 decl. n., an
Arcadian
Ἀρκαδία,ἡ

ἀρκέω v., to be sufficient
ἀρκετός,-ή,-όν
ἀρκούντως
αὐτάρκεια,ἡ
αὐτάρκης,-ες
ἐπαρκέω

ἀρνέομαι v., to refuse
ἀπαρνέομαι
ἄρνησις,-εως,ἡ

ἀρόω v., to plow
ἀροτριάω
ἄροτρον,τό

ἁρπάζω v., to sieze
ἁρπαγή,ἡ
ἁρπαγμός,ὁ
ἅρπαξ,-αγος,ὁ&ἡ
διαρπάζω
συναρπάζω

ἄρσην,-εν 3 decl. adj., male
ἄρρην,-εν
ἀρσενικός,-ή,-όν
ἀρσενοκοίτης,-ου,ὁ

Ἄρτεμις,-ιδος,ἡ 3 decl. n., the
goddess Artemis
Ἀρτεμᾶς,-ᾶ,ὁ

ἄρτι adv., just now
ἀναπάρτιστος,-ον
ἀπαρτί
ἀπαρτίζω
ἀπάρτισμα,-ματος,τό
ἀπαρτισμός,ὁ
ἀρτιγέννητος,-ον
ἄρτιος,-α,-ον
ἐξαρτίζω

καταρτίζω
κατάρτισις,-εως,ή
καταρτισμός,ὁ
προκαταρτίζω

ἄρχω v., to begin, to rule
ἀπαρχή,ή
'Αρίσταρχος,ὁ
ἀρχάγγελος,ὁ
ἀρχαῖος,-α,-ον
ἀρχέγονος,-ον
ἀρχεῖον,τό
'Αρχέλαος,ὁ
ἀρχή,ή
ἀρχηγός,ὁ
ἀρχιερατικός,-όν
ἀρχιερεύς,-έως,ὁ
ἀρχιληστής,-οῦ,ὁ
ἀρχιποίμην,-μενος,ὁ
"Αρχιππος,ὁ
ἀρχισυνάγωγος,ὁ
ἀρχιτέκτων,-ονος,ὁ
ἀρχιτελώνης,-ου,ὁ
ἀρχιτρίκλινος,ὁ
ἀρχοντικός,-ή,-όν
ἄρχων,-οντος,ὁ
'Ασιάρχης,-ου,ὁ
ἐθνάρχης,-ου,ὁ
εἰρήναρχος,ὁ
ἑκατοντάρχης,-ου,ὁ
ἑκατόνταρχος,ὁ
ἐνάρχομαι
ἐπαρχεία,ή
ἐπάρχειος,-ον
ἐπαρχικός,-ή,-όν
ἔπαρχος,ὁ
πατριάρχης,-ου,ὁ
πειθαρχέω
πεντηκόνταρχος,ὁ
πολιτάρχης,-ου,ὁ
προενάρχομαι
προυπάρχω
στρατοπεδάρχης,-ου,ὁ
τετραρχέω
τετράρχης,-ου,ὁ
ὕπαρξις,-εως,ή
ὑπάρχω
φύλαρχος,ὁ
χιλίαρχος,ὁ

ἄρω v., to fasten
ἀνθρωπαρεσκέω

ἀνθρωπάρεσκος,-ον
ἀρεσκεία,ή
ἀρέσκω
ἀρεστός,-ή,όν
ἀρετή,ή
ἄρμα,-ματος,τό
ἁρμογή,ή
ἁρμόζω
ἁρμός,ὁ
ἀρτέμων,-ωνος,ὁ
ἀρτύω
διαρθρόω
ἐξαρτάω
εὐαρεστέω
εὐαρέστησις,-εως,ή
εὐάρεστος,-ον
Εὐάρεστος,ὁ
εὐαρέστως
ποδήρης,-ες
συναρμόζω
συναρμολογέω

'Ασία,ή 1 decl. n., the province
  Asia
  'Ασιανός,ὁ
  'Ασιάρχης,-ου,ὁ

ἀσκέω v., to practice
  ἄσκησις,-εως,ή

ἀσπάζομαι v., to greet
  ἀντασπάζομαι
  ἀπασπάζομαι
  ἀσπασμός,ὁ

ἀσπίς,-ίδος,ή 3 decl. n., a
  shield
  ὑπερασπίζω
  ὑπερασπισμός,ὁ
  ὑπερασπιστής,-οῦ,ὁ

ἀστραπή,ή 1 decl. n., flash of
  lightning
  ἀστράπτω
  ἐξαστράπτω
  περιαστράπτω

ἄστυ,-ους,τό 3 decl. n., a city
  ἀστεῖος,-α,-ον

"Ατταλος,ὁ 2 decl. n., Attalus
  'Αττάλεια,ή

αὐγή,ή 1 decl. n., dawn
  ἀπαύγασμα,-ματος,τό

αὐγάζω
δηλαυγῶς
διαυγάζω
διαυγής,-ές
καταυγάζω
τηλαυγής,-ές
τηλαυγῶς

αὐξάνω v., to grow
αὔξησις,-εως,ἡ
αὔξω
συναυξάνω
ὑπεραυξάνω

αὐτός,-ή,-ό 2-1-2 decl. pron.,
  he, she, it, they; self; same
αὐθάδεια,ἡ
αὐθάδης,-ες
αὐθαίρετος,-ον
αὐθαιρέτως
αὐθεντέω
αὐθέντης,-ου,ὁ
αὐθεντικός,-ή,-όν
αὐθεντικῶς
αὐτάρκεια,ἡ
αὐτάρκης,-ες
αὐτεπαινετός,-όν
αὐτοκατάκριτος,-ον
αὐτολεξεί
αὐτόματος,-η,-ον
αὐτομολέω
αὐτόπτης,-ου,ὁ
αὐτοσσώρας
αὐτοῦ
αὐτόφωρος,-ον
αὐτόχειρ,-ρος,ὁ&ἡ
ἑαυτοῦ,-ῆς,-οῦ
ἐμαυτοῦ,-ῆς,-οῦ
ἐνιαυτός,ὁ
ἐξαυτῆς
παραυτά
παραυτίκα
σεαυτοῦ,-ῆς,-οῦ
φίλαυτος,-ον
ὡσαύτως

αὐχή,ἡ 1 decl. n., a boasting
αὐχέω
μεγαλαυχέω

αὔω(1) v., to dry, to singe
ἀβαναύσως
αὐστηρός,-ά,-όν

αὐχμηρός,-ά,-όν
βάναυσος,-ον

αὔω(2) v., to sound
αὐλέω
αὐλητής,-οῦ,ὁ
αὐλητρίς,-ίδος,ἡ
αὐλός,ὁ

Ἀφροδίτη,ἡ 1 decl. n., the
  goddess Aphrodite
Ἐπαφρᾶς,-ᾶ,ὁ
Ἐπαφρόδιτος,ὁ

ἀφρός,ὁ 2 decl. n., foam
ἀπαφρίζω
ἀφρίζω
ἐπαφρίζω

ἄχθος,-ους,τό 3 decl. n., a
  burden
προσοχθίζω

ἄχος,-ους,τό 3 decl. n., an
  ache
Ἀχαία,ἡ
Ἀχαικός,ὁ

ἄψινθος,ἡ 2 decl. n.,
  wormwood
ἀψίνθιον,τό

Β

βαθύς,-εῖα,-ύ 3-1-3 decl. adj.,
  deep
βάθος,-ους,τό
βαθύνω

βαίνω v., to go
ἀναβαθμός,ὁ
ἀναβαίνω
ἀναβάτης,-ου,ὁ
ἀναβιβάζω
ἀπαράβατος,-ον
ἀποβαίνω
βαδίζω
βαθμός,ὁ
βάσις,-εως,ἡ
βέβαιος,-α,-ον
βεβαιόω
βεβαίωσις,-εως,ἡ
βεβαιωσύνη,ἡ
βεβαίως

βέβηλος,-ον
βεβηλόω
βῆμα,-ματος,τό
βωμός,ὁ
διαβαίνω
διαβεβαιόομαι
διάβημα,-ματος,τό
δύσβατος,-ον
ἐκβαίνω
ἔκβασις,-εως,ἡ
ἐμβαίνω
ἐμβατεύω
ἐμβιβάζω
ἐπιβαίνω
ἐπιβιβάζω
καταβαίνω
κατάβασις,-εως,ἡ
καταβιβάζω
κενεμβατεύω
μεταβαίνω
παραβαίνω
παράβασις,-εως,ἡ
παραβάτης,-ου,ὁ
παρεκβαίνω
παρέκβασις,-εως,ἡ
προβαίνω
προβατικός,-ή,-όν
προβάτιον,τό
πρόβατον,τό
προβιβάζω
προσαναβαίνω
συγκαταβαίνω
συμβαίνω
συμβιβάζω
συναναβαίνω
ὑπερβαίνω

βάις,ἡ 3 decl. n., a palm
    branch
βάιον,τό

βαλανεύς,-έως,ὁ 3 decl. n., a
    bath-man
βαλανεῖον,τό

βάλλω v., to throw
ἀμφιβάλλω
ἀμφίβληστρον,τό
ἀμφιβολία,ἡ
ἀναβάλλω
ἀναβολή,ἡ
ἀντιβάλλω

ἀνυπέρβλητος,-ον
ἀποβάλλω
ἀπόβλητος,-ον
ἀποβολή,ἡ
βελόνη,ἡ
βέλος,-ους,τό
βλητέος,-α,-ον
βολή,ἡ
βολίζω
βολίς,-ίδος,ἡ
διαβάλλω
διαβολή,ἡ
διάβολος,-ον
ἐκβάλλω
ἐκβολή,ἡ
ἔκβολος,-ον
ἐμβάλλω
ἐπιβάλλω
ἐπίβλημα,-ματος,τό
καταβάλλω
καταβολή,ἡ
λιθοβολέω
μεταβάλλω
ὀβελίσκος,ὁ
παραβάλλω
παραβολεύομαι
παραβολή,ἡ
παρεμβάλλω
παρεμβολή,ἡ
περιβάλλω
περιβόλαιον,τό
προβάλλω
συμβάλλω
τρίβολος,ὁ
τριβολώδης,-ες
ὑπερβαλλόντως
ὑπερβάλλω
ὑπερβολή,ἡ
ὑποβάλλω

βάπτω v., to dip
βαπτίζω
βάπτισμα,-ματος,τό
βαπτισμός,ὁ
βαπτιστής,-οῦ,ὁ
ἐμβαπτίζω
ἐμβάπτω

βάρος,-ους,τό 3 decl. n., a
    weight
ἀβαρής,-ές
βαρέω

βαρέως
βαρύνω
βαρύς,-εῖα,-ύ
βαρύτιμος,-ον
ἐπιβαρέω
καταβαρέω
καταβαρύνω

βάσανος,ή 1 decl. n., a test,
  torture
βασανίζω
βασανισμός,ὁ
βασανιστής,-ου,ὁ

βασιλεύς,-έως,ὁ 3 decl. n ., a
  king
βασιλεία,ἡ
βασίλειος,-ον
βασιλεύω
βασιλικός,-ή,-όν
βασιλίσκος,ὁ
βασίλισσα,ἡ
συμβασιλεύω

βάσκω v., to go away
βασκαίνω
βασκανία,ἡ
βάσκανος,ὁ

βαστάζω v., to take up
δυσβάστακτος,-ον

Βάττος,ὁ 2 decl. n., the king
  Battos, a stammerer
βατταλογέω

βδελυρός,-ά,-όν 2-1-2 decl.
  adj., abominable
βδέλυγμα,-ματος,τό
βδελυκτός,-ή,-όν
βδελύσσομαι

βελτίων,-ον 3 decl. adj., better
βελτιόω

Βέροια,ἡ 1 decl. n., Berea
Βεροιαῖος,-α,-ον

βία,ἡ 1 decl. n., strength
βιάζω
βίαιος,-α,-ον
βιαστής,-οῦ,ὁ
παραβιάζομαι
προσβιάζομαι

βίβλος,ἡ 2 decl. n., a sheet of
  papyrus
βιβλαρίδιον,τό
βιβλίδιον,τό
βιβλίον,τό

βιβρώσκω v., to eat
ἄβρωτος,-ον
βρῶμα,-ματος,τό
βρώσιμος,-ον
βρῶσις,-εως,ἡ
βρωτός,-ή,-όν
σητόβρωτος,-ον
σκωληκόβρωτος,-ον

βίος,ὁ 2 decl. n., life
ἀναβιόω
βιόω
βίωσις,-εως,ἡ
βιωτικός,-ή,-όν
μακρόβιος,-ον
ὀλιγόβιος,-ον
Πολύβιος,ὁ
σύμβιος,-ον

βλάξ,-ακός,ὁ&ἡ 3 decl. n., lazy
βλασφημέω
βλασφημία,ἡ
βλάσφημος,-ον
βληχρός,-ά,-όν

βλάπτω v., to harm
βλαβερός,-ά,-όν
βλάβη,ἡ

βλαστός,ὁ 2 decl. n., a bud
βλαστάνω
Βλάστος,ὁ
ἐκβλαστάνω

βλέπω v., to see
ἀναβλέπω
ἀνάβλεψις,-εως,ἡ
ἀντιβλέπω
ἀποβλέπω
βλέμμα,-ματος,τό
βλέφαρον,τό
διαβλέπω
ἐμβλέπω
ἐπιβλέπω
παραβλέπω
περιβλέπω
προβλέπω

προσβλέπω

βοή,ή 1 decl. n., a shout
  ἀναβοάω
  βοάω
  βοήθεια,ή
  βοηθέω
  βοηθός,-όν
  διαβόητος,-ον
  ἐπιβοάω
  καταβοάω
  περιβόητος,-ον

βόθρος,ό 2 decl. n., a pit
  βόθυνος,ό

βόσκω v., to feed
  βοτάνη,ή
  παμβότανον,τό

βούλομαι v., to will
  'Αριστόβουλος,ό
  βουλευτής,-οῦ,ό
  βουλεύω
  βουλή,ή
  βούλημα,-ματος,τό
  βούλησις,-εως,ή
  ἐπιβουλή,ή
  Εὔβουλος,ό
  παραβουλεύομαι
  συμβουλεύω
  συμβουλή,ή
  συμβουλία,ή
  συμβούλιον,τό
  σύμβουλος,ό

βραβεύς,-έως,ό 3 decl. n., an
  umpire
  βραβεῖον,τό
  βραβεύω
  καταβραβεύω

βραδύς,-εῖα,-ύ 3-1-3 decl. adj.,
  slow
  βραδέως
  βραδύγλωσσος,-ον
  βραδύνω
  βραδυπλοέω
  βραδύτης,-τητος,ή

βρέχω v., to wet
  ἀβροχία,ή
  βροχή,ή

βρίθω v., to be heavy
  ἐμβριθής,-ές

βριμάομαι v., to snort with
  anger
  ἐμβριμάομαι

βροτός,ό 2 decl. n., a mortal
  βροτός,-ή,-όν

βρόχος,ό 2 decl. n., a noose
  ἐμβροχή,ή

βρύχω v., to gnash
  βρυγμός,ό

βυθός,ό 2 decl. n., depth of
  the sea
  ἄβυσσος,ή
  βυθίζω

βύρσα,ή 1 decl. n., a hide
  βυρσεύς,-έως,ό

βύσσος,ή 2 decl. n., fine linen
  βύσσινος,-η,-ον

βύω v., to stuff full
  ἀκροβυστία,ή
  ἀκρόβυστος,ό
  παραβύω

Γ

Γάδαρα,τά 2 decl. n., Gadara
  Γαδαρηνός,-ή,-όν

γάζα,ή 1 decl. n., a treasury
  γαζοφυλακεῖον,τό

γαίω v., to exult
  γαυριάω
  γαυρόω

Γαλατία,ή 1 decl. n., Galatia
  Γαλάτης,-ου,ό
  Γαλατικός,-ή,-όν

Γαλιλαία,ή 1 decl. n., Galilee
  Γαλιλαῖος,-α,-ον

γάμος,ό 2 decl. n., a wedding
  ἄγαμος,ό&ή
  γαμετή,ή
  γαμέω
  γαμίζω

γαμίσκω
διγαμία,ἡ
δίγαμος,-ον
ἐκγαμίζω
ἐπιγαμβρεύω

γάρ conj., for
τοιγαροῦν

γε particle, emphasis indicator
γοῦν
εὖγε
καίτοιγε
μενοῦνγε
μήγε
μήτιγε

γελάω v., to laugh
γέλως,-ωτος,ὁ
ἐπιγελάω
καταγέλαστος,-ον
καταγελάω

γέμω v., to be full
γεμίζω
γόμος,ὁ

γένω v., to become
ἀγενεαλόγητος,-ον
ἀγενής,-ές
ἀγέννητος,-ον
ἀλλογενής,-ές
ἀναγεννάω
ἀπογένω
ἀρτιγέννητος,-ον
ἀρχέγονος,-ον
γενεά,ἡ
γενεαλογέω
γενεαλογία,ἡ
γενέθλιος,-ον
γενέσια,τά
γένεσις,-εως,ἡ
γενετή,ἡ
γένημα,-ματος,τό
γενναῖος,-α,-ον
γενναιότης,-τητος,ἡ
γεννάω
γέννημα,-ματος,τό
γέννησις,-εως,ἡ
γεννητός,-ή,-όν
γένος,-ους,τό
γηγενής,-ές
γίνομαι

γνήσιος,-α,-ον
γνησίως
γονεύς,-εως,ὁ
διαγένω
Διόγνητος,ὁ
ἐγγεννάω
ἔκγονος,-ον
ἐπιγένω
Ἑρμογένης,-ους,ὁ
εὐγενής,-ές
ζῳογονέω
καταγένω
μονογενής,-ές
παλιγγενεσία,ἡ
παραγένω
περιγένω
προγενής,-ές
προγένω
πρόγονος,-ον
συγγένεια,ἡ
συγγενής,-ές
συγγενικός,-ή,-όν
συγγενίς,-ίδος,ἡ
συμπαραγένω
τεκνογονέω
τεκνογονία,ἡ

Γέρασα,τά 2 decl. n., Gerasa
Γερασηνός,-ή,-όν

γέρας,-ως,τό 3 decl. n., a prize
γεραίρω

Γέργεσα,τά 2 decl. n., Gergesa
Γεργεσηνός,-ή,-όν

Γερμανία,ἡ 1 decl. n., Germania
Γερμανικός,ὁ

γέρων,-οντος,ὁ 3 decl. n., an
old man
γερουσία,ἡ

γεύομαι v., to taste
γεῦσις,-εως,ἡ

γῆ,ἡ 1 decl. n., the earth
ἀνάγαιον,τό
ἀνώγαιον,τό
Γάιος,ὁ
γεωργέω
γεώργιον,τό
γεωργός,ὁ
γηγενής,-ές

ἐπίγειος,-ον

γῆρας,-ως,τό 3 decl. n., old
  age
γηράσκω

γινώσκω v., to know
ἀγνοέω
ἀγνόημα,-ματος,τό
ἄγνοια,ἡ
ἀγνωσία,ἡ
ἄγνωστος,-ον
ἀκατάγνωστος,-ον
ἀναγινώσκω
ἀναγνωρίζω
ἀνάγνωσις,-εως,ἡ
ἀπογινώσκω
ἀπογνωρίζω
γνώμη,ἡ
γνωρίζω
γνώριμος,-ον
γνῶσις,-εως,ἡ
γνώστης,-ου,ὁ
γνωστός,-ή,-όν
διαγινώσκω
διαγνωρίζω
διάγνωσις,-εως,ἡ
διγνώμων,-ον
ἐπιγινώσκω
ἐπίγνωσις,-εως,ἡ
ἑτερογνώμων,-ον
καρδιογνώστης,-ου,ὁ
καταγινώσκω
κατάγνωσις,-εως,ἡ
προγινώσκω
πρόγνωσις,-εως,ἡ
προγνώστης,-ου,ὁ
συγγινώσκω
συγγνώμη,ἡ
συγγνωμονέω

γλυκύς,-εῖα,-ύ 3-1-3 decl. adj.,
  sweet
γλεῦκος,-ους,τό
γλυκύτης,-τητος,ἡ

γλύφω v., to carve
γλυπτός,-ή,-όν

γλῶσσα,ἡ 1 decl. n., a tongue
βραδύγλωσσος,-ον
γλωσσόκομον,τό
γλωσσώδης,-ες

διγλωσσία,ἡ
δίγλωσσος,-ον
ἑτερόγλωσσος,-ον
εὐγλωττία,ἡ
πρόγλωσσος,-ον

γνάπτω v., to scratch
ἄγναφος,-ον

γογγύζω v., to grumble
γογγυσμός,ὁ
γόγγυσος,-ον
γογγυστής,ὁ
διαγογγύζω

γόνυ,-νατος,τό 3 decl. n., a
  knee
γονυπετέω

γόος,ὁ 2 decl. n., a wailing
γόης,-ητος,ὁ

γραίνω v., to gnaw
γάγγραινα,ἡ

γραῦς,-άος,ἡ 3 decl. n., an old
  woman
γραώδης,-ες

γράφω v., to write
ἀγράμματος,-ον
ἀναγραφή,ἡ
ἀναγράφω
ἀντίγραφον,τό
ἀπογραφή,ἡ
ἀπογράφω
γράμμα,-ματος,τό
γραμματεύς,-έως,ὁ
Γραπτή,ἡ
γραπτός,-ή,-όν
γραφεῖον,τό
γραφή,ἡ
ἔγγραφος,-ον
ἐγγράφω
ἐπιγραφή,ἡ
ἐπιγράφω
καταγράφω
μεταγράφω
προγράφω
σύγγραμμα,-ματος,τό
συγγραφή,ἡ
συγγράφω
ὑπογραμμός,ὁ
χειρόγραφον,τό

γρῦ exclam., a grunt
γρύζω

γυῖον,τό 2 decl. n., an arm, a
  leg
ἔγγυος,-ον
παρεγγυάω

γυμνός,-ή,-όν 2-1-2 decl. adj.,
  naked
γυμνάζω
γυμνασία,ἡ
γυμνητεύω
γυμνιτεύω
γυμνότης,-τητος,ἡ
γυμνόω

γυνή,-ναικός,ἡ 3 decl. n., a
  woman
γυναικάριον,τό
γυναικεῖος,-α,-ον

γωνία,ἡ 1 decl. n., a corner
ἀκρογωνιαῖος,-α,-ον
τετράγωνος,-ον

Δ

δαίω(2) v., to distribute
δαιμονίζομαι
δαιμονικός,-ή,-όν
δαιμόνιον,τό
δαιμονιώδης,-ες
δαίμων,-ονος,ὁ
δεισιδαιμονία,ἡ
δεισιδαίμων,-ον
εὐδαιμονέω

δάκνω v., to bite
λαθροδήκτης,-ου,ὁ

δάκρυον,τό 2 decl. n., a
  weeping
δακρύω

Δαμασκός,ἡ 2 decl. n.,
  Damascus
Δαμασκηνός,-ή,-όν

δαμάω v., to tame
δαμάζω
δάμαλις,-εως,ἡ
Δάμαρις,-ιδος,ἡ

Δάναος,ὁ 2 decl. n., Danaus
Δαναΐδες,-ων,αἱ

δάνος,-ους,τό 3 decl. n., a gift
δανείζω
δάνειον,τό
δανειστής,-οῦ,ὁ

δαπάνη,ἡ 1 decl. n., a cost
ἀδάπανος,-ον
δαπανάω
ἐκδαπανάω
προσδαπανάω

δασύς,-εῖα,-ύ 3-1-3 decl. adj.,
  hairy
δασύπους,-οδος,ὁ

δάφνη,ἡ 1 decl. n., a laurel tree
Δάφνος,ὁ

δέ conj., but
ἐξουδενέω
ἐξουθένημα,-ματος,τό
ἐξουθενόω
μηδαμῶς
μηδέ
μηδείς,-εμία,-έν
μηδέποτε
μηδέπω
οὐδαμῶς
οὐδέ
οὐδείς,οὐδεμία,οὐδέν
οὐδέποτε
οὐδέπω

δείδω v., to fear
δεισιδαιμονία,ἡ
δεισιδαίμων,-ον

δείκνυμι 2 conj. v., to show
ἀναδείκνυμι
ἀνάδειξις,-εως,ἡ
ἀποδείκνυμι
ἀπόδειξις,-εως,ἡ
δακτύλιος,ὁ
δάκτυλος,ὁ
δεῖγμα,-ματος,τό
δειγματίζω
ἔνδειγμα,-ματος,τό
ἐνδείκνυμι
ἔνδειξις,-εως,ἡ
ἐπιδείκνυμι
παραδειγματίζω

ὑπόδειγμα,-ματος,τό
ὑποδείκνυμι
ὑποδεικνύω
χρυσοδακτύλιος,-ον

δείλη,ἡ 1 decl. n., the hottest
part of the day
δειλινός,-ή,-όν

δεῖπνον,τό 2 decl. n., dinner
δειπνέω
δειπνοκλήτωρ,-ορος,ὁ
δεῖπνος,ὁ

δέκα numeral, ten
ἀποδεκατεύω
ἀποδεκατόω
Δεκάπολις,-εως,ἡ
δέκατος,-η,-ον
δεκατόω
δώδεκα
δωδεκάσκηπτρον,τό
δωδέκατος,-η,-ον
δωδεκάφυλον,τό
ἕνδεκα
ἑνδέκατος,-η,-ον
πεντεκαιδέκατος,-η,-ον
τεσσαρεσκαιδέκατος,-η,-ον

δέλεαρ,-ατος,τό 3 decl. n., a
bait
δελεάζω
δόλιος,-α,-ον
δολιότης,-τητος,ἡ
δολιόω
δόλος,ὁ
δολόω

δελφύς,-ύος,ἡ 3 decl. n., a
womb
ἀδελφή,ἡ
ἀδελφοκτονία,ἡ
ἀδελφός,ὁ
ἀδελφότης,-τητος,ἡ
Φιλαδέλφεια,ἡ
φιλαδελφία,ἡ
φιλάδελφος,-ον
ψευδάδελφος,ὁ

δέμω v., to build
ἀνοικοδομέω
δῶμα,-ματος,τό
δωμάτιον,τό
ἐνδώμησις,-εως,ἡ

ἐποικοδομέω
οἰκοδομέω
οἰκοδομή,ἡ
οἰκοδομητός,-ή,-όν
οἰκοδομία,ἡ
οἰκοδόμος,ὁ
συνοικοδομέω

δένδρον,τό 2 decl. n., a tree
σύνδενδρος,-ον

δεξιός,-ά,-όν 2-1-2 decl. adj.,
right, opp. of left
δεξιολάβος,ὁ

δέος,-ους,τό 3 decl. n., fear
ἀδεῶς
δειλαίνω
δειλία,ἡ
δειλιάω
δειλός,-ή,-όν
δεινός,-ή,-όν
δεινῶς
ὑποδεής,-ές
ψοφοδεής,-ές

Δέρβη,ἡ 1 decl. n., Derbe
Δερβαῖος,-α,-ον

δέρκομαι v., to look, to gleam
Δορκάς,-άδος,ἡ
δράκων,-οντος,ὁ

δέρω v., to skin
δαίρω
δέρμα,-ματος,τό
δερμάτινος,-η,-ον
δέρρις,-εως,ἡ

δεσπότης,-ου,ὁ 1 decl. n., a
master
οἰκοδεσποτέω
οἰκοδεσπότης,-ου,ὁ
φιλοδέσποτος,-ον

δεῦρο adv., hither
δεῦτε

δέχομαι v., to receive
ἀδόκιμος,-ον
ἀναδέχομαι
ἀνένδεκτος,-ον
ἀπεκδέχομαι
ἀπόδεκτος,-ον
ἀποδέχομαι

ἀποδοκιμάζω
ἀποδοχή,ἡ
ἀποκαραδοκία,ἡ
ἀπροσδόκητος,-ον
δεκτός,-ή,-όν
διαδέχομαι
διάδοχος,ὁ
δοκιμάζω
δοκιμασία,ἡ
δοκιμή,ἡ
δοκίμιον,τό
δόκιμος,-ον
δοχή,ἡ
εἰσδέχομαι
ἐκδέχομαι
ἐκδοχή,ἡ
ἐνδέχομαι
ἐπιδέχομαι
εὐπρόσδεκτος,-ον
καραδοκία,ἡ
καταδέχομαι
ξενοδοχέω
πανδοχεῖον,τό
πανδοχεύς,-έως,ὁ
παραδέχομαι
προσδεκτός,-ή,-όν
προσδέχομαι
ὑποδέχομαι

δέω(1) v., to tie
δεῖ
δεσμεύω
δέσμη,ἡ
δέσμιος,ὁ
δεσμός,ὁ
δεσμοφύλαξ,-ακος,ὁ
δεσμωτήριον,τό
δεσμώτης,-ου,ὁ
δεσπόζω
δεσπότης,-ου,ὁ
διάδημα,-ματος,τό
ἐνδέω(1)
καταδέω
περιδέω
προσδέω
σύνδεσμος,ὁ
συνδέω
ὑποδέω
ὑπόδημα,-ματος,τό

δέω(2) v., to lack
ἀνεπιδεής,-ές

ἀπροσδεής,-ές
δέησις,-εως,ἡ
δέομαι
ἐνδεής,-ές
ἐνδέω(2)
ἐπιδέομαι
προσδέομαι

δή particle, already
δήποτε
δήπου
ἐπειδή
ἐπειδήπερ

δῆλος,-η,-ον 2-1-2 decl. adj.,
    visible
ἄδηλος,-ον
ἀδηλότης,-τητος,ἡ
ἀδήλως
δηλόω
ἔκδηλος,-ον
κατάδηλος,-ον
πρόδηλος,-ον
προδηλόω
προσδηλόω

Δημήτηρ,-τερος,ἡ 3 decl. n.,
    the goddess Demeter
Δημήτριος,ὁ

δῆμος,ὁ 2 decl. n., a district
ἀποδημέω
ἀποδημία,ἡ
ἀπόδημος,-ον
δημηγορέω
δημιουργέω
δημιουργία,ἡ
δημιουργός,ὁ
δημόσιος,-α,-ον
ἐκδημέω
ἐνδημέω
ἐπιδημέω
ἐπιδημία,ἡ
Νικόδημος,ὁ
παρεπιδημέω
παρεπίδημος,-ον
προδημιουργέω
συνέκδημος,ὁ

διά prep., through, intensifier
ἀδιάκριτος,-ον
ἀδιακρίτως
ἀδιάλειπτος,-ον

ἀδιαλείπτως
ἀδιαφθορία,ἡ
ἀδιήγητος,-ον
ἀνεκδιήγητος,-ον
ἀντιδιατίθημι
ἀποδιορίζω
ἀποδιυλίζω
ἀποδιυλισμός,ὁ
διαβαίνω
διαβάλλω
διαβεβαιόομαι
διάβημα,-ματος,τό
διαβλέπω
διαβόητος,-ον
διαβολή,ἡ
διάβολος,-ον
διαγγέλλω
διαγένω
διαγινώσκω
διαγνωρίζω
διάγνωσις,-εως,ἡ
διαγογγύζω
διαγρηγορέω
διάγω
διαδέχομαι
διάδημα,-ματος,τό
διαδίδωμι
διάδοχος,ὁ
διαζώννυμι
διαθήκη,ἡ
διαθρύπτω
διαίρεσις,-εως,ἡ
διαιρέω
διακαθαίρω
διακαθαρίζω
διακατελέγχομαι
διακελεύω
διακοσμέω
διακόσμησις,-εως,ἡ
διακούω
διακρίνω
διάκρισις,-εως,ἡ
διακυβερνάω
διακωλύω
διαλαλέω
διαλέγομαι
διαλείπω
διάλεκτος,ἡ
διαλιμπάνω
διαλλάσσομαι
διαλογίζομαι

διαλογισμός,ὁ
διάλυσις,-εως,ἡ
διαλύω
διαμαρτάνω
διαμαρτύρομαι
διαμάχομαι
διαμένω
διαμερίζω
διαμερισμός,ὁ
διανέμω
διανεύω
διανοέομαι
διανόημα,-ματος,τό
διάνοια,ἡ
διανοίγω
διανυκτερεύω
διανύω
διαπαρατριβή,ἡ
διαπεράω
διαπλέω
διαπονέομαι
διαπορεύομαι
διαπορέω
διαπραγματεύομαι
διαπρίω
διαρήσσω
διαρθρόω
διαρπάζω
διαρρήγνυμι
διασαφέω
διασείω
διασκορπίζω
διασπαράσσω
διασπάω
διασπείρω
διασπορά,ἡ
διάσταλμα,-ματος,τό
διαστέλλω
διάστημα,-ματος,τό
διαστολή,ἡ
διαστρέφω
διασώζω
διαταγή,ἡ
διάταγμα,-ματος,τό
διάταξις,-εως,ἡ
διαταράσσω
διατάσσω
διατελέω
διατηρέω
διατί
διατίθημι

διατρίβω
διατροφή,ή
διαυγάζω
διαυγής,-ές
διαφανής,-ές
διαφέρω
διαφεύγω
διαφημίζω
διαφθείρω
διαφθορά,ή
διαφορά,ή
διάφορος,-ον
διαφυλάσσω
διαχειρίζω
διαχλευάζω
διαχωρίζω
διεγείρω
διελέγχω
διέλκω
διενθυμέομαι
διεξέρχομαι
διέξοδος,ή
διέπω
διερμηνεία,ή
διερμηνευτής,-οῦ,ὁ
διερμηνεύω
διέρχομαι
διερωτάω
διευθύνω
διηγέομαι
διήγησις,-εως,ή
διηνεκής,-ές
διηνεκῶς
διικνέομαι
διίστημι
διιστορέω
διισχυρίζομαι
διό
διοδεύω
διοίκησις,-εως,ή
διόπερ
διόπτρα,ή
διορθόω
διόρθωμα,-ματος,τό
διόρθωσις,-εως,ή
διορίζω
διορύσσω
διότι
διυλίζω
ἐκδιηγέομαι
ἐπιδιατάσσομαι

ἐπιδιορθόω
καταδιαιρέω
παραδιατριβή,ή

διάκονος,ὁ 2 decl. n., a servant
διακονέω
διακονία,ή

διδάσκω v., to teach
διδακτικός,-ή,-όν
διδακτός,-ή,-όν
διδασκαλία,ή
διδάσκαλος,ὁ
διδαχή,ή
ἐθελοδιδάσκαλος,ὁ
ἑτεροδιδασκαλέω
θεοδίδακτος,-ον
κακοδιδασκαλέω
κακοδιδασκαλία,ή
καλοδιδάσκαλος,-ον
νομοδιδάσκαλος,ὁ
συνδιδασκαλίτης,-ου,ὁ
ψευδοδιδασκαλία,ή
ψευδοδιδάσκαλος,ὁ

δίδωμι 2 conj. v., to give
ἀναδίδωμι
ἀνταποδίδωμι
ἀνταπόδομα,-ματος,τό
ἀνταπόδοσις,-εως,ή
ἀνταποδότης,-ου,ὁ
ἀντίδοτος,ή
ἀποδίδωμι
Ἀρτεμᾶς,-ᾶ,ὁ
διαδίδωμι
δόμα,-ματος,τό
δόσις,-εως,ή
δότης,-ου,ὁ
δωρεά,ή
δωρεάν
δωρέομαι
δώρημα,-ματος,τό
δῶρον,τό
δωροφορία,ή
ἐκδίδωμι
ἔκδοτος,-ον
ἐπιδίδωμι
εὐμετάδοτος,-ον
κατακληροδοτέω
μεταδίδωμι
μεταπαραδίδωμι
μισθαποδοσία,ή

μισθαποδότης,-ου,ὁ
παραδίδωμι
παράδοσις,-εως,ἡ
πατροπαράδοτος,-ον
προδίδωμι
προδότης,-ου,ὁ
χρησμοδοτέω

δίκη,ἡ 1 decl. n., right, justice
ἀδικέω
ἀδίκημα,-ματος,τό
ἀδικία,ἡ
ἀδικοκρίτης,-ου,ὁ
ἄδικος,-ον
ἀδίκως
ἀντίδικος,ὁ
δικάζω
δικαιοκρισία,ἡ
δικαιοπραγία,ἡ
δικαιοσύνη,ἡ
δίκαιος,-α,-ον
δικαιόω
δικαίωμα,-ματος,τό
δικαίωσις,-εως,ἡ
δικαίως
δικαστής,-οῦ,ὁ
ἐκδικέω
ἐκδίκησις,-εως,ἡ
ἔκδικος,-ον
ἔνδικος,-ον
καταδικάζω
καταδίκη,ἡ
Λαοδίκεια,ἡ
Λαοδικεύς,-έως,ὁ
προαδικέω
ὑπόδικος,-ον

Διόνυσος,ὁ 2 decl. n., the god
Dionysus
Διονύσιος,ὁ

δίψα,ἡ 1 decl. n., thirst
διψάω
δίψος,-ους,τό

δίω v., to flee
διωγμίτης,-ου,ὁ
διωγμός,ὁ
διώκτης,-ου,ὁ
διώκω
ἐκδιώκω
καταδιώκω

δοκέω v., to suppose, to seem
ἄδοξος,-ον
δόγμα,-ματος,τό
δογματίζω
δόξα,ἡ
δοξάζω
ἐνδοξάζομαι
ἔνδοξος,-ον
ἐνδόξως
ἑτεροδοξέω
ἑτεροδοξία,ἡ
εὐδοκέω
εὐδόκησις,-εως,ἡ
εὐδοκία,ἡ
κενοδοξέω
κενόδοξος,-ον
κενοδοφία,ἡ
παράδοξος,-ον
προσδοκάω
προσδοκία,ἡ
συνδοξάζω
συνευδοκέω
ὑπερδοξάζω

δολιχός,-ή,-όν 2-1-2 decl. adj.,
long
ἐνδελεχισμός,ὁ

δόλος,ὁ 2 decl. n., a bait,
deceit
ἄδολος,-ον

δοῦλος,ὁ 2 decl. n., a slave
δουλαγωγέω
δουλεία,ἡ
δουλεύω
δούλη,ἡ
δοῦλος,-η,-ον
δουλόω
καταδουλόω
ὀφθαλμοδουλία,ἡ
σύνδουλος,ὁ
ὑπόδουλος,-ον

δράσσομαι v., to grasp with the
hand
δίδραχμον,τό
δράξ,-ακός,ἡ
δραχμή,ἡ

δράω v., to do
ἀδρανής,-ές
ἀποδιδράσκω

δρέπω v., *to pluck*
δρέπανον,τό

δρόσος,ἡ 1 decl. n., *dew*
δροσίζω

δύναμαι 2 conj. v., *to be able*
ἀδυνατέω
ἀδύνατος,-ον
δύναμις,-εως,ἡ
δυναμόω
δυνάστης,-ου,ὁ
δυνατέω
δυνατός,-ή,-όν
δυνατῶς
ἐνδυναμόω
καταδυναστεύω

δύο numeral, *two*
ἀδιστάκτως
δευτεραῖος,-α,-ον
Δευτερονόμιον,τό
δευτερόπρωτος,-ον
δεύτερος,-α,-ον
διακόσιοι,-αι,-α
διγαμία,ἡ
δίγαμος,-ον
διγλωσσία,ἡ
δίγλωσσος,-ον
διγνώμων,-ον
δίδραχμον,τό
Δίδυμος,ὁ
διετής,-ές
διετία,ἡ
διθάλασσος,-ον
δίλογος,-ον
διπλοκαρδία,ἡ
διπλοῦς,-ῆ,-οῦν
διπλόω
δισμυριάς,-άδος,ἡ
δισσός,-ή,-όν
δισσῶς
δισταγμός,ὁ
διστάζω
δίστομος,-ον
δισχίλιοι,-αι,-α
δίς
δίχα
διχάζω
διχηλέω
διχοστασία,ἡ
διχοστατέω

διχοστάτης,-ου,ὁ
διχοτομέω
διψυχέω
διψυχία,ἡ
δίψυχος,-ον
δώδεκα
δωδεκάσκηπτρον,τό
δωδέκατος,-η,-ον
δωδεκάφυλον,τό

δύω v., *to put on clothes*
ἀπεκδύομαι
ἀπέκδυσις,-εως,ἡ
ἀποδύομαι
δύνω
δύσις,-εως,ἡ
δυσμή,ἡ
ἐκδύω
ἐνδιδύσκω
ἔνδυμα,-ματος,τό
ἐνδύνω
ἔνδυσις,-εως,ἡ
ἐνδύω
ἐπενδύομαι
ἐπενδύτης,-ου,ὁ
ἐπιδύω
παρεισδύνω
παρείσδυσις,-εως,ἡ
ὑποδύομαι

Ε

ἕ acc. s. and pl. 3 p. pron.,
 him, her, it
ἑαυτοῦ,-ῆς,-οῦ

ἔαρ,-ρος,τό 3 decl. n., *spring*
 of the year
ἐαρινός,-ή,-όν

ἐάω v., *to permit*
προσεάω

Ἑβραῖος,ὁ 2 decl. n., *a Hebrew*
Ἑβραικός,-ή,-όν
Ἑβραιστί
Ἑβραίς,-ίδος,ἡ

ἐγγύς adv., *near*
ἐγγίζω
ἔγγιστα
προσεγγίζω

ἐγείρω v., to awaken
  γρηγορέω
  διαγρηγορέω
  διεγείρω
  ἔγερσις,-εως,ἡ
  ἐξεγείρω
  ἐπεγείρω
  συνεγείρω

ἐγώ,ἐμοῦ irreg. decl. pron., I
  ἐμαυτοῦ,-ῆς,-οῦ
  ἐμός,-ή,-όν
  κἀγώ
  μηδαμῶς

ἔδαφος,-ους,τό 3 decl. n., the
    bottom
  ἐδαφίζω

ἔδω v., to eat
  ἔδεσμα,-ματος,τό
  ἐσθίω
  κατεσθίω
  νηστεία,ἡ
  νηστεύω
  νῆστις,-εως,ὁ&ἡ
  προνηστεύω
  συνεσθίω

ἕζομαι v., to sit
  ἀφεδρών,-ῶνος,ὁ
  ἐγκάθημαι
  ἑδράζω
  ἑδραῖος,-α,-ον
  ἑδραίωμα,-ματος,τό
  ἐνέδρα,ἡ
  ἐνεδρεύω
  ἔνεδρον,τό
  εὐπάρεδρος,-ον
  εὐπρόσεδρος,-ον
  καθέδρα,ἡ
  καθέζομαι
  κάθημαι
  παρακαθέζομαι
  παρακάθημαι
  παρεδρεύω
  πάρεδρος,-ον
  προκάθημαι
  προσεδρεύω
  πρωτοκαθεδρία,ἡ
  πρωτοκαθεδρίτης,-ου,ὁ
  συγκάθημαι

συνέδριον,τό
σύνεδρος,ὁ

ἔθνος,-ους,τό 3 decl. n., a
    company of people
  ἐθνάρχης,-ου,ὁ
  ἐθνικός,-ή,-όν
  ἐθνικῶς

ἔθος,-ους,τό 3 decl. n., a
    custom
  ἐθίζω
  ἦθος,-ους,τό
  κακοήθεια,ἡ
  κακοήθης,-ες
  ὁμοήθεια,ἡ
  συνήθεια,ἡ
  συνήθης,-ες

ἔθω v., to be accustomed
  εἴωθα

εἰ particle, if
  ἐάν
  ἐάνπερ
  κἄν
  ὡσεί
  ὡσπερεί

εἴδω v., to see
  αἱματώδης,-ες
  ἀκανθώδης,-ες
  γλωσσώδης,-ες
  γραώδης,-ες
  δαιμονιώδης,-ες
  εἰδέα,ἡ
  εἶδος,-ους,τό
  εἰδωλεῖον,τό
  εἰδωλόθυτος,-ον
  εἰδωλολατρέω
  εἰδωλολάτρης,-ου,ὁ
  εἰδωλολατρία,ἡ
  εἴδωλον,τό
  ἐρημώδης,-ες
  εὐειδής,-ές
  εὐσυνείδητος,-ον
  θανατώδης,-ες
  ἴδε
  ἰδέα,ἡ
  ἰδού
  ἰνδάλλομαι
  κατείδωλος,-ον
  κρημνώδης,-ες

πετρώδης,-ες
πυροειδής,-ές
συνείδησις,-εως,ἡ
τριβολώδης,-ες

εἴδω(2) v., to know
οἶδα
πρόοιδα
σύνοιδα

εἰκῆ adv., without purpose
εἰκαιότης,-τητος,ἡ

εἴκω(1) v., to be like
εἰκάζω
εἰκός,-ότος,τό
εἰκών,-όνος,ἡ
ἔοικα
ἐπιείκεια,ἡ
ἐπιεικής,-ές

εἴκω(2) v., to yield
εἰκτικῶς
εὐείκτως
ὑπείκω

εἴλω v., to roll up tight
εἰλέω
ἐνειλέω
ὁμιλέω
ὁμιλία,ἡ
ὅμιλος,ὁ
προσομιλέω
συνομιλέω

εἰμί irreg. 2 conj. v., to be
ἄπειμι(1)
ἀπουσία,ἡ
ἔνειμι
ἔνι
ἔνιοι,-αι,-α
ἐνίοτε
ἔξεστι
ἐξουσία,ἡ
ἐξουσιάζω
ἐπιούσιος,-ον
κατεξουσιάζω
ὄντως
οὐσία,ἡ
πάρειμι
παρουσία,ἡ
περιούσιος,-ον
πρόειμι
πρόσειμι(1)

συμπάρειμι
σύνειμι(1)

εἶμι irreg. 2 conj. v., to go
ἄπειμι(2)
ἀπρόσιτος,-ον
εἴσειμι
ἔξειμι
ἔπειμι
ἐπιοῦσα,ἡ
ἰταμός,-ή,-όν
καθίημι
κάτειμι
πρόσειμι(2)
σύνειμι(2)

εἰρήνη,ἡ 1 decl. n., peace
Εἰρηναῖος,ὁ
εἰρήναρχος,ὁ
εἰρηνεύω
εἰρηνικός,-ή,-όν
εἰρηνοποιέω
εἰρηνοποιός,-όν

εἴρω(1) v., to tie
προσορμίζω
σειρά,ἡ

εἴρων,-ωνος,ὁ 3 decl. n., a
person who conceals his
true intentions
εἰρωνεία,ἡ

εἰς prep., into
εἰσάγω
εἰσακούω
εἰσδέχομαι
εἴσειμι
εἰσέρχομαι
εἰσήκω
εἰσκαλέομαι
εἴσοδος,ἡ
εἰσπηδάω
εἰσπορεύομαι
εἰστρέχω
εἰσφέρω
ἐπεισαγωγή,ἡ
ἐπεισέρχομαι
ἔσοπτρον,τό
ἔσω
ἔσωθεν
ἐσώτερος,-α,-ον
παρεισάγω

παρείσακτος,-ον
παρεισδύνω
παρείσδυσις,-εως,ἡ
παρεισέρχομαι
παρεισφέρω
συνεισέρχομαι

εἷς,μία,ἕν 3-1-3 decl. numeral,
  one
ἕνδεκα
ἑνδέκατος,-η,-ον
ἑνότης,-τητος,ἡ
ἑνόω
ἕνωσις,-εως,ἡ
ἐξουδενέω
ἐξουθένημα,-ματος,τό
ἐξουθενόω
μηδείς,-εμία,-έν
οὐδείς,οὐδεμία,οὐδέν

εἶτα adv., then
ἕπειτα
μετέπειτα

ἐκ prep., from, out of,
  intensifier
αἱματεκχυσία,ἡ
ἀνεκδιήγητος,-ον
ἀνεκλάλητος,-ον
ἀνέκλειπτος,-ον
ἀνεξεραύνητος,-ον
ἀνεξιχνίαστος,-ον
ἀπεκδέχομαι
ἀπεκδύομαι
ἀπέκδυσις,-εως,ἡ
διεξέρχομαι
διέξοδος,ἡ
ἐκβαίνω
ἐκβάλλω
ἕκβασις,-εως,ἡ
ἐκβλαστάνω
ἐκβολή,ἡ
ἕκβολος,-ον
ἐκγαμίζω
ἕκγονος,-ον
ἐκδαπανάω
ἐκδέχομαι
ἕκδηλος,-ον
ἐκδημέω
ἐκδίδωμι
ἐκδιηγέομαι
ἐκδικέω

ἐκδίκησις,-εως,ἡ
ἕκδικος,-ον
ἐκδιώκω
ἕκδοτος,-ον
ἐκδοχή,ἡ
ἐκδύω
ἐκζητέω
ἐκζήτησις,-εως,ἡ
ἐκθαμβέω
ἕκθαμβος,-ον
ἐκθαυμάζω
ἕκθετος,-ον
ἐκκαθαίρω
ἐκκαίω
ἐκκακέω
ἐκκεντέω
ἐκκλάω
ἐκκλείω
ἐκκλησία,ἡ
ἐκκλησιαστικός,-ή,-όν
ἐκκλίνω
ἐκκολάπτω
ἐκκόλαψις,-εως,ἡ
ἐκκολυμβάω
ἐκκομίζω
ἐκκόπτω
ἐκκρεμάννυμι
ἐκλαλέω
ἐκλάμπω
ἐκλανθάνομαι
ἐκλέγομαι
ἐκλείπω
ἐκλεκτός,-ή,-όν
ἐκλιπαρέω
ἐκλογή,ἡ
ἐκλύω
ἐκμάσσω
ἐκμυκτηρίζω
ἐκνεύω
ἐκνήφω
ἕκπαλαι
ἐκπειράζω
ἐκπέμπω
ἐκπερισσῶς
ἐκπετάννυμι
ἐκπέτασις,-εως,ἡ
ἐκπηδάω
ἐκπίπτω
ἐκπλέκω
ἐκπλέω
ἕκπληκτος,-ον

ἐκπληρόω
ἐκπλήρωσις,-εως,ή
ἐκπλήσσω
ἐκπνέω
ἐκπορεύομαι
ἐκπορνεύω
ἐκπρεπής,-ές
ἐκπτύω
ἐκπυρόω
ἐκριζόω
ἐκρίπτω
ἔκρυσις,-εως,ή
ἔκστασις,-εως,ή
ἐκστρέφω
ἐκσφενδονάω
ἐκσῴζω
ἐκταράσσω
ἐκτείνω
ἐκτελέω
ἐκτένεια,ή
ἐκτενής,-ές
ἐκτενῶς
ἐκτίθημι
ἐκτίλλω
ἐκτινάσσω
ἐκτιτρώσκω
ἐκτός
ἐκτρέπω
ἐκτρέφω
ἐκτρίβω
ἔκτρομος,-ον
ἔκτρωμα,-ματος,τό
ἐκτυπόω
ἐκφέρω
ἐκφεύγω
ἐκφοβέω
ἔκφοβος,-ον
ἔκφρικτος,-ον
ἐκφύω
ἐκφωνέω
ἐκχέω
ἔκχυσις,-εως,ή
ἐκχωρέω
ἐκψύχω
ἐξαγγέλλω
ἐξαγοράζω
ἐξάγω
ἐξαίρετος,-ον
ἐξαιρέτως
ἐξαιρέω
ἐξαίρω

ἐξαιτέω
ἐξαίφνης
ἐξακολουθέω
ἐξακοντίζω
ἐξακριβάζομαι
ἐξαλείφω
ἐξάλλομαι
ἐξαμαρτάνω
ἐξαμβλόω
ἐξανάστασις,-εως,ή
ἐξανατέλλω
ἐξανίστημι
ἐξανοίγω
ἐξαπατάω
ἐξάπινα
ἐξαπλόω
ἐξαπορέω
ἐξαποστέλλω
ἐξάπτω
ἐξαριθμέω
ἐξαρτάω
ἐξαρτίζω
ἐξασθενέω
ἐξαστράπτω
ἐξαυτῆς
ἐξεγείρω
ἔξειμι
ἐξελέγχω
ἐξελίσσω
ἐξέλκω
ἐξέραμα,-ματος,τό
ἐξεραυνάω
ἐξερίζω
ἐξέρχομαι
ἔξεστι
ἐξετάζω
ἐξετασμός,ὁ
ἐξέχω
ἐξηγέομαι
ἐξήγησις,-εως,ή
ἐξηχέω
ἐξιλάσκομαι
ἐξίστημι
ἐξισχύω
ἔξοδος,ή
ἐξοιδέω
ἐξολεθρεύω
ἐξομοιόω
ἐξομολογέω
ἐξομολόγησις,-εως,ή
ἐξορκίζω

ἐξορκιστής,-οῦ,ὁ
ἐξορύσσω
ἐξουδενέω
ἐξουθένημα,-ματος,τό
ἐξουθενόω
ἐξουσία,ἡ
ἐξουσιάζω
ἐξοχή,ἡ
ἔξοχος,-ον
ἐξυπνίζω
ἔξυπνος,-ον
ἔξω
ἔξωθεν
ἐξωθέω
ἐξώτερος,-α,-ον
ἐπεκτείνομαι
ἐπεξεργάζομαι
ἔσχατος,-η,-ον
ἐσχάτως
κατεξουσιάζω
παρεκβαίνω
παρέκβασις,-εως,ἡ
παρεκτός
παρεκφέρω
προεξομολογέομαι
συνέκδημος,ὁ
συνεκλεκτός,-ή,-όν
συνεκπορεύομαι
συνεξέρχομαι
ὑπεξέρχομαι
ὑπερεκπερισσοῦ
ὑπερεκπερισσῶς
ὑπερεκτείνω
ὑπερεκχύνω

ἕκαστος,-η,-ον 2-1-2 decl. adj.,
  each
  ἑκάστοτε

ἑκατόν numeral, one hundred
  ἑκατονταετής,-ές
  ἑκατονταπλασίων,-ον
  ἑκατοντάρχης,-ου,ὁ
  ἑκατόνταρχος,ὁ

ἐκεῖ adv., there
  ἐκεῖθεν
  ἐκεῖνος,-η,-ο
  ἐκεῖσε
  ἐπέκεινα
  κἀκεῖ
  κἀκεῖθεν

κἀκεῖνος,-η,-ο
κἀκεῖσε
τηνικαῦτα
ὑπερέκεινα

ἑκών,-οῦσα,-όν 3-1-3 decl. adj.,
  willing
  ἄκων,-ουσα,-ον
  ἑκούσιος,-α,-ον
  ἑκουσίως

ἐλαία,ἡ 1 decl. n., an olive tree
  ἀγριέλαιος,ἡ
  ἔλαιον,τό
  ἐλαιών,-ῶνος,ὁ
  καλλιέλαιος,ἡ

ἐλάσσων,-ον 3 decl. adj., less
  ἐλαττονέω
  ἐλαττόω
  ἐλάττωμα,-ματος,τό
  ἐλάχιστος,-η,-ον

ἐλαύνω v., to set in motion
  ἀπελαύνω
  περιελαύνω
  συνελαύνω

ἐλαφρός,-ά,-όν 2-1-2 decl. adj.,
  light in weight
  ἐλαφρία,ἡ

ἐλέγχω v., to expose, to
  convince
  ἀπελεγμός,ὁ
  διακατελέγχομαι
  διελέγχω
  ἐλεγμός,ὁ
  ἔλεγξις,-εως,ἡ
  ἔλεγχος,ὁ
  ἐξελέγχω

ἔλεος,-ους,τό 3 decl. n., mercy
  ἀνελεήμων,-ον
  ἀνέλεος,-ον
  ἐλεάω
  ἐλεεινός,-ή,-όν
  ἐλεέω
  ἐλεημοσύνη,ἡ
  ἐλεήμων,-ον

ἐλεύθερος,-α,-ον 2-1-2 decl.
  adj., free
  ἀπελεύθερος,ὁ
  ἐλευθερία,ἡ

ἐλευθερόω

ἐλέφας,-αντος,ὁ 3 decl. n., an
  elephant, ivory
ἐλεφάντινος,-η,-ον

ἔλη,ἡ 1 decl. n., the heat or
  light of the sun
εἰλικρίνεια,ἡ
εἰλικρινής,-ές
εἰλικρινῶς
ἥλιος,ὁ
Ἡλιούπολις,-εως,ἡ

ἐλίσσω v., to turn around
ἕλιγμα,-ματος,τό
ἐνελίσσω
ἐξελίσσω

ἕλκος,-ους,τό 3 decl. n., a
  wound
ἑλκόω

ἕλκω v., to draw along
ἀντιπαρέλκω
διέλκω
ἐξέλκω

Ἕλλην,-ηνος,ὁ 3 decl. n., a
  Greek
Ἑλλάς,-άδος,ἡ
Ἑλληνικός,-ή,-όν
Ἑλληνιστής,-οῦ,ὁ
Ἑλληνιστί
Ἑλληνίς,-ίδος,ἡ

ἐλπίς,-ίδος,ἡ 3 decl. n., a hope
ἀπελπίζω
ἐλπίζω
προελπίζω

ἐν prep., in
ἀνεγκλησία,ἡ
ἀνέγκλητος,-ον
ἀνεμπόδιστος,-ον
ἀνεμποδίστως
ἀνένδεκτος,-ον
ἀπέναντι
διενθυμέομαι
δυσεντέριον,τό
ἐγγεννάω
ἔγγραφος,-ον
ἐγγράφω
ἔγγυος,-ον
ἐγκάθετος,-ον

ἐγκάθημαι
ἐγκαίνια,-ίων,τά
ἐγκαινίζω
ἐγκακέω
ἐγκαλέω
ἐγκάρδια,-ίων,τά
ἔγκαρπος,-ον
ἔγκατα,τά
ἐγκατάλειμμα,-ματος,τό
ἐγκαταλείπω
ἐγκαταστηρίζω
ἐγκατασφραγίζω
ἐγκατοικέω
ἐγκαυχάομαι
ἔγκειμαι
ἐγκεντρίζω
ἐγκεράννυμι
ἐγκλείω
ἔγκλημα,-ματος,τό
ἐγκομβόομαι
ἐγκοπή,ἡ
ἐγκόπτω
ἐγκράτεια,ἡ
ἐγκρατεύομαι
ἐγκρατής,-ές
ἐγκρίνω
ἐγκρύπτω
ἔγκυος,-ον
ἐγκύπτω
ἐγχρίω
ἐγχώριος,-ον
ἐλλείπω
ἔλλειψις,-εως,ἡ
ἐλλογέω
ἐλλόγιμος,-ον
ἐμβαίνω
ἐμβάλλω
ἐμβαπτίζω
ἐμβάπτω
ἐμβατεύω
ἐμβιβάζω
ἐμβλέπω
ἐμβριθής,-ές
ἐμβριμάομαι
ἐμβροχή,ἡ
ἐμμαίνομαι
ἐμμένω
ἐμπαιγμονή,ἡ
ἐμπαιγμός,ὁ
ἐμπαίζω
ἐμπαίκτης,-ου,ὁ

ἐμπέμπω
ἐμπεριέχω
ἐμπεριπατέω
ἐμπερίτομος,-ον
ἐμπίπλημι
ἐμπίπρημι
ἐμπίπτω
ἔμπλαστρος,ἡ
ἐμπλέκω
ἐμπλοκή,ἡ
ἐμπνέω
ἐμποδίζω
ἐμπορεύομαι
ἐμπορία,ἡ
ἐμπόριον,τό
ἔμπορος,ὁ
ἔμπροσθεν
ἐμπτύω
ἐμφανής,-ές
ἐμφανίζω
ἔμφοβος,-ον
ἐμφράσσω
ἐμφύρω
ἐμφυσάω
ἔμφυτος,-ον
ἐμφωνέω
ἐναγκαλίζομαι
ἐνάλιος,-ον
ἐναλλάξ
ἐνάλλομαι
ἐνανθρωπέω
ἔναντι
ἐναντίον
ἐναντιόομαι
ἐναντίος,-α,-ον
ἐναργής,-ές
ἐνάρετος,-ον
ἐνάρχομαι
ἐναφίημι
ἐνδεής,-ές
ἔνδειγμα,-ματος,τό
ἐνδείκνυμι
ἔνδειξις,-εως,ἡ
ἐνδελεχισμός,ὁ
ἐνδέχομαι
ἐνδέω(1)
ἐνδέω(2)
ἐνδημέω
ἐνδιδύσκω
ἔνδικος,-ον
ἔνδοθεν

ἐνδοξάζομαι
ἔνδοξος,-ον
ἐνδόξως
ἔνδυμα,-ματος,τό
ἐνδυναμόω
ἐνδύνω
ἔνδυσις,-εως,ἡ
ἐνδύω
ἐνδώμησις,-εως,ἡ
ἐνέδρα,ἡ
ἐνεδρεύω
ἔνεδρον,τό
ἐνειλέω
ἔνειμι
ἐνελίσσω
ἐνέργεια,ἡ
ἐνεργέω
ἐνέργημα,-ματος,τό
ἐνεργής,-ές
ἐνερείδω
ἐνευλογέω
ἐνέχω
ἔνθα
ἐνθάδε
ἔνθεν
ἔνθεος,-ον
ἐνθυμέομαι
ἐνθύμησις,-εως,ἡ
ἔνι
ἐνί
ἐνιδρύω
ἔνιοι,-αι,-α
ἐνίοτε
ἐνίστημι
ἐνισχύω
ἐννεύω
ἐννοέω
ἔννοια,ἡ
ἔννομος,-ον
ἐννόμως
ἔννυχος,-ον
ἐνοικέω
ἐνοξίζω
ἔνοπλος,-ον
ἐνοπτρίζομαι
ἐνοράω
ἐνορκίζω
ἐνοχλέω
ἔνοχος,-ον
ἐνσκιρόω
ἐνστερνίζω

ἔνταλμα,-ματος,τό
ἐντάσσω
ἐνταῦθα
ἐνταφιάζω
ἐνταφιασμός,ὁ
ἐντέλλω
ἔντερον,τό
ἐντεῦθεν
ἔντευξις,-εως,ἡ
ἐντίθημι
ἔντιμος,-ον
ἐντολή,ἡ
ἐντόπιος,-α,-ον
ἐντός
ἐντρέπω
ἐντρέφω
ἔντρομος,-ον
ἐντροπή,ἡ
ἐντρυφάω
ἐντυγχάνω
ἐντυλίσσω
ἐντυπόω
ἐνυβρίζω
ἐνυπνιάζομαι
ἐνύπνιον,τό
ἐνώπιον
ἐνωτίζομαι
ἐπενδύομαι
ἐπενδύτης,-ου,ὁ
κατέναντι
κατενώπιον
κενεμβατεύω
παρεγγυάω
παρεμβάλλω
παρεμβολή,ἡ
παρεμπλέκω
παρέμπτωσις,-εως,ἡ
παρενθυμέομαι
παρενοχλέω
προενάρχομαι
ὑπεναντίος,-α,-ον
ὑπερεντυγχάνω
χριστέμπορος,ὁ

ἕνεκα prep., _for the sake of_
  εἵνεκεν

ἐννέα numeral, _nine_
  ἔνατος,-η,-ον
  ἐνενήκοντα

ἔννυμι 2 conj. v., _to put clothes_
  _on_
  ἀμφιάζω
  ἀμφιέννυμι
  ἐσθής,-ῆτος,ἡ
  ἱματίζω
  ἱμάτιον,τό
  ἱματισμός,ὁ

ἔνος,ὁ 2 decl. n., _a year_
  ἐνιαυτός,ὁ

ἔντεα,-ων,τά 2 decl. n .,
  instruments
  αὐθεντέω
  αὐθέντης,-ου,ὁ
  αὐθεντικός,-ή,-όν
  αὐθεντικῶς

ἕξ numeral, _six_
  ἕκτος,-η,-ον
  ἑξακισχίλιοι,-αι,-α
  ἑξάκις
  ἑξακόσιοι,-αι,-α
  ἑξήκοντα

ἑορτή,ἡ 1 decl. n., _a festival_
  ἑορτάζω

ἐπήρεια,ἡ 1 decl. n., _an insult_
  ἐπηρεάζω

ἐπί prep., _upon,_ intensifier
  ἀλλοτριεπίσκοπος,ὁ
  ἀνεπαίσχυντος,-ον
  ἀνεπιδεής,-ές
  ἀνεπίλημπτος,-ον
  ἀξιέπαινος,-ον
  ἀξιοεπίτευκτος,-ον
  αὐτεπαινετός,-όν
  ἐπαγγελία,ἡ
  ἐπαγγέλλομαι
  ἐπάγγελμα,-ματος,τό
  ἐπάγω
  ἐπαγωνίζομαι
  ἐπαθροίζω
  Ἐπαίνετος,ὁ
  ἐπαινέω
  ἔπαινος,ὁ
  ἐπαίρω
  ἐπαισχύνομαι
  ἐπαιτέω
  ἐπακολουθέω

ἐπακούω
ἐπακροάομαι
ἐπάλληλος,-ον
ἐπάν
ἐπάναγκες
ἐπανάγω
ἐπανακάμπτω
ἐπαναμιμνήσκω
ἐπαναπαύομαι
ἐπανατρέχω
ἐπανέρχομαι
ἐπανήκω
ἐπανίστημι
ἐπανόρθωσις,-εως,ἡ
ἐπάνω
ἐπαοιδός,ὁ
ἐπάρατος,-ον
ἐπαρκέω
ἐπαρχεία,ἡ
ἐπάρχειος,-ον
ἐπαρχικός,-ή,-όν
ἔπαρχος,ὁ
ἔπαυλις,-εως,ἡ
ἐπαύριον
ἐπαφίημι
Ἐπαφρᾶς,-ᾶ,ὁ
ἐπαφρίζω
Ἐπαφρόδιτος,ὁ
ἐπεγείρω
ἐπεί
ἐπειδή
ἐπειδήπερ
ἔπειμι
ἐπείπερ
ἐπεισαγωγή,ἡ
ἐπεισέρχομαι
ἔπειτα
ἐπέκεινα
ἐπεκτείνομαι
ἐπενδύομαι
ἐπενδύτης,-ου,ὁ
ἐπεξεργάζομαι
ἐπέρχομαι
ἐπερωτάω
ἐπερώτημα,-ματος,τό
ἐπέχω
ἐπήλυτος,-ον
ἐπιβαίνω
ἐπιβάλλω
ἐπιβαρέω
ἐπιβιβάζω

ἐπιβλέπω
ἐπίβλημα,-ματος,τό
ἐπιβοάω
ἐπιβουλή,ἡ
ἐπιγαμβρεύω
ἐπίγειος,-ον
ἐπιγελάω
ἐπιγένω
ἐπιγινώσκω
ἐπίγνωσις,-εως,ἡ
ἐπιγραφή,ἡ
ἐπιγράφω
ἐπιδείκνυμι
ἐπιδέομαι
ἐπιδέχομαι
ἐπιδημέω
ἐπιδημία,ἡ
ἐπιδιατάσσομαι
ἐπιδίδωμι
ἐπιδιορθόω
ἐπιδύω
ἐπιείκεια,ἡ
ἐπιεικής,-ές
ἐπιζητέω
ἐπιθανάτιος,-ον
ἐπίθεσις,-εως,ἡ
ἐπιθυμέω
ἐπιθυμητής,-οῦ,ὁ
ἐπιθυμία,ἡ
ἐπιθύω
ἐπικαθίζω
ἐπικαθυπνόω
ἐπικαίω
ἐπικαλέω
ἐπικάλυμμα,-ματος,τό
ἐπικαλύπτω
ἐπικαταλλάσσομαι
ἐπικατάρατος,-ον
ἐπίκειμαι
ἐπικέλλω
ἐπικερδαίνω
ἐπικεφάλαιον,τό
Ἐπικούρειος,ὁ
ἐπικουρία,ἡ
ἐπικράζω
ἐπικρίνω
ἐπιλαμβάνομαι
ἐπιλάμπω
ἐπιλανθάνομαι
ἐπιλέγω
ἐπιλείπω

ἐπιλείχω
ἐπιλησμονή,ἡ
ἐπίλοιπος,-ον
ἐπίλυσις,-εως,ἡ
ἐπιλύω
ἐπιμαρτυρέω
ἐπιμέλεια,ἡ
ἐπιμελέομαι
ἐπιμελής,-ές
ἐπιμελῶς
ἐπιμένω
ἐπίμονος,-ον
ἐπινεύω
ἐπινοέω
ἐπίνοια,ἡ
ἐπινομή,ἡ
ἐπιορκέω
ἐπίορκος,-ον
ἐπιοῦσα,ἡ
ἐπιούσιος,-ον
ἐπιπέτομαι
ἐπιπίπτω
ἐπιπλήσσω
ἐπιποθέω
ἐπιπόθησις,-εως,ἡ
ἐπιπόθητος,-ον
ἐπιποθία,ἡ
ἐπιπορεύομαι
ἐπιπρέπω
ἐπιρράπτω
ἐπιρρίπτω
ἐπιρρώνυμι
ἐπισείω
ἐπίσημος,-ον
ἐπισήμως
ἐπισιτισμός,ὁ
ἐπισκέπτομαι
ἐπισκευάζομαι
ἐπισκηνόω
ἐπισκιάζω
ἐπισκοπέω
ἐπισκοπή,ἡ
ἐπίσκοπος,ὁ
ἐπισκοτέω
ἐπισπάομαι
ἐπισπείρω
ἐπισπουδάζω
ἐπίσταμαι
ἐπίστασις,-εως,ἡ
ἐπιστάτης,-ου,ὁ
ἐπιστέλλω

ἐπιστήμη,ἡ
ἐπιστήμων,-ον
ἐπιστηρίζω
ἐπιστολή,ἡ
ἐπιστομίζω
ἐπιστρέφω
ἐπιστροφή,ἡ
ἐπισυνάγω
ἐπισυναγωγή,ἡ
ἐπισυντρέχω
ἐπισύστασις,-εως,ἡ
ἐπισφαλής,-ές
ἐπισφραγίζω
ἐπισχύω
ἐπισωρεύω
ἐπιταγή,ἡ
ἐπιτάσσω
ἐπιτελέω
ἐπιτήδειος,-α,-ον
ἐπιτήδευμα,-ματος,τό
ἐπιτηδεύω
ἐπιτηρέω
ἐπιτίθημι
ἐπιτιμάω
ἐπιτιμία,ἡ
ἐπιτρέπω
ἐπιτροπεύω
ἐπιτροπή,ἡ
'Επίτροπος,ὁ
ἐπίτροπος,ὁ
ἐπιτυγχάνω
ἐπιφαίνω
ἐπιφάνεια,ἡ
ἐπιφανής,-ές
ἐπιφαύσκω
ἐπιφέρω
ἐπιφωνέω
ἐπιφώσκω
ἐπιχειρέω
ἐπιχείρησις,-εως,ἡ
ἐπιχέω
ἐπιχορηγέω
ἐπιχορηγία,ἡ
ἐπιχρίω
ἐπιψαύω
ἐποικοδομέω
ἐποκέλλω
ἐπονομάζω
ἐποπτεύω
ἐπόπτης,-ου,ὁ
ἐπουράνιος,-ον

ἐφάλλομαι
ἐφάπαξ
ἐφευρετής,-οῦ,ὁ
Ἔφηβος,ὁ
ἐφήδομαι
ἐφημερία,ἡ
ἐφήμερος,-ον
ἐφικνέομαι
ἐφίστημι
ἐφόδιον,τό
ἐφοράω
κατεπίθυμος,-ον
κατεφίσταμαι
μετέπειτα
πανεπόπτης,-ου,ὁ
παρεπιδημέω
παρεπίδημος,-ον
προεπαγγέλλω
προεπιλακτίζω
συνεπέρχομαι
συνεπιμαρτυρέω
συνεπίσκοπος,ὁ
συνεπιτίθημι
συνεφίστημι
ὑπερεπαινέω

ἔπος,-ους,τό 3 decl. n., a word
Αἰθίοψ,-οπος,ὁ
νηπιάζω
νήπιος,-α,-ον
νηπιότης,-τητος,ἡ
ὄπισθεν
ὀπίσω

ἑπτά numeral, seven
ἑβδομάς,-άδος,ἡ
ἑβδομήκοντα
ἑβδομηκοντάκις
ἕβδομος,-η,-ον
ἑπτακισχίλιοι,-αι,-α
ἑπτάκις
ἑπταπλασίων,-ον
ἑπταπλασίως

ἕπω v., to be engaged in
διέπω
συνέπομαι

ἐράω v., to love, to desire
Ἔραστος,ὁ
ἔρως,-ωτος,ὁ

ἐράω(2) v., to vomit
ἐξέραμα,-ματος,τό

ἔργω(1) v., to confine
πολιορκία,ἡ

ἔργω(2) v., to work
ἀγαθοεργέω
ἀγαθοεργός,-όν
ἀμπελουργός,ὁ
ἀργέω
ἀργός,-ή,-όν
γεωργέω
γεώργιον,τό
γεωργός,ὁ
δημιουργέω
δημιουργία,ἡ
δημιουργός,ὁ
ἐναργής,-ές
ἐνέργεια,ἡ
ἐνεργέω
ἐνέργημα,-ματος,τό
ἐνεργής,-ές
ἐπεξεργάζομαι
ἐργάζομαι
ἐργασία,ἡ
ἐργαστήριον,τό
ἐργάτης,-ου,ὁ
ἔργον,τό
ἐργοπαρέκτης,-ου,ὁ
εὐεργεσία,ἡ
εὐεργετέω
εὐεργέτης,-ου,ὁ
εὐεργετικός,-ή,-όν
ἱερουργέω
κακουργέω
κακοῦργος,-ον
καταργέω
κατείργω
κατεργάζομαι
λειτουργέω
λειτουργία,ἡ
λειτουργικός,-ή,-όν
λειτουργός,ὁ
ὄργανον,τό
πανουργία,ἡ
πανοῦργος,-ον
πανούργως
περιεργάζομαι
περίεργος,-ον
προδημιουργέω
προσεργάζομαι
ῥαδιούργημα,-ματος,τό
ῥαδιουργία,ἡ

συνεργέω
συνεργός,-όν
συνυπουργέω
ὑπουργέω

ἐρέθω v., to stir to anger
ἐρεθίζω

ἐρείδω v., to plant firmly
ἐνερείδω

ἐρέσσω v., to row
ὑπηρεσία,ἡ
ὑπηρετέω
ὑπηρέτης,-ου,ὁ

ἔρημος,-η,-ον 2-1-2 decl. adj.,
  lonely
ἐρημία,ἡ
ἔρημος,-ον
ἔρημος,ἡ
ἐρημόω
ἐρημώδης,-ες
ἐρήμωσις,-εως,ἡ

ἔριθος,ὁ&ἡ 2 decl. n., a
  day-laborer
ἐριθεία,ἡ

ἔρις,-ιδος,ἡ 3 decl. n., strife
ἐξερίζω
ἐρίζω
ἐριστικός,-ή,-όν

ἔριφος,ὁ 2 decl. n., a kid
ἐρίφιον,τό

Ἑρμῆς,-οῦ,ὁ 1 decl. n., the
  god Hermes
διερμηνεία,ἡ
διερμηνευτής,-οῦ,ὁ
διερμηνεύω
δυσερμήνευτος,-ον
ἑρμηνεία,ἡ
ἑρμηνευτής,-οῦ,ὁ
ἑρμηνεύω
Ἑρμογένης,-ους,ὁ
μεθερμηνεύω

ἔρομαι v., to ask
ἀνεξεραύνητος,-ον
ἀνερωτάω
διερωτάω
ἐξεραυνάω
ἐπερωτάω

ἐπερώτημα,-ματος,τό
ἐραυνάω
ἐραυνητής,-οῦ,ὁ
ἐρωτάω
ἐρώτησις,-εως,ἡ

ἔρος,-ους,τό 3 decl. n., wool
ἔριον,τό

ἕρπω v., to creep
ἑρπετόν,τό

ἐρύω v., to drag
ῥύμη,ἡ
ῥυτίς,-ίδος,ἡ

ἔρχομαι v., to come, to go
ἀνέρχομαι
ἀντιπαρέρχομαι
ἀπέρχομαι
διεξέρχομαι
διέρχομαι
εἰσέρχομαι
ἔλευσις,-εως,ἡ
ἐξέρχομαι
ἐπανέρχομαι
ἐπεισέρχομαι
ἐπέρχομαι
ἐπήλυτος,-ον
κατέρχομαι
παρεισέρχομαι
παρέρχομαι
περιέρχομαι
προέρχομαι
προσέρχομαι
προσήλυτος,ὁ
συνεισέρχομαι
συνέλευσις,-εως,ἡ
συνεξέρχομαι
συνεπέρχομαι
συνέρχομαι
ὑπεξέρχομαι

ἑσπέρα,ἡ 1 decl. n., evening
ἑσπερινός,-ή,-όν

ἐτεός,-ά,-όν 2-1-2 decl. adj.,
  genuine
ἀνετάζω
ἐξετάζω
ἐξετασμός,ὁ

ἕτερος,-α,-ον 2-1-2 decl. adj.,
  other
ἑτερόγλωσσος,-ον

ἑτερογνώμων,-ον
ἑτεροδιδασκαλέω
ἑτεροδοξέω
ἑτεροδοξία,ἡ
ἑτεροζυγέω
ἑτεροκλινής,-ές
ἑτέρως
πότερος,-α,-ον

ἔτης,-ου,ὁ 1 decl. n., a kinsman
ἑταῖρος,ὁ

ἔτι adv., yet
μηκέτι
οὐκέτι

ἕτοιμος,-η,-ον 2-1-2 decl. adj.,
    prepared
ἑτοιμάζω
ἑτοιμασία,ἡ
ἑτοίμως
προετοιμάζω

ἔτος,-ους,τό 3 decl. n., a year
διετής,-ές
διετία,ἡ
ἑκατονταετής,-ές
τεσσαρακονταετής,-ές
τριετία,ἡ

εὖ adv., well
ἀνεύθετος,-ον
ἀνευφημέω
ἐνευλογέω
εὐαγγελίζω
εὐαγγέλιον,τό
εὐαγγελιστής,-οῦ,ὁ
εὐανθής,-ές
εὐαρεστέω
εὐαρέστησις,-εως,ἡ
εὐάρεστος,-ον
Εὐάρεστος,ὁ
εὐαρέστως
Εὔβουλος,ὁ
εὖγε
εὐγενής,-ές
εὐγλωττία,ἡ
εὐδαιμονέω
εὐδία,ἡ
εὐδοκέω
εὐδόκησις,-εως,ἡ
εὐδοκία,ἡ
εὐειδής,-ές

εὐείκτως
εὐεργεσία,ἡ
εὐεργετέω
εὐεργέτης,-ου,ὁ
εὐεργετικός,-ή,-όν
εὐθαλέω
εὐθαλής,-ές
εὔθετος,-ον
εὐθυμέω
εὔθυμος,-ον
εὐθύμως
εὐκαιρέω
εὐκαιρία,ἡ
εὔκαιρος,-ον
εὐκαίρως
εὐκατάλλακτος,-ον
εὐκλεής,-ές
εὐκλεῶς
εὐκόλως
εὔκοπος,-ον
εὐκόπως
εὐλάβεια,ἡ
εὐλαβέομαι
εὐλαβής,-ές
εὔλαλος,-ον
εὐλογέω
εὐλογητός,-ή,-όν
εὐλογία,ἡ
εὔλογος,-ον
εὐμετάδοτος,-ον
εὔμορφος,-ον
Εὐνίκη,ἡ
εὐνοέω
εὔνοια,ἡ
Εὐοδία,ἡ
εὐοδόω
εὐοικονόμητος,-ον
εὐπάρεδρος,-ον
εὐπειθής,-ές
εὐπερίσπαστος,-ον
εὐπερίστατος,-ον
Εὔπλους,-ου,ὁ
εὐποιία,ἡ
εὐπορέω
εὐπορία,ἡ
εὐπραγέω
εὐπρέπεια,ἡ
εὐπρεπής,-ές
εὐπρεπῶς
εὐπρόσδεκτος,-ον
εὐπρόσεδρος,-ον

εὐπροσωπέω
εὐσέβεια,ἡ
εὐσεβέω
εὐσεβής,-ές
εὐσεβῶς
εὔσημος,-ον
εὐσπλαγχνία,ἡ
εὔσπλαγχνος,-ον
εὐστάθεια,ἡ
εὐσταθέω
εὐσταθής,-ές
εὐσυνείδητος,-ον
εὐσχημονέω
εὐσχημόνως
εὐσχημοσύνη,ἡ
εὐσχήμων,-ον
εὐτάκτως
εὐταξία,ἡ
εὔτεκνος,-ον
εὐτόνως
εὐτραπελία,ἡ
Εὔτυχος,ὁ
εὐφημία,ἡ
εὔφημος,-ον
εὐφορέω
εὐφραίνω
Εὐφράτης,-ου,ὁ
εὐφροσύνη,ἡ
εὐχαριστέω
εὐχαριστία,ἡ
εὐχάριστος,-ον
εὐχερής,-ές
εὔχρηστος,-ον
εὐψυχέω
εὐωδία,ἡ
εὐώνυμος,-ον
εὐωχία,ἡ
κατευλογέω
κατευοδόω
πολυευσπλαγχνία,ἡ
πολυεύσπλαγχνος,-ον
πολυεύτακτος,-ον
προευαγγελίζομαι
προσηνῶς
συνευδοκέω
συνευρυθμίζω
συνευφραίνομαι
συνευωχέομαι
ὑπερευφραίνομαι
ὑπερευχαριστέω

εὕδω v., to sleep
   καθεύδω

εὐθηνέω v., to be well off
   εὐθηνία,ἡ

εὐθύς,-εῖα,-ύ 3-1-3 decl. adj.,
   straight
   διευθύνω
   εὐθέως
   εὐθής,-ές
   εὐθυδρομέω
   εὐθύνω
   εὐθύς
   εὐθύτης,-τητος,ἡ
   κατευθύνω

εὐνή,ἡ 1 decl. n., a bed
   εὐνουχία,ἡ
   εὐνουχίζω
   εὐνοῦχος,ὁ

εὑρίσκω v., to find
   ἀνευρίσκω
   εὕρημα,-ματος,τό
   ἐφευρετής,-οῦ,ὁ

εὐρύς,-εῖα,-ύ 3-1-3 decl. adj.,
   wide
   εὐρακύλων,-ωνος,ὁ
   εὐρύχωρος,-ον

εὔχομαι v., to pray
   εὐκταῖος,-α,-ον
   εὐχή,ἡ
   προσευχή,ἡ
   προσεύχομαι

Ἔφεσος,ἡ 2 decl. n., Ephesus
   Ἐφέσιος,-α,-ον

ἔχθος,-ους,τό 3 decl. n., hatred
   ἔχθρα,ἡ
   ἐχθρός,-ά,-όν

ἔχις,-εως,ὁ 3 decl. n., a viper
   ἔχιδνα,ἡ

ἔχω v., to have
   ἀκατάσχετος,-ον
   ἀνεκτός,-όν
   ἀνεξίκακος,-ον
   ἀνέχω
   ἀνοχή,ἡ
   ἀντέχω

ἀπέχω
ἀποσυνέχω
ἀσχημονέω
ἀσχημοσύνη,ἡ
ἀσχήμων,-ον
ἐμπεριέχω
ἐνέχω
ἔνοχος,-ον
ἑξῆς
ἕξις,-εως,ἡ
ἐξοχή,ἡ
ἔξοχος,-ον
ἐπέχω
ἐργοπαρέκτης,-ου,ὁ
εὐνουχία,ἡ
εὐνουχίζω
εὐνοῦχος,ὁ
εὐσχημονέω
εὐσχημόνως
εὐσχημοσύνη,ἡ
εὐσχήμων,-ον
εὐωχία,ἡ
ἰσχνόφωνος,-ον
καθεξῆς
κακουχέω
κατάσχεσις,-εως,ἡ
κατέχω
μετασχηματίζω
μετέχω
μετοχή,ἡ
μέτοχος,-ον
νουνεχῶς
ὀχετός,ὁ
ὀχυρός,-ά,-όν
ὀχύρωμα,-ματος,τό
παρέχω
περιέχω
περιοχή,ἡ
πλεονεκτέω
πλεονέκτης,-ου,ὁ
πλεονεξία,ἡ
προέχω
προκατέχω
προσανέχω
προσέχω
ῥαβδοῦχος,ὁ
συγκακουχέομαι
συμμέτοχος,-ον
συμπεριέχω
συνευωχέομαι
συνέχω

συνεχῶς
συνοχή,ἡ
συσχηματίζω
σχεδόν
σχῆμα,-ματος,τό
τημελοῦχος,-ον
ὑπερέχω
ὑπεροχή,ἡ
ὑπέχω
ὑπισχνέομαι

ἕψω v., to boil
ὀψάριον,τό
ὀψώνιον,τό
παροψίς,-ίδος,ἡ

Z

ζάω v., to live
ἀναζάω
ἀναζωπυρέω
ζωγρέω
ζωή,ἡ
ζωογονέω
ζῷον,τό
ζωοποιέω
Ζώσιμος,ὁ
Ζωτίων,-ωνος,ὁ
συζάω
συζωοποιέω
φιλόζωος,-ον

ζεύγνυμι 2 conj. v., to join together
ζεῦγος,-ους,τό
ζευκτηρία,ἡ
συζεύγνυμι
σύζυγος,-ον

Ζεύς,Διός,ὁ irreg. decl. n., the god Zeus
Διόγνητος,ὁ
διοπετής,-ές
Διόσκουροι,οἱ
Διοτρέφης,-ους,ὁ
εὐδία,ἡ
Ζηνᾶς,-ᾶ,ὁ
Ζήνων,-ωνος,ὁ

ζέω v., to boil
ἄζυμος,-ον
ἀναζέω

ἀντίζηλος,ὁ
ζεστός,-ή,-όν
ζηλεύω
ζῆλος,-ους,τό
ζῆλος,ὁ
ζηλοτυπία,ἡ
ζηλόω
ζηλωτής,-οῦ,ὁ
ζύμη,ἡ
ζυμόω
παραζηλόω

ζημία,ἡ 1 decl. n., loss, damage
ζημιόω

ζητέω v., to seek
ἀναζητέω
ἐκζητέω
ἐκζήτησις,-εως,ἡ
ἐπιζητέω
ζήτημα,-ματος,τό
ζήτησις,-εως,ἡ
συζητέω
συζήτησις,-εως,ἡ
συζητητής,-οῦ,ὁ

ζυγόν,τό 2 decl. n., a yoke
ἑτεροζυγέω
ζυγός,ὁ
ὑποζύγιον,τό

ζώννυμι 2 conj. v., to gird
  oneself
ἀναζώννυμι
διαζώννυμι
ζώνη,ἡ
περιζώννυμι
περιζωννύω
ὑποζώννυμι

Η

ἥβη,ἡ 1 decl. n., manhood
  Ἔφηβος,ὁ

ἥδομαι v., to enjoy oneself
ἀηδής,-ές
ἀηδία,-ας,ἡ
ἀηδῶς
ἀσμένως
αὐθάδεια,ἡ
αὐθάδης,-ες
ἐφήδομαι

ἡδέως
ἡδονή,ἡ
ἡδύοσμον,τό
ἡδυπάθεια,ἡ
ἡδύς,-εῖα,-ύ
συνήδομαι
φιλήδονος,-ον

ἥκω v., to have come
ἀνήκω
ἀφήκω
εἰσήκω
ἐπανήκω
καθηκόντως
καθήκω
προσήκω

ἧλιξ,-ικος,ὁ&ἡ 3 decl. n., a
  person of the same age
ἡλικία,ἡ
ἡλίκος,-η,-ον
πηλίκος,-η,-ον
συνηλικιώτης,-ου,ὁ
τηλικοῦτος,-αύτη,-οῦτο

ἧλος,ὁ 2 decl. n., a nail
καθηλόω
προσηλόω

ἡμεῖς,-ῶν irreg. decl. pron., we
ἡμέτερος,-α,-ον

ἡμέρα,ἡ 1 decl. n., a day
ἐφημερία,ἡ
ἐφήμερος,-ον
καθημερινός,-ή,-όν
μεσημβρία,ἡ
νυχθήμερον,τό
ὀκταήμερος,-ον
σήμερον

ἥμερος,-ον 2 decl. adj., tame
ἀνήμερος,-ον
ἡμερόω

ἥμισυς,-εια,-υ 3-1-3 decl. adj.,
  half
ἡμιθανής,-ές
ἡμίξηρος,-ον
ἡμίωρον,τό

ἤπιος,-α,-ον 2-1-2 decl. adj.,
  mild
ἠπίως

'Ηρώδης,-ου,ὁ 1 decl. n.,
  Herod
'Ηρωδιανοί,-ῶν,οἱ
'Ηρωδιάς,-άδος,ἡ
'Ηρωδίων,-ωνος,ὁ

ἥσσων,-ον 3 decl. adj., inferior
  ἑσσόομαι
  ἡττάομαι
  ἥττημα,-ματος,τό

ἥσυχος,-ον 2 decl. adj., quiet
  ἡσυχάζω
  ἡσυχία,ἡ
  ἡσύχιος,-ον
  ἡσύχως

ἠχή,ἡ 1 decl. n., a sound
  ἐξηχέω
  ἠχέω
  ἦχος,-ους,τό
  ἦχος,ὁ
  ἠχώ,-οῦς,ἡ
  κατηχέω
  προσαχέω

ἠώς,ἠόος,ἡ 3 decl. n., dawn
  αὔριον
  ἐπαύριον

Θ

θάλλω v., to bloom
  ἀναθάλλω
  εὐθαλέω
  εὐθαλής,-ές
  θηλάζω
  θηλυκός,-ή,-όν
  θῆλυς,-εια,-υ

θάμβος,-ους,τό 3 decl. n.,
  astonishment
  ἐκθαμβέω
  ἔκθαμβος,-ον
  θαμβέω
  θαμβόω

θάομαι v., to wonder at
  ἀξιοθαύμαστος,-ον
  ἐκθαυμάζω
  θαῦμα,-ματος,τό
  θαυμάζω
  θαυμάσιος,-α,-ον

θαυμαστός,-ή,-όν
θαυμαστῶς
θεάομαι
θεατρίζω

θάπτω v., to bury
  συνθάπτω
  ταφή,ἡ
  τάφος,ὁ

θάρσος,-ους,τό 3 decl. n.,
  boldness
  θαρρέω
  θαρσέω
  παραθαρσύνω

θέλγω v., to enchant
  ἀσέλγεια,ἡ

θέλω v., to wish
  ἐθελοδιδάσκαλος,ὁ
  ἐθελοθρησκία,ἡ
  θέλημα,-ματος,τό
  θέλησις,-εως,ἡ

θέμις,-ιστος,ἡ 3 decl. n., a law
  ἀθέμιστος,-ον
  ἀθέμιτος,-ον
  θεμιτός,-ή,-όν

θεός,ὁ&λδ 2 decl. n., a god,
  God
  ἄθεος,-ον
  ἀναθεωρέω
  ἀξιόθεος,-ον
  ἔνθεος,-ον
  θεά,ἡ
  θειότης,-τητος,ἡ
  θειώδης,-ες
  θεοδίδακτος,-ον
  θεοδρόμος,ὁ
  θεολόγος,ὁ
  θεομακάριστος,-ον
  θεομακαρίτης,-ου,ὁ
  θεομαχέω
  θεομάχος,-ον
  θεόπνευστος,-ον
  θεοπρεπής,-ές
  θεοπρεσβευτής,-οῦ,ὁ
  θεοσέβεια,ἡ
  θεοσεβέω
  θεοσεβής,-ές
  θεοστυγής,-ές
  θεοστυγία,ἡ

θεότης,-τητος,ἡ
θεοφιλής,-ές
Θεόφιλος,ὁ
θεοφόρος,-ον
Θεοφόρος,ὁ
θεωρέω
θεωρία,ἡ
παραθεωρέω
Τιμόθεος,ὁ
φιλόθεος,-ον

θεράπων,-οντος,ὁ 3 decl. n.,
    an attendant
δυσθεράπευτος,-ον
θεραπεία,ἡ
θεραπεύω

θέρω v., to warm
θερεία,ἡ
θερίζω
θερινός,-ή,-όν
θερισμός,ὁ
θεριστής,-οῦ,ὁ
θερμαίνω
θέρμη,ἡ
θερμός,-ή,-όν
θέρος,-ους,τό

Θεσσαλία,ἡ 1 decl. n., Thessaly
Θεσσαλονικεύς,-έως,ὁ
Θεσσαλονίκη,ἡ

θέω v., to run
βοήθεια,ἡ
βοηθέω
βοηθός,-όν

θήρ,-ρος,ὁ 3 decl. n., a wild
    beast
θήρα,ἡ
θηρεύω
θηριομαχέω
θηρίον,τό

θιγγάνω v., to touch
ἄθικτος,-ον

θίς,θινός,ἡ 3 decl. n., a heap of
    sand
ἀκροθίνιον,τό

θλάω v., to crush
συνθλάω

θλίβω v., to press hard
ἀποθλίβω

θλῖψις,-εως,ἡ
συνθλίβω

θνήσκω v., to die
ἀθανασία,ἡ
ἀθάνατος,-ον
ἀποθνήσκω
ἐπιθανάτιος,-ον
ἡμιθανής,-ές
θανάσιμος,-ον
θανατηφόρος,-ον
θάνατος,ὁ
θανατόω
θανατώδης,-ες
θνητός,-ή,-όν
συναποθνήσκω

θόρυβος,ὁ 2 decl. n., the
    noise of a crowded assembly
θορυβάζω
θορυβέω

Θράκη,ἡ 1 decl. n., Thrace
Σαμοθράκη,ἡ

θρασύς,-εῖα,-ύ 3-1-3 decl. adj.,
    bold
θρασύτης,-τητος,ἡ

θραύω v., to break
ἄθραυστος,-ον
θραυματίζω
συνθραύω

θρέω v., to cry aloud
ἀθροίζω
θρηνέω
θρῆνος,ὁ
θροέω
συναθροίζω

θρῆσκος,-ον 2 decl. adj.,
    religious
ἐθελοθρησκία,ἡ
θρησκεία,ἡ
θρησκεύω

θρίαμβος,ὁ 2 decl. n., a
    triumph
θριαμβεύω

θρίξ,τριχός,ἡ 3 decl. n., hair
τρίχινος,-η,-ον

θρύπτω v., to crush
διαθρύπτω

193 ἴζω

ἐντρυφάω
συνθρύπτω
τρυφάω
τρυφερός,-ά,-όν
τρυφή,ἡ

θυγάτηρ,-τρος,ἡ 3 decl. n., a
daughter
θυγάτριον,τό

θύρα,ἡ 1 decl. n., a door
θυρεός,ὁ
θυρίς,-ίδος,ἡ
θυρωρός,ὁ&ἡ

θύω(1) v., to sacrifice
εἰδωλόθυτος,-ον
ἐπιθύω
θύινος,-η,-ον
θῦμα,-ματος,τό
θυμίαμα,-ματος,τό
θυμιατήριον,τό
θυμιάω
θυσία,ἡ
θυσιαστήριον,τό
ἱερόθυτος,-ον

θύω(2) v., to rush along
ἀθυμέω
ἀθυμία,ἡ
διενθυμέομαι
ἐνθυμέομαι
ἐνθύμησις,-εως,ἡ
ἐπιθυμέω
ἐπιθυμητής,-οῦ,ὁ
ἐπιθυμία,ἡ
εὐθυμέω
εὔθυμος,-ον
εὐθύμως
θύελλα,ἡ
θυμικός,-ή,-όν
θυμομαχέω
θυμός,ὁ
θυμόω
κατεπίθυμος,-ον
μακροθυμέω
μακροθυμία,ἡ
μακρόθυμος,-ον
μακροθύμως
ὁμοθυμαδόν
παρενθυμέομαι
προθυμία,ἡ
πρόθυμος,-ον

προθύμως
ῥᾳθυμέω

I

Ἰακώβ,ὁ indecl. n., Jacob
Ἰάκωβος,ὁ

ἰάομαι v., to heal
ἀνίατος,-ον
ἴαμα,-ματος,τό
ἴασις,-εως,ἡ
ἰατρός,ὁ

ἴδιος,-α,-ον 2-1-2 decl. adj.,
one's own
ἰδίως
ἰδιώτης,-ου,ὁ
ἰδιωτικός,-ή,-όν

ἴδος,-ους,τό 3 decl. n.,
perspiration
ἱδρόω
ἱδρώς,-ῶτος,ὁ

ἱερός,-ά,-όν 2-1-2 decl. adj.,
holy
ἀρχιερατικός,-όν
ἀρχιερεύς,-έως,ὁ
ἀφιερόω
Ἱεράπολις,-εως,ἡ
ἱερατεία,ἡ
ἱεράτευμα,-ματος,τό
ἱερατεύω
ἱερεύς,-έως,ὁ
ἱερόθυτος,-ον
ἱερόν,τό
ἱεροπρεπής,-ές
ἱεροσυλέω
ἱερόσυλος,-ον
ἱερουργέω
ἱερωσύνη,ἡ

Ἰερουσαλήμ,ἡ indecl. n.,
Jerusalem
Ἰεροσόλυμα,ἡ
Ἱεροσόλυμα,τά
Ἱεροσολυμίτης,-ου,ὁ

ἴζω v., to sit
ἀνακαθίζω
ἐνιδρύω
ἐπικαθίζω

ἱδρύω
καθίζω
παρακαθίζω
περικαθίζω
συγκαθίζω

ἵημι 2 conj. v., to dismiss
ἄνεσις,-εως,ἡ
ἀνίημι
ἀσύνετος,-ον
ἄφεσις,-εως,ἡ
ἀφίημι
ἐγκάθετος,-ον
ἐναφίημι
ἐπαφίημι
πάρεσις,-εως,ἡ
παρίημι
προίημι
σύνεσις,-εως,ἡ
συνετίζω
συνετός,-ή,-όν
συνίημι

ἵκω v., to arrive at
ἀφικνέομαι
ἄφιξις,-εως,ἡ
διικνέομαι
ἐφικνέομαι
ἱκανός,-ή,-όν
ἱκανότης,-τητος,ἡ
ἱκανόω
ἱκανῶς
ἱκεσία,ἡ
ἱκετεύω
ἱκετηρία,ἡ
ἱκέτης,-ου,ὁ

ἵλαος,-ον 2 decl. adj., propitious
ἀνίλεως,-ων
ἐξιλάσκομαι
ἱλαρός,-ά,-όν
ἱλαρότης,-τητος,ἡ
ἱλάσκομαι
ἱλασμός,ὁ
ἱλαστήριον,τό
ἱλατεύομαι
ἵλεως,-ων

ἵμερος,ὁ 2 decl. n., a yearning
ὁμείρομαι

ἵνα conj., in order that, that
ἱνατί

ἰός,ὁ(1) 2 decl. n., rust
κατιόω

Ἰούδας,-α,ὁ 1 decl. n., Judah,
    Judas, Jude
Ἰουδαία,ἡ
ἰουδαΐζω
Ἰουδαικός,-ή,-όν
Ἰουδαικῶς
Ἰουδαῖος,-α,-ον
Ἰουδαισμός,ὁ

Ἰούλιος,ὁ 2 decl. n., Julius
Ἰουλία,ἡ

ἵππος,ὁ&ἡ 2 decl. n., a horse
Ἀγρίππας,-α,ὁ
Ἄρχιππος,ὁ
ἱππεύς,-έως,ὁ
ἱππικός,-ή,-όν
ἵππος,ὁ
Φιλιππήσιος,ὁ
Φίλιπποι,-ων,οἱ
Φίλιππος,ὁ

ἴσος,-η,-ον 2-1-2 decl. adj.,
    equal to
ἰσάγγελος,-ον
Ἰσοκράτης,-ους,ὁ
ἰσότης,-τητος,ἡ
ἰσότιμος,-ον
ἰσόψυχος,-ον
ἴσως

Ἰσραήλ,ὁ indecl. n., Israel
Ἰσραηλίτης,-ου,ὁ

ἵστημι 2 conj. v., to stand
ἀκαταστασία,ἡ
ἀκαταστατέω
ἀκατάστατος,-ον
ἀνάστασις,-εως,ἡ
ἀναστατόω
ἀνασταυρόω
ἀνθίστημι
ἀνίστημι
ἀντικαθίστημι
ἀποκαθιστάνω
ἀποκαθίστημι
ἀποκατάστασις,-εως,ἡ
ἀποστασία,ἡ
ἀποστάσιον,τό
ἀποστάτης,-ου,ὁ
ἀστατέω

άφίστημι
διάστημα,-ματος,τό
διίστημι
διχοστασία,ή
διχοστατέω
διχοστάτης,-ου,ό
ἔκστασις,-εως,ή
ἐνίστημι
ἐξανάστασις,-εως,ή
ἐξανίστημι
ἐξίστημι
ἐπανίστημι
ἐπίσταμαι
ἐπίστασις,-εως,ή
ἐπιστάτης,-ου,ό
ἐπιστήμη,ή
ἐπιστήμων,-ον
ἐπισύστασις,-εως,ή
εὐπερίστατος,-ον
εὐστάθεια,ή
εὐσταθέω
εὐσταθής,-ές
ἐφίστημι
ἱστίον,τό
καθιστάνω
καθίστημι
κατάστασις,-εως,ή
κατάστημα,-ματος,τό
κατεφίσταμαι
μεθίστημι
παρακαθίστημι
παραστάτις,-ιδος,ή
παριστάνω
παρίστημι
περιΐστημι
προΐστημι
προστάτης,-ου,ό
προστάτις,-ιδος,ή
πρωτοστάτης,-ου,ό
στάδιον,τό
σταθμός,ό
στάμνος,ό
στασιάζω
στασιαστής,-οῦ,ό
στάσις,-εως,ή
στατήρ,-τῆρος,ό
σταυρίσκω
σταυρός,ό
σταυρόω
στέαρ,-ατος,τό
στήκω

στοά,ή
Στοικός,-ή,-όν
συνεφίστημι
συνίστημι
συστασιαστής,-οῦ,ό
σύστασις,-εως,ή
συστατικός,-ή,-όν
συσταυρόω
ὑπόστασις,-εως,ή
ὑφίστημι

ἵστωρ,-τορος,ό&ή 3 decl. n.,
    one who knows
διιστορέω
ἱστορέω

ἵς,ἰνός,ή 3 decl. n., strength
διισχυρίζομαι
ἐνισχύω
ἐξισχύω
ἐπισχύω
ἰσχυροποιέω
ἰσχυροποίησις,-εως,ή
ἰσχυρός,-ά,-όν
ἰσχυρότης,-τητος,ή
ἰσχυρῶς
ἰσχύς,-ύος,ή
ἰσχύω
κατισχύω

'Ιταλία,ή 1 decl. n., Italy
'Ιταλικός,-ή,-όν

ἰχθύς,-ύος,ό 3 decl. n., a fish
ἰχθύδιον,τό

ἴχνος,-ους,τό 3 decl. n., a
    footprint
ἀνεξιχνίαστος,-ον

'Ιωάννης,-ου,ό 1 decl. n., John
'Ιωάννα,ή

K

καθαρός,-ά,-όν 2-1-2 decl. adj.,
    pure
ἀκαθαρσία,ή
ἀκαθάρτης,-τητος,ή
ἀκάθαρτος,-ον
διακαθαίρω
διακαθαρίζω
ἐκκαθαίρω

καθαίρω
καθαρεύω
καθαρίζω
καθαρισμός,ό
κάθαρμα,-ματος,τό
καθαρότης,-τητος,ή
καθαρῶς
περικαθαίρω
περικάθαρμα,-ματος,τό

καί conj., and, also, even
κἀγώ
καίπερ
καίτοι
καίτοιγε
κἀκεῖ
κἀκεῖθεν
κἀκεῖνος,-η,-ο
κἀκεῖσε
καλοκἀγαθία,ή
κἄν
πεντεκαιδέκατος,-η,-ον
τεσσαρεσκαιδέκατος,-η,-ον

καινός,-ή,-όν 2-1-2 decl. adj.,
new
ἀνακαινίζω
ἀνακαινόω
ἀνακαίνωσις,-εως,ή
ἐγκαίνια,-ίων,τά
ἐγκαινίζω
καινότης,-τητος,ή
καινῶς

καιρός,ό 2 decl. n., a fit time
ἀκαιρέομαι
ἄκαιρος,-ον
ἀκαίρως
εὐκαιρέω
εὐκαιρία,ή
εὔκαιρος,-ον
εὐκαίρως
πρόσκαιρος,-ον

Καῖσαρ,-αρος,ό 3 decl. n.,
Caesar
Καισάρεια,ή

καίω v., to burn
ἐκκαίω
ἐπικαίω
κάμινος,ή
κατακαίω

καῦμα,-ματος,τό
καυματίζω
καυματόω
καῦσις,-εως,ή
καυσόω
καυστηριάζω
καύσων,-ωνος,ό
ὁλοκαύτωμα,-ματος,τό
πυρκαιά,ή

κακός,-ή,-όν 2-1-2 decl. adj.,
bad
ἀκακία,ή
ἄκακος,-ον
ἀμνησίκακος,-ον
ἀμνησικάκως
ἀνεξίκακος,-ον
ἐγκακέω
ἐκκακέω
κακία,ή
κακοδιδασκαλέω
κακοδιδασκαλία,ή
κακοήθεια,ή
κακοήθης,-ες
κακολογέω
κακοπάθεια,ή
κακοπαθέω
κακοποιέω
κακοποιός,-όν
κακοτεχνία,ή
κακουργέω
κακοῦργος,-ον
κακουχέω
κακόω
κάκωσις,-εως,ή
κακῶς
μνησικακέω
μνησικακία,ή
μνησίκακος,-ον
συγκακοπαθέω
συγκακουχέομαι

καλάμη,ή 1 decl. n., a stalk
λινοκαλάμη,ή

καλέω v., to call
ἀνεγκλησία,ή
ἀνέγκλητος,-ον
ἀντικαλέω
δειπνοκλήτωρ,-ορος,ό
ἐγκαλέω
ἔγκλημα,-ματος,τό

εἰσκαλέομαι
ἐκκλησία,ἡ
ἐκκλησιαστικός,-ή,-όν
ἐπικαλέω
κλῆσις,-εως,ἡ
κλητός,-ή,-όν
μετακαλέω
παρακαλέω
παράκλησις,-εως,ἡ
παράκλητος,ὁ
προκαλέω
προσκαλέω
συγκαλέω
συμπαρακαλέω

καλός,-ή,-όν 2-1-2 decl. adj.,
    good
καλλιέλαιος,ἡ
καλλονή,ἡ
κάλλος,-ους,τό
καλλωπίζω
καλοδιδάσκαλος,-ον
καλοκἀγαθία,ἡ
καλοποιέω
καλῶς

καλύπτω v., to cover
ἀκατακάλυπτος,-ον
ἀνακαλύπτω
ἀποκαλύπτω
ἀποκάλυψις,-εως,ἡ
ἐπικάλυμμα,-ματος,τό
ἐπικαλύπτω
κάλυμμα,-ματος,τό
κατακαλύπτω
κατακάλυψις,-εως,ἡ
παρακαλύπτω
περικαλύπτω
συγκαλύπτω

κάμπτω v., to bend
ἀνακάμπτω
ἐπανακάμπτω
συγκάμπτω

Κανά,ἡ indecl. n., Cana
Κανανίτης,-ου,ὁ

κάννα,ἡ 1 decl. n., a reed
κανών,-όνος,ὁ

κάπτω v., to gulp down
καπηλεύω

κάρα,τό indecl. n., a head
ἀποκαραδοκία,ἡ
καραδοκία,ἡ
κρανίον,τό

καρδία,ἡ 1 decl. n., a heart
διπλοκαρδία,ἡ
ἐγκάρδια,-ίων,τά
καρδιογνώστης,-ου,ὁ
σκληροκαρδία,ἡ

κάρπασος,ἡ 2 decl. n., fine flax
καρπάσινος,-η,-ον

καρπός,ὁ(1) 2 decl. n., a fruit
ἄκαρπος,-ον
ἔγκαρπος,-ον
Κάρπος,ὁ
καρποφορέω
καρποφόρος,-ον
κατάκαρπος,-ον
πάγκαρπος,-ον
Πολύκαρπος,ὁ

κάρφω v., to make dry
κάρφος,-ους,τό

κατά prep., down, against,
    intensifier
ἀκατάγνωστος,-ον
ἀκατακάλυπτος,-ον
ἀκατάκριτος,-ον
ἀκατάλητος,-ον
ἀκατάλυτος,-ον
ἀκατάπαυστος,-ον
ἀκαταστασία,ἡ
ἀκαταστατέω
ἀκατάστατος,-ον
ἀκατάσχετος,-ον
ἀνακαθίζω
ἀντικαθίστημι
ἀποκαθιστάνω
ἀποκαθίστημι
ἀποκαταλλάσσω
ἀποκατάστασις,-εως,ἡ
αὐτοκατάκριτος,-ον
διακατελέγχομαι
ἐγκάθετος,-ον
ἐγκάθημαι
ἐγκατάλειμμα,-ματος,τό
ἐγκαταλείπω
ἐγκαταστηρίζω
ἐγκατασφραγίζω

έγκατοικέω
έπικαθίζω
έπικαθυπνόω
έπικαταλλάσσομαι
έπικατάρατος,-ον
εὐκατάλλακτος,-ον
καθά
καθαίρεσις,-εως,ή
καθαιρέτης,-ου,ό
καθαιρέω
καθάπερ
καθάπτω
καθέδρα,ή
καθέζομαι
καθεξῆς
καθεύδω
καθηγητής,-οῦ,ό
καθηκόντως
καθήκω
καθηλόω
κάθημαι
καθημερινός,-ή,-όν
καθίζω
καθίημι
καθιστάνω
καθίστημι
καθό
καθολικός,-ή,-όν
καθόλου
καθοπλίζω
καθοράω
καθότι
καθώσπερ
καθώς
καμμύω
καταβαίνω
καταβάλλω
καταβαρέω
καταβαρύνω
κατάβασις,-εως,ή
καταβιβάζω
καταβοάω
καταβολή,ή
καταβραβεύω
καταγγελεύς,-έως,ό
καταγγέλλω
καταγέλαστος,-ον
καταγελάω
καταγένω
καταγινώσκω
κατάγνυμι

κατάγνωσις,-εως,ή
καταγράφω
κατάγω
καταγωνίζομαι
καταδέχομαι
καταδέω
κατάδηλος,-ον
καταδιαιρέω
καταδικάζω
καταδίκη,ή
καταδιώκω
καταδουλόω
καταδυναστεύω
κατάθεμα,-ματος,τό
καταθεματίζω
καταιγίς,-ίδος,ή
καταισχύνω
κατακαίω
κατακαλύπτω
κατακάλυψις,-εως,ή
κατάκαρπος,-ον
κατακαυχάομαι
κατάκειμαι
κατακεντέω
κατακλάω
κατακλείω
κατακληροδοτέω
κατακληρονομέω
κατακλίνω
κατακλύζω
κατακλυσμός,ό
κατακολουθέω
κατακόπτω
κατακρημνίζω
κατάκριμα,-ματος,τό
κατακρίνω
κατάκρισις,-εως,ή
κατάκριτος,-ον
κατακροάομαι
κατακύπτω
κατακυριεύω
καταλαλέω
καταλαλιά,ή
κατάλαλος,-ον
καταλαμβάνω
καταλάμπω
καταλέγω
κατάλειμμα,-ματος,τό
καταλείπω
καταλιθάζω
καταλλαγή,ή

καταλλάσσω
κατάλοιπος,-ον
κατάλυμα,-ματος,τό
κατάλυσις,-εως,ἡ
καταλύω
καταμανθάνω
καταμαρτυρέω
καταμένω
καταναθεματίζω
καταναλίσκω
κατανακράω
κατανεύω
κατανοέω
καταντάω
καταντικρύ
κατάνυξις,-εως,ἡ
κατανύσσομαι
καταξαίνω
καταξιοπιστεύομαι
καταξιόω
καταπαλαίω
καταπατέω
κατάπαυσις,-εως,ἡ
καταπαύω
καταπέτασμα,-ματος,τό
καταπίνω
καταπίπτω
καταπιστεύω
καταπλέω
κατάπληξις,-εως,ἡ
καταπλήσσω
καταπονέω
καταποντίζω
κατάρα,ἡ
καταράομαι
καταργέω
καταριθμέω
καταρρέω
καταρτίζω
κατάρτισις,-εως,ἡ
καταρτισμός,ὁ
κατασβέννυμι
κατασείω
κατασκάπτω
κατασκευάζω
κατασκηνόω
κατασκήνωσις,-εως,ἡ
κατασκιάζω
κατάσκιος,-ον
κατασκοπεύω
κατασκοπέω

κατάσκοπος,ὁ
κατασοφίζομαι
κατασπείρω
κατάστασις,-εως,ἡ
καταστέλλω
κατάστημα,-ματος,τό
καταστολή,ἡ
καταστρέφω
καταστρηνιάω
καταστροφή,ἡ
καταστρώννυμι
κατασύρω
κατασφάζω
κατασφραγίζω
κατάσχεσις,-εως,ἡ
κατατίθημι
κατατομή,ἡ
κατατοξεύω
κατατρέχω
καταυγάζω
καταφέρω
καταφεύγω
καταφθείρω
καταφθορά,ἡ
καταφιλέω
καταφρονέω
καταφρονητής,-οῦ,ὁ
καταφωνέω
καταχαίρω
καταχέω
καταχθόνιος,-ον
καταχράομαι
κατάχυμα,-ματος,τό
καταψεύδομαι
καταψηφίζομαι
καταψύχω
κατείδωλος,-ον
κάτειμι
κατείργω
κατέναντι
κατενώπιον
κατεξουσιάζω
κατεπίθυμος,-ον
κατεργάζομαι
κατέρχομαι
κατεσθίω
κατευθύνω
κατευλογέω
κατευοδόω
κατεφίσταμαι
κατέχω

κατηγορέω
κατηγορία,ή
κατήγορος,ό
κατήγωρ,-ορος,ό
κατήφεια,ή
κατηφής,-ές
κατηχέω
κατιόω
κατισχύω
κατοικέω
κατοίκησις,-εως,ή
κατοικητήριον,τό
κατοικία,ή
κατοικίζω
κατοικτίρω
κατοπρίζω
κατορθόω
κατόρθωμα,-ματος,τό
κάτω
- κατώτερος,-α,-ον
κατωτέρω
παρακαθέζομαι
παρακάθημαι ·
παρακαθίζω
παρακαθίστημι
παρακαταθήκη,ή
περικαθίζω
προκάθημαι
προκαταγγέλλω
προκαταρτίζω
προκατέχω
πρωτοκαθεδρία,ή
πρωτοκαθεδρίτης,-ου,ό
συγκάθημαι
συγκαθίζω
συγκαταβαίνω
συγκατάθεσις,-εως,ή
συγκατανεύω
συγκατατάσσω
συγκατατίθημι
συγκαταψηφίζομαι
ὑποκάτω
ὑποκάτωθεν
καυχάομαι v., to boast
ἀκαυχησία,ή
ἐγκαυχάομαι
κατακαυχάομαι
καύχημα,-ματος,τό
καύχησις,-εως,ή
κεῖμαι 2 conj. v., to lie down
ἀκοίμητος,-ον

ἀνάκειμαι
ἀντικείμαι
ἀπόκειμαι
ἀρσενοκοίτης,-ου,ό
ἔγκειμαι
ἐπίκειμαι
κατάκειμαι
κοιμάω
κοίμησις,-εως,ή
κοίτη,ή
κοιτών,-ῶνος,ό
παράκειμαι
περίκειμαι
πρόκειμαι
προκοιμάομαι
πρόσκειμαι
σύγκειμαι
συγκοιμάομαι
συνανάκειμαι
ὑπόκειμαι

κείρω v., to cut the hair
Διόσκουροι,οἱ
Ἐπικούρειος,ό
ἐπικουρία,ή
κειρία,ή
κέρμα,-ματος,τό
κερματιστής,-οῦ,ό
κοράσιον,τό
κόρη,ή

κέλευθος,ή 2 decl. n., a road
ἀκολουθέω
ἀκόλουθος,-ον
ἐξακολουθέω
ἐπακολουθέω
κατακολουθέω
παρακολουθέω
συνακολουθέω

κέλλω v., to push ashore
διακελεύω
ἐπικέλλω
κέλευσμα,-ματος,τό
κελεύω
παρακελεύω

κενός,-ή,-όν 2-1-2 decl. adj.,
empty
ἀπόκενος,-ον
κενεμβατεύω
κενοδοξέω
κενοδοξία,ή

κενόδοξος,-ον
κενόσπουδος,-ον
κενοφωνία,ἡ
κενόω
κένωμα,-ματος,τό
κενῶς

κεντέω v., to prick
ἐγκεντρίζω
ἐκκεντέω
κατακεντέω
κέντρον,τό

κέραμος,ὁ 2 decl. n., potter's
clay
κεραμεύς,-έως,ὁ
κεραμικός,-ή,-όν
κεράμιον,τό

κέρας,-ατος,τό 3 decl. n., a
horn
κεραία,ἡ
κεράτιον,τό

κεράω v., to mix
ἀκεραιοσύνη,ἡ
ἀκέραιος,-ον
ἄκρατος,-ον
ἀσυγκρασία,ἡ
ἐγκεράννυμι
κεράννυμι
συγκεράννυμι
σύγκρασις,-εως,ἡ

κέρδος,-ους,τό 3 decl. n., gain
αἰσχροκερδής,-ές
αἰσχροκερδῶς
ἐπικερδαίνω
κερδαίνω
κερδαλέος,-α,-ον

κεφαλή,ἡ 1 decl. n., a head
ἀνακεφαλαιόω
ἀποκεφαλίζω
ἐπικεφάλαιον,τό
κεφάλαιον,τό
κεφαλιόω
κεφαλιόω
κεφαλίς,-ίδος,ἡ
περικεφαλαία,ἡ
προσκεφάλαιον,τό

κήδω v., to trouble
ἀκηδία,ἡ

κηδεύω

κημός,ὁ 2 decl. n., a muzzle
κημόω

κῆπος,ὁ 2 decl. n., a garden
κηπουρός,ὁ

κηρός,ὁ 2 decl. n., bees-wax
κηρίον,τό

κηρύσσω v., to proclaim
κήρυγμα,-ματος,τό
κῆρυξ,-υκος,ὁ
προκηρύσσω ἄ

κιθάρα,ἡ 1 decl. n., a harp
κιθαρίζω
κιθαρῳδός,ὁ

Κίλιξ,-ικος,ὁ 3 decl. n., a
Cilician
Κιλικία,ἡ

κίνδυνος,ὁ 2 decl. n., a danger
κινδυνεύω
ῥιψοκινδύνως

κίρκος,ὁ 2 decl. n., a hawk
κρίκος,ὁ

κίσσα,ἡ 1 decl. n., a chattering
bird, a craving for strange
food
κισσάω

κίω v., to go
ἀκίνητος,-ον
ἀμετακίνητος,-ον
κινέω
κίνησις,-εως,ἡ
μετακινέω
συγκινέω

κλαίω v., to weep
κλαυθμός,ὁ

Κλαῦδα,ἡ 1 decl. n., the island
Clauda
Κλαυδία,ἡ
Κλαύδιος,ὁ

κλάω v., to break
ἐκκλάω
κατακλάω
κλάδος,ὁ
κλάσις,-εως,ἡ

κλάσμα,-ματος,τό
κλῆμα,-ματος,τό
συγκλάω

κλείω v., to shut
ἀποκλείω
ἐγκλείω
ἐκκλείω
κατακλείω
κλεῖθρον,τό
κλείς,-ιδός,ἡ
συγκλεισμός,ὁ
συγκλείω

κλέπτω v., to steal
κλέμμα,-ματος,τό
κλέπτης,-ου,ὁ
κλοπή,ἡ

κλέω v., to extol
εὐκλεής,-ές
εὐκλεῶς
Κλεοπᾶς,-ᾶ,ὁ
κλέος,-ους,τό

κλῆρος,ὁ 2 decl. n., a lot, a
  portion
κατακληροδοτέω
κατακληρονομέω
κληρονομέω
κληρονομία,ἡ
κληρονόμος,ὁ
κληρόω
ναύκληρος,ὁ
ὁλοκληρία,ἡ
ὁλόκληρος,-ον
προσκληρόω
συγκληρονόμος,-ον

κλίνω v., to incline
ἀκλινής,-ές
ἀνακλίνω
ἀρχιτρίκλινος,ὁ
ἐκκλίνω
ἑτεροκλινής,-ές
κατακλίνω
κλίμα,-ματος,τό
κλῖμαξ,-μακος,ἡ
κλινάριον,τό
κλίνη,ἡ
κλινίδιον,τό
κλισία,ἡ
προσκλίνω

πρόσκλισις,-εως,ἡ
πρωτοκλισία,ἡ

κλύζω v., to dash against
κατακλύζω
κατακλυσμός,ὁ
κλύδων,-ωνος,ὁ
κλυδωνίζομαι

κνάω v., to scrape
γναφεύς,-έως,ὁ
κνήθω

κνήμη,ἡ 1 decl. n., the calf of
  the leg
ἀντικνήμιον,τό

κοῖλος,-η,-ον 2-1-2 decl. adj.,
  hollow
κοιλία,ἡ

κοινός,-ή,-όν 2-1-2 decl. adj.,
  common
ἀνακοινόω
κοινόω
κοινωνέω
κοινωνία,ἡ
κοινωνικός,-ή,-όν
κοινωνός,ὁ&ἡ
κοινῶς
κοινωφελής,-ές
συγκοινωνέω
συγκοινωνός,ὁ

κόκκος,ὁ 2 decl. n., a kernel
κοκκάριον,τό
κόκκινος,-η,-ον

κόκκυ indecl. n., a cry
κοκκύζω

κόλαβρος,ὁ 2 decl. n., a dance
  song
κολαβρίζω

κόλαξ,-ακος,ὁ 3 decl. n., a
  flatterer
κολακεία,ἡ
κολακεύω

κολάπτω v., to hew
ἐκκολάπτω
ἐκκόλαψις,-εως,ἡ
κολαφίζω

κόλλα,ἡ 1 decl. n., glue
κολλάω

προσκολλάω

κόλλιξ,-ικος,ὁ 3 decl. n., a long
   roll of coarse bread
κολλούριον,τό

Κολοσσαί,-ῶν,αἱ 1 decl. n.,
   Colossae
Κολοσσαεύς,-έως,ὁ

κόλλυβος,ὁ 2 decl. n., a small
   coin
κολλυβιστής,-οῦ,ὁ

κόλος,-ον 2 decl. adj., curtailed
ἀκωλύτως
διακωλύω
δύσκολος,-ον
δυσκόλως
εὐκόλως
κολάζω
κόλασις,-εως,ἡ
κολοβός,-όν
κολοβόω
κωλύω

κολυμβάω v., to swim
ἐκκολυμβάω
κολυμβήθρα,ἡ

κόμβος,ὁ 2 decl. n., a roll
ἐγκομβόομαι

κομέω v., to take care of
ἀποκομίζω
γλωσσόκομον,τό
διακοσμέω
διακόσμησις,-εως,ἡ
ἐκκομίζω
κομίζω
κομψός,-ή,-όν
κοσμέω
κοσμικός,-ή,-όν
κόσμιος,-α,-ον
κοσμίως
κοσμοκράτωρ,-τορος,ὁ
κοσμοπλανής,-ῆτος,ὁ
κόσμος,ὁ
μετακόσμιος,-ον
συγκομίζω

κόμη,ἡ 1 decl. n., the hair of
   the head
κομάω

κόνις,-εως,ἡ 3 decl. n., dust
κονιάω
κονιορτός,ὁ

κόπρος,ἡ 2 decl. n., dung
κοπρία,ἡ
κόπριον,τό
κόπρον,τό

κόπτω v., to strike
ἀνακόπτω
ἀποκόπτω
ἀπρόσκοπος,-ον
ἀπροσκόπως
ἀργυροκόπος,ὁ
ἐγκοπή,ἡ
ἐγκόπτω
ἐκκόπτω
εὔκοπος,-ον
εὐκόπως
κατακόπτω
κοπάζω
κοπετός,ὁ
κοπή,ἡ
κοπιάω
κόπος,ὁ
κωφός,-ή,-όν
κωφόω
περικόπτω
προκοπή,ἡ
προκόπτω
πρόσκομμα,-ματος,τό
προσκοπή,ἡ
προσκόπτω
σκελοκοπέω
συγκοπή,ἡ
συγκοπιάω
συγκόπτω
σφυροκοπέω

κορβᾶν indecl. n., corban, a
   gift to God
κορβανᾶς,-ᾶ,ὁ

κορέω v., to sweep
νεωκόρος,ὁ

Κόρινθος,ἡ 2 decl. n., Corinth
Κορίνθιος,ὁ

κόρος,ὁ 2 decl. n., satiety
ἀκόρεστος,-ον
κορέννυμι

κοῦφος,-η,-ον 2-1-2 decl. adj.,
  nimble
κουφίζω
κούφισμα,-ματος,τό

κράζω v., to cry out
άνακράζω
άνακραυγάζω
έπικράζω
κραυγάζω
κραυγή,ή

κράτος,-ους,τό 3 decl. n.,
  strength
άκρασία,ή
άκρατής,-ές
έγκράτεια,ή
έγκρατεύομαι
έγκρατής,-ές
'Ισοκράτης,-ους,ό
καρτερέω
κοσμοκράτωρ,-τορος,ό
κραταιός,-ά,-όν
κραταιόω
κρατέω
κράτιστος,-η,-ον
κρείσσων,-ον
κρείττων,-ον
παντοκρατορικός,-όν
παντοκράτωρ,-ορος,ό
περικρατής,-ές
προσκαρτερέω
προσκαρτέρησις,-εως,ή
συγκρατέω

κρεμάννυμι 2 conj. v., to hang
έκκρεμάννυμι
κατακρημνίζω
κρημνός,ό
κρημνώδης,-ες

Κρής,-ητός,ό 3 decl. n., a
  Cretan
Κρήτη,ή

κριθή,ή 1 decl. n., barley
κρίθινος,-η,-ον

κρίνω v., to separate
άδιάκριτος,-ον
άδιακρίτως
άδικοκρίτης,-ου,ό
άκατάκριτος,-ον

άνακρίνω
άνάκρισις,-εως,ή
άνταποκρίνομαι
άνυπόκριτος,-ον
άνυποκρίτως
άπόκριμα,-ματος,τό
άποκρίνομαι
άπόκρισις,-εως,ή
άσύγκριτος,-ον
'Ασύγκριτος,ό
αύτοκατάκριτος,-ον
διακρίνω
διάκρισις,-εως,ή
δικαιοκρισία,ή
έγκρίνω
είλικρίνεια,ή
είλικρινής,-ές
είλικρινώς
έπικρίνω
κατάκριμα,-ματος,τό
κατακρίνω
κατάκρισις,-εως,ή
κατάκριτος,-ον
κρίμα,-ματος,τό
κρίσις,-εως,ή
κριτήριον,τό
κριτής,-οῦ,ό
κριτικός,-ή,-όν
πρόκριμα,-ματος,τό
προκρίνω
συγκρίνω
συνυποκρίνομαι
ύποκρίνομαι
ύπόκρισις,-εως,ή
ύποκριτής,-οῦ,ό

κρόκος,ό 2 decl. n., a crocus
Κρόκος,ό
κροκώδης,-ες

κρύος,-ους,τό 3 decl. n., icy
  cold
κρυσταλλίζω
κρύσταλλος,ό

κρύπτω v., to conceal
άποκρύπτω
άπόκρυφος,-ον
έγκρύπτω
κρύπτη,ή
κρυπτός,-ή,-όν
κρυφαῖος,-α,-ον

κρυφῇ
κρύφιος,-α,-ον
περικρύβω

κτάομαι v., to acquire
ἀνακτάομαι
κτῆμα,-ματος,τό
κτῆνος,-ους,τό
κτήτωρ,-ορος,ὁ

κτείνω v., to kill
ἀδελφοκτονία,ἡ
ἀνθρωποκτόνος,ὁ
ἀποκτείνω

κτίζω v., to create
ἀνακτίζω
κτίσις,-εως,ἡ
κτίσμα,-ματος,τό
κτίστης,-ου,ὁ
παντοκτίστης,-ου,ὁ

κυβερνάω v., to steer
διακυβερνάω
κυβέρνησις,-εως,ἡ
κυβερνήτης,-ου,ὁ

κύβος,ὁ 2 decl. n., a cube
κυβεία,ἡ

κύκλος,ὁ 2 decl. n., a circle
κυκλεύω
κυκλόθεν
κυκλόω
περικυκλόω

κυλίνδω v., to roll
ἀνακυλίω
ἀποκυλίω
κυλισμός,ὁ
κυλίω
προσκυλίω

κύμβη,ὁ 1 decl. n., a hollow
vessel
κύμβαλον,τό

κυνέω v., to beseech
προσκυνέω
προσκυνητής,-οῦ,ὁ

Κύπρος,ἡ 2 decl. n., Cyprus
Κύπριος,ὁ

κύπτω v., to stoop
ἀνακύπτω

ἐγκύπτω
κατακύπτω
παρακύπτω
συγκύπτω

κυρέω v., to attain
συγκυρία,ἡ

Κυρήνη,ἡ 1 decl. n., the city
Cyrene
Κυρηναῖος,ὁ

κῦρος,-ους,τό 3 decl. n.,
supreme power
ἄκυρος,-ον
ἀκυρόω
κατακυριεύω
κυρία,ἡ
κυριακός,-ή,-όν
κυριεύω
κύριος,-α,-ον
κύριος,ὁ
κυριότης,-τητος,ἡ
κυρόω
προκυρόω

κύω v., to contain
ἀποκυέω
ἔγκυος,-ον
κῦμα,-ματος,τό
κυοφορέω
κύτος,-ους,τό

κύων,κυνός,ὁ 3 decl. n., a dog
κυνάριον,τό
κυνηγέσιον,τό

κώμη,ἡ 1 decl. n., a village
κωμόπολις,-εως,ἡ
κῶμος,ὁ

Λ

λαλέω v., to make a sound
ἀλάλητος,-ον
ἄλαλος,-ον
ἀνεκλάλητος,-ον
ἀπολαλέω
διαλαλέω
ἐκλαλέω
εὔλαλος,-ον
καταλαλέω
καταλαλιά,ἡ

κατάλαλος,-ον
λαλιά,ή
μογγιλάλος,-ον
μογιλάλος,-ον
πολύλαλος,-ον
προσλαλέω
συλλαλέω

λαμβάνω v., to take
ἀκατάλητος,-ον
ἀναλαμβάνω
ἀνάλημψις,-εως,ή
ἀνεπίλημπτος,-ον
ἀντιλαμβάνω
ἀντίλημψις,-εως,ή
ἀντιλήπτωρ,-ορος,ό
ἀπολαμβάνω
ἀπροσωπολήμπτως
δεξιολάβος,ό
ἐπιλαμβάνομαι
εὐλάβεια,ή
εὐλαβέομαι
εὐλαβής,-ές
καταλαμβάνω
λῆμμα,-ματος,τό
λῆμψις,-εως,ή
μεταλαμβάνω
μετάλημψις,-εως,ή
παραλαμβάνω
προλαμβάνω
προσαναλαμβάνω
προσλαμβάνω
πρόσλημψις,-εως,ή
προσωπολημπτέω
προσωπολήμπτης,-ου,ό
προσωπολημψία,ή
συλλαβή,ή
συλλαμβάνω
συμπαραλαμβάνω
συμπεριλαμβάνω
συναντιλαμβάνομαι
ὑπολαμβάνω

λάμπω v., to shine
ἐκλάμπω
ἐπιλάμπω
καταλάμπω
λαμπάς,-άδος,ή
λαμπηδών,-όνος,ή
λαμπρός,-ά,-όν
λαμπρότης,-τητος,ή
λαμπρῶς

περιλάμπω
ὑπέρλαμπρος,-ον
ὑπολαμπάς,-άδος,ή

λάξ adv., with the heel
ἀπολακτίζω
λακτίζω
προεπιλακτίζω

λαός,ό 2 decl. n., a people
'Αρχέλαος,ό
λαικός,-ή,-όν
Λαοδίκεια,ή
Λαοδικεύς,-έως,ό
λειτουργέω
λειτουργία,ή
λειτουργικός,-ή,-όν
λειτουργός,ό
Νικολαίτης,-ου,ό
Νικόλαος,ό

λᾶς,λᾶος,ό 3 decl. n., a stone
ἀλατόμητος,-ον
λαξευτός,-ή,-όν
λατομέω
λατόμος,ό

λάτρον,τό 2 decl. n., pay
εἰδωλολατρέω
εἰδωλολάτρης,-ου,ό
εἰδωλολατρία,ή
λατρεία,ή
λατρεύω

λαύω v., to take
ἀπόλαυσις,-εως,ή

λαχαίνω v., to dig
λάχανον,τό

λάχος,-ους,τό 3 decl. n., fate
λαχμός,ό

λέγω v., to say
ἀγενεαλόγητος,-ον
αἰσχρολογία,ή
αἰσχρολόγος,ό
ἄλογος,-ον
ἀναλογία,ή
ἀναλογίζομαι
ἀναπολόγητος,-ον
ἀνθομολογέομαι
ἀντιλέγω
ἀντιλογία,ή
ἀπολογέομαι

ἀπολογία,ἡ
αὐτολεξεί
βατταλογέω
γενεαλογέω
γενεαλογία,ἡ
διαλέγομαι
διάλεκτος,ἡ
διαλογίζομαι
διαλογισμός,ὁ
δίλογος,-ον
ἐκλέγομαι
ἐκλεκτός,-ή,-όν
ἐκλογή,ἡ
ἐλλογέω
ἐλλόγιμος,-ον
ἐνευλογέω
ἐξομολογέω
ἐξομολόγησις,-εως,ἡ
ἐπιλέγω
εὐλογέω
εὐλογητός,-ή,-όν
εὐλογία,ἡ
εὔλογος,-ον
θεολόγος,ὁ
κακολογέω
καταλέγω
κατευλογέω
Λέκτρα,ἡ
λογεία,ἡ
λογίζομαι
λογικός,-ή,-όν
λόγιον,τό
λόγιος,-α,-ον
λογισμός,ὁ
λογομαχέω
λογομαχία,ἡ
λόγος,ὁ
ματαιολογία,ἡ
ματαιολόγος,-ον
μικρολογία,ἡ
μωρολογία,ἡ
ὁμολογέω
ὁμολόγησις,-εως,ἡ
ὁμολογία,ἡ
ὁμολογουμένως
παραλέγομαι
παραλογίζομαι
παραλόγως
πιθανολογία,ἡ
πολυλογία,ἡ
προεξομολογέομαι

προλέγω
προσλέγω
σπερμολόγος,-ον
στρατολογέω
συλλέγω
συλλογίζομαι
συναρμολογέω
συνεκλεκτός,-ή,-όν
Φιλόλογος,ὁ
χρηστολογία,ἡ
ψευδολόγος,-ον

λεία,ἡ 1 decl. n., booty
λῃστής,-οῦ,ὁ

λείβω v., to pour
λίβανος,ὁ
λιβανωτός,ὁ
λίμνη,ἡ
λίψ,λιβός,ὁ
χαλκολίβανον,τό

λείπω v., to leave
ἀδιάλειπτος,-ον
ἀδιαλείπτως
ἀνέκλειπτος,-ον
ἀπολείπω
διαλείπω
διαλιμπάνω
ἐγκατάλειμμα,-ματος,τό
ἐγκαταλείπω
ἐκλείπω
ἐλλείπω
ἔλλειψις,-εως,ἡ
ἐπιλείπω
ἐπίλοιπος,-ον
κατάλειμμα,-ματος,τό
καταλείπω
κατάλοιπος,-ον
λεῖμμα,-ματος,τό
λειποτακτέω
λοιπός,-ή,-όν
παραλείπω
περιλείπομαι
ὑπόλειμμα,-ματος,τό
ὑπολείπω
ὑπολιμπάνω

λείχω v., to lick
ἀπολείχω
ἐπιλείχω
περιλείχω

λέπω v., *to peel*
λεπίς,-ίδος,ἡ
λέπρα,ἡ
λεπράω
λεπρός,-ά,-όν
λεπτός,-ή,-όν

Λευί,ὁ indecl. n., *Levi*
Λευίτης,-ου,ὁ
Λευιτικός,-ή,-όν

λευκός,-ή,-όν 2-1-2 decl. adj.,
bright
λευκαίνω

λήθω v., *to escape notice*
ἀλήθεια,ἡ
ἀληθεύω
ἀληθής,-ές
ἀληθινός,-ή,-όν
ἀληθῶς
ἐκλανθάνομαι
ἐπιλανθάνομαι
ἐπιλησμονή,ἡ
λάθρα
λαθροδήκτης,-ου,ὁ
λανθάνω
λήθη,ἡ

ληίς,-ίδος,ἡ 3 decl. n., *booty*
ἀρχιλῃστής,-οῦ,ὁ

ληνός,ἡ 2 decl. n., *a trough*
ὑπολήνιον,τό

λῆρος,ὁ 2 decl. n., *idle talk*
ληρώδης,-ες

λίθος,ὁ 2 decl. n., *a stone*
καταλιθάζω
λιϵάζω
λίθινος,-η,-ον
λιθοβολέω
λιθοξόος,ὁ
λιθόστρωτος,-ον
μονόλιθος,-ον
χρυσόλιθος,ὁ

λικμός,ὁ 2 decl. n., *a fan*
λικμάω

λίνον,τό 2 decl. n., *linen*
λινοκαλάμη,ἡ
λινοῦς,-ῆ,-οῦν
ὠμόλινον,τό

λιπαρής,-ές 3 decl. adj.,
persevering
ἐκλιπαρέω

λίπας,-αος,τό 3 decl. n., *oil*
λιπαίνω
λιπαρός,-ά,-όν

λίσσομαι v., *to beg*
λιτανεύω

λοίδορος,-ον 2 decl. adj.,
abusive
ἀντιλοιδορέω
λοιδορέω
λοιδορία,ἡ
λοίδορος,ὁ

λοιμός,ὁ 2 decl. n., *a plague*
λοιμικός,-ή,-όν
λοιμός,-ή,-όν

λούω v., *to wash*
ἀπολούω
λουτρόν,τό

Λυκαονία,ἡ 1 decl. n., *Lycaonia*
Λυκαονιστί

λύμη,ἡ 1 decl. n., *maltreatment*
λυμαίνω

λύπη,ἡ 1 decl. n., *pain*
ἀλύπητος,-ον
ἄλυπος,-ον
λυπέω
λυπηρός,-ά,-όν
περίλυπος,-ον
συλλυπέω

λύσσα,ἡ 1 decl. n., *rage*
λυσσάω

λύχνος,ὁ 2 decl. n., *a lamp*
λυχνία,ἡ

λύω v., *to loose*
ἀκατάλυτος,-ον
ἀλυσιτελής,-ές
ἀνάλυσις,-εως,ἡ
ἀναλύω
ἀντίλυτρον,τό
ἀπόλυσις,-εως,ἡ
ἀπολύτρωσις,-εως,ἡ
ἀπολύω
διάλυσις,-εως,ἡ

διαλύω
ἐκλύω
ἐπίλυσις,-εως,ἡ
ἐπιλύω
κατάλυμα,-ματος,τό
κατάλυσις,-εως,ἡ
καταλύω
λύσις,-εως,ἡ
λυσιτελέω
λύτρον,τό
λυτρόω
λύτρωσις,-εως,ἡ
λυτρωτής,-οῦ,ὁ
παραλυτικός,-ή,-όν
παράλυτος,-ον
παραλύω
ὑπολύω

M

Μαγδαλά n., the city Magdala
Μαγδαληνή,ἡ

Μάγος,ὁ 2 decl. n., a Magus, a
seer
μαγεία,ἡ
μαγεύω
μάγος,ὁ

μαζός,ὁ 2 decl. n., a breast of
a woman
μαστός,ὁ
μαστώδης,-ες

μάκαρ,-αιρα,-αρ 3-1-3 decl.
adj., blessed
ἀξιομακάριστος,-ον
θεομακάριστος,-ον
θεομακαρίτης,-ου,ὁ
μακαρίζω
μακάριος,-α,-ον
μακαρισμός,ὁ

Μακεδών,-όνος,ὁ 3 decl. n., a
Macedonian
Μακεδονία,ἡ

μάλα adv., very
μάλιστα
μᾶλλον

μαλακός,-ή,-όν 2-1-2 decl. adj.,
soft
μαλακία,ἡ

μαλακίζομαι

μανθάνω v., to learn
ἀμαθής,-ές
δυσμαθής,-ές
καταμανθάνω
μάθημα,-ματος,τό
μαθηματικός,-ή,-όν
μαθητεία,ἡ
μαθητεύω
μαθητής,-οῦ,ὁ
μαθήτρια,ἡ
συμμαθητής,-οῦ,ὁ
χριστομαθία,ἡ

μαραίνω v., to quench
ἀμαράντινος,-η,-ον
ἀμάραντος,-ον

Μαρκίων,-ωνος,ὁ 3 decl. n.,
Marcion
Μαρκιωνιστής,-οῦ,ὁ

μαρμαίρω v., to glisten
μάρμαρος,ὁ

μάρτυς,-υρος,ὁ&ἡ 3 decl. n., a
witness
ἀμάρτυρος,-ον
διαμαρτύρομαι
ἐπιμαρτυρέω
καταμαρτυρέω
μαρτυρέω
μαρτυρία,ἡ
μαρτύριον,τό
μαρτύρομαι
μάρτυς,-υρος,ὁ
προμαρτύρομαι
πρωτόμαρτυς,-υρος,ὁ
συμμαρτυρέω
συνεπιμαρτυρέω
ψευδομαρτυρέω
ψευδομαρτυρία,ἡ
ψευδόμαρτυς,-υρος,ὁ

μαρυκάομαι v., to chew the
cud
ἀναμαρυκάομαι

μάτη,ἡ 1 decl. n., a folly
ματαιολογία,ἡ
ματαιολόγος,-ον
ματαιοπονία,ἡ
μάταιος,-α,-ον
ματαιότης,-τητος,ἡ

ματαιόω
ματαίωμα,-ματος,τό
μάτην

μάχη,ή 1 decl. n., a fight
ἄμαχος,-ον
διαμάχομαι
θεομαχέω
θεομάχος,-ον
θηριομαχέω
θυμομαχέω
λογομαχέω
λογομαχία,ή
μάχαιρα,ή
μάχομαι
συμμαχέω
ὑπέρμαχος,ό

μάω v., to desire eagerly
ἀπομάσσω
αὐτόματος,-η,-ον
ἐκμάσσω
ἐμμαίνομαι
μαίνομαι
μανία,ή
μαντεύομαι
μάντις,-εως,ό
μασάομαι
μαστιγόω
μαστίζω
μάστιξ,-ιγος,ή

μέγας,-άλη,-α 3-1-3 decl. adj.,
   large
μεγαλαυχέω
μεγαλεῖος,-α,-ον
μεγαλειότης,-τητος,ή
μεγαλοπρέπεια,ή
μεγαλοπρεπής,-ές
μεγαλορρημονέω
μεγαλορρημοσύνη,ή
μεγαλορρήμων,-ον
μεγαλύνω
μεγαλωσύνη,ή
μεγάλως
μέγεθος,-ους,τό
μεγιστάν,-ᾶνος,ό
παμμεγέθης,-ες

μέθυ,-υος,τό 3 decl. n., wine
ἀμέθυστος,ό
μέθη,ή
μεθύσκω

μέθυσμα,-ματος,τό
μέθυσος,ό
μεθύω

μειδάω v., to smile
ὑπομειδιάω

μείρομαι v., to receive as one's
   due
μεμψίμοιρος,-ον
μοῖρα,ή

μείων,-ον 3 decl. adj., less
μειόω
μείωσις,-εως,ή

μέλας,-αινα,-αν 3-1-3 decl. adj.,
   black
μελανέω

μέλι,-ιτος,τό 3 decl. n., honey
μέλισσα,ή
μελίσσιος,-ον
οἰνόμελι,-ιτος,τό

μέλος,-ους,τό 3 decl. n., a limb
   of the body
πλημμέλεια,ή
Φιλομήλιον,τό

μέλω v., to be an object of care
ἀμέλεια,ή
ἀμελέω
ἀμελής,-ές
ἀμεταμέλητος,-ον
ἀμεταμελήτως
ἐπιμέλεια,ή
ἐπιμελέομαι
ἐπιμελής,-ές
ἐπιμελῶς
μέλει
μελετάω
μελέτη,ή
μεταμέλομαι
προμελετάω
τημελέω
τημελοῦχος,-ον

μέμφομαι v., to blame
ἄμεμπτος,-ον
ἀμέμπτως
ἀμώμητος,-ον
ἄμωμος,-ον
ἀμώμως
μεμψίμοιρος,-ον

μέμψις,-εως,ή
μομφή,ή
μωμάομαι
μωμοσκοπέομαι
μῶμος,ό
μέν particle, on the one hand
μενοῦνγε
μέντοι
μήν
οὐμενοῦν

μένω v., to remain
ἀναμένω
ἀπομένω
διαμένω
ἐμμένω
ἐπιμένω
ἐπίμονος,-ον
καταμένω
μονή,ή
παραμένω
παράμονος,-ον
περιμένω
προσμένω
συμπαραμένω
ὑπομένω
ὑπομονή,ή
ὑπομονητικός,-ή,-όν

μέρος,-ους,τό 3 decl. n., a part
ἀμεριμνία,ή
ἀμέριμνος,-ον
ἀμέριστος,-ον
διαμερίζω
διαμερισμός,ό
μερίζω
μέριμνα,ή
μεριμνάω
μερισμός,ό
μεριστής,-οῦ,ό
μερίς,-ίδος,ή
πολυμερῶς
προμεριμνάω
συμμερίζω

μέσος,-η,-ον 2-1-2 decl. adj.,
    middle
μεσάζω
μεσημβρία,ή
μεσιτεύω
μεσίτης,-ου,ό
μεσονύκτιον,τό

Μεσοποταμία,ή
μεσότοιχον,τό
μεσουράνημα,-ματος,τό
μεσόω

μεστός,-ή,-όν 2-1-2 decl. adj.,
    full
μεστόω

μετά prep., after
ἀμετάθετος,-ον
ἀμετακίνητος,-ον
ἀμεταμέλητος,-ον
ἀμεταμελήτως
ἀμετανόητος,-ον
εὐμετάδοτος,-ον
μεθερμηνεύω
μεθίστημι
μεθοδεία,ή
μεθοδεύω
μεθόριον,τό
μεταβαίνω
μεταβάλλω
μεταγράφω
μετάγω
μεταδίδωμι
μετάθεσις,-εως,ή
μεταίρω
μετακαλέω
μετακινέω
μετακόσμιος,-ον
μεταλαμβάνω
μετάλημψις,-εως,ή
μεταλλάσσω
μεταμέλομαι
μεταμορφόω
μετανοέω
μετάνοια,ή
μεταξύ
μεταπαραδίδωμι
μεταπέμπω
μεταστρέφω
μετασχηματίζω
μετατίθημι
μετατρέπω
μεταφέρω
μεταφυτεύω
μετέπειτα
μετέχω
μετεωρίζομαι
μετοικεσία,ή
μετοικίζω

μετοπωρινός,-όν
μετοχή,ή
μέτοχος,-ον
μέτωπον,τό
συμμέτοχος,-ον

μέτρον,τό 2 decl. n., a measure
ἄμετρος,-ον
ἀντιμετρέω
μετρέω
μετρητής,-οῦ,ό
μετριοπαθέω
μέτριος,-α,-ον
μετρίως
σιτομέτριον,τό

μή adv., not
μήγε
μηδαμῶς
μηδέ
μηδείς,-εμία,-έν
μηδέποτε
μηδέπω
μηκέτι
μήποτε
μήπου
μήπω
μήπως
μήτε
μήτι
μήτιγε

μῆκος,-ους,τό 3 decl. n., length
μακράν
μακρόβιος,-ον
μακρόθεν
μακροθυμέω
μακροθυμία,ή
μακρόθυμος,-ον
μακροθύμως
μακρός,-ά,-όν
μακροχρόνιος,-ον
μηκύνω

μῆλον,τό(1) 2 decl. n., an apple
μηλωτή,ή

μήν,-νός,ό 3 decl. n., a month
νεομηνία,ή
τετράμηνος,-ον
τρίμηνος,-ον

μῆνις,-ιος,ή 3 decl. n., wrath
μηνιάω

μήτηρ,-τρός,ή 3 decl. n., a
mother
ἀμήτωρ,-τορος,ό
μήτρα,ή
μητρολῴας,-ου,ό
μητρόπολις,-εως,ή

μῆχος,-ους,τό 3 decl. n., a
means
μηχανάομαι
μηχανή,ή

μιαίνω v., to stain
ἀμίαντος,-ον
μιαρός,-ά,-όν
μίασμα,-ματος,τό
μιασμός,ό

μίγνυμι 2 conj. v., to mix
μείγνυμι
μειγνύω
μίγμα,-ματος,τό
σμίγμα,-ματος,τό
συμμείγνυμι
συναναμείγνυμι

μικρός,-ά,-όν 2-1-2 decl. adj.,
small
μικρολογία,ή

μιμέομαι v., to imitate
ἀντιμιμέομαι
μίμημα,-ματος,τό
μιμητής,-οῦ,ό
συμμιμητής,-οῦ,ό

μισθός,ό 2 decl. n., wages
ἀντιμισθία,ή
μισθαποδοσία,ή
μισθαποδότης,-ου,ό
μίσθιος,ό
μισθόω
μίσθωμα,-ματος,τό
μισθωτός,ό

μῖσος,-ους,τό 3 decl. n., hatred
μισέω

μίτος,ό 2 decl. n., a thread
μίτρα,ή

μνάομαι(1) v., to woo, to court
μνηστεύω

μνάομαι(2) v., to remember
ἀμνησίκακος,-ον

ἀμνησικάκως
ἀναμιμνήσκω
ἀνάμνησις,-εως,ἡ
ἀπομνημονεύω
ἐπαναμιμνήσκω
μιμνήσκομαι
μνεία,ἡ
μνῆμα,-ματος,τό
μνημεῖον,τό
μνήμη,ἡ
μνημονεύω
μνημοσύνη,ἡ
μνημόσυνον,τό
μνησικακέω
μνησικακία,ἡ
μνησίκακος,-ον
ὑπομιμνήσκω
ὑπόμνησις,-εως,ἡ

μογγός,-όν 2 decl. adj., with a
  hoarse, hollow voice
μογγιλάλος,-ον

μόγος,ὁ 2 decl. n., hardship
μογιλάλος,-ον
μόγις
μόλις
μόχθος,ὁ

μοιχός,ὁ 2 decl. n., an adulterer
μοιχαλίς,-ίδος,ἡ
μοιχάω
μοιχεία,ἡ
μοιχεύω

μόλυβδος,ὁ 2 decl. n., lead
μόλιβος,ὁ

μολύνω v., to stain
μολυσμός,ὁ

μόλω v., to come, to go
αὐτομολέω

μόνος,-η,-ον 2-1-2 decl. adj.,
  alone
μονάζω
μονογενής,-ές
μονόλιθος,-ον
μονόφθαλμος,-ον
μονόω

μόρον,τό 2 decl. n., a mulberry
συκομορέα,ἡ

μορφή,ἡ 1 decl. n., a form
ἄμορφος,-ον
ἀνθρωπόμορφος,-ον
εὔμορφος,-ον
μεταμορφόω
μορφόω
μόρφωσις,-εως,ἡ
συμμορφίζω
σύμμορφος,-ον
συμμορφόω

μόσχος,ὁ 2 decl. n., a sprout, a
  calf
μοσχοποιέω

Μοῦσα,ἡ 1 decl. n., the Muse,
  goddess of song
μουσικός,-ή,-όν

μῦ indecl. particle, the sound
  made by murmuring with
  closed lips
ἐκμυκτηρίζω
μυκτηρίζω
μυσερός,-ά,-όν

μῦθος,ὁ 2 decl. n., a speech
μύθευμα,-ματος,τό
παραμυθέομαι
παραμυθία,ἡ
παραμύθιον,τό

μύλη,ἡ 1 decl. n., a mill
μυλικός,-ή,-όν
μύλινος,-η,-ον
μύλος,ὁ
μυλών,-ῶνος,ὁ
μυλωνικός,-ή,-όν

μυρίος,-α,-ον 2-1-2 decl.
  numeral, adj., ten thousand,
  countless
δισμυριάς,-άδος,ἡ
μυριάς,-άδος,ἡ
μύριοι,-αι,-α

μύρον,τό 2 decl. n., a sweet
  oil, perfume
μυρίζω

μῦρος,ὁ 2 decl. n., a sea-eel
σμύραινα,ἡ

μύρρα,ἡ 1 decl. n., juice of the
  Arabian myrtle

σμύρνα,ή
Σμύρνα,ή
Σμυρναῖος,-α,-ον
σμυρνίζω

μύω v., *to be shut*
καμμύω
μυέω
μυστήριον,τό
μυωπάζω
συμμύστης,-ου,ό

μωρός,-ά,-όν 2-1-2 decl. adj.,
dull, foolish
μωραίνω
μωρία,ή
μωρολογία,ή
μωρῶς

Ν

Ναζαρά,ή indecl. n., *Nazareth*
Ναζαρηνός,-ή,-όν
Ναζωραῖος,ό

ναίω(1) v., *to dwell*
ναός,ό
ναοφόρος,-ον
νεωκόρος,ό

νᾶπυ,-υος,τό 3 decl. n.,
mustard
σίναπι,-εως,τό

νάρκη,ή 1 decl. n., *stiffness*
καταναρκάω

ναῦς,νεώς,ή 3 decl. n., *a ship*
ναυαγέω
ναύκληρος,ό
ναύτης,-ου,ό

νάω v., *to flow*
ἀέναος,-ον
ὠκεανός,ό

νεῖκος,-ους,τό 3 decl. n., *a
quarrel*
φιλονεικία,ή
φιλόνεικος,-ον

νέκυς,-υος,ό 3 decl. n., *a
corpse*
νεκρός,-ά,-όν
νεκροφόρος,-ον

νεκρόω
νέκρωσις,-εως,ή

νέμω v., *to distribute*
ἀνομέω
ἀνόμημα,-ματος,τό
ἀνομία,ή
ἄνομος,-ον
ἀνόμως
ἀπονέμω
Δευτερονόμιον,τό
διανέμω
ἔννομος,-ον
ἐννόμως
ἐπινομή,ή
εὐοικονόμητος,-ον
κατακληρονομέω
κληρονομέω
κληρονομία,ή
κληρονόμος,ό
νέμομαι
νομή,ή
νομίζω
νομικός,-ή,-όν
νόμιμος,-η,-ον
νομίμως
νόμισμα,-ματος,τό
νομοδιδάσκαλος,ό
νομοθεσία,ή
νομοθετέω
νομοθέτης,-ου,ό
νόμος,ό
οἰκονομέω
οἰκονομία,ή
οἰκονόμος,ό
παρανομέω
παρανομία,ή
παράνομος,-ον
συγκληρονόμος,-ον
χριστόνομος,-ον

νέος,-α,-ον 2-1-2 decl. adj.,
young, new
ἀνανεόω
ἀνανέωσις,-εως,ή
νεανίας,-ου,ό
νεανίσκος,ό
νεομηνία,ή
νεότης,-τητος,ή
νεόφυτος,-ον
νεωτερικός,-ή,-όν
νεωτερισμός,ό

νοσσιά,ἡ
νοσσίον,τό
νοσσός,ὁ

νεύω v., to beckon
ἀπονεύω
διανεύω
ἐκνεύω
ἐννεύω
ἐπινεύω
κατανεύω
συγκατανεύω

νέφος,-ους,τό 3 decl. n., a
cloud
νεφέλη,ἡ

νέω(2) v., to swim
νηκτός,-ή,-όν
νήχομαι

νέω(3) v., to spin
νήθω

νῆσος,ἡ 2 decl. n., an island
νησίον,τό

νήφω v., to abstain from wine
ἀνανήφω
ἐκνήφω
νηφάλιος,-α,-ον

νίζω v., to wash
ἄνιπτος,-ον
ἀπονίζω
νιπτήρ,-τῆρος,ὁ
νίπτω
ποδονιπτήρ,-ῆρος,ὁ

νίκη,ἡ 1 decl. n., a victory
Ἀνδρόνικος,ὁ
Βερνίκη,ἡ
Εὐνίκη,ἡ
Θεσσαλονικεύς,-έως,ὁ
Θεσσαλονίκη,ἡ
νεῖκος,-ους,τό
νικάω
Νικήτης,-ου,ὁ
Νικόδημος,ὁ
Νικολαΐτης,-ου,ὁ
Νικόλαος,ὁ
Νικόπολις,-εως,ἡ
νῖκος,-ους,τό
ὑπερνικάω

Νινευή,ἡ indecl. n., Nineveh
Νινευίτης,-ου,ὁ

νόσος,ἡ 2 decl. n., a sickness
νοσέω
νόσημα,-ματος,τό

νόσφι adv., afar
νοσφίζω

νοῦς,νοός,ὁ 3 decl. n., a mind
ἀμετανόητος,-ον
ἀνόητος,-ον
ἄνοια,ἡ
ἀπερινόητος,-ον
ἀπόνοια,ἡ
διανοέομαι
διανόημα,-ματος,τό
διάνοια,ἡ
δυσνόητος,-ον
ἐννοέω
ἔννοια,ἡ
ἐπινοέω
ἐπίνοια,ἡ
εὐνοέω
εὔνοια,ἡ
κατανοέω
μετανοέω
μετάνοια,ἡ
νοέω
νόημα,-ματος,τό
νουθεσία,ἡ
νουθετέω
νουθέτημα,-ματος,τό
νουθέτησις,-εως,ἡ
νουνεχῶς
ὁμονοέω
ὁμόνοια,ἡ
παράνοια,ἡ
προνοέω
πρόνοια,ἡ
ὑπονοέω
ὑπόνοια,ἡ

νύμφη,ἡ 1 decl. n., a bride
Νύμφα,ἡ
Νυμφᾶς,-ᾶ,ὁ
νυμφίος,ὁ
νυμφών,-ῶνος,ὁ

νῦν adv., now
νυνί
τοίνυν

νύξ,νυκτός,ἡ 3 decl. n., a night
διανυκτερεύω
ἔννυχος,-ον
μεσονύκτιον,τό
νυχθήμερον,τό

νύσσω v., to prick
κατάνυξις,-εως,ἡ
κατανύσσομαι

νωθής,-ές 3 decl. adj., sluggish
νωθρός,-ά,-όν

νῶτον,τό 2 decl. n., a back
νῶτος,ό

Ξ

ξαίνω v., to scratch
καταξαίνω

ξανθός,-ή,-όν 2-1-2 decl. adj.,
   yellow
Ξανθικός,ό

ξένος,ό 2 decl. n., a guest, a
   host
ἀφιλοξενία,ἡ
ξενία,ἡ
ξενίζω
ξενισμός,ό
ξενοδοχέω
φιλοξενία,ἡ
φιλόξενος,-ον

ξέω v., to scrape
λαξευτός,-ή,-όν
λιθοξόος,ό
ξόανον,τό

ξηρός,-ά,-όν 2-1-2 decl. adj.,
   dry
ἡμίξηρος,-ον
ξηραίνω

ξίφος,-ους,τό 3 decl. n., a
   sword
ξιφίδιον,τό

ξύω v., to scrape
ξύλινος,-η,-ον
ξύλον,τό
ξυράω

Ο

ὁ,ἡ,τό 2-1-2 decl. article, the,
   demonstr. pron., that
ἐπιτήδειος,-α,-ον
ἐπιτήδευμα,-ματος,τό
ἐπιτηδεύω
ὅδε,ἥδε,τόδε
οἷος,-α,-ον
ὅτέ
τοιόσδε,-άδε,-όνδε
τοιοῦτος,-αύτη,-οῦτο
ὧδε

ὄγκος,ὁ(2) 2 decl. n., bulk
ὑπέρογκος,-ον

ὁδός,ἡ 2 decl. n., a way
ἄμφοδον,τό
ἀνοδία,ἡ
ἀφόδευσις,-εως,ἡ
διέξοδος,ἡ
διοδεύω
εἴσοδος,ἡ
ἔξοδος,ἡ
Εὐοδία,ἡ
εὐοδόω
ἐφόδιον,τό
κατευοδόω
μεθοδεία,ἡ
μεθοδεύω
ὁδεύω
ὁδηγέω
ὁδηγός,ό
ὁδοιπορέω
ὁδοιπορία,ἡ
ὁδοποιέω
παροδεύω
παρόδιος,-ον
πάροδος,ἡ
προοδοιπορέω
προοδοιπόρος,-ον
συνοδεύω
συνοδία,ἡ
σύνοδος,ό

ὀδύνη,ἡ 1 decl. n., a pain
ὀδυνάω

ὀδύρομαι v., to lament
ὀδυρμός,ό

ὄζω v., *to smell*
δυσωδία,ἡ
εὐωδία,ἡ
ἡδύοσμον,τό
ὀσμή,ἡ
ὄφρησις,-εως,ἡ

ὀθόνη,ἡ 1 decl. n., *to have a care for*
ὀθόνιον,τό

οἴγω v., *to open*
ἀνοίγω
ἄνοιξις,-εως,ἡ
διανοίγω
ἐξανοίγω

οἶδος,-ους,τό 3 decl. n., *a swelling*
ἐξοιδέω

οἶκος,ὁ 2 decl. n., *a house*
ἀνοικοδομέω
ἀοίκητος,-ον
διοίκησις,-εως,ἡ
ἐγκατοικέω
ἐνοικέω
ἐποικοδομέω
εὐοικονόμητος,-ον
κατοικέω
κατοίκησις,-εως,ἡ
κατοικητήριον,τό
κατοικία,ἡ
κατοικίζω
μετοικεσία,ἡ
μετοικίζω
οἰκεῖος,-α,-ον
οἰκετεία,ἡ
οἰκέτης,-ου,ὁ
οἰκέω
οἴκημα,-ματος,τό
οἴκησις,-εως,ἡ
οἰκητήριον,τό
οἰκήτωρ,-ορος,ὁ
οἰκία,ἡ
οἰκιακός,ὁ
οἰκοδεσποτέω
οἰκοδεσπότης,-ου,ὁ
οἰκοδομέω
οἰκοδομή,ἡ
οἰκοδομητός,-ή,-όν
οἰκοδομία,ἡ

οἰκοδόμος,ὁ
οἰκονομέω
οἰκονομία,ἡ
οἰκονόμος,ὁ
οἰκουμένη,ἡ
οἰκουργέω
οἰκουργός,-όν
οἰκουρός,-όν
οἰκοφθόρος,-ον
πανοικεί
παροικέω
παροικία,ἡ
πάροικος,-ον
περιοικέω
περίοικος,-ον
συνοικέω
συνοικοδομέω

οἶκτος,ὁ 2 decl. n., *pity*
κατοικτίρω
οἰκτιρμός,ὁ
οἰκτίρμων,-ονέω
οἰκτίρω

οἶμος,ὁ 2 decl. n., *a way*
παροιμία,ἡ

οἶνος,ὁ 2 decl. n., *wine*
οἰνόμελι,-ιτος,τό
οἰνοπότης,-ου,ὁ
οἰνοφλυγία,ἡ
πάροινος,-ον

οἷος,-η,-ον 2-1-2 decl. pron., *of such sort*
οἰωνοσκόπος,ὁ

οἴχομαι v., *to be gone*
παροίχομαι

ὀκέλλω v., *to run aground*
ἐποκέλλω

ὄκνος,ὁ 2 decl. n., *a hesitation*
ἄοκνος,-ον
ἀόκνως
ἀποκνέω
ὀκνέω
ὀκνηρός,-ά,-όν

ὀκτώ numeral, *eight*
ὀγδοήκοντα
ὄγδοος,-η,-ον
ὀκταήμερος,-ον

ὀλίγος,-η,-ον 2-1-2 decl. adj.,
  few
  ὀλιγόβιος,-ον
  ὀλιγοπιστία,ἡ
  ὀλιγόπιστος,-ον
  ὀλιγοχρόνιος,-ον
  ὀλιγοψυχέω
  ὀλιγόψυχος,-ον
  ὀλιγωρέω
  ὀλίγως

ὄλλυμι 2 conj. v., to destroy
  ἀπόλλυμι
  ᾿Απολλύων,-ονος,ὁ
  ᾿Απολλωνία,ἡ
  ᾿Απολλώνιος,ὁ
  ᾿Απολλῶς,-ῶ,ὁ
  ἀπώλεια,ἡ
  ἐξολεθρεύω
  ὀλέθριος,-ον
  ὄλεθρος,ὁ
  ὀλοθρευτής,-οῦ,ὁ
  ὀλοθρεύω
  παραπόλλυμι
  συναπόλλυμι

ὅλος,-η,-ον 2-1-2 decl. adj.,
  whole
  καθολικός,-ή,-όν
  καθόλου
  ὁλοκαύτωμα,-ματος,τό
  ὁλοκληρία,ἡ
  ὁλόκληρος,-ον
  ὁλοτελής,-ές
  ὁλοτελῶς
  ὅλως

ὄμνυμι 2 conj. v., to swear
  ὀμνύω
  ὁρκωμοσία,ἡ
  συνωμοσία,ἡ

ὁμός,-ή,-όν 2-1-2 decl. adj.,
  same
  ἀνθομολογέομαι
  ἀνόμοιος,-ον
  ἀφομοιόω
  ἐξομοιόω
  ἐξομολογέω
  ἐξομολόγησις,-εως,ἡ
  ὁμαλίζω
  ὁμαλός,-ή,-όν
  ὁμαλῶς

ὁμιλέω
ὁμιλία,ἡ
ὅμιλος,ὁ
ὁμοήθεια,ἡ
ὁμοθυμαδόν
ὁμοιάζω
ὁμοιοπαθής,-ές
ὅμοιος,-α,-ον
ὁμοιότης,-τητος,ἡ
ὁμοιοτρόπως
ὁμοιόω
ὁμοίωμα,-ματος,τό
ὁμοίωσις,-εως,ἡ
ὁμοίως
ὁμολογέω
ὁμολόγησις,-εως,ἡ
ὁμολογία,ἡ
ὁμολογουμένως
ὁμονοέω
ὁμόνοια,ἡ
ὁμόσε
ὁμότεχνος,-ον
ὁμοῦ
ὁμόφρων,-ον
ὁμόφυλος,-ον
ὁμοφωνία,ἡ
ὅμως
παρομοιάζω
παρόμοιος,-α,-ον
προεξομολογέομαι
προσομιλέω
συνομιλέω
συνομορέω

ὄνειδος,-ους,τό 3 decl. n., a
  report, a reproach
  ἀνονειδίστως
  ὀνειδίζω
  ὀνειδισμός,ὁ

ὀνίνημι 2 conj. v., to benefit
  ἀνόνητος,-ον
  ᾿Ονήσιμος,ὁ
  ᾿Ονησίφορος,ὁ

ὄνομα,-ματος,τό 3 decl. n., a
  name
  ἀξιονόμαστος,-ον
  ἐπονομάζω
  εὐώνυμος,-ον
  ὀνομάζω
  πατρώνυμος,-ον

προσονομάζω
ψευδώνυμος,-ον

ὄνος,ὁ&ἡ 2 decl. n., an ass
ὀνάριον,τό
ὀνικός,-ή,-όν

ὄνυξ,-υχος,ὁ 3 decl. n., a talon
of a bird, a gem streaked
with veins
σαρδόνυξ,-υχος,ὁ

ὀξύς,-εῖα,-ύ 3-1-3 decl. adj.,
sharp
ἐνοξίζω
ὀξίζω
ὄξος,-ους,τό
ὀξύπτερος,-ον
ὀξυχολέω
ὀξυχολία,ἡ
ὀξύχολος,-ον
παροξύνω
παροξυσμός,ὁ

ὅπλον,τό 2 decl. n., a tool
ἔνοπλος,-ον
καθοπλίζω
ὅπλη,ἡ
ὁπλίζω
πανοπλία,ἡ

ὀπτάω v., to roast
ὀπτός,-ή,-όν

ὀπώρα,ἡ 1 decl. n., the end of
summer
μετοπωρινός,-όν
φθινοπωρινός,-ή,-όν

ὁράω v., to see
ἀμβλυωπέω
ἀντοφθαλμέω
ἀόρατος,-ον
ἀπροσωπολήμπτως
αὐτόπτης,-ου,ὁ
ἀφοράω
διόπτρα,ἡ
ἐνοπτρίζομαι
ἐνοράω
ἐνώπιον
ἐποπτεύω
ἐπόπτης,-ου,ὁ
ἔσοπτρον,τό
εὐπροσωπέω

ἐφοράω
καθοράω
καλλωπίζω
κατενώπιον
κατοπρίζω
μέτωπον,τό
μονόφθαλμος,-ον
μυωπάζω
ὄμμα,-ματος,τό
ὀπτάνομαι
ὀπτασία,ἡ
ὅραμα,-ματος,τό
ὅρασις,-εως,ἡ
ὁρατός,-ή,-όν
ὀφθαλμοδουλία,ἡ
ὀφθαλμός,ὁ
ὄψις,-εως,ἡ
πανεπόπτης,-ου,ὁ
παροράω
προοράω
πρόσοψις,-εως,ἡ
προσωπολημπτέω
προσωπολήμπτης,-ου,ὁ
προσωπολημψία,ἡ
πρόσωπον,τό
σκυθρωπός,-ή,-όν
συνοράω
ὑπεροράω
ὑποπτεύω
ὑπωπιάζω
ὑψηλόφθαλμος,-ον
φρουρά,ἡ
φρουρέω

ὀρέγω v., to reach out
ἀόργητος,-ον
ὀργή,ἡ
ὀργίζω
ὀργίλος,-η,-ον
ὀργίλως
ὀργυιά,ἡ
ὄρεξις,-εως,ἡ
παροργίζω
παροργισμός,ὁ

ὀρθός,-ή,-όν 2-1-2 decl. adj.,
straight
ἀνορθόω
διορθόω
διόρθωμα,-ματος,τό
διόρθωσις,-εως,ἡ
ἐπανόρθωσις,-εως,ἡ

ἐπιδιορθόω
κατορθόω
κατόρθωμα,-ματος,τό
ὀρθοποδέω
ὀρθοτομέω
ὀρθόω
ὀρθῶς
ὑπορθόω

ὄρθρος,ὁ 2 decl. n., dawn
ὀρθίζω
ὀρθρινός,-ή,-όν
ὄρθριος,-α,-ον

ὅρκος,ὁ 2 decl. n., an oath
ἐνορκίζω
ἐξορκίζω
ἐξορκιστής,-οῦ,ὁ
ἐπιορκέω
ἐπίορκος,-ον
ὁρκίζω
ὅρκιον,τό
ὁρκωμοσία,ἡ

ὄρνις,-ιθος,ὁ&ἡ 3 decl. n., a
bird
ὄρνεον,τό

ὄρνυμι 2 conj. v., to rouse
ἀφορμάω
ἀφορμή,ἡ
κονιορτός,ὁ
ὁρμάω
ὁρμή,ἡ
ὅρμημα,-ματος,τό

ὄρος,-ους,τό 3 decl. n., a
mountain
ὀρεινός,-ή,-όν

ὅρος,ὁ 2 decl. n., a boundary
ἀποδιορίζω
ἀφορίζω
διορίζω
μεθόριον,τό
ὁρίζω
ὅριον,τό
ὁρισμός,ὁ
ὁροθεσία,ἡ
παρορίζω
προορίζω
συνομορέω
συνορία,ἡ

ὀρύσσω v., to dig
διορύσσω
ἐξορύσσω

ὀρφανός,-ή,-όν 2-1-2 decl. adj.,
orphaned
ἀπορφανίζω

ὄρχος,ὁ 2 decl. n., a row of
trees
ὀρχέομαι

ὅσιος,-α,-ον 2-1-2 decl. adj.,
approved by the law of nature
ἀνόσιος,-ον
ὁσιότης,-τητος,ἡ
ὁσίως

ὅσος,-η,-ον 2-1-2 decl. adj., as
much as
ὁσάκις
πόσος,-η,-ον
ποσότης,-τητος,ἡ

ὄστρακον,τό 2 decl. n., a piece
of earthenware
ὀστράκινος,-η,-ον

ὅς,ἥ,ὅ 2-1-2 decl. pron., who,
which
διό
διόπερ
διότι
ἑκάστοτε
ἔνιοι,-αι,-α
ἐνίοτε
καθά
καθάπερ
καθό
καθότι
ὅθεν
οἷος,-α,-ον
ὅστις,ἥτις,ὅτι
ὅταν
ὅτε
ὅτι
ὅτου
οὗ
πάντοτε
πόθεν
ποῖ
ποσάκις
πώποτε

πῶς
πώς
τότε

ὀτρύνω v., to stir up
παροτρύνω

οὐ adv., not
ἐξουδενέω
ἐξουθένημα,-ματος,τό
ἐξουθενόω
οὐδαμῶς
οὐδέ
οὐδείς,οὐδεμία,οὐδέν
οὐδέποτε
οὐδέπω
οὐκέτι
οὐκοῦν
οὐμενοῦν
οὔπω
οὔτε
οὐχί

οὖν adv., therefore
γοῦν
μενοῦνγε
οὐκοῦν
οὐμενοῦν
τοιγαροῦν

οὐρά,ἡ 1 decl. n., a tail
αἴλουρος,ὁ&ἡ

οὐρανός,ὁ 2 decl. n., heaven
ἐπουράνιος,-ον
μεσουράνημα,-ματος,τό
οὐράνιος,-ον
οὐρανόθεν

οὖρος,ὁ(2) 2 decl. n., a guard
κηπουρός,ὁ
οἰκουργέω
οἰκουργός,-όν
οἰκουρός,-όν

οὖς,ὠτός,τό 3 decl. n., an ear
ἐνωτίζομαι
ὠτάριον,τό
ὠτίον,τό

οὖτος,αὕτη,τοῦτο 2-1-2 decl.
demonstr. pron., this
οὕτω
οὕτως
τηλικοῦτος,-αύτη,-οῦτο

τηνικαῦτα
τοιοῦτος,-αύτη,-οῦτο
τοσοῦτος,-αύτη,-οῦτο

ὀφείλω v., to be obligated
ὀφειλέτης,-ου,ὁ
ὀφειλή,ἡ
ὀφείλημα,-ματος,τό
ὄφελον
ὀφλισκάνω
προσοφείλω
χρεοφειλέτης,-ου,ὁ

ὀφέλλω(1) v., to owe
ἀνωφελής,-ές
κοινωφελής,-ές
ὄφελος,-ους,τό
ὠφέλεια,ἡ
ὠφελέω
ὠφέλιμος,-ον

ὄχλος,ὁ 2 decl. n., a multitude
of people
ἐνοχλέω
ὀχλέω
ὀχλοποιέω
παρενοχλέω

ὀψέ adv., after a long time
ὄψιμος,-ον
ὄψιος,-α,-ον

Π

παῖς,παιδός,ὁ&ἡ 3 decl. n., a
child
ἀπαίδευτος,-ον
ἐμπαιγμονή,ἡ
ἐμπαιγμός,ὁ
ἐμπαίζω
ἐμπαίκτης,-ου,ὁ
παιδαγωγός,ὁ
παιδάριον,τό
παιδεία,ἡ
παιδευτής,-οῦ,ὁ
παιδεύω
παιδιόθεν
παιδίον,τό
παιδίσκη,ἡ
παιδόθεν
παιδοφθορέω
παιδοφθόρος,ὁ

παίζω

παίω v., to strike
προσπαίω

πάλαι adv., long ago
ἔκπαλαι
παλαιός,-ά,-όν
παλαιότης,-τητος,ἡ
παλαιόω

πάλιν adv., back
παλιγγενεσία,ἡ

πάλλω v., to wield
ἀντιπαλαίω
καταπαλαίω
πάλη,ἡ

παρά prep., beside
ἀντιπαρέλκω
ἀντιπαρέρχομαι
ἀπαράβατος,-ον
ἀπαρασκεύαστος,-ον
διαπαρατριβή,ἡ
ἐργοπαρέκτης,-ου,ὁ
εὐπάρεδρος,-ον
μεταπαραδίδωμι
παραβαίνω
παραβάλλω
παράβασις,-εως,ἡ
παραβάτης,-ου,ὁ
παραβιάζομαι
παραβλέπω
παραβολεύομαι
παραβολή,ἡ
παραβουλεύομαι
παραβύω
παραγγελία,ἡ
παραγγέλλω
παράγγελμα,-ματος,τό
παραγένω
παράγω
παραδειγματίζω
παραδέχομαι
παραδιατριβή,ἡ
παραδίδωμι
παράδοξος,-ον
παράδοσις,-εως,ἡ
παραζηλόω
παραθαλάσσιος,-α,-ον
παραθαρσύνω
παραθεωρέω

παραθήκη,ἡ
παραινέω
παραιτέομαι
παρακαθέζομαι
παρακάθημαι
παρακαθίζω
παρακαθίστημι
παρακαλέω
παρακαλύπτω
παρακαταθήκη,ἡ
παράκειμαι
παρακελεύω
παράκλησις,-εως,ἡ
παράκλητος,ὁ
παρακοή,ἡ
παρακολουθέω
παρακούω
παρακύπτω
παραλαμβάνω
παραλέγομαι
παραλείπω
παράλιος,-ον
παραλλαγή,ἡ
παραλλάσσω
παραλογίζομαι
παραλόγως
παραλυτικός,-ή,-όν
παράλυτος,-ον
παραλύω
παραμένω
παράμονος,-ον
παραμυθέομαι
παραμυθία,ἡ
παραμύθιον,τό
παράνοια,ἡ
παρανομέω
παρανομία,ἡ
παράνομος,-ον
παραπικραίνω
παραπικρασμός,ὁ
παραπίπτω
παραπλέω
παραπλήσιος,-α,-ον
παραπλησίως
παραποιέω
παραπόλλυμι
παραπορεύομαι
παράπτωμα,-ματος,τό
παράπτωσις,-εως,ἡ
παραρρέω
παράσημος,-ον

παρασκευάζω
παρασκευή,ἡ
παραστάτις,-ιδος,ἡ
παράταξις,-εως,ἡ
παρατείνω
παρατηρέω
παρατήρησις,-εως,ἡ
παρατίθημι
παρατυγχάνω
παραυτά
παραυτίκα
παραφέρω
παραφρονέω
παραφρονία,ἡ
παραφροσύνη,ἡ
παραφυάδιον,τό
παραφυάς,-άδος,ἡ
παραχαράσσω
παραχειμάζω
παραχειμασία,ἡ
παραχέω
παραχράομαι
παραχρῆμα
παρεγγυάω
παρεδρεύω
πάρεδρος,-ον
πάρειμι
παρεισάγω
παρείσακτος,-ον
παρεισδύνω
παρείσδυσις,-εως,ἡ
παρεισέρχομαι
παρεισφέρω
παρεκβαίνω
παρέκβασις,-εως,ἡ
παρεκτός
παρεκφέρω
παρεμβάλλω
παρεμβολή,ἡ
παρεμπλέκω
παρέμπτωσις,-εως,ἡ
παρενθυμέομαι
παρενοχλέω
παρεπιδημέω
παρεπίδημος,-ον
παρέρχομαι
πάρεσις,-εως,ἡ
παρέχω
παρηγορία,ἡ
παρίημι
παριστάνω

παρίστημι
παροδεύω
παρόδιος,-ον
πάροδος,ἡ
παροικέω
παροικία,ἡ
πάροικος,-ον
παροιμία,ἡ
πάροινος,-ον
παροίχομαι
παρομοιάζω
παρόμοιος,-α,-ον
παροξύνω
παροξυσμός,ὁ
παροράω
παροργίζω
παροργισμός,ὁ
παρορίζω
παροτρύνω
παρουσία,ἡ
παροψίς,-ίδος,ἡ
πατροπαράδοτος,-ον
συμπαραγένω
συμπαρακαλέω
συμπαραλαμβάνω
συμπαραμένω
συμπάρειμι

πάρδος,ὁ 2 decl. n., a leopard
πάρδαλις,-εως,ἡ

παρθένος,ἡ 2 decl. n., a virgin
παρθενία,ἡ

πάσχω v., to suffer
ἀπαθής,-ές
ἡδυπάθεια,ἡ
κακοπάθεια,ἡ
κακοπαθέω
μετριοπαθέω
ὁμοιοπαθής,-ές
πάθημα,-ματος,τό
παθητός,-ή,-όν
πάθος,-ους,τό
πραυπάθεια,ἡ
προπάσχω
συγκακοπαθέω
συμπαθέω
συμπαθής,-ές
συμπάσχω

πᾶς,πᾶσα,πᾶν 3-1-3 decl. adj.,
every, all

ἅπας,-ασα,-αν
πάγκαρπος,-ον
παμβότανον,τό
παμμεγέθης,-ες
παμπληθεί
παμπληθής,-ές
πάμπολυς,-όλλη,-ολυ
Παμφυλία,ἡ
πανάγιος,-ον
πανάρετος,-ον
πανδοχεῖον,τό
πανδοχεύς,-έως,ὁ
πανεπόπτης,-ου,ὁ
πανήγυρις,-εως,ἡ
πανθαμάρτητος,-ον
πανθαμαρτωλός,-όν
πανοικεί
πανοπλία,ἡ
πανουργία,ἡ
πανοῦργος,-ον
πανούργως
πάνσεμνος,-ον
πανταχῇ
πανταχόθεν
πανταχοῦ
παντελής,-ές
παντελῶς
πάντῃ
πάντοθεν
παντοκρατορικός,-όν
παντοκράτωρ,-ορος,ὁ
παντοκτίστης,-ου,ὁ
πάντοτε
πάντως
πάνυ
παρρησία,ἡ
παρρησιάζομαι
σύμπας,-ασα,-αν

πατέομαι v., to eat
 φάτνη,ἡ

πατήρ,-τρός,ὁ 3 decl. n., a
 father
 Ἀντιπᾶς,-ᾶ,ὁ
 Ἀντιπατρίς,-ίδος,ἡ
 ἀπάτωρ,-τορος,ὁ
 Κλεοπᾶς,-ᾶ,ὁ
 πατριά,ἡ
 πατριάρχης,-ου,ὁ
 πατρικός,-ή,-όν
 πατρίς,-ίδος,ἡ

πατρολῴας,-ου,ὁ
πατροπαράδοτος,-ον
πατρώνυμος,-ον
πατρῷος,-α,-ον
προπάτωρ,-ορος,ὁ

πάτος,ὁ 2 decl. n., a path
 ἐμπεριπατέω
 καταπατέω
 πατέω
 περιπατέω

παύω v., to stop
 ἀκατάπαυστος,-ον
 ἀνάπαυσις,-εως,ἡ
 ἀναπαύω
 ἐπαναπαύομαι
 κατάπαυσις,-εως,ἡ
 καταπαύω
 συναναπαύομαι

παχύς,-εῖα,-ύ 3-1-3 decl. adj.,
 thick
 παχύνω

πέδον,τό 2 decl. n., the ground
 πεδάω
 πέδη,ἡ
 πεδινός,-ή,-όν
 πεδίον,τό
 πεζεύω
 πεζῇ
 πεζός,-ή,-όν
 στρατοπεδάρχης,-ου,ὁ
 στρατόπεδον,τό
 τράπεζα,ἡ
 τραπεζίτης,-ου,ὁ

πείθω v., to persuade
 ἀναπείθω
 ἀξιόπιστος,-ον
 ἀπείθεια,ἡ
 ἀπειθέω
 ἀπειθής,-ές
 ἀπιστέω
 ἀπιστία,ἡ
 ἄπιστος,-ον
 εὐπειθής,-ές
 καταξιοπιστεύομαι
 καταπιστεύω
 ὀλιγοπιστία,ἡ
 ὀλιγόπιστος,-ον
 πειθαρχέω

πειθός,-ή,-όν
πειθώ,-οῦς,ἡ
πεισμονή,ἡ
πεποίθησις,-εως,ἡ
πιθανολογία,ἡ
πίθηκος,ὁ
πιθός,-ή,-όν
πιστεύω
πιστικός,-ή,-όν
πίστις,-εως,ἡ
πιστός,-ή,-όν
πιστόω
πιστῶς

πεῖνα,ἡ 1 decl. n., hunger
πεινάω
πρόσπεινος,-ον

πεῖρα,ἡ 1 decl. n., an attempt
ἀπείραστος,-ον
ἄπειρος,-ον(1)
ἐκπειράζω
πειράζω
πειρασμός,ὁ
πειράω

πείρω v., to pierce
περιπείρω

πέλας adv., near
παραπλήσιος,-α,-ον
παραπλησίως
πλησίον

πέλεκυς,-εως,ὁ 3 decl. n., an
axe
πελεκίζω

πέμπω v., to send
ἀναπέμπω
ἐκπέμπω
ἐμπέμπω
μεταπέμπω
προπέμπω
συμπέμπω

πενθερός,ὁ 2 decl. n., a
father-in-law
πενθερά,ἡ

πένθος,-ους,τό 3 decl. n., grief
πενθέω

πένομαι v., to toil
διαπονέομαι

καταπονέω
ματαιοπονία,ἡ
πένης,-ητος,ὁ
πενιχρός,-ά,-όν
πονέω
πονηρεύομαι
πονηρία,ἡ
πονηρός,-ά,-όν
πονηρόφρων,-ον
πονηρῶς
πόνος,ὁ
φιλοπονέω

πέντε numeral, five
πεμπταῖος,-α,-ον
πέμπτος,-η,-ον
πεντακισχίλιοι,-αι,-α
πεντάκις
πεντακόσιοι,-αι,-α
πεντακοσιοστός,-ή,-όν
πεντεκαιδέκατος,-η,-ον
πεντήκοντα
πεντηκόνταρχος,ὁ
πεντηκοστή,ἡ

πέπων,-ον 3 decl. adj., ripe
πέπειρος,-ον

πέρ particle of emphasis, very
διόπερ
ἐάνπερ
ἐπειδήπερ
ἐπείπερ
καθάπερ
καθώσπερ
καίπερ
ὥσπερ
ὡσπερεί

πέρα adv., beyond
ἀντιπέρα
ἄπειρος,-ον(2)
ἀπέραντος,-ον
ἀπορέω
ἀπορία,ἡ
διαπεράω
διαπορεύομαι
διαπορέω
εἰσπορεύομαι
ἐκπορεύομαι
ἐμπορεύομαι
ἐμπορία,ἡ
ἐμπόριον,τό

ἔμπορος,ὁ
ἐξαπορέω
ἐπιπορεύομαι
εὐπορέω
εὐπορία,ἡ
ὁδοιπορέω
ὁδοιπορία,ἡ
παραπορεύομαι
Πέραια,ἡ
περαιτέρω
πέραν
πέρας,-ατος,τό
πέρυσι
περυσινός,-ή,-όν
πιπράσκω
πορεία,ἡ
πορεύω
πορίζω
πορισμός,ὁ
προοδοιπορέω
προοδοιπόρος,-ον
προπορεύομαι
προσπορεύομαι
συμπορεύομαι
συνεκπορεύομαι
χριστέμπορος,ὁ

πέρθω v., to ravage
πορθέω

περί prep.. about
ἀπερινόητος,-ον
ἀπερίσπαστος,-ον
ἀπερισπάστως
ἀπερίτμητος,-ον
ἐκπερισσῶς
ἐμπεριέχω
ἐμπεριπατέω
ἐμπερίτομος,-ον
εὐπερίσπαστος,-ον
εὐπερίστατος,-ον
περιάγω
περιαιρέω
περιάπτω
περιαστράπτω
περιβάλλω
περιβλέπω
περιβόητος,-ον
περιβόλαιον,τό
περιγένω
περιδέω
περιελαύνω

περιεργάζομαι
περίεργος,-ον
περιέρχομαι
περιέχω
περιζώννυμι
περιζωννύω
περίθεσις,-εως,ἡ
περιίστημι
περικαθαίρω
περικάθαρμα,-ματος,τό
περικαθίζω
περικαλύπτω
περίκειμαι
περικεφαλαία,ἡ
περικόπτω
περικρατής,-ές
περικρύβω
περικυκλόω
περιλάμπω
περιλείπομαι
περιλείχω
περίλυπος,-ον
περιμένω
περίξ
περιοικέω
περίοικος,-ον
περιούσιος,-ον
περιοχή,ἡ
περιπατέω
περιπείρω
περίπικρος,-ον
περιπίπτω
περιπλέκω
περιποιέω
περιποίησις,-εως,ἡ
περίπτωσις,-εως,ἡ
περιρραίνω
περιρρήγνυμι
περισπάω
περισσεία,ἡ
περίσσευμα,-ματος,τό
περισσεύω
περισσός,-ή,-όν
περισσότερος,-α,-ον
περισσοτέρως
περισσῶς
περιστέλλω
περιτειχίζω
περιτέμνω
περιτίθημι
περιτομή,ἡ

περιτρέπω
περιτρέχω
περιφέρω
περιφρονέω
περιχαρής,-ές
περίχωρος,-ον
περίψημα,-ματος,τό
συμπεριέχω
συμπεριλαμβάνω
ὑπερεκπερισσοῦ
ὑπερεκπερισσῶς
ὑπερπερισσεύω
ὑπερπερισσῶς

πέρπερος,-ον 2 decl. adj.,
    bragging
περπερεύομαι

Πέρσης,-ου,ὁ 1 decl. n., a
    Persian
Περσίς,-ίδος,ἡ

πετάννυμι 2 conj. v., to spread
    out
ἐκπετάννυμι
ἐκπέτασις,-εως,ἡ
καταπέτασμα,-ματος,τό
πετεινόν,τό

πέτομαι v., to fly
ἀνίπταμαι
ἐπιπέτομαι
ὀξύπτερος,-ον
πετάομαι
πτεροφυέω
πτερύγιον,τό
πτέρυξ,-υγος,ἡ
πτερωτός,-ή,-όν
πτηνός,-ή,-όν

πέτρα,ἡ 1 decl. n., a rock
Πέτρος,ὁ
πετρώδης,-ες

πήγνυμι 2 conj. v., to stick in
Ἀρεοπαγίτης,-ου,ὁ
παγιδεύω
παγίς,-ίδος,ἡ
προσπήγνυμι
σκηνοπηγία,ἡ

πηδάω v., to leap
ἀναπηδάω
εἰσπηδάω

ἐκπηδάω

πηδόν,τό 2 decl. n., an oar
πηδάλιον,τό

πηλός,ὁ 2 decl. n., clay
πήλινος,-η,-ον

πηρός,-ά,-όν 2-1-2 decl. adj.,
    disabled in a limb
ἀνάπειρος,-ον
ἀνάπηρος,-ον
πηρόω
πήρωσις,-εως,ἡ

πῆχυς,-εως,ὁ 3 decl. n., a
    fore-arm
πηχυαῖος,-α,-ον

πιέζω v., to squeeze
πιάζω

πικρός,-ά,-όν 2-1-2 decl. adj.,
    sharp
παραπικραίνω
παραπικρασμός,ὁ
περίπικρος,-ον
πικραίνω
πικρία,ἡ
πικρῶς

πίμπλημι 2 conj. v., to fill
ἐμπίπλημι
παμπληθεί
παμπληθής,-ές
πλῆθος,-ους,τό
πληθύνω
πλήμμυρα,ἡ
πλησμονή,ἡ
πολυπλήθεια,ἡ

πίμπρημι 2 conj. v., to kindle
ἐμπίπρημι

πίναξ,-ακος,ὁ 3 decl. n., a
    board
πινακίδιον,τό
πινακίς,-ίδος,ἡ

πίνω v., to drink
καταπίνω
Μεσοποταμία,ἡ
οἰνοπότης,-ου,ὁ
πόμα,-ματος,τό
πόσις,-εως,ἡ
ποταμός,ὁ

ποταμοφόρητος,-ον
ποτήριον,τό
ποτίζω
ποτόν,τό
πότος,ὁ
συμπίνω
συμποσία,ἡ
συμπόσιον,τό
ὑδροποτέω

πίπτω v., to fall
ἀναπίπτω
ἀντιπίπτω
ἀποπίπτω
γονυπετέω
διοπετής,-ές
ἐκπίπτω
ἐμπίπτω
ἐπιπίπτω
καταπίπτω
παραπίπτω
παράπτωμα,-ματος,τό
παράπτωσις,-εως,ἡ
παρέμπτωσις,-εως,ἡ
περιπίπτω
περίπτωσις,-εως,ἡ
προπετής,-ές
προσπίπτω
πτῶμα,-ματος,τό
πτῶσις,-εως,ἡ
συμπίπτω
ὑποπίπτω

Πισιδία,ἡ 1 decl. n., Pisidia
Πισίδιος,-ά,-ον

πίων,-ον 3 decl. adj., fat
πιότης,-τητος,ἡ

πλάνη,ἡ 1 decl. n., a wandering
ἀποπλανάω
κοσμοπλανής,-ῆτος,ὁ
πλανάω
πλάνης,-ητος,ὁ
πλανήτης,-ου,ὁ
πλάνος,-ον

πλάσσω v., to form
ἀναπλάσσω
ἔμπλαστρος,ἡ
πλάσις,-εως,ἡ
πλάσμα,-ματος,τό
πλαστός,-ή,-όν

πλατύς,-εῖα,-ύ 3-1-3 decl. adj.,
    flat
πλατεῖα,ἡ
πλάτος,-ους,τό
πλατύνω
πλατυσμός,ὁ

πλείων,-ον 3 decl. adj., more
πλεῖστος,-η,-ον

πλέκω v., to twist
ἀξιόπλοκος,-ον
ἐκπλέκω
ἐμπλέκω
ἐμπλοκή,ἡ
παρεμπλέκω
περιπλέκω
πλέγμα,-ματος,τό
πλόκαμος,ὁ
πλοκή,ἡ
πολυπλοκία,ἡ
συμπλοκή,ἡ

πλέος,-α,-ον 2-1-2 decl. adj.,
    full
ἀναπληρόω
ἀνταναπληρόω
ἐκπληρόω
ἐκπλήρωσις,-εως,ἡ
πλεονάζω
πλεονεκτέω
πλεονέκτης,-ου,ὁ
πλεονεξία,ἡ
πλημμέλεια,ἡ
πλήν
πλήρης,-ες
πληροφορέω
πληροφορία,ἡ
πληρόω
πλήρωμα,-ματος,τό
προσαναπληρόω
συμπληρόω
ὑπερπλεονάζω

πλέω v., to sail
ἀποπλέω
βραδυπλοέω
διαπλέω
ἐκπλέω
Εὔπλους,-ου,ὁ
καταπλέω
παραπλέω
πλοιάριον,τό

πλοῖον,τό
πλόος,ὁ
πλοῦς,-οός,ὁ
ὑποπλέω

πλήσσω v., to strike
ἔκπληκτος,-ον
ἐκπλήσσω
ἐπιπλήσσω
κατάπληξις,-εως,ἡ
καταπλήσσω
πληγή,ἡ
πλήκτης,-ου,ὁ

πλοῦτος,ὁ 2 decl. n., wealth
πλούσιος,-ά,-ον
πλουσίως
πλουτέω
πλουτίζω

πλύνω v., to wash
ἄπλυτος,-ον
ἀποπλύνω

πνέω v., to breathe
ἐκπνέω
ἐμπνέω
θεόπνευστος,-ον
πνεῦμα,-ματος,τό
πνευματικός,-ή,-όν
πνευματικῶς
πνευματοφόρος,-ον
πνοή,ἡ
συμπνέω
ὑποπνέω

πνίγω v., to choke
ἀποπνίγω
πνικτός,-ή,-όν
συμπνίγω

πόα,ἡ 1 decl. n., a meadow
ἀρχιποίμην,-μενος,ὁ
ποία,ἡ
ποιμαίνω
ποιμενικός,-ή,-όν
ποιμήν,-μένος,ὁ
ποίμνη,ἡ
ποίμνιον,τό

πόθος,ὁ 2 decl. n., a desire
ἐπιποθέω
ἐπιπόθησις,-εως,ἡ
ἐπιπόθητος,-ον

ἐπιποθία,ἡ
ποθέω
ποθητός,-ή,-όν

ποιέω v., to make
ἀγαθοποιέω
ἀγαθοποίησις,-εως,ἡ
ἀγαθοποιΐα,ἡ
ἀγαθοποιός,-όν
ἀνθρωποποίητος,-ον
ἀποίητος,-ον
ἀχειροποίητος,-ον
εἰρηνοποιέω
εἰρηνοποιός,-όν
εὐποιΐα,ἡ
ζωοποιέω
ἰσχυροποιέω
ἰσχυροποίησις,-εως,ἡ
κακοποιέω
κακοποιός,-όν
καλοποιέω
μοσχοποιέω
ὁδοποιέω
ὀχλοποιέω
παραποιέω
περιποιέω
περιποίησις,-εως,ἡ
ποίημα,-ματος,τό
ποίησις,-εως,ἡ
ποιητής,-οῦ,ὁ
προσποιέω
σκηνοποιός,ὁ
συζωοποιέω
φανεροποιέω
χειροποίητος,-ον

ποικίλος,-η,-ον 2-1-2 decl. adj.,
    many-colored
ποικιλία,ἡ
πολυποίκιλος,-ον

πόλεμος,ὁ 2 decl. n ., a battle
πολεμέω

πολιός,-ά,-όν 2-1-2 decl. adj.,
    gray
πολιά,ἡ

πόλις,-εως,ἡ 3 decl. n., a city
'Αμφίπολις,-εως,ἡ
Δεκάπολις,-εως,ἡ
'Ηλιούπολις,-εως,ἡ
'Ιεράπολις,-εως,ἡ

κωμόπολις,-εως,ἡ
μητρόπολις,-εως,ἡ
Νικόπολις,-εως,ἡ
πολιορκία,ἡ
πολιτάρχης,-ου,ὁ
πολιτεία,ἡ
πολίτευμα,-ματος,τό
πολιτεύομαι
πολίτης,-ου,ὁ
συμπολιτεύομαι
συμπολίτης,-ου,ὁ

πολύς,πολλή,πολύ 2-1-2 decl.
   adj., many, much
πάμπολυς,-όλλη,-ολυ
πολλάκις
πολλαπλασίων,-ον
πολυαγάπητος,-ον
Πολύβιος,ὁ
πολυευσπλαγχνία,ἡ
πολυεύσπλαγχνος,-ον
πολυεύτακτος,-ον
Πολύκαρπος,ὁ
πολύλαλος,-ον
πολυλογία,ἡ
πολυμερῶς
πολυπλήθεια,ἡ
πολυπλοκία,ἡ
πολυποίκιλος,-ον
πολύπους,-οδος,ὁ
πολυπραγμοσύνη,ἡ
πολυπράγμων,-ον
πολυσπλαγχία,ἡ
πολύσπλαγχνος,-ον
πολυτέλεια,ἡ
πολυτελής,-ές
πολυτελῶς
πολύτιμος,-ον
πολυτρόπως
πῶλυψ,-υπος,ὁ

πόντος,ὁ 2 decl. n., a sea
κατ απον τίζω
Ποντικός,-ή,-όν
Πόντος,ὁ

πόρνη,ἡ 1 decl. n., a harlot
ἐκπορνεύω
πορνεία,ἡ
πορνεύω
πόρνος,ὁ

πός an assumed interrog.
   pron., who?
δήποτε
δήπου
μηδέποτε
μήποτε
μήπου
μήπως
ὁπόθεν
ὁποῖος,-α,-ον
ὁπόσος,-η,-ον
ὁπόταν
ὁπότε
ὅπου
ὅπως
οὐδέποτε
ποταπός,-ή,-όν
ποταπῶς
πότε
ποτέ
πότερος,-α,-ον
πού
ποῦ

πούς,ποδός,ὁ 3 decl. n., a foot
'Αγαθόπους,-ποδος,ὁ
ἀνδραποδιστής,-οῦ,ὁ
ἀνεμπόδιστος,-ον
ἀνεμποδίστως
δασύπους,-οδος,ὁ
ἐμποδίζω
ὀρθοποδέω
ποδήρης,-ες
ποδονιπτήρ,-ῆρος,ὁ
πολύπους,-οδος,ὁ
πῶλυψ,-υπος,ὁ
τετράποδος,-ον
τετράπους,-ουν
ὑποπόδιον,τό

πρᾶος,-εῖα,-ον 3-1-3 decl. adj.,
   mild
πραυπάθεια,ἡ
πραύς,-εῖα,-ύ
πραΰτης,-τητος,ἡ

πράσον,τό 2 decl. n., a leek
πρασιά,ἡ
χρυσόπρασος,ὁ

πράσσω v., to pass through, to
   accomplish

ἀναπράσσω
διαπραγματεύομαι
δικαιοπραγία,ἡ
εὐπραγέω
πολυπραγμοσύνη,ἡ
πολυπράγμων,-ον
πρᾶγμα,-ματος,τό
πραγματεία,ἡ
πραγματεύομαι
πράκτωρ,-τορος,ὁ
πρᾶξις,-εως,ἡ

πρέπω v., to be manifested
ἁγιοπρεπής,-ές
ἀξιοπρεπής,-ές
ἀπρεπής,-ές
ἐκπρεπής,-ές
ἐπιπρέπω
εὐπρέπεια,ἡ
εὐπρεπής,-ές
εὐπρεπῶς
θεοπρεπής,-ές
ἱεροπρεπής,-ές
μεγαλοπρέπεια,ἡ
μεγαλοπρεπής,-ές

πρέσβυς,-εως,ὁ 3 decl. n., an
old man
θεοπρεσβευτής,-οῦ,ὁ
πρεσβεία,ἡ
πρεσβευτής,-οῦ,ὁ
πρεσβεύω
πρεσβυτέριον,τό
πρεσβύτερος,-α,-ον
πρεσβύτης,-ου,ὁ
πρεσβῦτις,-ιδος,ἡ
συμπρεσβύτερος,ὁ

Πρίσκα,ἡ 1 decl. n., Prisca
Πρίσκιλλα,ἡ

πρίω v., to saw
διαπρίω
πρίζω

πρό prep., before
δευτερόπρωτος,-ον
πόρρω
πόρρωθεν
πορρώτερον
πορρωτέρω
πρίν
προαγαπάω

προάγω
προαδικέω
προαθλέω
προαιρέω
προαιτιάομαι
προακούω
προαμαρτάνω
προαύλιον,τό
προβαίνω
προβάλλω
προβατικός,-ή,-όν
προβάτιον,τό
πρόβατον,τό
προβιβάζω
προβλέπω
προγενής,-ές
προγένω
προγινώσκω
πρόγλωσσος,-ον
πρόγνωσις,-εως,ἡ
προγνώστης,-ου,ὁ
πρόγονος,-ον
προγράφω
πρόδηλος,-ον
προδηλόω
προδημιουργέω
προδίδωμι
προδότης,-ου,ὁ
πρόδρομος,-ον
πρόειμι
προελπίζω
προενάρχομαι
προεξομολογέομαι
προεπαγγέλλω
προεπιλακτίζω
προέρχομαι
προετοιμάζω
προευαγγελίζομαι
προέχω
προηγέομαι
πρόθεσις,-εως,ἡ
προθεσμία,ἡ
προθυμία,ἡ
πρόθυμος,-ον
προθύμως
προΐημι
πρόϊμος,-ον
προΐστημι
προκάθημαι
προκαλέω
προκαταγγέλλω

προκαταρτίζω
προκατέχω
πρόκειμαι
προκηρύσσω
προκοιμάομαι
προκοπή,ἡ
προκόπτω
πρόκριμα,-ματος,τό
προκρίνω
προκυρόω
προλαμβάνω
προλέγω
προμαρτύρομαι
προμελετάω
προμεριμνάω
προνηστεύω
προνοέω
πρόνοια,ἡ
προοδοιπορέω
προοδοιπόρος,-ον
πρόοιδα
προοράω
προορίζω
προπάσχω
προπάτωρ,-ορος,ὁ
προπέμπω
προπετής,-ές
προπορεύομαι
προσάββατον,τό
προστάτης,-ου,ὁ
προστάτις,-ιδος,ἡ
προτάσσω
προτείνω
πρότερος,-α,-ον
προτίθημι
προτρέπω
προτρέχω
προϋπάρχω
προφανερόω
πρόφασις,-εως,ἡ
προφέρω
προφητεία,ἡ
προφητεύω
προφήτης,-ου,ὁ
προφητικός,-ή,-όν
προφητικῶς
προφῆτις,-ιδος,ἡ
προφθάνω
προφυλάσσω
προχειρίζω

προχειροτονέω
Πρόχορος,ὁ
προχωρέω
πρωί
πρωία,ἡ
πρωίθεν
πρωινός,-ή,-όν
πρῷρα,ἡ
πρωτεῖος,-α,-ον
πρωτεύω
πρωτοκαθεδρία,ἡ
πρωτοκαθεδρίτης,-ου,ὁ
πρωτοκλισία,ἡ
πρωτόμαρτυς,-υρος,ὁ
πρωτοστάτης,-ου,ὁ
πρῶτος,-η,-ον
πρωτοτόκια,τά
πρωτότοκος,-ον
πρώτως
φιλοπρωτεύω
φρουρά,ἡ
φρουρέω
ψευδοπροφήτης,-ου,ὁ

πρός prep., to
ἀπροσδεής,-ές
ἀπροσδόκητος,-ον
ἀπρόσιτος,-ον
ἀπρόσκοπος,-ον
ἀπροσκόπως
ἀπροσωπολήμπτως
ἔμπροσθεν
εὐπρόσδεκτος,-ον
εὐπρόσεδρος,-ον
εὐπροσωπέω
προσαγορεύω
προσάγω
προσαγωγή,ἡ
προσαιτέω
προσαίτης,-ου,ὁ
προσαναβαίνω
προσαναλαμβάνω
προσαναλίσκω
προσαναλόω
προσαναπληρόω
προσανατίθημι
προσανέχω
προσαπειλέω
προσαχέω
προσβιάζομαι

προσβλέπω
προσδαπανάω
προσδεκτός,-ή,-όν
προσδέομαι
προσδέχομαι
προσδέω
προσδηλόω
προσδοκάω
προσδοκία,ή
προσεάω
προσεγγίζω
προσεδρεύω
πρόσειμι(1)
πρόσειμι(2)
προσεργάζομαι
προσέρχομαι
προσευχή,ή
προσεύχομαι
προσέχω
προσήκω
προσηλόω
προσήλυτος,ὁ
προσηνῶς
πρόσθεν
πρόσθεσις,-εως,ή
πρόσκαιρος,-ον
προσκαλέω
προσκαρτερέω
προσκαρτέρησις,-εως,ή
πρόσκειμαι
προσκεφάλαιον,τό
προσκληρόω
προσκλίνω
πρόσκλισις,-εως,ή
προσκολλάω
πρόσκομμα,-ματος,τό
προσκοπή,ή
προσκόπτω
προσκυλίω
προσκυνέω
προσκυνητής,-οῦ,ὁ
προσλαλέω
προσλαμβάνω
προσλέγω
πρόσλημψις,-εως,ή
προσμένω
προσομιλέω
προσονομάζω
προσορμίζω
προσοφείλω

προσοχθίζω
πρόσοψις,-εως,ή
προσπαίω
πρόσπεινος,-ον
προσπήγνυμι
προσπίπτω
προσποιέω
προσπορεύομαι
προσρήσσω
πρόσταγμα,-ματος,τό
προστάσσω
προστίθημι
πρόστιμον,τό
προστρέχω
προσφάγιον,τό
πρόσφατος,-ον
προσφάτως
προσφέρω
προσφεύγω
προσφιλής,-ές
προσφορά,ή
προσφωνέω
προσχαίρω
πρόσχυσις,-εως,ή
προσψαύω
προσωπολημπτέω
προσωπολήμπτης,-ου,ὁ
προσωπολημψία,ή
πρόσωπον,τό

πρυμνός,-ή,-όν 2-1-2 decl. adj.,
    hindmost
πρύμνα,ή

πταίω v., to cause to stumble
ἄπταιστος,-ον

πτοέω v., to frighten
πτόησις,-εως,ή

πτύσσω v., to fold up
ἀναπτύσσω

πτύω v., to spit
ἐκπτύω
ἐμπτύω
πτύον,τό
πτύσμα,-ματος,τό

πτώσσω v., to cower
πτωχεία,ή
πτωχεύω
πτωχίζω

πτωχός,-ή,-όν
πτωχότης,-τητος,ή

πύθω v., to rot
πύον,τό

πύλη,ή 1 decl. n., a gate
πυλών,-ῶνος,ό

πύξ adv., with clenched fist
πυγμή,ή
πυκνός,-ή,-όν
πυκνῶς
πυκτεύω

πύξος,ή 2 decl. n., a box-tree
πυξίς,-ίδος,ή

πῦρ,-ρός,τό 3 decl. n., a fire
ἀναζωπυρέω
ἐκπυρόω
πυρά,ή
πυρέσσω
πυρετός,ό
πύρινος,-η,-ον
πυρκαιά,ή
πυροειδής,-ές
πυρόω
πυρράζω
πυρρός,-ά,-όν
Πύρρος,ό
πύρωσις,-εως,ή

πω particle, up to this time
μηδέπω
μήπω
οὐδέπω
οὔπω
πώποτε

πωλέω v., to sell
πορφυρόπωλις,-ιδος,ή

πωρός,-ά,-όν 2-1-2 decl. adj.,
    miserable
ταλαιπωρέω
ταλαιπωρία,ή
ταλαίπωρος,-ον

πῶρος,ό 2 decl. n., a hard
    stone, a callous
πωρόω
πώρωσις,-εως,ή

P

ῥᾷ adv., easily
ῥᾳδιούργημα,-ματος,τό
ῥᾳδιουργία,ή
ῥᾳδίως
ῥᾳθυμέω

ῥαββί indecl. n., a rabbi
ῥαββουνί

ῥάβδος,ή 2 decl. n., a rod
ῥαβδίζω
ῥαβδίον,τό
ῥαβδοῦχος,ό
ῥαπίζω
ῥάπισμα,-ματος,τό

ῥαίνω v., to sprinkle
περιρραίνω
ῥαντίζω
ῥάντισμα,-ματος,τό
ῥαντισμός,ό

ῥάπτω v., to sew
ἄραφος,-ον
ἐπιρράπτω
ῥαφίς,-ίδος,ή

ῥάχος,ή 2 decl. n., a thorn-bush
ῥαχία,ή

ῥέπω v., to incline downward
ῥοπή,ή

ῥέω(1) v., to say
ἀναντίρρητος,-ον
ἀναντιρρήτως
ἄρρητος,-ον
μεγαλορρημονέω
μεγαλορρημοσύνη,ή
μεγαλορρήμων,-ον
παρρησία,ή
παρρησιάζομαι
ῥῆμα,-ματος,τό
ῥῆσις,-εως,ή
ῥήτωρ,-τορος,ό
ῥητῶς

ῥέω(2) v., to flow
αἱμορροέω
ἀπορρέω

ἔκρυσις,-εως,ἡ
καταρρέω
παραρρέω
ῥύσις,-εως,ἡ
συνευρυθμίζω
συρρέω
φυλλοροέω
χείμαρρος,ὁ

ῥήγνυμι 2 conj. v., to break
ἀπορρήγνυμι
διαρήσσω
διαρρήγνυμι
περιρρήγνυμι
προσρήσσω
ῥῆγμα,-ματος,τό
ῥήσσω
συρρήγνυμι

ῥίζα,ἡ 1 decl. n., a root
ἐκριζόω
ῥιζόω

ῥίπτω v., to throw
ἀπορρίπτω
ἐκρίπτω
ἐπιρρίπτω
ῥεπή,ἡ
ῥιπίζω
ῥιπτέω
ῥιψοκινδύνως

ῥόδον,τό 2 decl. n., a rose
Ῥόδη,ἡ

ῥοῖζος,ὁ 2 decl. n., a rushing
sound
ῥοιζηδόν

ῥύπος,ὁ 2 decl. n ., filth
ῥυπαίνω
ῥυπαρεύω
ῥυπαρία,ἡ
ῥυπαρός,-ά,-όν
ῥυπόω

Ῥώμη,ἡ 1 decl. n., Rome
Ῥωμαικός,-ή,-όν
Ῥωμαῖος,-α,-ον
Ῥωμαιστί

ῥώομαι v., to draw to oneself
ἀρρωστέω
ἄρρωστος,-ον

ἐπιρρώνυμι
ῥώννυμι

Σ

σάββατον,τό 2 decl. n., a
Sabbath, a week
προσάββατον,τό
σαββατίζω
σαββατισμός,ὁ

σαίρω v., to sweep
σάρος,ὁ
σαρόω

σαλπίζω v., to sound a trumpet
σάλπιγξ,-ιγγος,ἡ
σαλπιστής,-οῦ,ὁ

Σαμάρεια,ἡ 1 decl. n., Samaria
Σαμαρίτης,-ου,ὁ
Σαμαρῖτις,-ιδος,ἡ

Σάμος,ἡ 2 decl. n., Samos
Σαμοθράκη,ἡ

σάνδαλον,τό 2 decl. n., a
sandal
σανδάλιον,τό

σάπφιρος,ἡ 2 decl. n., a
sapphire
Σάπφιρα,ἡ

Σάρδεις,-εων,αἱ 3 decl. n.,
Sardis
σάρδινος,ὁ
σάρδιον,τό
σαρδόνυξ,-υχος,ὁ

σάρξ,-ρκός,ἡ 3 decl. n., flesh
σαρκικός,-ή,-όν
σαρκικῶς
σάρκινος,-η,-ον
σαρκίον,τό
σαρκοφάγος,-ον
σαρκοφόρος,-ον

σατάν,ὁ indecl. n., the
adversary
σατανᾶς,-ᾶ,ὁ

σαφής,-ές 3 decl. adj., distinct
διασαφέω
σαφῶς

σβέννυμι 2 conj. v., *to quench*
  ἄσβεστος,-ον
  κατασβέννυμι

σέβομαι v., *to worship*
  ἀσέβεια,ἡ
  ἀσεβέω
  ἀσεβής,-ές
  εὐσέβεια,ἡ
  εὐσεβέω
  εὐσεβής,-ές
  εὐσεβῶς
  θεοσέβεια,ἡ
  θεοσεβέω
  θεοσεβής,-ές
  πάνσεμνος,-ον
  σεβάζομαι
  σέβασμα,-ματος,τό
  σεβάσμιος,-ον
  σεβαστός,-ή,-όν
  σέβω
  σεμνός,-ή,-όν
  σεμνότης,-τητος,ἡ
  σεμνῶς

σείω v., *to shake*
  ἀνασείω
  διασείω
  ἐπισείω
  κατασείω
  σεισμός,ὁ

σέλας,-αος,τό 3 decl. n., *a bright light*
  σελήνη,ἡ
  σεληνιάζομαι

σῆμα,-ματος,τό 3 decl. n., *a sign*
  ἄσημος,-ον
  ἐπίσημος,-ον
  ἐπισήμως
  εὔσημος,-ον
  παράσημος,-ον
  σημαίνω
  σημεῖον,τό
  σημειόω
  σημείωσις,-εως,ἡ
  σύσσημον,τό

σήπω v., *to make rotten*
  ἄσηπτος,-ον
  σαπρός,-ά,-όν

Σήρ,-ρός,ὁ 3 decl. n., *a person of the Seres people of India*
  σιρικός,-ή,-όν

σής,σητός,ὁ 3 decl. n., *a moth*
  σητόβρωτος,-ον

σθένος,-ους,τό 3 decl. n., *strength*
  ἀσθένεια,ἡ
  ἀσθενέω
  ἀσθένημα,-ματος,τό
  ἀσθενής,-ές
  ἐξασθενέω
  σθενόω

σίδηρος,ὁ 2 decl. n., *iron*
  σιδηροῦς,-ᾶ,-οῦν

Σιδών,-ῶνος,ἡ 3 decl. n., *Sidon*
  Σιδώνιος,-α,-ον

σίζω v., *to hiss*
  σιγάω
  σιγή,ἡ

σινίον,τό 2 decl. n., *a sieve*
  σινιάζω

σῖτος,ὁ 2 decl. n., *wheat*
  ἀσιτία,ἡ
  ἄσιτος,-ον
  ἐπισιτισμός,ὁ
  σιτευτός,-ή,-όν
  σιτία,ἡ
  σιτίον,τό
  σιτιστός,-ή,-όν
  σιτομέτριον,τό

σίφων,-ωνος,ὁ 3 decl. n., *a reed, a tube*
  σιφωνίζω

σιωπή,ἡ 1 decl. n., *silence*
  σιωπάω
  σιωπῇ

σκανδάληθρον,τό 2 decl. n., *a trap-spring*
  σκανδαλίζω
  σκάνδαλον,τό

σκάπτω v., *to dig*
  κατασκάπτω
  σκάμμα,-ματος,τό
  σκάφη,ἡ

σκέλλω v., to dry
σκληροκαρδία,ἡ
σκληρός,-ά,-όν
σκληρότης,-τητος,ἡ
σκληροτράχηλος,-ον
σκληρύνω

σκέλος,-ους,τό 3 decl. n., a leg
σκελοκοπέω

σκέπας,-αος,τό 3 decl. n., a
   covering
ἐπισκέπτομαι
ἐπισκοπέω
ἐπισκοπή,ἡ
ἐπίσκοπος,ὁ
σκεπάζω
σκέπασμα,-ματος,τό
σκέπη,ἡ

σκέπτομαι v., to look carefully
   at
ἀλλοτριεπίσκοπος,ὁ
κατασκοπεύω
κατασκοπέω
κατάσκοπος,ὁ
μωμοσκοπέομαι
οἰωνοσκόπος,ὁ
σκοπέω
σκοπός,ὁ
συνεπίσκοπος,ὁ
συσκέπτομαι

σκεῦος,-ους,τό 3 decl. n., a
   vessel
ἀνασκευάζω
ἀπαρασκεύαστος,-ον
ἀποσκευάζω
ἐπισκευάζομαι
κατασκευάζω
παρασκευάζω
παρασκευή,ἡ
σκευή,ἡ

σκηνή,ἡ 1 decl. n., a tent
ἐπισκηνόω
κατασκηνόω
κατασκήνωσις,-εως,ἡ
σκηνοπηγία,ἡ
σκηνοποιός,ὁ
σκῆνος,-ους,τό
σκηνόω
σκήνωμα,-ματος,τό

σκήπτω v., to support
δωδεκάσκηπτρον,τό
σκῆπτρον,τό

σκιά,ἡ 1 decl. n., a shadow
ἀποσκίασμα,-ματος,τό
ἐπισκιάζω
κατασκιάζω
κατάσκιος,-ον

σκῖρος,ὁ 2 decl. n., gypsum
ἐνσκιρόω

σκολιός,-ά,-όν 2-1-2 decl. adj.,
   crooked
σκολιότης,-τητος,ἡ

σκορπίζω v., to scatter
διασκορπίζω
σκορπισμός,ὁ

σκότος,ὁ 2 decl. n., darkness
ἐπισκοτέω
σκοτεινός,-ή,-όν
σκοτία,ἡ
σκοτίζω
σκότος,-ους,τό
σκοτόω

Σκυθία,ἡ 1 decl. n., Scythia
Σκύθης,-ου,ὁ

σκυθρός,-ά,-όν 2-1-2 decl. adj.,
   sullen
σκυθρωπός,-ή,-όν

σκύλλω v., to flay
ἄσκυλτος,-ον
σκῦλον,τό

σκώληξ,-ηκος,ὁ 3 decl. n., a
   worm
σκωληκόβρωτος,-ον

σκῶρ,σκατός,τό 3 decl. n.,
   dung
σκωρία,ἡ

σμάραγδος,ὁ 2 decl. n., a
   precious stone of green
   color
σμαράγδινος,-η,-ον

σμάω v., to smear
σμῆγμα,-ματος,τό
σμήχω

Σμύρνα,ἡ 1 decl. n., *Smyrna*
Ζμύρνα,ἡ

σοφός,-ή,-όν 2-1-2 decl. adj.,
wise
ἄσοφος,-ον
κατασοφίζομαι
σοφία,ἡ
σοφίζω
φιλοσοφία,ἡ
φιλόσοφος,ὁ

σπάθη,ἡ 1 decl. n., *a flat piece of wood used by a weaver*
σπαταλάω

σπάργω v., *to wrap in swaddling cloths*
σπαργανόω

σπάω v., *to draw out*
ἀνασπάω
ἀπερίσπαστος,-ον
ἀπερισπάστως
ἀποσπάω
διασπαράσσω
διασπάω
ἐπισπάομαι
εὐπερίσπαστος,-ον
περισπάω
σπαράσσω
συσπαράσσω
συσπάω

σπεῖρα,ἡ 1 decl. n., *anything wrapped around, a body of soldiers*
σπυρίς,-ίδος,ἡ

σπείρω v., *to sow*
διασπείρω
διασπορά,ἡ
ἐπισπείρω
κατασπείρω
σπέρμα,-ματος,τό
σπερμολόγος,-ον
σπορά,ἡ
σπόριμος,-ον
σπόρος,ὁ

σπένδω v., *to pour out a drink offering*
ἄσπονδος,-ον
σπονδίζω

σπέος,-ους,τό 3 decl. n., *a cave*
σπήλαιον,τό

σπεύδω v., *to hasten*
ἐπισπουδάζω
κενόσπουδος,-ον
σπουδάζω
σπουδαῖος,-α,-ον
σπουδαίως
σπουδή,ἡ
ὑπερσπουδάζω

σπίλος,ὁ 2 decl. n., *a stain*
ἄσπιλος,-ον
σπιλόω

σπλάγχνον,τό 2 decl. n., *a vital organ of the body*
ἄσπλαγχνος,-ον
εὐσπλαγχνία,ἡ
εὔσπλαγχνος,-ον
πολυευσπλαγχνία,ἡ
πολυεύσπλαγχνος,-ον
πολυσπλαγχία,ἡ
πολύσπλαγχνος,-ον
σπλαγχνίζομαι

στάζω v., *to fall in drops*
σταγών,-όνος,ἡ

στάχυς,-υος,ὁ 3 decl. n., *a head of grain*
Στάχυς,-υος,ὁ

στέγω v., *to cover*
ἀποστεγάζω
ἄστεγος,-ον
στέγη,ἡ
στέγος,-ους,τό
τέγος,-ους,τό
τρίστεγον,τό

στείβω v., *to tread*
ἀποστιβάζω
στιβάζω
στιβαρός,-ά,-όν
στιβάς,-άδος,ἡ

στείχω v., *to walk*
στοιχεῖον,τό
στοιχέω
στοῖχος,ὁ
συστοιχέω

στέλλω ν., to set in order, to
 send
 ἀποστέλλω
 ἀποστολή,ἡ
 ἀποστολικός,-ή,-όν
 ἀπόστολος,ὁ
 διάσταλμα,-ματος,τό
 διαστέλλω
 διαστολή,ἡ
 ἐξαποστέλλω
 ἐπιστέλλω
 ἐπιστολή,ἡ
 καταστέλλω
 καταστολή,ἡ
 περιστέλλω
 στολή,ἡ
 συναποστέλλω
 συστέλλω
 ὑποστέλλω
 ὑποστολή,ἡ
 ψευδαπόστολος,ὁ

στενός,-ή,-όν 2-1-2 decl. adj.,
 narrow
 ἀναστενάζω
 στεναγμός,ὁ
 στενάζω
 στενοχωρέω
 στενοχωρία,ἡ
 συστενάζω

στέργω ν., to love, as between
 parents and children
 ἄστοργος,-ον
 φιλοστοργία,ἡ
 φιλόστοργος,-ον

στερεός,-ά,-όν 2-1-2 decl. adj.,
 stiff
 στεῖρα,ἡ
 στερεόω
 στερέωμα,-ματος,τό

στερέω ν., to deprive
 ἀποστερέω
 ἀποστέρησις,-εως,ἡ
 ἀποστερητής,-οῦ,ὁ

στέρνον,τό 2 decl. n., the chest
 of the body
 ἐνστερνίζω

στέφω ν., to crown
 στέμμα,-ματος,τό

Στεφανᾶς,-ᾶ,ὁ
στέφανος,ὁ
Στέφανος,ὁ
στεφανόω

στηρίζω ν., to set fast
 ἀστήρικτος,-ον
 ἐγκαταστηρίζω
 ἐπιστηρίζω
 στηριγμός,ὁ

στίζω ν., to prick
 στίγμα,-ματος,τό
 στιγμή,ἡ

στόμα,-ματος,τό 3 decl. n., a
 mouth
 ἀποστοματίζω
 ἀστομάχητος,-ον
 δίστομος,-ον
 ἐπιστομίζω
 στόμαχος,ὁ

στορέννυμι 2 conj. ν., to spread
 καταστρώννυμι
 λιθόστρωτος,-ον
 στρώννυμι
 στρωννύω
 ὑποστρωννύω

στόχος,ὁ 2 decl. n., an aim
 ἀστοχέω

στράγγω ν., to draw tight
 στραγγαλιά,ἡ
 στραγγαλόω
 στρογγύλος,-η,-ον

στρατός,ὁ 2 decl. n., a camp,
 an army
 ἀντιστρατεύομαι
 στρατεία,ἡ
 στράτευμα,-ματος,τό
 στρατεύω
 στρατηγός,ὁ
 στρατιά,ἡ
 στρατιώτης,-ου,ὁ
 στρατιωτικός,-ή,-όν
 στρατολογέω
 στρατοπεδάρχης,-ου,ὁ
 στρατόπεδον,τό
 συστρατιώτης,-ου,ὁ

στρέφω ν., to turn
 ἀναστρέφω

ἀναστροφή,ἡ
ἀποστρέφω
ἀποστροφή,ἡ
διαστρέφω
ἐκστρέφω
ἐπιστρέφω
ἐπιστροφή,ἡ
καταστρέφω
καταστροφή,ἡ
μεταστρέφω
στρεβλός,-ή,-όν
στρεβλόω
συναναστρέφομαι
συστρέφω
συστροφή,ἡ
ὑποστρέφω

στρηνής,-ές 3 decl. adj., rough
καταστρηνιάω
στρηνιάω
στρῆνος,-ους,τό

στρουθός,ὁ 2 decl. n., a small
  bird, a sparrow
στρουθίον,τό

στύγος,-ους,τό 3 decl. n.,
  hatred
ἀποστυγέω
θεοστυγής,-ές
θεοστυγία,ἡ
στυγητός,-ή,-όν
στυγνάζω
στυγνός,-ή,-όν

σύ,σοῦ irreg.decl. pron., you
  singular
σεαυτοῦ,-ῆς,-οῦ
σός,-ή,-όν

σῦκον,τό 2 decl. n., a fig
συκῆ,ἡ
συκομορέα,ἡ
συκοφαντέω

συλάω v., to strip off armament
ἱεροσυλέω
ἱερόσυλος,-ον
συλαγωγέω

σύν prep., with
ἀποσυνάγωγος,-ον
ἀποσυνέχω
ἀρχισυνάγωγος,ὁ

ἀσυγκρασία,ἡ
ἀσύγκριτος,-ον
Ἀσύγκριτος,ὁ
ἀσύμφορος,-ον
ἀσύμφωνος,-ον
ἀσύνετος,-ον
ἀσύνθετος,-ον
ἐπισυνάγω
ἐπισυναγωγή,ἡ
ἐπισυντρέχω
ἐπισύστασις,-εως,ἡ
εὐσυνείδητος,-ον
μεταξύ
συγγένεια,ἡ
συγγενής,-ές
συγγενικός,-ή,-όν
συγγενίς,-ίδος,ἡ
συγγινώσκω
συγγνώμη,ἡ
συγγνωμονέω
σύγγραμμα,-ματος,τό
συγγραφή,ἡ
συγγράφω
συγκάθημαι
συγκαθίζω
συγκακοπαθέω
συγκακουχέομαι
συγκαλέω
συγκαλύπτω
συγκάμπτω
συγκαταβαίνω
συγκατάθεσις,-εως,ἡ
συγκατανεύω
συγκατατάσσω
συγκατατίθημι
συγκαταψηφίζομαι
σύγκειμαι
συγκεράννυμι
συγκινέω
συγκλάω
συγκλεισμός,ὁ
συγκλείω
συγκληρονόμος,-ον
συγκοιμάομαι
συγκοινωνέω
συγκοινωνός,ὁ
συγκομίζω
συγκοπή,ἡ
συγκοπιάω
συγκόπτω
σύγκρασις,-εως,ἡ

συγκρατέω
συγκρίνω
συγκύπτω
συγκυρία,ἡ
συγχαίρω
συγχέω
συγχράομαι
συγχρωτίζομαι
σύγχυσις,-εως,ἡ
συγχωρέω
συζάω
συζεύγνυμι
συζητέω
συζήτησις,-εως,ἡ
συζητητής,-οῦ,ὁ
σύζυγος,-ον
συζωοποιέω
συλλαβή,ἡ
συλλαλέω
συλλαμβάνω
συλλέγω
συλλογίζομαι
συλλυπέω
συμβαίνω
συμβάλλω
συμβασιλεύω
συμβιβάζω
σύμβιος,-ον
συμβουλεύω
συμβουλή,ἡ
συμβουλία,ἡ
συμβούλιον,τό
σύμβουλος,ὁ
συμμαθητής,-οῦ,ὁ
συμμαρτυρέω
συμμαχέω
συμμείγνυμι
συμμερίζω
συμμέτοχος,-ον
συμμιμητής,-οῦ,ὁ
συμμορφίζω
σύμμορφος,-ον
συμμορφόω
συμμύστης,-ου,ὁ
συμπαθέω
συμπαθής,-ές
συμπαραγένω
συμπαρακαλέω
συμπαραλαμβάνω
συμπαραμένω
συμπάρειμι

συμπάσχω
σύμπας,-ασα,-αν
συμπέμπω
συμπεριέχω
συμπεριλαμβάνω
συμπίνω
συμπίπτω
συμπληρόω
συμπλοκή,ἡ
συμπνέω
συμπνίγω
συμπολιτεύομαι
συμπολίτης,-ου,ὁ
συμπορεύομαι
συμποσία,ἡ
συμπόσιον,τό
συμπρεσβύτερος,ὁ
συμφέρω
σύμφημι
συμφορά,ἡ
σύμφορος,-ον
συμφορτίζω
συμφυλέτης,-ου,ὁ
συμφυρμός,ὁ
σύμφυτος,-ον
συμφύω
συμφωνέω
συμφώνησις,-εως,ἡ
συμφωνία,ἡ
σύμφωνος,-ον
συμψηφίζω
σύμψυχος,-ον
συνάγω
συναγωγή,ἡ
συναγωνίζομαι
συναθλέω
συναθροίζω
συναινέω
συναίρω
συναιχμάλωτος,ὁ
συνακολουθέω
συναλίζω
συνάλλαγμα,-ματος,τό
συναλλάσσω
συναναβαίνω
συνανάκειμαι
συναναμείγνυμι
συναναπαύομαι
συναναστρέφομαι
συναναφύρω
συναντάω

συνάντησις,-εως,ή
συναντιλαμβάνομαι
συναπάγω
συναποθνήσκω
συναπόλλυμι
συναποστέλλω
συναριθμέω
συναρμόζω
συναρμολογέω
συναρπάζω
συναυξάνω
σύνδενδρος,-ον
σύνδεσμος,ό
συνδέω
συνδιδασκαλίτης,-ου,ό
συνδοξάζω
σύνδουλος,ό
συνδρομή,ή
συνεγείρω
συνέδριον,τό
σύνεδρος,ό
συνείδησις,-εως,ή
σύνειμι(1)
σύνειμι(2)
συνεισέρχομαι
συνέκδημος,ό
συνεκλεκτός,-ή,-όν
συνεκπορεύομαι
συνελαύνω
συνέλευσις,-εως,ή
συνεξέρχομαι
συνεπέρχομαι
συνεπιμαρτυρέω
συνεπίσκοπος,ό
συνεπιτίθημι
συνέπομαι
συνεργέω
συνεργός,-όν
συνέρχομαι
συνεσθίω
σύνεσις,-εως,ή
συνετίζω
συνετός,-ή,-όν
συνευδοκέω
συνευρυθμίζω
συνευφραίνομαι
συνευωχέομαι
συνεφίστημι
συνέχω
συνεχῶς
συνήγορος,ό

συνήδομαι
συνήθεια,ή
συνήθης,-ες
συνηλικιώτης,-ου,ό
συνθάπτω
σύνθεσις,-εως,ή
συνθλάω
συνθλίβω
συνθραύω
συνθρύπτω
συνίημι
συνίστημι
συνοδεύω
συνοδία,ή
σύνοδος,ό
σύνοιδα
συνοικέω
συνοικοδομέω
συνομιλέω
συνομορέω
συνοράω
συνορία,ή
συνοχή,ή
συντάξις,-εως,ή
συνταράσσω
συντάσσω
συντέλεια,ή
συντελέω
συντέμνω
συντεχνίτης,-ου,ό
συντηρέω
συντίθημι
σύντομος,-ον
συντόμως
σύντονος,-ον
συντρέχω
συντριβή,ή
συντρίβω
σύντριμμα,-ματος,τό
σύντροφος,-ον
συντυγχάνω
Συντύχη,ή
συνυποκρίνομαι
συνυπουργέω
συνωδίνω
συνωμοσία,ή
συρρέω
συρρήγνυμι
συσκέπτομαι
συσπαράσσω
συσπάω

σύσσημον,τό
σύσσωμος,-ον
συστασιαστής,-οῦ,ὁ
σύστασις,-εως,ἡ
συστατικός,-ή,-όν
συσταυρόω
συστέλλω
συστενάζω
συστοιχέω
συστρατιώτης,-ου,ὁ
συστρέφω
συστροφή,ἡ
συσχηματίζω

Σύρος,ὁ 2 decl. n., a Syrian
Σύρα,ἡ
Συρία,ἡ
Συροφοινίκισσα,ἡ

σύρω v., to drag
ἀποσύρω
κατασύρω
Σύρτις,-εως,ἡ

σφάζω v., to slaughter
κατασφάζω
σφαγή,ἡ
σφάγιον,τό

σφάλλω v., to cause to fall
ἀσφάλεια,ἡ
ἀσφαλής,-ές
ἀσφαλίζω
ἀσφαλῶς
ἐπισφαλής,-ές

σφενδόνη,ἡ 1 decl. n., a sling
ἐκσφενδονάω

σφοδρός,-ά,-όν 2-1-2 decl. adj.,
vehement
σφόδρα
σφοδρῶς

σφραγίς,-ῖδος,ἡ 3 decl. n., a
seal
ἐγκατασφραγίζω
ἐπισφραγίζω
κατασφραγίζω
σφραγίζω

σφῦρα,ἡ 1 decl. n., a hammer
σφυροκοπέω

σφυρόν,τό 2 decl. n., an ankle
σφυδρόν,τό

σχίζω v., to split, to divide
σχίσμα,-ματος,τό
σχισμή,ἡ

σχοῖνος,ὁ 2 decl. n., a reed
σχοινίον,τό
σχοίνισμα,-ματος,τό

σχολή,ἡ 1 decl. n., leisure
σχολάζω

σῴζω v., to save
ἀνασῴζω
ἀσωτία,ἡ
ἀσώτως
διασῴζω
ἐκσῴζω
σωτήρ,-τῆρος,ὁ
σωτηρία,ἡ
σωτήριος,-ον

σῶμα,-ματος,τό 3 decl. n., a
body
ἀσώματος,-ον
σύσσωμος,-ον
σωματικός,-ή,-όν
σωματικῶς
σωμάτιον,τό

σωρός,ὁ 2 decl. n., a heap
ἐπισωρεύω
σωρεύω

σῶς,-ῶν 3 decl. adj., safe and
sound
σωφρονέω
σωφρονίζω
σωφρονισμός,ὁ
σωφρόνως
σωφροσύνη,ἡ
σώφρων,-ον

Τ

τάγηνον,τό 2 decl. n., a
frying-pan
τηγανίζω

τάλαντον,τό 2 decl. n., a
balance, a talent weight
ταλαντιαῖος,-α,-ον

ταπεινός,-ή,-όν 2-1-2 decl. adj.,
humble
ταπεινοφρονέω

ταπεινοφρόνησις,-εως,ἡ
ταπεινοφροσύνη,ἡ
ταπεινόφρων,-ον
ταπεινόω
ταπείνωσις,-εως,ἡ

ταράσσω v., to stir
  ἀταράχως
  διαταράσσω
  ἐκταράσσω
  συνταράσσω
  ταραχή,ἡ
  τάραχος,ὁ

Ταρσός,ἡ 2 decl. n., Tarsus
  Ταρσεύς,-έως,ὁ

Τάρταρος,ὁ 2 decl. n., Tartarus
  ταρταρόω

τάσσω v., to arrange
  ἀνατάσσομαι
  ἀντιτάσσω
  ἀνυπότακτος,-ον
  ἀποτάσσω
  ἀτακτέω
  ἄτακτος,-ον
  ἀτάκτως
  διαταγή,ἡ
  διάταγμα,-ματος,τό
  διάταξις,-εως,ἡ
  διατάσσω
  ἐντάσσω
  ἐπιδιατάσσομαι
  ἐπιταγή,ἡ
  ἐπιτάσσω
  εὐτάκτως
  εὐταξία,ἡ
  λειποτακτέω
  παράταξις,-εως,ἡ
  πολυεύτακτος,-ον
  πρόσταγμα,-ματος,τό
  προστάσσω
  προτάσσω
  συγκατατάσσω
  σύνταξις,-εως,ἡ
  συντάσσω
  ταγή,ἡ
  τάγμα,-ματος,τό
  τακτός,-ή,-όν
  τάξις,-εως,ἡ
  ὑποταγή,ἡ

ὑποτάσσω
ὑποτεταγμένως

τάφος,ὁ(1) 2 decl. n., a burial
  ἐνταφιάζω
  ἐνταφιασμός,ὁ

ταχύς,-εῖα,-ύ 3-1-3 decl. adj.,
  quick
  τάχα
  ταχέως
  ταχινός,-ή,-όν
  τάχος,-ους,τό
  ταχύνω

τε particle, and, both
  ἑκάστοτε
  μήτε
  ὁπότε
  ὅταν
  ὅτε
  ὁτέ
  οὐδέποτε
  οὔτε
  πάντοτε
  τότε
  ὥστε

τείνω v., to extend
  ἀποτινάσσω
  ἀτενίζω
  ἄτονος,-ον
  ἐκτείνω
  ἐκτένεια,ἡ
  ἐκτενής,-ές
  ἐκτενῶς
  ἐκτινάσσω
  ἐπεκτείνομαι
  εὐτόνως
  παρατείνω
  προτείνω
  προχειροτονέω
  σύντονος,-ον
  τόνος,ὁ
  ὑπερεκτείνω
  χειροτονέω
  χειροτονία,ἡ

τεῖχος,-ους,τό 3 decl. n., a wall
  μεσότοιχον,τό
  περιτειχίζω
  τοῖχος,ὁ

τέκμαρ,τό 3 decl. n., a sign
τεκμήριον,τό

τέλλω v., to cause to arise
ἀνατέλλω
ἀνατολή,ἡ
ἀνατολικός,-ή,-όν
ἔνταλμα,-ματος,τό
ἐντέλλω
ἐντολή,ἡ
ἐξανατέλλω

τέλος,-ους,τό 3 decl. n., an end
ἀλυσιτελής,-ές
ἀποτελέω
ἀρχιτελώνης,-ου,ὁ
διατελέω
ἐκτελέω
ἐπιτελέω
λυσιτελέω
ὁλοτελής,-ές
ὁλοτελῶς
παντελής,-ές
παντελῶς
πολυτέλεια,ἡ
πολυτελής,-ές
πολυτελῶς
συντέλεια,ἡ
συντελέω
τέλειος,-α,-ον
τελειότης,-τητος,ἡ
τελειόω
τελείωσις,-εως,ἡ
τελείως
τελειωτής,-οῦ,ὁ
τέλεον
τελεσφορέω
τελευταῖος,-α,-ον
τελευτάω
τελευτή,ἡ
τελέω
τελώνης,-ου,ὁ
τελώνιον,τό

τέμνω v., to cut
ἀλατόμητος,-ον
ἀνατομή,ἡ
ἀπερίτμητος,-ον
ἀποτομία,ἡ
ἀπότομος,-ον
ἀποτόμως
ἄτομος,-ον

διχοτομέω
ἐμπερίτομος,-ον
κατατομή,ἡ
λατομέω
λατόμος,ὁ
ὀρθοτομέω
περιτέμνω
περιτομή,ἡ
συντέμνω
σύντομος,-ον
συντόμως
ταμεῖον,τό
ταμιεῖον,τό
τομός,-ή,-όν

τέρας,-ατος,τό 3 decl. n., a wonder
τερατεία,ἡ

τέρπω v., to delight
τερπνός,-ή,-όν

τέσσαρες,-α 3 decl. numeral, four
τεσσαράκοντα
τεσσαρακονταετής,-ές
τεσσαρεσκαιδέκατος,-η,-ον
τεταρταῖος,-α,-ον
τέταρτος,-η,-ον
τετράγωνος,-ον
τετράδιον,τό
τετρακισχίλιοι,-αι,-α
τετρακόσιοι,-αι,-α
τετράμηνος,-ον
τετραπλοῦς,-ῆ,-οῦν
τετράποδος,-ον
τετράπους,-ουν
τετραρχέω
τετράρχης,-ου,ὁ
τετράς,-άδος,ἡ
τράπεζα,ἡ
τραπεζίτης,-ου,ὁ

τετραίνω v., to pierce
τρῆμα,-ματος,τό

τῆλε adv., far off
δηλαυγῶς
τηλαυγής,-ές
τηλαυγῶς

τηρός,ὁ 2 decl. n., a guard
διατηρέω

ἐπιτηρέω
παρατηρέω
παρατήρησις,-εως,ἡ
συντηρέω
τηρέω
τήρησις,-εως,ἡ

Τίβερις,-εως,ὁ 3 decl. n., the river *Tiber*
Τιβεριάς,-άδος,ἡ
Τιβέριος,ὁ

τίθημι 2 conj. v., *to place*
ἄθεσμος,-ον
ἀθετέω
ἀθέτησις,-εως,ἡ
ἀθῷος,-ον
ἀμετάθετος,-ον
ἀνάθεμα,-ματος,τό
ἀναθεματίζω
ἀνάθημα,-ματος,τό
ἀνατίθημι
ἀνεύθετος,-ον
ἀντιδιατίθημι
ἀντίθεσις,-εως,ἡ
ἀπόθεσις,-εως,ἡ
ἀποθήκη,ἡ
ἀποθησαυρίζω
ἀποτίθημι
ἀσύνθετος,-ον
διαθήκη,ἡ
διατίθημι
ἔκθετος,-ον
ἐκτίθημι
ἐντίθημι
ἐπίθεσις,-εως,ἡ
ἐπιτίθημι
εὔθετος,-ον
θέμα,-ματος,τό
θεμέλιον,τό
θεμέλιος,ὁ
θεμελιόω
θέσις,-εως,ἡ
θήκη,ἡ
θημωνιά,ἡ
θησαυρίζω
θησαυρός,ὁ
κατάθεμα,-ματος,τό
καταθεματίζω
καταναθεματίζω
κατατίθημι
μετάθεσις,-εως,ἡ

μετατίθημι
νομοθεσία,ἡ
νομοθετέω
νομοθέτης,-ου,ὁ
νουθεσία,ἡ
νουθετέω
νουθέτημα,-ματος,τό
νουθέτησις,-εως,ἡ
ὁροθεσία,ἡ
παραθήκη,ἡ
παρακαταθήκη,ἡ
παρατίθημι
περίθεσις,-εως,ἡ
περιτίθημι
πρόθεσις,-εως,ἡ
προθεσμία,ἡ
προσανατίθημι
πρόσθεσις,-εως,ἡ
προστίθημι
προτίθημι
συγκατάθεσις,-εως,ἡ
συγκατατίθημι
συνεπιτίθημι
σύνθεσις,-εως,ἡ
συντίθημι
τοποθεσία,ἡ
υἱοθεσία,ἡ
ὑπερτίθημι
ὑποτίθημι

τίκτω v., *to bring into the world*
ἀποτίκτω
ἀρχιτέκτων,-ονος,ὁ
ἄτεκνος,-ον
εὔτεκνος,-ον
κακοτεχνία,ἡ
ὁμότεχνος,-ον
πρωτοτόκια,τά
πρωτότοκος,-ον
συντεχνίτης,-ου,ὁ
τεκνίον,τό
τεκνογονέω
τεκνογονία,ἡ
τέκνον,τό
τεκνοτροφέω
τεκνόω
τέκτων,-ονος,ὁ
τέχνη,ἡ
τεχνίτης,-ου,ὁ
τοκετός,ὁ
τόκος,ὁ

φιλότεκνος,-ον

τίλλω v., to pluck
ἐκτίλλω

τίνω v., to pay a price
ἀποτίνω

τις,τι 3 decl. pron., someone,
something
μήτι
μήτιγε

τίς,τί 3 decl. pron., who?,
which?, what?
διατί
ἰνατί
ὅστις,ἥτις,ὅτι
ὅτι
ὅτου

Τίτος,ὁ 2 decl. n., Titus
Τίτιος,ὁ

τίω v., to esteem
ἀτιμάζω
ἀτιμάω
ἀτιμία,ἡ
ἄτιμος,-ον
ἀτιμόω
βαρύτιμος,-ον
ἔντιμος,-ον
ἐπιτιμάω
ἐπιτιμία,ἡ
ἰσότιμος,-ον
πολύτιμος,-ον
πρόστιμον,τό
Τιμαῖος,ὁ
τιμάω
τιμή,ἡ
τίμιος,-α,-ον
τιμιότης,-τητος,ἡ
Τιμόθεος,ὁ
Τίμων,-ωνος,ὁ
τιμωρέω
τιμωρητής,-οῦ,ὁ
τιμωρία,ἡ
τίνω
φιλοτιμέομαι
φιλοτιμία,ἡ

τλάω v., to undergo
ταλαιπωρέω
ταλαιπωρία,ἡ

ταλαίπωρος,-ον

τοι particle, therefore
καίτοι
καίτοιγε
μέντοι
τοιγαροῦν
τοίνυν

τόλμα,ἡ 1 decl. n., boldness
ἀποτολμάω
τολμάω
τολμηρός,-ά,-όν
τολμητής,-οῦ,ὁ

τόξον,τό 2 decl. n., a bow
κατατοξεύω

τόπαζος,ὁ 2 decl. n., a topaz
τοπάζιον,τό

τόπος,ὁ 2 decl. n., a place
ἄτοπος,-ον
ἐντόπιος,-α,-ον
τοποθεσία,ἡ

τόσος,-η,-ον 2-1-2 decl. adj., so
great
τοσοῦτος,-αύτη,-οῦτο

Τράλλεις,-εων,αἱ 3 decl. n., the
city Tralles
Τραλλιανός,ὁ

τράχηλος,ὁ 2 decl. n., a throat
σκληροτράχηλος,-ον
τραχηλίζω

τραχών,-ῶνος,ὁ 3 decl. n., a
rugged district
Τραχωνῖτις,-ιδος,ἡ

τρεῖς,τρία 3 decl. numeral,
three
ἀρχιτρίκλινος,ὁ
τριάκοντα
τριακόσιοι,-αι,-α
τρίβολος,ὁ
τριβολώδης,-ες
τριετία,ἡ
τρίμηνος,-ον
τρίστεγον,τό
τρισχίλιοι,-αι,-α
τρίς
τρίτος,-η,-ον

τρέπω v., to turn, to lead
  ἀνατρέπω
  ἀποτρέπω
  ἄτρεπτος,-ον
  ἐκτρέπω
  ἐντρέπω
  ἐντροπή,ή
  ἐπιτρέπω
  ἐπιτροπεύω
  ἐπιτροπή,ή
  Ἐπίτροπος,ό
  ἐπίτροπος,ό
  εὐτραπελία,ή
  μετατρέπω
  ὁμοιοτρόπως
  περιτρέπω
  πολυτρόπως
  προτρέπω
  τροπή,ή
  τρόπος,ό
  τροποφορέω

τρέφω v., to nourish
  ἀνατρέφω
  διατροφή,ή
  Διοτρέφης,-ους,ό
  ἐκτρέφω
  ἐντρέφω
  θρέμμα,-ματος,τό
  σύντροφος,-ον
  τεκνοτροφέω
  τροφεύς,-έως,ό
  τροφή,ή
  Τρόφιμος,ό
  τροφός,ή
  τροφοφορέω

τρέχω v., to run
  ἀνατρέχω
  ἀποτρέχω
  δρόμος,ό
  εἰστρέχω
  ἐπανατρέχω
  ἐπισυντρέχω
  εὐθυδρομέω
  θεοδρόμος,ό
  κατατρέχω
  περιτρέχω
  πρόδρομος,-ον
  προστρέχω
  προτρέχω
  συνδρομή,ή

συντρέχω
τροχιά,ή
τροχός,ό
ὑποτρέχω

τρέω v., to tremble
  ἔκτρομος,-ον
  ἔντρομος,-ον
  τρέμω
  τρόμος,ό

τρίβω v., to rub
  διαπαρατριβή,ή
  διατρίβω
  ἐκτρίβω
  παραδιατριβή,ή
  συντριβή,ή
  συντρίβω
  σύντριμμα,-ματος,τό
  τρίβος,ή
  χρονοτριβέω

τρύγω v., to dry
  τρυγάω

τρύζω v., to murmur
  τρυγών,-όνος,ή

τρύω v., to vex
  τρυμαλιά,ή
  τρῦπα,ή
  τρυπάω
  τρύπημα,-ματος,τό

τρώγω v., to chew
  τράγος,ό

τρώω v., to harm
  ἐκτιτρώσκω
  ἔκτρωμα,-ματος,τό
  τιτρώσκω
  τραῦμα,-ματος,τό
  τραυματίζω

τυγχάνω v., to hit upon
  ἀξιοεπίτευκτος,-ον
  ἔντευξις,-εως,ή

τυλίσσω v., to roll up
  ἀνατυλίσσω
  ἐντυλίσσω

τύπος,ό 2 decl. n., a blow
  ἀντίτυπος,-ον
  ἐκτυπόω
  ἐντυπόω

τυπικῶς
ὑποτύπωσις,-εως,ἡ

τύπτω v., to strike
ζηλοτυπία,ἡ
τυμπανίζω

τύραννος,ὁ 2 decl. n., a master
τυραννίς,-ίδος,ἡ
Τύραννος,ὁ

τύρβη,ἡ 1 decl. n., disorder
τυρβάζω

Τύρος,ὁ 2 decl. n., Tyre
Τύριος,ὁ

τυφλός,-ή,-όν 2-1-2 decl. adj.,
blind
ἀποτυφλόω
τυφλόω

τύφω v., to raise a smoke
τεφρόω
τῦφος,-ους,τό
τυφόω

Τυφῶν,-ῶνος,ὁ 3 decl. n., the
giant Typhon, a furious storm
τυφωνικός,-ή,-όν

τύχη,ἡ 1 decl. n., luck,
providence
ἀποτυγχάνω
ἐντυγχάνω
ἐπιτυγχάνω
Εὔτυχος,ὁ
παρατυγχάνω
συντυγχάνω
Συντύχη,ἡ
τυγχάνω
Τυχικός,ὁ
ὑπερεντυγχάνω

Υ

ὑάκινθος,ὁ&ἡ 2 decl. n., a
hyacinth
ὑακίνθινος,-η,-ον

ὕαλος,ἡ 2 decl. n., crystal
ὑάλινος,-η,-ον

ὕβρις,-εως,ἡ 3 decl. n.,
insolence
ἀνυβρίστως

ἐνυβρίζω
ὑβρίζω
ὑβριστής,-οῦ,ὁ

ὑγιής,-ές 3 decl. adj., healthy
ὑγεία,ἡ
ὑγιαίνω
ὑγίεια,ἡ

ὕδωρ,ὕδατος,τό 3 decl. n.,
water
ἄνυδρος,-ον

υἱός,ὁ 2 decl. n., a son
υἱοθεσία,ἡ

ὕλη,ἡ 1 decl. n., wood, a
forest
ἀποδιυλίζω
ἀποδιυλισμός,ὁ
διυλίζω
φιλόυλος,-ον

ὑμεῖς,-ων irreg. decl. pron.,
you pl.
ὑμέτερος,-α,-ον

ὑμήν,-ένος,ὁ 3 decl. n., a
membrane
Ὑμέναιος,ὁ

ὕμνος,ὁ 2 decl. n., a song
ὑμνέω

ὕπατος,-η,-ον 2-1-2 decl. adj.,
highest
ἀνθυπατεύω
ἀνθύπατος,ὁ

ὑπέρ prep., above
ἀνυπέρβλητος,-ον
ὑπεραγάλλομαι
ὑπεράγαν
ὑπεραγαπάω
ὑπεραίρω
ὑπέρακμος,-ον
ὑπεράνω
ὑπερασπίζω
ὑπερασπισμός,ὁ
ὑπερασπιστής,-οῦ,ὁ
ὑπεραυξάνω
ὑπερβαίνω
ὑπερβαλλόντως
ὑπερβάλλω
ὑπερβολή,ἡ

ὑπερδοξάζω
ὑπερέκεινα
ὑπερεκπερισσοῦ
ὑπερεκπερισσῶς
ὑπερεκτείνω
ὑπερεκχύνω
ὑπερεντυγχάνω
ὑπερεπαινέω
ὑπερευφραίνομαι
ὑπερευχαριστέω
ὑπερέχω
ὑπερηφανέω
ὑπερηφανία,ἡ
ὑπερήφανος,-ον
ὑπέρλαμπρος,-ον
ὑπερλίαν
ὑπέρμαχος,ὁ
ὑπερνικάω
ὑπέρογκος,-ον
ὑπεροράω
ὑπεροχή,ἡ
ὑπερπερισσεύω
ὑπερπερισσῶς
ὑπερπλεονάζω
ὑπερσπουδάζω
ὑπέρτατος,-η,-ον
ὑπερτίθημι
ὑπερυψόω
ὑπερφρονέω
ὑπερῷον,τό
ὑπερῷος,-α,-ον

ὕπνος,ὁ 2 decl. n., *sleep*
  ἀγρυπνέω
  ἀγρυπνία,ἡ
  ἀφυπνόω
  ἐνυπνιάζομαι
  ἐνύπνιον,τό
  ἐξυπνίζω
  ἔξυπνος,-ον
  ἐπικαθυπνόω
  ὑπνόω

ὑπό prep., *under*
  ἀνυπόκριτος,-ον
  ἀνυποκρίτως
  ἀνυπότακτος,-ον
  προϋπάρχω
  συνυποκρίνομαι
  συνυπουργέω
  ὑπάγω
  ὑπακοή,ἡ

ὑπακούω
ὑπαλείφω
ὕπανδρος,-ον
ὑπαντάω
ὑπάντησις,-εως,ἡ
ὕπαρξις,-εως,ἡ
ὑπάρχω
ὑπείκω
ὑπεναντίος,-α,-ον
ὑπεξέρχομαι
ὑπέχω
ὑπήκοος,-ον
ὑπηρεσία,ἡ
ὑπηρετέω
ὑπηρέτης,-ου,ὁ
ὑπισχνέομαι
ὑποβάλλω
ὑπογραμμός,ὁ
ὑποδεής,-ές
ὑπόδειγμα,-ματος,τό
ὑποδείκνυμι
ὑποδεικνύω
ὑποδέχομαι
ὑποδέω
ὑπόδημα,-ματος,τό
ὑπόδικος,-ον
ὑπόδουλος,-ον
ὑποδύομαι
ὑποζύγιον,τό
ὑποζώννυμι
ὑποκάτω
ὑποκάτωθεν
ὑπόκειμαι
ὑποκρίνομαι
ὑπόκρισις,-εως,ἡ
ὑποκριτής,-οῦ,ὁ
ὑπολαμβάνω
ὑπολαμπάς,-άδος,ἡ
ὑπόλειμμα,-ματος,τό
ὑπολείπω
ὑπολήνιον,τό
ὑπολιμπάνω
ὑπολύω
ὑπομειδιάω
ὑπομένω
ὑπομιμνήσκω
ὑπόμνησις,-εως,ἡ
ὑπομονή,ἡ
ὑπομονητικός,-ή,-όν
ὑπονοέω
ὑπόνοια,ἡ

ὑποπίπτω
ὑποπλέω
ὑποπνέω
ὑποπόδιον,τό
ὑποπτεύω
ὑπορθόω
ὑπόστασις,-εως,ἡ
ὑποστέλλω
ὑποστολή,ἡ
ὑποστρέφω
ὑποστρωννύω
ὑποταγή,ἡ
ὑποτάσσω
ὑποτεταγμένως
ὑποτίθημι
ὑποτρέχω
ὑποτύπωσις,-εως,ἡ
ὑπουργέω
ὑποφέρω
ὑποχθόνιος,-α,-ον
ὑποχωρέω
ὑπωπιάζω
ὑφίστημι

ὕσσωπος,ὁ&ἡ 2 decl. n., a
    hyssop plant
ὕσσωπον,τό

ὕστερος,-α,-ον 2-1-2 decl. adj.,
    coming after
ἀνυστέρητος,-ον
ἀφυστερέω
ὑστερέω
ὑστέρημα,-ματος,τό
ὑστέρησις,-εως,ἡ

ὗς,ὑός,ὁ&ἡ 3 decl. n., a pig
ὕαινα,ἡ

ὑφαίνω v., to weave
ὑφαντός,-ή,-όν

ὕψι adv., high
ὑπερυψόω
ὑψηλός,-ή,-όν
ὑψηλόφθαλμος,-ον
ὑψηλοφρονέω
ὑψηλοφροσύνη,ἡ
ὑψηλόφρων,-ον
ὕψιστος,-η,-ον
ὕψος,-ους,τό
ὑψόω
ὕψωμα,-ματος,τό

ὕω v., to wet
ὑγρός,-ά,-όν
ὑδρία,ἡ
ὑδροποτέω
ὑδρωπικός,-ή,-όν
ὕδωρ,ὕδατος,τό
ὑετός,ὁ

Φ

φαγεῖν v., to eat
προσφάγιον,τό
σαρκοφάγος,-ον
φάγος,ὁ

φαιλόνης,-ου,ὁ 1 decl. n., a
    cloak
φελόνης,-ου,ὁ

φάρμακον,τό 2 decl. n.,
    medicine, poison
φαρμακεία,ἡ
φαρμακεύς,-έως,ὁ
φαρμακεύω
φάρμακος,ὁ

φάω v., to shine
ἀναφάω
ἀποφαίνομαι
ἀφανής,-ές
ἀφανίζω
ἀφανισμός,ὁ
ἄφαντος,-ον
διαφανής,-ές
ἐμφανής,-ές
ἐμφανίζω
ἐπιφαίνω
ἐπιφάνεια,ἡ
ἐπιφανής,-ές
ἐπιφαύσκω
ἐπιφώσκω
κατήφεια,ἡ
κατηφής,-ές
προφανερόω
πρόφασις,-εως,ἡ
συκοφαντέω
ὑπερηφανέω
ὑπερηφανία,ἡ
ὑπερήφανος,-ον
φαίνω
φανεροποιέω
φανερός,-ά,-όν

φανερόω
φανέρωσις,-εως,ή
φανερῶς
φανός,ό
φαντάζω
φαντασία,ή
φάντασμα,-ματος,τό
φάσις,-εως,ή
φάσκω
Φοίβη,ή
φωστήρ,-τῆρος,ό
φωσφόρος,-ον
φῶς,φωτός,τό
φωταγωγός,-όν
φωτεινός,-ή,-όν
φωτίζω
φωτισμός,ό

φέβομαι v., to flee
ἀφοβία,ή
ἀφόβως
ἐκφοβέω
ἔκφοβος,-ον
ἔμφοβος,-ον
φοβερός,-ά,-όν
φοβέω
φόβητρον,τό
φόβος,ό

φείδομαι v., to spare
ἀφειδία,ή
φειδομένως

φελλεύς,-έως,ό 3 decl. n., stony
ground
ἀφελότης,-τητος,ή

φένω v., to slay
ἀνδροφόνος,ό
πρόσφατος,-ον
προσφάτως
φονεύς,-έως,ό
φονεύω
φόνος,ό

φέρω v., to carry
ἁγιοφόρος,-ον
ἀναφέρω
ἀποφέρω
ἀποφορτίζομαι
ἀσύμφορος,-ον
Βερνίκη,ή
διαφέρω

διαφορά,ή
διάφορος,-ον
διηνεκής,-ές
διηνεκῶς
δωροφορία,ή
εἰσφέρω
ἐκφέρω
ἐπιφέρω
εὐφορέω
θανατηφόρος,-ον
θεοφόρος,-ον
Θεοφόρος,ό
καρποφορέω
καρποφόρος,-ον
καταφέρω
κυοφορέω
μεταφέρω
ναοφόρος,-ον
νεκροφόρος,-ον
'Ονησίφορος,ό
παραφέρω
παρεισφέρω
παρεκφέρω
περιφέρω
πληροφορέω
πληροφορία,ή
πνευματοφόρος,-ον
ποταμοφόρητος,-ον
προσφέρω
προσφορά,ή
προφέρω
σαρκοφόρος,-ον
συμφέρω
συμφορά,ή
σύμφορος,-ον
συμφορτίζω
τελεσφορέω
τροποφορέω
τροφοφορέω
ὑποφέρω
φορά,ή
φορέω
φόρος,ό
φορτίζω
φορτίον,τό
φόρτος,ό
φωσφόρος,-ον
χριστοφόρος,-ον

φεύγω v., to flee
ἀποφεύγω

διαφεύγω
ἐκφεύγω
καταφεύγω
προσφεύγω
φυγαδεύω
φυγή,ἡ

φημί 2 conj. v., to say
ἀνευφημέω
βλασφημέω
βλασφημία,ἡ
βλάσφημος,-ον
διαφημίζω
δυσφημέω
δυσφημία,ἡ
εὐφημία,ἡ
εὔφημος,-ον
προφητεία,ἡ
προφητεύω
προφήτης,-ου,ὁ
προφητικός,-ή,-όν
προφητικῶς
προφῆτις,-ιδος,ἡ
σύμφημι
φήμη,ἡ
φημίζω
ψευδοπροφήτης,-ου,ὁ

φθάνω v., to come before
προφθάνω

φθέγγομαι v., to speak clearly
ἀποφθέγγομαι
φθόγγος,ὁ

φθίω v., to waste away
ἀδιαφθορία,ἡ
ἀφθαρσία,ἡ
ἄφθαρτος,-ον
ἀφθορία,ἡ
διαφθείρω
διαφθορά,ἡ
καταφθείρω
καταφθορά,ἡ
οἰκοφθόρος,-ον
παιδοφθορέω
παιδοφθόρος,ὁ
φθαρτός,-ή,-όν
φθείρω
φθινοπωρινός,-ή,-όν
φθορά,ἡ
φθορεύς,-έως,ὁ

φθόνος,ὁ 2 decl. n., envy
ἀφθονία,ἡ
φθονέω

φίλος,-η,-ον 2-1-2 decl. adj.,
    loved, dear
ἀφιλάγαθος,-ον
ἀφιλάργυρος,-ον
ἀφιλοξενία,ἡ
θεοφιλής,-ές
Θεόφιλος,ὁ
καταφιλέω
προσφιλής,-ές
φιλάγαθος,-ον
Φιλαδέλφεια,ἡ
φιλαδελφία,ἡ
φιλάδελφος,-ον
φίλανδρος,-ον
φιλανθρωπία,ἡ
φιλάνθρωπος,-ον
φιλανθρώπως
φιλαργυρέω
φιλαργυρία,ἡ
φιλάργυρος,-ον
φίλαυτος,-ον
Φίλετος,ὁ
φιλέω
φιλήδονος,-ον
φίλημα,-ματος,τό
Φιλήμων,-ονος,ὁ
φιλία,ἡ
Φιλιππήσιος,ὁ
Φίλιπποι,-ων,οἱ
Φίλιππος,ὁ
φιλοδέσποτος,-ον
φιλόζωος,-ον
φιλόθεος,-ον
Φιλόλογος,ὁ
Φιλομήλιον,τό
φιλονεικία,ἡ
φιλόνεικος,-ον
φιλοξενία,ἡ
φιλόξενος,-ον
φιλοπονέω
φιλοπρωτεύω
φιλοσοφία,ἡ
φιλόσοφος,ὁ
φιλοστοργία,ἡ
φιλόστοργος,-ον
φιλότεκνος,-ον
φιλοτιμέομαι

φιλοτιμία,ή
φιλόυλος,-ον
φιλοφρόνως
φιλόφρων,-ον

φιμός,ό 2 decl. n., a muzzle
φιμόω

φλέγω v., to burn
Φλέγων,-οντος,ό
φλογίζω
φλόξ,-ογός,ή

φλέω v., to gush
οἰνοφλυγία,ή
φλέψ,-εβός,ή
φλυαρέω
φλύαρος,-ον

φοῖνιξ,-ικος,ό 3 decl. n.,
    purple-red color
Συροφοινίκισσα,ή
Φοινίκη,ή
Φοινίκισσα,ή
φοινικοῦς,-ῆ,-οῦν
Φοῖνιξ,-ικος,ό

φοῖτος,ό 2 decl. n., a going to
    and fro
φοιτάω

φραγέλλιον,τό 2 decl. n., a
    scourge
φλαγελλόω
φραγελλόω

φράζω v., to tell
ἄφραστος,-ον

φράσσω v., to fence in
ἐμφράσσω
φραγμός,ό

φρήν,φρενός,ή 3 decl. n., a
    mind, understanding
ἀφροντιστέω
ἀφρόνως
ἀφροσύνη,ή
ἄφρων,-ον
εὐφραίνω
Εὐφράτης,-ου,ό
εὐφροσύνη,ή
καταφρονέω
καταφρονητής,-οῦ,ό
ὁμόφρων,-ον

παραφρονέω
παραφρονία,ή
παραφροσύνη,ή
περιφρονέω
πονηρόφρων,-ον
συνευφραίνομαι
σωφρονέω
σωφρονίζω
σωφρονισμός,ό
σωφρόνως
σωφροσύνη,ή
σώφρων,-ον
ταπεινοφρονέω
ταπεινοφρόνησις,-εως,ή
ταπεινοφροσύνη,ή
ταπεινόφρων,-ον
ὑπερευφραίνομαι
ὑπερφρονέω
ὑψηλοφρονέω
ὑψηλοφροσύνη,ή
ὑψηλόφρων,-ον
φιλοφρόνως
φιλόφρων,-ον
φρεναπατάω
φρεναπάτης,-ου,ό
φρονέω
φρόνημα,-ματος,τό
φρόνησις,-εως,ή
φρόνιμος,-ον
φρονίμως
φροντίζω
φροντιστής,-οῦ,ό
φροντίς,-ίδος,ή

φρίσσω v., to bristle up
ἔκφρικτος,-ον
φρίκη,ή

φρύγω v., to roast
φρύγανον,τό

Φρύξ,-υγός,ό 3 decl. n., a
    Phrygian
Φρυγία,ή

φυλάσσω v., to guard
ἀφύλακτος,-ον
γαζοφυλακεῖον,τό
δεσμοφύλαξ,-ακος,ό
διαφυλάσσω
προφυλάσσω
φυλακή,ή

φυλακίζω
φυλακτήριον,τό
φύλαξ,-ακος,ό
φύλλον,τό 2 decl. n., a leaf
φυλλοροέω
φύρω v., to mix
ἐμφύρω
πορφύρα,ἡ
πορφυρόπωλις,-ιδος,ἡ
πορφυροῦς,-ᾶ,-οῦν
συμφυρμός,ό
συναναφύρω
φύραμα,-ματος,τό
φύω v., to produce
ἀλλόφυλος,-ον
δωδεκάφυλον,τό
ἐκφύω
ἐμφυσάω
ἔμφυτος,-ον
μεταφυτεύω
νεόφυτος,-ον
ὁμόφυλος,-ον
Παμφυλία,ἡ
παραφυάδιον,τό
παραφυάς,-άδος,ἡ
πτεροφυέω
συμφυλέτης,-ου,ό
σύμφυτος,-ον
συμφύω
φύλαρχος,ό
φυλή,ἡ
φυσικός,-ή,-όν
φυσικῶς
φυσιόω
φύσις,-εως,ἡ
φυσίωσις,-εως,ἡ
φυτεία,ἡ
φυτεύω
φυτόν,τό
φωνή,ἡ 1 decl. n., a sound
ἀλεκτοροφωνία,ἡ
ἀναφωνέω
ἀσύμφωνος,-ον
ἄφωνος,-ον
ἐκφωνέω
ἐμφωνέω
ἐπιφωνέω
ἰσχνόφωνος,-ον
καταφωνέω

κενοφωνία,ἡ
ὁμοφωνία,ἡ
προσφωνέω
συμφωνέω
συμφώνησις,-εως,ἡ
συμφωνία,ἡ
σύμφωνος,-ον
φωνέω
φώρ,-ρός,ό 3 decl. n., a thief
αὐτόφωρος,-ον

Χ

χαίνω v., to open wide
χάσμα,-ματος,τό
χαίρω v., to rejoice
ἀχαριστέω
ἀχάριστος,-ον
εὐχαριστέω
εὐχαριστία,ἡ
εὐχάριστος,-ον
καταχαίρω
περιχαρής,-ές
προσχαίρω
συγχαίρω
ὑπερευχαριστέω
χαρά,ἡ
χαρίζομαι
χάριν
χάρισμα,-ματος,τό
χάρις,-ιτος,ἡ
χαριτόω
χαλάω v., to loosen
χαλιναγωγέω
χαλινός,ό
χαλινόω
Χαλδαία,ἡ 1 decl. n., Chaldea
Χαλδαῖος,ό
χαλκός,ό 2 decl. n., copper
χαλκεύς,-έως,ό
χαλκεύω
χαλκηδών,-όνος,ό
χαλκίον,τό
χαλκολίβανον,τό
χαλκοῦς,-ῆ,-οῦν
Χανάαν,ἡ indecl. n., Canaan
Χαναναῖος,-α,-ον

χανδάνω v., _to contain_
κάδος,ὁ

χαράσσω v., _to sharpen_
παραχαράσσω
χάραγμα,-ματος,τό
χαρακόω
χαρακτήρ,-τῆρος,ὁ
χαράκωσις,-εως,ἡ
χάρτης,-ου,ὁ

χεῖμα,-ματος,τό 3 decl. n.,
winter
χειμάζω
χείμαρρος,ὁ
χειμερινός,-ή,-όν
χειμών,-ῶνος,ὁ

χείρ,-ρός,ἡ 3 decl. n., _a hand_
αὐτόχειρ,-ρος,ὁ&ἡ
ἀχειροποίητος,-ον
διαχειρίζω
ἐπιχειρέω
ἐπιχείρησις,-εως,ἡ
εὐχερής,-ές
προχειρίζω
προχειροτονέω
χειραγωγέω
χειραγωγός,ὁ
χειρόγραφον,τό
χειροποίητος,-ον
χειροτονέω
χειροτονία,ἡ

χέρσος,ἡ 2 decl. n., _dry land_
χερσόω

χέω v., _to pour_
αἱματεκχυσία,ἡ
ἀνάχυσις,-εως,ἡ
ἐκχέω
ἔκχυσις,-εως,ἡ
ἐπιχέω
καταχέω
κατάχυμα,-ματος,τό
κύθρα,ἡ
παραχέω
πρόσχυσις,-εως,ἡ
συγχέω
σύγχυσις,-εως,ἡ
ὑπερεκχύνω
χοικός,-ή,-όν
χοῦς,χοός,ὁ

χώνευμα,-ματος,τό
χωνευτός,-ή,-όν

χηλή,ἡ 1 decl. n., _a hoof_
διχηλέω

χῆρος,-α,-ον 2-1-2 decl. adj.,
bereaved
χήρα,ἡ

χθές adv., _yesterday_
ἐχθές

χθών,-ονός,ἡ 3 decl. n., _the
earth, ground_
καταχθόνιος,-ον
ὑποχθόνιος,-α,-ον

χίλιοι,-αι,-α 2-1-2 decl.
numeral, a thousand
δισχίλιοι,-αι,-α
ἑξακισχίλιοι,-αι,-α
ἑπτακισχίλιοι,-αι,-α
πεντακισχίλιοι,-αι,-α
τετρακισχίλιοι,-αι,-α
τρισχίλιοι,-αι,-α
χιλίαρχος,ὁ
χιλιάς,-άδος,ἡ

χιών,-όνος,ἡ 3 decl. n., _snow_
παραχειμάζω
παραχειμασία,ἡ
χιόνινος,-η,-ον

χλεύη,ἡ 1 decl. n., _a jest_
διαχλευάζω
χλευάζω

χλίω v., _to become warm_
χλιαρός,-ά,-όν

χλόη,ἡ 1 decl. n., _a tender
shoot_ of a plant
Χλόη,ἡ
χλωρός,-ά,-όν

χοῖρος,ὁ 2 decl. n., _a young pig_
χοιρίον,τό

χόλος,ὁ 2 decl. n., _gall, wrath_
ὀξυχολέω
ὀξυχολία,ἡ
ὀξύχολος,-ον
χολάω
χολή,ἡ

χόνδρος,ὁ 2 decl. n., *grain*
χονδρίζω

χορός,ὁ 2 decl. n., *a dance, a chorus*
ἐπιχορηγέω
ἐπιχορηγία,ἡ
Πρόχορος,ὁ
χορεύω
χορηγέω

χόρτος,ὁ 2 decl. n., *a feeding place, provender*
χορτάζω
χόρτασμα,-ματος,τό

χράω(3) v., *to use*
ἀπόχρησις,-εως,ἡ
ἀχρεῖος,-ον
ἀχρειόω
ἄχρηστος,-ον
δύσχρητος,-ον
εὔχρηστος,-ον
καταχράομαι
κίχρημι
παραχράομαι
παραχρῆμα
συγχράομαι
χράομαι
χρεία,ἡ
χρεοφειλέτης,-ου,ὁ
χρεώστης,-ου,ὁ
χρή
χρῄζω
χρῆμα,-ματος,τό
χρηματίζω
χρηματισμός,ὁ
χρήσιμος,-η,-ον
χρῆσις,-εως,ἡ
χρησμοδοτέω
χρηστεύομαι
χρηστολογία,ἡ
χρηστός,-ή,-όν
χρηστότης,-τητος,ἡ

χρίω v., *to anoint*
ἀντίχριστος,ὁ
ἐγχρίω
ἐπιχρίω
χρῖσμα,-ματος,τό
χριστέμπορος,ὁ
Χριστιανισμός,ὁ

Χριστιανός,ὁ
χριστομαθία,ἡ
χριστόνομος,-ον
Χριστός,ὁ
χριστοφόρος,-ον
ψευδόχριστος,ὁ

χρόνος,ὁ 2 decl. n., *time*
ἄχρονος,-ον
μακροχρόνιος,-ον
ὀλιγοχρόνιος,-ον
χρονίζω
χρονοτριβέω

χρυσός,ὁ 2 decl. n., *gold*
χρυσίον,τό
χρυσοδακτύλιος,-ον
χρυσόλιθος,ὁ
χρυσόπρασος,ὁ
χρυσοῦς,-ῆ,-οῦν
χρυσόω

χρώς,-ωτός,ὁ 3 decl. n., *skin of the body*
συγχρωτίζομαι
χρόα,ἡ
χρῶμα,-ματος,τό

χωρίς prep., *apart from*
ἀποχωρίζω
ἀχώριστος,-ον
διαχωρίζω
χωρίζω
χωρισμός,ὁ

χῶρος,ὁ 2 decl. n., *a space, a place*
ἀναχωρέω
ἀποχωρέω
ἀχώρητος,-ον
ἐγχώριος,-ον
ἐκχωρέω
εὐρύχωρος,-ον
περίχωρος,-ον
προχωρέω
στενοχωρέω
στενοχωρία,ἡ
συγχωρέω
ὑποχωρέω
χώρα,ἡ
χωρέω
χωρίον,τό

ψ

ψάλλω v., to touch
 ψαλμός,ό

ψάω v., to rub
 ἀψηλάφητος,-ον
 ἐπιψαύω
 καταψηφίζομαι
 περίψημα,-ματος,τό
 προσψαύω
 συγκαταψηφίζομαι
 συμψηφίζω
 ψηλαφάω
 ψηφίζω
 ψῆφος,ἡ
 ψωμίζω
 ψωμίον,τό
 ψωριάω
 ψώχω

ψεύδω v., to cheat
 ἀψευδής,-ές
 ἄψευστος,-ον
 καταψεύδομαι
 ψευδάδελφος,ό
 ψευδαπόστολος,ό
 ψευδής,-ές
 ψευδοδιδασκαλία,ἡ
 ψευδοδιδάσκαλος,ό
 ψευδολόγος,-ον
 ψεύδομαι
 ψευδομαρτυρέω
 ψευδομαρτυρία,ἡ
 ψευδόμαρτυς,-υρος,ό
 ψευδοπροφήτης,-ου,ό
 ψεῦδος,-ους,τό
 ψευδόχριστος,ό
 ψευδώνυμος,-ον
 ψεῦσμα,-ματος,τό
 ψεύστης,-ου,ό

ψιθυρός,-όν 2 decl. adj., a
 whispering
 ψιθυρισμός,ό
 ψιθυριστής,-οῦ,ό

ψίξ,-ιχός,ἡ 3 decl. n., a morsel
 ψιχίον,τό

ψόφος,ό 2 decl. n., a sound
 ψοφοδεής,-ές

ψύχω v., to breathe
 ἀνάψυξις,-εως,ἡ
 ἀναψύχω
 ἀντίψυχον,τό
 ἀποψύχω
 ἄψυχος,-ον
 διψυχέω
 διψυχία,ἡ
 δίψυχος,-ον
 ἐκψύχω
 εὔψυχέω
 ἰσόψυχος,-ον
 καταψύχω
 ὀλιγοψυχέω
 ὀλιγόψυχος,-ον
 σύμψυχος,-ον
 ψυχαγωγέω
 ψυχή,ἡ
 ψυχικός,-ή,-όν
 ψῦχος,-ους,τό
 ψυχρός,-ά,-όν

Ω

ὠδίς,-ῖνος,ἡ 3 decl. n.,
 childbirth pangs
 συνωδίνω
 ὠδίν,-ῖνος,ἡ
 ὠδίνω

ὠθέω v., to thrust
 ἀπωθέω
 ἐξωθέω

ὠκύς,-εῖα,-ύ 3-1-3 decl. adj.,
 swift
 ὠκεανός,ό

ὠμός,-ή,-όν 2-1-2 decl. adj.,
 raw
 ὠμόλινον,τό

ὦνος,ό 2 decl. n., a price
 ἀρχιτελώνης,-ου,ό
 ὀψώνιον,τό
 τελώνης,-ου,ό
 τελώνιον,τό
 ὠνέομαι

ὥρα,ἡ 1 decl. n., an hour
 αὐτοσώρας
 ἄωρος,-ον
 ἡμίωρον,τό

ὡραῖος,-α,-ον
ὥριμος,-ον
ὥρα,ἡ 1 decl. n., concern
ἀναθεωρέω
θεωρέω
θεωρία,ἡ
θυρωρός,ὁ&ἡ
ὀλιγωρέω
παραθεωρέω
ὡς adv., as
καθώσπερ
καθώς
ὡσαύτως
ὡσεί
ὥσπερ
ὡσπερεί
ὥστε

SUFFIXES AND TERMINATIONS

-___,-ος,ἡ 3 decl. n.
ἀκτίν,-ῖνος,ἡ
λεγιών,-ῶνος,ἡ
Σιδών,-ῶνος,ἡ
στατίων,-ωνος,ἡ
χείρ,-ρός,ἡ
ὠδίν,-ῖνος,ἡ

-___,-ος,ἡ(1) 3 decl. n.
ἠχώ,-οῦς,ἡ
πειθώ,-οῦς,ἡ
σινδών,-όνος,ἡ
φρήν,φρενός,ἡ
χιών,-όνος,ἡ

-___,-ος,ἡ(2) 3 decl. n.
γυνή,-ναικός,ἡ
θυγάτηρ,-τρος,ἡ
μήτηρ,-τρός,ἡ

-___,-ος,ὁ 3 decl. n.
αἰών,-ῶνος,ὁ
Ἕλλην,-ηνος,ὁ
εὐρακύλων,-ωνος,ὁ
θήρ,-ρος,ὁ
ἰχώρ,-ῶρος,ὁ
Καῖσαρ,-αρος,ὁ
κεντυρίων,-ωνος,ὁ
Μαρκίων,-ωνος,ὁ
μεγιστάν,-ᾶνος,ὁ

Μνάσων,-ωνος,ὁ
Νέρων,-ωνος,ὁ
πύθων,-ωνος,ὁ
Σαρών,-ώνος,ὁ
Σίμων,-ωνος,ὁ
σίφων,-ωνος,ὁ
Σολομών,-ῶνος,ὁ
Σολομῶν,-ῶντος,ὁ
Φίλων,-ωνος,ὁ
Φρόντων,-ωνος,ὁ
χιτών,-ῶνος,ὁ

-___,-ος,ὁ(1) 3 decl. n.
ἀήρ,ἀέρος,ὁ
ἀρχιποίμην,-μενος,ὁ
ἀστήρ,-έρος,ὁ
δεσέρτωρ,-ορος,ὁ
θεράπων,-οντος,ὁ
κομφέκτωρ,-ορος,ὁ
λέων,-οντος,ὁ
λιμήν,-μένος,ὁ
Μακεδών,-όνος,ὁ
μήν,-νός,ὁ
Νικάνωρ,-ορος,ὁ
ποιμήν,-μένος,ὁ
σπεκουλάτωρ,-ορος,ὁ

-___,-ος,ὁ(2) 3 decl. n.
ἀνήρ,ἀνδρός,ὁ
ἀρήν,ἀρνός,ὁ
κύων,κυνός,ὁ
πατήρ,-τρός,ὁ

-___,-ος,ὁ&ἡ 3 decl. n.
αὐτόχειρ,-ρος,ὁ&ἡ

-___,-ος,ὁ&ἡ(2) 3 decl. n.
γαστήρ,-τρός,ἡ

-___,-ος,ὁ&ἡ&τό(2)
δεῖνα,-ος,ὁ&ἡ&τό

-___,-ος,τό 3 decl. n.
μέλι,-ιτος,τό
οἰνόμελι,-ιτος,τό
πῦρ,-ρός,τό

-___,-ος,τό(2) 3 decl. n.
γάλα,-λακτος,τό
γόνυ,-νατος,τό
δόρυ,-ρατος,τό
σίναπι,-εως,τό
στέαρ,-ατος,τό
ὕδωρ,ὕδατος,τό
φρέαρ,-ατος,τό

-ά,ή 1 decl. n.
   ἀγορά,ή
   ἀρά,ή
   Βηθαβαρά,ή
   βορά,ή
   γενεά,ή
   διασπορά,ή
   διαφθορά,ή
   διαφορά,ή
   δωρεά,ή
   θεά,ή
   ὀργυιά,ή
   οὐρά,ή
   πενθερά,ή
   περιστερά,ή
   πλευρά,ή
   πολιά,ή
   προσφορά,ή
   πυρά,ή
   σειρά,ή
   σκιά,ή
   σπορά,ή
   στοά,ή
   συμφορά,ή
   φορά,ή
   φρουρά,ή
   χαρά,ή

-α,ή 1 decl. n.
   ἄγρα,ή
   Ἀθῆναι,αἱ
   ἄκανθα,ή
   ἅμαξα,ή
   Ἄννα,ή
   ἀποκαραδοκία,ή
   Ἀπφία,ή
   Ἀσία,ή
   Βέροια,ή
   βία,ή
   γάγγραινα,ή
   γάζα,ή
   Γάζα,ή
   γέενα,ή
   γλῶσσα,ή
   Γολγοθᾶ,ή
   Γόμορρα,ή
   γωνία,ή
   δίαιτα,ή
   δόξα,ή
   Δρούσιλλα,ή
   εἰδέα,ή

ἐνέδρα,ή
ἐπήρεια,ή
ἐπιοῦσα,ή
ἑσπέρα,ή
Εὔα,ή
εὐδία,ή
ἔχιδνα,ή
Ζμύρνα,ή
ἡμέρα,ή
θάλασσα,ή
Θέκλα,ή
θήρα,ή
θύελλα,ή
θύρα,ή
ἰδέα,ή
Ἱεροσόλυμα,ή
Ἰουλία,ή
Ἰταλία,ή
ἰτέα,ή
Ἰωάννα,ή
καμάρα,ή
καροῦχα,ή
κατάρα,ή
Κεγχρεαί,-ῶν,αἱ
κιθάρα,ή
Κλαῦδα,ή
κνῖσα,ή
κολωνία,ή
Κοῦμαι,-ῶν,αἱ
κουστωδία,ή
κύθρα,ή
Λασαία,ή
Λέκτρα,ή
λέπρα,ή
λίτρα,ή
Λύδδα,ή
Λύστρα,ή
μάνδρα,ή
Μάρθα,ή
Μαρία,ή
μεμβράνα,ή
μήτρα,ή
μνᾶ,-ᾶς,ή
μοῖρα,ή
Μυσία,ή
Νύμφα,ή
πεῖρα,ή
πέτρα,ή
πήρα,ή
ποία,ή
πορφύρα,ή

Πρίσκα,ή
πρύμνα,ή
πτελέα,ή
πτέρνα,ή
'Ρεβέκκα,ή
ρίζα,ή
ρομφαία,ή
Σαμάρεια,ή
Σάπφιρα,ή
Σάρρα,ή
Σελεύκεια,ή
Σίβυλλα,ή
σμύραινα,ή
Σμύρνα,ή
σμύρνα,ή
Σουσάννα,ή
Σπανία,ή
σπεῖρα,ή
στεῖρα,ή
συκομορέα,ή
Σύρα,ή
Συράκουσαι,-ῶν,αί
Ταουία,ή
τόλμα,ή
τράπεζα,ή
τρῦπα,ή
Τρύφαινα,ή
Τρυφῶσα,ή
ὕαινα,ή
χάλαζα,ή
χήρα,ή
χρόα,ή
χώρα,ή
ὥρα,ή
-α= adv.
  καθά
  παραυτά
  σφόδρα
  τάχα
  τηνικαῦτα
  ὑπερέκεινα
-α= adv.
  λάθρα
-αδιον,τό 2 decl. n.,
  diminutive, small
  παραφυάδιον,τό
-αζω v., to do, to be, to cause
  ἁγιάζω
  ἀγοράζω
  ἀκμάζω

ἀλαλάζω
ἀμφιάζω
ἀναβιβάζω
ἀναγκάζω
ἀνακραυγάζω
ἀναπαφλάζω
ἀνασκευάζω
ἀναστενάζω
ἀνετάζω
ἀντασπάζομαι
ἀποδοκιμάζω
ἀποσκευάζω
ἀποστεγάζω
ἀποστιβάζω
ἁρπάζω
ἀτιμάζω
αὐγάζω
βαστάζω
βιάζω
γυμνάζω
δαμάζω
δελεάζω
διαρπάζω
διαυγάζω
διαχλευάζω
δικάζω
διστάζω
διχάζω
δοκιμάζω
δοξάζω
ἑδράζω
εἰκάζω
ἐκθαυμάζω
ἐκπειράζω
ἐμβιβάζω
ἐνδοξάζομαι
ἐνταφιάζω
ἐνυπνιάζομαι
ἐξαγοράζω
ἐξακριβάζομαι
ἐξετάζω
ἐξουσιάζω
ἑορτάζω
ἐπεξεργάζομαι
ἐπηρεάζω
ἐπιβιβάζω
ἐπισκευάζομαι
ἐπισκιάζω
ἐπισπουδάζω
ἐπονομάζω
ἐργάζομαι

ἑτοιμάζω
ἡσυχάζω
θαυμάζω
θηλάζω
θορυβάζω
καταβιβάζω
καταδικάζω
καταλιθάζω
κατασκεύαζω
κατασκιάζω
κατασφάζω
καταυγάζω
κατεξουσιάζω
κατεργάζομαι
καυστηριάζω
κολάζω
κοπάζω
κραυγάζω
λιθάζω
μεσάζω
μονάζω
μυωπάζω
νηπιάζω
νυστάζω
ὁμοιάζω
ὀνομάζω
παραβιάζομαι
παρασκευάζω
παραχειμάζω
παρομοιάζω
πα ρρησιάζομαι
πειράζω
περιεργάζομαι
πιάζω
πλεονάζω
προβιβάζω
προετοιμάζω
προσβιάζομαι
προσεργάζομαι
προσονομάζω
πυρράζω
σεβάζομαι
σεληνιάζομαι
σινιάζω
σκεπάζω
σπουδάζω
στασιάζω
στενάζω
στιβάζω
στυγνάζω
συμβιβάζω

συναρπάζω
συνδοξάζω
συστενάζω
σχολάζω
τυρβάζω
ὑπερδοξάζω
ὑπερπλεονάζω
ὑπερσπουδάζω
ὑπωπιάζω
φαντάζω
χειμάζω
χλευάζω
χορτάζω

-αινω v., to cause, to do, to be
βασκαίνω
δειλαίνω
ἐμμαίνομαι
ἐπικερδαίνω
ἐπιφαίνω
εὐφραίνω
θερμαίνω
κερδαίνω
λευκαίνω
λιπαίνω
λυμαίνω
μαίνομαι
μαραίνω
μωραίνω
ξηραίνω
παραπικραίνω
πικραίνω
ποιμαίνω
ῥυπαίνω
σημαίνω
σιαίνομαι
συνευφραίνομαι
ὑγιαίνω

-αῖος,ὁ 2 decl. n., proper
    names from Hebrew
'Αλφαῖος,ὁ
Βαρθολομαῖος,ὁ
Βαρτιμαῖος,ὁ
'Ελισαῖος,ὁ
Ζακχαῖος,ὁ
Ζεβεδαῖος,ὁ
Θαδδαῖος,ὁ
Λεββαῖος,ὁ
Ματθαῖος,ὁ
Σαδδουκαῖος,ὁ
Φαρισαῖος,ὁ

-αιρω v., to do
γεραίρω

-αν= adv.
λίαν
ὑπερλίαν

-ανω v., to do
αἰσθάνομαι
ἁμαρτάνω
ἀναλαμβάνω
ἀντιλαμβάνω
ἀποκαθιστάνω
ἀπολαμβάνω
ἀποτυγχάνω
αὐξάνω
βλαστάνω
διαλιμπάνω
διαμαρτάνω
ἐκβλαστάνω
ἐκλανθάνομαι
ἐντυγχάνω
ἐξαμαρτάνω
ἐπιλαμβάνομαι
ἐπιλανθάνομαι
ἐπιτυγχάνω
θιγγάνω
καθιστάνω
καταλαμβάνω
καταμανθάνω
λαγχάνω
λαμβάνω
λανθάνω
μανθάνω
μεταλαμβάνω
ὀπτάνομαι
ὀφλισκάνω
παραλαμβάνω
παρατυγχάνω
παριστάνω
προαμαρτάνω
προλαμβάνω
προσαναλαμβάνω
προσλαμβάνω
πυνθάνομαι
συλλαμβάνω
συμπαραλαμβάνω
συμπεριλαμβάνω
συναντιλαμβάνομαι
συναυξάνω
συντυγχάνω
τυγχάνω

ὑπεραυξάνω
ὑπερεντυγχάνω
ὑπολαμβάνω
ὑπολιμπάνω

-αριδιον,τό 2 decl. n.,
   diminutive, small
βιβλαρίδιον,τό

-αριον,τό 2 decl. n.,
   diminutive, small
ἀσσάριον,τό
γυναικάριον,τό
κερβικάριον,τό
κλινάριον,τό
κοκκάριον,τό
κολλούριον,τό
κυνάριον,τό
ὀψάριον,τό
παιδάριον,τό
πλοιάριον,τό
ὠτάριον,τό

-ας,-α,ὁ 1 decl. n., proper
   names, other uses
Ἀγρίππας,-α,ὁ
Ἀκύλας,-α,ὁ
Ἅννας,-α,ὁ
Ἀντιπᾶς,-ᾶ,ὁ
Ἀρέτας,-α,ὁ
Ἀρτεμᾶς,-ᾶ,ὁ
Βαραββᾶς,-ᾶ,ὁ
Βαριωνᾶς,-ᾶ,ὁ
Βαρναβᾶς,-ᾶ,ὁ
Βαρσαββᾶς,-ᾶ,ὁ
βορρᾶς,-ᾶ,ὁ
Δαμᾶς,-ᾶ,ὁ
Δημᾶς,-ᾶ,ὁ
Ἐλύμας,-α,ὁ
Ἐπαφρᾶς,-ᾶ,ὁ
Ἑρμᾶς,-ᾶ,ὁ
Ζηνᾶς,-ᾶ,ὁ
Θευδᾶς,-ᾶ,ὁ
Θωμᾶς,-ᾶ,ὁ
Ἰούδας,-α,ὁ
Ἰουνιᾶς,-ᾶ,ὁ
Ἰωνᾶς,-ᾶ,ὁ
Καιάφας,-α,ὁ
Κηφᾶς,-ᾶ,ὁ
Κλεοπᾶς,-ᾶ,ὁ
Κλωπᾶς,-ᾶ,ὁ
κορβανᾶς,-ᾶ,ὁ

Λουκᾶς,-ᾶ,ό
μαμωνᾶς,-ᾶ,ό
Νυμφᾶς,-ᾶ,ό
'Ολυμπᾶς,-ᾶ,ό
Παρμενᾶς,-ᾶ,ό
Πατροβᾶς,-ᾶ,ό
σατανᾶς,-ᾶ,ό
Σίλας,-α,ό
Σκευᾶς,-ᾶ,ό
Στεφανᾶς,-ᾶ,ό
Χουζᾶς,-ᾶ,ό

-ας,-αδος,ή 3 decl. n.
  λαμπάς,-άδος,ή
  μυριάς,-άδος,ή
  παραφυάς,-άδος,ή
  στιβάς,-άδος,ή
  τετράς,-άδος,ή
  ὑπολαμπάς,-άδος,ή
  χιλιάς,-άδος,ή

-ας,-ασα,-αν 3-1-3 decl. adj.
  ἅπας,-ασα,-αν
  πᾶς,πᾶσα,πᾶν
  σύμπας,-ασα,-αν

-ας,-ασα,-αν* irregular variant
  of preceding
  εἷς,μία,ἕν
  μηδείς,-εμία,-έν
  οὐδείς,οὐδεμία,οὐδέν

-ας,-ου,ό 2 decl. n., proper
  names, other uses
  'Αδρίας,-ου,ό
  'Αζαρίας,-ου,ό
  Αἰνέας,-ου,ό
  'Αμασίας,-ου,ό
  'Ανανίας,-ου,ό
  'Ανδρέας,-ου,ό
  Βαραχίας,-ου,ό
  'Εζεκίας,-ου,ό
  'Ηλίας,-ου,ό
  'Ησαίας,-ου,ό
  'Ιερεμίας,-ου,ό
  'Ιεχονίας,-ου,ό
  'Ιωνάθας,-ου,ό
  'Ιωσίας,-ου,ό
  Λυσανίας,-ου,ό
  Λυσίας,-ου,ό
  Ματθίας,-ου,ό
  Ματταθίας,-ου,ό
  Μεσσίας,-ου,ό

μητρολῴας,-ου,ό
νεανίας,-ου,ό
'Οζίας,-ου,ό
Οὐρίας,-ου,ό
'Οχοζίας,-ου,ό
πατρολῴας,-ου,ό
Σιμαίας,-ου,ό

-ας= adv.
  αὐτοσώρας

-αω v., to do
  ἀγαλλιάω
  ἀγαπάω
  ἀγωνιάω
  αἰτιάομαι
  ἀλοάω
  ἀμάω
  ἀναβοάω
  ἀναγεννάω
  ἀναμαρυκάομαι
  ἀναπηδάω
  ἀνερωτάω
  ἀπαντάω
  ἀπατάω
  ἀποπλανάω
  ἀποτολμάω
  ἀριστάω
  ἀροτριάω
  ἀτιμάω
  ἀφοράω
  ἀφορμάω
  βοάω
  γαυριάω
  γελάω
  γεννάω
  δαπανάω
  δειλιάω
  διακυβερνάω
  διαπεράω
  διερωτάω
  διψάω
  ἐγγεννάω
  ἐγκαυχάομαι
  εἰσπηδάω
  ἐκδαπανάω
  ἐκκολυμβάω
  ἐκπηδάω
  ἐκσφενδονάω
  ἐλεάω
  ἐμβριμάομαι
  ἐμφυσάω

ἐνοράω
ἐντρυφάω
ἐξαπατάω
ἐξαρτάω
ἐξεραυνάω
ἐπακροάομαι
ἐπερωτάω
ἐπιβοάω
ἐπιγελάω
ἐπιτιμάω
ἐραυνάω
ἐράω
ἐρωτάω
ἡττάομαι
θυμιάω
καθοράω
καταβοάω
καταγελάω
κατακροάομαι
καταναρκάω
καταντάω
καταράομαι
καταστρηνιάω
καυχάομαι
κισσάω
κοιμάω
κολλάω
κολυμβάω
κομάω
κονιάω
κοπιάω
λακάω
λεπράω
λικμάω
λύσσάω
μαρυκάομαι
μασάομαι
μελετάω
μεριμνάω
μηνιάω
μηχανάομαι
μοιχάω
μωμάομαι
νικάω
ξυράω
ὀδυνάω
ὀπτάω
ὁρμάω
παρεγγυάω
παροράω
πεδάω

πεινάω
πειράω
πετάομαι
πηδάω
πλανάω
προαγαπάω
προαιτιάομαι
προκοιμάομαι
προμελετάω
προμεριμνάω
προοράω
προσδαπανάω
προσδοκάω
προσκολλάω
σιγάω
σιωπάω
σκιρτάω
σπαταλάω
στρηνιάω
συγκοιμάομαι
συγκοπιάω
συλάω
συναντάω
συνοράω
τελευτάω
τιμάω
τολμάω
τρυγάω
τρυπάω
τρυφάω
ὑπαντάω
ὑπεραγαπάω
ὑπερνικάω
ὑπεροράω
ὑπομειδιάω
φοιτάω
φρεναπατάω
χαλάω
χολάω
ψηλαφάω
ψωριάω

-δε- particle of intensification
ὅδε,ἥδε,τόδε
τοιόσδε,-άδε,-όνδε
ὧδε

-δον= adv.
ὁμοθυμαδόν
ῥοιζηδόν
σχεδόν

-ε= aor. impv. 2 p. sg., used as
  interjection
  ἴδε

-ει= adv.
  αὐτολεξεί
  παμπληθεί
  πανοικεί

-εια,ἡ 1 decl. n., quality,
  proper names
  ἀκρίβεια,ἡ
  ἀλήθεια,ἡ
  ἀμέλεια,ἡ
  ἀναίδεια,ἡ
  Ἀντιόχεια,ἡ
  ἀπείθεια,ἡ
  ἀπώλεια,ἡ
  ἀσέβεια,ἡ
  ἀσέλγεια,ἡ
  ἀσθένεια,ἡ
  ἀσφάλεια,ἡ
  Ἀττάλεια,ἡ
  αὐθάδεια,ἡ
  αὐτάρκεια,ἡ
  βοήθεια,ἡ
  ἐγκράτεια,ἡ
  εἰλικρίνεια,ἡ
  ἐκτένεια,ἡ
  ἐνέργεια,ἡ
  ἐπιείκεια,ἡ
  ἐπιμέλεια,ἡ
  ἐπιφάνεια,ἡ
  εὐλάβεια,ἡ
  εὐπρέπεια,ἡ
  εὐσέβεια,ἡ
  εὐστάθεια,ἡ
  ἡδυπάθεια,ἡ
  θεοσέβεια,ἡ
  θερεία,ἡ
  Καισάρεια,ἡ
  κακοήθεια,ἡ
  κακοπάθεια,ἡ
  κατήφεια,ἡ
  Λαοδίκεια,ἡ
  μεγαλοπρέπεια,ἡ
  ὁμοήθεια,ἡ
  πλημμέλεια,ἡ
  πολυπλήθεια,ἡ
  πολυτέλεια,ἡ
  πραυπάθεια,ἡ
  συγγένεια,ἡ

  συνήθεια,ἡ
  συντέλεια,ἡ
  ὑγίεια,ἡ
  Φιλαδέλφεια,ἡ
  ὠφέλεια,ἡ

-εία,ἡ 1 decl. n., quality
  ἁγνεία,ἡ
  ἀλαζονεία,ἡ
  ἀρεσκεία,ἡ
  βασιλεία,ἡ
  διερμηνεία,ἡ
  δουλεία,ἡ
  εἰρωνεία,ἡ
  ἐπαρχεία,ἡ
  ἐριθεία,ἡ
  ἑρμηνεία,ἡ
  θεραπεία,ἡ
  θρησκεία,ἡ
  ἱερατεία,ἡ
  κολακεία,ἡ
  κυβεία,ἡ
  λατρεία,ἡ
  λογεία,ἡ
  μαγεία,ἡ
  μαθητεία,ἡ
  μεθοδεία,ἡ
  μνεία,ἡ
  μοιχεία,ἡ
  νηστεία,ἡ
  οἰκετεία,ἡ
  παιδεία,ἡ
  περισσεία,ἡ
  πολιτεία,ἡ
  πορεία,ἡ
  πορνεία,ἡ
  πραγματεία,ἡ
  πρεσβεία,ἡ
  προφητεία,ἡ
  πτωχεία,ἡ
  στρατεία,ἡ
  τερατεία,ἡ
  ὑγεία,ἡ
  φαρμακεία,ἡ
  φυτεία,ἡ
  χρεία,ἡ

-εῖον,τό 2 decl. n., a place
  ἀγγεῖον,τό
  ἀρχεῖον,τό
  βαλανεῖον,τό
  βραβεῖον,τό

γαζοφυλακεῖον,τό
γραφεῖον,τό
εἰδωλεῖον,τό
μνημεῖον,τό
πανδοχεῖον,τό
ταμεῖον,τό
ταμιεῖον,τό

-ευς,-εως,ὁ 3 decl. n., agent, a citizen of

'Αλεξανδρεύς,-εως,ὁ
ἁλιεύς,-έως,ὁ
ἀναγωγεύς,-έως,ὁ
'Αντιοχεύς,-έως,ὁ
ἀρχιερεύς,-έως,ὁ
βασιλεύς,-έως,ὁ
βυρσεύς,-έως,ὁ
γναφεύς,-έως,ὁ
γονεύς,-εως,ὁ
γραμματεύς,-έως,ὁ
Θεσσαλονικεύς,-έως,ὁ
ἱερεύς,-έως,ὁ
ἱππεύς,-έως,ὁ
καταγγελεύς,-έως,ὁ
κεραμεύς,-έως,ὁ
Κολοσσαεύς,-έως,ὁ
Λαοδικεύς,-έως,ὁ
Νηρεύς,-έως,ὁ
πανδοχεύς,-έως,ὁ
Ταρσεύς,-έως,ὁ
τροφεύς,-έως,ὁ
φαρμακεύς,-έως,ὁ
φθορεύς,-έως,ὁ
φονεύς,-έως,ὁ
χαλκεύς,-έως,ὁ

-ευω v., to do, to be
ἀγγαρεύω
ἁγνεύω
ἀγρεύω
αἰχμαλωτεύω
ἀκριβεύομαι
ἀλαζονεύομαι
ἀληθεύω
ἁλιεύω
ἀναιδεύομαι
ἀνθυπατεύω
ἀντιστρατεύομαι
ἀποδεκατεύω
ἀπομνημονεύω
βασιλεύω
βουλεύω

βραβεύω
γυμνητεύω
γυμνιτεύω
δεσμεύω
διακελεύω
διανυκτερεύω
διαπορεύομαι
διαπραγματεύομαι
διερμηνεύω
διοδεύω
δουλεύω
ἐγκρατεύομαι
εἰρηνεύω
εἰσπορεύομαι
ἐκπορεύομαι
ἐκπορνεύω
ἐμβατεύω
ἐμπορεύομαι
ἐνεδρεύω
ἐξολεθρεύω
ἐπιγαμβρεύω
ἐπιπορεύομαι
ἐπισωρεύω
ἐπιτηδεύω
ἐπιτροπεύω
ἐποπτεύω
ἑρμηνεύω
ζηλεύω
ἡγεμονεύω
θεραπεύω
θηρεύω
θρησκεύω
θριαμβεύω
ἱερατεύω
ἱκετεύω
ἱλατεύομαι
καθαρεύω
καπηλεύω
καταβραβεύω
καταδυναστεύω
κατακυριεύω
καταξιοπιστεύομαι
καταπιστεύω
κατασκοπεύω
κατατοξεύω
κελεύω
κενεμβατεύω
κηδεύω
κινδυνεύω
κολακεύω
κυκλεύω

κυριεύω
λατρεύω
λιτανεύω
μαγεύω
μαθητεύω
μαντεύομαι
μεθερμηνεύω
μεθοδεύω
μεσιτεύω
μεταφυτεύω
μνημονεύω
μνηστεύω
μοιχεύω
νηστεύω
όδεύω
όλοθρεύω
παγιδεύω
παιδεύω
παραβολεύομαι
παραβουλεύομαι
παρακελεύω
παραπορεύομαι
παρεδρεύω
παροδεύω
πεζεύω
περισσεύω
περπερεύομαι
πιστεύω
πολιτεύομαι
πονηρεύομαι
πορεύω
πορνεύω
πραγματεύομαι
πρεσβεύω
προνηστεύω
προπορεύομαι
προσαγορεύω
προσεδρεύω
προσπορεύομαι
προφητεύω
πρωτεύω
πτωχεύω
πυκτεύω
ρυπαρεύω
σαλεύω
στρατεύω
συμβασιλεύω
συμβουλεύω
συμπολιτεύομαι
συμπορεύομαι
συνεκπορεύομαι

συνοδεύω
σωρεύω
ύπερπερισσεύω
ύποπτεύω
φαρμακεύω
φιλοπρωτεύω
φονεύω
φυγαδεύω
φυτεύω
χαλκεύω
χορεύω
χρηστεύομαι

-εω v., to do, to be
άγαθοεργέω
άγαθοποιέω
άγανακτέω
άγνοέω
άγραυλέω
άγρυπνέω
άδημονέω
άδικέω
άδυνατέω
άθετέω
άθλέω
άθυμέω
αίδέομαι
αίμορροέω
αίνέω
αίρέω
αίτέω
άκαιρέομαι
άκαταστατέω
άκηδεμονέω
άκολουθέω
άλγέω
άλληγορέω
άμβλυωπέω
άμελέω
άναζητέω
άναζωπυρέω
άναθεωρέω
άναισθητέω
άναντλέω
άναφωνέω
άναχωρέω
άνευφημέω
άνθέω
άνθομολογέομαι
άνθρωπαρεσκέω
άνοικοδομέω

ἀνομέω
ἀνταναιρέω
ἀντικαλέω
ἀντιλοιδορέω
ἀντιμετρέω
ἀντλέω
ἀντοφθαλμέω
ἀπαλγέω
ἀπαρνέομαι
ἀπειθέω
ἀπειλέω
ἀπιστέω
ἀποδημέω
ἀποκνέω
ἀποκυέω
ἀπολαλέω
ἀπολογέομαι
ἀπορέω
ἀποστερέω
ἀποστυγέω
ἀποτελέω
ἀποχωρέω
ἀργέω
ἀριθμέω
ἀρκέω
ἀρνέομαι
ἀρρωστέω
ἀσεβέω
ἀσθενέω
ἀσκέω
ἀστατέω
ἀστοχέω
ἀσχημονέω
ἀτακτέω
αὐθεντέω
αὐλέω
αὐτομολέω
αὐχέω
ἀφαιρέω
ἀφικνέομαι
ἀφροντιστέω
ἀφυστερέω
ἀχαριστέω
βαρέω
βατταλογέω
βλασφημέω
βραδυπλοέω
γαμέω
γενεαλογέω
γεωργέω
γονυπετέω

γρηγορέω
δειπνέω
δημηγορέω
δημιουργέω
διαγρηγορέω
διακονέω
διακοσμέω
διαλαλέω
διανοέομαι
διαπονέομαι
διαπορέω
διασαφέω
διατελέω
διατηρέω
διενθυμέομαι
διηγέομαι
διικνέομαι
διιστορέω
διχηλέω
διχοστατέω
διχοτομέω
διψυχέω
δοκέω
δουλαγωγέω
δυνατέω
δυσφημέω
δωρέομαι
ἐγκακέω
ἐγκαλέω
ἐγκατοικέω
εἰδωλολατρέω
εἰλέω
εἰρηνοποιέω
εἰσκαλέομαι
ἐκδημέω
ἐκδιηγέομαι
ἐκδικέω
ἐκζητέω
ἐκθαμβέω
ἐκκακέω
ἐκκεντέω
ἐκλαλέω
ἐκλιπαρέω
ἐκτελέω
ἐκφοβέω
ἐκφωνέω
ἐκχωρέω
ἐλαττονέω
ἐλεέω
ἐλλογέω
ἐμέω

ἐμπεριπατέω
ἐμφωνέω
ἐνανθρωπέω
ἐνδημέω
ἐνειλέω
ἐνεργέω
ἐνευλογέω
ἐνθυμέομαι
ἐννοέω
ἐνοικέω
ἐνοχλέω
ἐξαιρέω
ἐξαιτέω
ἐξακολουθέω
ἐξαπορέω
ἐξαριθμέω
ἐξασθενέω
ἐξηγέομαι
ἐξηχέω
ἐξοιδέω
ἐξομολογέω
ἐξουδενέω
ἐξωθέω
ἐπαινέω
ἐπαιτέω
ἐπακολουθέω
ἐπαρκέω
ἐπιβαρέω
ἐπιδημέω
ἐπιζητέω
ἐπιθυμέω
ἐπικαλέω
ἐπιμαρτυρέω
ἐπιμελέομαι
ἐπινοέω
ἐπιορκέω
ἐπιποθέω
ἐπισκοπέω
ἐπισκοτέω
ἐπιτελέω
ἐπιτηρέω
ἐπιφωνέω
ἐπιχειρέω
ἐπιχορηγέω
ἐποικοδομέω
ἑτεροδιδασκαλέω
ἑτεροδοξέω
ἑτεροζυγέω
εὐαρεστέω
εὐδαιμονέω
εὐδοκέω

εὐεργετέω
εὐθαλέω
εὐθηνέω
εὐθυδρομέω
εὐθυμέω
εὐκαιρέω
εὐλαβέομαι
εὐλογέω
εὐνοέω
εὐπορέω
εὐπραγέω
εὐπροσωπέω
εὐσεβέω
εὐσταθέω
εὐσχημονέω
εὐφορέω
εὐχαριστέω
εὐψυχέω
ἐφικνέομαι
ζητέω
ζωγρέω
ζωογονέω
ἡγέομαι
ἠχέω
θαμβέω
θαρρέω
θαρσέω
θεομαχέω
θεοσεβέω
θεωρέω
θηριομαχέω
θορυβέω
θρηνέω
θροέω
θυμομαχέω
ἱεροσυλέω
ἱερουργέω
ἱστορέω
ἰσχυροποιέω
καθαιρέω
κακοδιδασκαλέω
κακολογέω
κακοπαθέω
κακοποιέω
κακουργέω
κακουχέω
καλέω
καλοποιέω
καρποφορέω
καρτερέω
καταβαρέω

καταδιαιρέω
κατακεντέω
κατακληροδοτέω
κατακληρονομέω
κατακολουθέω
καταλαλέω
καταμαρτυρέω
κατανοέω
καταπατέω
καταπονέω
καταργέω
καταριθμέω
κατασκοπέω
καταφιλέω
καταφρονέω
καταφωνέω
κατευλογέω
κατηγορέω
κατηχέω
κατοικέω
κενοδοξέω
κινέω
κληρονομέω
κοινωνέω
κοσμέω
κρατέω
κυοφορέω
λαλέω
λατομέω
λειποτακτέω
λειτουργέω
λιθοβολέω
λογομαχέω
λοιδορέω
λυπέω
λυσιτελέω
μακροθυμέω
μαρτυρέω
μεγαλαυχέω
μεγαλορρημονέω
μελανέω
μετακαλέω
μετακινέω
μετανοέω
μετρέω
μετριοπαθέω
μιμέομαι
μισέω
μνησικακέω
μοσχοποιέω
μυέω

μωμοσκοπέομαι
ναυαγέω
νοέω
νομοθετέω
νοσέω
νουθετέω
ξενοδοχέω
ὁδηγέω
ὁδοιπορέω
ὁδοποιέω
οἰκέω
οἰκοδεσποτέω
οἰκοδομέω
οἰκονομέω
οἰκουργέω
ὀκνέω
ὀλιγοψυχέω
ὀλιγωρέω
ὁμιλέω
ὁμολογέω
ὁμονοέω
ὀξυχολέω
ὀρθοποδέω
ὀρθοτομέω
ὀρχέομαι
ὀχλέω
ὀχλοποιέω
παιδοφθορέω
παραθεωρέω
παραινέω
παραιτέομαι
παρακαλέω
παρακολουθέω
παραμυθέομαι
παρανομέω
παραποιέω
παρατηρέω
παραφρονέω
παρενθυμέομαι
παρενοχλέω
παρεπιδημέω
παροικέω
πατέω
πειθαρχέω
πενθέω
περιαιρέω
περιοικέω
περιπατέω
περιποιέω
περιφρονέω
πλεονεκτέω

πληροφορέω
πλουτέω
ποθέω
ποιέω
πολεμέω
πονέω
πορθέω
προαδικέω
προαθλέω
προαιρέω
προδημιουργέω
προεξομολογέομαι
προηγέομαι
προκαλέω
προνοέω
προοδοιπορέω
προσαιτέω
προσαπειλέω
προσαχέω
προσκαλέω
προσκαρτερέω
προσκυνέω
προσλαλέω
προσομιλέω
προσποιέω
προσφωνέω
προσωπολημπτέω
προχειροτονέω
προχωρέω
πτεροφυέω
πτοέω
πωλέω
ῥαθυμέω
ῥιπτέω
σκελοκοπέω
σκοπέω
στενοχωρέω
σιερέω
στοιχέω
στρατολογέω
συγγνωμονέω
συγκακοπαθέω
συγκακουχέομαι
συγκαλέω
συγκινέω
συγκοινωνέω
συγκρατέω
συγχωρέω
συζητέω
συζωοποιέω
συκοφαντέω

συλαγωγέω
συλλαλέω
συλλυπέω
συμμαρτυρέω
συμμαχέω
συμπαθέω
συμπαρακαλέω
συμφωνέω
συναθλέω
συναινέω
συνακολουθέω
συναριθμέω
συναρμολογέω
συνεπιμαρτυρέω
συνεργέω
συνευδοκέω
συνευωχέομαι
συνοικέω
συνοικοδομέω
συνομιλέω
συνομορέω
συντελέω
συντηρέω
συνυπουργέω
συστοιχέω
σφυροκοπέω
σωφρονέω
ταλαιπωρέω
ταπεινοφρονέω
τεκνογονέω
τεκνοτροφέω
τελεσφορέω
τελέω
τετραρχέω
τημελέω
τηρέω
τιμωρέω
τροποφορέω
τροφοφορέω
ὑδροποτέω
ὑμνέω
ὑπερεπαινέω
ὑπερευχαριστέω
ὑπερηφανέω
ὑπερφρονέω
ὑπηρετέω
ὑπισχνέομαι
ὑπονοέω
ὑποπλέω
ὑποπνέω
ὑπουργέω

ὑποχωρέω
ὑστερέω
ὑψηλοφρονέω
φανεροποιέω
φθονέω
φιλαργυρέω
φιλέω
φιλοπονέω
φιλοτιμέομαι
φλυαρέω
φοβέω
φορέω
φρονέω
φρουρέω
φυλλοροέω
φωνέω
χαλιναγωγέω
χειραγωγέω
χειροτονέω
χορηγέω
χρησμοδοτέω
χρονοτριβέω
χωρέω
ψευδομαρτυρέω
ψυχαγωγέω
ὠθέω
ὠνέομαι
ὠφελέω

-ζω v., to do, to be
ἁρμόζω
γογγύζω
γρύζω
δεσπόζω
διαγογγύζω
διασώζω
ἐκσώζω
κατακλύζω
κοκκύζω
ὀλολύζω
πιέζω
συναρμόζω

-ή,ή 1 decl. n., product of the
   action of the verb, other
   meanings
'Αβιληνή,ή
ἀγωγή,ή
ἀδελφή,ή
ἀκοή,ή
ἀλλαγή,ή
ἀμοιβή,ή

ἀναβολή,ή
ἀναγραφή,ή
ἀναστροφή,ή
ἀνατολή,ή
ἀνατομή,ή
ἀνοχή,ή
ἀνταλλαγή,ή
ἀπαρχή,ή
ἀποβολή,ή
ἀπογραφή,ή
ἀποδοχή,ή
ἀποστολή,ή
ἀποστροφή,ή
ἀρετή,ή
ἁρμογή,ή
ἁρπαγή,ή
ἀρχή,ή
ἀστραπή,ή
αὐγή,ή
ἁφή,ή
ἀφορμή,ή
βοή,ή
βολή,ή
βουλή,ή
βροντή,ή
βροχή,ή
γενετή,ή
γραφή,ή
διαβολή,ή
διαπαρατριβή,ή
διαστολή,ή
διαταγή,ή
διατροφή,ή
διδαχή,ή
δοκιμή,ή
δοχή,ή
δραχμή,ή
δυσμή,ή
ἐγκοπή,ή
ἐκβολή,ή
ἐκδοχή,ή
ἐκλογή,ή
ἐμβροχή,ή
ἐμπλοκή,ή
ἐντολή,ή
ἐντροπή,ή
ἐξοχή,ή
ἑορτή,ή
ἐπεισαγωγή,ή
ἐπιβουλή,ή
ἐπιγραφή,ή

έπινομή,ή
έπισκοπή,ή
έπιστολή,ή
έπιστροφή,ή
έπισυναγωγή,ή
έπιταγή,ή
έπιτροπή,ή
εύχή,ή
ζωή,ή
ήδονή,ή
καταβολή,ή
καταλλαγή,ή
καταστολή,ή
καταστροφή,ή
κατατομή,ή
κεφαλή,ή
κλοπή,ή
Κολοσσαί,-ῶν,αί
κοπή,ή
κραυγή,ή
κριθή,ή
μετοχή,ή
μηχανή,ή
μομφή,ή
μονή,ή
μορφή,ή
νομή,ή
οίκοδομή,ή
όπή,ή
όργή,ή
όρμή,ή
όσμή,ή
όφειλή,ή
παραβολή,ή
παραδιατριβή,ή
παρακοή,ή
παραλλαγή,ή
παρασκευή,ή
παρεμβολή,ή
περιοχή,ή
περιτομή,ή
πηγή,ή
πληγή,ή
πλοκή,ή
πνοή,ή
προκοπή,ή
προσαγωγή,ή
προσευχή,ή
προσκοπή,ή
πυγμή,ή
ρεπή,ή

ροπή,ή
σιγή,ή
σκευή,ή
σκηνή,ή
σπιθαμή,ή
σπουδή,ή
σταφυλή,ή
στιγμή,ή
στολή,ή
συγγραφή,ή
συγκοπή,ή
συλλαβή,ή
συμβουλή,ή
συμπλοκή,ή
συναγωγή,ή
συνδρομή,ή
συνοχή,ή
συντριβή,ή
συστροφή,ή
σφαγή,ή
σχισμή,ή
σχολή,ή
ταγή,ή
ταραχή,ή
ταφή,ή
τελευτή,ή
τιμή,ή
τροπή,ή
τροφή,ή
τρυφή,ή
ύπακοή,ή
ύπερβολή,ή
ύπεροχή,ή
ύπομονή,ή
ύποστολή,ή
ύποταγή,ή
φυγή,ή
φυλακή,ή
φυλή,ή
φωνή,ή
χολή,ή
χορδή,ή
ψυχή,ή
ώδή,-ῆς,ή

-η,ή 1 decl. n.
άγάπη,ή
αίσχύνη,ή
Ἄλκη,ή
άλόη,ή
άνάγκη,ή

ἀξίνη,ἡ
ἀπάτη,ἡ
ἀποθήκη,ἡ
ἀσβόλη,ἡ
Βερνίκη,ἡ
βλάβη,ἡ
γαλῆ,ἡ
γῆ,ἡ
γνώμη,ἡ
δαπάνη,ἡ
Δέρβη,ἡ
δέσμη,ἡ
διαθήκη,ἡ
δίκη,ἡ
Δίρκη,ἡ
δούλη,ἡ
εἰρήνη,ἡ
ἐπιστήμη,ἡ
Εὐνίκη,ἡ
ζύμη,ἡ
ζώνη,ἡ
θέρμη,ἡ
Θεσσαλονίκη,ἡ
θήκη,ἡ
Ἰόππη,ἡ
καλάμη,ἡ
καλάνδαι,αἱ
Κανδάκη,ἡ
καταδίκη,ἡ
κλίνη,ἡ
κοίτη,ἡ
κόμη,ἡ
κόρη,ἡ
κραιπάλη,ἡ
Κρήτη,ἡ
κρύπτη,ἡ
Κυρήνη,ἡ
κώμη,ἡ
λήθη,ἡ
Λιβύη,ἡ
λίμνη,ἡ
λινοκαλάμη,ἡ
λόγχη,ἡ
λύπη,ἡ
μάμμη,ἡ
μάχη,ἡ
μέθη,ἡ
Μελίτη,ἡ
Μιτυλήνη,ἡ
μνήμη,ἡ

νίκη,ἡ
νύμφη,ἡ
ὀδύνη,ἡ
ὀθόνη,ἡ
ὁμίχλη,ἡ
ὅπλη,ἡ
πάλη,ἡ
παραθήκη,ἡ
παρακαταθήκη,ἡ
πέδη,ἡ
Πέργη,ἡ
πλάνη,ἡ
ποίμνη,ἡ
πόρνη,ἡ
πύλη,ἡ
ῥέδη,ἡ
Ῥόδη,ἡ
ῥύμη,ἡ
Ῥώμη,ἡ
σαγήνη,ἡ
Σαλμώνη,ἡ
Σαλώμη,ἡ
Σαμοθράκη,ἡ
σαργάνη,ἡ
σκάφη,ἡ
σκέπη,ἡ
στέγη,ἡ
στήλη,ἡ
συγγνώμη,ἡ
συκῆ,ἡ
Συντύχη,ἡ
ταβέρνη,ἡ
τέχνη,ἡ
τύχη,ἡ
ὕλη,ἡ
φήμη,ἡ
φιάλη,ἡ
Φοίβη,ἡ
Φοινίκη,ἡ
φρίκη,ἡ
χλεύη,ἡ
Χλόη,ἡ

-ῃ= adv. from dat. sg.,
    manner, location
εἰκῇ
κρυφῇ
πανταχῇ
πάντῃ
πεζῇ

σιωπή

-ην,-εν 3 decl. adj., quality
  ἄρρην,-εν
  ἄρσην,-εν

-ην= adv. from acc. sg.
  μάτην

-ησιος,ὁ 2 decl. n., a citizen of
  Φιλιππήσιος,ὁ

-ης,-ες 3 decl. adj., quality
  ἀβαρής,-ές
  ἀγενής,-ές
  ἀγιοπρεπής,-ές
  ἀδρανής,-ές
  ἀηδής,-ές
  αἱματώδης,-ες
  αἰσχροκερδής,-ές
  ἀκανθώδης,-ες
  ἀκλινής,-ές
  ἀκρατής,-ές
  ἀκριβής,-ές
  ἀληθής,-ές
  ἀλλογενής,-ές
  ἀλυσιτελής,-ές
  ἀμαθής,-ές
  ἀμελής,-ές
  ἀναιδής,-ές
  ἀνεπιδεής,-ές
  ἀνωφελής,-ές
  ἀξιοπρεπής,-ές
  ἀπαθής,-ές
  ἀπειθής,-ές
  ἀπρεπής,-ές
  ἀπροσδεής,-ές
  ἀσεβής,-ές
  ἀσθενής,-ές
  ἀσφαλής,-ές
  αὐθάδης,-ες
  αὐτάρκης,-ες
  ἀφανής,-ές
  ἀψευδής,-ές
  γηγενής,-ές
  γλωσσώδης,-ες
  γραώδης,-ες
  δαιμονιώδης,-ες
  διαυγής,-ές
  διαφανής,-ές
  διετής,-ές
  διηνεκής,-ές
  διοπετής,-ές

δυσμαθής,-ές
ἐγκρατής,-ές
εἰλικρινής,-ές
ἑκατονταετής,-ές
ἐκπρεπής,-ές
ἐκτενής,-ές
ἐμβριθής,-ές
ἐμφανής,-ές
ἐναργής,-ές
ἐνδεής,-ές
ἐνεργής,-ές
ἐπιεικής,-ές
ἐπιμελής,-ές
ἐπισφαλής,-ές
ἐπιφανής,-ές
ἐρημώδης,-ες
ἑτεροκλινής,-ές
εὐανθής,-ές
εὐγενής,-ές
εὐειδής,-ές
εὐθαλής,-ές
εὐθής,-ές
εὐκλεής,-ές
εὐλαβής,-ές
εὐπειθής,-ές
εὐπρεπής,-ές
εὐσεβής,-ές
εὐσταθής,-ές
εὐχερής,-ές
ἡμιθανής,-ές
θανατώδης,-ες
θειώδης,-ες
θεοπρεπής,-ές
θεοσεβής,-ές
θεοστυγής,-ές
θεοφιλής,-ές
ἱεροπρεπής,-ές
κακοήθης,-ες
κατηφής,-ές
κοινωφελής,-ές
κρημνώδης,-ες
κροκώδης,-ες
ληρώδης,-ες
μαστώδης,-ες
μεγαλοπρεπής,-ές
μονογενής,-ές
ὁλοτελής,-ές
ὁμοιοπαθής,-ές
παμμεγέθης,-ες
παμπληθής,-ές
παντελής,-ές

περικρατής,-ές
περιχαρής,-ές
πετρώδης,-ες
πλήρης,-ες
ποδήρης,-ες
πολυτελής,-ές
πρηνής,-ές
προγενής,-ές
προπετής,-ές
προσφιλής,-ές
πυροειδής,-ές
συγγενής,-ές
συμπαθής,-ές
συνήθης,-ες
τεσσαρακονταετής,-ές
τηλαυγής,-ές
τρεῖς,τρία
τριβολώδης,-ες
ὑγιής,-ές
ὑποδεής,-ές
ψευδής,-ές
ψοφοδεής,-ές

-ης,-η,ὀ 1 decl. n., proper
  names
Ἰωσῆς,-ῆ,ὀ
Μανασσῆς,-ῆ,ὀ

-ης,-ου,ὀ 1 decl. n., agent,
  proper names
ᾅδης,-ου,ὀ
Ἀπελλῆς,-οῦ,ὀ
ἀρχιτελώνης,-ου,ὀ
Ἀσιάρχης,-ου,ὀ
Γαλάτης,-ου,ὀ
ἐθνάρχης,-ου,ὀ
εἰδωλολάτρης,-ου,ὀ
ἑκατοντάρχης,-ου,ὀ
Ἑρμῆς,-οῦ,ὀ
Ἡρώδης,-ου,ὀ
Ἰαμβρῆς,-οῦ,ὀ
Ἰάννης,-ου,ὀ
Ἰορδάνης,-ου,ὀ
Ἰωάννης,-ου,ὀ
κοδράντης,-ου,ὀ
Ὀλοφέρνης,-ου,ὀ
πατριάρχης,-ου,ὀ
πολιτάρχης,-ου,ὀ
Σκύθης,-ου,ὀ
στρατοπεδάρχης,-ου,ὀ
τελώνης,-ου,ὀ
τετράρχης,-ου,ὀ

φαιλόνης,-ου,ὀ
φελόνης,-ου,ὀ

-ης= adv. from gen. sg.
ἐξαυτῆς
ἑξῆς
καθεξῆς

-θα= adv., with reference to a
  place
ἔνθα
ἐνταῦθα

-θαδε= adv., to or at a place
ἐνθάδε

-θεν= adv., from a place, state,
  or location
ἀλλαχόθεν
ἄνωθεν
ἐκεῖθεν
ἔμπροσθεν
ἔνδοθεν
ἔνθεν
ἐντεῦθεν
ἔξωθεν
ἔσωθεν
κἀκεῖθεν
κυκλόθεν
μακρόθεν
ὅθεν
ὄπισθεν
ὁπόθεν
οὐρανόθεν
παιδιόθεν
παιδόθεν
πανταχόθεν
πάντοθεν
πόθεν
πόρρωθεν
πρόσθεν
πρωίθεν
ὑποκάτωθεν

-ι= adv. of time, of place
ἐνί
νυνί
οὐχί
ποῖ
πρωί

-ία,ἡ 1 decl. n., quality, proper
  names
ἀβροχία,ἡ

ἀγαθοποιία,ἡ
ἀγγελία,ἡ
ἀγνωσία,ἡ
ἀγρυπνία,ἡ
ἀγωνία,ἡ
ἀδελφοκτονία,ἡ
ἀδιαφθορία,ἡ
ἀδικία,ἡ
ἀηδία,-ας,ἡ
ἀθανασία,ἡ
ἀθυμία,ἡ
αἰκία,ἡ
αἱματεκχυσία,ἡ
αἰσχρολογία,ἡ
αἰτία,ἡ
αἰχμαλωσία,ἡ
ἀκαθαρσία,ἡ
ἀκακία,ἡ
ἀκαταστασία,ἡ
ἀκαυχησία,ἡ
ἀκηδία,ἡ
ἀκρασία,ἡ
ἀκροβυστία,ἡ
ἀλεκτοροφωνία,ἡ
ἁμαρτία,ἡ
ἀμεριμνία,ἡ
ἀμφιβολία,ἡ
ἀναλογία,ἡ
ἀνεγκλησία,ἡ
ἀνοδία,ἡ
ἀνομία,ἡ
ἀντιλογία,ἡ
ἀντιμισθία,ἡ
ἀπιστία,ἡ
ἀποδημία,ἡ
Ἀπολλωνία,ἡ
ἀπολογία,ἡ
ἀπορία,ἡ
ἀποστασία,ἡ
ἀποτομία,ἡ
ἀπουσία,ἡ
Ἀραβία,ἡ
Ἀριμαθαία,ἡ
Ἀρκαδία,ἡ
ἀρτηρία,ἡ
ἀσιτία,ἡ
ἀσυγκρασία,ἡ
ἀσωτία,ἡ
ἀτιμία,ἡ
ἀφειδία,ἡ
ἀφθαρσία,ἡ

ἀφθονία,ἡ
ἀφθορία,ἡ
ἀφιλοξενία,ἡ
ἀφοβία,ἡ
Ἀχαΐα,ἡ
βασκανία,ἡ
Βηθανία,ἡ
Βιθυνία,ἡ
βλασφημία,ἡ
Γαλατία,ἡ
Γαλιλαία,ἡ
Γαλλία,ἡ
γενεαλογία,ἡ
γερουσία,ἡ
γυμνασία,ἡ
Δαλματία,ἡ
δειλία,ἡ
δεισιδαιμονία,ἡ
δημιουργία,ἡ
διακονία,ἡ
διγαμία,ἡ
διγλωσσία,ἡ
διδασκαλία,ἡ
διετία,ἡ
δικαιοκρισία,ἡ
δικαιοπραγία,ἡ
διπλοκαρδία,ἡ
διχοστασία,ἡ
διψυχία,ἡ
δοκιμασία,ἡ
δυσφημία,ἡ
δυσωδία,ἡ
δωροφορία,ἡ
ἐθελοθρησκία,ἡ
εἰδωλολατρία,ἡ
ἐκκλησία,ἡ
ἐλαία,ἡ
ἐλαφρία,ἡ
ἐλευθερία,ἡ
ἐμπορία,ἡ
ἐξουσία,ἡ
ἐπαγγελία,ἡ
ἐπιδημία,ἡ
ἐπιθυμία,ἡ
ἐπικουρία,ἡ
ἐπιποθία,ἡ
ἐπιτιμία,ἡ
ἐπιχορηγία,ἡ
ἐργασία,ἡ
ἐρημία,ἡ
ἑτεροδοξία,ἡ

έτοιμασία,ή
εὐγλωττία,ή
εὐδοκία,ή
εὐεργεσία,ή
εὐθηνία,ή
εὐκαιρία,ή
εὐλογία,ή
εὐνουχία,ή
Εὐοδία,ή
εὐποιία,ή
εὐπορία,ή
εὐσπλαγχνία,ή
εὐταξία,ή
εὐτραπελία,ή
εὐφημία,ή
εὐχαριστία,ή
εὐωδία,ή
εὐωχία,ή
ἐφημερία,ή
ζευκτηρία,ή
ζηλοτυπία,ή
ζημία,ή
ἡγεμονία,ή
ἡλικία,ή
ἡσυχία,ή
θεοστυγία,ή
Θεσσαλία,ή
θεωρία,ή
θυσία,ή
Ἰδουμαία,ή
ἱκεσία,ή
ἱκετηρία,ή
Ἰουδαία,ή
κακία,ή
κακοδιδασκαλία,ή
κακοτεχνία,ή
καλοκἀγαθία,ή
Καππαδοκία,ή
καραδοκία,ή
καρδία,ή
κατηγορία,ή
κατοικία,ή
κειρία,ή
κενοδοφία,ή
κενοφωνία,ή
κεραία,ή
Κιλικία,ή
Κλαυδία,ή
κληρονομία,ή
κλισία,ή
κοιλία,ή

κοινωνία,ή
κοπρία,ή
κυρία,ή
λειτουργία,ή
λογομαχία,ή
λοιδορία,ή
Λυδία,ή
Λυκαονία,ή
Λυκία,ή
λυχνία,ή
Μαγνησία,ή
Μακεδονία,ή
μακροθυμία,ή
μαλακία,ή
μανία,ή
μαρτυρία,ή
ματαιολογία,ή
ματαιοπονία,ή
μεσημβρία,ή
Μεσοποταμία,ή
μετοικεσία,ή
μικρολογία,ή
μισθαποδοσία,ή
μνησικακία,ή
μωρία,ή
μωρολογία,ή
νεομηνία,ή
νομοθεσία,ή
νουθεσία,ή
ξενία,ή
ὁδοιπορία,ή
οἰκία,ή
οἰκοδομία,ή
οἰκονομία,ή
οἰνοφλυγία,ή
ὀλιγοπιστία,ή
ὁλοκληρία,ή
ὁμιλία,ή
ὁμολογία,ή
ὁμοφωνία,ή
ὀξυχολία,ή
ὀπτασία,ή
ὁρκωμοσία,ή
ὁροθεσία,ή
οὐσία,ή
ὀφθαλμοδουλία,ή
παλιγγενεσία,ή
Παμφυλία,ή
πανοπλία,ή
πανουργία,ή
παραγγελία,ή

παραμυθία,ή
παρανομία,ή
παραφρονία,ή
παραχειμασία,ή
παρηγορία,ή
παρθενία,ή
παροικία,ή
παροιμία,ή
παρουσία,ή
παρρησία,ή
περικεφαλαία,ή
πιθανολογία,ή
πικρία,ή
Πισιδία,ή
πλατεῖα,ή
πλεονεξία,ή
πληροφορία,ή
ποικιλία,ή
πολιορκία,ή
πολυευσπλαγχνία,ή
πολυλογία,ή
πολυπλοκία,ή
πολυσπλαγχία,ή
πονηρία,ή
προθεσμία,ή
προθυμία,ή
προσδοκία,ή
προσωπολημψία,ή
πρωία,ή
πρωτοκαθεδρία,ή
πρωτοκλισία,ή
ῥαδιουργία,ή
ῥαχία,ή
ῥυπαρία,ή
σηπία,ή
σιτία,ή
σκηνοπηγία,ή
σκληροκαρδία,ή
σκοτία,ή
σκωρία,ή
σοφία,ή
στενοχωρία,ή
συγκυρία,ή
συμβουλία,ή
συμποσία,ή
συμφωνία,ή
συνοδία,ή
συνορία,ή
συνωμοσία,ή
Συρία,ή
σωτηρία,ή

ταλαιπωρία,ή
τεκνογονία,ή
τιμωρία,ή
τοποθεσία,ή
τριετία,ή
ὑδρία,ή
υἱοθεσία,ή
ὑπερηφανία,ή
ὑπηρεσία,ή
φαντασία,ή
φιλαδελφία,ή
φιλανθρωπία,ή
φιλαργυρία,ή
φιλία,ή
φιλονεικία,ή
φιλοξενία,ή
φιλοσοφία,ή
φιλοστοργία,ή
φιλοτιμία,ή
Φρυγία,ή
χειροτονία,ή
χρηστολογία,ή
χριστομαθία,ή
ψευδοδιδασκαλία,ή
ψευδομαρτυρία,ή

-ια,ή 1 decl. n., quality, words
related to νοῦς, proper
names
ἄγνοια,ή
ἄνοια,ή
ἀπόνοια,ή
διάνοια,ή
ἔννοια,ή
ἐπίνοια,ή
εὔνοια,ή
μετάνοια,ή
ὁμόνοια,ή
παράνοια,ή
Πέραια,ή
πρόνοια,ή
ὑπόνοια,ή

-ιά,ή 1 decl. n., an object, a
result of action
ἀνθρακιά,ή
θημωνιά,ή
καταλαλιά,ή
λαλιά,ή
νοσσιά,ή
πατριά,ή
πρασιά,ή

πυρκαιά,ή
στραγγαλιά,ή
στρατιά,ή
τροχιά,ή
τρυμαλιά,ή

-ιας,-αδος,ή 3 decl. n., a
  patronymic
  Ἡρωδιάς,-άδος,ή
  Τιβεριάς,-άδος,ή

-ιανος,-η,-ον 2-1-2 decl. adj., a
  person from, a part of
  Πακατιανός,-ή,-όν

-ιανος,ό 2 decl. n., a follower
  of, a person from
  Ἡρωδιανοί,-ῶν,οἱ
  Τραλλιανός,ό
  Χριστιανός,ό

-ιδιον,τό 2 decl. n., diminutive,
  small
  ἀγρίδιον,τό
  βιβλίδιον,τό
  ἰχθύδιον,τό
  κλινίδιον,τό
  ξιφίδιον,τό
  πινακίδιον,τό

-ιδιος,-ον 2 decl. adj.
  αἰφνίδιος,-ον

-ιζω v., to do, to be
  ἁγνίζω
  ἀγωνίζομαι
  ἀθροίζω
  αἱρετίζω
  αἰτίζω
  αἰχμαλωτίζω
  ἀκουτίζω
  ἁλίζω
  ἀναγνωρίζω
  ἀναθεματίζω
  ἀνακαινίζω
  ἀναλογίζομαι
  ἀνδρίζομαι
  ἀνεμίζω
  ἀνταγωνίζομαι
  ἀπαρτίζω
  ἀπαφρίζω
  ἀπελπίζω
  ἀπογνωρίζω
  ἀποδιορίζω

ἀποδιυλίζω
ἀποθησαυρίζω
ἀποκεφαλίζω
ἀποκομίζω
ἀπολακτίζω
ἀπορφανίζω
ἀποστοματίζω
ἀποφορτίζομαι
ἀποχωρίζω
ἀσφαλίζω
ἀτενίζω
αὐλίζομαι
ἀφανίζω
ἀφορίζω
ἀφρίζω
βαδίζω
βαπτίζω
βασανίζω
βολίζω
βυθίζω
γαμίζω
γεμίζω
γνωρίζω
δαιμονίζομαι
δανείζω
δειγματίζω
διαγνωρίζω
διακαθαρίζω
διαλογίζομαι
διαμερίζω
διασκορπίζω
διαφημίζω
διαχειρίζω
διαχωρίζω
διισχυρίζομαι
διορίζω
διυλίζω
δογματίζω
δροσίζω
ἐγγίζω
ἐγκαινίζω
ἐγκαταστηρίζω
ἐγκατασφραγίζω
ἐγκεντρίζω
ἐδαφίζω
ἐθίζω
ἐκγαμίζω
ἐκκομίζω
ἐκμυκτηρίζω
ἐλπίζω
ἐμβαπτίζω

ἐμπαίζω
ἐμποδίζω
ἐμφανίζω
ἐναγκαλίζομαι
ἐνοξίζω
ἐνοπτρίζομαι
ἐνορκίζω
ἐνστερνίζω
ἐνυβρίζω
ἐνωτίζομαι
ἐξακοντίζω
ἐξαρτίζω
ἐξερίζω
ἐξορκίζω
ἐξυπνίζω
ἐπαγωνίζομαι
ἐπαθροίζω
ἐπαφρίζω
ἐπιστηρίζω
ἐπιστομίζω
ἐπισφραγίζω
ἐρεθίζω
ἐρίζω
εὐαγγελίζω
εὐνουχίζω
θεατρίζω
θερίζω
θησαυρίζω
θραυματίζω
ἱματίζω
ἰουδαίζω
καθαρίζω
καθοπλίζω
καλλωπίζω
καταγωνίζομαι
καταθεματίζω
κατακρημνίζω
καταναθεματίζω
καταποντίζω
καταρτίζω
κατασοφίζομαι
κατασφραγίζω
καταψηφίζομαι
κατοικίζω
κατοπρίζω
καυματίζω
κιθαρίζω
κλυδωνίζομαι
κολαβρίζω
κολαφίζω
κομίζω

κουφίζω
κρυσταλλίζω
λακτίζω
λογίζομαι
μακαρίζω
μαλακίζομαι
μαστίζω
μερίζω
μετασχηματίζω
μετεωρίζομαι
μετοικίζω
μυκτηρίζω
μυρίζω
νομίζω
νοσφίζω
ξενίζω
ὁμαλίζω
ὀνειδίζω
ὀξίζω
ὁπλίζω
ὀργίζω
ὀρθίζω
ὁρίζω
ὁρκίζω
παίζω
παραδειγματίζω
παραλογίζομαι
παροργίζω
παρορίζω
πελεκίζω
περιτειχίζω
πλουτίζω
πορίζω
ποτίζω
πρίζω
προελπίζω
προεπιλακτίζω
προευαγγελίζομαι
προκαταρτίζω
προορίζω
προσεγγίζω
προσορμίζω
προσοχθίζω
προχειρίζω
πτωχίζω
ῥαβδίζω
ῥαντίζω
ῥαπίζω
ῥιπίζω
σαββατίζω
σαλπίζω

σιφωνίζω
σκανδαλίζω
σκορπίζω
σκοτίζω
σμυρνίζω
σοφίζω
σπλαγχνίζομαι
σπονδίζω
στηρίζω
συγκαταψηφίζομαι
συγκομίζω
συγχρωτίζομαι
συλλογίζομαι
συμμερίζω
συμμορφίζω
συμφορτίζω
συμψηφίζω
συναγωνίζομαι
συναθροίζω
συναλίζω
συνετίζω
συνευρυθμίζω
συσχηματίζω
σφραγίζω
σχίζω
σωφρονίζω
τηγανίζω
τραυματίζω
τραχηλίζω
τυμπανίζω
ὑβρίζω
ὑπερασπίζω
φημίζω
φλογίζω
φορτίζω
φροντίζω
φυλακίζω
φωτίζω
χαρίζομαι
χονδρίζω
χρήζω
χρηματίζω
χρονίζω
χωρίζω
ψηφίζω
ψωμίζω

-ικαβ adv. from adj.
  -ικος,-η,-ον
  παραυτίκα

-ικος,-η,-ον 2-1-2 decl. adj.,
  having the characteristics of,
  -ic
ἀγγελικός,-ή,-όν
αἱρετικός,-ή,-όν
ἀλυκός,-ή,-όν
ἀνατολικός,-ή,-όν
ἀνωτερικός,-ή,-όν
ἀποστολικός,-ή,-όν
Ἀραβικός,-ή,-όν
ἀρσενικός,-ή,-όν
ἀρχιερατικός,-όν
ἀρχοντικός,-ή,-όν
αὐθεντικός,-ή,-όν
βασιλικός,-ή,-όν
βιωτικός,-ή,-όν
Γαλατικός,-ή,-όν
δαιμονικός,-ή,-όν
διδακτικός,-ή,-όν
Ἑβραικός,-ή,-όν
ἐθνικός,-ή,-όν
εἰρηνικός,-ή,-όν
ἐκκλησιαστικός,-ή,-όν
Ἑλληνικός,-ή,-όν
ἐπαρχικός,-ή,-όν
ἐριστικός,-ή,-όν
εὐεργετικός,-ή,-όν
ἡγεμονικός,-ή,-όν
θηλυκός,-ή,-όν
θυμικός,-ή,-όν
ἰδιωτικός,-ή,-όν
Ἰουδαικός,-ή,-όν
ἱππικός,-ή,-όν
Ἰταλικός,-ή,-όν
καθολικός,-ή,-όν
κεραμικός,-ή,-όν
κοινωνικός,-ή,-όν
κοσμικός,-ή,-όν
κριτικός,-ή,-όν
κυριακός,-ή,-όν
λαικός,-ή,-όν
λειτουργικός,-ή,-όν
Λευιτικός,-ή,-όν
λογικός,-ή,-όν
λοιμικός,-ή,-όν
μαθηματικός,-ή,-όν
μουσικός,-ή,-όν
μυλικός,-ή,-όν
μυλωνικός,-ή,-όν
νεωτερικός,-ή,-όν
νομικός,-ή,-όν

ὀνικός,-ή,-όν
παντοκρατορικός,-όν
παραλυτικός,-ή,-όν
πατρικός,-ή,-όν
πιστικός,-ή,-όν
πνευματικός,-ή,-όν
ποιμενικός,-ή,-όν
Ποντικός,-ή,-όν
προβατικός,-ή,-όν
προφητικός,-ή,-όν
Ῥωμαικός,-ή,-όν
σαρκικός,-ή,-όν
σιρικός,-ή,-όν
Στοικός,-ή,-όν
στρατιωτικός,-ή,-όν
συγγενικός,-ή,-όν
συστατικός,-ή,-όν
σωματικός,-ή,-όν
τυφωνικός,-ή,-όν
ὑδρωπικός,-ή,-όν
ὑπομονητικός,-ή,-όν
φυσικός,-ή,-όν
χοικός,-ή,-όν
ψυχικός,-ή,-όν

-ικος,ό 2 decl. n., proper
   names
   Ἀχαικός,ό
   Γερμανικός,ό
   Τυχικός,ό
   Ξανθικός,ό

-ιλλα,ή 1 decl. n., diminutive
   Πρίσκιλλα,ή

-ιμος,-η,-ον 2-1-2 decl. adj.,
   fitness or ability, -able, -ed,
   -ful
   ἀδόκιμος,-ον
   βρώσιμος,-ον
   γνώριμος,-ον
   δόκιμος,-ον
   ἐλλόγιμος,-ον
   θανάσιμος,-ον
   νόμιμος,-η,-ον
   ὄψιμος,-ον
   πρόιμος,-ον
   σπόριμος,-ον
   φρόνιμος,-ον
   χρήσιμος,-η,-ον
   ὥριμος,-ον
   ὠφέλιμος,-ον

-ιμος,ό 2 decl. n. from the
   preceding adj.
   Ὀνήσιμος,ό
   Τρόφιμος,ό

-ινος,-η,-ον 2-1-2 decl. adj.,
   made of, seasons of the year
   ἀκάνθινος,-η,-ον
   ἀληθινός,-ή,-όν
   ἀμαράντινος,-η,-ον
   ἀνθρώπινος,-η,-ον
   βύσσινος,-η,-ον
   δειλινός,-ή,-όν
   δερμάτινος,-η,-ον
   ἐαρινός,-ή,-όν
   ἐλεεινός,-ή,-όν
   ἐλεφάντινος,-η,-ον
   ἑσπερινός,-ή,-όν
   θερινός,-ή,-όν
   θύινος,-η,-ον
   καθημερινός,-ή,-όν
   καρπάσινος,-η,-ον
   κόκκινος,-η,-ον
   κρίθινος,-η,-ον
   λίθινος,-η,-ον
   μετοπωρινός,-όν
   μύλινος,-η,-ον
   ξύλινος,-η,-ον
   ὀρεινός,-ή,-όν
   ὀρθρινός,-ή,-όν
   ὀστράκινος,-η,-ον
   πεδινός,-ή,-όν
   περυσινός,-ή,-όν
   πήλινος,-η,-ον
   πρωινός,-ή,-όν
   πύρινος,-η,-ον
   σάρκινος,-η,-ον
   σκοτεινός,-ή,-όν
   σμαράγδινος,-η,-ον
   ταπεινός,-ή,-όν
   ταχινός,-ή,-όν
   τρίχινος,-η,-ον
   ὑακίνθινος,-η,-ον
   ὑάλινος,-η,-ον
   φθινοπωρινός,-ή,-όν
   φωτεινός,-ή,-όν
   χειμερινός,-ή,-όν
   χιόνινος,-η,-ον

-ινος,-η,-ον* irregular variant of
   the preceding
   ἐκεῖνος,-η,-ο

κἀκεῖνος,-η,-ο

-ινος,ὁ 2 decl. n. from the
preceding
σάρδινος,ὁ

-ιον,τό 2 decl. n., diminutive,
    small
ἀρνίον,τό
δωμάτιον,τό
ἐρίφιον,τό
θηρίον,τό
θυγάτριον,τό
ἱμάτιον,τό
κεράτιον,τό
κοράσιον,τό
νησίον,τό
νοσσίον,τό
ὀθόνιον,τό
ὀνάριον,τό
παιδίον,τό
ποίμνιον,τό
προβάτιον,τό
πτερύγιον,τό
ῥαβδίον,τό
σανδάλιον,τό
σαρκίον,τό
στοιχεῖον,τό
στρουθίον,τό
σωμάτιον,τό
τεκνίον,τό
φορτίον,τό
χοιρίον,τό
χρυσίον,τό
χωρίον,τό
ψιχίον,τό
ψωμίον,τό
ὠτίον,τό

-ιον,τό(2) 2 decl. n. from adj.
    -ιος,-α,-ον, related to
αἰδοῖον,τό
ἀκροθίνιον,τό
ἀντικνήμιον,τό
ἀποστάσιον,τό
ἀργύριον,τό
ἀψίνθιον,τό
βαλλάντιον,τό
βιβλίον,τό
γενέσια,τά
γεώργιον,τό
δαιμόνιον,τό

δάνειον,τό
Δευτερονόμιον,τό
δοκίμιον,τό
δυσεντέριον,τό
ἐγκαίνια,-ίων,τά
ἐγκάρδια,-ίων,τά
ἐμπόριον,τό
ἐνύπνιον,τό
ἐπικεφάλαιον,τό
ἔριον,τό
εὐαγγέλιον,τό
ἐφόδιον,τό
θεμέλιον,τό
ἱστίον,τό
κεράμιον,τό
κεφάλαιον,τό
κηρίον,τό
κιβώριον,τό
κόπριον,τό
κρανίον,τό
κυνηγέσιον,τό
λόγιον,τό
μαρτύριον,τό
μεθόριον,τό
μεσονύκτιον,τό
ὅριον,τό
ὅρκιον,τό
ὀψώνιον,τό
παραμύθιον,τό
πεδίον,τό
περιβόλαιον,τό
πηδάλιον,τό
πλοῖον,τό
πρεσβυτέριον,τό
προαύλιον,τό
προσκεφάλαιον,τό
προσφάγιον,τό
πρωτοτόκια,τά
σάρδιον,τό
σημεῖον,τό
σιτίον,τό
σιτομέτριον,τό
σπήλαιον,τό
στάδιον,τό
συμβούλιον,τό
συμπόσιον,τό
συνέδριον,τό
σφάγιον,τό
σχοινίον,τό
τεκμήριον,τό
τελώνιον,τό

τετράδιον,τό
τοπάζιον,τό
τρύβλιον,τό
ὑπερῷον,τό
ὑποζύγιον,τό
ὑπολήνιον,τό
ὑποπόδιον,τό
Φιλομήλιον,τό
χαλκίον,τό

-ιον= adv. of time or place
αὔριον
ἐναντίον
ἐνώπιον
ἐπαύριον
κατενώπιον
πλησίον

-ιος,-α,-ον 2-1-2 decl. adj.,
   related to
ἅγιος,-α,-ον
ἀγοραῖος,-ον
ἄγριος,-α,-ον
'Αθηναῖος,-α,-ον
αἴγειος,-α,-ον
Αἰγύπτιος,-α,-ον
ἀίδιος,-ον
αἴτιος,-α,-ον
αἰώνιος,-α,-ον
ἀκέραιος,-ον
ἀκρογωνιαῖος,-α,-ον
ἀναγκαῖος,-α,-ον
ἀναίτιος,-ον
ἀνάξιος,-ον
ἀνδρεῖος,-α,-ον
ἀνόμοιος,-ον
ἄξιος,-α,-ον
῎Αρειος,-α,-ον
῎Αριος,-α,-ον
ἄρτιος,-α,-ον
ἀρχαῖος,-α,-ον
ἀστεῖος,-α,-ον
ἀχρεῖος,-ον
βασίλειος,-ον
βέβαιος,-α,-ον
Βεροιαῖος,-α,-ον
βίαιος,-α,-ον
Γαλιλαῖος,-α,-ον
γενέθλιος,-ον
γενναῖος,-α,-ον
γνήσιος,-α,-ον
γυναικεῖος,-α,-ον

δεξιός,-ά,-όν
Δερβαῖος,-α,-ον
δευτεραῖος,-α,-ον
δημόσιος,-α,-ον
δίκαιος,-α,-ον
δόλιος,-α,-ον
ἐγχώριος,-ον
ἑδραῖος,-α,-ον
Εἰρηναῖος,ὁ
ἑκούσιος,-α,-ον
ἐνάλιος,-ον
ἐναντίος,-α,-ον
ἐντόπιος,-α,-ον
ἐπάρχειος,-ον
ἐπίγειος,-ον
ἐπιθανάτιος,-ον
'Επικούρειος,ὁ
ἐπιούσιος,-ον
ἐπιτήδειος,-α,-ον
ἐπουράνιος,-ον
εὐκταῖος,-α,-ον
'Εφέσιος,-α,-ον
ἤπιος,-α,-ον
ἡσύχιος,-ον
θαυμάσιος,-α,-ον
ἴδιος,-α,-ον
'Ιουδαῖος,-α,-ον
'Ιτουραῖος,-α,-ον
καταχθόνιος,-ον
κόσμιος,-α,-ον
κραταιός,-ά,-όν
κρυφαῖος,-α,-ον
κρύφιος,-α,-ον
κύριος,-α,-ον
λόγιος,-α,-ον
μακάριος,-α,-ον
μακροχρόνιος,-ον
μάταιος,-α,-ον
μεγαλεῖος,-α,-ον
μελίσσιος,-ον
μετακόσμιος,-ον
μέτριος,-α,-ον
νήπιος,-α,-ον
νηφάλιος,-α,-ον
οἰκεῖος,-α,-ον
ὀλέθριος,-ον
ὀλιγοχρόνιος,-ον
ὅμοιος,-α,-ον
ὁποῖος,-α,-ον
ὄρθριος,-α,-ον
ὅσιος,-α,-ον

ουράνιος,-ον
ὄψιος,-α,-ον
παλαιός,-ά,-όν
πανάγιος,-ον
παραθαλάσσιος,-α,-ον
παράλιος,-ον
παραπλήσιος,-α,-ον
παρόδιος,-ον
παρόμοιος,-α,-ον
πατρῷος,-α,-ον
πεμπταῖος,-α,-ον
περιούσιος,-ον
πηχυαῖος,-α,-ον
Πισίδιος,-ά,-ον
πλούσιος,-ά,-ον
ποῖος,-α,-ον
πρωτεῖος,-α,-ον
'Ρωμαῖος,-α,-ον
σεβάσμιος,-ον
Σιδώνιος,-α,-ον
σκολιός,-ά,-όν
Σμυρναῖος,-α,-ον
σπουδαῖος,-α,-ον
σωτήριος,-ον
ταλαντιαῖος,-α,-ον
τέλειος,-α,-ον
τελευταῖος,-α,-ον
τεταρταῖος,-α,-ον
τίμιος,-α,-ον
ὑπεναντίος,-α,-ον
ὑπερῷος,-α,-ον
ὑποχθόνιος,-α,-ον
Χαναναῖος,-α,-ον
χρυσοδακτύλιος,-ον
ὡραῖος,-α,-ον

-ιος,ὁ 2 decl. n. from adj.

-ιος,-α,-ον, related to
'Απολλώνιος,ὁ
Γάιος,ὁ
δακτύλιος,ὁ
δέσμιος,ὁ
Δημήτριος,ὁ
Διονύσιος,ὁ
'Εβραῖος,ὁ
θεμέλιος,ὁ
Καναναῖος,ὁ
Κλαύδιος,ὁ
Κορίνθιος,ὁ
Κύπριος,ὁ
Κυρηναῖος,ὁ

Κυρήνιος,ὁ
κύριος,ὁ
μίσθιος,ὁ
Ναζωραῖος,ὁ
νυμφίος,ὁ
σκορπίος,ὁ
Τιμαῖος,ὁ
Τίτιος,ὁ
Τύριος,ὁ
'Υμέναιος,ὁ
Χαλδαῖος,ὁ

-ιρω v., to do
οἰκτίρω

-ισκη,ή 1 decl. n., diminutive, small
παιδίσκη,ή

-ισκος,ὁ 2 decl. n., diminutive, small
βασιλίσκος,ὁ
νεανίσκος,ὁ
ὀβελίσκος,ὁ

-ισσα,ή 1 decl. n., feminine indicator
βασίλισσα,ή
μέλισσα,ή
Συροφοινίκισσα,ή
Φοινίκισσα,ή

-ιστα= adv., superlative indicator
ἔγγιστα
μάλιστα

-ιστης,-ου,ὁ 1 decl. n., a follower of, -ist
'Ελληνιστής,-οῦ,ὁ
Μαρκιωνιστής,-οῦ,ὁ

-ιστί= adv., language indicator
'Εβραιστί
'Ελληνιστί
Λυκαονιστί
'Ρωμαιστί

-ιστος,-η,-ον 2-1-2 decl. adj., superlative indicator, most, -est
ἀξιομακάριστος,-ον
ἐλάχιστος,-η,-ον
κράτιστος,-η,-ον
πλεῖστος,-η,-ον

ὕψιστος,-η,-ον

-ις,-εως,ἡ 3 decl. n.
'Αμφίπολις,-εως,ἡ
δάμαλις,-εως,ἡ
Δεκάπολις,-εως,ἡ
δέρρις,-εως,ἡ
δύναμις,-εως,ἡ
ἔπαυλις,-εως,ἡ
'Ηλιούπολις,-εως,ἡ
'Ιεράπολις,-εως,ἡ
κωμόπολις,-εως,ἡ
μητρόπολις,-εως,ἡ
Νικόπολις,-εως,ἡ
πανήγυρις,-εως,ἡ
παράταξις,-εως,ἡ
πάρδαλις,-εως,ἡ
πίστις,-εως,ἡ
πόλις,-εως,ἡ
πόσις,-εως,ἡ
Σάρδεις,-εων,αἱ
σεμίδαλις,-εως,ἡ
Σύρτις,-εως,ἡ

-ις,-εως,ὁ 3 decl. n.
μάντις,-εως,ὁ
ὄφις,-εως,ὁ
Τίβερις,-εως,ὁ

-ις,-εως,ὁ&ἡ 3 decl. n.
νῆστις,-έως,ὁ&ἡ

-ις,-ιδος,ἡ 3 decl. n.,
    diminutive, feminine
    indicator, an object
'Αντιπατρίς,-ίδος,ἡ
ἀσπίς,-ίδος,ἡ
ἀτμίς,-ίδος,ἡ
αὐλητρίς,-ίδος,ἡ
βολίς,-ίδος,ἡ
Δάμαρις,-ιδος,ἡ
Δαναΐδες,-ων,αἱ
'Εβραΐς,-ίδος,ἡ
'Ελληνίς,-ίδος,ἡ
ἐλπίς,-ίδος,ἡ
θυρίς,-ίδος,ἡ
καταιγίς,-ίδος,ἡ
κεφαλίς,-ίδος,ἡ
κλείς,-ιδός,ἡ
λεπίς,-ίδος,ἡ
μερίς,-ίδος,ἡ
μοιχαλίς,-ίδος,ἡ
παγίς,-ίδος,ἡ

παραστάτις,-ιδος,ἡ
παροψίς,-ίδος,ἡ
πατρίς,-ίδος,ἡ
Περσίς,-ίδος,ἡ
πινακίς,-ίδος,ἡ
πορφυρόπωλις,-ιδος,ἡ
πρεσβῦτις,-ιδος,ἡ
προστάτις,-ιδος,ἡ
προφῆτις,-ιδος,ἡ
Πτολεμαΐς,-ίδος,ἡ
πυξίς,-ίδος,ἡ
ῥαφίς,-ίδος,ἡ
ῥυτίς,-ίδος,ἡ
σπυρίς,-ίδος,ἡ
συγγενίς,-ίδος,ἡ
τυραννίς,-ίδος,ἡ
φροντίς,-ίδος,ἡ

-ιτης,-ου,ὁ 1 decl. n., a person
    of
'Αρεοπαγίτης,-ου,ὁ
'Ελαμίτης,-ου,ὁ
'Ιεροσολυμίτης,-ου,ὁ
'Ισραηλίτης,-ου,ὁ
Κανανίτης,-ου,ὁ
Λευίτης,-ου,ὁ
Νινευίτης,-ου,ὁ
Σαμαρίτης,-ου,ὁ

-ιτις,-ιτιδος,ἡ 3 decl. n., a
    woman of, a region
Σαμαρῖτις,-ιδος,ἡ
Τραχωνῖτις,-ιδος,ἡ

-ιων,-ον 3 decl. adj.,
    comparative degree
    indicator, -er, more
βελτίων,-ον
πλείων,-ον

-κις= adv., indicator of
    multiples, times
ἑβδομηκοντάκις
ἑξάκις
ἑπτάκις
ὁσάκις
πεντάκις
πολλάκις
ποσάκις
τετρακισχίλιοι,-αι,-α

-κοντα= adv., indicator of
    multiples of ten, -ty
ἑβδομήκοντα

ἐνενήκοντα
ἑξήκοντα
ὀγδοήκοντα
πεντήκοντα
τεσσαράκοντα
τεσσαρακονταετής,-ές
τριάκοντα
-κοσιοι,-αι,-α adv., indicator of hundreds, *hundred*
διακόσιοι,-αι,-α
ἑξακόσιοι,-αι,-α
πεντακόσιοι,-αι,-α
τετρακόσιοι,-αι,-α
τριακόσιοι,-αι,-α

-λη,ἡ 1 decl. n.
ἀγέλη,ἡ
ἀγκάλη,ἡ
ἀπειλή,ἡ
αὐλή,ἡ
νεφέλη,ἡ

-λος,-η,-ον 2 decl. n., *characterized by, -ed*
βέβηλος,-ον
κατείδωλος,-ον
ὁμαλός,-ή,-όν
ὀργίλος,-η,-ον
στρεβλός,-ή,-όν
στρογγύλος,-η,-ον
ὑψηλός,-ή,-όν

-μα,-ματος,τό 3 decl. n., an *object, a result of an action*
ἀγίασμα,-ματος,τό
ἀγνόημα,-ματος,τό
ἀδίκημα,-ματος,τό
αἴκισμα,-ματος,τό
αἷμα,-ματος,τό
αἴνιγμα,-ματος,τό
αἴτημα,-ματος,τό
αἰτίαμα,-ματος,τό
αἰτίωμα,-ματος,τό
ἀλίσγημα,-ματος,τό
ἁμάρτημα,-ματος,τό
ἀνάθεμα,-ματος,τό
ἀνάθημα,-ματος,τό
ἀνόμημα,-ματος,τό
ἀντάλλαγμα,-ματος,τό
ἀνταπόδομα,-ματος,τό
ἄντλημα,-ματος,τό
ἀπάρτισμα,-ματος,τό

ἀπαύγασμα,-ματος,τό
ἀπόκριμα,-ματος,τό
ἀποσκίασμα,-ματος,τό
ἅρμα,-ματος,τό
ἄρωμα,-ματος,τό
ἀσθένημα,-ματος,τό
βάπτισμα,-ματος,τό
βδέλυγμα,-ματος,τό
βῆμα,-ματος,τό
βλέμμα,-ματος,τό
βούλημα,-ματος,τό
βρῶμα,-ματος,τό
γένημα,-ματος,τό
γέννημα,-ματος,τό
γράμμα,-ματος,τό
δεῖγμα,-ματος,τό
δέρμα,-ματος,τό
διάβημα,-ματος,τό
διάδημα,-ματος,τό
διανόημα,-ματος,τό
διάσταλμα,-ματος,τό
διάστημα,-ματος,τό
διάταγμα,-ματος,τό
δικαίωμα,-ματος,τό
διόρθωμα,-ματος,τό
δόγμα,-ματος,τό
δόμα,-ματος,τό
δῶμα,-ματος,τό
δώρημα,-ματος,τό
ἐγκατάλειμμα,-ματος,τό
ἔγκλημα,-ματος,τό
ἔδεσμα,-ματος,τό
ἑδραίωμα,-ματος,τό
ἔκτρωμα,-ματος,τό
ἐλάττωμα,-ματος,τό
ἕλιγμα,-ματος,τό
ἔνδειγμα,-ματος,τό
ἔνδυμα,-ματος,τό
ἐνέργημα,-ματος,τό
ἔνταλμα,-ματος,τό
ἐξέραμα,-ματος,τό
ἐξουθένημα,-ματος,τό
ἐπάγγελμα,-ματος,τό
ἐπερώτημα,-ματος,τό
ἐπίβλημα,-ματος,τό
ἐπικάλυμμα,-ματος,τό
ἐπιτήδευμα,-ματος,τό
εὕρημα,-ματος,τό
ζήτημα,-ματος,τό
ἥττημα,-ματος,τό
θαῦμα,-ματος,τό

θέλημα,-ματος,τό
θέμα,-ματος,τό
θρέμμα,-ματος,τό
θῦμα,-ματος,τό
θυμίαμα,-ματος,τό
ἴαμα,-ματος,τό
ἱεράτευμα,-ματος,τό
κάθαρμα,-ματος,τό
κάλυμμα,-ματος,τό
κατάθεμα,-ματος,τό
κατάκριμα,-ματος,τό
κατάλειμμα,-ματος,τό
κατάλυμα,-ματος,τό
καταπέτασμα,-ματος,τό
κατάστημα,-ματος,τό
κατάχυμα,-ματος,τό
κατόρθωμα,-ματος,τό
καῦμα,-ματος,τό
καύχημα,-ματος,τό
κέλευσμα,-ματος,τό
κένωμα,-ματος,τό
κέρμα,-ματος,τό
κήρυγμα,-ματος,τό
κλάσμα,-ματος,τό
κλέμμα,-ματος,τό
κλῆμα,-ματος,τό
κλίμα,-ματος,τό
κούφισμα,-ματος,τό
κρίμα,-ματος,τό
κτῆμα,-ματος,τό
κτίσμα,-ματος,τό
κῦμα,-ματος,τό
λεῖμμα,-ματος,τό
λῆμμα,-ματος,τό
μάθημα,-ματος,τό
ματαίωμα,-ματος,τό
μέθυσμα,-ματος,τό
μεσουράνημα,-ματος,τό
μίασμα,-ματος,τό
μίγμα,-ματος,τό
μίμημα,-ματος,τό
μίσθωμα,-ματος,τό
μνῆμα,-ματος,τό
μύθευμα,-ματος,τό
νόημα,-ματος,τό
νόμισμα,-ματος,τό
νόσημα,-ματος,τό
νουθέτημα,-ματος,τό
οἴκημα,-ματος,τό
ὁλοκαύτωμα,-ματος,τό
ὄμμα,-ματος,τό

ὁμοίωμα,-ματος,τό
ὄνομα,-ματος,τό
ὅραμα,-ματος,τό
ὅρμημα,-ματος,τό
ὀφείλημα,-ματος,τό
ὀχύρωμα,-ματος,τό
πάθημα,-ματος,τό
παράγγελμα,-ματος,τό
παράπτωμα,-ματος,τό
περικάθαρμα,-ματος,τό
περίσσευμα,-ματος,τό
περίψημα,-ματος,τό
πλάσμα,-ματος,τό
πλέγμα,-ματος,τό
πλήρωμα,-ματος,τό
πνεῦμα,-ματος,τό
ποίημα,-ματος,τό
πολίτευμα,-ματος,τό
πόμα,-ματος,τό
πρᾶγμα,-ματος,τό
πρόκριμα,-ματος,τό
πρόσκομμα,-ματος,τό
πρόσταγμα,-ματος,τό
πτύσμα,-ματος,τό
πτῶμα,-ματος,τό
ῥαδιούργημα,-ματος,τό
ῥάντισμα,-ματος,τό
ῥάπισμα,-ματος,τό
ῥῆγμα,-ματος,τό
ῥῆμα,-ματος,τό
σέβασμα,-ματος,τό
σκάμμα,-ματος,τό
σκέπασμα,-ματος,τό
σκήνωμα,-ματος,τό
σμῆγμα,-ματος,τό
σμίγμα,-ματος,τό
σπέρμα,-ματος,τό
στέμμα,-ματος,τό
στερέωμα,-ματος,τό
στίγμα,-ματος,τό
στόμα,-ματος,τό
στράτευμα,-ματος,τό
σύγγραμμα,-ματος,τό
συνάλλαγμα,-ματος,τό
σύντριμμα,-ματος,τό
σχῆμα,-ματος,τό
σχίσμα,-ματος,τό
σχοίνισμα,-ματος,τό
σῶμα,-ματος,τό
τάγμα,-ματος,τό
τέρμα,-ματος,τό

τραῦμα,-ματος,τό
τρῆμα,-ματος,τό
τρύπημα,-ματος,τό
ὑπόδειγμα,-ματος,τό
ὑπόδημα,-ματος,τό
ὑπόλειμμα,-ματος,τό
ὑστέρημα,-ματος,τό
ὕψωμα,-ματος,τό
φάντασμα,-ματος,τό
φίλημα,-ματος,τό
φρόνημα,-ματος,τό
φύραμα,-ματος,τό
χάραγμα,-ματος,τό
χάρισμα,-ματος,τό
χάσμα,-ματος,τό
χόρτασμα,-ματος,τό
χρῆμα,-ματος,τό
χρῖσμα,-ματος,τό
χρῶμα,-ματος,τό
χώνευμα,-ματος,τό
ψεῦσμα,-ματος,τό

-μενη,ή 1 decl. n. from pres.
    pass. ptcp.
οἰκουμένη,ή

-μι 2 conj. v.
ἀμφιέννυμι
ἀναδείκνυμι
ἀναδίδωμι
ἀναζώννυμι
ἀνάκειμαι
ἀνατίθημι
ἀνθίστημι
ἀνίημι
ἀνίπταμαι
ἀνίστημι
ἀνταποδίδωμι
ἀντιδιατίθημι
ἀντικαθίστημι
ἀντίκειμαι
ἀποδείκνυμι
ἀποδίδωμι
ἀποκαθίστημι
ἀπόκειμαι
ἀπόλλυμι
ἀπορρήγνυμι
ἀποτίθημι
ἀφίημι
ἀφίστημι
δείκνυμι
διαδίδωμι

διαζώννυμι
διαρρήγνυμι
διατίθημι
δίδωμι
διίστημι
δύναμαι
ἐγκάθημαι
ἔγκειμαι
ἐγκεράννυμι
ἐκδίδωμι
ἐκκρεμάννυμι
ἐκπετάννυμι
ἐκτίθημι
ἐμπίπλημι
ἐμπίπρημι
ἐναφίημι
ἐνδείκνυμι
ἐνίστημι
ἐντίθημι
ἐξανίστημι
ἐξίστημι
ἐπανίστημι
ἐπαφίημι
ἐπιδείκνυμι
ἐπιδίδωμι
ἐπίκειμαι
ἐπιρρώννυμι
ἐπίσταμαι
ἐπιτίθημι
ἐφίστημι
ζεύγνυμι
ζώννυμι
ἵστημι
κάθημαι
καθίημι
καθίστημι
κατάγνυμι
κατάκειμαι
κατασβέννυμι
καταστρώννυμι
κατατίθημι
κατεφίσταμαι
κεῖμαι
κεράννυμι
κίχρημι
κορέννυμι
κρεμάννυμι
μεθίστημι
μείγνυμι
μεταδίδωμι
μεταπαραδίδωμι

μετατίθημι
μίγνυμι
ὄλλυμι
ὀνίνημι
παραδίδωμι
παρακάθημαι
παρακαθίστημι
παράκειμαι
παραπόλλυμι
παρατίθημι
παρίημι
παρίστημι
περιζώννυμι
περιΐστημι
περίκειμαι
περιρρήγνυμι
περιτίθημι
πήγνυμι
πίμπλημι
πίμπρημι
προδίδωμι
προΐημι
προΐστημι
προκάθημαι
πρόκειμαι
προσανατίθημι
πρόσκειμαι
προσπήγνυμι
προστίθημι
προτίθημι
ῥήγνυμι
ῥώννυμι
σβέννυμι
στρώννυμι
συγκάθημαι
συγκατατίθημι
σύγκειμαι
συγκεράννυμι
συζεύγνυμι
συμμείγνυμι
σύμφημι
συνανάκειμαι
συναναμείγνυμι
συναπόλλυμι
συνεπιτίθημι
συνεφίστημι
συνίημι
συνίστημι
συντίθημι
συρρήγνυμι
τίθημι

ὑπερτίθημι
ὑποδείκνυμι
ὑποζώννυμι
ὑπόκειμαι
ὑποτίθημι
ὑφίστημι

-μι* irregular variant of the
preceding
ἄπειμι(1)
ἄπειμι(2)
εἶμι
εἰμί
εἴσειμι
ἔνειμι
ἔξειμι
ἔξεστι
ἔπειμι
κάτειμι
πάρειμι
πρόειμι
πρόσειμι(1)
πρόσειμι(2)
συμπάρειμι
σύνειμι(1)
σύνειμι(2)
φημί

-μονη,ἡ 1 decl. n., an action, a
state
ἐμπαιγμονή,ἡ
ἐπιλησμονή,ἡ
πεισμονή,ἡ
πλησμονή,ἡ

-μος,-η,-ον 2-1-2 decl. adj.,
quality
ἄθεσμος,-ον
ἰταμός,-ή,-όν

-μος,ὁ 2 decl. n., a process, a
state
ἁγιασμός,ὁ
ἁγνισμός,ὁ
αἰκισμός,ὁ
αἰχμαλωτισμός,ὁ
ἀλεσμός,ὁ
ἀναβαθμός,ὁ
ἀπαρτισμός,ὁ
ἀπελεγμός,ὁ
ἀποδιυλισμός,ὁ
ἁρμός,ὁ
ἁρπαγμός,ὁ

ἀσπασμός,ὁ
ἀφανισμός,ὁ
βαθμός,ὁ
βαπτισμός,ὁ
βασανισμός,ὁ
βρυγμός,ὁ
βωμός,ὁ
γογγυσμός,ὁ
δεσμός,ὁ
διαλογισμός,ὁ
διαμερισμός,ὁ
δισταγμός,ὁ
διωγμός,ὁ
ἐλεγμός,ὁ
ἐμπαιγμός,ὁ
ἐνδελεχισμός,ὁ
ἐνταφιασμός,ὁ
ἐξετασμός,ὁ
ἐπισιτισμός,ὁ
θερισμός,ὁ
ἱλασμός,ὁ
ἱματισμός,ὁ
'Ιουδαισμός,ὁ
καθαρισμός,ὁ
κατακλυσμός,ὁ
καταρτισμός,ὁ
κλαυθμός,ὁ
κυλισμός,ὁ
λαχμός,ὁ
λογισμός,ὁ
μακαρισμός,ὁ
μερισμός,ὁ
μιασμός,ὁ
μολυσμός,ὁ
νεωτερισμός,ὁ
ξενισμός,ὁ
ὀδυρμός,ὁ
οἰκτιρμός,ὁ
ὀνειδισμός,ὁ
ὀρισμός,ὁ
ὀφθαλμός,ὁ
παραπικρασμός,ὁ
παροξυσμός,ὁ
παροργισμός,ὁ
πειρασμός,ὁ
πλατυσμός,ὁ
πλόκαμος,ὁ
πορισμός,ὁ
ποταμός,ὁ
ῥαντισμός,ὁ
σαββατισμός,ὁ

σεισμός,ὁ
σκορπισμός,ὁ
σταθμός,ὁ
στεναγμός,ὁ
στηριγμός,ὁ
συγκλεισμός,ὁ
συμφυρμός,ὁ
σύνδεσμος,ὁ
σωφρονισμός,ὁ
ὑπερασπισμός,ὁ
φραγμός,ὁ
φωτισμός,ὁ
χρηματισμός,ὁ
Χριστιανισμός,ὁ
χωρισμός,ὁ
ψαλμός,ὁ
ψιθυρισμός,ὁ

-μων,-ον 3 decl. adj., quality,
    -ful, tendency
ἀνελεήμων,-ον
ἀσχήμων,-ον
διγνώμων,-ον
ἐλεήμων,-ον
ἐπιστήμων,-ον
ἑτερογνώμων,-ον
εὐσχήμων,-ον
μεγαλορρήμων,-ον
οἰκτίρμων,-ον
πολυπράγμων,-ον

-μων,-ονος,ὁ 3 decl. n. from
    the preceding adj.
Φιλήμων,-ονος,ὁ

-ν= adv. from acc. sg.
χάριν

-να,ἡ 1 decl. n.
μέριμνα,ἡ

-νη,ἡ 1 decl. n.
βελόνη,ἡ
βοτάνη,ἡ
γαλήνη,ἡ
καλλονή,ἡ
Μαγδαληνή,ἡ
σελήνη,ἡ
φάτνη,ἡ

-νος,-η,-ον 2-1-2 decl. adj.,
    pertaining to
'Αδραμυττηνός,-ή,-όν
'Αλεξανδρῖνος,-η,-ον

Γαδαρηνός,-ή,-όν
Γερασηνός,-ή,-όν
Γεργεσηνός,-ή,-όν
Δαμασκηνός,-ή,-όν
Ναζαρηνός,-ή,-όν
πτηνός,-ή,-όν
πυκνός,-ή,-όν
στυγνός,-ή,-όν
τερπνός,-ή,-όν

-νος,ὁ 2 decl. n. from the preceding adj.
Ἀσιανός,ὁ

-ον,τό 2 decl. n., an object, other meanings
ἄκκεπτα,-ων,τά
ἄκρον,τό
ἀλάβαστρον,τό
ἄλευρον,τό
ἄμμον,τό
ἄμφοδον,τό
ἄμωμον,τό
ἀνάγαιον,τό
ἄνηθον,τό
ἀντίγραφον,τό
ἀντίψυχον,τό
ἀνώγαιον,τό
ἄριστον,τό
ἄστρον,τό
ἄχυρον,τό
βάιον,τό
βλέφαρον,τό
γλωσσόκομον,τό
Γόμορρα,τά
δάκρυον,τό
δεῖπνον,τό
δένδρον,τό
δεπόσιτα,τά
δηνάριον,τό
δίδραχμον,τό
δίκτυον,τό
δρέπανον,τό
δωδεκάφυλον,τό
δῶρον,τό
ἔγκατα,τά
εἴδωλον,τό
ἔλαιον,τό
ἔνεδρον,τό
ἐξεμπλάριον,τό
ἔργον,τό
ζιζάνιον,τό

ζυγόν,τό
ζῷον,τό
ἡδύοσμον,τό
ἡμίωρον,τό
Θυάτιρα,-ων,τά
ἱερόν,τό
Ἱεροσόλυμα,τά
Ἰκόνιον,τό
Ἰλλυρικόν,τό
κιννάμωνον,τό
κόπρον,τό
κράσπεδον,τό
κρίνον,τό
κύμβαλον,τό
κύμινον,τό
κῶλον,τό
λάχανον,τό
λέντιον,τό
λίνον,τό
Λύστρα,τά
μάκελλον,τό
μεσότοιχον,τό
μέτρον,τό
μέτωπον,τό
μίλιον,τό
μνημόσυνον,τό
Μύρα,τά
μύρον,τό
νεῦρον,τό
νυχθήμερον,τό
ξόανον,τό
ξύλον,τό
ὅπλον,τό
ὄργανον,τό
ὄρνεον,τό
ὀστέον,τό
ὄστρακον,τό
παμβότανον,τό
Πάταρα,-ων,τά
Πέργαμον,τό
πετεινόν,τό
πήγανον,τό
ποτόν,τό
πραιτώριον,τό
πρόβατον,τό
πρόστιμον,τό
πρόσωπον,τό
πτύον,τό
πύον,τό
Ῥήγιον,τό
ῥόδον,τό

Σάρεπτα,-ων,τά
σάτον,τό
σιμικίνθιον,τό
σκάνδαλον,τό
σκύβαλον,τό
σκῦλον,τό
Σόδομα,-ων,τά
σουδάριον,τό
σπλάγχνον,τό
στρατόπεδον,τό
σῦκον,τό
συμψέλιον,τό
σύσσημον,τό
σφυδρόν,τό
σφυρόν,τό
τάλαντον,τό
τέκνον,τό
τόξον,τό
τρίστεγον,τό
Τρωγύλλιον,τό
ὕσσωπον,τό
φάρμακον,τό
φόρον,τό
φραγέλλιον,τό
φρύγανον,τό
φύλλον,τό
χαλκολίβανον,τό
χειρόγραφον,τό
ὠμόλινον,τό
ὠόν,τό

-ον,τό* irregular variant of the
   preceding
προσάββατον,τό
σάββατον,τό

-ον= adv.
μᾶλλον
ὄφελον
σήμερον
τέλεον

-ος,-α,-ον 2-1-2 decl. adj.,
   quality
ἀγαθοποιός,-όν
ἁγιοφόρος,-ον
ἀέναος,-ον
ἄθεος,-ον
ἀθῷος,-ον
ἄκαιρος,-ον
ἄκρος,-α,-ον

ἄκυρος,-ον
ἀλλότριος,-α,-ον
ἀμάρτυρος,-ον
ἄμετρος,-ον
ἀνάπειρος,-ον
ἀνάπηρος,-ον
ἀνέλεος,-ον
ἀνήμερος,-ον
ἀνόσιος,-ον
ἄνυδρος,-ον
ἀξιόθεος,-ον
ἄπειρος,-ον(1)
ἄπειρος,-ον(2)
ἀσύμφορος,-ον
αὐτόφωρος,-ον
ἀφιλάργυρος,-ον
ἄωρος,-ον
βάρβαρος,-ον
διάφορος,-ον
δισχίλιοι,-αι,-α
ἔγγυος,-ον
ἔγκυος,-ον
εἰρηνοποιός,-όν
ἐλαφρός,-ά,-όν
ἐλεύθερος,-α,-ον
ἐνεός,-ά,-όν
ἔνθεος,-ον
ἔνιοι,-αι,-α
ἑξακισχίλιοι,-αι,-α
ἑπτακισχίλιοι,-αι,-α
ἕτερος,-α,-ον
εὔκαιρος,-ον
ἐφήμερος,-ον
ἥμερος,-ον
ἡμίξηρος,-ον
θανατηφόρος,-ον
θεοφόρος,-ον
ἱερός,-ά,-όν
καθαρός,-ά,-όν
κακοποιός,-όν
καρποφόρος,-ον
κατάσκιος,-ον
κερδαλέος,-α,-ον
λαμπρός,-ά,-όν
λεῖος,-α,-ον
μακρόβιος,-ον
μεμψίμοιρος,-ον
μύριοι,-αι,-α
μυρίος,-α,-ον
ναοφόρος,-ον
νεκροφόρος,-ον

νέος,-α,-ον
ξηρός,-ά,-όν
οἰκουρός,-όν
οἷος,-α,-ον
ὀκταήμερος,-ον
ὀλιγόβιος,-ον
ὀλόκληρος,-ον
πάρεδρος,-ον
πεντακισχίλιοι,-αι,-α
περίχωρος,-ον
πνευματοφόρος,-ον
πότερος,-α,-ον
προοδοιπόρος,-ον
πρόσκαιρος,-ον
πυρρός,-ά,-όν
ῥυπαρός,-ά,-όν
σαρκοφόρος,-ον
στερεός,-ά,-όν
σύμβιος,-ον
σύμφορος,-ον
σύνδενδρος,-ον
ταλαίπωρος,-ον
τετρακισχίλιοι,-αι,-α
τετρακόσιοι,-αι,-α
τετράπους,-ουν
τοιόσδε,-άδε,-όνδε
τρισχίλιοι,-αι,-α
ὕπανδρος,-ον
ὑπήκοος,-ον
φίλανδρος,-ον
φιλάργυρος,-ον
φιλόζωος,-ον
φιλόθεος,-ον
φωσφόρος,-ον
χίλιοι,-αι,-α
χριστοφόρος,-ον

-ος,-η,-ο 2-1-2 decl. adj.,
  sub-group of the preceding
  adj., quality
ἄλλος,-η,-ο
αὐτός,-ή,-ό
ἑαυτοῦ,-ῆς,-οῦ
ἐμαυτοῦ,-ῆς,-οῦ
ὁ,ἡ,τό
ὅστις,ἥτις,ὅτι
ὅς,ἥ,ὅ
οὗτος,αὕτη,τοῦτο
τηλικοῦτος,-αύτη,-οῦτο
τοιοῦτος,-αύτη,-οῦτο
τοσοῦτος,-αύτη,-οῦτο

-ος,-η,-ο* irregular variant of
  the preceding
σεαυτοῦ,-ῆς,-οῦ

-ος,-η,-ον 2-1-2 decl. adj.,
  quality
ἀγαθοεργός,-όν
ἀγαθός,-ή,-όν
ἄγναφος,-ον
ἁγνός,-ή,-όν
ἀδάπανος,-ον
ἄδηλος,-ον
ἄδικος,-ον
ἄδολος,-ον
ἄδοξος,-ον
ἄζυμος,-ον
ἄκακος,-ον
ἄκαρπος,-ον
ἀκόλουθος,-ον
ἄλαλος,-ον
ἀλλήλων,-ων
ἀλλόφυλος,-ον
ἄλογος,-ον
ἄλυπος,-ον
ἄμαχος,-ον
ἀμέριμνος,-ον
ἀμνησίκακος,-ον
ἄμορφος,-ον
ἄμωμος,-ον
ἄναγνος,-ον
ἄναλος,-ον
ἀνεξίκακος,-ον
ἀνθρωπάρεσκος,-ον
ἀνθρωπόμορφος,-ον
ἄνιπτος,-ον
ἄνομος,-ον
ἀντίτυπος,-ον
ἀξιέπαινος,-ον
ἀξιόαγνος,-ον
ἀξιόπιστος,-ον
ἀξιόπλοκος,-ον
ἄοκνος,-ον
ἀπαλός,-ή,-όν
ἀπάνθρωπος,-ον
ἀπόδημος,-ον
ἀπόκενος,-ον
ἀπόκρυφος,-ον
ἀποσυνάγωγος,-ον
ἀπότομος,-ον
ἀπρόσκοπος,-ον
ἄραφος,-ον

ἀργός,-ή,-όν
ἀρχέγονος,-ον
ἄσημος,-ον
ἄσιτος,-ον
ἄσοφος,-ον
ἄσπιλος,-ον
ἄσπλαγχνος,-ον
ἄσπονδος,-ον
ἄστεγος,-ον
ἄστοργος,-ον
ἀσύμφωνος,-ον
ἀσώματος,-ον
ἄτεκνος,-ον
ἄτιμος,-ον
ἄτομος,-ον
ἄτονος,-ον
ἄτοπος,-ον
ἀφιλάγαθος,-ον
ἄφωνος,-ον
ἄχρονος,-ον
ἄψυχος,-ον
βάναυσος,-ον
βαρύτιμος,-ον
βλάσφημος,-ον
βοηθός,-όν
βραδύγλωσσος,-ον
βροτός,-ή,-όν
γόγγυσος,-ον
γοργός,-ή,-όν
γυμνός,-ή,-όν
δειλός,-ή,-όν
δεινός,-ή,-όν
δῆλος,-η,-ον
διάβολος,-ον
δίγαμος,-ον
δίγλωσσος,-ον
διθάλασσος,-ον
δίλογος,-ον
δισσός,-ή,-όν
δίστομος,-ον
δίψυχος,-ον
δοῦλος,-η,-ον
δύσκολος,-ον
ἕβδομος,-η,-ον
ἔγγραφος,-ον
ἔγκαρπος,-ον
ἔκβολος,-ον
ἔκγονος,-ον
ἔκδηλος,-ον
ἔκδικος,-ον
ἔκθαμβος,-ον

ἔκτρομος,-ον
ἔκφοβος,-ον
ἐμός,-ή,-όν
ἐμπερίτομος,-ον
ἔμφοβος,-ον
ἔνδικος,-ον
ἔνδοξος,-ον
ἔννομος,-ον
ἔννυχος,-ον
ἔνοπλος,-ον
ἔνοχος,-ον
ἔντιμος,-ον
ἔντρομος,-ον
ἔξοχος,-ον
ἔξυπνος,-ον
ἐπάλληλος,-ον
ἐπίλοιπος,-ον
ἐπίμονος,-ον
ἐπίορκος,-ον
ἐπίσημος,-ον
ἔρημος,-ον
ἑτερόγλωσσος,-ον
ἕτοιμος,-η,-ον
εὔθυμος,-ον
εὔκοπος,-ον
εὔλαλος,-ον
εὔλογος,-ον
εὔμορφος,-ον
εὔσημος,-ον
εὔσπλαγχνος,-ον
εὔτεκνος,-ον
εὔφημος,-ον
εὐώνυμος,-ον
ἡλίκος,-η,-ον
ἤρεμος,-ον
θεομάχος,-ον
θερμός,-ή,-όν
θρησκός,-όν
ἱερόσυλος,-ον
ἱκανός,-ή,-όν
ἰσάγγελος,-ον
ἴσος,-η,-ον
ἰσότιμος,-ον
ἰσόψυχος,-ον
ἰσχνόφωνος,-ον
καινός,-ή,-όν
κακός,-ή,-όν
κακοῦργος,-ον
καλοδιδάσκαλος,-ον
καλός,-ή,-όν
Καμπανός,-ή,-όν

κατάδηλος,-ον
κατάκαρπος,-ον
κατάλαλος,-ον
κατάλοιπος,-ον
κατεπίθυμος,-ον
κενόδοξος,-ον
κενόσπουδος,-ον
κενός,-ή,-όν
κοινός,-ή,-όν
κολοβός,-όν
κομψός,-ή,-όν
κυλλός,-ή,-όν
κωφός,-ή,-όν
λευκός,-ή,-όν
λοιμός,-ή,-όν
λοιπός,-ή,-όν
μακρόθυμος,-ον
μαλακός,-ή,-όν
ματαιολόγος,-ον
μέσος,-η,-ον
μέτοχος,-ον
μνησίκακος,-ον
μογγιλάλος,-ον
μογιλάλος,-ον
μονόλιθος,-ον
μόνος,-η,-ον
μονόφθαλμος,-ον
νόθος,-η,-ον
ξένος,-η,-ον
ὄγδοος,-η,-ον
οἰκουργός,-όν
ὀλιγόπιστος,-ον
ὀλίγος,-η,-ον
ὀλιγόψυχος,-ον
ὅλος,-η,-ον
ὁμότεχνος,-ον
ὁμόφυλος,-ον
ὀξύχολος,-ον
ὁπόσος,-η,-ον
ὀρθός,-ή,-όν
ὀρφανός,-ή,-όν
ὅσος,-η,-ον
οὖλος,-η,-ον
πάγκαρπος,-ον
πανοῦργος,-ον
πάνσεμνος,-ον
παράδοξος,-ον
παράμονος,-ον
παράνομος,-ον
παράσημος,-ον
παρεπίδημος,-ον

πάροικος,-ον
πάροινος,-ον
πατρώνυμος,-ον
πεζός,-ή,-όν
πειθός,-ή,-όν
πέμπτος,-η,-ον
περίεργος,-ον
περίλυπος,-ον
περίοικος,-ον
περισσός,-ή,-όν
πηλίκος,-η,-ον
πιθός,-ή,-όν
πλάνος,-ον
ποικίλος,-η,-ον
πολυεύσπλαγχνος,-ον
πολύλαλος,-ον
πολυποίκιλος,-ον
πολύσπλαγχνος,-ον
πολύτιμος,-ον
πόσος,-η,-ον
ποταπός,-ή,-όν
πρόγλωσσος,-ον
πρόγονος,-ον
πρόδηλος,-ον
πρόδρομος,-ον
πρόθυμος,-ον
πρόσπεινος,-ον
πρωτότοκος,-ον
πτωχός,-ή,-όν
σαρκοφάγος,-ον
σεμνός,-ή,-όν
σκληροτράχηλος,-ον
σκυθρωπός,-ή,-όν
σός,-ή,-όν
σοφός,-ή,-όν
σπερμολόγος,-ον
στενός,-ή,-όν
συγκληρονόμος,-ον
σύζυγος,-ον
συμμέτοχος,-ον
σύμμορφος,-ον
σύμφωνος,-ον
σύμψυχος,-ον
συνεργός,-όν
σύντομος,-ον
σύντονος,-ον
σύντροφος,-ον
σύσσωμος,-ον
τετράγωνος,-ον
τετράμηνος,-ον
τετράποδος,-ον

τημελοῦχος,-ον
τομός,-ή,-όν
τρίμηνος,-ον
τυφλός,-ή,-όν
ὑπέρακμος,-ον
ὑπερήφανος,-ον
ὑπέρογκος,-ον
ὑπόδικος,-ον
ὑπόδουλος,-ον
ὑψηλόφθαλμος,-ον
φαῦλος,-η,-ον
φιλάγαθος,-ον
φιλάδελφος,-ον
φιλάνθρωπος,-ον
φίλαυτος,-ον
φιλήδονος,-ον
φιλοδέσποτος,-ον
φιλόνεικος,-ον
φιλόξενος,-ον
φιλόστοργος,-ον
φίλος,-η,-ον
φιλότεκνος,-ον
φιλόυλος,-ον
φωταγωγός,-όν
χαλεπός,-ή,-όν
χριστόνομος,-ον
χωλός,-ή,-όν
ψευδολόγος,-ον
ψευδώνυμος,-ον
ψιλός,-ή,-όν

-ος,-η,-ον* irregular variant of
   the preceding
μέγας,-άλη,-α
πάμπολυς,-όλλη,-ολυ
πολύς,πολλή,πολύ

-ος,-ους,τό 3 decl. n., an
   object, a concept
ἄγγος,-ους,τό
ἄνθος,-ους,τό
βάθος,-ους,τό
βάρος,-ους,τό
βέλος,-ους,τό
βρέφος,-ους,τό
γένος,-ους,τό
γλεῦκος,-ους,τό
δέος,-ους,τό
δίψος,-ους,τό
ἔδαφος,-ους,τό
ἔθνος,-ους,τό
ἔθος,-ους,τό

εἶδος,-ους,τό
ἔλεος,-ους,τό
ἕλκος,-ους,τό
ἔπος,-ους,τό
ἔτος,-ους,τό
ζεῦγος,-ους,τό
ζῆλος,-ους,τό
ἦθος,-ους,τό
ἦχος,-ους,τό
θάμβος,-ους,τό
θάρσος,-ους,τό
θέρος,-ους,τό
θράσος,-ους,τό
ἴχνος,-ους,τό
κάλλος,-ους,τό
κάρφος,-ους,τό
κέρδος,-ους,τό
κῆτος,-ους,τό
κλέος,-ους,τό
κρατός,-ους,τό
κτῆνος,-ους,τό
κύτος,-ους,τό
μέγεθος,-ους,τό
μέλος,-ους,τό
μέρος,-ους,τό
μῆκος,-ους,τό
μῖσος,-ους,τό
νεῖκος,-ους,τό
νέφος,-ους,τό
νῖκος,-ους,τό
ξίφος,-ους,τό
ὄνειδος,-ους,τό
ὄξος,-ους,τό
ὄρος,-ους,τό
ὄφελος,-ους,τό
πάθος,-ους,τό
πέλαγος,-ους,τό
πένθος,-ους,τό
πλάτος,-ους,τό
πλῆθος,-ους,τό
ῥάκος,-ους,τό
σκέλος,-ους,τό
σκεῦος,-ους,τό
σκῆνος,-ους,τό
σκότος,-ους,τό
στέγος,-ους,τό
στῆθος,-ους,τό
στρῆνος,-ους,τό
τάχος,-ους,τό
τέγος,-ους,τό
τεῖχος,-ους,τό

τέλος,-ους,τό
τῦφος,-ους,τό
ὕψος,-ους,τό
φέγγος,-ους,τό
χεῖλος,-ους,τό
ψεῦδος,-ους,τό
ψῦχος,-ους,τό

-ος,ἡ   2 decl. n.
ἄβυσσος,ἡ
ἀγριέλαιος,ἡ
Ἄζωτος,ἡ
Αἴγυπτος,ἡ
ἄμμος,ἡ
ἄμπελος,ἡ
ἀντίδοτος,ἡ
Ἄσσος,ἡ
βάσανος,ἡ
βάτος,ἡ
βίβλος,ἡ
βύσσος,ἡ
Δαμασκός,ἡ
διέξοδος,ἡ
δοκός,ἡ
εἴσοδος,ἡ
Ἐμμαοῦς,ἡ
ἔμπλαστρος,ἡ
ἔξοδος,ἡ
ἔρημος,ἡ
Ἔφεσος,ἡ
καλλιέλαιος,ἡ
κάμινος,ἡ
κέρδος,ἡ
κιβωτός,ἡ
Κνίδος,ἡ
κόπρος,ἡ
Κόρινθος,ἡ
Κύπρος,ἡ
ληνός,ἡ
Μίλητος,ἡ
νάρδος,ἡ
νῆσος,ἡ
νόσος,ἡ
ὁδός,ἡ
παρθένος,ἡ
πάροδος,ἡ
Πάφος,ἡ
Πέργαμος,ἡ
ῥάβδος,ἡ
ῥάχος,ἡ
Ῥόδος,ἡ

Σάμος,ἡ
σάπφιρος,ἡ
σορός,ἡ
σποδός,ἡ
συκάμινος,ἡ
Ταρσός,ἡ
τρίβος,ἡ
τροφός,ἡ
Τύρος,ἡ
ὕαλος,ἡ
Χίος,ἡ

-ος,ὁ   2 decl. n.
Ἄγαβος,ὁ
ἄγγελος,ὁ
ἀγρός,ὁ
ἀδελφός,ὁ
ἀετός,-οῦ,ὁ
αἰγιαλός,ὁ
αἶνος,ὁ
αἰσχρολόγος,ὁ
Ἀλέξανδρος,ὁ
ἀλλοτριεπίσκοπος,ὁ
ἀμνός,ὁ
ἀμπελουργός,ὁ
Ἀμπλιᾶτος,ὁ
Ἀνδρόνικος,ὁ
ἀνδροφόνος,ὁ
ἄνεμος,ὁ
ἀνεψιός,ὁ
ἀνθρωποκτόνος,ὁ
ἄνθρωπος,ὁ
ἀνθύπατος,ὁ
ἀντίδικος,ὁ
ἀντίζηλος,ὁ
ἀπελεύθερος,ὁ
ἀπόστολος,ὁ
Ἄππιος,ὁ
ἀργυροκόπος,ὁ
ἄργυρος,ὁ
ἀριθμός,ὁ
Ἀρίσταρχος,ὁ
Ἀριστόβουλος,ὁ
ἄρτος,ὁ
ἀρχάγγελος,ὁ
Ἀρχέλαος,ὁ
ἀρχηγός,ὁ
Ἄρχιππος,ὁ
ἀρχισυνάγωγος,ὁ
ἀρχιτρίκλινος,ὁ
ἀσκός,ὁ

Ἄτταλος,ὁ
Αὔγουστος,ὁ
αὐλός,ὁ
ἀφρός,ὁ
Βαριησοῦς,-οῦ,ὁ
βάσκανος,ὁ
βάσσος,ὁ
βάτος,ὁ
βάτραχος,ὁ
βίος,ὁ
Βλάστος,ὁ
βλαστός,ὁ
βόθρος,ὁ
βόθυνος,ὁ
βόρβορος,ὁ
βουνός,ὁ
Βοῦρρος,ὁ
βρόχος,ὁ
βυθός,ὁ
γάμος,ὁ
γεωργός,ὁ
γνόφος,ὁ
γόμος,ὁ
γρόνθος,ὁ
δάκτυλος,ὁ
Δάφνος,ὁ
δεῖπνος,ὁ
δεξιολάβος,ὁ
δημιουργός,ὁ
δῆμος,ὁ
διάδοχος,ὁ
διάκονος,ὁ
διδάσκαλος,ὁ
Δίδυμος,ὁ
Διόσκουροι,οἱ
δόλος,ὁ
δοῦλος,ὁ
δρόμος,ὁ
ἐθελοδιδάσκαλος,ὁ
εἰρήναρχος,ὁ
ἑκατόνταρχος,ὁ
ἔλεγχος,ὁ
ἔμπορος,ὁ
ἐνιαυτός,ὁ
ἔπαινος,ὁ
ἐπαοιδός,ὁ
ἔπαρχος,ὁ
Ἐπαφρόδιτος,ὁ
ἐπίσκοπος,ὁ
Ἐπίτροπος,ὁ
ἐπίτροπος,ὁ

ἔριφος,ὁ
ἑταῖρος,ὁ
Εὐάρεστος,ὁ
Εὔβουλος,ὁ
εὐνοῦχος,ὁ
Εὔπλους,-ου,ὁ
Εὔτυχος,ὁ
Ἔφηβος,ὁ
Ζαχαρίας,ὁ
ζῆλος,ὁ
ζόφος,ὁ
ζυγός,ὁ
Ζώσιμος,ὁ
ἥλιος,ὁ
ἧλος,ὁ
ἦχος,ὁ
θάνατος,ὁ
θεοδρόμος,ὁ
θεολόγος,ὁ
θεός,ὁ
Θεόφιλος,ὁ
Θεοφόρος,ὁ
θησαυρός,ὁ
θόρυβος,ὁ
θρῆνος,ὁ
θρόμβος,ὁ
θρόνος,ὁ
θυμός,ὁ
θυρεός,ὁ
Ἰάιρος,ὁ
Ἰάκωβος,ὁ
ἰατρός,ὁ
Ἰγνάτιος,ὁ
ἰκτῖνος,ὁ
ἰός,ὁ
Ἰούλιος,ὁ
Ἰοῦστος,ὁ
ἵππος,ὁ
κάβος,ὁ
κάδος,ὁ
καιρός,ὁ
κάλαμος,ὁ
κάμιλος,ὁ
καπνός,ὁ
Κάρπος,ὁ
καρπός,ὁ
κατάσκοπος,ὁ
κατήγορος,ὁ
κέραμος,ὁ
κῆνσος,ὁ
κῆπος,ὁ

κηπουρός,ό
κιθαρῳδός,ό
κίνδυνος,ό
κλάδος,ό
κληρονόμος,ό
κλῆρος,ό
κλίβανος,ό
Κοδράτος,ό
Κόιντος,ό
κόκκος,ό
κόλπος,ό
κόμπος,ό
κόπος,ό
Κορνήλιος,ό
κόρος,ό(3)
κόσμος,ό
Κούαρτος,ό
κόφινος,ό
κράβαττος,ό
κρημνός,ό
κρίκος,ό
κριός,ό
Κρίσπος,ό
Κρόκος,ό
κρύσταλλος,ό
κῶμος,ό
λαγωός,ό
Λάζαρος,ό
λάκκος,ό
λαός,ό
λατόμος,ό
λειτουργός,ό
λεόπαρδος,ό
λῆρος,ό
Λίβανος,ό
λίβανος,ό
Λιβερτῖνος,ό
λιθοξόος,ό
λίθος,ό
Λίνος,ό
λόγος,ό
λοίδορος,ό
λοιμός,ό
Λούκιος,ό
λύκος,ό
λύχνος,ό
μάγος,ό
μαζός,ό
Μαίανδρος,ό
Μάλχος,ό
Μάξιμος,ό

Μᾶρκος,ό
μάρμαρος,ό
Μάρτιος,ό
μαστός,ό
μέθυσος,ό
Μῆδος,ό
μηρός,ό
μισθός,ό
μόδιος,ό
μοιχός,ό
μόλιβος,ό
μόσχος,ό
μόχθος,ό
μοχλός,ό
μυελός,ό
μῦθος,ό
μύλος,ό
μῶμος,ό
ναός,ό
Νάρκισσος,ό
ναύκληρος,ό
νεφρός,ό
νεωκόρος,ό
Νικόδημος,ό
Νικόλαος,ό
νομοδιδάσκαλος,ό
νόμος,ό
νοσσός,ό
νότος,ό
νῶτος,ό
ὄγκος,ό
ὁδηγός,ό
ὄζος,ό
οἰκιακός,ό
οἰκοδόμος,ό
οἰκονόμος,ό
οἶκος,ό
οἶνος,ό
οἰωνοσκόπος,ό
ὄλεθρος,ό
ὄλυνθος,ό
ὄμβρος,ό
ὄμιλος,ό
'Ονησίφορος,ό
ὄρθρος,ό
ὄρκος,ό
ὄρος,ό
Οὐαλέριος,ό
οὐρανός,ό
Οὐρβανός,ό
ὄχλος,ό

παιδαγωγός,ό
παιδοφθόρος,ό
παράδεισος,ό
Πάρθοι,-ων,οἱ
Πάτμος,ό
Παῦλος,ό
πενθερός,ό
πεντηκόνταρχος,ό
Πέτρος,ό
Πετρώνιος,ό
πηλός,ό
πίθηκος,ό
Πιλᾶτος,ό
Πιόνιος,ό
πλόος,ό
πλοῦτος,ό
πόθος,ό
πόλεμος,ό
Πολύβιος,ό
Πολύκαρπος,ό
πόνος,ό
Πόντιος,ό
πόντος,ό
Πόντος,ό
Πόπλιος,ό
Πόρκιος,ό
πόρνος,ό
Ποτίολοι,-ων,οἱ
πότος,ό
Πρόχορος,ό
πύργος,ό
Πύρρος,ό
πῶλος,ό
ῥαβδοῦχος,ό
Ῥέος,ό
Ῥοῦφος,ό
ῥύπος,ό
σάκκος,ό
σάλος,ό
σάρος,ό
Σαῦλος,ό
Σεκοῦνδος,ό
Σεπτέμβριος,ό
Σέργιος,ό
σηκός,ό
σίδηρος,ό
σικάριος,ό
Σιλουανός,ό
σιρός,ό
σκηνοποιός,ό
σκοπός,ό

σμάραγδος,ό
σπίλος,ό
σπόγγος,ό
σπόρος,ό
στάμνος,ό
Στάτιος,ό
σταυρός,ό
Στέφανος,ό
στέφανος,ό
στοῖχος,ό
στόμαχος,ό
στρατηγός,ό
στῦλος,ό
συγκοινωνός,ό
σύμβουλος,ό
σύνδουλος,ό
σύνεδρος,ό
συνέκδημος,ό
συνεπίσκοπος,ό
συνήγορος,ό
σύνοδος,ό
Σύρος,ό
Σώπατρος,ό
Σωσίπατρος,ό
τάραχος,ό
ταῦρος,ό
τάφος,ό
Τέρτιος,ό
Τέρτουλλος,ό
Τέρτυλλος,ό
Τιβέριος,ό
Τιμόθεος,ό
τίτλος,ό
Τίτος,ό
τοῖχος,ό
τόκος,ό
τόνος,ό
τόπος,ό
τράγος,ό
τράχηλος,ό
τρίβολος,ό
τρόμος,ό
τρόπος,ό
τροχός,ό
τύπος,ό
τύραννος,ό
Τύραννος,ό
ὑάκινθος,ό
υἱός,ό
ὕμνος,ό
ὑπέρμαχος,ό

ὕπνος,ὁ
ὑπογραμμός,ὁ
ὑσσός,ὁ
φάγος,ὁ
φανός,ὁ
φάρμακος,ὁ
Φῆστος,ὁ
φθόγγος,ὁ
φθόνος,ὁ
Φίλιπποι,-ων,οἱ
Φίλιππος,ὁ
Φιλόλογος,ὁ
φιλόσοφος,ὁ
φόβος,ὁ
φόνος,ὁ
φόρος,ὁ
Φορτουνᾶτος,ὁ
Φύγελος,ὁ
φύλαρχος,ὁ
φωλεός,ὁ
χαλινός,ὁ
χαλκός,ὁ
χείμαρρος,ὁ
χειραγωγός,ὁ
χιλίαρχος,ὁ
χνοῦς,-οῦ,ὁ
χοῖρος,ὁ
χορός,ὁ
χόρτος,ὁ
χριστέμπορος,ὁ
χρόνος,ὁ
χρυσόλιθος,ὁ
χρυσόπρασος,ὁ
χρυσός,ὁ
χῶρος,ὁ(1)
χῶρος,ὁ(2)
ψευδάδελφος,ὁ
ψευδαπόστολος,ὁ
ψευδοδιδάσκαλος,ὁ
ψῆφος,ἡ
ψόφος,ὁ
ὠκεανός,ὁ
ὦμος,ὁ

-ος,ὁ* irregular variant of the
  preceding
Ἰησοῦς,-οῦ,ὁ
σῖτος,ὁ

-ος,ὁ&ἡ 2 decl. n.
ἄγαμος,ὁ&ἡ
αἴλουρος,ὁ&ἡ

ἀλάβαστρος,ὁ&ἡ
ἄρκος,ὁ&ἡ
ἄρκτος,ὁ&ἡ
βήρυλλος,ὁ&ἡ
θυρωρός,ὁ&ἡ
κάμηλος,ὁ&ἡ
κοινωνός,ὁ&ἡ
λιμός,ὁ&ἡ
ὄνος,ὁ&ἡ
ῥοῖζος,ὁ&ἡ
ὕσσωπος,ὁ&ἡ

-οτης,-τητος,ἡ 3 decl. n.,
  quality
ἀγαθότης,-τητος,ἡ
ἁγιότης,-τητος,ἡ
ἁγνότης,-τητος,ἡ
ἀγριότης,-τητος,ἡ
ἀδελφότης,-τητος,ἡ
ἀδηλότης,-τητος,ἡ
ἁδρότης,-τητος,ἡ
αἰσχρότης,-τητος,ἡ
ἁπλότης,-τητος,ἡ
ἀφελότης,-τητος,ἡ
γενναιότης,-τητος,ἡ
γυμνότης,-τητος,ἡ
δολιότης,-τητος,ἡ
εἰκαιότης,-τητος,ἡ
ἑνότης,-τητος,ἡ
θειότης,-τητος,ἡ
θεότης,-τητος,ἡ
ἱκανότης,-τητος,ἡ
ἱλαρότης,-τητος,ἡ
ἰσότης,-τητος,ἡ
ἰσχυρότης,-τητος,ἡ
καθαρότης,-τητος,ἡ
καινότης,-τητος,ἡ
κυριότης,-τητος,ἡ
λαμπρότης,-τητος,ἡ
ματαιότης,-τητος,ἡ
μεγαλειότης,-τητος,ἡ
νεότης,-τητος,ἡ
νηπιότης,-τητος,ἡ
ὁμοιότης,-τητος,ἡ
ὁσιότης,-τητος,ἡ
παλαιότης,-τητος,ἡ
πιότης,-τητος,ἡ
ποσότης,-τητος,ἡ
πτωχότης,-τητος,ἡ
σεμνότης,-τητος,ἡ
σκληρότης,-τητος,ἡ

σκολιότης,-τητος,ή
τελειότης,-τητος,ή
τιμιότης,-τητος,ή
χρηστότης,-τητος,ή

-οτης,-τητος,ή* irregular variant
of the preceding
ἀκαθάρτης,-τητος,ή
βραδύτης,-τητος,ή
γλυκύτης,-τητος,ή
εὐθύτης,-τητος,ή
θρασύτης,-τητος,ή
πραύτης,-τητος,ή

-ου= adv. from 2 decl. gen. sg.
ἀλλαχοῦ
αὐτοῦ
καθόλου
ὁμοῦ
ὅπου
ὅτου
οὗ
πανταχοῦ
ποῦ
πού
ὑπερεκπερισσοῦ

-ου= adv. from 2 p. sg. impv.
ἰδού

-ους,-α,-ουν 2-1-2 decl. adj.
contracted from -εος, -εα,
-εον, made of, material
ἀργυροῦς,-ᾶ,-οῦν
πορφυροῦς,-ᾶ,-οῦν
σιδηροῦς,-ᾶ,-οῦν

-ους,-η,-ουν 2-1-2 decl. adj.,
sub-group of the preceding,
contracted from -εος, -εη,
-εον, made of, material
λινοῦς,-ῆ,-οῦν
φοινικοῦς,-ῆ,-οῦν
χαλκοῦς,-ῆ,-οῦν
χρυσοῦς,-ῆ,-οῦν

-οω v., to cause, to do
ἀγριόω
ἀκριβόω
ἀκυρόω
ἀλλοιόω
ἀναβιόω
ἀνακαινόω
ἀνακεφαλαιόω

ἀνακοινόω
ἀνανεόω
ἀναπληρόω
ἀναστατόω
ἀνασταυρόω
ἀνορθόω
ἀνταναπληρόω
ἀξιόω
ἀπαλλοτριόω
ἀποδεκατόω
ἀποτυφλόω
ἀτιμόω
ἀφιερόω
ἀφομοιόω
ἀφυπνόω
ἀχρειόω
βεβαιόω
βεβηλόω
βελτιόω
βιόω
γαυρόω
γυμνόω
δεκατόω
δηλόω
διαβεβαιόομαι
δικαιόω
διορθόω
διπλόω
δολιόω
δολόω
δουλόω
δυναμόω
ἐγκομβόομαι
ἐκπληρόω
ἐκπυρόω
ἐκριζόω
ἐκτυπόω
ἐλαττόω
ἐλευθερόω
ἐλκόω
ἐναντιόομαι
ἐνδυναμόω
ἐνόω
ἐνσκιρόω
ἐντυπόω
ἐξαμβλόω
ἐξαπλόω
ἐξομοιόω
ἐξουθενόω
ἐπιδιορθόω
ἐπικαθυπνόω

ἐπισκηνόω
ἐρημόω
ἐσσόομαι
εὐοδόω
ζηλόω
ζημιόω
ζυμόω
ἡμερόω
θαμβόω
θανατόω
θεμελιόω
θυμόω
ἱδρόω
ἱκανόω
καθηλόω
κακόω
καταδουλόω
καταξιόω
κατασκηνόω
κατευοδόω
κατιόω
κατορθόω
καυματόω
καυσόω
κενόω
κεφαλιόω
κεφαλιόω
κημόω
κληρόω
κοινόω
κολοβόω
κραταιόω
κυκλόω
κυρόω
κωφόω
λυτρόω
μαστιγόω
ματαιόω
μειόω
μεσόω
μεστόω
μεταμορφόω
μισθόω
μονόω
μορφόω
νεκρόω
ὁμοιόω
ὀρθόω
παλαιόω
παραζηλόω
περικυκλόω

πηρόω
πιστόω
πληρόω
προδηλόω
προκυρόω
προσαναλόω
προσαναπληρόω
προσδηλόω
προσηλόω
προσκληρόω
προφανερόω
πυρόω
πωρόω
ῥιζόω
ῥυπόω
σαρόω
σημειόω
σθενόω
σκηνόω
σκοτόω
σπαργανόω
σπιλόω
σταυρόω
στερεόω
στεφανόω
στραγγαλόω
στρεβλόω
συμμορφόω
συμπληρόω
συσταυρόω
ταπεινόω
ταρταρόω
τεκνόω
τελειόω
τεφρόω
τυφλόω
τυφόω
ὑπερυψόω
ὑπνόω
ὑπορθόω
ὑψόω
φανερόω
φιμόω
φλαγελλόω
φραγελλόω
φυσιόω
χαλινόω
χαρακόω
χαριτόω
χερσόω
χρυσόω

-πλασίων,-ον 3 decl. adj.,
    multiples indicator, -fold,
    times
  ἑκατονταπλασίων,-ον
  ἑπταπλασίων,-ον
  πολλαπλασίων,-ον
-πλοῦς,-ῆ,-οῦν 2-1-2 decl. adj.,
    multiples indicator, -fold,
    times
  ἁπλοῦς,-ῆ,-οῦν
  διπλοῦς,-ῆ,-οῦν
  τετραπλοῦς,-ῆ,-οῦν
-ρα,ἡ 1 decl. n., has η instead
    of α in gen. and dat. sg.
  ἄγκυρα,ἡ
  αὔρα,ἡ
  διόπτρα,ἡ
  ἔχθρα,ἡ
  καθέδρα,ἡ
  καταφθορά,ἡ
  κολυμβήθρα,ἡ
  μάχαιρα,ἡ
  μίτρα,ἡ
  ὀπώρα,ἡ
  πλήμμυρα,ἡ
  πρῷρα,ἡ
  φθορά,ἡ
-ρος,-α,-ον 2-1-2 decl. adj.,
    quality
  αἰσχρός,-ά,-όν
  ἀνθηρός,-ά,-όν
  αὐστηρός,-ά,-όν
  αὐχμηρός,-ά,-όν
  βλαβερός,-ά,-όν
  βληχρός,-ά,-όν
  ἐρυθρός,-ά,-όν
  εὐπάρεδρος,-ον
  εὐπρόσεδρος,-ον
  εὐρύχωρος,-ον
  ἐχθρός,-ά,-όν
  ἱλαρός,-ά,-όν
  ἰσχυρός,-ά,-όν
  λεπρός,-ά,-όν
  λιπαρός,-ά,-όν
  λυπηρός,-ά,-όν
  μακρός,-ά,-όν
  μιαρός,-ά,-όν
  μικρός,-ά,-όν
  μυσερός,-ά,-όν

μωρός,-ά,-όν
νεκρός,-ά,-όν
νωθρός,-ά,-όν
οἰκοφθόρος,-ον
ὀκνηρός,-ά,-όν
ὀξύπτερος,-ον
ὀχυρός,-ά,-όν
πενιχρός,-ά,-όν
πέπειρος,-ον
περίπικρος,-ον
πηρός,-ά,-όν
πικρός,-ά,-όν
πονηρός,-ά,-όν
σαπρός,-ά,-όν
σκληρός,-ά,-όν
στιβαρός,-ά,-όν
τολμηρός,-ά,-όν
τρυφερός,-ά,-όν
ὑγρός,-ά,-όν
ὑπέρλαμπρος,-ον
φανερός,-ά,-όν
φλύαρος,-ον
φοβερός,-ά,-όν
χλιαρός,-ά,-όν
χλωρός,-ά,-όν
ψυχρός,-ά,-όν

-σε= adv., to a place
  ἐκεῖσε
  κἀκεῖσε
  ὁμόσε

-σι= adv., related to time
  πέρυσι

-σις,-εως,ἡ 3 decl. n., an action
  ἀγαθοποίησις,-εως,ἡ
  ἀγαλλίασις,-εως,ἡ
  ἀγανάκτησις,-εως,ἡ
  ἀθέτησις,-εως,ἡ
  ἄθλησις,-εως,ἡ
  αἴνεσις,-εως,ἡ
  αἵρεσις,-εως,ἡ
  αἴσθησις,-εως,ἡ
  αἴτησις,-εως,ἡ
  ἄλυσις,-εως,ἡ
  ἄλωσις,-εως,ἡ
  ἁμάρτησις,-εως,ἡ
  ἀμαύρωσις,-εως,ἡ
  ἀνάβλεψις,-εως,ἡ
  ἀνάγνωσις,-εως,ἡ
  ἀνάδειξις,-εως,ἡ

ἀναίρεσις,-εως,ἡ
ἀνακαίνωσις,-εως,ἡ
ἀνάκρισις,-εως,ἡ
ἀνάλημψις,-εως,ἡ
ἀνάλυσις,-εως,ἡ
ἀνάμνησις,-εως,ἡ
ἀνανέωσις,-εως,ἡ
ἀνάπαυσις,-εως,ἡ
ἀνάστασις,-εως,ἡ
ἀνάχυσις,-εως,ἡ
ἀνάψυξις,-εως,ἡ
ἄνεσις,-εως,ἡ
ἄνοιξις,-εως,ἡ
ἀνταπόδοσις,-εως,ἡ
ἀντίθεσις,-εως,ἡ
ἀντίλημψις,-εως,ἡ
ἀπάντησις,-εως,ἡ
ἀπέκδυσις,-εως,ἡ
ἀπόδειξις,-εως,ἡ
ἀπόθεσις,-εως,ἡ
ἀποκάλυψις,-εως,ἡ
ἀποκατάστασις,-εως,ἡ
ἀπόκρισις,-εως,ἡ
ἀπόλαυσις,-εως,ἡ
ἀπόλυσις,-εως,ἡ
ἀπολύτρωσις,-εως,ἡ
ἀποστέρησις,-εως,ἡ
ἀπόχρησις,-εως,ἡ
ἄρνησις,-εως,ἡ
ἄσκησις,-εως,ἡ
αὔξησις,-εως,ἡ
ἄφεσις,-εως,ἡ
ἄφιξις,-εως,ἡ
ἀφόδευσις,-εως,ἡ
βεβαίωσις,-εως,ἡ
βίωσις,-εως,ἡ
βούλησις,-εως,ἡ
βρῶσις,-εως,ἡ
γένεσις,-εως,ἡ
γέννησις,-εως,ἡ
γεῦσις,-εως,ἡ
γνῶσις,-εως,ἡ
δέησις,-εως,ἡ
διάγνωσις,-εως,ἡ
διαίρεσις,-εως,ἡ
διακόσμησις,-εως,ἡ
διάκρισις,-εως,ἡ
διάλυσις,-εως,ἡ
διάταξις,-εως,ἡ
διήγησις,-εως,ἡ
δικαίωσις,-εως,ἡ

διοίκησις,-εως,ἡ
διόρθωσις,-εως,ἡ
δόσις,-εως,ἡ
δύσις,-εως,ἡ
ἔγερσις,-εως,ἡ
ἔκβασις,-εως,ἡ
ἐκδίκησις,-εως,ἡ
ἐκζήτησις,-εως,ἡ
ἐκκόλαψις,-εως,ἡ
ἐκπέτασις,-εως,ἡ
ἐκπλήρωσις,-εως,ἡ
ἔκρυσις,-εως,ἡ
ἔκστασις,-εως,ἡ
ἔκχυσις,-εως,ἡ
ἔλεγξις,-εως,ἡ
ἔλευσις,-εως,ἡ
ἔλλειψις,-εως,ἡ
ἔνδειξις,-εως,ἡ
ἔνδυσις,-εως,ἡ
ἐνδώμησις,-εως,ἡ
ἐνθύμησις,-εως,ἡ
ἔντευξις,-εως,ἡ
ἕνωσις,-εως,ἡ
ἐξανάστασις,-εως,ἡ
ἐξήγησις,-εως,ἡ
ἕξις,-εως,ἡ
ἐξομολόγησις,-εως,ἡ
ἐπανόρθωσις,-εως,ἡ
ἐπίγνωσις,-εως,ἡ
ἐπίθεσις,-εως,ἡ
ἐπίλυσις,-εως,ἡ
ἐπιπόθησις,-εως,ἡ
ἐπίστασις,-εως,ἡ
ἐπισύστασις,-εως,ἡ
ἐπιχείρησις,-εως,ἡ
ἐρήμωσις,-εως,ἡ
ἐρώτησις,-εως,ἡ
εὐαρέστησις,-εως,ἡ
εὐδόκησις,-εως,ἡ
ζήτησις,-εως,ἡ
θέλησις,-εως,ἡ
θέσις,-εως,ἡ
θλῖψις,-εως,ἡ
ἴασις,-εως,ἡ
ἰσχυροποίησις,-εως,ἡ
καθαίρεσις,-εως,ἡ
κάκωσις,-εως,ἡ
κατάβασις,-εως,ἡ
κατάγνωσις,-εως,ἡ
κατακάλυψις,-εως,ἡ
κατάκρισις,-εως,ἡ

κατάλυσις,-εως,ἡ
κατάνυξις,-εως,ἡ
κατάπαυσις,-εως,ἡ
κατάπληξις,-εως,ἡ
κατάρτισις,-εως,ἡ
κατασκήνωσις,-εως,ἡ
κατάστασις,-εως,ἡ
κατάσχεσις,-εως,ἡ
κατοίκησις,-εως,ἡ
καῦσις,-εως,ἡ
καύχησις,-εως,ἡ
κίνησις,-εως,ἡ
κλάσις,-εως,ἡ
κλῆσις,-εως,ἡ
κοίμησις,-εως,ἡ
κόλασις,-εως,ἡ
κρίσις,-εως,ἡ
κτίσις,-εως,ἡ
κυβέρνησις,-εως,ἡ
λῆμψις,-εως,ἡ
λύσις,-εως,ἡ
λύτρωσις,-εως,ἡ
μείωσις,-εως,ἡ
μέμψις,-εως,ἡ
μετάθεσις,-εως,ἡ
μετάλημψις,-εως,ἡ
μόρφωσις,-εως,ἡ
νέκρωσις,-εως,ἡ
νουθέτησις,-εως,ἡ
οἴκησις,-εως,ἡ
ὁμοίωσις,-εως,ἡ
ὁμολόγησις,-εως,ἡ
ὅρασις,-εως,ἡ
ὄρεξις,-εως,ἡ
ὄφρησις,-εως,ἡ
παράβασις,-εως,ἡ
παράδοσις,-εως,ἡ
παράκλησις,-εως,ἡ
παράπτωσις,-εως,ἡ
παρατήρησις,-εως,ἡ
παρείσδυσις,-εως,ἡ
παρέκβασις,-εως,ἡ
παρέμπτωσις,-εως,ἡ
πάρεσις,-εως,ἡ
πεποίθησις,-εως,ἡ
περίθεσις,-εως,ἡ
περιποίησις,-εως,ἡ
περίπτωσις,-εως,ἡ
πήρωσις,-εως,ἡ
πλάσις,-εως,ἡ

ποίησις,-εως,ἡ
πρᾶξις,-εως,ἡ
πρόγνωσις,-εως,ἡ
πρόθεσις,-εως,ἡ
πρόσθεσις,-εως,ἡ
προσκαρτέρησις,-εως,ἡ
πρόσκλισις,-εως,ἡ
πρόσλημψις,-εως,ἡ
πρόσοψις,-εως,ἡ
πρόσχυσις,-εως,ἡ
πρόφασις,-εως,ἡ
πτόησις,-εως,ἡ
πτῶσις,-εως,ἡ
πύρωσις,-εως,ἡ
πώρωσις,-εως,ἡ
ῥῆσις,-εως,ἡ
ῥύσις,-εως,ἡ
σημείωσις,-εως,ἡ
στάσις,-εως,ἡ
συγκατάθεσις,-εως,ἡ
σύγκρασις,-εως,ἡ
σύγχυσις,-εως,ἡ
συζήτησις,-εως,ἡ
συμφώνησις,-εως,ἡ
συνάντησις,-εως,ἡ
συνείδησις,-εως,ἡ
συνέλευσις,-εως,ἡ
σύνεσις,-εως,ἡ
σύνθεσις,-εως,ἡ
συντάξις,-εως,ἡ
σύστασις,-εως,ἡ
τάξις,-εως,ἡ
ταπεινοφρόνησις,-εως,ἡ
ταπείνωσις,-εως,ἡ
τελείωσις,-εως,ἡ
τήρησις,-εως,ἡ
ὑπάντησις,-εως,ἡ
ὕπαρξις,-εως,ἡ
ὑπόκρισις,-εως,ἡ
ὑπόμνησις,-εως,ἡ
ὑπόστασις,-εως,ἡ
ὑποτύπωσις,-εως,ἡ
ὑστέρησις,-εως,ἡ
φανέρωσις,-εως,ἡ
φάσις,-εως,ἡ
φρόνησις,-εως,ἡ
φύσις,-εως,ἡ
φυσίωσις,-εως,ἡ
χαράκωσις,-εως,ἡ
χρῆσις,-εως,ἡ

-σκω v., to do, to be
 ἀναγινώσκω
 ἀναλίσκω
 ἀναμιμνήσκω
 ἀνευρίσκω
 ἀπογινώσκω
 ἀποδιδράσκω
 ἀποθνήσκω
 ἀρέσκω
 βιβρώσκω
 γαμίσκω
 γηράσκω
 γινώσκω
 διαγινώσκω
 διαρθρόω
 ἐκτιτρώσκω
 ἐνδιδύσκω
 ἐξιλάσκομαι
 ἐπαναμιμνήσκω
 ἐπιγινώσκω
 ἐπιφαύσκω
 ἐπιφώσκω
 εὐρίσκω
 θνήσκω
 ἱλάσκομαι
 καταγινώσκω
 καταναλίσκω
 μεθύσκω
 μιμνήσκομαι
 πιπράσκω
 προγινώσκω
 προσαναλίσκω
 σταυρίσκω
 συγγινώσκω
 συναποθνῄσκω
 τιτρώσκω
 ὑπομιμνήσκω
 φάσκω

-σσω v., to do
 ἀλλάσσω
 ἀναπλάσσω
 ἀναπράσσω
 ἀναπτύσσω
 ἀνατάσσομαι
 ἀνατυλίσσω
 ἀντιτάσσω
 ἀπαλλάσσω
 ἀποκαταλλάσσω
 ἀπομάσσω
 ἀποτάσσω

ἀποτινάσσω
βδελύσσομαι
διαλλάσσομαι
διαρήσσω
διαταράσσω
διατάσσω
διαφυλάσσω
διορύσσω
δράσσομαι
ἐκμάσσω
ἐκπλήσσω
ἐκταράσσω
ἐκτινάσσω
ἑλίσσω
ἐμφράσσω
ἐνελίσσω
ἐντάσσω
ἐντυλίσσω
ἐξελίσσω
ἐξορύσσω
ἐπιδιατάσσομαι
ἐπικαταλλάσσομαι
ἐπιπλήσσω
ἐπιτάσσω
καταλλάσσω
κατανύσσομαι
καταπλήσσω
κηρύσσω
μεταλλάσσω
νύσσω
ὀρύσσω
παραλλάσσω
παραχαράσσω
πατάσσω
πλάσσω
πλήσσω
πράσσω
προκηρύσσω
προσρήσσω
προστάσσω
προτάσσω
προφυλάσσω
πτύσσω
πυρέσσω
ῥάσσω
ῥήσσω
σπαράσσω
συγκατατάσσω
συναλλάσσω
συνταράσσω
συντάσσω

συσπαράσσω
ταράσσω
τάσσω
ὑποτάσσω
φράσσω
φρίσσω
φρυάσσω
φυλάσσω

-συνη,ἡ 1 decl. n., quality,
-ness
ἀγαθωσύνη,ἡ
ἁγιωσύνη,ἡ
ἀκεραιοσύνη,ἡ
ἀσχημοσύνη,ἡ
ἀφροσύνη,ἡ
βεβαιωσύνη,ἡ
δικαιοσύνη,ἡ
ἐλεημοσύνη,ἡ
εὐσχημοσύνη,ἡ
εὐφροσύνη,ἡ
ἱερωσύνη,ἡ
μεγαλορρημοσύνη,ἡ
μεγαλωσύνη,ἡ
μνημοσύνη,ἡ
παραφροσύνη,ἡ
πολυπραγμοσύνη,ἡ
σωφροσύνη,ἡ
ταπεινοφροσύνη,ἡ
ὑψηλοφροσύνη,ἡ

-ς,-ος,ἡ 3 decl. n.
ἀκρίς,-ίδος,ἡ
ἀκτίς,-ῖνος,ἡ
Ἄρτεμις,-ιδος,ἡ
ἀχλύς,-ύος,ἡ
δισμυριάς,-άδος,ἡ
Δορκάς,-άδος,ἡ
δράξ,-ακός,ἡ
ἑβδομάς,-άδος,ἡ
ἐγκρίς,-ίδος,ἡ
Ἑλλάς,-άδος,ἡ
ἔρις,-ιδος,ἡ
ἐσθής,-ῆτος,ἡ
θρίξ,τριχός,ἡ
ἴασπις,-ιδος,ἡ
ἰκμάς,-άδος,ἡ
ἶρις,-ιδος,ἡ
ἰσχύς,-ύος,ἡ
κλῖμαξ,-μακος,ἡ
λαῖλαψ,-απος,ἡ
Λωΐς,-ίδος,ἡ

μάστιξ,-ιγος,ἡ
μῆνις,-ιος,ἡ
νύξ,νυκτός,ἡ
ὀσφῦς,-ύος,ἡ
ὀφρῦς,-ύος,ἡ
πίναξ,-ακος,ἡ
πλάξ,-ακος,ἡ
πτέρυξ,-υγος,ἡ
ῥίς,ῥινός,ἡ
Σαλαμίς,-ῖνος,ἡ
σάλπιγξ,-ιγγος,ἡ
σανίς,-ίδος,ἡ
σάρξ,-ρκός,ἡ
σπιλάς,-άδος,ἡ
σφραγίς,-ῖδος,ἡ
Τράλλεις,-εων,αἱ
Τρωάς,-άδος,ἡ
φάραγξ,-αγγος,ἡ
φλέψ,-εβός,ἡ
φλόξ,-ογός,ἡ
χάρις,-ιτος,ἡ
χλαμύς,-ύδος,ἡ
χοῖνιξ,-ικος,ἡ
ψίξ,-ιχός,ἡ

-ς,-ος,ἡ(1) 3 decl. n.
αἰδώς,-οῦς,ἡ
ἀλώπηξ,-εκος,ἡ

-ς,-ος,ἡ(2) 3 decl. n.
ἅλως,-ω,ἡ
ναῦς,νεώς,ἡ

-ς,-ος,ὁ 3 decl. n.
Αἰθίοψ,-οπος,ὁ
ἅλς,ἁλός,ὁ
ἄνθραξ,-ακος,ὁ
Ἄραψ,-αβος,ὁ
βότρυς,-υος,ὁ
γέλως,-ωτος,ὁ
γόης,-ητος,ὁ
δεσμοφύλαξ,-ακος,ὁ
ἔρως,-ωτος,ὁ
θώραξ,-ακος,ὁ
ἱδρώς,-ῶτος,ὁ
ἱμάς,-άντος,ὁ
ἰχθύς,-ύος,ὁ
κῆρυξ,-υκος,ὁ
Κίλιξ,-ικος,ὁ
κόραξ,-ακος,ὁ
κοσμοπλανής,-ῆτος,ὁ
Κρής,-ητός,ὁ

κώνωψ,-ωπος,ό
λάρυγξ,-υγγος,ό
λίψ,λιβός,ό
μάρτυς,-υρος,ό
μῦς,μυός,ό
μώλωψ,-ωπος,ό
πένης,-ητος,ό
πλάνης,-ητος,ό
πρωτόμαρτυς,-υρος,ό
πώλυψ,-υπος,ό
σαρδόνυξ,-υχος,ό
σής,σητός,ό
σκόλοψ,-οπος,ό
σκώληξ,-ηκος,ό
στάχυς,-υος,ό
Στάχυς,-υος,ό
στύραξ,-ακος,ό
Φῆλιξ,-ικος,ό
Φοῖνιξ,-ικος,ό
φοῖνιξ,-ικος,ό
Φρύξ,-υγός,ό
φύλαξ,-ακος,ό
χάλιξ,-ικος,ό
χρώς,-ωτός,ό
ψευδόμαρτυς,-υρος,ό

-ς,-ος,ό(1) 3 decl. n.
'Αγαθόπους,-ποδος,ό
δασύπους,-οδος,ό
Διοτρέφης,-ους,ό
'Ισοκράτης,-ους,ό
Κλήμης,-μεντος,ό
Κρήσκης,-κεντος,ό
νοῦς,νοός,ό
ὀδούς,-όντος,ό
πλοῦς,-οός,ό
πολύπους,-οδος,ό
Πούδης,-εντος,ό
πούς,ποδός,ό
Σωκράτης,-ους,ό
Σωσθένης,-ους,ό
χοῦς,χοός,ό

-ς,-ος,ό(2) 3 decl. n.
'Ερμογένης,-ους,ό
Ζεύς,Διός,ό
Μωυσῆς,-έως,ό
πῆχυς,-εως,ό

-ς,-ος,ό&ή 3 decl. n.
αἴξ,αἰγός,ό&ή
ἅρπαξ,-αγος,ό&ή

ὄμφαξ,-ακος,ό&ή
ὄρνις,-ιθος,ό&ή
παῖς,παιδός,ό&ή
ὖς,ὑός,ό&ή

-ς,-ος,ό&ή(1) 3 decl. n.
βοῦς,βοός,ό&ή

-ς,-ος,ό&ή 3 decl. pron.
ὅστις,ἥτις,ὅτι
τίς,τί
τις,τι

-ς,-ος,τό 3 decl. n.
ἅλας,-ατος,τό
γέρας,-ως,τό
γῆρας,-ως,τό
εἰκός,-ότος,τό
κέρας,-ατος,τό
κρέας,-έως,τό
οὖς,ὠτός,τό
πέρας,-ατος,τό
τέρας,-ατος,τό
φῶς,φωτός,τό

-τατος,-η,-ον 2-1-2 decl. adj.,
   superlative degree indicator,
   most, -est
ὑπέρτατος,-η,-ον

-τεος,-α,-ον 2-1-2 decl. adj.,
   obligation, intention, must
   do, is to do
βλητέος,-α,-ον

-τερον,τό 2 decl. n.
ἔντερον,τό

-τερον= adv., comparative
   degree, -er
πορρώτερον

-τερος,-α,-ον 2-1-2 decl. adj.,
   comparative degree,
   distributive
ἀμφότεροι,-αι,-α
ἀνώτερος,-α,-ον
ἀριστερός,-ά,-όν
δεύτερος,-α,-ον
ἑκάτερος,-α,-ον
ἐξώτερος,-α,-ον
ἐσώτερος,-α,-ον
ἡμέτερος,-α,-ον
κατώτερος,-α,-ον
νέρτερος,-α,-ον

περισσότερος,-α,-ον
πρεσβύτερος,-α,-ον
πρότερος,-α,-ον
συμπρεσβύτερος,ὁ
ὑμέτερος,-α,-ον
ὕστερος,-α,-ον

-τερω= adv., comparative
   degree, -er
κατωτέρω
περαιτέρω
πορρωτέρω

-τη,ἡ 1 decl. n.
γαμετή,ἡ
Γραπτή,ἡ
μελέτη,ἡ
μηλωτή,ἡ
πεντηκοστή,ἡ

-τηρ,-τηρος,ὁ 3 decl. n., an
   object
νιπτήρ,-τῆρος,ὁ
ποδονιπτήρ,-ῆρος,ὁ
στατήρ,-τῆρος,ὁ
σωτήρ,-τῆρος,ὁ
φωστήρ,-τῆρος,ὁ
χαρακτήρ,-τῆρος,ὁ

-τηριον,τό 2 decl. n., a place
   where something is done
ἁγνευτήριον,τό
αἰσθητήριον,τό
ἀκροατήριον,τό
δεσμωτήριον,τό
ἐργαστήριον,τό
θυμιατήριον,τό
θυσιαστήριον,τό
ἱλαστήριον,τό
κατοικητήριον,τό
κριτήριον,τό
μυστήριον,τό
οἰκητήριον,τό
ποτήριον,τό
φυλακτήριον,τό

-τηρος,-α,-ον 2-1-2 decl. adj.,
   quality
αἰσχυντηρός,-ά,-όν

-της,-ου,ὁ 1 decl. n., agent,
   receiver, instrument
ἀδικοκρίτης,-ου,ὁ
ἀθλητής,-οῦ,ὁ

ἀκροατής,-οῦ,ὁ
ἀναβάτης,-ου,ὁ
ἀνδραποδιστής,-οῦ,ὁ
ἀνταποδότης,-ου,ὁ
ἀποστάτης,-ου,ὁ
ἀποστερητής,-οῦ,ὁ
ἀρσενοκοίτης,-ου,ὁ
ἀρχιληστής,-οῦ,ὁ
αὐθέντης,-ου,ὁ
αὐλητής,-οῦ,ὁ
αὐτόπτης,-ου,ὁ
βαπτιστής,-οῦ,ὁ
βασανιστής,-ου,ὁ
βιαστής,-οῦ,ὁ
βουλευτής,-οῦ,ὁ
γνώστης,-ου,ὁ
γογγυστής,ὁ
δανειστής,-οῦ,ὁ
δεσμώτης,-ου,ὁ
δεσπότης,-ου,ὁ
διερμηνευτής,-οῦ,ὁ
δικαστής,-οῦ,ὁ
διχοστάτης,-ου,ὁ
διωγμίτης,-ου,ὁ
διώκτης,-ου,ὁ
δότης,-ου,ὁ
δυνάστης,-ου,ὁ
ἐμπαίκτης,-ου,ὁ
ἐξορκιστής,-οῦ,ὁ
ἐπενδύτης,-ου,ὁ
ἐπιθυμητής,-οῦ,ὁ
ἐπιστάτης,-ου,ὁ
ἐπόπτης,-ου,ὁ
ἐραυνητής,-οῦ,ὁ
ἐργάτης,-ου,ὁ
ἐργοπαρέκτης,-ου,ὁ
ἑρμηνευτής,-οῦ,ὁ
εὐαγγελιστής,-οῦ,ὁ
εὐεργέτης,-ου,ὁ
Εὐφράτης,-ου,ὁ
ἐφευρετής,-οῦ,ὁ
ζηλωτής,-οῦ,ὁ
θεομακαρίτης,-ου,ὁ
θεοπρεσβευτής,-οῦ,ὁ
θεριστής,-οῦ,ὁ
ἰδιώτης,-ου,ὁ
ἱκέτης,-ου,ὁ
'Ισκαριώτης,-ου,ὁ
καθαιρέτης,-ου,ὁ
καθηγητής,-οῦ,ὁ
καρδιογνώστης,-ου,ὁ

καταφρονητής,-οῦ,ὁ
κερματιστής,-οῦ,ὁ
κλέπτης,-ου,ὁ
κολλυβιστής,-οῦ,ὁ
κριτής,-οῦ,ὁ
κτίστης,-ου,ὁ
κυβερνήτης,-ου,ὁ
λαθροδήκτης,-ου,ὁ
ληστής,-οῦ,ὁ
λυτρωτής,-οῦ,ὁ
μαθητής,-οῦ,ὁ
μαργαρίτης,-ου,ὁ
μεριστής,-οῦ,ὁ
μεσίτης,-ου,ὁ
μετρητής,-οῦ,ὁ
μιμητής,-οῦ,ὁ
μισθαποδότης,-ου,ὁ
ναύτης,-ου,ὁ
Νικήτης,-ου,ὁ
Νικολαΐτης,-ου,ὁ
νομοθέτης,-ου,ὁ
ξέστης,-ου,ὁ
οἰκέτης,-ου,ὁ
οἰκοδεσπότης,-ου,ὁ
οἰνοπότης,-ου,ὁ
ὀλοθρευτής,-οῦ,ὁ
ὀφειλέτης,-ου,ὁ
παιδευτής,-οῦ,ὁ
πανεπόπτης,-ου,ὁ
παντοκτίστης,-ου,ὁ
παραβάτης,-ου,ὁ
πλανήτης,-ου,ὁ
πλεονέκτης,-ου,ὁ
πλήκτης,-ου,ὁ
ποιητής,-οῦ,ὁ
πολίτης,-ου,ὁ
πρεσβευτής,-οῦ,ὁ
πρεσβύτης,-ου,ὁ
προγνώστης,-ου,ὁ
προδότης,-ου,ὁ
προσαίτης,-ου,ὁ
προσκυνητής,-οῦ,ὁ
προστάτης,-ου,ὁ
προσωπολήμπτης,-ου,ὁ
προφήτης,-ου,ὁ
πρωτοκαθεδρίτης,-ου,ὁ
πρωτοστάτης,-ου,ὁ
σαλπιστής,-οῦ,ὁ
Σκαριώτης,-ου,ὁ
στασιαστής,-οῦ,ὁ
στρατιώτης,-ου,ὁ

συζητητής,-οῦ,ὁ
συμμαθητής,-οῦ,ὁ
συμμιμητής,-οῦ,ὁ
συμμύστης,-ου,ὁ
συμπολίτης,-ου,ὁ
συμφυλέτης,-ου,ὁ
συνδιδασκαλίτης,-ου,ὁ
συνηλικιώτης,-ου,ὁ
συντεχνίτης,-ου,ὁ
συστασιαστής,-οῦ,ὁ
συστρατιώτης,-ου,ὁ
τελειωτής,-οῦ,ὁ
τεχνίτης,-ου,ὁ
τιμωρητής,-οῦ,ὁ
τολμητής,-οῦ,ὁ
τραπεζίτης,-ου,ὁ
ὑβριστής,-οῦ,ὁ
ὑπερασπιστής,-οῦ,ὁ
ὑπηρέτης,-ου,ὁ
ὑπόκριτής,-οῦ,ὁ
φρεναπάτης,-ου,ὁ
φροντιστής,-οῦ,ὁ
χάρτης,-ου,ὁ
χρεοφειλέτης,-ου,ὁ
χρεώστης,-ου,ὁ
ψευδοπροφήτης,-ου,ὁ
ψεύστης,-ου,ὁ
ψιθυριστής,-οῦ,ὁ

-τον,τό 2 decl. n., an object
ἑρπετόν,τό
φυτόν,τό

-τος,-η,-ον 2-1-2 decl. adj.,
    possibility, actuality, -able,
    -ed
ἄβρωτος,-ον
ἀγαπητός,-ή,-όν
ἀγενεαλόγητος,-ον
ἀγέννητος,-ον
ἄγνωστος,-ον
ἀγράμματος,-ον
ἀδιάκριτος,-ον
ἀδιάλειπτος,-ον
ἀδιήγητος,-ον
ἀδύνατος,-ον
ἀθάνατος,-ον
ἀθέμιστος,-ον
ἀθέμιτος,-ον
ἄθικτος,-ον
ἄθραυστος,-ον
αἱρετός,-ή,-όν

ἀκάθαρτος,-ον
ἀκατάγνωστος,-ον
ἀκατακάλυπτος,-ον
ἀκατάκριτος,-ον
ἀκατάλητος,-ον
ἀκατάλυτος,-ον
ἀκατάπαυστος,-ον
ἀκατάστατος,-ον
ἀκατάσχετος,-ον
ἀκίνητος,-ον
ἀκοίμητος,-ον
ἀκόρεστος,-ον
ἀκουστός,-ή,-όν
ἄκρατος,-ον
ἀκρόβυστος,ὁ
ἀλάλητος,-ον
ἀλατόμητος,-ον
ἀλύπητος,-ον
ἀμάραντος,-ον
ἄμεμπτος,-ον
ἀμέριστος,-ον
ἀμετάθετος,-ον
ἀμετακίνητος,-ον
ἀμεταμέλητος,-ον
ἀμετανόητος,-ον
ἀμίαντος,-ον
ἀμώμητος,-ον
ἀναίσθητος,-ον
ἀναμάρτητος,-ον
ἀναντίρρητος,-ον
ἀναπάρτιστος,-ον
ἀναπολόγητος,-ον
ἀναρίθμητος,-ον
ἀνέγκλητος,-ον
ἀνεκδιήγητος,-ον
ἀνεκλάλητος,-ον
ἀνέκλειπτος,-ον
ἀνεκτός,-όν
ἀνεμπόδιστος,-ον
ἀνένδεκτος,-ον
ἀνεξεραύνητος,-ον
ἀνεξιχνίαστος,-ον
ἀνεπαίσχυντος,-ον
ἀνεπίλημπτος,-ον
ἀνεύθετος,-ον
ἀνθρωποποίητος,-ον
ἀνίατος,-ον
ἀνόητος,-ον
ἀνόνητος,-ον
ἀνυπέρβλητος,-ον
ἀνυπόκριτος,-ον

ἀνυπότακτος,-ον
ἀνυστέρητος,-ον
ἀξιαγάπητος,-ον
ἀξιοεπίτευκτος,-ον
ἀξιοθαύμαστος,-ον
ἀξιονόμαστος,-ον
ἀοίκητος,-ον
ἀόρατος,-ον
ἄοργητος,-ον
ἀπαίδευτος,-ον
ἀπαράβατος,-ον
ἀπαρασκεύαστος,-ον
ἀπείραστος,-ον
ἀπέραντος,-ον
ἀπερινόητος,-ον
ἀπερίσπαστος,-ον
ἀπερίτμητος,-ον
ἄπιστος,-ον
ἄπλυτος,-ον
ἀπόβλητος,-ον
ἀπόδεκτος,-ον
ἀποίητος,-ον
ἀπροσδόκητος,-ον
ἀπρόσιτος,-ον
ἄπταιστος,-ον
ἀρεστός,-ή,όν
ἀρκετός,-ή,-όν
ἄρρητος,-ον
ἄρρωστος,-ον
ἀρτιγέννητος,-ον
ἀσάλευτος,-ον
ἄσβεστος,-ον
ἄσηπτος,-ον
ἄσκυλτος,-ον
ἀστήρικτος,-ον
ἀστομάχητος,-ον
ἀσύγκριτος,-ον
ἀσύνετος,-ον
ἀσύνθετος,-ον
ἄτακτος,-ον
ἄτρεπτος,-ον
αὐθαίρετος,-ον
αὐτεπαινετός,-όν
αὐτοκατάκριτος,-ον
αὐτόματος,-η,-ον
ἄφαντος,-ον
ἄφθαρτος,-ον
ἄφραστος,-ον
ἀφύλακτος,-ον
ἀχάριστος,-ον
ἀχειροποίητος,-ον

ἄχρηστος,-ον
ἀχώρητος,-ον
ἀχώριστος,-ον
ἄψευστος,-ον
ἀψηλάφητος,-ον
βδελυκτός,-ή,-όν
βρωτός,-ή,-όν
γεννητός,-ή,-όν
γλυπτός,-ή,-όν
γνωστός,-ή,-όν
γραπτός,-ή,-όν
δέκατος,-η,-ον
δεκτός,-ή,-όν
δευτερόπρωτος,-ον
διαβόητος,-ον
διάλεκτος,ή
διδακτός,-ή,-όν
δυνατός,-ή,-όν
δυσβάστακτος,-ον
δύσβατος,-ον
δυσερμήνευτος,-ον
δυσθεράπευτος,-ον
δυσνόητος,-ον
δύσχρητος,-ον
δωδέκατος,-η,-ον
ἐγκάθετος,-ον
εἰδωλόθυτος,-ον
ἕκαστος,-η,-ον
ἔκδοτος,-ον
ἔκθετος,-ον
ἐκλεκτός,-ή,-όν
ἔκπληκτος,-ον
ἕκτος,-η,-ον
ἔκφρικτος,-ον
ἔμφυτος,-ον
ἐνάρετος,-ον
ἔνατος,-η,-ον
ἑνδέκατος,-η,-ον
ἐξαίρετος,-ον
ἐπάρατος,-ον
ἐπήλυτος,-ον
ἐπικατάρατος,-ον
ἐπιπόθητος,-ον
ἔσχατος,-η,-ον
εὐάρεστος,-ον
εὔθετος,-ον
εὐκατάλλακτος,-ον
εὐλογητός,-ή,-όν
εὐμετάδοτος,-ον
εὐοικονόμητος,-ον
εὐπερίσπαστος,-ον

εὐπερίστατος,-ον
εὐπρόσδεκτος,-ον
εὐσυνείδητος,-ον
εὐχάριστος,-ον
εὔχρηστος,-ον
ζεστός,-ή,-όν
θαυμαστός,-ή,-όν
θεμιτός,-ή,-όν
θεοδίδακτος,-ον
θεομακάριστος,-ον
θεόπνευστος,-ον
θνητός,-ή,-όν
ἱερόθυτος,-ον
καταγέλαστος,-ον
κατάκριτος,-ον
κλητός,-ή,-όν
κρυπτός,-ή,-όν
λαξευτός,-ή,-όν
λεπτός,-ή,-όν
λιθόστρωτος,-ον
μεστός,-ή,-όν
νεόφυτος,-ον
νηκτός,-ή,-όν
οἰκοδομητός,-ή,-όν
ὀπτός,-ή,-όν
ὁρατός,-ή,-όν
παθητός,-ή,-όν
πανάρετος,-ον
πανθαμάρτητος,-ον
παράλυτος,-ον
παρείσακτος,-ον
πατροπαράδοτος,-ον
πεντακοσιοστός,-ή,-όν
πεντεκαιδέκατος,-η,-ον
περιβόητος,-ον
πιστός,-ή,-όν
πλαστός,-ή,-όν
πνικτός,-ή,-όν
ποθητός,-ή,-όν
πολυαγάπητος,-ον
πολυεύτακτος,-ον
ποταμοφόρητος,-ον
προσδεκτός,-ή,-όν
πρόσφατος,-ον
πρῶτος,-η,-ον
πτερωτός,-ή,-όν
σεβαστός,-ή,-όν
σητόβρωτος,-ον
σιτευτός,-ή,-όν
σιτιστός,-ή,-όν
σκωληκόβρωτος,-ον

στυγητός,-ή,-όν
σύμφυτος,-ον
συνεκλεκτός,-ή,-όν
συνετός,-ή,-όν
τακτός,-ή,-όν
τεσσαρεσκαιδέκατος,-η,-ον
τέταρτος,-η,-ον
τρίτος,-η,-ον
ὑφαντός,-ή,-όν
φθαρτός,-ή,-όν
χειροποίητος,-ον
χρηστός,-ή,-όν
χωνευτός,-ή,-όν

-τος,ὁ 2 decl. n. from the
    preceding adj.
αἰχμάλωτος,ὁ
ἀμέθυστος,ὁ
ἀντίχριστος,ὁ
'Ασύγκριτος,ὁ
Διόγνητος,ὁ
'Επαίνετος,ὁ
''Εραστος,ὁ
κονιορτός,ὁ
κοπετός,ὁ
λιβανωτός,ὁ
μισθωτός,ὁ
ὀχετός,ὁ
παράκλητος,ὁ
προσήλυτος,ὁ
πυρετός,ὁ
συναιχμάλωτος,ὁ
τοκετός,ὁ
ὑετός,ὁ
Φίλετος,ὁ
φόρτος,ὁ
Χριστός,ὁ
ψευδόχριστος,ὁ

-τος= adv., related to place
ἐκτός
ἐντός
παρεκτός

-τρια,ἡ 1 decl. n., feminine
    indicator, -ess
μαθήτρια,ἡ

-τρον,τό 2 decl. n., instrument
ἄγκιστρον,τό
ἀμφίβληστρον,τό
ἀντίλυτρον,τό
ἄροτρον,τό

δωδεκάσκηπτρον,τό
ἔσοπτρον,τό
κέντρον,τό
κλεῖθρον,τό
λουτρόν,τό
λύτρον,τό
σκῆπτρον,τό
φόβητρον,τό

-τωρ,-τορος,ὁ 3 decl. n.,
    agent, -er, -or
ἀντιλήπτωρ,-ορος,ὁ
δειπνοκλήτωρ,-ορος,ὁ
κοσμοκράτωρ,-τορος,ὁ
κτήτωρ,-ορος,ὁ
οἰκήτωρ,-ορος,ὁ
παντοκράτωρ,-ορος,ὁ
πράκτωρ,-τορος,ὁ
ῥήτωρ,-τορος,ὁ

-υ= adv.
πάνυ

-υνω v., to cause, to do
αἰσχύνω
βαθύνω
βαρύνω
βραδύνω
διευθύνω
ἐλαύνω
ἐπαισχύνομαι
εὐθύνω
καταβαρύνω
καταισχύνω
κατευθύνω
μεγαλύνω
μηκύνω
μολύνω
παραθαρσύνω
παρεισδύνω
παροξύνω
παχύνω
περιελαύνω
πλατύνω
πληθύνω
πλύνω
σκληρύνω
ταχύνω
ὑπερεκχύνω

-υς,-εια,-υ 3-1-3 decl. adj.,
    quality
βαθύς,-εῖα,-ύ

βαρύς,-εῖα,-ύ
βραδύς,-εῖα,-ύ
βραχύς,-εῖα,-ύ
εὐθύς,-εῖα,-ύ
ἡδύς,-εῖα,-ύ
ἥμισυς,-εια,-υ
θῆλυς,-εια,-υ
ὀξύς,-εῖα,-ύ
πλατύς,-εῖα,-ύ
πραΰς,-εῖα,-ύ
ταχύς,-εῖα,-ύ
τραχύς,-εῖα,-ύ

-ω v., *to do*
ἀγάλλω
ἀγγέλλω
ἄγω
ᾄδω
αἴρω
ἀκούω
ἀκροάομαι
ἀλείφω
ἀλήθω
ἅλλομαι
ἀμείβομαι
ἀμύνομαι
ἀμφιβάλλω
ἀναβαίνω
ἀναβάλλω
ἀναβλέπω
ἀναγγέλλω
ἀναγράφω
ἀνάγω
ἀναδέχομαι
ἀναζάω
ἀναζέω
ἀναθάλλω
ἀνακαθίζω
ἀνακαλύπτω
ἀνακάμπτω
ἀνακλίνω
ἀνακόπτω
ἀνακράζω
ἀνακρίνω
ἀνακτάομαι
ἀνακτίζω
ἀνακυλίω
ἀνακύπτω
ἀνάλλομαι
ἀναλόω
ἀναλύω

ἀναμένω
ἀνανήφω
ἀναπαύω
ἀναπείθω
ἀναπέμπω
ἀναπίπτω
ἀνάπτω
ἀνασείω
ἀνασπάω
ἀναστρέφω
ἀνασῴζω
ἀνατέλλω
ἀνατρέπω
ἀνατρέφω
ἀνατρέχω
ἀναφάω
ἀναφέρω
ἀναψύχω
ἀνέρχομαι
ἀνέχω
ἀνήκω
ἀνοίγω
ἀντακούω
ἀνταποκρίνομαι
ἀντέχω
ἀντιβάλλω
ἀντιβλέπω
ἀντιλέγω
ἀντιμιμέομαι
ἀντιπαλαίω
ἀντιπαρέλκω
ἀντιπαρέρχομαι
ἀντιπίπτω
ἀπαγγέλλω
ἀπάγχω
ἀπάγω
ἀπαίρω
ἀπαιτέω
ἀπαναίνομαι
ἀπασπάζομαι
ἀπεκδέχομαι
ἀπεκδύομαι
ἀπελαύνω
ἀπέρχομαι
ἀπέχω
ἁπλόω
ἀποβαίνω
ἀποβάλλω
ἀποβλέπω
ἀπογένω
ἀπογράφω

ἀποδέχομαι
ἀποδύομαι
ἀποθλίβω
ἀποκαλύπτω
ἀποκλείω
ἀποκόπτω
ἀποκρίνομαι
ἀποκρύπτω
ἀποκτείνω
ἀποκυλίω
ἀπολείπω
ἀπολείχω
ἀπολούω
ἀπολύω
ἀπομένω
ἀπονέμω
ἀπονεύω
ἀπονίζω
ἀποπίπτω
ἀποπλέω
ἀποπλύνω
ἀποπνίγω
ἀπορρέω
ἀπορρίπτω
ἀποσπάω
ἀποστέλλω
ἀποστρέφω
ἀποσυνέχω
ἀποσύρω
ἀποτίκτω
ἀποτίνω
ἀποτρέπω
ἀποτρέχω
ἀποφαίνομαι
ἀποφέρω
ἀποφεύγω
ἀποφθέγγομαι
ἀποψύχω
ἅπτω
ἀπωθέω
ἀρτύω
ἄρχω
ἀσπάζομαι
ἀστράπτω
αὔξω
ἀφήκω
βάλλω
βάπτω
βλάπτω
βλέπω
βοηθέω

βόσκω
βούλομαι
βρέχω
βρύχω
βρύω
βύω
γέμω
γεύομαι
γίνομαι
γράφω
δαίρω
δάκνω
δακρύω
δέομαι
δέρω
δέχομαι
δέω(1)
διαβαίνω
διαβάλλω
διαβλέπω
διαγγέλλω
διαγένω
διάγω
διαδέχομαι
διαθρύπτω
διαιρέω
διακαθαίρω
διακατελέγχομαι
διακούω
διακρίνω
διακωλύω
διαλέγομαι
διαλείπω
διαλύω
διαμαρτύρομαι
διαμάχομαι
διαμένω
διανέμω
διανεύω
διανοίγω
διανύω
διαπλέω
διαπρίω
διασείω
διασπαράσσω
διασπάω
διασπείρω
διαστέλλω
διαστρέφω
διατρίβω
διαφέρω

διαφεύγω
διαφθείρω
διδάσκω
διεγείρω
διελέγχω
διέλκω
διεξέρχομαι
διέπω
διέρχομαι
διώκω
δράω
δύνω
ἐάω
ἐγγράφω
ἐγείρω
ἐγκαταλείπω
ἐγκλείω
ἐγκόπτω
ἐγκρίνω
ἐγκρύπτω
ἐγκύπτω
ἐγχρίω
εἴκω(2)
εἰσάγω
εἰσακούω
εἰσδέχομαι
εἰσέρχομαι
εἰσήκω
εἰστρέχω
εἰσφέρω
εἴωθα
ἐκβαίνω
ἐκβάλλω
ἐκδέχομαι
ἐκδιώκω
ἐκδύω
ἐκκαθαίρω
ἐκκαίω
ἐκκλάω
ἐκκλείω
ἐκκλίνω
ἐκκολάπτω
ἐκκόπτω
ἐκλάμπω
ἐκλέγομαι
ἐκλείπω
ἐκλύω
ἐκνεύω
ἐκνήφω
ἐκπέμπω
ἐκπίπτω

ἐκπλέκω
ἐκπλέω
ἐκπνέω
ἐκπτύω
ἐκρίπτω
ἐκστρέφω
ἐκτείνω
ἐκτίλλω
ἐκτρέπω
ἐκτρέφω
ἐκτρίβω
ἐκφέρω
ἐκφεύγω
ἐκφύω
ἐκχέω
ἐκψύχω
ἐλέγχω
ἕλκω
ἐλλείπω
ἐμβαίνω
ἐμβάλλω
ἐμβάπτω
ἐμβλέπω
ἐμμένω
ἐμπέμπω
ἐμπεριέχω
ἐμπίπτω
ἐμπλέκω
ἐμπνέω
ἐμπτύω
ἐμφύρω
ἐνάλλομαι
ἐνάρχομαι
ἐνδέχομαι
ἐνδέω(1)
ἐνδέω(2)
ἐνδύνω
ἐνδύω
ἐνερείδω
ἐνέχω
ἐνιδρύω
ἐνισχύω
ἐννεύω
ἐντέλλω
ἐντρέπω
ἐντρέφω
ἐξαγγέλλω
ἐξάγω
ἐξαίρω
ἐξαλείφω
ἐξάλλομαι

έξανατέλλω
έξανοίγω
έξαποστέλλω
έξάπτω
έξαστράπτω
έξεγείρω
έξελέγχω
έξέλκω
έξέρχομαι
έξέχω
έξισχύω
έοικα
έπαγγέλλομαι
έπάγω
έπαίρω
έπακούω
έπανάγω
έπανακάμπτω
έπαναπαύομαι
έπανατρέχω
έπανέρχομαι
έπανήκω
έπεγείρω
έπεισέρχομαι
έπεκτείνομαι
έπενδύομαι
έπέρχομαι
έπέχω
έπιβαίνω
έπιβάλλω
έπιβλέπω
έπιγένω
έπιγράφω
έπιδέομαι
έπιδέχομαι
έπιδύω
έπιθύω
έπικαθίζω
έπικαίω
έπικαλύπτω
έπικέλλω
έπικράζω
έπικρίνω
έπιλάμπω
έπιλέγω
έπιλείπω
έπιλείχω
έπιλύω
έπιμένω
έπινεύω
έπιπέτομαι

έπιπίπτω
έπιπρέπω
έπιρράπτω
έπιρρίπτω
έπισείω
έπισκέπτομαι
έπισπάομαι
έπισπείρω
έπιστέλλω
έπιστρέφω
έπισυνάγω
έπισυντρέχω
έπισχύω
έπιτρέπω
έπιφέρω
έπιχέω
έπιχρίω
έπιψαύω
έποκέλλω
έρείδω
έρεύγομαι
έρχομαι
έσθίω
εύχομαι
έφάλλομαι
έφήδομαι
έφοράω
έχω
ζάω
ζέω
ζωοποιέω
ήδομαι
ήκω
θάλλω
θάλπω
θάπτω
θεάομαι
θέλω
θέω
θλάω
θλίβω
θραύω
θρύπτω
θύω(1)
ίάομαι
ίδρύω
ίνδάλλομαι
ίσχύω
καθαίρω
καθάπτω
καθέζομαι

καθεύδω
καθήκω
καθίζω
καίω
καλύπτω
καμμύω
κάμνω
κάμπτω
καταβαίνω
καταβάλλω
καταγγέλλω
καταγένω
καταγράφω
κατάγω
καταδέχομαι
καταδέω
καταδιώκω
κατακαίω
κατακαλύπτω
κατακαυχάομαι
κατακλάω
κατακλείω
κατακλίνω
κατακόπτω
κατακρίνω
κατακύπτω
καταλάμπω
καταλέγω
καταλείπω
καταλύω
καταμένω
κατανεύω
καταξαίνω
καταπαλαίω
καταπαύω
καταπίνω
καταπίπτω
καταπλέω
καταρρέω
κατασείω
κατασκάπτω
κατασπείρω
καταστέλλω
καταστρέφω
κατασύρω
κατατρέχω
καταφέρω
καταφεύγω
καταφθείρω
καταχαίρω
καταχέω

καταχράομαι
καταψεύδομαι
καταψύχω
κατείργω
κατέρχομαι
κατεσθίω
κατέχω
κατισχύω
κατοικτίρω
κείρω
κλαίω
κλάω
κλείω
κλέπτω
κλίνω
κνήθω
κόπτω
κράζω
κρίνω
κρούω
κρύπτω
κτάομαι
κτίζω
κυλίω
κύπτω
κύω
κωλύω
λάμπω
λέγω
λείπω
λείχω
λούω
λύω
μαρτύρομαι
μάχομαι
μεθύω
μειγνύω
μέλλω
μέμφομαι
μένω
μεταβαίνω
μεταβάλλω
μεταγράφω
μετάγω
μεταίρω
μεταμέλομαι
μεταπέμπω
μεταστρέφω
μετατρέπω
μεταφέρω
μετέχω

μηνύω
μιαίνω
μνάομαι(1)
μυκάομαι
νέμομαι
νεύω
νήθω
νήφω
νήχομαι
νίπτω
ξαίνω
ὀδύρομαι
ὄζω
οἴομαι
ὀμείρομαι
ὀμνύω
ὁράω
ὀρέγω
ὀφείλω
παίω
παραβαίνω
παραβάλλω
παραβλέπω
παραβύω
παραγγέλλω
παραγένω
παράγω
παραδέχομαι
παρακαθέζομαι
παρακαθίζω
παρακαλύπτω
παρακούω
παρακύπτω
παραλέγομαι
παραλείπω
παραλύω
παραμένω
παραπίπτω
παραπλέω
παραρρέω
παρατείνω
παραφέρω
παραχέω
παραχράομαι
παρεισάγω
παρεισέρχομαι
παρεισφέρω
παρεκβαίνω
παρεκφέρω
παρεμβάλλω
παρεμπλέκω

παρέρχομαι
παρέχω
παροίχομαι
παροτρύνω
πάσχω
παύω
πείθω
πέμπω
περιάγω
περιάπτω
περιαστράπτω
περιβάλλω
περιβλέπω
περιγένω
περιδέω
περιέρχομαι
περιέχω
περιζωννύω
περικαθαίρω
περικαθίζω
περικαλύπτω
περικόπτω
περικρύβω
περιλάμπω
περιλείπομαι
περιλείχω
περιμένω
περιπείρω
περιπίπτω
περιπλέκω
περιρραίνω
περισπάω
περιστέλλω
περιτέμνω
περιτρέπω
περιτρέχω
περιφέρω
πέτομαι
πίνω
πίπτω
πλέκω
πλέω
πνέω
πνίγω
πρέπω
προάγω
προακούω
προβαίνω
προβάλλω
προβλέπω
προγένω

προγράφω
προενάρχομαι
προεπαγγέλλω
προέρχομαι
προέχω
προκαταγγέλλω
προκατέχω
προκόπτω
προκρίνω
προλέγω
προμαρτύρομαι
προπάσχω
προπέμπω
προσάγω
προσαναβαίνω
προσανέχω
προσβλέπω
προσδέομαι
προσδέχομαι
προσδέω
προσεάω
προσέρχομαι
προσεύχομαι
προσέχω
προσήκω
προσκλίνω
προσκόπτω
προσκυλίω
προσλέγω
προσμένω
προσοφείλω
προσπαίω
προσπίπτω
προστρέχω
προσφέρω
προσφεύγω
προσχαίρω
προσψαύω
προτείνω
προτρέπω
προτρέχω
προυπάρχω
προφέρω
προφθάνω
πταίω
πτύρω
πτύω
ῥαίνω
ῥέω(2)
ῥίπτω
ῥύομαι

σαίνω
σέβω
σείω
σήπω
σκάπτω
σκύλλω
σμήχω
σπάω
σπείρω
σπένδω
σπεύδω
στάζω
στέγω
στέλλω
στέργω
στήκω
στίλβω
στρέφω
στρωννύω
συγγράφω
συγκαθίζω
συγκαλύπτω
συγκάμπτω
συγκαταβαίνω
συγκατανεύω
συγκλάω
συγκλείω
συγκόπτω
συγκρίνω
συγκύπτω
συγχαίρω
συγχέω
συγχράομαι
συζάω
συλλέγω
συμβαίνω
συμβάλλω
συμπαραγένω
συμπαραμένω
συμπάσχω
συμπέμπω
συμπεριέχω
συμπίνω
συμπίπτω
συμπνέω
συμπνίγω
συμφέρω
συμφύω
συνάγω
συναίρω
συναναβαίνω

συναναπαύομαι
συναναστρέφομαι
συναναφύρω
συναπάγω
συναποστέλλω
συνδέω
συνεγείρω
συνεισέρχομαι
συνελαύνω
συνεξέρχομαι
συνεπέρχομαι
συνέπομαι
συνέρχομαι
συνεσθίω
συνέχω
συνήδομαι
συνθάπτω
συνθλάω
συνθλίβω
συνθραύω
συνθρύπτω
συντέμνω
συντρέχω
συντρίβω
συνυποκρίνομαι
συνωδίνω
συρρέω
σύρω
συσκέπτομαι
συσπάω
συστέλλω
συστρέφω
σφάζω
σφάλλω
σῴζω
τήκω
τίκτω
τίλλω
τίνω
τρέμω
τρέπω
τρέφω
τρέχω
τρίζω
τρώγω
τύπτω
τύφω
ὑπάγω
ὑπακούω
ὑπαλείφω
ὑπάρχω

ὑπείκω
ὑπεξέρχομαι
ὑπεραγάλλομαι
ὑπεραίρω
ὑπερβαίνω
ὑπερβάλλω
ὑπερεκτείνω
ὑπερευφραίνομαι
ὑπερέχω
ὑπέχω
ὑποβάλλω
ὑποδεικνύω
ὑποδέχομαι
ὑποδέω
ὑποδύομαι
ὑποκρίνομαι
ὑπολείπω
ὑπολύω
ὑπομένω
ὑποπίπτω
ὑποστέλλω
ὑποστρέφω
ὑποστρωννύω
ὑποτρέχω
ὑποφέρω
ὑφαίνω
φαίνω
φείδομαι
φέρω
φεύγω
φθάνω
φθέγγομαι
φθείρω
φλέγω
φράζω
φύω
χαίρω
χέω
χράομαι
χρίω
ψάλλω
ψεύδομαι
ψύχω
ψώχω
ὠδίνω
ὠρύομαι

-ω* irregular variant of the
    preceding
δεῖ
μέλει

οἶδα
πρόοιδα
σύνοιδα

-ω= adv., from (direction or logic)
ἄνω
ἔξω
ἐπάνω
ἔσω
κάτω
ὀπίσω
οὕτω
πόρρω
ὑπεράνω
ὑποκάτω

-ωλος,-η,-ον 2-1-2 decl. adj., quality
ἁμαρτωλός,-όν
πανθαμαρτωλός,-όν

-ων,-ον 3 decl. adj., comparative degree indicator, quality
ἄφρων,-ον
δεισιδαίμων,-ον
ἑκατονταπλασίων,-ον
ἐλάσσων,-ον
ἥσσων,-ον
κρείσσων,-ον
κρείττων,-ον
ὁμόφρων,-ον
πίων,-ον
πονηρόφρων,-ον
σώφρων,-ον
ταπεινόφρων,-ον
τέσσαρες,-α
ὑψηλόφρων,-ον
φιλόφρων,-ον
χείρων,-ον

-ων,-ονος,ἡ 3 decl. n., an object, a quality
εἰκών,-όνος,ἡ
λαμπηδών,-όνος,ἡ
σιαγών,-όνος,ἡ
σταγών,-όνος,ἡ
τρυγών,-όνος,ἡ

-ων,-ονος,ὁ 3 decl. n., an object
ἄκμων,-ονος,ὁ

ἀλαζών,-όνος,ὁ
ἀλεκτρυών,-όνος,ὁ
'Απολλύων,-ονος,ὁ
ἀρχιτέκτων,-ονος,ὁ
βραχίων,-ονος,ὁ
δαίμων,-ονος,ὁ
ἡγεμών,-όνος,ὁ
'Ιάσων,-ονος,ὁ
κανών,-όνος,ὁ
τέκτων,-ονος,ὁ
χαλκηδών,-όνος,ὁ

-ων,-ονος,ὁ&ἡ 3 decl. n., an object
γείτων,-ονος,ὁ&ἡ

-ων,-οντος,ὁ 3 decl. n., an object
ἄρχων,-οντος,ὁ
γέρων,-οντος,ὁ
δράκων,-οντος,ὁ
Φλέγων,-οντος,ὁ

-ων,-ουσα,-ον 3-1-3 decl. adj.
ἄκων,-ουσα,-ον
ἑκών,-οῦσα,-όν

-ων,-ωνος,ἡ 3 decl. n.
ἅλων,-ωνος,ἡ
Βαβυλών,-ῶνος,ἡ

-ων,-ωνος,ὁ 3 decl. n., an object
ἀγκών,-ῶνος,ὁ
ἀγών,-ῶνος,ὁ
ἀμπελών,-ῶνος,ὁ
'Αριστίων,-ωνος,ὁ
ἀρραβών,-ῶνος,ὁ
ἀρτέμων,-ωνος,ὁ
ἀφεδρών,-ῶνος,ὁ
Βίτων,-ωνος,ὁ
Γαλλίων,-ωνος,ὁ
ἐλαιών,-ῶνος,ὁ
εὐροκλύδων,-ωνος,ὁ
Ζήνων,-ωνος,ὁ
Ζωτίων,-ωνος,ὁ
'Ηρωδίων,-ωνος,ὁ
καύσων,-ωνος,ὁ
κλύδων,-ωνος,ὁ
κοιτών,-ῶνος,ὁ
μυλών,-ῶνος,ὁ
νυμφών,-ῶνος,ὁ
πυλών,-ῶνος,ὁ

Τίμων,-ωνος,ό
χειμών,-ῶνος,ό

-ωρ,-ορος,ό 3 decl. n.
ἀλέκτωρ,-ορος,ό
ἀμήτωρ,-τορος,ό
ἀπάτωρ,-τορος,ό
κατήγωρ,-ορος,ό
προπάτωρ,-ορος,ό

-ως,-ων 3 decl. adj., quality
ἀνίλεως,-ων
ἵλεως,-ων

-ως= adv., manner, -ly
ἀβαναύσως
ἀγνῶς
ἀδεῶς
ἀδήλως
ἀδιακρίτως
ἀδιαλείπτως
ἀδίκως
ἀδιστάκτως
ἀηδῶς
αἰσχροκερδῶς
ἀκαίρως
ἀκριβῶς
ἀκωλύτως
ἀληθῶς
ἄλλως
ἀμέμπτως
ἀμεταμελήτως
ἀμνησικάκως
ἀμώμως
ἀναγκαστῶς
ἀναντιρρήτως
ἀναξίως
ἀνδρείως
ἀνεμποδίστως
ἀνθρωπίνως
ἀνόμως
ἀνονειδίστως
ἀνυβρίστως
ἀνυποκρίτως
ἀξίως
ἀόκνως
ἀπερισπάστως
ἁπλῶς
ἀποτόμως
ἀπροσκόπως
ἀπροσωπολήμπτως
ἀρκούντως

ἀσμένως
ἀσφαλῶς
ἀσώτως
ἀτάκτως
ἀταράχως
αὐθαιρέτως
αὐθεντικῶς
ἀφόβως
ἀφρόνως
βαρέως
βεβαίως
βραδέως
γνησίως
δεινῶς
δηλαυγῶς
διηνεκῶς
δικαίως
δισσῶς
δυνατῶς
δυσκόλως
ἐθνικῶς
εἰκτικῶς
εἰλικρινῶς
ἑκουσίως
ἐκπερισσῶς
ἐκτενῶς
ἐνδόξως
ἐννόμως
ἐξαιρέτως
ἐπιμελῶς
ἐπισήμως
ἑπταπλασίως
ἐσχάτως
ἑτέρως
ἑτοίμως
εὐαρέστως
εὐείκτως
εὐθέως
εὐθύμως
εὐκαίρως
εὐκλεῶς
εὐκόλως
εὐκόπως
εὐπρεπῶς
εὐσεβῶς
εὐσχημόνως
εὐτάκτως
εὐτόνως
ἡδέως
ἠπίως
ἡσύχως

θαυμαστῶς
ἰδίως
ἱκανῶς
'Ιουδαικῶς
ἰσχυρῶς
ἴσως
καθαρῶς
καθηκόντως
καινῶς
κακῶς
καλῶς
κενῶς
κοινῶς
κοσμίως
λαμπρῶς
μακροθύμως
μεγάλως
μετρίως
μηδαμῶς
μωρῶς
νομίμως
νουνεχῶς
ὀλίγως
ὀλοτελῶς
ὅλως
ὁμαλῶς
ὁμοιοτρόπως
ὁμοίως
ὁμολογουμένως
ὅμως
ὄντως
ὅπως
ὀργίλως
ὀρθῶς
ὁσίως
οὐδαμῶς
οὕτως
πανούργως
παντελῶς
πάντως
παραλόγως
παραπλησίως
περισσοτέρως
περισσῶς
πικρῶς
πιστῶς
πλουσίως
πνευματικῶς
πολυμερῶς
πολυτελῶς
πολυτρόπως

πονηρῶς
ποταπῶς
προθύμως
προσηνῶς
προσφάτως
προφητικῶς
πρώτως
πυκνῶς
ῥᾳδίως
ῥητῶς
ῥιψοκινδύνως
σαρκικῶς
σαφῶς
σεμνῶς
σπουδαίως
συνεχῶς
συντόμως
σφοδρῶς
σωματικῶς
σωφρόνως
ταχέως
τελείως
τηλαυγῶς
τυπικῶς
ὑπερβαλλόντως
ὑπερεκπερισσῶς
ὑπερπερισσῶς
ὑποτεταγμένως
φανερῶς
φειδομένως
φιλανθρώπως
φιλοφρόνως
φρονίμως
φυσικῶς
ὡσαύτως

* irregular declensions
'Απολλῶς,-ῶ,ὁ
ἐγώ,ἐμοῦ
ἡμεῖς,-ῶν
κἀγώ
Κώς,Κῶ,ἡ
ὄναρ,τό
σύ,σοῦ
ὑμεῖς,-ων

= indeclinable words with no
classifiable termination
'Ααρών,ὁ
'Αβαδδών,ὁ
ἀββά,ὁ

Ἄβελ,ὁ
Ἀβειρών,ὁ
Ἀβιά,ὁ
Ἀβιαθάρ,ὁ
Ἀβιούδ,ὁ
Ἀβραάμ,ὁ
Ἁγάρ,ἡ
Ἀδάμ,ὁ
Ἀδδί,ὁ
Ἀδμίν,ὁ
ἀεί
Ἀζώρ,ὁ
ἀθᾶ
Αἰνών,ἡ
Ἀκελδαμάχ
ἀκμήν
ἀλλά
ἀλληλουιά
ἄλφα,τό
ἅμα
Ἀμαλήκ,ὁ
ἀμήν
Ἀμιναδάβ,ὁ
ἀμφί
Ἀμών,ὁ
Ἀμώς,ὁ
ἄν
ἀνά
ἄνευ
ἀντί
ἄντικρυς
ἀντιπέρα
ἅπαξ
ἀπαρτί
ἀπέναντι
ἀπό
ἆρα
ἄρα
Ἀράμ,ὁ
Ἁρμαγεδδών
Ἀρνί
ἄρτι
Ἀρφαξάδ,ὁ
Ἀσάφ,ὁ
Ἀσήρ,ὁ
ἆσσον
ἄτερ
ἄφνω
Ἀχάζ,ὁ
Ἀχίμ,ὁ
ἄχρι

Βάαλ,ὁ
Βαλαάμ,ὁ
Βαλάκ,ὁ
Βαράκ,ὁ
Βεεζεβούλ,ὁ
Βελιάρ,ὁ
Βενιαμείν,ὁ
Βεώρ,ὁ
Βηθεσδά,ἡ
Βηθζαθά,ἡ
Βηθλέεμ,ἡ
Βηθσαιδά,ἡ
Βηθφαγή,ἡ
Βοανηργές,ὁ
Βόες,ὁ
Βόος,ὁ
Βοσόρ,ὁ
Γαββαθᾶ
Γαβριήλ,ὁ
Γάδ,ὁ
Γαμαλιήλ,ὁ
γάρ
γέ
Γεδεών,ὁ
Γεθσημανί
Γεννησαρέτ,ἡ
γοῦν
Γώγ,ὁ
Δαβίδ,ὁ
Δαθάν,ὁ
Δαλμανουθά,ἡ
Δάν,ὁ
Δανιήλ,ὁ
Δαυίδ,ὁ
δέ
δέκα
δεῦρο
δεῦτε
δή
δήποτε
δήπου
διά
διατί
διό
διόπερ
διότι
δίς
δίχα
δύο
δώδεκα
δωρεάν

ἔα
ἐάν
ἐάνπερ
Ἔβερ,ὁ
ἐγγύς
εἰ
εἴκοσι
εἵνεκεν
εἰς
εἶτα
ἐκ
ἑκάστοτε
ἑκατόν
ἐκεῖ
ἔκπαλαι
Ἐλδάδ,ὁ
Ἐλεάζαρ,ὁ
Ἐλιακίμ,ὁ
Ἐλιέζερ,ὁ
Ἐλιούδ,ὁ
Ἐλισάβετ,ἡ
Ἐλισαιέ,ὁ
Ἐλμαδάμ
ἐλωί
Ἐμμανουήλ,ὁ
Ἐμμώρ,ὁ
ἐν
ἐναλλάξ
ἔναντι
ἔνδεκα
ἕνεκα
ἔνι
ἐνίοτε
ἐννέα
Ἐνώς,ὁ
Ἐνώχ,ὁ
ἕξ
ἐξαίφνης
ἐξάπινα
ἐπάν
ἐπάναγκες
ἐπεί
ἐπειδή
ἐπειδήπερ
ἐπείπερ
ἔπειτα
ἐπέκεινα
ἐπί
ἑπτά
Ἐσθήρ,ἡ
Ἐσλί,ὁ

Ἐσρώμ,ὁ
ἔτι
εὖ
εὖγε
εὐθύς
ἐφάπαξ
Ἐφραίμ
ἐφφαθά
ἐχθές
ἕως
Ζαβουλών,ὁ
Ζάρα,ὁ
Ζοροβαβέλ,ὁ
ἡ
ἤ
ἤδη
ἠλί
Ἠλί,ὁ
ἡνίκα
Ἤρ,ὁ
Ἠσαῦ,ὁ
Θαβώρ,ὁ
Θαμάρ,ἡ
Θάρα,ὁ
Ἰακώβ,ὁ
Ἰανναί,ὁ
Ἰάρετ,ὁ
Ἰαχίν,ὁ
Ἰεζάβελ,ἡ
Ἰεζεκιήλ,ὁ
Ἰεριχώ,ἡ
Ἰερουσαλήμ,ἡ
Ἰεσσαί,ὁ
Ἰεφθάε,ὁ
ἵνα
ἱνατί
Ἰουδίθ,ἡ
Ἰσαάκ,ὁ
Ἰσκαριώθ,ὁ
Ἰσραήλ,ὁ
Ἰσσαχάρ,ὁ
Ἰωαθάμ,ὁ
Ἰωακίμ,ὁ
Ἰωανάν,ὁ
Ἰωάς,ὁ
Ἰώβ,ὁ
Ἰωβήδ,ὁ
Ἰωδά,ὁ
Ἰωήλ,ὁ
Ἰωνάμ,ὁ
Ἰωράμ,ὁ

'Ιωρίμ,ὁ
'Ιωσαφάτ,ὁ
'Ιωσήφ,ὁ
'Ιωσήχ,ὁ
ἰῶτα,τό
καθάπερ
καθό
καθότι
καθώσπερ
καθώς
καί
Κάιν,ὁ
Καινάμ,ὁ
καίπερ
καίτοι
καίτοιγε
κἀκεῖ
κἄν
Κανά,ἡ
κατά
καταντικρύ
κατέναντι
Καφαρναούμ,ἡ
Κεδρών,ὁ
Κίς,ὁ
κορβᾶν
Κόρε,ὁ
κοῦμ
Κωσάμ
Λαβάν,ὁ
λαμά
Λάμεχ,ὁ
λεμά
Λευί,ὁ
Λώτ,ὁ
Μαγαδάν,ἡ
Μαγώγ,ὁ
Μαδιάμ,ὁ
Μαθουσάλα,ὁ
μακράν
Μαλελεήλ,ὁ
Μαναήν,ὁ
μάννα,τό
Ματθάν,ὁ
Ματθάτ,ὁ
Ματταθά,ὁ
Μελεά,ὁ
Μελχί,ὁ
Μελχισέδεκ,ὁ
μέν
Μεννά,ὁ

μενοῦνγε
μέντοι
μετά
μεταξύ
μετέπειτα
μέχρι
μή
μήγε
μηδέ
μηδέποτε
μηδέπω
μηκέτι
μήν
μήποτε
μήπου
μήπω
μήπως
μήτε
μήτι
μήτιγε
Μισαήλ,ὁ
Μιχαήλ,ὁ
μόγις
μόλις
Μολόχ,ὁ
Μωδάτ,ὁ
Νααασσών,ὁ
Ναγγαί,ὁ
Ναζαρά,ἡ
Ναζαρέθ,ἡ
Ναζαρέτ,ἡ
Ναθάμ,ὁ
Ναθαναήλ,ὁ
ναί
Ναιμάν,ὁ
Ναίν,ἡ
Ναούμ,ὁ
Ναυή,ὁ
Ναχώρ,ὁ
Νευης,ὁ
Νεφθαλίμ,ὁ
νή
Νηρί,ὁ
Νίγερ,ὁ
Νινευή,ἡ
νῦν
Νῶε,ὁ
ὀκτώ
ὁπόταν
ὁπότε
ὅταν

ὅτε
ὀτέ
ὅτι
οὐ
οὐά
οὐαί
οὐδέ
οὐδέποτε
οὐδέπω
οὐκέτι
οὐκοῦν
οὐμενοῦν
οὖν
οὔπω
οὔτε
ὀψέ
πάλαι
πάλιν
πάντοτε
παρά
παραχρῆμα
πάσχα,τό
πέλας
πέντε
περ
πέραν
περί
περίξ
πλήν
πότε
ποτέ
πρίν
πρό
πρός
πώποτε
πώς
πῶς
'Ραάβ,ἡ
ῥαββί
ῥαββουνί
ῥαβιθά
'Ραγαύ
ῥακά
'Ραμά
'Ραχάβ,ἡ
'Ραχήλ,ἡ
'Ρησά,ὁ
'Ροβοάμ,ὁ
'Ρομφά,ὁ
'Ρουβήν,ὁ
'Ρούθ,ἡ

σαβαχθάνι
Σαβαώθ
Σαδώκ,ὁ
Σαλά,ὁ
Σαλαθιήλ,ὁ
Σαλήμ,ἡ
Σαλίμ,τό
Σαλμών,ὁ
Σαμουήλ,ὁ
Σαμφουρείν
Σαμψών,ὁ
Σαούλ,ὁ
σατάν,ὁ
Σεμείν,ὁ
Σερούχ,ὁ
Σήθ,ὁ
Σήμ,ὁ
σίκερα,τό
Σιλωάμ,ὁ
Σινά
Σιών,ἡ
Σκαριώθ
Συμεών,ὁ
σύν
Συχάρ,ἡ
Συχέμ,ἡ
Συχέμ,ὁ
Ταβιθά,ἡ
ταλιθά
τέ
τοι
τοιγαροῦν
τοίνυν
τότε
τρίς
ὑπέρ
ὑπεράγαν
ὑπό
Φάλεκ
Φανουήλ,ὁ
Φαραώ,ὁ
Φαρές,ὁ
χαμαί
Χανάαν,ἡ
Χαρράν,ἡ
Χερούβ,τό
χθές
Χοραζίν,ἡ
χρή
Χωρή=
χωρίς

ὦ
ὤ
'Ωβήδ, ὁ
ὡσαννά
ὡσεί

'Ωσηέ, ὁ
ὥσπερ
ὡσπερεί
ὥστε
ὡς